形意雙修

禪武文化
與身心健康

釋心光　何方耀　區志堅

編

策劃編輯	梁偉基	
責任編輯	張　娟　張軒誦　江其信	
書籍設計	Two points	

書　　名　形意雙修：禪武文化與身心健康

編　　者　釋心光　何方耀　區志堅

出　　版　三聯書店（香港）有限公司

　　　　　香港北角英皇道 499 號北角工業大廈 20 樓

　　　　　Joint Publishing (H.K.) Co., Ltd.

　　　　　20/F., North Point Industrial Building,

　　　　　499 King's Road, North Point, Hong Kong

香港發行　香港聯合書刊物流有限公司

　　　　　香港新界荃灣德士古道 220-248 號 16 樓

印　　刷　美雅印刷製本有限公司

　　　　　香港九龍觀塘榮業街 6 號 4 樓 A 室

版　　次　2021 年 2 月香港第一版第一次印刷

規　　格　16 開（170 × 240 mm）472 面

國際書號　ISBN 978-962-04-4762-4

目　錄

編者序

————

禪武文化，以嶺南深厚的禪宗文化為依託，於禪修中融入中華傳統武學，以禪修心，以武修身。禪武文化源遠流長，流傳至今，誠為我國的珍貴文化遺產，它融修心、修身、健體於一體，不僅有益身心健康，還有養生保健之用，禪與武之間的關係，更是彙集了中華千年傳統文化之 "大智慧"。

禪武文化不僅有長遠的歷史和深厚的學術價值，而且在當下也極具實用意義，普及禪武文化，既為國人強身健體，修心修德之需，更有助於將中華文化國粹承傳並發揚光大，讓禪武之奧妙遠揚海外、惠及無量眾生。有見及此，廣州市佛教協會和金剛禪寺自 2011 年起，每兩年舉辦一次 "禪武文化節"，通過多年之共同努力，活動屢屢得到社會各界積的關注和肯定。2019 年 11 月 8 日為廣州市第五屆 "嶺南禪武文化節"，在金剛禪寺開幕，以 "弘揚禪武文化，建設人文灣區" 為主題。此次文化節更舉行 "禪武文化與身心健康" 國際學術交流會，席間多地學者、佛學大師齊聚一堂，分享各自心得。更難得的是，與會高僧大德和專家學者之文章結集成本書，使之可以見於民間，讓研討會之成果得以延續，更可流傳普及。

本書分為四大部分，共四十二篇文章，包括：第一部分 "粵港澳禪武文化的交流與互動"，有李福標〈清嶺南武僧升龍禪師的 "武" 與 "禪"〉、釋心光〈弘揚嶺南禪武文化，打造綠色生態寺院，助力人文灣區〉；第二部分 "禪武文化與身心健康" 有龔雋〈中國禪學史上的 "坐禪" 觀念〉、何燕生〈禪宗與武士道〉、釋當淨〈略談禪武不二〉、鍾東〈被敘述的內家拳 —— 禪武隨筆一則〉、康戈武〈關於習武參禪的文化思考〉、潘樹仁〈禪武文化與靜養身心〉、釋耀暘〈略述武術與禪的修行〉、釋智瀚〈禪者，武之心境〉、胡宇峰、〈武術裏的禪意〉、釋昌效〈略談禪武與養生〉、學愚〈禪定與神通〉、徐燕琳〈少林禪武在溫哥華的傳承傳播〉、釋湛源〈禪與健康〉；第三部分 "禪武文化在當代的價值與作用" 有何方耀〈禪武文化與青少年素質教育〉、張平安、周永衛〈動中禪：把 "運動"

看成生活中的一種"修行"〉、萬芝力〈從現代健康食品發展趨勢與挑戰淺談漢傳佛教素食文化智慧〉、方盛漢〈禪文化視野下的森田療法〉、成慶〈經濟轉型背後的幸福悖論：論當代上海佛教的信仰性格〉、江暉〈禪宗思想對職場人士的啟發〉、梁潤煒〈試析禪宗睡眠觀對現代社會的啟迪〉、宋躍華〈佛學指引下的職業管理 —— 以《行由品》為例的研究〉；第四部分"禪武歷史文化"有曹旅寧〈日本佛寺及佛教文物巡禮〉、宣方〈靈峰一滴水，信可矢千秋 —— 蕅益智旭大師的茶事觀〉、張德偉〈《嘉興藏》五台山刊刻史新探〉、崔紅芬〈南北朝禪法的融合與禪武文化的發展〉、蔣怒海、〈歐美禪小識〉、江泓〈禪門鼎盛與師法漸衰 —— 以雲門斷續為例〉、王磊〈涅槃道場與僧傳敘事〉、鄧麗敏〈法持傳小考〉、李曈〈略論禪宗"五家"觀念的形成和發展〉、鄢奕欽〈"十三棍僧救唐王"的敘事演變〉、陳識〈入道之媒 —— 唐宋佛教茶道生活〉、釋廣通〈17、18世紀華籍僧人在越南弘法初探〉、釋慧安〈越南竹林寺石濂大汕和尚肖像畫淺論〉、區志堅〈"即人成佛"：竺摩法師辦學思想及其在馬來西亞弘法〉、高樂〈尼泊爾與中國文化的關係〉、釋禪海〈中斯佛教文化交流淵源探析〉、梁萬如〈詮釋《法華經》的方便思想 —— 鳩摩羅什、僧叡及慧觀的解讀〉、賴志成〈淺析王國維悲劇美學中的佛教意識〉、白光〈《六祖壇經》與漢文佛教大藏經的關係研究〉。

編者尤感謝眾學者、大師在研討會上發表鴻文，又依評論人的觀點，修改論文大作，並答允收入本書，予以出版。更感謝廣州市佛教協會和金剛禪寺各位大德、行政人員、禪師、義工菩薩等協助，使是次國際學術研討會得以順利舉行，取得美好的成果。也感謝吳佰乘先生、盧錫俊先生、顧敏好小姐、李嘉明小姐協助校對各篇論文，進行初步排版工作。當然還要感謝香港三聯書店編輯梁偉基博士、張娟女士、張軒誦先生、江其信先生協助，處理全書的編務工作，使本書得以順利面世。

編者　謹識
佛曆二千五百六十四年
二零二一年

第一部分：粵港澳禪武文化的交流與互動

弘揚嶺南禪武文化，打造綠色生態寺院，助力人文灣區

釋心光*

◎ 一、嶺南禪武文化

　　嶺南禪武文化源遠流長、博大精深，是中華優秀傳統文化的重要組成部分。禪乃佛教的無上修行法門，武乃中華傳統搏擊藝術的總稱，禪為武之主，武為禪之用；武是禪的表現，禪是武的精神本質，以禪入武便可達到武術的最高境界。禪與武的結合是佛教中國化的具體表現。武增加了禪的實踐途徑，禪則豐富了武的內涵。即使在今日高度資訊化的商業社會裏，禪武文化對於人們出現的各種身心疾病仍然有其獨到而有效的預防和治療價值。弘揚和傳承嶺南禪武文化，打造綠色生態寺院，對於提高民眾的體質、構建社會主義和諧風氣及助力粵港澳大灣區建設有著十分重要的現實意義。

◎ 二、弘揚嶺南禪武文化，助力大灣區人文建設

（一）灣區的人文建設

1. 粵港澳大灣區發展規劃綱要

　　推進粵港澳大灣區建設，是以習近平同志為核心的黨中央做出的重大決策，是新時代推動下形成全面開放新格局的新舉措，也是推動"一國兩制"事業發展的新實踐。粵港澳大灣區建設是以創新為動力、協調為尺規、綠色為底色、開放為抓手、共用為宗旨。全面對接國際高標準市場規則體系，著力破解人民群眾最關心、最直接、最現實的問題，打造全國踐行新發展理念的成功範例。[1]

2. 什麼是灣區的人文精神？

　　21 世紀世界大灣區的發展，"人"的發展放在大灣區發展首位，而強調"人"

---

*　廣州金剛禪寺住持

[1]　中共中央、國務院：〈粵港澳大灣區發展規劃綱要〉，《新華社》，網站：http://big5.www.gov.cn/gate/big5/www.gov.cn/zhengce/2019-02/18/content_5366593.htm#1，瀏覽日期：2020 年 8 月 31 日。

的因素的核心是對人文文化、人文精神的關注。"人文灣區"不僅是一個多維度、多層次、開放性並有著巨大生成力的創新理念,而且是一個具有實踐特性的可持續的發展戰略。建設灣區文化就要牢牢把握文化共性,共同塑造灣區人文精神。所謂的人文精神是指以人為本、以人為中心的精神,其核心是揭示人的生存意義、體現人的價值和尊嚴、追求人的完善和自由發展,是人的全面發展的內在動力,也是人的全面發展的內在動力的外化形式。大灣區的人文精神是構成社會凝聚力和提升文化品位及城市競爭力的關鍵要素,其目的是要為社會、經濟、文化的發展與創新,營造一個"以人為本"的人文環境,為邁向現代化提供源源不斷的人文關懷、價值關懷和社會關懷,使大灣區人的精神更加充實、心靈有所依歸、品位有所依託。

3. "人文灣區"建設的現有基礎

粵港澳大灣區各城市地處珠江三角洲地區,同屬嶺南文化的核心區域。"文化同源、人緣相親、民俗相近、優勢互補",這無疑是粵港澳大灣區"人文灣區"建設最重要的基礎所在。

(二)弘揚嶺南禪武文化,是灣區強調寬容的民族精神的所在

禪武文化是嶺南文化重要的組成部分。禪宗是中國佛教宗派之一,又名佛心宗。印度禪宗第二十八代祖達摩在廣州登岸,結庵說法,標誌著印度禪宗經由嶺南正式傳入中國。六祖惠能於廣州光孝寺受戒,並於南華寺大開東山法門,為中國禪宗的興盛乃至佛教中國化的發展打下了堅實的基礎。慧能傳承的禪宗,讓中國人知道佛教不從外來,他指出佛性人人皆有,創頓悟成佛之學,一方面使繁瑣的佛教簡易化,一方面也使從印度傳入的佛教中國化。而在武術方面,嶺南武術是流傳入中國五嶺山脈以南地方拳種的統稱。嶺南主要有五大名拳:洪家拳、劉家拳、蔡家拳、李家拳、莫家拳。還有許多其他拳種同樣非嶺南原生拳種,屬於外來拳種,但它們最終彙聚於嶺南,進一步強化了南拳北腿的中華武術格局。由此可見,嶺南禪武文化一方面與中國優秀傳統文化相互聯繫,互相作用,共同組成了絢麗多姿的中國文化整體;另一方面,從側面反映出整個中國文化的基本特徵——包容。嶺南禪武文化在動態發展過程中融會了中國哲學、武學、中醫、教育等傳統思想,體現了中華上下五千年博大的相容並包、有容乃大的精神。嶺南禪武文化必定能為大灣區提供更寬廣的人文精神空間,激發人們的思想創造

力，並讓不同的文化價值在互鑒中融合。

（三）弘揚嶺南禪武文化，是大灣區人們心理健康的所在

"禪"是一種直指人心、見性成佛的頓悟修行法門。禪宗主張人們超越世俗，放下執著，頓悟紛紜複雜的物質世界，認清名利紛爭的虛幻，擺脫日常生活的困惑，追求生命的永恆。它尋求生命力的和諧，調動生命本身擁有的調整各種失和的內在機制，從而起到防治各種心理疾病的作用。通過修習禪定，可以克服外界六塵的誘惑和內心七情六慾的困擾，精神得以專注，並因禪定而獲得智慧，滅除人們內心存在的種種煩惱與顛倒妄想，祛除人的心病。禪修對於人的心靈世界、精神生活有著積極的意義。"禪學"中包含有精神分析、認知治療、行為治療、矛盾意向治療等多種心理治療理念和技術，禪修能使潛意識裏的內容意識化，有助於把"真我"從壓抑中解放出來。"禪修"是患有心理疾病人士有效的治療方式，這是經過多年的心理治療實踐中得到的結論。[2]

（四）弘揚嶺南禪武文化，增強人們體質及刻苦耐勞、百折不撓的精神

武術包含著屈伸、回環、平衡、跳躍、翻騰、跌撲等動作，人體各部位幾乎都要參與運動，對人體的速度、力量、耐力、柔韌等身體質素要求較高。實踐證明，武術對外能強筋骨、壯體魄；對內能理臟腑、通經脈、調精神。禪武講究調息行氣和意念活動，對調節內環境的平衡、調養氣血、改善人體機能、健體強身十分有益。"外練筋骨皮，內練精氣神"，練習者只有"冬練三九，夏練三伏"，不間斷地進行刻苦的訓練，才能使自己的身心全面發展。各種拳種的風格特點不同，對練習者的性格影響也不一樣：長拳運動的特點在撐拔舒展，勁順擊長，快速有力，靈活多變，躥蹦跳躍，腿法較多，節奏鮮明，氣勢磅礴，它可培養練習者豪邁而無畏的性格特點，做事果斷，雷厲風行。而太極拳則相反，其運動特點是心靜體鬆，呼吸自然，輕靈沉著，圓活連貫，上下相隨，虛實分明，柔中寓剛，以意導動，它可培養出練習者處事不驚、沉著自然的性格特點，遇到問題往往能以退為進。而在整個練習過程中，必須要求習武者具有勤奮和刻苦耐勞的精神，同時武術技術的訓練中的許多高難度、危險性的動作練習，也無疑能培養出

---

[2] 包祖曉：《喚醒自癒力：用禪的智慧療愈身心》（北京：華夏出版社，2018年）。

練習者勇敢頑強、百折不撓的精神。

◎ 三、弘揚嶺南禪武文化，打造綠色生態寺院

　　人們的身心體力、智慧情感，無不是從自然中汲取。良好的生態環境可以讓人身心愉悅，必然有助於參禪習武，促進人文灣區的建設。

　　習近平主席在黨的十九大報告中提到“加快生態文明體制改革，建設美麗中國”；在第十三屆全國人大一次會議再次強調“要加快形成綠色生產方式和生活方式”，“使我們的國家天更藍、山更綠、水更清、環境更優美”，“讓綠水青山就是金山銀山的理念在祖國大地上更加充分地展示出來”。宣導生態環保，建設綠色寺院，進一步提升宗教活動場所的層次和內涵，提高宗教為經濟社會發展服務的能力和水平。

　　隨著社會經濟的飛速發展、科學的日新月異，人們對綠色生態的渴望越來越強烈，綠色生態文明這一健康理念越來越受到人們的重視，生態文明成為人與自然和諧共生的條件。對於寺院來說，綠色生態不單是指種植花草、減少污染，健康生活理念也是綠色生態的一部分。

　　寺院除了是僧眾修行的場所，也是集建築、雕塑、書法、繪畫、音樂、文學於一體的藝術殿堂，兼具宗教傳播、藝術傳承、旅遊觀光、教育等多種社會功能。同時，寺院也是實踐生態理論的重要基地和展現宗教生態建設的重要視窗。

　　《增廣賢文》有言：“世間好語書說盡，天下名山僧佔多。”自古以來，寺院隨著佛教的廣泛傳播而遍佈四方，所在之處尤以風景秀麗、生態環境優雅的地區為多。寺院遠離世俗的喧囂，這樣的環境有利於出家僧人潛心修行，慧命增上，道業早成。例如廣州金剛禪寺坐落在風景優美的潯峰山腳下，有著豐富的自然資源，生態環境相當優越。根據寺院所處的地貌環境，創造出既有天然情趣與詩意，又有宗教意味的園林生態環境。“曲徑通幽處，禪房花木深。山光悅鳥性，潭影空人心。”這詩句極好地詮釋了金剛禪寺的幽深禪境。青青幽竹、參天的木棉樹、鬱鬱的芭蕉林、掛著一串串紅色桑果的桑樹、花果繁茂的木瓜樹，還有成片的野菊花與狗尾巴草，把寺院的後花園點綴得如此美妙。僧人練功的木樁就設在這片野花與野草中，清晨迎著朝霞在這練武，可以感受到天人合一的最高境界……與喧鬧的市井生活相比，金剛禪寺展現了清幽、寂靜、安詳、平和的氛

圍。它不僅是人們的"心靈家園"，還能為大灣區的建設提供有益的參考。

為了更好地維護生態環境，金剛禪寺加強對佛教教職人員環保意識的培養，率先垂範：利用講經弘法、製作宣傳品等方式向信眾宣講文明敬香、合理放生；引導寺院和四眾弟子樹立綠色、環保、健康的生活理念；定期組織寺院眾僧開展寺院周圍綜合環境衛生整治工作；大力宣導植樹活動，踏踏實實抓好綠化工程。綠化一寺，美化一方。金剛禪寺和四眾弟子爭做讓"天更藍、山更綠、水更清、環境更優美"的參與者、實踐者和推動者。

禪武的生態智慧的核心是在關愛世間萬物中尋求解脫，從善待萬物的立場出發，生態倫理成為禪武的慈悲向善的修煉內容，生態實踐成為覺悟成佛的具體手段，這種在人與自然的關係上表現出的慈悲為懷的生態倫理精神，客觀上為人們保護自然，發展生態文明，最終實現人與自然界和睦相處提供了理論基礎。

◎ 四、結論

嶺南禪武文化追求"常、樂、我、靜"的境界，宣導"以禪修心，以武修身"的樸素生活方式，強調修行的規律生活。這種生活態度和生活方式使人們的要求和慾望得到淨化和控制，使人們不斷適應環境，共同開創和諧的人文環境。我們應該積極弘揚嶺南禪武文化，打造綠色生態寺院，助力粵港澳大灣區 —— 人文灣區的建設，努力推進嶺南禪武文化在粵港澳大灣區開花結果，不斷使其結合新的實踐要求，創新發展，更好地與新時代相呼應。

清嶺南武僧升龍禪師的"武"與"禪"

李福標[*]

"禪"為靜坐參悟者,"武"為強力而動者。二者本相去懸遠,但其結合為一的歷史卻甚是悠久,相傳最早始於禪宗初祖達摩祖師在嵩山少林寺傳佛教禪宗時。他為了保持身心健康的狀態,在修習禪定的過程中總結了調身、調息、調意、調心的方法,並和有強身健體、袪病延年作用的"易筋"、"洗髓"二經與"五形拳"等相結合,形成了少林武術的雛形。正所謂"禪中有武,武中有禪,禪拳歸一"。在宗教史上,禪武為保寺護教、除暴安良乃至在護國活動中都發揮了重要的作用。廣東雖去中原少林較遠,交流似顯不便,但這裏是南禪頓悟宗的發源地,且是達摩初祖西來登陸初地之所在。由達摩所宣導的"禪武"在廣東的情形也是有跡可循的,但終屬"多乎哉不多也"。今試拈出一例,並就其事蹟略加考述。不當之處,請教、學、武等各界方家批評指正。

◎ 一、文獻的記載

升龍其人,僅見於《宣統高要縣志》卷二〇〈人物篇〉"方外類",據採訪冊著錄,其傳云:

> 升龍,番禺鍾氏子。貌魁梧,軀幹頎偉,目光如電,有膽略,膂力絕人。年十六,鍾姓與鄰村械鬥而敗,屋被焚,無宿處,去而浪遊至惠州永福寺,謁江非和尚,薙髮為僧,時年二十餘矣。
>
> 有師叔擅武藝,得少林寺真傳,然韜晦不輕授徒,及見升龍,大喜曰:"物色數十年,今得子,可以傳老僧衣缽矣。"遂盡以其技傳授之。始教以騰空之法,著鐵鞋重十斤,每日跳躍至千百步,漸加至四十斤,三年後赤足高騰二丈餘,屋簷一躍而上,立瓦無聲。教之運氣,積久氣充足,坦其腹拳

* 中山大學圖書館古籍部副教授

之，如撼犀革。後授以空拳、戟指、刀劍、錘棍各法，用鐵棍如舉楊柳枝。師叔歷試之，嘵歎曰：「進乎技矣！須養氣，毋輕舉取禍也。」

升龍藝既精，每抱不平，在惠嘗遇官兵凌迫村民，升龍聞喊救，不能忍，徒手往，大喝一聲，官兵辟易，盡奪其械，奔散無敢回顧者，由是名震惠中，遠近豪傑皆憚升龍矣。升龍念留惠久，官兵將尋仇，遂去惠。

遊端州，入頂湖（鼎湖山）慶雲寺。僧眾素耳其名，欲觀其藝，升龍坦臥坎磳上，任有力者連舂二十柱，肚皮無少疵損。兩足立牆上，繫以帶，每足以十人牽之不能動。以三指按桌板心，八人舉之不能起。僧眾皆吐舌歎服，留之當職。然性嗜酒，不耐素食，因下山賣跌打藥於端城，日用有餘，則舉而施丐者，人莫不異之。

晚年居大鼎廟，口不言武藝，始收徒四人：德榮、績榮、燦榮、芳榮，而德榮為最。至今枝派蕃衍至數十人，頂湖恩波、莖田秀成皆其裔也。咸豐十年坐番禺麻奢象林寺方丈。八十八歲圓寂。[1]

在惜墨如金的地方史志中，這篇傳記文字頗詳，甚至超過其他某些在嶺南宗教史上地位頗高、影響頗大的高僧傳記的篇幅兩三倍，其情節曲折，繪聲繪色，可謂特例。大約事類鮮少而文字奇豔，足以引起讀者的注意。

◎ 二、升龍之"武"：永福寺的幸運

由傳可知，升龍本為番禺（今廣州市）鍾氏子。未出家前，鍾姓與鄰村械鬥。傳中未提及十六歲的少年升龍在其中起一個什麼作用，但云因此械鬥而"屋被焚"。為什麼他的屋子被焚呢？這就不得不懷疑，升龍很可能不僅是參與而已，他自恃天資甚好，膂力絕人，又有膽略，很可能是械鬥的主要人物，甚至是核心人物。不然，別人就不會燒了他的屋子，他也不至於居無定所，遠走他鄉。四年之後，這位本應成家立業的青年人，終於出家，進了惠州的古寺永福寺，薙髮為僧。這一方面顯然是由於形勢所迫，另一方面也有他自己的選擇。也就是

---

[1] 〔清〕馬呈圖等纂修：《宣統高要縣志》，卷二〇，民國二十七年（1938）刻本，詳見氏：《宣統高要縣志》，卷二〇（台北：成文出版社，1974年）。

説，他不僅有械鬥的膽略並因此蒙難，而且是有學佛的慧根的，必將由此得福。

在永福寺，他很幸運地遇到了世外高人，傳授他獨門的少林武功。先是學習騰空、運氣之法，苦練基本功；後又學習各種應用武術方法，如空拳、戟指、刀劍、錘棍等。其他都好理解，惟“戟指”一般人不懂。這是一種特殊武藝，古稱“劍訣”、“劍指”，其手形是食指與中指併攏伸直，指尖自然向手背方向上翹，其餘三指屈攏於手心，三指與手掌儘量撐圓。劍術中，一般常用的劍指技法有五種，即“前指”、“架劍”、“側指”、“附指”和“捧指”。因為這位師父在暗中不動聲色地物色了幾十年才發現升龍這麼個對象，其實也不是很理想，因為他這時候都已經二十多歲，骨骼已經開始硬化，對習武之人而言並不是最理想，有點老了。但師父教得用心，徒弟也有特殊的天賦，故三五年間就完全掌握了，工夫也達到了上乘的境界。但師父告誡他：知道“運氣”還遠遠不夠，須“養氣”才得。運氣只是用力，而養氣則是用神，是武術的最高境界。

據載，永福寺始建於唐朝貞觀年間，是惠州第一座寺廟。其地在西湖旁神霄宮故址，明洪武二十四年（1391），以棲禪、嘉佑、光孝三寺僧田併作寺田。清康熙十九年（1680），葉維城重建正殿。明曾仕鑒〈夜遊永福寺〉詩云：“酒盡尋僧寺，孤舟繫月明。入門鸂鶒散，坐石薜蘿清。天淨湖如練，雲移樹有聲。空山人不見，來往伴飛螢。”張萱〈登永福寺〉詩云：“樓頭雨過樹如薺，落日衹林一杖藜。漁唱半歸孤嶼外，鐘聲已過斷橋西。浮生始覺迷初地，往事誰堪問舊題。尚喜中天台百尺，可容元度獨攀躋。”[2] 應該說，永福寺其實是一個“養氣”的好場所。最重要的，他的師父如此了得，竟然連一個名字也不讓世間得知，“韜光養晦”的修煉工夫是足足可為他的榜樣了。永福寺的經歷對於升龍來說無疑是幸之又幸的，這不僅僅是因為他遇上了好師父，更因為他一開始就有了不達天性的入禪的方便法門，即“以武入禪”。他的師父是一位真正懂得因材施教、因勢利導的高人。

畢竟還是年輕，升龍的身體雖在永福寺鍛煉到一種極致，但其修為還處在初級階段，遠未到爐火純青的地步。他身上的“俠義”仍未收斂，仍很衝動，“每

---

[2] 〔清〕章壽彭修，陸飛纂：《乾隆歸善縣志》，卷五，清乾隆四十八年（1783）刻本，詳見氏：《乾隆歸善縣志》，卷五（台北：成文出版社，1967 年）。

抱不平"，且有所升級，簡直可以說是義氣干雲了。一旦聞"官兵凌迫村民"的喊救聲，乃不能忍，僅"大喝一聲"，官兵即丟盔棄甲了。少年時尚是以一村之民對另一村之民，此時則以一人之身敵官兵矣。俗語道"人怕出名豬怕壯"，此一件有違師訓的"輕舉"，使他不得不離開惠州了。

◎ 三、升龍的"禪"路歷程：鼎湖戒律的約束

升龍被迫出外流浪，憑著他"目光如電，有膽略，膂力絕人"的天生好體魄，幹什麼不行？當然，去讀書深造或為官府作公差，他肯定是不願也不能了；既然是逃難在外，做生意也人多眼雜，整日提心吊膽的，掙不到錢反而搭了性命也未可知，也不能幹。為什麼不入道觀（羅浮山的道教比佛教更聞名古今，門庭頗盛），而入了佛門呢？要知道，他自小是有"膽略"的人，入佛門前又經歷過四年多的浪遊，人情冷暖、世態炎涼一概都曉得，這時已是一個"世界觀"基本形成的"二十餘"的壯漢子了，思之再三他還是入了佛門，這中間可能有什麼直接而重要的外緣在。但主要的是升龍的個人意願，而意願受天性的指引，這就是佛學上所謂的"宿緣"了。去寺裏作僧人，這與他的好鬥的性格多麼格格不入。他之前並不知道自己會碰上一個少林武僧而走上習武之路，他的初心完全是衝著"禪"去的，是一種意欲脫離世俗、脫離肉身而走向精神、靈魂層次的向上追求。

正因有向"禪"的決心，他從惠州再次逃難，不是選擇其他寺院，更沒有憑著他的一身好武藝還俗闖蕩江湖，而是來到偏於粵西的鼎湖慶雲寺。這座寺院自明末棲壑道丘開法以來，就以戒律精嚴而名聞嶺南。其第二代祖師在犙弘贊和尚尤其為禪門中的律學白眉，為學人師範。升龍雖後於弘贊百來年，但先賢的事蹟當是耳熟能詳的。道光《新會縣志》卷一一一據梁佩蘭所撰〈塔志〉載：

> 在犙禪師，新會朱氏子。生而穎異。弱冠執二親喪，斷葷腥。閱《壇經》有感，遂矢志參學。端州上迪村有梁長者少川，卜地鼎湖山蓮花洞，夢神人訶曰："是朱家地，非爾所有。"師至端州，梁遂施此地。崇禎癸酉，始刈棘縛茅，創立精舍。禮棲壑於蒲澗，薙染受具服。乃延棲壑住鼎湖已，參方嶺以北，住杭之橫山。歸，繼席鼎湖，戒律精嚴，海內宗之。旋辟麻奢寶象林，以七星岩白石造塔，藏所得廬山金輪峰舍利。師往來兩山，成

就甚眾。咸以得鼎湖戒為重，前後著述凡百餘卷，藏嘉興楞嚴寺行世。[3]

弘贊和尚為弘揚律學，所撰著的百餘卷著述，具體為：《梵網經略疏》、《心經添足》、《准提會釋》、《式叉摩那戒本》、《歸戒要集》、《沙彌律儀要略增注》、《沙彌儀軌頌並注》、《沙門日用》、《禮舍利壇式》、《禮佛式》、《兜率龜鏡集》、《觀音慈林集》、《供諸天科儀》、《受持准提法要》、《八關齋法》、《解惑篇》、《六道集》、《溈山警策句釋》、《木人剩稿》等，都是貨真價實的律學書，在弘贊生前即送入《嘉興藏》保藏，以期流傳後世；後又彙為《鼎湖法彙》，成為系統性的律學撰述。[4] 慶雲寺的這份優秀文化傳統，在嶺南所有寺院中是絕無僅有的。

可見，升龍本人選擇這個寺院，是想真正地用律學來“約束”一下自己，以達到師父提出的“養氣”的目的。可是，他在慶雲寺住的時間並不長。既已在寺中當職，已經有一定的地位，為什麼離開慶雲寺？其原因不是那麼簡單，可能並非其主動離開。一方面，要一個從械鬥中走來，且又習武數年、天性豪俠的人乍然嚴守戒律，而且是在嶺南戒律第一的寺院，未免是一件很嚴酷的事情。另外，他可能還受到派系的排擠。據《新修鼎湖山志》卷二“歷代住持”云：“慶雲寺從一六三六年由棲壑道丘傳下來的曹洞宗法脈，……到第十三任住持其金心端和尚，他的嗣法門人五人開始分為五房，首徒光義接任慶雲寺第十四代住持。此後，以子孫承傳法嗣成為例規，慶雲寺的住持必須是本寺的嗣法門人才能擔任。”[5] 光義和尚於乾隆十二年（1747）至十七年（1752）在任。可見從乾隆早年開始，曾經盛極一時的鼎湖山慶雲寺已成一個子孫廟，失去了十方叢林的開闊氣象，至升龍來寺時就更是如此。升龍未免有些失望。前引《宣統高要縣志》云已入寺數年的升龍“不耐素食，好酒”而離開慶雲寺，這其實只是升龍本人的藉口而已。

寺院既已令升龍失意，則他乾脆來到市井。然他又無意於世間的營生，於是

---

[3] 〔清〕林星章修，黃培芳等纂：道光《新會縣志》，卷一一，清道光二十一年（1841）刻本，詳見氏：道光《新會縣志》，卷一一（台北：成文出版社，1966 年）。

[4] 李福標：〈論弘贊律學撰述及《鼎湖法彙》之編纂〉，載《湖南大學學報（社會科學版）》，2018 年第 2 期，頁 108-113。

[5] 仇江等纂：《新修鼎湖山志》（廣州：中山大學出版社，2018 年），頁 50-51。

他發揮他武藝人的長處，以賣跌打藥自存。因為在市井中賣跌打藥，為了招納顧客或使人信任，武術的表演也應不可免，故或常因武術之事，造成跌打損傷。然而賣跌打藥也是為解民之難，絕非為了開門面以發財致富，竟然"日用有餘，則舉而施丐者"，自己一分錢也不留。可見，潛藏於他身上的"俠義"還在隱隱發作，只不過他不再以武力取人了。比之在惠州，升龍已經修煉到了另一個更高層次，這是不容置疑的。這樣不知又過了多少年。

至晚年時，大約是五十歲以後，他又入了鼎湖大鼎廟。大鼎廟，即相傳為唐六祖慧能大師高弟智常禪師所創的白雲寺，晚明憨山大師也在這裏遊歷過、療養過。這裏的歷史要比慶雲寺悠久得多，慶雲寺把它尊為祖庭，實際上後來卻屬於慶雲寺的下院。因為處於鼎湖山頂，其香火固然沒有慶雲寺那麼旺，但它的地位是不可忽視的，與慶雲寺基本上是互通有無的，常住僧人也在二寺間流動。難能可貴的是，升龍一生勇武好鬥，晚年再住寺院，本身身懷絕技，卻"絕口不言武藝"了。升龍身上所體現出的這種變化，是一個從"武"到"禪武"，再到"禪"的不斷上升的過程。在這個過程中，"武"是他入禪的方便法門，卻同時也是他習禪的包袱。他能意識到這一點，並逐漸摒棄"武藝"，而在參禪的道路上勇猛精進。這個過程的完成，很難想像是一個嗜好酒肉的人所能辦的，升龍真不愧是一個有"膽略"的人。在大鼎廟，升龍因為德高望重，他開始收徒，卻不是教徒弟武藝，而是教人參禪悟佛。他的徒弟僅四人，而徒孫幾十人，算是枝繁葉茂了。其裔孫中恩波師惠，乃升龍徒芳榮薙度出家者，最有名，後來在光緒元年（1875）至三年（1877）間做了慶雲寺第四十七代住持。清高崧喬撰〈洞上正宗博山下第十二世鼎湖山慶雲寺四十七代住持諱師惠字思渡號湛川和尚之塔〉云：

> 師號湛川，佛山洞田鄉高氏子。年十六，隨友人貿易於梧。時梧城對岸觀音堂有芳榮師，由大鼎來住持，兼攝白鶴觀。師慕芳榮師清修，竭誠懇收為徒。時年十九，即在大鼎剃度焉。道光辛丑，遂受鼎湖潤衣和尚戒。方是時，白鶴觀重修成，芳榮師引授住持。既至，辟草萊，植蔬果。課誦之餘，躬自汲灌。又從芳榮師學大乘法，得其傳。故戒律益精，氣性益斂。當道、咸間，艇匪紛斥，聞師名不敢犯，而師乃深自韜晦。故郡城丁巳之變，隨眾東竄，得免於難。及抵鼎湖，即以是年受淡凡和尚法。越四年庚

申，慶雲倐有紅羊之劫。是時，師亡走山谷，晝伏夜行，在荊棘叢中出，歸投鼎湖。由是與山中師友躬自執役，大振宗風，而慶雲道場復舊。[6]

從這一段塔銘可以看出，升龍的徒孫恩波和尚在慶雲寺的歷史地位是如何重要。

從咸豐十年（1860）以後，升龍遷居麻奢鄉寶象林瑞塔禪寺。麻奢，乃南海鄉名，而〈洞上正宗博山下第十二世鼎湖山慶雲寺四十七代住持諱師惠字思渡號湛川和尚之塔〉云"番禺"，原編纂者已疑其誤，大約因升龍為番禺人而致訛。南海寶象林瑞塔禪寺也是與端州鼎湖山慶雲寺、白雲寺同一法系的寺院，其開山祖師亦即鼎湖慶雲寺第二代祖師在犙弘贊師也。藏於鼎湖山慶雲寺、由諸弟子所述的〈本師在犙和尚行狀〉云：

> 於是研窮教海，深入毗尼，痛念戒律，為佛法壽命。叔季緇流，多逐狂禪而輕律學，思所以救之。蓋佛設三學，化導群生。戒為根本，本立而後定、慧生。常謂禪無律則妙行難參，律無禪則玄微莫徹。禪非律而僧俗溷淆，律非禪而祖鐙誰續。若各執所見，不能和合，未免徐六之誚。師固性相圓融，守涅槃之遺囑，以波羅提木叉為師，不惟津梁鈍漢，亦足砥柱狂宗，其實德真修，以角虎自目，可概見矣。……康熙甲辰冬，南海麻奢居士陳公孺舍地於其鄉之南，師建為寶象林。先是，此鄉之人見其地每湧紫氣成大蓮花，蟠結不散，至是果成名剎。師自捐衣缽以資造七級浮圖，以藏所得匡山金輪峰如來真身舍利。層安十方調禦之尊像。其石採自七星岩，始命匠施工，是夜石岩頂自墜，穿水月宮後牆。取而攻之，適足供一壙之用，眾咸嘉歎。舍利入塔之日，多有奇祥，因名之曰"瑞塔禪寺"。師往來兩山間，隨機接引，而多聞廣博，著述至老不倦。古德稱寂音為僧中班馬，時亦謂師為法門之程朱也。[7]

---

[6] 仇江等纂：《新修鼎湖山志》（廣州：中山大學出版社，2018 年），頁 100。

[7] 仇江等纂：《新修鼎湖山志》（廣州：中山大學出版社，2018 年），頁 58-59。

其中很明確地敘述了清康熙三年（1664）弘讚於南海麻奢鄉創辦寶象林瑞塔禪寺的經歷。如前所述，弘讚禪師一生特重實踐篤履，雖精於禪，而痛心於叢林浮誇之風，大力弘揚律儀，宣導戒行。為扶持後進，前後著述凡百有餘卷行世，雖彙為《鼎湖法彙》，實際上大部分是在南海寶象林完成的。而且弘讚禪師的晚年是在寶象林度過的，清康熙二十五年（1686）示寂於寶象林。則寶象林的律學風氣亦可以想見矣。

◎ 四、升龍的以"武"入"禪"而約之以"律"的啟示

縱觀升龍一生，以八十八圓寂之歲推之，則其生年當在乾隆四十年（1775）之前。其年十六與鄰村械鬥之年，在嘉慶年間。他二十餘歲進入永福寺，苦練少林武功時，大約也就在嘉慶、道光間。進入慶雲寺時當在三十歲左右。離開慶雲寺而去端州市上賣藥當在三十五歲左右。晚年復住白雲寺，當在五十歲以後。咸豐十年（1860）之後入寶象林，當在七十左右了，並示寂於此。以上僅是大致推測而已。從升龍傳奇的人生經歷以及前引《宣統高要縣志》的記述中，我們可以得到許多啟示，以下約略提出幾點：

（一）升龍最初以"武"參與械鬥而入寺，以"禪武"而升進，是以"武"入"禪"的成功例子。年八十八始寂，這在古代是難得的高 。可見他受禪武之用，得健身強體、祛病延年之術。

（二）從前引湛川恩波的塔銘中可知，升龍所學和所傳的都是大乘佛法。回顧升龍一生，少年本是為村人而取禍的，於永福寺得精湛武藝，亦因陌生人而得罪官兵；出慶雲寺而賣藥街市，也是賑濟蒼生。升龍逐漸認識到，"武"只能護一身，最多只能護一群，不能使人脫離苦海，故終屬小乘。大乘佛法乃為有情大眾，普度眾生，故入鼎湖，以"律"約束"武"而得大乘禪法。其"膽略"之過人可知。

（三）升龍將"禪武"發揮到極致，最終卻以鼎湖律學約束自己幾十年，成為一代有貢獻而讓人感念的高僧大德。然而，惠州永福寺教他的師叔其名不傳，可見其韜光養晦幾十年，得出離之旨矣。升龍禪師也繼承了乃師的衣鉢，以"武"為經歷，以"禪"為目的。他終於沒有辜負師父的教誨，不露鋒芒，深自韜晦，儘管其法嗣子孫頗有聞名者，其本人竟也失其名（升龍應為其別字，而非

法號），終得"空"之旨矣。

（四）升龍之入地方志，是由於他在佛教界，乃至肇慶一地世俗間的影響很大、地位頗高所致。這首先固然是因為他早年習"禪武"的神奇經歷引起人們的興趣，但史志的獵奇是要冒險的，纂輯者不敢輕易為之。而纂輯者為升龍潑墨如水，恐怕更重要的原因是，他晚年超越到"絕口不言武藝"的境界，且兩坐名道場，枝派繁衍至數十人，這種經歷和修為，在佛教界亦屬罕見。這中間，也蘊含了修志者對"禪武"現象的一種價值導向。

第二部分：禪武文化與身心健康

中國禪學史上的"坐禪"觀念：以初期禪史為中心

龔雋[*]

顧名思義，禪宗與傳統佛教史上的"坐禪"有著深刻的歷史和思想關聯，在中國禪宗的發展史中，禪坐的觀念也可謂經歷了相當複雜的"典範轉移"（paradigmatic shift），形成了不同類型的"坐禪"觀念。這些不同類型的禪坐觀念間既有內在的思想聯繫，也存在異質性的變化。簡單地把中國禪宗各家有關"坐禪"的觀念理解為佛教歷史上一次思想革命或舊傳統的復歸，都無法深入解釋禪宗史上"坐禪"思想的複雜性。[1]本文擬就中國禪學史——主要是 6 到 9 世紀這段禪學史——中有關"坐禪"的若干問題展開討論。

◎ 一、禪門燈史的不同論說

自從敦煌禪史文獻發現以來，學界大都根據此一新發現來重寫禪學史，意圖一反傳統南宗燈史一統天下所建立的各種論述。實際上，宋以後南宗燈史對初期禪法的記錄雖然有不少虛構的成分，而敦煌文獻所保留下來的燈史也未必就是初期禪法的真實紀錄。那種以時間越早越真實的歷史史料學觀念來討論禪宗史，也是一種過於簡單的歷史敘事。禪門內部關於自己歷史的書寫是一個有待深入討論的問題。敦煌禪門燈史大都出於北宗門下，雖然其書寫的時間較早（均在 7 到 8 世紀間），卻並不能簡單地以此作為信史的材料來進行解讀，而同樣要意識到其中所貫徹的北宗不同法系的意圖論述與構建。因此，我不主張在重建史實的意義上來使用這些文書，而主張把南北宗不同時期所出現的有關初期禪史的敘述，看成不同宗門自家思想的表現。這裏只就幾部不同宗系和時期的燈史有關初期禪史"坐禪"觀念的紀錄作一些分析。

---

[*] 中山大學哲學系

[1] 如胡適、柳田聖山等都把慧能以後，特別是洪州宗的傳統說成是反傳統坐禪的新典範，而一些西方禪學史學者則有意識地一反胡適、柳田聖山的禪史看法，強調南宗坐禪思想與傳統坐禪方式之間的延承性。

大致而言，北宗門下的禪史都重視以"坐禪"入道的方式來表示禪法的根本，於是他們對初期禪師禪法的論述都鮮明地表示了這一宗趣。如《楞伽師資記》（~713）序中就說禪定之為解道之本："此中坐禪，證者之自知，不由三乘之所說也。"[2] 所以該燈史所塑造出的初期禪門祖師形象，也大都是以靜坐守心為禪法之要的。據《楞伽師資記》所說，惠可就是重視靜坐入道的。該傳還引經證說："今世後世，淨十方諸佛，若有一人不因坐禪而成佛者，無有是處。"同樣其所記三祖、四祖、五祖也一樣都是禪定入道的傳統，如說僧粲和忍大師的作風都是"蕭然淨坐，不出文記"。[3] 而關於四祖道信的"坐禪"與"一行三昧"之關係，則更有詳細的紀錄，此留待下文討論。

同出於北宗不同宗系的《傳法寶紀》（716-732），思想上雖然更側重於超越經教而直指心法，但在入道的方便上，仍然重視禪坐的一面。特別在有關東山法門的論述中，這部燈史強調了四祖、五祖與"坐禪"入道的關聯。如論信禪師說："每勸門人曰：努力勤坐，坐為根本"，忍大師亦言："夜便坐攝至曉，未嘗懈倦"。[4]

作為保唐一系的燈史，《歷代法寶記》（774 年後）則用不同的觀念去重新抉擇初期禪史的面貌。《歷代法寶記》一面批判北宗燈史所建立的祖統譜系，而試圖為保唐一系的正統性作辯護。如批判《楞伽師資記》所建立的禪法系譜是"不知根由"、"深亂學法"；但是在禪法思想的看法上，《歷代法寶記》與慧能之後南宗一系的法流有所不同，而又部分接受了北宗燈史關於初期禪史傳統中因坐入禪的思想，特別是在對東山法門之道信、弘忍的禪法敘述中，保留了北宗燈史中原有的"坐禪"論述。如論到道信時，說其"晝夜常坐不臥六十餘年，脅不至席"。又說忍大師"夜便坐攝至曉，未常懈倦"。[5] 這些說法不少顯然都是直接從北宗燈史中抄錄過來的。

值得注意的是，這些初期燈史雖然強調了早期禪門中所堅持的"坐禪"傳

---

[2] 高楠順次郎、渡邊海旭、小野玄妙編：《大正藏》，卷八五（台北：新文豐出版公司，1983 年）。

[3] 同上註。

[4] 柳田聖山：《初期の禅史 1 —— 楞伽師資記・伝法寶紀》（東京：筑摩書房，昭和五十四年〔1979 年〕），頁 380、386。

[5] 高楠順次郎、渡邊海旭、小野玄妙編：《大正藏》，卷五一。

統，卻又有意識地要把這一禪坐方式與前禪宗時期，即達磨禪之前流行中土的各類禪坐相區分，這樣方顯宗門之殊勝和法統之卓越。《楞伽師資記》在說到初期禪門祖師的禪坐時，就專門批判了此前流行的小乘和外道各種禪法，指斥這些禪法均易墮於鬼神之道而不得解脫。[6]《歷代法寶記》也分明列出像白骨、數息、九相、五停心觀等各類禪法，明確表示這些都"不是達摩祖師宗旨"。[7] 就是說，初期燈史關於祖師禪坐的論述是別有自己宗旨的。

南宗燈史文獻對初期禪史祖師的紀錄卻完全表示了不同的意見。其不僅沒有涉及到初期禪史中"坐禪"的法流，且有意識地批判解消禪坐的傳統。這一點，我們從神會的論述、《祖堂集》（952）、《景德傳燈錄》（1004）等各種材料中都可以鮮明地感受到。可以說，慧能開創出的南宗門下確實在"坐禪"方面有自己特殊的理解和闡發，而且這些禪坐的觀念直接表現在他們關於禪史的重新論述和建立方面。

先看神會。神會對北宗傳統所謂以坐入禪的方式進行了激烈的批判，於是在他為初期禪史所作的譜系中，從初祖到六祖的修禪悟道都刻意略去了有關"坐禪"的內容，而把整個初期禪法歸約為般若修行，特別是《金剛般若經》的修行方法。如在他的"南陽和尚問答雜徵義"中，從第一代達摩到六祖慧能之間的傳法，不僅沒有涉及到一點行門方面的禪坐內容，且強調的都是在思想上"依《金剛經》重開如來知見"。[8] 如果說神會的禪史論述暗藏了過於強烈的宗派主義敘事，那麼 10 世紀後南宗燈史的說法也不外於此。

出於南唐泉州招慶寺靜、筠二禪師的《祖堂集》雖然代表了石頭一系的宗風，而對初期禪史的不少論述卻仍然可以說體現了南宗一般性的看法。其中在初祖到六祖的禪法紀錄中，《祖堂集》與神會禪史論述一樣，完全沒有提到"坐禪"的傳統。更意味深長的是，在有關慧能傳的部分還有意識地保留了南宗門下所傳慧能批判北宗"坐禪"入道的一段："時中薛簡啟師云：'京師禪師大德教人要假

---

[6] 《楞伽師資記》，〈第一·求那跋陀羅〉中有對一般禪法之批判。見《大正藏》，卷八五。

[7] 同上註。

[8] 楊曾文編校：〈南陽和尚問答雜徵義〉，《神會和尚禪話錄》（北京：中華書局，1996 年），頁 101-111。

坐禪，然方得道。'師云：'由心悟道，豈在坐也？'"[9] 又《祖堂集》卷三〈崛多三藏傳〉中，更編造了一個有趣的故事，說崛多三藏曾見神秀弟子"結草為庵，獨坐觀心"，就批判這種靜坐之法是"西天下劣外道所習之法"。[10] 到了北宋《景德傳燈錄》所傳，除了達摩傳的部分有提到他"面壁而坐，終日默然"之外，其他五祖的傳承中，都沒有提到"坐禪"入道的內容，而在慧能傳中也同樣保留了薛簡問禪坐的一段文義，這顯然是要把北宗燈史在悟道與"坐禪"間建立起的關聯瓦解掉。[11] 可以想見，《景德傳燈錄》對"坐禪"的論述反映了南宗門下基本定型的、對坐禪入道一流觀念的批判了。

從北宗燈史的以坐入道，到南宗燈史所主張的悟不在坐，鮮明表示了不同的禪史圖像。我並不想在此去考訂哪種傳說更近於初期禪史的歷史實相。學界有一種意見，認為從達摩到東山法門，再傳北宗，都是一脈相承的重於禪坐入道的傳統，而南宗則被論述為這一禪坐傳統的對立面。[12] 我以為這樣的學術史論述都過於單純地相信了北宗燈史的一家之言，而沒有意識到不同時期燈史書寫的背後所存在的宗派主義的權力修辭，這無關乎其文獻時間的早晚。我們對這些燈史不僅需要作歷史的考察，更需要進行深入的系譜學分析。下面我只就 6 到 9 世紀中國禪史上幾個與"坐禪"相關的論題開展討論。

（一）從"一行三昧"到"遊戲三昧"

日本與西方學者對"一行三昧"的概念史作過深入的討論，[13] 不過尚可在此基礎上作進一步的分析。"一行三昧"在六朝佛典系統中有不同的內涵，後來又經過天台及淨土和禪宗的不同發揮，意義就變得更為複雜多樣。因此對這一概念

---

[9] 此段與唐代〈曹溪大師別傳〉所說如出一轍。見吳福祥、顧之川點校：《祖堂集》（長沙：嶽麓書社，1996 年），頁 58。

[10] 吳福祥、顧之川點校：《祖堂集》，卷三，頁 79。

[11] 參考〈慧能傳〉，《景德傳燈錄》，卷五，以上內容收入《大正藏》，卷五一。

[12] 椎名宏雄的看法比較有代表性，他認為北宗把初期禪的坐禪觀念貫徹到底，而南宗則以超越北宗坐禪觀為特色，見其〈南宗の坐禪觀とその特色〉，《宗學研究》，1971 年 13 期，頁 134-146。

[13] 參考小林圓照：〈禪における一行三昧の意義〉，《印仏研》，1961 年 9 期，頁 160-161；平井俊榮：〈一行三昧と空觀思想〉，《曹洞宗紀要》，1971 年 3 期，頁 5-12。而最有意味的是 Bernard Faure 所作 The Concept of One-Practice Samadhi in Early Ch'an 一文，該文收入 Peter N.Gregory, *Traditions of Meditation in Chinese Buddhism*（Honolulu: University of Hawaii Press, 1986），pp. 99-128。

不能夠簡單地作一種本質主義的理解，而應該從“家族類似”的角度去理解其多重意義。如曼陀羅仙所譯《文殊師利所說摩訶般若波羅蜜經》卷二中之“一行三昧”，在理境上面雖然講無二一相，而在行門方面卻是注重“系心一佛，專稱名字”的。在這裏念佛並不是口唸而已，而是結合了“繫心”禪坐。所謂“捨諸亂意”、“端身正向”等，[14] 講的其實就是一種念佛禪。《起信論》也提到“一行三昧”，其思想與《文殊般若經》略有不同，在理境上《起信論》雖然也是講“法界一相”的無二境界，行門上卻沒有提到念佛禪的方便，反而是重視真如為體（“當知真如是三昧根本，若人修行，漸漸能生無量三昧”）和“當念唯心”（“當念唯心，境界則滅，終不為惱”），在下手處強調無住而無相的一面（“真如三昧者，不住見相、不住得相”）。[15] 可以說，在六朝漢文佛典的經論中，對“一行三昧”就有不同的解釋方向，稍後天台、淨土的文獻中講“一行三昧”時，又從各自的教義作了發揮，這裏我們不去討論。下面只限於討論初期禪宗與“一行三昧”的關係。

1.“一行三昧”與南北分宗。“一行三昧”最初與“坐禪”有密切的關係。在初期禪宗史上，據傳四祖道信的“坐禪”法門與此有關。根據北宗《楞伽師資記》道信章所記，道信講“一行三昧”援引到《文殊般若》中的念佛方便。而實際上，道信對“一行三昧”的理解和發揮並沒有嚴格照《文殊般若經》念佛禪的方式來開展，而同時也融合了《起信論》當念唯心的思想。從他為《文殊般若經》的念佛所作的“念佛即是念心，求心即是求佛”以及“佛無相貌”即是安心的解釋來看，就不難理解這點。[16]“一行三昧”作為東山門下的傳承，雖然在弘忍的禪法紀錄中沒有直接的表示，但其念佛禪坐的方便仍然可以看作是道信禪法的發展，這點下面會專門討論。

“一行三昧”在北宗禪的傳承中是得到明確承認的。關於神秀的禪法傳承，《楞伽師資記》中有這樣的記載：“則天大聖后問神秀禪師曰：‘所傳之法，誰家

---

[14] Bernard Faure 認為《文殊般若經》的“一行三昧”重於形上學和本體論方面的說明，而不是修行方法，這一看法值得商榷。見 Bernard Faure, The Concept of One-Practice Samadhi in Early Ch'an. 另見《大正藏》，卷八。

[15] 見《大正藏》，卷三二。

[16] 淨覺：《楞伽師資記》，載《大正藏》，卷八五。關於道信“一行三昧”與《起信論》的關聯，從道信闡釋“一行三昧”中提到“本覺”這一概念來看，就更能夠證明這一點。

宗旨？'答曰：'稟蘄州東山法門。'問：'依何典誥？'答曰：'依《文殊説般若經》一行三昧。'"神秀也把"一行三昧"與念佛方便結合起來，這一點可以説是東山門下的一貫作風。可以想見，"一行三昧"在初期禪史的流傳中有著非常重要的意義。

南宗當然不會忽略這個問題，從敦煌本《壇經》和有關神會的文獻中都可以看到他們對"一行三昧"的運用和解釋。不過，也正是通過"一行三昧"這一觀念，他們作了與東山法門及北宗完全不同的發揮。《壇經》中的"一行三昧"顯然就是針對北宗門下的所傳進行的批判。"一行三昧"在初期禪宗傳統，特別是道信那裏是被看作為禪坐的一種方便而保留下來的。而《壇經》（敦煌本）所説"一行三昧"則特別強調三昧並不限於坐，而是表現在不同的活動當中，並對寂靜主義的"一行三昧"觀念進行了批判："一行三昧者，於一切時中行住坐臥，常行直心是。"接著又引《維摩經》"直心是道場"的觀念來解説"一行三昧"，其重點仍然是講要於活動而不是從"坐禪"寂靜的單一形式裏去體會三昧的意義。所謂"但行直心，於一切法上無有執著，名一行三昧。迷人著法相，執一行三昧。直言坐不動，除妄不起心，即是一行三昧。若如是，此法同無情，卻是障道因緣。道須通流，何以卻滯？"[17]

神會對"一行三昧"所作的解釋也是對他自己禪學觀念所作的延伸，他不僅於東山門下"一行三昧"與禪坐的方便完全不顧，甚至源出於《文殊般若經》"一行三昧"也被他被説成是《金剛般若》："若欲得了達甚深法界者，直入一行三昧。若入此三昧者，先須誦持《金剛般若波羅蜜多經》"。對於"一行三昧"的法義，神會也不是從念佛方便和無二一相去作理解，而完全成為他自己禪法思想上的"無念"了。他這樣解釋説："是（無念）者，即是般若波羅蜜。般若波羅蜜者，即是一行三昧"。[18] 經過南宗的解釋，"一行三昧"已經明顯不再是東山法門的一流了。一直到南宗燈史的寫作，還是一直沿用敦煌本《壇經》以來的説法，對"一行三昧"的解釋也是堅持以《維摩經》中"直心"觀念作發揮。[19]

---

[17] 郭朋校：《壇經》（敦煌本）（北京：中華書局，1983 年），頁 27-28。

[18] 楊曾文編校：《神會和尚禪話錄》，頁 73。

[19]《祖堂集》，卷二，頁 60；《景德傳燈錄》卷五，載《大正藏》，卷五一。

2、"一行三昧"與念佛、守一。在東山門下,"一行三昧"的修持結合了念佛淨心的方便,這是當時流傳的一種"坐禪"。在達磨禪的時代,念佛與禪似乎還被認作是不相容的兩種方法,但到了東山法門的傳承中,這兩種看似極端對峙的方法卻廣泛地融會起來。[20] 杜朏的《傳法寶紀》就談到弘忍門下禪宗開"念佛"方便,以自淨其心,成為公開、廣泛的法門:"及忍、如、大通之世,則法門大啟。根機不擇,齊速念佛名,令淨心,密來自呈,當理於法,猶迷為秘重,曾不昌言。"[21]

其實,作為"坐禪"方便的念佛方法結合著"一行三昧"是在道信時就已經開展出來了。從《楞伽師資記》所錄道信"入道安心要方便法門"中所引《文殊般若經》的文句看,道信重視的是該經中由念佛而入"一行三昧"的法門。不過,念佛的方便在道信修行方式中都引向了禪門心法,即念佛是導源於自心而又歸向於自心清淨的"一行三昧"。這與淨土的念佛法門有根本意趣的不同。可以說,道信念佛三昧的特點是實相(無相)而唯心的,這一點構成中國禪宗念佛法門的基本圖式。如後來《壇經》和神秀的《觀心論》都是在自心清淨的意義上來化解西方淨土的觀念,因此念佛被賦予了一種"精神冥想"(spiritual contemplation)的形式。[22]

從道信到弘忍,他們對念佛坐禪也略有不同的發揮。道信曾經援引《觀無量壽經》,其重於念佛心是佛,即內在心性論方面的引伸。傳為弘忍的《最上乘論》也引述到《觀經》,但是側重於行門上的觀想念佛法門。從《最上乘論》的文句上看,弘忍認為這只是對於"初心學作禪者"的方便法門,並特別強調說,對於"坐禪"時所出現的一切境界,如各種三昧、光明、如來身相等,都應看成是"妄想而見",而主張"攝心莫著",以空觀讉之。應該說,弘忍重視觀心而勝於念佛,但念佛作為一種方便,畢竟在他的禪法系統中保留下來,儘管是從相當消極的意味上保存的。有意味的是,念佛法門在東山門下的分頭弘化中仍然保持下

[20] 宇井伯壽:《禪宗史研究》(東京:岩波書店,昭和四十一年〔1966 年〕),頁 193-194。

[21] 見《大正藏》,卷八五。

[22] Bernard Faure,*The Will to Orthodoxy: A Critical Genealogy of Northern Chan Buddhism* (California: Stanford University Press, 1997), p.55.

來，而且顯示出不同的法流。[23]

神秀意在傳承東山門下的"一行三昧"，而傳說與神秀相關的《觀心論》、《大乘無生方便門》中也有說到念佛淨心的，特別是《觀心論》，對於唯心念佛有重要的發揮。這裏提到念佛即證覺的思想："佛者覺也，所謂覺察心源，勿念起惡；念者憶也，謂堅持戒行不忘精勤。了如來義，名為正念。"重要的是，把念佛解釋為證自心覺，這恰恰是《大乘無生方便門》講的第一方便，即"離念門"的離念自覺。敦煌本"方便門"中說到"念佛"法門是"一念淨心，頓超佛地"。接著又"方便通經"，引《起信》中本覺、究竟覺等一段文句來解說念佛淨心的離念方便。[24] 由《文殊般若經》的念佛三昧聯繫到《起信》的思想，雖在道信的禪法中隱約可見，而究竟在神秀的"五方便"中明確地表示出來。其次，神秀離念方便門說到"看心看淨"，也引禪師們經常援引的《金剛經》中"凡所有相皆是虛妄"的說法作為經證。[25] 說到念佛，他不僅明確反對"口誦"而主張"攝心內照，覺觀常明"的"心念"，並以著相和離相作為判析二種念佛區別的依據。接著同樣還是引述《金剛經》加以說明。神秀把念佛明確引向觀心的一流，這體現了初期禪門的念佛特色，也正可以說是東山法門的所傳。

作為五祖門下旁出的資州智詵一家，到金和尚無相禪師才標舉出"無憶、無念、莫忘"的"三句教"來接引學人。其中"無念"最為根本，它不僅是心真如門，而且可同時總持戒、定、慧三學。[26] 而"無念"，恰恰是通過念佛來逐漸完成的。由於這一系與"一行三昧"的關係並不明確，所以我們在這裏不作詳細討論了。

"念佛"在東山門下"南山念佛門"得到了發展。關於這一系的禪法，主要

---

[23] 有關東山門下的禪法與念佛問題，日本學者有些研究值得注意。他們不僅考察了東山門下的禪法與念佛的關係，還提出了一些新的問題點。如關口真大特別注意到五祖門下牛頭宗法持與〈達摩禪師觀門〉中的"念佛禪"研究，見《禪宗思想史》（東京：山喜房佛書林，1962 年）；田中良昭也分別在《敦煌仏典と禪》和《敦煌禪宗文獻の研究》中，考察東山門下的念佛禪以及敦煌禪文獻〈達摩禪師觀門〉中的念佛思想。這些課題，在漢語禪學史的研究中還沒有充分的反映。見氏：《敦煌仏典と禪》（東京：大東出版社，1980 年）及《敦煌禪宗文獻の研究》（東京：大東出版社，1983 年）。

[24]《大正藏》，卷八五。

[25] 作者不詳：《大乘無生方便門》，載《大正藏》，卷八五。

[26] 作者不詳：《歷代法寶記》，載《大正藏》，卷五一。

保存在宗密《圓覺經大疏鈔》卷三之下。依宗密的說法，這一系的作派主要是"藉傳香而存佛"，說明南山一系已經把念佛的法門作了"儀式化"的發展。"傳香"，照印順的解釋，是與授戒有關的儀軌。[27] 而"存佛"，《圓覺經大疏鈔》中有這樣的記載："言存佛者，正授法時，先說法門道理，修行意趣，然後令一字念佛。初引聲由念，後漸漸沒聲、微聲，乃至無聲。送佛至意，意念猶粗。又送至心，念念存想，有佛恆在心中，乃至無想盡得道。"[28] 這是說，由口唸息意，轉又以觀想伏心，最後以成就無想得道。這與《文殊般若經》、道信禪法的念佛以淨心是非常接近的。如果再結合神秀的說法，似乎可以表明，東山門下的分頭弘化，除慧能一系之外，大抵仍沿襲了《文殊般若經》和道信以來教人念佛坐禪以為接引的方便。

道信的"一行三昧"除了念佛禪坐的方便，還特別提到了另外一種禪坐的形式，即"守一不移"。道信說這是從傅大師那裏傳承下來的禪坐法門，這裏有幾條值得注意：1."守一"並不局限於靜門，而是"動靜常住"，這一點與後來南宗禪所主張的動靜一如是一致的；2."守一"包含了兩層觀法，一是"修身審觀"，即以般若空觀的方式照見身識皆空；另外一層就是攝心內觀，方法上則是專意看一物，所謂"守一不移者，以此淨眼，眼住意看一物，無問晝夜時，專精常不動"。[29]

弘忍"守本真心"的觀心主張很可能就受到道信"守一"方法的深入影響。根據《最上乘論》的說法來分析，則弘忍對於念佛與觀心有更進一層的勘辯。最明顯的是，弘忍並不重視《文殊般若經》的念佛三昧，而把《起信論》的觀心與《金剛經》的破相觀念結合起來，強調了守本真心對於念佛優越的一面。在道信的禪法中，念佛雖是淨心的方便，卻畢竟是一種主要的方便。弘忍則更重於守本真心，而於念佛則作為次一級的方便。《最上乘論》中說"但於行知法要，守心第一"，又云"夫修道之本體，須識當身；心本來清淨，不生不滅無有分別，自性圓滿，清淨之心，此是本師，乃勝念十方諸佛"。尤有意味的是，《最上乘論》還專

---

[27] 印順：《中國禪宗史》（南昌：江西人民出版社，1999 年），頁 133。

[27] 印順：《中國禪宗史》（南昌：江西人民出版社，1999 年），頁 133。

[28] 藏經書院編：《卍續藏經》，卷九（台北：新文豐出版公司，1983 年）。

[29] 淨覺：《楞伽師資記》，載《大正藏》，卷八五。

就守心如何勝念彼佛作了解釋，這裏明確表示禪門念佛是重於觀心的法流。

又，《楞伽師資記》説到弘忍的禪風是"蕭然淨坐"，這裏沒有提到念佛，卻有提到"遠看一字"的禪坐方法。這種攝心看物的方法與弘忍大師"守本真心"所提到的"盡空際遠看一字"是非常接近的一類方便。[30] 我們還無從詳知看字淨心的具體意義，但顯然與念佛淨心有些不同。這兩種説法是否代表了東山門下北傳的不同法流，姑且留作深論。可以肯定的是，由道信到弘忍的發展，念佛作為方便的意味更加顯得突出了。[31] 或者説念佛和看字，作為不同的方便，是同時兼收並蓄地共存於東山的禪法中。如印順所説，在東山法門中，"舊傳與新説的融合而各有所重"。[32]

3. 從"一行三昧"到"遊戲三昧"。初期禪的"一行三昧"重於坐禪入道，可以説是靜禪。雖然南宗門下有意識地批判了北宗"一行三昧"的説法，偏向於在一切施為活動中去尋求安心，從而把禪引向了日常生活，"於一切時中，行、住、坐、臥，常行直心"。[33] 這類禪法更具有一種動禪的性質，後來禪宗更傾向用"遊戲三昧"的説法來加以表示。

我們從早期漢譯論典和註經傳統中也發現了有關遊戲概念的各種説明。"遊戲三昧"的概念在六朝《法華經》的傳統中早已經常出現。但在初期，"遊戲三昧"的觀念主要還是與神通變化的思想聯繫起來的，如《悲華經》卷第一中就這樣説："所有諸佛入於師子遊戲三昧，示現種種神足變化。"而到了羅什譯本的《法華經》卷七更用"神通遊戲三昧"來表示。[34] 應該説，只有到了中國禪，特別是慧能及其所影響下的南中國禪的運動中，"遊戲三昧"的觀念才獲得了更為精神性和去魅化的展開，表示出一種見道的內在精神狀態。敦煌本《壇經》重在講"一行三昧"和"般若三昧"，還不曾出現"遊戲三昧"的説法，而後出的《壇經》本子就明確提到"遊戲三昧"。如宗寶本《壇經》"頓漸品第八"就説到"遊

---

[30] 淨覺：《楞伽師資記》，載《大正藏》，卷八五。

[31] 據宇井伯壽的考證，弘忍的許多弟子是修行念佛法門的。參見氏：第 4 章 〈五祖門下與念佛禪〉，《禪宗史研究》。

[32] 印順：《中國禪宗史》，頁 68。

[33] 郭朋校：《壇經》，頁 28。

[34]《大正藏》，卷九。

戲三昧，是名見性”。這表示在禪宗史的發展中，從“一行三昧”到“遊戲三昧”
有一個逐步轉化的過程。

　　中國禪師們更樂意用“遊戲三昧”的説法來表示入道之後的生命所呈現出的
不受一切法的拘束，自由自在的意境。“遊戲”是活動，而“三昧”是入定，這
一動一靜融為一體，正是南宗對禪意高致的一種表示。它表明能夠在活動中凝煉
精神，專注而又自由，這種活動中的三昧其實需要非常強大的內在定力，難度更
大。這可以説是一種本真的“三昧”。敦煌本《壇經》是用這樣融入動靜來解釋
“一行三昧”的，一直到黃檗門下，重視的都還是“語默動靜，一切聲色，盡是
佛事”，[35] 如臨濟説“心法無形，貫通十方，目前現用”，[36] 這些都旨在徹底拆解
樂道與生活世界之間的區隔。於是，禪的精神就不只在寧靜的冥想中去體認，而
“舉措施為，不虧實相”的一舉一動，甚至放喝棒打、指手劃腳、呵祖罵佛，都
無不是在善説法要，指示學人“即今日前孤明歷歷”地迥獨根塵，透脱羅籠。[37]
照禪師們的意見，“遊戲”並非特指某種有規則的活動，而是我們對於這種活動
所稟持的一種態度和看法。就是説，只要心無所住，不在意識中作活計，專注於
高度的內在面向上的自覺和深秘經驗，就無處不生活在禪的三昧與喜悦之中。

　　“遊戲三昧”非有一番深度動靜功夫的歷練不能成就，如《無門關》中所説，
只有在參破祖師關，得大自在後，不能“向六道四生中，遊戲三昧”。[38] 中國禪的
“遊戲三昧”所蘊藏的玄機，並不能從簡單地從放任行為中去作解釋，毋寧説是
旨在拆解傳統形成的程式化或公式化的系統法則，回到自性的悟解上面來。《景
德傳燈錄》卷八所説普願禪師就是這樣，他經歷了戒法和經教的陶練，而最後還
是要在超越和放下這一切形式規範之後才得到自在：“池州南泉普願禪師者，鄭
州新鄭人也，姓王氏，唐至德二年依大隈山大慧禪師受業。三十詣嵩岳受戒，初
習相部舊章，究毗尼篇聚。次游諸講肆，歷聽楞伽、華嚴，入中百門觀，精練玄
義。後扣大寂之室，頓然忘筌，得遊戲三昧。”[39]

---

[35]〔宋〕賾藏主編集：《古尊宿語錄》，卷三，〈黃檗（希遠）斷際禪師宛陵錄〉（北京：中華書局，1994 年）。

[36]《古尊宿語錄》，卷四，〈鎮州臨濟（義玄）慧照禪師語錄〉。

[37] 同上註。

[38]〔宋〕慧開：《無門關》，載《大正藏》，卷四八。

[39]《大正藏》，卷五一。

（二）坐禪與戒相

　　"遊戲三昧"超越了一切戒相，但"坐禪"是否需要持戒這一前提條件呢？如果需要持戒，禪宗——特別是南宗傳統又是如何理解戒律與禪坐的關係？從早期漢傳大、小乘禪法來看，都特別提示到戒的規範和作用。安世高最早譯出禪經，同時也由他首譯律典方面的作品，[40] 可見他對戒律有相當的重視。由他所譯的《大安般守意經》卷上就有說"守意為道，守者為禁，亦謂不犯戒"。西晉竺法護譯《修行地道經》卷一中也提到"奉戒清淨"，"戒淨志樂無我想"，並說"假使行者毀戒傷教，不至寂觀，唐捐功夫"。從羅什輯譯的《坐禪三昧經》，佛陀跋陀羅所傳譯的《達磨多羅禪經》中，我們也都可以發現早期傳禪與戒法之間的密切關聯。如《坐禪三昧經》卷一，開首就提到禪師們對弟子的擇選，首先就要考察其持戒的程度，爾後才決定是否傳法。《達磨多羅禪經》卷下亦謂"淨戒為梯，能升慧堂。戒為莊嚴具，亦為善戍衛。戒能將人至於涅槃，戒香流出一切普熏"。[41] 由此可見，早期禪法的傳承對於戒法是相當的重視。不過，從這些戒法內容，以及康僧會、道安、慧遠、僧叡、慧觀等對於這些禪籍所作的序文來分析，他們都還沒有明確從自心或自性的意義上來強調戒禪的融會。[42]

　　中國禪宗傳統是重於戒相，而不隨意毀廢的。北宗禪就非常重視戒禪合一，即使像神會這樣對北宗禪坐有過激烈批評的人，對持戒的前提還是有明確肯定的。他說："若不持齋戒，一切善法終不能生。""學無上菩提，不淨三業，不持齋戒，言其得者，無有是處。"非常有趣的是，在禪法上面，神會宣導的是無念和不作意，但對於戒法，他甚至提出要通過"有作戒"來逐步完成"無作戒"。[43] 可見，他認為持戒對禪修來講，是不可輕易放過的功夫。

　　問題在於，中國禪對戒相的看法並不會流於戒本上那些有形的規定。特別是南宗禪到了石頭、洪州門下，他們對戒法有自己深一層的認識。依禪師們的意

---

[40] 安世高為中國最早譯律者，此說見贊寧：《僧史略》卷上，載《卍續藏經》，卷八六。

[41] 均見《大正藏》，卷一五。

[42] 道安對戒法非常的重視，他曾經親自"制僧尼規範，佛法憲章"，即為僧團制定律制。但從他所制定的"三例"來看，基本還都是一般行儀上的要求。見〔南朝〕慧皎：《高僧傳》，卷五，〈道安傳〉（北京：中華書局，1992 年）。

[43] 楊曾文編校：《神會和尚禪話錄》，頁 6。

見，規矩本來是根源於自性而又順於自性的，這就是神會所謂“無作戒”，也就是自性戒的意味。自性戒的概念在早期漢譯佛典中已經出現，不過意思與後來禪門所說略有不同。如我們可以看到在《菩薩地持經》卷四中對自性戒的四種解釋是這樣的：“云何自性戒？略說四德成就，是名自性戒。云何為四？一者從他正受；二者善淨心受；三者犯已即悔；四者專精念住，堅持不犯。從他正受者，外顧他於犯，愧心生。善淨心受者，內自顧於犯，慚心生。犯已即悔，專精不犯，如是不犯戒。”[44] 很明顯，這些說法還是從一般戒相，而不是自性的意味上來解說的。

禪宗所講自性戒則不然，而是重視從心地的體性來說戒法，所謂“實際理地不受一塵”。如慧能就說“戒本源自性清淨”，“得悟自性，亦不立戒、定、慧”。[45] 這表明中國禪重視的是戒律與自性的合一，其宗趣本是要在內在化的精神層面作自我要求，而不重在外相形式中去加以表現。因此，尊戒與慢戒的區別就不在形式上的行為合轍與否，而在自心對於戒法的覺解和持犯程度。這一點，洞山良价說得很清楚：“擬心是犯戒，得味是破戒。”[46] 鈴木哲雄對於唐五代禪宗的研究也表明，禪門於戒律的處理不能簡單地看作是輕視戒律，其中可能隱含了對戒律的形式主義批評，背後有更深刻的意義值得重視。[47]

根據印順的研究，道信禪法因受南方天台學的影響，重視戒禪合一的風氣。由於道信“菩薩戒法”沒有傳下來，無從詳知其中的消息，但他相信，弘忍門下的禪風——禪與菩薩戒的結合原來是稟承了道信的門風。[48] 問題是這一門風是否表示了戒法取向必須本源於自性清淨？從神秀所傳的戒法看，敦煌本、宗寶本等《壇經》都把其所說的“諸惡莫作名為戒”與慧能主張的“心地無非自性戒”對照起來講，似乎暗示神秀還沒有意識到自性戒的高度。這有可能是南禪一系的學僧為了貶斥神秀系統而編撰出來的說法。從敦煌文獻《大乘無生方便門》所記神秀“坐持禁戒”的“菩薩戒”法來看，神秀主張的乃是“護持心不起，即順佛

---

[44] 見《大正藏》，卷三〇。
[45] 郭朋校：《壇經》（敦煌本），頁 78-79。
[46] 〔明〕郭凝之：《瑞州洞山良价禪師語錄》，載《大正藏》，卷四七。
[47] 鈴木哲雄：《唐五代禪宗史》（東京：山喜房佛書林，昭和六十年〔1985 年〕），頁 465-466。
[48] 印順：《中國禪宗史》，頁 45-46。

性”的“持心戒”和“佛性為戒”。[49] 北宗對戒法的態度，可能還要作進一步的研究。[50] 關於以神秀為中心的北宗與戒律的關係，Bernard Faure 認為，北宗對於戒的應用有超越傳統古典律學的形式主義而引向內在化和觀心實踐的傾向。但以《壇經》為代表的南宗則把這種內在化的觀念推到更為徹底的程度，主要表現在“自性戒”的提出。[51] 可以肯定，把戒法銷歸到自性上來強調本性清淨，無須外鑠的主張，是經由慧能的提煉而一時成為通則的。《壇經》中說的“心平何須持戒，行直焉用參禪”的原則，在曹溪的後學中可以說是發揚光大了。

對戒的理解有內外重點的不同，難免發生許多分歧。在南宗系統的很多燈史文獻中，就多有反映禪律相爭的情況。像《歷代法寶記》就引經云大乘“持開通戒”，而小乘“持盡遮戒盡護戒”，又記無住禪師斥律師為“細步徐行，見是見非”，“並是滅佛法，非沙門行”。[52] 對於這些說法，我們都要從禪門所理解自性戒的高度去解釋才不會陷於文字上的意思，因南宗對律學的批評就誤以為南宗不究律法。菏澤神會的《壇語》與敦煌本《壇經》關於戒律的觀念上雖然還存在著明顯的差異，但仍然保留了慧能重於心地上說戒的思想。如《壇語》中說的“妄心不起名為戒”。[53]

石頭、洪州門下也很少提到戒法的傳授，不過，這些都應看作是對戒法形式或外在禮法拘執的訶毀，而不是對自性戒法的否定。如石頭門風就有這樣的作略。石頭的任運所行，不聽律，不念戒，這表示了其門風是不重形式的戒法。

---

[49]《大正藏》，卷八五。椎名宏雄認為北宗是主張禪戒結合的，而且其提倡的佛性為戒強調了戒律的精神性方面。參考其文〈唐代劍南禪宗における戒律の問題〉，《宗学研究》，1969 年 11 期，頁 139-152。

[50] 北宗對於戒行有相當的重視，但從現有的紀錄看，其多講以律扶禪，似乎並沒有特別暗示從自性上來瞭解。如王維說淨覺禪師“律儀細行，周密護持”，“戒生忍草，定長禪枝”，載〔清〕董誥等纂修：《全唐文》，卷三二七，〈大唐大安國寺故大德淨覺禪師塔銘〉；郭湜的〈唐少林寺同光禪師塔銘〉中說到“以修行之本，莫大於律儀，究竟之心，須終於禪寂。禪律之道，其在斯乎。”載《全唐文》，卷四四一；李邕的〈大照禪師塔銘〉也提到普寂“以正戒為牆，智常為座”，“屍波羅蜜是汝之師，摩他門是汝依處”，載《全唐文》，卷二六二。此外，《文苑英華》，卷八六〇中所載李華的〈大律師碑〉，卷八五八載李邕的〈嵩嶽寺碑〉中，都有相似的說法。見〔宋〕李昉：《文苑英華》（北京：中華書局，2003 年）。

[51] Bernard Faure, *The Will to Orthodoxy*, (California: Stanford University Press, 1997), pp.107-118.

[52]《大正藏》，卷五一。椎名宏雄〈唐代劍南禪宗における戒律の問題〉一文中，也討論了無住禪師對盛行於四川的律師所採取的敵對態度，可以參考。

[53] 楊曾文：《神會和尚禪話錄》，頁 6。

《祖堂集》卷四本傳中載："師受戒後，思和尚問：'你已是受戒了也，還聽律也無？'對曰：'不用聽律。'思曰：'還念戒也無？'對曰：'亦不用念戒。'"這是行儀上的"不拘小節"，而其宗要還是要歸於自性上的自律，故《祖堂集》又謂其"略探律部，見得失紛然，乃曰：'自性清淨，謂之戒體。諸佛無作，何有生也？'"又如石頭下的藥山也講"離法自淨"而不"屑事於細行"，而結合他答石室高沙彌關於受戒之義云"不受戒而遠生死"，又批評口說戒行（"猶掛著唇齒在"）的觀念看，他只是反對把戒律作形式化的理解。[54]洪州的禪風一面講行為的放任而同時又主張自心的檢束。百丈制定叢林清規雖還有整肅風氣，創立法式的意味，[55]而終究趨於自性無染，無取捨的一流。他對"有罪"、"無罪"的解釋，就是從這層意義上說的。[56]洪州的門下，對自性戒也有清楚的認識。如道一弟子惟寬，就強調了戒規與心法的不二。《景德傳燈錄》卷七載其回答白居易問法時說："無上菩提者，被於身為律，説於口為法，行於心為禪，應用者三，其致一也。譬如江湖淮漢，在處立名，名雖不一，水性無二。律即是法，不離於禪，云何於中妄起分別？"顯然，他是要把律行化約到心法中，而於自性上確認戒法的合法性。

（三）對"坐禪"的批判意味著什麼

中國禪宗史上對"坐禪"的批判主要都保留在與南宗有關的資料中。南宗禪經常表現出對"坐禪"的批判，這好像給人一種印象，南宗禪要徹底否定"坐禪"的傳統，把"坐禪"與悟道完全對立起來。著名的例子就是《祖堂集》、《景德傳燈錄》在〈懷讓傳〉中都提到的磨磚不能成鏡的故事，其中提到"坐禪豈得成

---

[54]《祖堂集》，卷四，頁 103、109。

[55] 阿部肇一認為，百丈一改傳統"律制"而創立了一種新的"律禪"，詳見其著《中國禪宗史 —— 南宗禪成立以後的政治社會史的考證》（台北：東大圖書公司，1988 年），頁 37-38。

[56]《古尊宿語錄》，卷一，〈大鑒下三世·百丈懷海大智禪師〉。百丈制定"清規"，原本就是為了禪門的需要而刻意與律宗分開的考慮，這一點，在贊寧的《大宋僧史略》和《景德傳燈錄》卷六上都有說明。如《燈錄》上說："百丈大智禪師，以禪宗肇自少室，至曹溪以來，多居律寺，雖列別院，然於説法住持未合規度，故常爾介懷。"（《大正藏》，卷五一）《宋高僧傳》卷十的〈百丈懷海傳〉也說他"立制出意方便"，乃"簡易之業"。（《宋高僧傳》，北京：中華書局，1987 年。）這些都意在表明百丈的重視戒規並非嚴格因循一般律制，而是對作禪方面的延伸，有自己的發明。當然，從現有的資料和研究中，我們還無從判斷"清規"的精神與自性之間的關係。

佛"，"汝若坐佛，卻是殺佛"，及"不假修道坐禪，不修不坐，即是如來清淨禪"的看法，完全否定了禪坐的意義。[57] 胡適、柳田聖山等學者也都是根據這些説法而認定洪州一系對禪坐傳統一概加以否定。這種意見對禪史研究產生了相當深遠的影響。我們需要對此問題作進一步的分析。南宗對"坐禪"，特別是北宗禪坐傳統的批判究竟要傳達什麼，我們並不能泛泛把他們對"坐禪"的批判簡單解讀為對"坐禪"的全盤否棄。

首先，南宗對"坐禪"的批判多少含有宗派主義的修辭。就是説，南宗門下對於"坐禪"的批判，多是有所針對地在指向北宗禪法的傳統，這裏有禪法思想的分歧，也有爭正統的意味。特別是將當南宗門下論"坐禪"和法系傳承與對北宗修法的評論聯繫起來的時候，可以清楚見出。從敦煌本《壇經》到神會論禪坐，都鮮明地是在與北宗相區隔的脈絡裏來講的。如《壇經》重新定義其禪定的概念，正是在批判北宗禪法"看心看淨"的前提下進行的。[58] 神會對"看心看淨"的批判，就更是鋒芒畢露地表示了對北宗合法性的質疑。神會之所以被一些學者稱為南禪的"佈道家"（evangelist），[59] 而不是一般意義上的禪師，就在於他的禪學論述中充滿了宗教派系的修辭。他書寫〈菩提達摩南宗定是非論〉本來就是一場有策略地針對北宗而作的批判行動。從思想上來説，他最主要的批判對象就是北宗的"坐禪"觀念，這些都明顯充滿了爭正統的意味。[60] 如他批評神秀禪師門下二十餘人"説禪教人，並無傳授付囑，得説只沒説"，[61] 就在表明，北宗的傳承不在正統譜系的安排之中，於是其所傳的一切禪坐的教導也都是不合法的。

我們必須意識到，南宗對於北宗禪坐傳統的批判顯然包含了派系之間的權力鬥爭。Bernard Faure 在分析初期禪宗內部對"一行三昧"的不同解釋時，也特別闡明了禪宗不同派系之間是如何圍繞著"一行三昧"的觀念作解釋，進行追

[57] 分別見《祖堂集》，卷三，頁 87；《大正藏》，卷五一。

[58] 郭朋校：《壇經》（敦煌本），頁 36-37。慧能謂志誠關於戒、定、慧的説法，也公開表示了與神秀思想的不同法流。具體可以參看《壇經》，頁 78。

[59] John R.McRae, *Seeing through Zen:Encounter,Transformation,and Genealogy in Chinese Chan Buddhism*,（California: University of California Press, 2003），p.55.

[60] 分別參考椎名宏雄：〈北宗燈史の成立〉，《敦煌仏典と禅》，頁 75；鈴木哲雄：〈南宗燈史の主張〉，《敦煌仏典と禅》，頁 92。

[61]《神會和尚禪話錄》，頁 28。

求 "正統性" 的鬥爭和教理 "交換" 的。他發現作為禪宗內部的衝突場域，每一個派系都試圖在其追求正統性和權力的全面鬥爭中勝過其他派系。[62] 椎名宏雄和 Mario Poceski 也注意到，從牛頭宗到慧能、神會對 "坐禪" 思想的批判中，都包含了刻意與北宗相區分而建立自宗宗教身份（religious identity）的企圖。[63] 於是，對南宗禪史的論述，特別是有關牛頭、神會、洪州禪所表現出來的批判 "坐禪" 的說辭，都有必要進行譜系學的考察，以照查其中所蘊涵的對抗 "北宗" 的策略。正如南北兩宗有關頓漸之爭一樣，他們實際的思想分歧其實並不像我們一般禪史所描述的那麼大。[64] 如牛頭宗對禪坐的批判表面看是在講高臥放任，反對一切形式的 "坐禪"，而實際上牛頭的修證觀也還是重視山居坐禪的。[65] 又如洪州門風都被南宗燈史塑造為無證無修的一類，對 "坐禪" 也有極端的批評，而實際上，洪州宗也並不一味地反對禪坐，他們對禪坐的批判乃是有針對性地指向那種形式主義和寂靜主義的一流。有學者研究表明，洪州門下有關 "坐禪" 入定的紀錄也不少，作為入道的方便，他們對 "坐禪" 是給予肯定的。[66]

另外，北宗燈史所記東山門下的禪坐也不只有寂靜主義的一流，如道信的 "一行三昧" 顯然是重於禪坐的方便，但《楞伽師資記》並沒有把他的禪法敘述單一地局限在靜坐的形式裏面，而同時也意識到禪要體現在日常生活的施為運作之間。《楞伽師資記》記錄他的 "一行三昧" 時就提到 "舉足下足，常在道場；施為舉動，皆是菩提。"[67] 這表示北宗門下對於道信 "一行三昧" 的認識，已經超出了 "常坐三昧" 的範疇，走向涵蓋生活中的所有行為。[68] 這一點，弘忍的〈修心要論〉也講得很清楚，他一面主張 "坐禪" 對初入道學的必要性；另外一面，

---

[62] Bernard Faure, The Concept of One-Practice Samadhi in Early Ch'an.

[63] 椎名宏雄：〈南宗の坐禪觀とその特色〉，《宗学研究》，1971 年 13 期，頁 134-146；Mario Poceski, *Ordinary Mind as the Way: TheHongzhou School and the Grouth of Chan Buddhism*, pp.135-136.

[64] 參考拙作第四章〈禪門頓漸新論——以早期禪為中心〉，《禪史鈎沉：以問題為中心的思想史論述》（北京：生活・讀書・新知三聯書店，2006 年）。

[65] 椎名宏雄：〈南宗の坐禪觀とその特色〉，《宗学研究》，1971 年 13 期，頁 134-146。

[66] 印順：《中國禪宗史》，頁 297-299；Mario Poceski, *Ordinary Mind as the Way: TheHongzhou School and the Grouth of Chan Buddhism*, pp.136-139.

[67] 見《大正藏》，卷八五。

[68] Bernard Faure, The Concept of One-Practice Samadhi in Early Ch'an.

也提到"守心"並不限於"坐禪",而是要"但於行住坐臥,恆常凝然守本淨心"。他甚至說到真心的證入是"不索束修"的。[69] 這些思想都是後來南宗禪所特別加以提倡和發揮的方面。

其次,法統的鬥爭是一種分析禪史的有力工具,但也不能完全代替南北禪在"坐禪"觀念上的思想分歧。我們必須承認,從禪宗思想傳統的內部來看,南宗對"坐禪"的批判究竟表示了他們與北宗不同的意見。很可能東山法門的禪法是在神秀門下才把這一初入道的方便作了過度引伸,以至於把"坐禪"理解為禪法之全體,一味求靜,隔絕了與日常行為的關聯,才引起南宗門下的激烈反抗。

慧能以來南宗禪對北宗禪所說的"坐禪"方式的批判,並不能夠簡單理解為對禪坐的否定,而意在把禪坐從對外相的注意或形式主義的執著引向到心法的上面來理解。他們認為只拘泥於形式來論究禪法,乃是一種小禪小定。正如契嵩所說,《壇經》之定乃"尊大定也"。[70] 所謂的"大定"包含兩個方面內容。一是對禪定作心法上面的定義。就是說,禪定的意義並不局限在形式上面的"坐禪"入定,而是指內在心念上的道境。敦煌本《壇經》對"坐禪"的解釋就非常明確地指明了這點:"外於一切境界上念不起為坐,見本性不亂為禪。何名禪定?外離相曰禪,內不亂為定。外若著相,內心即亂,外若離相,內性不亂。"[71] 同樣,神會"說禪不教人坐"也並不是一味反對"坐禪",只是他對大定"宴坐"有這樣的解說:"坐者,念不起為坐;今言禪者,見本性為禪。所以不教人坐身住心入定。"[72]

另一方面,"大定"也表示禪定不限於"坐"的形式,而是要融入到日常生活的一切施為運作當中去保持不起念,這其實是更高難度的一種"坐禪"。敦煌本《壇經》有一段專門是批評北宗"看心看淨"一流的禪坐方式,其中就特別提到坐禪"亦不言不動",[73] 後來南宗的門徒都有從這一面來理解慧能禪坐的。《祖

---

[69] 弘忍:〈修心要論〉,載 John R.McRae, *The Northern School and the Formation of Early Ch'an Buddhism*(California: University of Hawaii Press,1986)。

[70] 契嵩:〈六祖大師法寶壇經讚〉,載郭朋校:《壇經》,頁 151。

[71] 郭朋校:《壇經》,頁 37。

[72] 楊曾文:《神會和尚禪話錄》,頁 31。

[73] 郭朋校:《壇經》,頁 36。

堂集》卷三智策和尚傳中就把六祖禪解釋為"禪性無住，離諸禪寂"。《景德傳燈錄》卷五慧能傳中也說到"居禪定而不寂"的說法等。[74] 神會對北宗禪的批判更有意味，對戒、定、慧三學來說，他認為戒、慧兩學尚可有所方便，即"要藉有作戒、有作慧，顯無作戒、慧"。在這裏他承認有某種有作和次第的存在。但對於禪定的部分，他卻完全否認有這樣一種方便。他指出有作定即是有念，看心看淨就屬於這樣刻意的一流。所以神會說："若修有作定，即是人天因果，不與無上菩提相應。"[75] 北宗的"住心看淨"就是有作意的"凝心入定"，神會認為這種一味重於靜寂的禪定不僅把靜與動分成兩橛，而且坐定的時候也不是真定，而是"墮無記空"；"出定以後"就"起心分別一切世間有為"，陷於妄心。神會提出，真正大乘佛教所謂的"宴坐"是"但一切時中見無念，不見身相，名為正定"。[76] 這顯然是要把動禪的觀念帶進來。

這一點，洪州的意見就更明確了，《景德傳燈錄》卷六道一傳裏提到習禪的方式是在"隨時言說，即事即理，都無所礙"，又說"隨時著衣吃飯，長養聖胎，任運過時，更有何事"。[77] 這些都反映了南宗燈史對禪坐一流偏於寂靜主義的批判。南宗學人擔心，如果禪坐只限於身體上的寂然不動，那還並不是禪的高遠意境。可以說，南宗對於"坐禪"的批判，旨在把北宗一味強調的靜禪引向動禪——一種活潑潑的生活禪。

---

[74] 分別見《祖堂集》，卷三，頁 80；《景德傳燈錄》，卷五，載《大正藏》，卷五一。

[75] 楊曾文：《神會和尚禪話錄》，頁 6。

[76] 同上註，頁 9、82。

[77] 見《大正藏》，卷五一。

禪宗與武士道

——

何燕生[*]

"也許有人會説：'禪和儒教不是舶來品嗎？'禪，的確誕生於中國，但在中國沒有完全紮根下來。禪於鎌倉時代傳到日本之後，卻在瞬息之間紮根於日本，這説明禪與中國人的想法並不相容，而與日本本土的想法卻有著非常高的適應性。依照鈴木大拙氏的説法，就是適應了'日本的靈性'，正因為這樣，禪在鎌倉武士之間很快流傳開來了。也就是説，禪與儒教是日本人自古以來就擁有的價值觀，是中國人將其理論化了。而且，依照慣例，日本人將它與神道等相融合，並且進行日本化，最後深化為武士道精神。"

這段文字譯自近年來風靡日本的《国家の品格》一書。[1] 該書自 2005 年出版以來，迄今發行三十餘次，印刷約 350 萬冊，據説是 2006 年和 2007 年日本最暢銷的書籍。該書的出版，帶動了日本社會強調"品格"的風氣，所謂"女性的品格"、"父母的品格"、"教師的品格"之類的書充斥書肆，大有一股舉國上下逢人必言"品格"的情勢。箇中緣由，特別是該書之所以如此暢銷的當前日本的社會背景，我們暫且不論，然而，書中有關日本文化的一些論調，則讀來覺得並非全是嘩眾取寵之言，有些言説，的確很有趣味，這裏所引用的關於禪宗與"武士道"關係的言説，便是其中一例。

當然，嚴格説來，所謂禪宗與"武士道"之間擁有密切關係的説法，並非只見於鈴木大拙的著述，也非始於鈴木大拙。鈴木之前曾有人提出過，並且還有這類專著的出版，鈴木大拙只不過是轉述和傳播了這一主張而已。總之，今天，無論是在西方還是在日本國內，我們常常可以看到所謂"禪宗與武士道"這類言説的流傳和相關書籍的出版。在大多數人的心目中，所謂"禪宗與武士道"的關係，似乎業已成為日本禪宗的一個重要"傳統"，同時又被視為區別中日兩國禪

---

[*] 武漢大學講座教授、日本郡山女子大學教授

[1] 藤原正彥著：《国家の品格》（東京：新潮社，2005 年），頁 119。

宗的一個明顯標誌。談論"武士道"，不得不涉及禪宗，似乎已成為一個眾所周知的"常識"。上述《国家の品格》的言説，可以説是其中的一例。

然而，事實到底如何呢？換言之，人們關於日本禪宗和"武士道"的這種認識，是"想像"的？還是"實際"的呢？本文帶著這樣的疑問，擬對所謂"禪宗與武士道"言説的生成背景和歷史脈絡進行探討。

◎ 一、佛教（禪宗）、神道和儒教 ——"武士道"的三個淵源

據載，"武士道"一詞最早見於江戶時代的《甲陽軍鑑》一書，共有 39 例。[2] 戰後日本出版的各大辭典，如《廣辭苑》、《日本史大事典》等辭書，均收有"武士道"詞條。因此，所謂"武士道"，在今天看來，可以説是一個常見並且擁有一定歷史淵源的詞語。然而，正如日本思想史家相良亨所指出的那樣，目前日本社會以及海外流行的"武士道"，其實始於明治時代，特別是在新渡戶稻造的"Bushido"被引介到日本後，才在日本社會得到廣泛流傳的。[3] 因此，考察所謂"禪宗與武士道"言説的生成情況，有必要先瞭解新渡戶稻造的《武士道》一書。

新渡戶稻造的《武士道》一書，英文原名 "*Bushidu, the Soul of Japan*"，1899 年於美國費城出版。1900 年日本裳華房出版日文版，1905 年出版增補版，分別在美國和日本國內發行。現在通行的，是由矢內原忠雄翻譯的增補本，收入岩波文庫。

通讀新渡戶稻造的《武士道》一書，可以發現該書涉及的內容甚廣，既有歷史的，也有文學的。從字裏行間，我們不難發現，新渡戶稻造撰寫該書的主要目的在於強調這樣一個道理："西方有的東西，日本也有"。也許正是基於這樣的考量，該書在敘述過程中，基本上採取了對比的方法，比如將"武士道"與西方騎士道對比、將英國王室與日本皇室對比、將《聖經》與王陽明對比、將基督與孟子對比、將柏拉圖與水戶義玄對比等。而且，書中涉及西方的話題也特別之

---

[2] 依據酒井憲二編：《甲陽軍鑑大成》（東京：汲古書院，1994 年）索引檢索的結果。

[3] 見《日本史大事典》收錄的由相良亨執筆的"武士道"詞條，載下中弘編：《日本史大事典》（東京：平凡社，1993 年）。

多，提及的西方人名甚至遠遠超過日本人名的數量（140人比20人）[4]。因此，從另一個角度來講，該書其實又是一部關於東西文化比較的論著。

總之，該書既然名《武士道》，敘述的中心當然圍繞著"武士道"之謂何的問題。那麼，新渡戶所講的"武士道"究竟指什麼呢？簡單說來，在新渡戶的《武士道》一書中，"武士道"被視為一種宗教道德，並與西方基督教的宗教道德進行對比。新渡戶在該書"緒言"中透露了這方面的緣由。據他說，他在德國與比利時的法學家散步時，對方問及宗教問題："貴國的學校裏沒有宗教教育，那你們是如何傳授道德教育的呢？"新渡戶說，他當時對此非常震驚，無言以答，因為自己年少時所接受的道德教育並不是在學校。後來經過諸般思索，最終想到了業已深深融入自己血肉之軀的"武士道"。這是第一個緣由。其次是日常生活中與美國出身的妻子之間所進行的關於日本文化問題的一些問答。[5] 因此，新渡戶的《武士道》以英文寫作並在美國出版，可以想見，其目的主要在於向西方社會介紹作為宗教道德的日本"武士道"的存在，這也可以視為新渡戶"武士道"的特色之所在。

基於這樣的觀點，新渡戶在《武士道》一書的開頭就明確指出了"武士道"的淵源是日本社會流傳的佛教、神道和儒教等宗教傳統，並且視佛教特別是禪宗為"武士道"的首要淵源。如他說：

> 首先從佛教說起吧。佛教所謂任憑命運的平靜感覺，對於不可回避事態時的安靜服從，直面危險災禍時禁欲主義式的沉著，賤生親死的心態，這些對於武士道都給予了貢獻。有位劍道名人向弟子傳授完劍技之極意後，宣告說："更上一層的事是我指導不了的，不得不讓給禪宗的教義。"所謂"禪"，是dhyana的日譯，它意指"人試圖通過冥想達到超越語言表達範圍的思想領域的一種努力。"其方法是冥想，但其目的，據我所理解，在於認識貫穿在一切現象根底的原理，進一步是絕對本身，並且令自己與此絕對相調和。我們試作如此定義，便發現這種教義已超越了一宗一派的範圍，不論

---

[4] 依據岩波文庫本末後的"人名索引及注"統計的結果。

[5] 新渡戶稻造：《武士道》（東京：岩波書店，2007年），頁11。以下凡引自《武士道》文字，皆依據此版本。

任何人，只要到達了對絕對的洞察，即可從現世的事相中超塵脫俗，覺悟到"新天與新地"。[6]

新渡戶關於禪的實踐方法和禪的目的的解釋，可以說基本得當，並未偏離禪宗的原意。仔細讀之，不難發現常見於佛教和禪宗的所謂"安心立命"、"平常心是道"、"生死不二"、"生也全機現，死也全機現"等思想的蹤影。新渡戶認為，佛教和禪宗的這些思想構成了"武士道"的淵源。

新渡戶接下來指出，"武士道"的第二個淵源是神道，認為佛教所未提供的東西，神道提供了。如他說：

> 神道豐厚地提供了佛教尚未提供的東西。通過神道的教義銘刻在人們心目中，對君主的忠誠，對祖先的尊敬以及對父母的孝行，這些是其他任何宗教所未教導的東西，它們對於武士傲慢的性格，賦予了服從性。（中略）神道的教義中，包含著可稱之為支配著我們民族感情生活兩個特色的愛國心以及忠義。（中略）這個宗教——或者說由此宗教所表現出來的民族感情更確切——在武士道中充分地灌輸了忠君愛國。它們與其說是作為教義，倒不如說是作為刺激，發揮了作用。[7]

這裏對神道的理解，有些是離譜的，比如將"忠誠"、"敬祖"和"孝行"視為神道的教義，顯然不符合歷史實際。我們知道，這些都來自於儒教。然而，從新渡戶所處的明治時代來看，這樣的理解自有道理。因為在明治時代，神社由國家統一管理，創立了所謂"國家神道"，神道以外的各路神明被視為淫祠邪教而予以排斥。另一方面，本來是地方武士對藩主和藩的"忠君愛國"，變成了日本國民對天皇和日本國家的"忠君愛國"。而且，"國家神道"改為對皇室的崇拜，同時又是國民自己對各家的祖先崇拜。因此，新渡戶所處的明治時代，神道已成為一種國教（民族宗教），同時，儒教也業已變成了"國學"。所以，將儒

---

[6] 新渡戶稻造：《武士道》，頁33。

[7] 同上註，頁33-34。

教的"忠誠"、"敬祖"、"孝行"視為神道的教義,符合當時的實際情況。總之,在新渡戶看來,佛教禪宗和神道分別成為了"武士道"作為宗教道德的兩個淵源。

關於儒教,新渡戶指出,嚴格意義上的道德教義是孔子的教訓。孔子的教訓才是"武士道"最為豐富的淵源,其次則是孟子的言教。如他說:

> 關於嚴格意義上的道德教義,孔子的教訓才是武士道最為豐富的淵源。君臣、父子、夫婦、長幼以及朋友間的五倫之道,在經書從中國傳入以前,是我們民族本能所認同的,孔子的教訓只不過是對其進行了確認而已。他關於政治道德教訓的性質,很適合於平靜仁愛且富有處世智慧、身為統治階層的武士。孔子關於貴族保守式的言論,能夠適應於作為政治家武士的要求。孔子之後,孟子也在武士道方面大大地發揮了權威。孟子強有力且又常常頗富平民性的言教,對於擁有同情心特質的人來說,充滿著魅力。他的言教甚至被視為對於現存社會秩序是一種危險思想,是一種叛逆。其著作很久一段時間成為禁書。但是,儘管如此,這位賢者的言教卻永遠銘刻在武士的心目中了。[8]

新渡戶還指出,"最高潔的武士"中,不少人受到了王陽明這位"哲人"的強烈影響。他認為從王陽明的著述中可以發現很多與《新約聖經》相類似的言教,而且,日本人的心性最適應於接受王陽明的教義。《武士道》一書用去了大量篇幅討論儒教的"義"、"勇 —— 敢為堅忍之精神"、"仁 —— 惻隱之心"、"禮"、"誠"、"名譽"、"忠義"、"克己"等等。

新渡戶本人是一位受過洗禮的基督徒,他與同時代的其他日本知識精英基督教徒一樣,自幼受到過佛教、神道和儒教思想教育的影響。傳說,牧師身份的內村鑒三(1861-1930)曾叫人不要稱他為牧師,希望稱他為"基督教儒者",還在其《代表性的日本人》一書中,宣稱自己最尊敬的人物是佛教徒日蓮(1222-1282)。同樣是牧師身份的植村正久(1858-1925)曾撰《黑谷上人》,介紹佛教徒

---

[8] 《武士道》,頁 36。

法然（1133-1212）。因此，新渡戶如此強調佛教、神道以及儒教，並認為它們構成了"武士道"的淵源，如果結合當時日本基督教徒的情況來看，並不足為怪。至於新渡戶自己的宗教信仰，他在《武士道》一書第一版序言中有所透露，如他說：

> 我信仰基督的教誨、《新約聖經》中所傳的宗教以及心中所印記的律法。我還信仰上帝與所有民族以及國民之間 —— 不論異邦人與猶太人，基督教徒與異教徒 —— 所締結的可稱為《舊約》的契約。[9]

因此，儘管他承認由佛教、神道以及儒教所構成淵源的"武士道"對自己在道德教育上的影響，表現出對所謂"多神教"的關懷，但在宗教立場上，他仍然堅持所謂"一神教"的基督教信仰，這與自己的信仰並不矛盾。

綜上所述，我們知道，提出禪宗與"武士道"之間具有密切關係的主張，早在新渡戶稻造《武士道》一書中業已出現。而且，從目前可以查找的公開出版發行的文獻來看，新渡戶的這些言說，似乎是這一主張最早的例子。

新渡戶稻造的《武士道》一書於1899年在美國出版後，很快受到歐美人的歡迎，在短短四年間，先後被翻譯成十多種文字在歐洲發行，這是連新渡戶本人也始料不及的事情。如他在1905年出版的第十版增訂版序言中說："六年前，這本小書初版發行以來，經歷了出乎意料的歷史，博得了超乎意想的莫大的好評。"[10]

國外的反響，很快回饋到日本國內。該書在美國出版後，翌年日譯本在日本開始發行，以後陸續出版了各種譯本；在日本國內，同樣地很快受到一些有識之士的關注。當然，在這些言論中，既有批評的，也有表示歡迎的。[11] 這種"毀譽

---

[9] 《武士道》，頁13。

[10] 《武士道》，頁14。

[11] 持批評態度的，比如有津田左右吉。見氏著：〈武士道の淵源について〉，《津田左右吉全集》，卷二二（東京：岩波書店，1964年）。

046

皆有" 的情況，在今天的日本，我們依然可以見到。[12]

然而，從本文的角度來看，在當時日本國內的各種回應中，首先值得我們關注的，是井上哲次郎的言論。這並不僅僅因為井上是當時知識精英中最早站出來予以回應的代表性人物之一，主要是因為在井上關於 "武士道" 的言說裏，我們不難發現他的敍述路徑基本上與新渡戶相近，即視 "武士道" 為一種宗教道德。儘管井上並不完全贊同新渡戶的觀點，對新渡戶《武士道》中某些説法甚至直言不諱地予以批評。

井上關於 "武士道" 的言論，集中反映在出版於明治三十四年（1901）的《武士道》（陸海軍圖書販賣所兵事雜誌社出版）一書以及出版於明治三十五年（1902）的《巽軒講話集》（東京博文館出版）中。

井上的《武士道》一書，是一篇講稿，由荒浪市平速記。據發行者介紹："本書是為有志之將校，在陸軍中央幼年學校，邀請哲學泰斗井上博士講演，通過速記後，由博士校閱過的。"[13] 在這篇演講稿中，井上提到了新渡戶的《武士道》一書，對新渡戶提出 "武士道" 沒有經典的説法予以反駁。如他説："最近，有位叫新渡戶稻造的人用英文撰寫了《武士道》一書，説 '武士道' 沒有經典，其實有經典，云云。"[14] 因此，可以想見，這篇演講稿與新渡戶《武士道》一書的出版具有一定的關聯性。

其實，通讀全書，我們可以發現，井上關於 "武士道" 的論述，與新渡戶《武士道》之間具有許多相同之處。比如井上強調神道、儒教和佛教對 "武士道" 的影響，關注 "武士道" 的宗教層面，這與新渡戶相近。如他説：

　　所謂武士道，是神儒佛三教的融合、調和所產生的東西。在此所謂神儒佛三教中，日本固有的精神，當然是其骨髓，儒與佛依次提供了幫助，直到最終發展下來。它形成為一種精神上的訓練，這在外國是幾乎看不到的例

---

[12] 持批評態度的，比如有佐伯真一。見氏著：《戰場の精神史》（東京：NHK Books，日本放送協會，2004年）；表示讚譽的，見太田愛人：《〈武士道〉を読む：新渡戶稻造と敗者の精神史》（東京：平凡社，2006年）。

[13]《武士道》，"例言"。

[14]《武士道》，頁 36。

子，是日本的一種特別的精神上的訓練，很久以來，是由武士實踐下來的。

井上認為，"武士道"是日本"固有的精神"，因此，它不像佛教和儒教那樣，擁有自己的"祖師"。如他說：

> 武士道是否有祖師，是否有經典，這是一個疑問。因為，武士道是與日本民族的發達一起興起的，所以沒有誰是祖師。佛教是釋迦興起的，儒教是孔子興起的，因此，他們是祖師，但是，最早開創武士道的所謂祖師，是沒有的。[15]

不過，井上又同時指出，江戶時代的山鹿素行可以稱得上是"武士道"的"祖師"。如他說：

> 可以稱為武士道祖師的人，是山鹿素行。（中略）山鹿素行是一位博學的人，對當時的所謂學問，他都無所不通，深入研究。他先學習神道，接著學習儒教、佛教。（中略）關於神道，留下了迄今成為學者參考的著述。關於儒教，他與在德川時代號稱最碩學的仁齋、徂徠相抗，毫無遜色，留下了與仁齋、徂徠相比有過之而無不及的著述，但它們大都沒有出版。（中略）關於佛教，他是獨自進行研究的，有時也向名僧請教問答，即直接向隱元禪師請教佛教的教理。此隱元是黃檗宗的祖師，當時，隱元剛好從支那來到日本。（中略）總之，所謂神道、儒教、佛教，在當時的學問中至關重要，而山鹿素行都精通了。然而，即便是精通神儒佛三教，就已經是非常碩學的了，此人還在武藝上一直佔有第一流的地位，當時作為兵法家，沒有人能夠與素行相匹敵，因此，不可懷疑他是一位非常難得的傑出人物。[16]

在井上看來，山鹿素行精通神道、儒教和佛教，撰寫了"眾多可以讓後人參

---

[15]《武士道》，頁4。
[16]《武士道》，頁15-16。

考的著作"，是一位"博學"且武藝高強，無人"與之匹敵"的人物，因此，山鹿素行"可稱得上是武士道的祖師"。也就是説，井上從日本的歷史傳統中"發現"了"可稱得上是武士道祖師"的山鹿素行。換句話説，作為"武士道祖師"的條件，除了武藝過人外，還必須精通神道、儒教和佛教三教。山鹿素行之所以被井上哲次郎視為"祖師"，恰恰因為他具備了這些條件。

既然山鹿素行可以稱為"武士道"的"祖師"，那麼，山鹿素行的著作就非同一般了。在這次演講中，井上進一步明確指出，山鹿素行所著的《武教小學》就是"武士道"的經典。如他説："《武教小學》一書，今天已被人忘記了。在德川時代，《武教小學》在武士間非常受寵"，是"武人應當遵守的道德書籍"、"兵法家的經典"、"武士道的經典"。[17]

當然，井上對山鹿素行的評價，並不僅僅基於上述原因。山鹿的其他觀點，比如其強調在儒學上日本必須擺脱從屬於中國的地位，揚言中國不配稱"中國"、"中華"，日本才稱得上"中國"等這些可稱之為所謂"去中國化"的言説，與井上本人作為民族主義者的立場，可謂不謀而合。對於這些因素，我們也不可忽視。[18]

在《巽軒講話集》中，井上指出"武士道"發達於鎌倉時代，當時"大大地受到了禪與儒的影響"，並作為一種"道德教訓，形成為當時武士的道德"。在該書中，井上還對當時由福澤諭吉提出的所謂"瘦我慢説"予以反駁，認為福澤只知道西洋的"道德主義"，"拋棄日本傳統的道德主義，不談儒教，不言佛教，把這些都視為敵人"，才導致"武士道"的衰微。他又説：福澤"不曾研究儒教、佛教等等的歷史，直接轉移西洋的道德主義，與海舟不經一戰而移交江戶城的事情，完全相同"。而且，他還説："如果海舟是在有形上背叛武士道，那麼福澤翁是在精神上背離了武士道。"[19]

總之，通過以上的考察，我們知道，新渡戶提出所謂"武士道"的三個"淵

---

[17] 《武士道》，頁 36。

[18] 《武士道》，頁 37。山鹿素行的這些觀點，主要反映在《中朝事實》一書中。見氏著：《中朝事實》，載《山鹿素行全集》，卷一三（東京：岩波書店，1941 年）。

[19] 井上哲次郎：《巽軒講話集》（初編）（東字：博文館，1902 年），頁 330-331。

源"，即佛教特別是禪宗淵源、神道淵源和儒教淵源的主張，開啟了日本人試圖從宗教道德層面思考"武士道"的先例。其言說在日本國內很快引起了反響。其中，哲學家井上哲次郎基於學術的語境和方法，積極地尋找和"發現"與"武士道"相關聯的歷史傳統和文化脈絡，提出"武士道"的"祖師"是山鹿素行、山鹿的著作《武教小學》是"武士道經典"的說法。井上的言說，不僅彌補了新渡戶"武士道"缺乏歷史依據的缺陷，同時又完善了所謂"武士道"作為"宗教道德"的基本要素。其言說在當時的知識界產生了不小的影響。二人關於"禪宗與武士道"的言說儘管不多，但對於該言說的生成，可以說確立了基調，提供了思路，指明了方向。

◎ 二、"禪宗與武士道"言說的生成與繁衍 —— 關於玄光、悟庵的言說

上述井上哲次郎關於"武士道"的講稿分別於明治三十四年（1901）和三十五年（1902）相繼被整理出版，明治三十八年（1905）和明治四十年（1907），佛教學者峰玄光、秋山悟庵又先後出版了《禪觀錄》和《禪與武士道》。

《禪觀錄》分上、下兩篇，由峰玄光與加藤咄堂合著，井洌堂出版，但據該書序言，加藤只是提供了一些資料，除第一章和末章外，大部分由峰玄光一人所寫。該書第二章、第三章名"禪與武士道"，分為上、下兩篇。據筆者考察，這似乎是直接以章節形式出現的關於"禪宗與武士道"的最早的言說。至於《禪與武士道》，從書名可知，它是一部專門論述"禪宗與武士道"的著作，據筆者考察，這似乎是直接以書名形式出現的關於"禪宗與武士道"言說的最早的單行本。以下分別摘要予以介紹。

峰玄光在《禪觀錄》中，首先指出日俄戰爭給世界輿論界提供了諸多問題，其中最重要的問題是"武士道"。他提出"武士道"不僅僅是"日本的問題"，而且還是"世界的問題"，[20] 值得深入研究。

基於這樣的觀點，峰玄光認為，"武士道"是"日本的精神性產物"，由來已久，但從歷史的角度看，"武士道"並不是完全一成不變。峰玄光認為，鎌倉

---

[20]《禪觀錄》，頁 22。

時代以前"舊來的武士道"以"忠勇"、"信義"和"廉恥"為信條,其核心思想不外乎於"氏族的名譽心"與"軍律的德義心"。武士雖然偶爾也心念八幡菩薩",信仰"天滿大自在天神",但只不過是為了祈禱家門的"榮耀"而已。然而,隨著時勢的變化,人們再也不能長期滿足於"簡短之倫理",開始關注"生死問題",而站在此潮流前鋒的,即是當時的禪僧。[21]

峰玄光認為禪的特色在於"直截簡明","不講經論,不頌咒文,不説彌陀,不談往生,標榜直指人心,見性成佛"。他用一句非常形象的話形容當時日本佛教宗派的特色:"若以淨土教為女性的,那麼禪則是男性的;若以天台真言為公爵的,那麼禪則是武士的。"峰玄光指出,具有"男性特質和武士特質"的禪,適合於鎌倉時代的武士,最終贏得了武士的支持,並為"舊來的武士道"缺乏"生死問題"提供了"直截簡明的解決"方法。[22]

在鎌倉時代的禪僧中,峰玄光認為,這方面的"代表性人物"是曹洞宗的道元,並對道元與北條時賴交往的情況進行介紹。其後依次列舉的禪僧有蘭溪道隆、無學祖元等。在該書中,峰玄光用大量的篇幅引用並介紹了武士的"家法家訓"以及武士"辭世"時所表現的"禪的感化"。

然而,在峰玄光看來,"武士道"到達"完成地步"則是在德川時代,其代表人物即是澤庵、鈴木正三和山鹿素行。

關於澤庵,峰玄光説其"不以劍道於一勝一敗上競功爭名,而是以正心、修身、齊家、治國、平天下為大道"。他認為"武士道"發展至澤庵,則"武術上的最高理想與禪的終極原理開始融合一致,給予武士道以更多的禪趣味,同時又促使了武士道將日常的實踐道德作為最高的價值"。因此,峰玄光指出,"澤庵的功績在武士道中最偉大"。[23]

關於鈴木正三,峰玄光説:與澤庵幾乎同時的鈴木正三,給予"武士道以極大的禪的感化";對於鈴木正三的言説一一作解釋,稱鈴木正三是"武士禪的傳道師"。峰玄光認為,鈴木正三的"武士禪"以江戶為中心,很快傳播到各地,

---

[21]《禪觀錄》,頁 25。

[22]《禪觀錄》,頁 25-26。

[23]《禪觀錄》,頁 40、46。

地方多數 "大名"（諸侯）紛紛皈依禪宗，深深地影響著 "當時社會脊樑的侍階層"；禪在這一時期，已形成為 "武士專用的宗教"，"更加幫助了武士道的發達"。[24]

而關於山鹿素行，峰玄光說他 "文武兼備，膽略並有"，"以天縱之才，收集儒釋百家之精粹，融會而組織為自家之哲學"，認為素行從禪宗那裏 "深有所得"。[25]

接下來，峰玄光介紹了大石良雄、山岡鐵舟與禪宗的關係，並一一舉例說明。其中，他特別推崇山岡鐵舟，說在德川時代以來，唯有山岡鐵舟一人 "究劍道之蘊奧，穿禪學之真髓；劍禪融會，開古人未發之無刀流。" [26]

總之，峰玄光的《禪觀錄》是一部字數不多的小著，儘管涉及 "禪宗與武士道" 的言說並不算多，但該書提出了許多值得我們注意的說法，比如，認為 "武士道" 發展到鎌倉時代開始關注 "生死問題"、所謂 "武士禪" 的概念、所謂 "禪是武士的" 說法等等。這些都是以前所未見到，可以說是始於峰玄光，是由峰玄光 "發明" 的。其次，關於人物方面，該書列舉了道元、蘭溪道隆、祖元、澤庵、鈴木正三、山岡鐵舟等，他們的名字也是以前不見提及的，可以說是由峰玄光 "發現" 的。

峰玄光是一位可稱為 "多產" 的佛教學者，撰寫了大量佛學方面的著作。《禪觀錄》由他與當時的權威學者加藤咄堂合著，書的開頭還收錄了當時永平寺悟由禪師的偈頌〈題禪觀錄〉，因此，可以想見他對該書的重視頗不一般，可謂 "用心良苦"。也許正是由於這些因素，該書大部分的觀點和提法，逐漸形成為一個 "典範"，被後人所繼承，並得到繁衍。其中，在該書出版兩年後，即明治四十年（1907）東亞堂出版的由釋悟庵所著的《禪與武士道》，就是一例。

《禪與武士道》的作者釋悟庵，又名秋山悟庵，號直峰，曹洞宗僧侶。從他參與編寫的大量有關 "武士道" 的書籍看，悟庵與井上哲次郎、原坦山等學者之間具有密切的學統關係，可視為當時積極推行 "武士道" 的 "精英" 人物之一。

---

[24]《禪觀錄》，頁 48。

[25]《禪觀錄》，頁 54。

[26]《禪觀錄》，頁 56。

在序言中，悟庵表明了自己撰寫該書的動機，他説：

> 有人讚歎日俄戰役之大捷，歸功於武士道的效果，（中略）然而，其助緣者、保育者是誰？神儒佛三教是也，就中特別以佛教之禪為最大助緣、保育者也。可惜世間並不知其關係。野衲從事於禪尤其是我邦士道之研究，常歎世間不知此助緣、保育者，即所謂禪武之關係，希望能宣揚之。偶有客來問此間消息，野衲為應來機，遂打閑葛藤，強名為禪與武士道。[27]

《禪與武士道》一書就是在這樣的動機下撰寫而成的。

該書由十三章構成。作者悟庵在第一章"緒論"中，一方面對當時將禪與"科學"相比較，試圖用科學的方法解釋禪，以對主張禪是非邏輯的、是神秘的等説法提出批評，認為這些都是"野狐禪"；另一方面，批評當時對"武士道"的理解是只"見其形骸，未咀嚼其發展下來的精神"，並且還缺乏"實踐躬行"。那麼，悟庵所理解的"武士道"又如何呢？

悟庵認為，"武士道"不在於"理論"，而在於"實踐"，在於"躬行"，它就是"我邦武士歷來實踐下來的道德"。因此，他批判所謂視"武士道"為一種"腕力"的説法。悟庵也主張"武士道"是"建國以來綿綿連續下來的日本民族的精髓"，即"日本魂"，在其發展過程中，受到了"儒教的力量、佛教的修養和神道的感化"，其中，"禪宗的力量最大"，是"神儒佛三道集合扶持而使其發展下來的"，是"以前武士社會的道德律"。"武士道"與西方的"騎士道"相似，但"騎士道"崇拜女子，因此在本質上相異，武士道"是日本民族的特產品"。同時，對當時有人提出所謂"武士道是封建時代的遺物，在明治的聖代並不需要"的説法，悟庵也予以批判。[28] 總之，悟庵關於"武士道"的這些言説，我們在新渡戶稻造、井上哲次郎等人的著作中都可以見到，並不新鮮。

那麼，悟庵是如何闡述"禪與武士道"的呢？悟庵指出，佛教的"六度"（佈施、持戒、忍耐、精進、禪定、智慧）與"仁愛、寡欲、克己復禮、清廉高潔、

---

[27]《禪與武士道》，"序"。

[28]《禪與武士道》，"緒論"，頁 3。

勇猛精進、謹直自重等諸德"相吻合，與"武士道的精神相一致、相契合"。[29]
悟庵認為，禪給予武士社會以最大的道德感化，可以具體歸納為以下幾點：

1. "生死不二的觀念"
2. "無我的觀念"
3. "慈悲的觀念"
4. "冤親平等的觀念"
5. "清廉高潔的觀念"
6. "自重自尊的觀念"
7. "質素恬淡"
8. "禪機"與"禪語"

悟庵又一一作解釋，比如關於"生死不二的觀念"，悟庵以道元禪師所謂的
"生死是佛之御命"為例，指出"生死不應嫌棄"，"古今英雄豪傑，特別是作為
武士，要想立足於世，（中略）必須入生死不二之妙境，得意志之大自由自在"。
他同時以山鹿素行為例，説素行"得生死透脱之素要，的確是由禪所得的"，是
"因為素行曾參禪於黃檗隱元的緣故"。還說：

> 所謂殺身成仁，是為武士。於上君盡忠節，於下民臨以仁愛，以扶弱
> 挫強是為武士。平生鍛煉心膽，去畏怖之念，除愛憎之情，得意志之大自由
> 大自在，獲精進勇猛，必坐"生也全機現，死也全機現"之活三昧。[30]

悟庵在該書中還以"禪僧與古英雄"為題，介紹禪僧與武士的關係，比如鎌
倉時代的"榮西禪師與源賴家及北條正子"、"明惠上人與北條泰時"、"道元禪
師與北條時賴"、"普甯禪師與北條時賴"、"圜爾上人與北條時賴"、"祖元禪師
與北條時宗"、"甯一山禪師與北條貞時"等等；又如江戶時代的"正三老人與
德川武士"、"澤庵禪師與德川武士"、"澤庵禪師與柳生但州"、"隱元禪師與山
鹿素行"、"山岡鐵舟居士與籠手田安定"等等。武士們的參禪以及與禪師們的

---

[29]《禪與武士道》，頁 21。
[30]《禪與武士道》，頁 60。

問答，是介紹的重點。除此之外，該書第十章以“偉人的臨終觀”為題，對日本歷史上重要人物臨終時的“遺言”進行介紹，分析它們所受到的“禪的感化”。

第十一章以“禪錄中所見的武道性語錄”為題，指出禪宗所謂“內七事”（大機大用、機辨迅速、語句妙靈、殺活機鋒、博學廣覽、鑒覺不昧、隱現自在）和“外七事”（柱杖、拂子、禪板、几案、如意、竹篦、木蛇）在禪僧修行中的重要性，並認為這些與武士的“七事隨身”相對應。所謂“七事隨身”，即指弓、箭、刀、劍、甲、胄、戈。因此，悟庵說：“禪是武士的，或武是禪的”。接著，他列舉並介紹的了“散見於祖錄中的武道性的禪語”，凡三十八例。涉及的禪語錄，有《碧巖錄》、《宗鏡錄》、《虛堂錄》、《臨濟錄》、《大慧錄》、《圜悟錄》、《五燈會元》、《禪林聚類》、《百丈錄》、《人天眼目》等等。悟庵認為這些禪語，“無一言半句不與軍機相契當”，深得“禪武一致之機要”。還說，“澤庵和尚於不動智神妙錄中書禪劍一致之奧妙給與柳生但馬守，亦皆是指此機要”。

在“結論”中，悟庵指出“武士道”重在“內在精神”。他結合當時的局勢，強調說：

> 請奉讀明治十五年陛下給軍人的詔書，皆是武士道之精神；拜讀彼宣戰之聖敕，陛下之大心，無一不在武士道之精神。[31]

悟庵最後總結說：“武士道是日本民族特有的道德，其名稱，什麼都行，即便商業道、平民道或者太郎兵衛道、權助道，皆可。若取一最為妥當的名稱，可稱為日本道。”而且，他還指出，“此特有的道德，將來必須日益發展下去”。文末，悟庵以一句公案問答作為結語，這裏不妨試譯一讀：

> 作麼生是武士道？
> 若人問敷島大和心，
> 朝日輝山櫻嗅；

---

[31]《禪與武士道》，頁290。

如何是禪？

眼空寰宇，氣吞佛祖。咄！

這個會也無？客默去。

總之，通讀悟庵《禪與武士道》，與上述峰玄光相比，不難發現其內容更加豐富，除了承襲新渡戶稻造、井上哲次郎以來的言說，繼續強調和"轉述"所謂"神儒佛三教"與"武士道"關係的說法外，還從禪宗史中"發現"大量的事例，以強調"禪宗與武士道"的關係。禪宗（佛教）的"生死不二"觀、"慈悲"觀、"平等"觀以及"禪機"和"禪語"等等，在悟庵看來，它們都與"武士道"相應，而且日本歷史上武士們的"參禪"事蹟，也都成了"禪宗與武士道"的"傳統"。禪宗語錄中的一些"禪語"，也都具有了"武道性"。也就是說，在悟庵看來，凡是能夠與"武士道"相關聯的，都可視為"禪與武士道"的"傳統"。所謂"禪宗與武士道"的言說，發展到釋悟庵，可以說業已趨向成熟。

悟庵除了此《禪與武士道》外，還撰寫了《禪與修養》（明治四十一年，1908）、《和魂之跡》（明治四十四年，1911）、《青年活禪》（大正二年，1913）、《禪與英雄》（大正二年）等。他關於"禪與武士道"的言說，在這些著作中我們也可以不同程度地得到確認。悟庵還編輯了《原坦山和尚全集》、《貝原益軒言行錄》（明治四十年，1907）等。悟庵和上述峰玄光一樣，在明治時代思想界和佛教界中是一位舉足輕重的人物，其言說具有一定的代表性，對後世所產生的影響不難想像。

◎ 三、"禪宗與武士道"言說的"復活"與傳播 —— 鈴木大拙和海里格等人的言說

一般說來，關於"武士道"的言說，在近代日本，經歷過兩次高潮：第一次是新渡戶稻造用英文出版《武士道》一書的明治三十年（1897）至明治四十年（1907）前後；另一次是昭和十年（1935）至昭和二十年（1945）之前。關於這兩次高潮的歷史背景，我們知道，前者是日本經歷過"甲午戰爭"（日本稱"日清戰爭"）、日俄戰爭的時期，國內民族主義情緒極度高漲；後者是"二戰"時期，日本對以中國為主的亞洲地區發起侵略戰爭，日本國內的民族主義情緒同樣極度

高漲。隨著這兩次國內民族主義情緒的高漲，日本關於"武士道"的言説，也兩度被推向高潮。而"禪宗與武士道"的言説，也就是在這樣的背景下隨之生成出來，並不斷地被"繁衍"開來的。如果説上述峰玄光、釋悟庵二人關於"禪宗與武士道"的言説是在第一次"武士道"言説高潮時"脱穎而出"的，那麼，鈴木大拙等人關於"禪與武士道"的言説，即是在"二戰"期間"武士道"言説再度趨於高潮、日本國內民族主義情緒隨之又一次高漲時，被"繁衍"和"轉述"出來的，可以視為"禪宗與武士道"言説的一種"復活"。而且，由於鈴木大拙在海外的活動和德國納粹哲學家海里格（Eugen Herrige）的"轉述"，此言説被傳播到西方，對構成西方人關於東方禪的"想像"發生過重要影響和作用。以下分別對其進行介紹。

先來看一看鈴木大拙的言説。從收入《鈴木大拙全集》的文字看，鈴木大拙關於"禪宗與武士道"的言説，主要見於《禪與日本文化》（原文英文，昭和十五年〔1940〕被翻譯成日文）一書，以後並撰有〈禪的一面與武士道〉（昭和十六年，1941）和〈武人禪〉（昭和二十年，1945）等。通讀這些言説，可以發現鈴木大拙關於"禪宗與武士道"的言説，除基本上沿襲了以前的許多説法外，也有自己的特點。我們先來看一看見於《禪與日本文化》一書的言説。

《禪與日本文化》是由鈴木大拙於 1935 至 1936 年期間在歐美大學的講稿整理而成的，1938 年在美國出版。1940 年，該書被北川桃雄譯成日文，由日本岩波書店出版。1964 年，岩波書店又出版了再版本。翻開該書，我們便知道該書涉及"武士道"的言説，是第三章"禪與武士"和第四章"禪與劍道"。

鈴木在第三章"禪與武士"中，首先申明禪與武士在精神上發生交流，並非不可思議，從其傳入日本的當初，兩者之間就擁有密切的關係。具體説來，禪給武士提供的"支援"，主要表現在兩個方面："道德的"以及"哲學的"。在鈴木看來，道德方面，禪教導人們一旦作出決定，就應義無反顧地執行；哲學方面，禪教導人們應該平等地對待生與死。而且，禪的修行是單純、直截、自恃、克己的，這與武士的戰鬥精神相一致。

接下來，鈴木著重介紹"禪與武士階級之間的歷史性關聯"，依次具體介紹了北條時賴（1227-1263）邀請當時的禪師們到鐮倉幕府參禪的情況，亦介紹了北條時宗（1251-1284）抵抗蒙古入侵時所表現的不屈不撓的精神以及熱心向禪師學禪的情況。鈴木認為，正是因為有了像時賴、時宗這樣堅強的人的引導，"禪才給日本人的生活特別是給武士的生活帶來顯著的潤澤"，而對"一般被廣為知曉的武士道的創造"，自然地作出了貢獻。

鈴木説，禪為"武士道"的"創造"所發揮的主要思想作用，在於"護持了武士毫不畏懼，使其成為武士的威嚴"。此"威嚴"，即指"忠孝仁義的精神"。而為了實現這一精神，除了實踐方面外，還必須在哲學方面保持一種"鍛煉主義"。鈴木舉例説：

> 與最近日本軍在支那的軍事行動相關聯，有一篇遭到議論紛紛的文獻，叫《葉隱》。如文字所示，該書意思是"隱藏在葉子的陰面"，指不誇耀自身、自吹自捧，遠離世俗的眼觀，為社會的同胞鞠躬盡瘁，即是武士的一種德。該書由各種紀錄、逸話、訓言等構成，是一位禪僧參與編纂的。此工作於 17 世紀中葉，由九州佐賀藩主鍋島直重的手下著手完成。該書強調武士無論何時必須有奉獻自己生命的覺悟，不管事業多麼偉大，都不能目中無人 —— 即用現代語説，敘述了必須衝破一般意識的水準，去解放橫貫在其下面被隱藏的力量 —— 否則，就不算究竟。此力量，有時也許是一種惡魔性的，但它是一種超人間的，無疑發揮了不起的作用。一旦人達到一種無意識的狀態，便能超越個人的限度而得到昇華。死則完全失去其毒刺。武士的修養與禪相提攜，其實就在這裏。[32]

鈴木接著引用《葉隱》的文字，並一一進行解釋。他的這些解釋，我們從上述明治時代的相關著作中就能看到，並無特別的新意。然而，這裏值得引起我們留意的是，從這段引文，我們可以發現，被奉為"武士道"重要著作的《葉隱》一書，其實是進入昭和時代之後才被"發現"出來的。而其歷史背景，"是日本軍在支那的軍事行動"。

也許是由於這樣的緣故，鈴木接下來重點論述了"死"的問題，並引用《葉

---

[32] 鈴木大拙：《鈴木大拙全集》，卷一一（東京：岩波書店，1970 年），頁 42。

隱》中被視為"名言"的所謂"武士道者,即覺悟死事也"的文字,指出"武士的用心與禪直接的、實踐的教義之間擁有一種邏輯關係"。在介紹武田信玄(1521-1573)和上杉謙信(1530-1578)參禪的事蹟之後,鈴木説,在 14 世紀編纂的《太平記》中所記錄的武士的死,其實就是闡明"禪在武士道,特別是在他們對待死的態度上所發生的影響"。[33]

鈴木最後指出,"高潔地死"是與日本人的心性最親近的一種思想。所謂"高潔",是指"不留後悔"、"以明亮的良心"、"無愧於勇士"、"不猶豫"、"沉著"等意思。日本人對待死的這種態度,無疑與禪的教義相一致。日本人擁有一種"死的哲學",是"深受禪影響的武士道精神把這種哲學擴大到庶民之中的"。鈴木認為這種"死的哲學",我們可以通過"迄今日本因為某些原因不得不發動的各種戰爭,屢屢得到證明"。[34]

在"禪與劍道"一章中,鈴木首先強調,"刀是武士的魂"。並説,刀有兩重任務,一是"破壞那些即便與持刀人意志相反的各種東西";一是"犧牲由自我保全的本能所起的衝動"。前者"與愛國主義、軍國主義精神相關聯";後者"具有所謂忠和自我犧牲的宗教性含意"。[35]

鈴木説,禪教導所謂"活人劍"和"殺人刀",並引用楠木正成(1294-1336)與禪師的問答予以説明。問:"生死交謝時如何?"和尚答曰:"截斷兩頭,一劍倚天寒。"鈴木指出説:

> 此絕對的"一劍",既不是生的劍,也不是死的劍;是二元世界由此而生,生死一切於此而獲得其存在的劍。(中略)這裏所説的劍,當下表達著一種宗教性的直觀力量和直進,與智力相異。[36]

鈴木還説:"劍又與神道有聯繫,但不像佛教那樣到達了高度發達的精神意

---

[33]《鈴木大拙全集》,頁 51。

[34] 同上註,頁 53。

[35] 同上註,頁 54。

[36] 同上註,頁 55。

義"。關於禪與劍道的關係，鈴木用大量的篇幅，著重敘述了澤庵及其《不動智神秘錄》一書，這裏不一一作介紹。

在上述《禪與日本文化》一書出版的同一時期，鈴木還撰寫了〈禪的一面與武士道〉一文，收入《一真實世界》一書。[37] 這篇文章，如題所示，主要論述了禪與"武士道"，是鈴木早期有關此議題的言説之一。

在該文的開頭，鈴木同樣首先強調"以慈悲為懷"的禪自古以來與"持劍而立"的武士道之間有著密切的關係，而且，從佛教與"武士道"的關係而言，"劍，未必就是殺人的工具，也將能活人"。鈴木指出，所謂"殺人刀"與"活人劍"，兩者之間"相輔相成"："殺的，並不是人，是殺的那些令人不成其人的東西；活的，是去掉其附著物，或者説去掉沾在身上，使自己歪曲的東西，還其赤裸裸的、本來的人格，這就是活人劍的作用。"因此，鈴木認為，與禪的本質不在於"殺"，而在於"活"相同，"武士道以及劍道，其本質也不在於殺人刀，活人劍才是其本質，兩者之間，並不矛盾。"

鈴木還強調説，在中國，禪與劍並不曾有過關係，是禪傳到日本後，如"武士道"所示，才開始發生關係。文中論及宮本武藏的《五輪書》等著作，認為山岡鐵舟是身兼禪與劍的近代名人，鐵舟才可稱得上是"武士道"中的"第一人"。同時，書中還論述"生死一如"、"禪劍一如"等概念，所談的內容，大體上與上述《禪與日本文化》一書相同。

關於〈武人禪〉一文，據鈴木自己介紹，原文撰於昭和十九年（1944），後因燒失，於昭和二十年春重新撰寫。[38] 在這篇文章中，鈴木提出所謂"武人即禪，禪即武人"的説法，強調"武人禪"才是"真正意義上的武人"，是"日本的理想的武士"。日本的武人，必須這樣才可配稱武人。而要獲得"武人禪"，必須更邁一步，到達"靈性自覺"的境界。在鈴木看來，日本歷史上所謂的"武士、侍以及當前的軍人和政治家，都與其大相徑庭"，只有鈴木正三才是到達"武人即禪"境界的"武人"。因為，鈴木正三以武士身份，中年出家，"其中心人格是武士即出家，出家即武士"。鈴木還介紹了鈴木正三《驢鞍橋》等書中的

---

[37]《鈴木大拙全集》卷一六。
[38]《鈴木大拙全集》卷九。

"知愧"、"悲願"、"知恩"等概念，最後強調"武人"應該出家，用他的話説，即是"武人即出家"。

通讀該文，從字裏行間，我們對鈴木撰寫該文的背景可以得到大致的瞭解："戰爭"面臨敗局，國內一些軍人和政治家卻紛紛表現出"不負責任的態度"，不"知愧"，不"知恩"，用鈴木自己的話説，沒有"切腹辭職"；另一方面，"沒有看到戰爭的終結，卻被作為凱旋歸來的將軍入都，而國人們只是默默地眺望，這是封建武士之所不敢的事情"。針對如此局面，鈴木大拙表示憤然，但也深感無奈，在這篇文章中，鈴木之所以強調由武士而出家的鈴木正三，其理由便不言而喻了。

鈴木在文末總結説：

　　如所謂武士道與禪那樣，迄今我們往往是將它們區別開來，進行日本禪宗研究的，但本人想從這裏所講的"武人即禪，禪即武人"中承認日本禪的一個側面，而作為其代表者，我敍述了正三禪之一端。所謂武士道的精華，經過戰國時代，至江户時代，其色彩最為鮮明。我不想視武士道只是武士道或者是一種兵法，同時，我也不想僅僅視其為封建時代特殊生活中所產生的一種倫理思想。武士道的依據，不單單是停留在倫理、習禮方面，應該是宗教的和靈覺的。不繫根於後者，就沒有生命之持續，也不會深入人心。也就是説，必須是"武人即禪"。當然，正三並非當初就是持有如此意識的人，但正是因為他沒有這樣去意識，所以他的人格與言行，正表現了這一點。從後世的評論家看，可以説，"武人即禪"就是由他所形成的。而且，在這裏還存在著特別是作為"日本禪"之所以與印度禪以及中國禪相區別的東西。總之，我是由這樣的心情草寫此小篇的。[39]

總之，通過以上簡單的介紹，我們可以知道，鈴木關於"禪宗與武士道"的言説，主要反映在昭和十年至昭和二十年之前的作品之中。在早期的作品中，他

---

[39]《鈴木大拙全集》卷九，頁 257-258。

反覆強調"禪"與"武士道"是日本的"傳統"，並列舉歷史上武士參禪的大量事蹟予以説明，同時還強調主張慈悲的禪與手持刀劍的武士道之間並不矛盾，認為禪宗"生死不二"的觀念與武士道相符。然而，隨著時間的推移，他的這些説法開始發生微妙的變化，他提出"武人即禪，禪即武人"，強調"武人"的"靈性覺悟"，認為在日本歷史上武士出身而後出家的鈴木正三，才真正算得上是"武人即禪"的代表者。鈴木大拙的這種思想變化，如上所述，與當時的"戰局"有關，折射了他對時局的一種看法。

然而，如上所述，從鈴木的言説中，我們同時還發現了一些新的東西，比如《葉隱》的"發現"及其背景。關於《葉隱》，在今天似乎已被視為"武士道"的"傳統經典"之一，但如前所述，在明治時代"武士道"的言説中，並未看到有《葉隱》的出現。據鈴木大拙上述文字的吐露，《葉隱》其書其實是在日軍入侵中國的昭和初期被"發現"出來的。其次是關於鈴木正三的"發現"。我們知道，在"武士道"的言説中，最早提到鈴木正三的是《葉隱》一書。由於《葉隱》的"發現"，鈴木正三與武士道的關係，也隨之被"發現"出來了。鈴木大拙從禪宗的立場，詳細介紹了鈴木正三的事蹟和所謂的"武士道"思想，並予以大力推崇，可以想見，在"武士道"言説重新"復活"的年代，發生過不小的影響，對於所謂"禪宗與武士道"言説的進一步"完善"，起到了重要作用。

隨著鈴木大拙的書籍在海外的傳譯和在日本國內的介紹，這種説法不斷地得到繁衍，深深地影響著歐美人對東方禪學的"想像"和日本人對自身文化的認同。如果前述《国家の品格》一書的論調是受到鈴木大拙這種説法影響而反映在當代日本國內的一個縮影，那麼，德國納粹哲學家海里格（Eugen Herrige）的 *Zen in the Art of Archery*（德文原名 *Zen in der Kunst des Bogenschiessns*, 1948 年出版，日譯為《弓與禪》）一書，則可以説代表了鈴木大拙在海外所造成的影響。該書是迄今西方最為暢銷的禪學著作之一，可以視其為所謂"禪宗與武士道"言説的"海外版"。以下依照日譯本略作介紹。

《弓與禪》是作者海里格於 1924 至 1929 年在日本東北帝國大學執教期間根據自己學習"弓術"的心得撰寫的自傳體小書。據記載，1884 年出生於海德堡的海里格，在海德堡大學學習神學和哲學期間，對神秘主義和東方禪學發生興趣。1924 年受邀赴日，擔任東北帝國大學的哲學教授，前後執教六年，其間，經友人介紹，向阿波研造學習"弓術"。《弓與禪》一書，記敘了海里格對"禪"與"弓"的理解，從中我們不難見出他所受鈴木大拙的影響。

在該書的開頭，海里格指出，日本所有的藝術都可溯源於禪，"弓道則表達了禪的預備門"，他並列舉鈴木大拙的著作予以說明：

> 比如鈴木大拙氏在其著作中一直試圖說明：日本文化與禪之間有著極其緊密的關係，日本的各種藝術、武士的精神態度、日本人的生活方式，不論是道德的、實踐的，甚至在某種程度的知識層面、日本人的生活態度，如果我們忽視了構成其根基的禪，則完全不能理解。[40]

關於"弓"與禪的關係，海里格敘述說：

> 我不得不再一次強調，禪在根本上支撐著日本各種藝道的，特別是弓道，決不是在最近的事情，而是擁有幾百年的歲月了。[41]

海里格把"弓"視為一種"道"，是"武士道"，並且與"劍道"同源。在該書末尾，比較詳細地介紹了澤庵的《不動智神妙錄》，強調禪與"劍道"的關係。他說，他不知道"弓道"是否也有類似的文獻，但"劍道"的"奧義"與"弓道"相同。

海里格還說，學習"弓道"時，"無心"至關重要。開始學習"劍道"時，初心者往往難以達到"無心"的狀態，但隨著不間斷的練習，特別是受到禪的影響，很快就會成為一種"精神性的東西"。這時"劍"將成為一種"魂"。劍人在不得已時才能拔劍，不輕易向對方炫耀自己的劍術，即便被對方嘲笑，也要以笑顏相待。然而，在另一方面，基於對對方的同情心，同時也主張給對方死得有尊嚴的戰鬥，這在武士的精神，即在所謂"武士道"的情操中，表現得最為突出。

海里格還在該書中談到關於劍道與"死"的問題。如他說，劍人不知畏懼，

---

[40] 稻富榮次郎、上田武譯：《弓與禪》（東京：福村出版，1981 年），頁 23。

[41] 同上註，頁 116。

視"生死如一"。劍人沒有生的不安和死的畏懼，總能"安心"地生活。這是禪的特徵，任何時候都要做好"死"的準備。武士將散落的櫻花視為自己的象徵，其理由就在這裏。關於這一觀點，他引用了《葉隱》中所記述的劍道家柳生但馬守的故事，並加以說明，這裏不一一作介紹。

通讀《弓與禪》一書，不難發現作者海里格用了大量的篇幅介紹"劍道"及其與禪的關係，而很少涉及"弓道"。這很可能與他撰寫此書時所依據的資料主要是鈴木大拙的著作有關，並不完全是在仙台學習"弓道"時的心得筆記。鈴木大拙於1953年八十三歲時曾專程從紐約赴德國拜訪海里格，據記載，兩人相談"甚愉快"。

總之，《弓與禪》一書，與"鈴木大拙熱"相呼應，在西方一直頗受歡迎，同時也是西方所謂"Zen and the Art of..."這一敘述形式的最早範例。因此，可以承認，該書對構成西方人關於東方禪的各種"想像"、"禪與……"之類的言說的生成和繁衍等，發生過不小的影響。

◎ 四、結語

"武士道"在當代日本頗有"復活"的跡象，被視為經典著作的新渡戶稻造的《武士道》一書，以各種形式出版發行；各類註釋、導讀之類的書籍，也紛紛面世。另一方面，基於學術語境的研究著作，也開始登堂露面，其中有的作品還獲獎，頗受矚目。因此，"武士道"在當代日本並不是"過去式"，可以說是"現在進行式"。

然而，粗讀這些可稱為研究的著作，可以承認，它們大都預設了一個歷史前提，即"武士道"的歷史性，比如獲獎作品《武士道的逆襲》一書，就是持這一觀點的。關於"禪宗與武士道"的言說，儘管不多見，但從已出版的著作看，它們也大都預設一個"傳統"，在這個"傳統"的前提下展開論述。結合當前日本國內的"武士道熱"，審視"禪宗與武士道"言說生成的歷史脈絡，無疑很有意義。然而，這不是本文所要討論的範圍，只有期待他日另文探討了。

總之，通過以上的考察，我們可以得出這樣的結論：所謂"禪宗與武士道"的"傳統"，其實是一種"想像"，並不完全符合"實際"。借用英國歷史學家埃里克·霍布斯鮑姆（Eric Hobsbawn）的話，我們似乎可以稱其為一種"被發明的傳統"（invented tradition），其間，有其歷史背景和生成脈絡。

略談禪武不二

釋當淨 *

◎ 一、禪

（一）禪宗的起源

佛陀拈花微笑，迦葉會意，被認為是禪宗的開始。南朝齊梁之交，達摩法師從印度渡海將禪法帶到中國，被譽為中國禪宗始祖。達摩與梁武帝應對時話不投機，不歡而散，於是一葦渡江，來到北魏少室山五乳石洞面壁九年，參禪打坐，伺機傳法。後遇慧可誠意求法，立雪斷臂，達摩遂將"教外別傳，不立文字"的禪法、衣缽傳之，慧可因此被尊為禪宗二祖。然而客觀地說，達摩是東土禪宗的始祖，但可能不算是把禪宗中國化的創造者。形象點比喻，達摩帶來了一個概念模型，但做出真正東西的，還是後來人。[1] 慧可從達摩得法並獲《楞伽經》四卷，後傳僧璨，僧璨傳道信，道信傳弘忍。然後慧能因示法偈開悟，得弘忍衣法，主張"頓悟"，開創南宗禪，影響深遠。後來，以六祖慧能的著名弟子南嶽懷讓為代表，經數傳形成為仰宗和臨濟宗。慧能的另一位著名弟子青原行思，又經數傳形成曹洞宗、雲門宗、法眼宗。其中以臨濟宗和曹洞宗流傳的時間最長。臨濟宗在宋代又形成黃龍派、楊岐派。這就是禪宗史上所稱的"五家七宗"。[2]

（二）什麼是禪？

禪，本是梵文 dhyana 音譯"禪那"的略寫，又意譯為靜慮、思維修等，它的基本含義就是息心靜寂地參悟。從現代意義上來理解，禪是一種"冥想"，並用冥想的方法達到入定的境界。[3] 禪的內容，則是很難用言語文字表達的，必須親身去體證。沒有修過禪的人，很難理解禪的內容。就像一個從未看過、吃過椰子的人，無論你如何形容椰子的顏色、形狀、味道，他都無法領會，除非他親自

---

* 廣州金剛禪寺首座

[1] 淨慧法師：《禪宗入門》（上海：華東師範大學出版社，2013 年）。

[2] 徐文明：《中土前期禪學史》（北京：北京師範大學出版社，2013 年）。

[3] 星雲大師：〈什麼是禪〉，載《星雲大師講演集》（一）（高雄：佛光出版社，1979 年），頁 416-431。

去品嘗。對於尚未進入禪門的人,禪是不能用語言文字來說明的東西,也無法依靠語言文字的說明來瞭解它。但語言文字卻能引導或指示初學者如何去親自體驗它。因為禪的經驗就是"如人飲水,冷暖自知",要靠自己品味。

　　下面舉個例子:唐代大詩人白居易去拜訪恆寂禪師,天氣酷熱,卻見禪師在密閉如籠的禪房內安然而坐,並未像常人那樣汗如雨下。他深深感受到禪的受用,便即興作詩道:"人人避暑走如狂,獨有禪師不出房。非是禪房無熱到,為人心靜身即涼。"怎麼講呢?"人人避暑走如狂"是說在暑熱炎天,人人都想避暑,東奔西走好像發了狂一樣;"獨有禪師不出房",只有參禪的人、學禪的人、修禪的人沒有這種奔走如狂的現象;"非是禪房無熱到"是說難道禪師住的房間就不熱嗎?"為人心靜身即涼",原來是心靜了人身自然就涼了。每個人身處的外界環境都是一樣的,可見感受到的"涼與不涼"都是自己的心的問題。涼和熱這種二元對立的狀態如果不存在了,就沒有什麼涼與熱的區別。一有二元對立,人的感受就馬上不同了。二元對立是什麼呢?就是我們的分別心。這裏還有一個故事,講的是唐朝時候的新羅國(就是現在韓國的一部分)的元曉大師一行人到中國求法。走到中國的邊遠地方,傍晚時分,前不著村後不著店,在荒郊野外也找不到一個借宿的地方。幾個人沒辦法,只好就地而宿,沒有水,也沒有吃的東西。晚上他們迷迷糊糊地到處找水喝,突然找到一個很小的水坑,裏邊有一點水,他們就拚命地喝,喝了以後感覺甘甜舒服。到第二天早上一看,那水是從棺材裏面流出來的屍水。當下起了分別心,嘔吐不止。同一件事情,由於有分別和沒有分別,截然是兩種效果。沒有分別的那一刻,就是禪的境界、禪的受用,這種受用非常明顯。[4]

　　永嘉大師說:行也禪,坐也禪,語默動靜體安然。就是說,行住坐臥都可以參禪,不只有打坐是參禪,只要是真用功,行路、站立、睡臥皆可參禪。參到明心見性,說話是禪,不說話也是禪,動靜皆禪,回到那個真如本體本自安然。真正的禪是什麼?搬柴運水是禪,腰石舂米是禪,犁田鋤草是禪,早耕晚課是禪,忍耐慈悲是禪,勞苦犧牲是禪,方便靈巧是禪,棒喝教化是禪,以禪運武也是

---

[4] 《瑜伽師地論》卷三三,載《大正藏》,卷三〇(台北:新文豐出版公司,1983 年),頁 467。

禪。禪是安寧，是平靜、靜止；禪即自然，萬物的自然，不是神靈的創造，不受王命的左右，而是自己按照自己的意志，沿著自己的軌道運行，不受左右，也不左右他物；禪即生命，禪於平靜自然之中蘊含著無窮生機，是生命的源頭；禪即中道，戒、定、慧三學之中，戒以戒身，定以定心，慧以開智，禪定本身即是中道，它所對治的既不是下面粗重的慾望，亦不是上面的愚癡，而是人的情感。以上所述，只是禪的一些外相和皮毛，最上乘禪，唯述一心，只有此心，才是真正的禪。相傳靈山法會之上，釋迦牟尼拈花示眾，眾皆不解，唯見摩訶迦葉面呈微笑，釋迦牟尼知其已悟已意，便道我有正法眼藏，涅槃妙心，實相無相，微妙法門，不立文字，教外別傳，今付與摩訶迦葉。由此禪宗便自稱教外別傳，以心傳心。所謂教，指如來智慧文字之教，以文字言說相傳；所謂別傳，即指教法傳承之外，還有作為教法本根的真心的傳授，即是以心傳心。此心既非肉團心，也不是思慮之心，而是平靜、自然而富有生機的中道本心。正如樹木把自己的根深深地紮入大地以汲取養分一樣，人類也通過自己的心與無形的世界——生命的本源聯繫在一起，從其中汲取通過外在的器官所無法汲取的東西。這種作為生命本源的無形的存在便是人人皆具的本心，每個人都通過自己的心與之聯接，猶如無數支流源於同一個大湖一樣。這一本心無形無相，不可言說，或名之為道，或字之曰仁，都是強以為名。言者皆述其一斑，無人能窺其全豹。

禪宗有一個流傳甚廣的參禪三境界說，出自《指月錄》有關青原惟信禪師的記載：吉州青原惟信禪師說："老僧三十年前，未參禪時，見山是山，見水是水。及至後來親見知識，有個入處，見山不是山，見水不是水。而今得個休歇處，依前見山只是山，見水只是水。"大眾："這三般見解，是同是別？"第一種境界，即參禪之前的境界，也就是俗人的境界。在我等俗人眼中，山山水水司空見慣，沒有什麼新奇之處，也就往往視若無睹。禪者把世俗之人比作迷途者，或者夢中人，看不到世界的真相，卻認虛為實，認夢為真。第二種境界：參禪者初悟之後，忽然發現一個完全不同的世界，往往有大夢方醒之感，於是"見山不是山，見水不是水"。這是因為禪者悟入之處，是對世俗相對知識的否定，也是對自我的否定。這種否定，往往從破除人法二執的角度入手，即將作為客體的法（萬事萬物）和作為主體的人都予以遣除。對法的遣除，即是見山不是山，見水不是水。但這種境界無法清晰確定地描述，只能用象徵性的語言勉強表達。到了“見山只是山，見水只是水”的第三境界，則是“灑灑落落無一星事”的脫落擬議思維的直覺境界。第三境界雖然形式上與第一境界似乎無異，但禪者的真實境界卻有本質差別。此時的感悟，是即物即真，“覿體全真”的感悟，此時已經沒有主客、物我的對立，見水只是水，見山只是山，是禪悟的澄明之境。這種感悟，已經除卻了“奇特商量”，回歸於平常（參見《吳言生說禪・經典禪詩》）。

◎ 二、武

（一）武術的產生和發展

在原始社會，獸多人少，自然環境十分惡劣。為了獲得生存的必需品，人們與大自然進行鬥爭的過程中，慢慢地學會了使用拳腳擒拿等動作和器械工具與猛獸進行搏鬥。生存搏鬥的殘酷要求人們必須依靠攻防格鬥的技能來保護自身的生命安全，於是便產生了拳打腳踢、指抓掌擊、跳躍翻滾等初級攻防手段，後來人們又學會了製造和使用石製或木製的工具作為武器，產生了一些徒手的和使用器械的搏鬥、搏殺技能，而這種自覺運用攻防格鬥技能的經驗被總結保留下來，這便形成了武術早期的萌芽。[5]

武術作為獨立的社會文化現象，是同中華民族文明的產生同步的。商周時期，出現了“武舞”，用來訓練士兵，鼓舞士氣；秦漢以來，盛行角力、擊劍。隨著“宴樂興舞”的習俗，手持器械的舞練時常在樂飲酒酣時出現，如《史記・項羽本紀》記載的“鴻門宴”中“項莊舞劍，意在沛公”，便是這一形式的反映。唐朝以來開始實行武舉制，天罡拳比較流行，對武術的發展起了促進作用，當時軍隊對有一技之長的士兵授予榮譽稱號。裴旻將軍的劍術獨冠一時，與李白詩歌、張旭草書並稱唐代三絕，可見武術作為一種文化形式已具有相當影響。明清時期是武術大發展時期，流派林立，拳種紛顯。拳術有長拳、猴拳、少林拳、內家拳等幾十家之多；同時形成了太極拳、形意拳、八卦掌等主要的拳種體系。到了近代，武術適應時代的變化，逐步成為中國近代體育的有機組成部分。中華人民共和國成立後，武術得到了蓬勃發展。1956 年，中國武術協會建立了武術協

---

[5] 全國體育院校教材委員會審定：《武術理論基礎》（北京：人民出版社，1997 年）。

會、武術隊等，形成了空前廣泛的群眾性武術活動網，為武術的發展開拓了廣闊的道路。2008 年北京奧運會開幕式表演的中華武術是武術發展中歷史性的突破。1987 年在橫濱舉行了第一屆亞洲武術錦標賽，標誌著武術走進亞運會。1999年，國際武聯被吸納為國際奧委會的國際體育單項聯合會正式成員，這是武術發展中的又一次歷史性突破，意味著在不久的將來，武術即將成為奧運項目，意味著朝"把武術推向世界"的雄偉目標又進一步。

（二）武術

"武術"一詞在古書中偶有所見，古書中的武術意為"武之術"，包括術、技、理、意、道等含義。它是以踢、打、摔、拿、擊、刺等技擊動作為主要內容，通過徒手或借助於器械的身體運動表現攻防格鬥的能力。[6] 無論是對抗性的捕鬥運動，還是套路運動，其宗旨都是通過演練以提高人的身體素質和攻防能力，進行功力與技巧上的較量。武術沒有固有的練習形態，注重內外兼修，同時也正是因為其起源，它存在於我們生活中各個角落。平時我們聊起武術的話題時，極少會提到武術，更多的是提到"功夫"。功夫存在於我們生活當中，在我們平時生活的每個動作當中。中國功夫是一種學識、一種防守。從內容及含義而言，武術一詞代替不了"功夫"，應該說武術是"功夫"的一部分，即"功夫"包括武術與武道（即德行方面的修行）兩部分或兩個層次。從修而言，武術修人，武道（武德）修心。武術能強身健體，增強人的意志，讓人勇敢、堅強、充滿活力；武道能讓武術昇華至道的境界（即德行方面的修行），即天地人生之大道，而在禪武文化中也蘊含了更多了生死、斷煩惱、徹悟宇宙人生真理的大智慧。

"功夫"一詞本是佛教專用名詞，禪宗的修行成果，就叫做"功夫"，比如坐禪、參話頭，我們就叫"做功夫"。做"功夫"的目的，是為了開悟成佛，超凡入聖，徹底改變人的品質。僧人習武，是一種修行、所以又叫"禪武"、"禪武合一"。當然，並不是所有習武的人都在修行、都在"做功夫"，關鍵在於是否懷著一顆修禪的心。

---

[6] 林小美：《清末民初中國武術文化發展研究》（杭州：浙江大學出版社，2012 年），頁 12-13。

◎ 三、禪武不二

禪是無形的，但武術只是簡單的動作，需要禪才能立起來。冷兵器時代已經過去，武術的格鬥功能慢慢淡化下去，而它的養生功能就慢慢提升了。內功修禪的功能被永遠地保存下來，因為這是修禪悟道的一個最佳法門。禪和武的觀點其實很博大，禪武同源、禪武同宗、禪武同體、禪武同用、禪武同觀、禪武同道、禪武同歸。

禪武有三個境界，第一個境界是禪武兼修，這時候禪和武可能沒有關係，但是就像兩條平行的河流，一條是禪，一條是武。第二個境界是禪武合一，禪和武兩條河流合二為一，變成一條禪武的河流，繼續往前走。禪武合一還不是目的，只是個過程，合一之後，繼續東流，歸向大海，這叫"禪武同歸"。這個大海在自己的心中，就是智慧之海、佛性之海，最後還是要歸到自己的心裏。究其根源，禪與武可謂同根而生，一文一武、一內一外、一動一靜、一理一行、一身一心、一形一意，正所謂：禪中有武、武中有禪。它充分體現了我國禪宗文化與武術有機的結合，相輔相成，實為武學中上乘之術也。[7] 如果把武術比成"人"的話，那麼禪是靈魂、武是軀體；禪是意、武是形；以禪為主導、以武為行為，相互融合，互相受益，互為修煉。這就是禪武不二。

禪武主張通過內修外練，以達動靜相間、內外相合、剛柔相濟、虛實同進、隨機而動、純乎於心的境界。修習禪武者，圓融物我，內心無礙無畏，從而達到"禪拳歸一"的武術最高境界。

禪武，源於中國傳統文化，隨著歷史的更替、時代的變遷，在中國傳統文化的環境裏逐步發展與完善。所以，禪武文化充分具備中國傳統文化的內涵，體現中國傳統文化特徵。我們不能要求，也無法要求所有習武者都以修禪的態度去習武，更無法要求所有參禪的人都去習練武術。但參禪習武的修行方式，可使人保持良好的品德、健康的體魄，擁有良好的品德、健碩的體魄，即可更好地修學，亦可更好地服務社會，利澤他人。

禪宗思想和武學文化，兩者都是中國傳統文化的經典，金剛禪寺本著"禪心

---

[7]　邱丕相：《中國武術教程》（上）（北京：人民體育出版社，2004 年）。

育人，武以教人"的理念，致力於弘揚佛教優秀思想及傳統武術博大精深的文化內涵，在傳授禪武的過程中向學員推行傳統禮儀教育和禪學教育，引導信眾樹立"以禪修心、以武強身"的修行理念。[8]

修習禪武能幫助人塑造良好的行為舉止，鍛煉堅強的意志品質，樹立有利於自身發展的人生觀和價值觀。禪武是一條探、索開發智慧之路，又是追求解脫之路；禪武更是一種超然性、超脫性的生活藝術及生活方式。禪武文化，就是禪與武術以及文化藝術相融合的超然境界。

◎ 四、結論

禪，是通過對自身的靜慮，尋求內心的安寧與平靜，提高對生活各種目標的認知和瞭解。武，是通過習武鍛煉，磨練人的意志，提升人的品格，促進各項身體機能的提高。禪為武之體，武為禪之用；武是禪的表相，禪是武的神韻。以禪入武，以武達禪；以禪淨心，以武修身。武為動，禪為靜，身動心淨，動靜一如，則可直趨人生的解脫大道。也就是說：禪即是武，武即是禪，禪武不二，禪武一如。

---

[8]　華博：《中國世界武術文化》（北京：時事出版社，2007 年）。

被敘述的內家拳 —— 禪武隨筆一則

鍾東 *

黃宗羲作為明末清初的學問家，不管他是否練習武術，而為武術家身份的王征南專門撰作一篇傳記形式的墓誌銘，看起來王征南作為武林人物，在歷史上應當留名。黃宗羲第三子亦把王征南的拳法，作了一篇長文專門介紹，這就是人們所熟知的《內家拳法》。

王征南進入這父子倆的敘述，其緣起在黃氏二人的文字中可以考見，問題是黃氏父子對於"內家拳法"的來源敘述相左，一以為出於"夢玄帝"，一以為出於"翻少林"。試想，王征南既如此重要，為何敘述有差異？他們的記述，在我們今天，當如何理解？如何判斷？這對於我們研究禪武，又有何種意義？

黃氏父子寫的豈只是一個武術家的故事？是否有寄託在呢？這是我們要弄清楚的問題。

◎ 一、名實：內家拳之來源

今天，內家拳與外家拳的名稱被人泛用，以為外見力氣、以剛強為主的便是外家，以柔化內隱的拳法就是內家。事實上，這是今天的人根據主觀的臆測，故意將中國拳術進行這樣的分類。我認為"內家拳"的概念，最初是特指少林拳術。

最早提出內家拳的名稱，是明末清初大學問家黃宗羲的第三子黃百家。據黃百家《內家拳法》所述："自外家至少林，其術精矣。張三丰既精於少林，復從而翻之，是名內家。"這裏，黃百家說得非常清楚，內家拳的傳播，人物方面以張三丰最關鍵；來源方面，內家拳源自少林，也就是說少林拳是內家拳的前身。從少林拳到內家拳，是經過了張三丰的"翻之"，並且因此"名內家"。翻，這個字，古代人喜歡用來描述舊已有之而經翻新、改造的過程。結果，這種拳被黃百家稱為比少林拳更強（"得其一二者已足勝少林"）。顯然，內家拳不是今天

---

* 中山大學中文系

泛指的概念，而是特指張三丰所傳的少林拳。

為了說明問題，不妨取後來直至今天的概念加以對照。清中後葉的小説《兒女英雄傳》第六回，就與黃百家之看法不同：“武當拳是明太祖洪武爺留下的，叫作‘內家’；少林拳是姚廣孝姚少師留下的，叫作‘外家’。”而《漢語大詞典》的釋義，就是當代最有代表性的定義了：

內家拳

我國拳術的著名流派之一。我國拳術舊有內家和外家之分。相傳外家起於少林，以主動攻擊搏人為主；內家相傳起於宋張三丰，拳法以靜制動，使犯者應手而仆。清黃百家有《內家拳法》一書。晚清也有人把形象近似的太極拳、形意拳、八卦拳統稱為“內家拳”。

這個看法，好像從明末清初黃宗羲所作的〈王征南墓誌銘〉就這樣表述了。這個觀念幾百年來發展到我們今天，內家拳的“內”，一般被稱為是功夫的心法和身上的內勁。通常認為像太極、形意和八卦這樣有著較多中國古代文化理念的拳，就是內家拳。或者像有些拳書説，勁別裏面有明勁、暗勁和化勁的拳就屬於內家拳。但是，我們在黃宗羲的第三子黃百家的《內家拳法》裏，看到與乃父不同的見解。一是內家拳不是夢自玄帝，而是由張三丰翻自少林的；二是內家之內，未見今人的解釋。也就是説，我們從中看不見現代意義上的內家拳這兩層含義。在這篇文字中，沒有心法秘訣，也沒有內勁説明，更沒有陰陽、五行、八卦、太極之類的理論體系。

那麼，黃氏父子記述拳史所指的“內家”是什麼？會不會用“內家”來指佛禪？我認為他們作為明末清初的遺民，用這個詞語，應當有著內心世界的隱喻。這層含義，應當放在歷史人物的情感世界來理解，也就是應當放在心史的範疇來理解，而不是放在信史的範疇來理解。理由在文中可以讀出。

內家拳，就是指脱胎於少林拳的拳種。首先，黃百家説的張三丰藉以“翻之”的拳，是少林拳。張三丰應當是為了紀念這拳的來源，才稱之為“內家”；而黃百家的“自外家至少林”，也是把“外家”與“少林”對舉。言外之意，少林是與外家不同的“內家”，只是由張三丰命名而已。其次，從文中看王征南還保留著對佛禪的親近，有兩個例子，一個就是黃百家自稱學拳的時候家中的居室欹窄，"習餘於其旁之鐵佛寺"；另一個例子是當王征南看見黃百家記錄拳譜時，説黃"子藝從此不精矣"，這是説拳在身上不在紙上的意思，豈非禪家見性明心，並不在外面用功之道理嗎？還有一件，黃百家記錄拳打法的種類，用的是"色名"這個概念，我認為其選詞也與佛禪有關，故意不用普通的詞語，是暗示著對少林拳的追憶。

◎ 二、存佚：內家拳之傳承

傳承方面，有單思南傳王征南，而黃百家從王就學。據黃百家所述，王征南非常憐惜這種拳術，"授受甚難其人，亦樂得余而傳之"。言外之意，王征南不想傳別人，可卻很願意傳黃百家。為什麼？小字中説："有五不可傳：心險者、好鬥者、狂酒者、輕露者、骨柔質鈍者。"這裏可以反過來想，黃百家自己認為沒有這些毛病，因而不是"五不可傳"的人。

黃百家的文中，沒有説明單思南是否跟張三丰學的、單思南又是怎麼傳王征南的，但這可以從黃百家的父親黃宗羲的〈王征南墓誌銘〉中得見。黃百家的文章，重點不是記述一個人物，而是拳種。這樣，作文的時候，剪裁詳略，也就與乃翁不同。

黃百家的文章，是極力讚美內家拳，而其友人王征南又極樂意傳之，但是，文中特別寫這麼珍貴的內家之拳法與他自己擦肩而過。那又是為什麼？

我們暫且把這個問題給擱下，看一下黃宗羲寫的〈王征南墓誌銘〉，之後再回過頭來看黃百家為什麼極力渲染自己的遺憾。

黃宗羲寫道：

> 少林以拳勇名天下，然主於搏人，人亦得以乘之。有所謂內家者，以靜制動，犯者應手即仆，故別少林為外家。蓋起於宋之張三丰。三丰為武當丹士，徽宗召之，道梗不得進，夜夢玄帝授之拳法，厥明以單丁殺賊百餘。三丰之術，百年之後，流傳於陝西，而王宗為最著。溫州陳州同，從王宗受之，以此教其鄉人，由是流傳於溫州。嘉靖間張松溪為最著，松溪之徒三四人，而四明葉繼美近泉為之魁，由是流傳於四明。四明得近泉之傳

者，為吳昆山、周雲泉、單思南、陳貞石、孫繼槎，皆各有授受。昆山傳李天目、徐岱嶽，天目傳余波仲、吳七郎、陳茂弘。雲泉傳盧紹岐。貞石傳董扶輿、夏枝溪。繼槎傳柴玄明、姚石門、僧耳、僧尾。而思南之傳，則為王征南。

在這一段，可見黃宗羲寫作的重點在記王征南這個人，所以用力記述了拳法傳承的譜系。這段記述，對於考見明末清初在浙江溫州地區，所謂內家拳如何傳播，有著較高的史料價值。這無須贅言。其中有幾個要點，必須標舉出來，引起人們對敘述的注意。

第一個問題是，黃宗羲對於內家拳的判斷，與其子黃百家不同：一是，徑稱少林為外家，張三丰拳為內家，"別少林為外家"；二是，內家並不出自少林，而是張三丰"夜夢玄帝授之拳法"。黃宗羲的用意，在於強調內家絕不同於少林（以靜制動），甚至不惜借用神話傳說來講述這種拳法的來源（起於夜夢）。

第二個問題是，內、外家拳的差別，在黃宗羲描述的只是策略的不同，他認為外家是"主於搏人"，而內家則是"以靜制動"。可是實際上，他不如其子黃百家那麼懂武術，不能講述具體的方法。因為在講到實際效果的時候，他只能籠統地用"以靜制動"這樣表達。況且，他說張三丰學成"以單丁殺賊百餘"，試問內家拳的"殺賊"與他認為的外家之"搏人"，確實有什麼不同嗎？

第三個問題是，在黃宗羲看來，內家拳傳播中，至嘉靖間溫州以"張松溪為最著"，而黃宗羲兒子黃百家之朋友王征南，正是張松溪的徒孫。如果從這個文獻來看，黃百家遇到的王征南顯然是內家拳最好的傳人。

然而，為什麼黃百家對內家拳的學習卻中輟了呢？從黃百家的《內家拳法》看，作者解釋說是因為自己迫於生計，需進入科場舉業。而另一方面，王征南後來也很落寞，生活潦倒。王征南甚至曾經對之曰："我無傳人，我將盡授之子。"可是，他的東西到黃百家卻失傳了。這是為什麼？

黃百家說："謂天下事必非齷齪拘儒所任，必其能上馬殺敵，下馬擒王，始不負七尺於世。當是時，西南既靖，東南亦平，四海晏如，此真挽強二石，不若一丁之時。"黃百家也有壯心，也就是希望殺敵、擒王，但最終不能做，因為這是屠龍之術。中間說"四海宴如"，那是和平時代，用不著武功。說是這樣說，實際是，當年反清復明的遺民，此時已經消盡英雄志。黃百家遂放棄武學，專心科舉，"余見家勢飄零，當此之時，技既成而何所用，亦遂自悔其所為。因降心抑志，一意夫經生業"。因為，殺敵、擒王，那是昔時匡復明室的夢想，連其"家大人"都"使學為科舉之文"，可見其言外之意既遙且遠，本來堅持反清復明的家大人黃宗羲，都勉勵兒子學文應舉了，那"內家拳法"還學它做什麼？不如做一個古董算了。

可以斷言的是，黃氏父子對於王征南及其內家拳法的記述，有莫大的舊朝已去、新朝不可違、光復無望、世事不可逆轉的深深隱痛。

◎ 三、道技：內家拳之精神

儘管黃宗羲用的是史家之筆法，欲存王征南之為人與拳脈，注意到了客觀的一面，卻沒有注意記錄他自己的內心世界。他的兒子黃百家則不同，一篇《內家拳法》，處處充滿著對人世、歷史、拳法、人物的感慨，其中對於內家拳法至王征南而不傳，充滿著深深的遺憾。不過，他有意存內家拳法之大概，也是可以理解的，今錄其文中相關的記述，供讀者研究之參考。如次：

其拳法有應敵打法名色若干：長拳滾斫、分心十字、擺肘逼門、迎風鐵扇、棄物投先、推肘撲陰、彎心杵肋、舜子投井、剪腕點節、紅霞貫日、烏雲掩月、猿猴獻果、縮肘裹靠、仙人照掌、彎弓大步、兌換抱月、左右揚鞭、鐵門閂、柳穿魚、滿肚疼、連枝箭、一提金、雙架筆、金剛跌、雙推窗、順牽羊、亂抽麻、燕抬腮、虎抱頭、四把腰等。

穴法若干：死穴、啞穴、暈穴、咳穴、膀胱、蝦蟆、猿跳、曲池、鎖喉、解頤、合谷、內關、三里等穴。

所禁犯病法若干：懶散遲緩、歪斜寒肩、老步腆胸、直立軟腿、脫肘戳拳、扭臀曲腰、開門捉影、雙手齊出。

而其要則在練，練既成熟不必顧盼擬合，信手而應，縱橫前後，悉逢肯綮。其練法有：

練手者三十五：斫、削、科、磕、靠、掠、逼、抹、芟、敲、搖、擺、撒、鐮、攞、兜、搭、剪、分、挑、縮、衝、鉤、勒、躍、兌、換、括、起、倒、壓、發、插、刪、釣。

練步者十八：篦步、後篦步、碾步、衝步、撒步、曲步、躍步、斂步、坐馬步、釣馬步、連枝步、仙人步、分身步、翻身步、追步、逼步、斜步、絞花步。

而總攝於六路與十段錦之中，各有歌訣：

其六路曰：

佑神通臂最為高，斗門深鎖轉英豪。仙人立起朝天勢，撒出抱月不相饒。揚鞭左右人難及，煞鎚衝掠兩翅搖。

其十段錦曰：

立起坐山虎勢，回身急步三追。架起雙刀斂步，滾研進退三回。分身十字既急三追，架刀研歸營寨。扭拳拈步勢如初，滾研退歸原步。八步韜隨前進，滾研歸初飛步。金雞獨立緊攀弓，坐馬四平兩顧。

顧其詞皆隱略難記，於因各為詮釋之，以備遺忘。詮六路曰：

斗門：左膊垂下，拳衝上當前，右手平屈向外，兩拳相對為斗門。以右足踝前斜，靠左足踝後，名連枝步；右手以雙指從左拳鉤進復鉤出，名亂抽麻。右足亦隨右手向左足前鉤進復鉤出，作小躍步還連枝。

通臂：長拳也。右手先陰出長拳，左手伏乳。左手從右拳下亦出長拳，右手伏乳。共四長拳。足連枝，隨長拳微搓挪左右。凡長拳俱要對直手背，向內向外者，即病法中戳拳。

仙人朝天勢：將左手長拳往右耳後，向左前研下，伏乳。左足搓左。右手往左耳後，向右前研下，鉤起，攔左拳背，拗右拳正當鼻前，似朝天勢。右足跟進滑進襠前，橫向外靠；左足尖如丁字樣，是為仙人步。凡步俱蹲矬，直立者病法所禁。

抱月：右足向右之後大撒步，左足隨轉右，作坐馬步。兩拳平陰相對為抱月。復搓前手還斗門，足還連枝，仍回長拳。斂左右拳，緊叉當胸，陽面，右外左內，兩肘夾肋。

揚鞭：足搓轉向後，右足在前，左足在後，右足即前進追步。右手陽發，陰膊直肘平屈，橫前如角尺樣。左手扯後伏脅，一斂轉面，左手亦陽發，陰左足同上。

煞鎚：左手平陰屈橫，右手向後兜至左掌，右足隨右手齊進至左足後。

衝掠：右手向後翻身直斫，右足隨轉向後，左足揭起，左拳衝下著左膝上，為釣馬步。此專破少林摟地挖金磚等法者。右手掠左手，左手即從右手內豎起，左足上前逼步，右足隨進，後仍還連枝，兩手仍還斗門。

兩翅搖擺：兩足搓右作坐馬步，兩拳平陰著胸，先將右手掠開，平之如翅，復收至胸，左手亦然。

詮十段錦曰：

坐山虎勢：起斗門，連枝足搓向右作坐馬步，兩拳平陰著胸。

急步三追：右手撒開，轉身左手出長拳同六路。但六路用連枝步，至搓轉方右足在前，仍為連枝步；而此則用進退斂步，循環三進。

雙刀斂步：左膊垂下，拳直豎當前，右手平屈向外叉左手內，兩足緊斂步。

滾斫進退三回：將前手抹下，後手斫進，如是者三進三退。凡斫法，上圓，中直，下仍圓，如鉞斧樣。

分身十字：兩手仍著胸，以左手撒開，左足隨左手出，右手出長拳，循環三拳，右手仍著胸，以右手撒開，左足轉面，左手出長拳，亦循環三拳。

架刀斫歸營寨：右手復叉左手內，捉法同前滾斫法，但轉面只三斫，用右手轉身。

扭拳碾步：拳下垂，左手略出，右手上出下進，俱陰面。左足隨左手，右足隨右手搓挪，不轉面兩扭。

滾斫退歸原路：左手翻身三斫，退步。

韜隨連進：左手平著胸，略撒開平直，右手覆拳兜上，至左手腕中止，左足隨左手入斂步翻身，右手亦平著胸，同上。

滾斫歸初飛步：右手斫後，右足搓挪。

金雞立緊攀弓：右手復斫，右足搓轉，左拳自上插下，左足釣馬步進半步，右足還連枝，即六路拳衝釣馬步。

坐馬四平兩顧：即六路"兩翅搖擺"還斗門，轉坐馬搖擺。

六路與十段錦多相同處，大約六路練骨，使之能緊，十段錦緊後又使之放開。

以上所錄，是否與後世所傳的少林拳暗合？當請精通少林拳的人加以判斷。但可以肯定，中間並沒有《太極張三丰》中的內功心法，是毫無疑義的。全是實戰的技術，內家的內容卻不見表述。

黃氏父子的文章真假參半，雖不知史實如何，但是一種濃濃的感情，則完全真實。從他們的文字中，人人能感知得到，少林拳經傳而成內家拳，至黃百家有深深的感歎與哀傷，這可以從他在文末的一個比喻看出："木牛流馬，諸葛之書中之尺寸詳矣，三千年以來，能復用之者誰乎？"可見，黃百家心中的夢想，乃當如諸葛孔明那樣，建功業於國家，豈止是做一介武夫？禪武之稱，似當在後世，或許出自於今天。因為歷史上的少林武功，從歷史的事實到人們的故事講述，正如《三國志》到《三國演義》，情節與主題不斷地被改造、合併、增減，而成為一種敘事的故事。若是從少林拳故事來說，除了金庸先生純武俠的寫作，在說唐故事的系列中，少林功夫更多是護國的精神記憶和文人夢想。可是，到明清易代之際的黃宗羲與黃百家父子的筆下，這種精神記憶成為漢人遺民精神世界的隱痛，代表這種文人夢想的破滅。

問題是，內家拳之道在哪兒呢？黃百家文中並未能考見。淺見以為，當為少林之禪學。

◎ 四、禪學：內家拳之本質

誠如前文所述，我以為內家是指以少林佛禪為內學，而演為武術技藝，故稱為內家。這個看法，是不同於清初的黃宗羲父子的。既如此，則當深究少林禪法，以助深入理解少林禪武的真實含義。

達摩初祖的"二入四行"，是少林禪法的源頭。今錄《續高僧傳》所載達摩生平與禪法於後，備有志者參詳：

> 菩提達摩，南天竺婆羅門種。神慧疏朗，聞皆曉悟。志存大乘，冥心虛寂。通微徹數，定學高之。悲此邊隅，以法相導。初達宋境南越，末又北度至魏。隨其所止，誨以禪教。於時，合國盛弘講授，乍聞定法，多生譏謗。有道育、慧可，此二沙門，年雖在後，而銳志高遠。初逢法將，知道有歸，尋親事之。經四五載，給供諮接，感其精誠，誨以真法。如是安心，

謂壁觀也；如是發行，謂四法也；如是順物，教護譏嫌；如是方便，教令不著。然則入道多途，要唯二種，謂理行也，藉教悟宗。深信含生，同一真性，客塵障故；令捨偽歸真，凝住壁觀，無自無他，凡聖等一；堅住不移，不隨他教。與道冥符，寂然無為，名理入也。行入四行，萬行同攝。初報怨行者，修道苦至，當念往劫，捨本逐末，多起愛憎，今雖無犯，是我宿作，甘心受之，都無怨懟，經云："逢苦不憂，識達故也"，此心生時，與道無違，體怨進道故也；二隨緣行者，眾生無我，苦樂隨緣，縱得榮譽等事，宿因所構，今方得之，緣盡還無，何喜之有，得失隨緣，心無增減，違順風靜，冥順於法也；三名無所求行，世人長迷，處處貪著，名之為求，道士悟真，理與俗反，安心無為，形隨運轉，三界皆苦，誰而得安，經曰："有求皆苦，無求乃樂也"；四名稱法行，即性淨之理也。摩以此法開化魏土，識真之士從奉歸悟，錄其言誥，卷流於世。自言年一百五十餘歲，遊化為務，不測於終。

　　無疑，達摩禪法是徹底解脱的法門。要緊的是，在蔣維喬的《中國佛教史》中，已經指出的兩點：一是"借教悟宗"，是達摩禪法至關重要的一點，此即所謂"理入"，並不是後人認為的不需要讀書，相反，應是深入經藏；二是"不隨他教"，後世所傳抄、轉述的文本，寫成為"不隨文教"，這為禪宗的不立文字，似乎找到了依據。如果禪宗真是可以不立文字，那麼《六祖壇經》不是文字嗎？為什麼還需要流傳呢？顯然，達摩最初的禪法教義，後世所傳儘管與之有差異，但是借教悟宗之旨是不容忽視的，不隨他教更是安心的根本。

　　至於行入的報怨、隨緣、無求、稱法，就是安心、發行、順物、方便之法門，也是心地中的真實學問。若論禪武，其要義就在於在心地上下功夫，而後在武學上開花結果，顯現妙義。

　　又，達摩禪法，在當時接受者不過道育與慧可，但與之相映襯的，還有寶（保）志與傅翕（傅大士），他們的性空常寂思想，與達摩是一致的。此處，我將寶志禪師的〈大乘讚〉與傅大士的〈心王銘〉輯成附錄資料，放在文末，讀者不難看見直指人心的禪法精要，三人實同。之所以指出這一點，無非是想説明，禪武的源頭，要從達摩時代的禪法去參悟領會。

◎ 五、結語

唐人劉子玄《史通·鑒識》曰："苟不能探賾索隱，致遠鉤深，烏足以辯其利害，明其善惡。"其論雖為史家之文而發，而何不亦用之於讀史家之文乎？本文對於黃氏父子記述王征南的人與拳，認為應當作表層與深層的兩種理解。表層就是慣常關注的一般事實，深層則是他們寫文章真實的宗旨與隱藏的情感。

筆者認為，所謂內家拳之得名，是源於少林的內學。而對於王征南的同情，實際是對明末清初反清復明無望的遙遠寄託。

至於少林內學，必須追述到達摩初祖的禪法及其時代，這對於今天我們談論"禪武"，有著不可忽視的現實意義。

◎ 附錄

寶志禪師：〈大乘贊〉

一

大道常在目前，雖在目前難睹。若欲悟道真體，莫除聲色言語。言語即是大道，不假斷除煩惱。煩惱本來空寂，妄情遞相纏繞。一切如影如響，不知何惡何好。有心取相為實，定知見性不了。若欲作業求佛，業是生死大兆。生死業常隨身，黑暗獄中未曉。悟理本來無異，覺後誰晚誰早。法界量同太虛，眾生智心自小。但能不起吾我，涅槃法食常飽。

二

妄身臨鏡照影，影與妄身不殊。但欲去影留身，不知身本同虛。身本與影不異，不得一有一無。若欲存一捨一，永與真理相疏。更若愛聖憎凡，生死海裏沉浮。煩惱因心有故，無心煩惱何居。不勞分別取相，自然得道須臾。夢時夢中造作，覺時覺境都無。翻思覺時與夢，顛倒二見不殊。改迷取覺求利，何異販賣商徒。動靜兩亡常寂，自然契合真如。若言眾生異佛，迢迢與佛常疏。佛與眾生不二，自然究竟無餘。

三

法性本來常寂，蕩蕩無有邊畔。安心取捨之間，被他二境回換。歛容入定坐禪，攝境安心覺觀。機關木人修道，何時得達彼岸。諸法本空無著，境似浮雲會散。忽悟本性元空，恰似熱病得汗。無智人前莫説，打爾色身星散。

四

報爾眾生直道，非有即是非無。非有非無不二，何須對有論虛。有無妄心立號，一破一個不居。兩名由爾情作，無情即本真如。若欲存情覓佛，將網山上羅魚。徒費功夫無益，幾許枉用工夫。不解即心即佛，真似騎驢覓驢。一切不憎不愛，遮個煩惱須除。除之則須除身，除身無佛無因。無佛無因可得，自然無法無人。

五

大道不由行得，説行權為凡愚。得理返觀於行，始知枉用工夫。未悟圓通大理，要須言行相扶。不得執他知解，回光返本全無。有誰解會此説，教君向己推求。自見昔時罪過，除卻五慾瘡疣。解脱逍遙自在，隨方賤賣風流。誰是發心買者，亦得似我無憂。

六

內見外見總惡，佛道魔道俱錯。被此二大波旬，便即厭苦求樂。生死悟本體空，佛魔何處安著。只由妄情分別，前身後身孤薄。輪迴六道不停，結業不能除卻。所以流浪生死，皆由橫生經略。身本虛無不實，返本是誰斟酌。有無我自能為，不勞妄心卜度。眾生身同太虛，煩惱何處安著。但無一切希求，煩惱自然消落。

七

可笑眾生蠢蠢，各執一般異見。但欲傍鏊求餅，不解返本觀面。面是正邪之本，由人造作百變。所須任意縱橫，不假偏耽愛戀。無著即是解脱，有求又遭羅罥。慈心一切平等，真即菩提自現。若懷彼我二心，對面不見佛面。

八

　　世間幾許癡人，將道復欲求道。廣尋諸義紛紜，自救己身不了。專尋他文亂說，自稱至理妙好。徒勞一生虛過，永劫沉淪生老。濁愛纏心不捨，清淨智心自惱。真如法界叢林，返作荊棘荒草。但執黃葉為金，不悟棄金求寶。所以失念狂走，強力裝持相好。口內誦經誦論，心裏尋常枯槁。一朝覺本心空，具足真如不少。

九

　　聲聞心心斷惑，能斷之心是賊。賊賊遞相除遣，何時了本語默。口內誦經千卷，體上問經不識。不解佛法圓通，徒勞尋行數墨。頭陀阿練苦行，希望後身功德。希望即是隔聖，大道何由可得。譬如夢裏度河，船師度過河北。忽覺床上安眠，失卻度船軌則。船師及彼度人，兩個本不相識。眾生迷倒羈絆，往來三界疲極。覺悟生死如夢，一切求心自息。

十

　　悟解即是菩提，了本無有階梯。堪歎凡夫傴僂，八十不能跋蹄。徒勞一生虛過，不覺日月遷移。向上看他師口，恰似失奶孩兒。道俗崢嶸聚集，終日聽他死語。不觀己身無常，心行貪如狼虎。堪磋二乘狹劣，要須摧伏六府。不食酒肉五辛，邪眼看他飲咀。更有邪行倡狂，修氣不食鹽醋。若悟上乘至真，不假分別男女。

　　按，寶志禪師（418-514），亦稱寶志公。南北朝齊梁時高僧。俗姓朱，甘肅蘭州人。有詩偈〈大乘贊〉、〈十二時頌〉、〈十四科頌〉傳世。

傅大士：〈心王銘〉

　　觀心空王，微妙難測。無形無相，有大神力。能滅千災，成就萬德。體性雖空，能施法則。觀之無形，呼之有聲。為大法將，心戒傳經。水中鹽味，色裏膠青。決定是有，不見其形。心王亦爾，身內居停。面門出入，應物隨情。自在無礙，所作皆成。了本識心，識心見佛。是心是佛，是佛是心。念念佛心，佛心念佛。欲得早成，戒心自律。淨律淨心，心即是佛。除此心王，更無別佛。欲求成佛，莫染一物。心性雖空，貪嗔體實。入此法門，端坐成佛。到彼岸已，得波羅蜜。慕道真士，自觀自心。知佛在內，不向外尋。即心即佛，即佛即心。心明識佛，曉了識心。離心非佛，離佛非心。非佛莫測，無所堪任。執空滯寂，了此漂沉。諸佛菩薩，非此安心。明心大士，悟此玄音。身心性妙，用無更改。是故智者，放心自在。莫言心王，空無體性。能使色身，作邪作正。非有非無，隱顯不定。心性離空，能凡能聖。是故相勸，好自防慎。剎那造作，還復漂沉。清淨心智，如世黃金。般若法藏，並在身心。無為法寶，非淺非深。諸佛菩薩，了此本心。有緣遇者，非去來今。

按，傅大士（497-569），本名傅翕，字玄風，號善慧。《續高僧傳》稱傅弘，又稱善慧大士、魚行大士、雙林大士、東陽大士、烏傷居士。在其後世，禪宗三祖的〈信心銘〉、永嘉大師的〈證道歌〉、石頭和尚的〈草庵歌〉，以及懶殘和尚的〈悟道歌〉與〈心王銘〉神意也是心心相印的。

關於習武參禪的文化思考

康戈武 *

◎ 一、武術和禪法是中華文化多樣性的表現

中華文化的多樣化，最初被大分為文、武兩道。緣此，有了文武兼修、能文能武、文武雙全、乃文乃武的教育模式和人才標準，以及有文事必有武備和有武事必有文備的治國方略。細說中華文化的多樣化，則有"諸子百家"、"三教九流"等概略性的習慣用語。武術、禪法，是豐富多彩的中華文化中兩種自成體系的表現形式。簡而言之：[1]

武術，是因"生存"需要而產生、形成和發展起來的。這一目的，隨著社會的演進，相繼表現為爭生存、保生存、怡悅地生存等具體目的。並且，圍繞著爭取生存空間、維護生存權利、提高生存品質，把武術定義為止戈為武、以武止武之術；制人育人之術；具有健身、防身、修身三大功能的傳統體育。為此，逐漸形成了功法、套路、格鬥三種運動形式。這三種運動形式，既能通過運動，讓修煉者獲得強健的體魄、掌握防身自衛的技能，又能通過蘊藏於運動形式之內的文化內涵，發揮出完善人格的修身作用。

禪法，是佛教禪宗為達"見性成佛"目的而採用的修煉方法。中國禪宗認為人人皆有佛性，都可通過修煉今生成佛，甚至是"放下屠刀，立地成佛"。修行禪法，以止、觀二法為宗，以戒、定、慧為序。禪修形式可大分為坐禪、動禪、生活禪三類。不論何種形態，只要在一切行住坐臥動作和日常生活中體會禪的境界，也就是止觀境界，就能獲得安心當下、隨緣任運、"見性成佛"的修行效果。

◎ 二、從拳禪並行談異中求同，提升修煉效果

談拳禪並行，先得談談修禪方式的發展和泛化。被奉為禪宗初祖的達摩，以壁觀修行，"面壁九年，留影石上"，終成正果。經三傳後，禪僧四方遊化、

---

* 國家體育總局武術研究院秘書長、中國武術協會段位制辦公室主任

托缽乞食的生活方式，被僧眾定住一處、集中食宿的生活方式取代。終日靜坐默然的修行，也被自給自足的勞作替代。隨之，靜坐斂心才算禪的觀念被淡化，取而代之的是把平常生活中的一切勞作都當作禪的修行。修禪與勞作並行，農禪並重，坐作雙修。

在禪宗祖庭少林寺的護寺僧人，則是習拳練武與靜坐參禪並行。少林寺有著悠久的拳棒歷史，既是禪院，又是武場。寺僧既參禪，又練武，拳禪雙修。這種修煉模式，在俞大猷《正氣堂集》中有記述。〈新建十方禪院碑〉、〈詩送少林寺僧宗擎有序〉中記述說，俞大猷在明朝嘉靖年間，曾選少林寺僧宗擎、普從二人隨軍習練棍法。"時授以陰陽變化真訣，復教以知慧覺照之戒。""宗擎回寺以劍訣禪戒傳之。"詩云："學成伏虎劍，洞悟降龍禪。"這些記述，既是拳禪並行的例證，也說明了明代著名武術家俞大猷對拳禪雙修模式的肯定。

在少林寺內，拳禪並行、拳禪雙修的基礎，不僅因為拳禪盛於一寺，還因為兩者雖然目的不同，但在文化上有同源性，在練法上也有類同性。

從文化的同源性看，以少林寺為祖庭的中國禪宗，摒棄了原傳佛教不修今生修來世、要通過修行往生極樂世界的教義，納入了儒家修身和忠孝的思想，吸收了道家養生的方法，提出了"即心是佛"、"見性成佛"，認為人人都可通過修煉安心當下，隨緣任運，今生成佛。

又如，中國禪宗對"禪"的翻譯，也是以儒釋禪。禪，被意譯為"靜慮"。唐三藏法師玄奘說："於中先辯所依止定，且諸定內靜慮云何。""依何義故立靜慮名，由此寂靜能審慮故……止觀均行最能審慮。"（見玄奘奉詔譯《阿毗達磨俱舍論卷第二十八·分別定品第八之一》）用這一譯詞比照儒家經典《大學》中關於修身的論斷："知止而後有定；定而後能靜；靜而後能安；安而後能慮；慮而後能得。"禪修的方法幾乎全同於儒家的修身方法。

從練法的類同性看，止、觀二法是參禪的基本方法，其他上千種禪法，都是由此二種衍生出來的。止，是專注於單一物件，不理會其他物件。包括有視、思、誦三類具體操作方法。觀，指內觀，專注於自身某部，或者某一生理現象。常見的有兩種方法：一是觀呼吸，並隨出入息默數的數息方式；二是觀腹部起伏，並隨之默念起伏的方式。這兩種方法共同的要訣就是"心注一境"的"止一"。這與道家養生功法的要訣"守一"如出一轍，亦與武術以意領氣、以氣導體，意到氣到勁到形到，形成人體內外"合一"的練習要訣相類。

又如，傳統武術入門基本功大都以騎馬樁、渾圓樁、三才樁、八卦樁等樁功為首。此法不僅是增強腿力、加固下盤穩定性的外功訓練手段，也是養氣平心的內功練習手段。其練習要求與禪定修持法也頗多類同點。例如，站樁時要求集中思想，默想寂思姿勢要領、肌肉感覺，或者以意念支配氣息的運行，做到"無我無他"（妙興語）、"聽氣下沉、沉心寂慮"（《少林拳術秘訣》）。這與專注一境、練心如牆壁以達到禪定的"壁觀"修行法基本一致。又如，站樁時要求"每次必站百字，即站時默數一至百之度數"（《少林拳術秘訣》），以排除雜念、集意練功。這與為糾正心思散亂、達到禪定的"禪數"修行法相似。

文化的同源性和練法的類同性，引發了兩者間異中見同、異中求同、相互融攝的現象。簡舉兩例於下：

其一，坐禪者，久坐神疲體乏。長期久坐，有損健康。於是借行拳走架，作為"動禪"。行坐交替，動靜相間，於參禪強身皆有顯效。習武者，久練勞形傷精，不利功力提高。借坐禪為"靜功"，動靜互用，練養結合，能有效地促進功力提高。

其二，諺云："藝高人膽大，膽大藝更高。"可以理解為，憑著膽量倍增技擊能力，仗著技藝高強撐起無畏的膽量。拳禪雙修者，於此多有體會。武僧既以鍛煉拳藝增強膽氣；又吸收禪法，通過禪定體會"本無"，擺脫世俗煩惱的束縛，看破生死。《少林拳術秘訣》認為，"能勘破生死關，就能靜以禦敵，臨危應變，毫無畏怯"。

◎ 三、從拳禪互融談同中求異，彰顯個性特色

以文化的同源性和練法的類同性為基礎，拳禪二者相互融攝的情況並不少見。值得注意的是武術、禪法圍繞各自目的形成的不同體系，是豐富多彩的中華文化百花苑中的兩株奇葩。我們在暢談"拳禪一體"、"禪武合一"的討論中，也要從保護文化多樣性的角度，談談同中求異，彰顯出各自的文化特色，發揮出各自的功能特長，滿足不同人的不同需求。

拳有拳的價值，禪有禪的功能。兩者之間的相互融攝，要立足於以他們各自的功能和價值，完善之、發展之、利用之。既彰顯出以少林拳為代表的、追求

"拳禪合一"的拳種區別於其他拳種的文化特色，又彰顯出武術與佛教、禪法的不同目的及文化特徵。

在建設小康社會、和諧社會的今天，宣導習武和參禪都具有積極意義，是社會發展的正能量。在筆者的見聞中，下面兩首禪詩有助於我們理解"禪"的文化特色和社會功能。

其一，是 1979 年筆者在浙江溫州考察時得見，刻在禪寺廊柱上的詩偈：

幸為福田衣下僧，乾坤贏得一閑人。

有緣即住無緣去，一任清風送白雲。

其二，是筆者年前在書中看到的生活禪曲：

春有百花秋有月，夏有涼風冬有雪。

若無閑事掛心頭，便是人間好時節。

人能如此隨緣，社會自然是和諧的；人能如此安心當下，自然是幸福的。讓人感到，在如此和諧的社會裏幸福地生活，我不是佛，誰是佛？

揭示武術文化特色和社會功能的詩詞頗豐，謹從描述少林寺拳禪雙修的詩文中摘取兩首，加深我們對此的理解。

其一，明·程紹〈少林觀武〉：

暫憩招提試武僧，金戈鐵棒技層層。

剛強剩有降魔力，習慣輕攜搏虎能。

定亂策勳真證果，保邦靖世即傳燈。

中天緩急無勞慮，忠義毗盧演大乘。

其二，明·周易〈入少林寺〉：

梵宇稱奇絕，山僧負勝命。

談玄更演武，禮佛愛論兵。

勇冠三軍氣，心雄萬夫英。

中原非羽檄，借爾戳長鯨。

詩文中談玄演武、禪武雙修的武僧，練就了降魔搏虎的能力、勇冠三軍心雄萬夫的英氣，以忠義為尊，以定亂策勳證果，以保邦靖世傳燈。他們充滿了尚武精神、愛國主義精神、中華民族精神，張揚了武術強身、防身和修身的功能。這是武術的寫照、武者的寫照。

總之，武術和禪法是中華文化寶庫中的兩顆瑰寶，我們既要通過異中求同，使二者相互融攝，相互促進，提升修煉效果；又要通過同中求異，彰顯個性特色，突出個性功能，共同在建設小康社會、實現中華民族偉大復興的進程中發揮各自的時代價值。

禪武文化與靜養身心

潘樹仁 *

◎ 一、禪武概述

（一）中印禪宗的簡要

印度（古稱天竺、身毒、羌獨）是四大文明古國之一，距今約二千五百年前，淨飯國太子釋迦牟尼（意為 “釋迦族的聖者”）創立了佛教，被尊稱為佛陀（意為 “覺悟者”）或釋迦牟尼佛。釋迦牟尼佛在靈山法會上，於講經說法的同時用 “佛心相印”、心心印證的方式傳佛法給摩訶迦葉，達到最高的成佛禪境。佛陀此種心印方法，使摩訶迦葉尊者自此成為（印度）禪宗初祖。摩訶迦葉尊者創立禪宗門派，從此傳承這種微妙的佛法，在印度直至第二十八代禪宗祖師菩提達摩。他遠涉重洋，將禪宗傳至中國，約在 470-478 年間到達廣州，成為中國禪宗初祖。從初祖至五祖，都是單一傳承，直到六祖惠能大師（廣東新興縣人，638-713，又作慧能，祖籍范陽，即河北省涿州市）弘揚妙法，得以普傳於中國，成為一花開五葉（五葉即禪宗五大教派：臨濟宗、法眼宗、曹洞宗、雲門宗、溈仰宗）的龐大宗派，被元仁宗加封為 “大鑒真空普覺圓明廣照禪師”。

唐代對佛教的推崇，使之不單成為民間風氣，而且亦成為帝王直接參與的事務。唐朝曾以帝王名義由印度六迎佛指舍利回國，又兩度將佛指舍利及其他舍利送到佛寺供養。高宗顯慶五年（660）重建法門寺，建成一座四層方形樓閣式古塔，專門供養佛指舍利，後來唐中宗題名為 “真身寶塔”。

中國大乘宗派有八大宗：一是法性宗，又名三論宗；二是法相宗，又名瑜伽宗；三是天台宗；四是賢首宗，又名華嚴宗；五是禪宗；六是淨土宗；七是律宗；八是密宗，又名真言宗。通常說：禪、淨、律、密、性、相、台、賢八大宗。禪宗（又稱楞伽宗或一乘宗）的傳承不在於文字，並不執著於衣鉢物件，而在於釋尊傳承下來的心印。禪宗的三個境界：見山是山，見水是水；見山不是

---

* 濟川文化研究會創會會長

山，見水不是水；見山還是山，見水還是水。這個簡單的對比，成為"有我"、"無我"、"忘我"的禪悟階段。一般人難以瞭解，故歷代禪宗傳承者，都被尊為上乘根器的人。六祖留下《六祖壇經》及"頓悟"法門，歷來都有很多人心慕禪宗，不斷追隨和學習，影響甚至及於海外的韓國及日本等地。"那些禪修者，更視金剛經為修心的指南、開悟的鑰匙，六祖慧能就是因為聽到這部經中'應無所住而生其心'一句而開悟。"[1]

（二）中國武術與禪宗的相遇

《說文解字》："武，楚莊王曰：'夫武，定功戢兵，故止戈為武。'""武"字的甲骨文由"戈"、"止"合成，"戈"是武器，"止"象腳趾，表示前進或停止。軍隊出征，兵行威武之師的陳兵列將，泛指武力的行為。"止戈為武"表示停止戰爭必須用較高的武力、武器去壓倒對方或避免正面搏鬥，才是真正的"武"。人類不同民族都要與野獸格鬥，要與敵人搏擊，故此各自都有武術。中國武術是中華傳統文化的一環，民國初期被稱為國術，後來成為國人的統稱，被視為中華文化的"國粹"之一。

商周時期用"武舞"訓練士兵，武術可用舞蹈形式演練，由此發展成後來各種拳術的套路。《尚書·大禹謨》："禹拜昌言曰：'俞！'班師振旅。帝乃誕敷文德，舞干羽於兩階，七旬有苗格。"唐孔穎達疏："《明堂位》云：'朱干玉戚，以舞大武。'戚，斧也。是武舞執斧執楯。"用兵器"干"（盾牌、楯）來跳舞，表揚戰勝的威德及武力的雄壯。周代的六藝中有射、御，是射箭和駕馭馬車作戰的訓練，是教育內容之一。春秋戰國期間，齊桓公舉行春秋兩季的"角試"，作為選拔英雄及戰士的機會，《管子·七法》："故聚天下之精財，論百工之銳器，春秋角試，以練精銳為右；成器不課不用，不試不藏。收天下之豪傑，有天下之駿雄。"這時劍的製造及劍道都發展迅速。秦漢時期流行角力、擊劍，在宴會中配合音樂舞蹈助興，各種搏鬥之法成為技擊套路的練習及演示。

唐代不論軍事組織和民間都有練武，"《易筋經》相傳由一千五百年前南印度來華高僧菩提達摩所傳，這套導引養生方法是針對國人的體質而授受的，傳承

---

[1] 淨因法師：〈《金剛經》導讀〉，中華書局編輯部編：《經典之門·哲學宗教篇》（香港：中華書局〔香港〕有限公司，2017 年），頁 165。

至今融合了中國儒、釋、道、醫、武的精華。《易筋經》有"三論"作理論支持，"易筋經十二勢"作為實修方法，還有揉法、拍打法、藥餌法等輔助技法，形成了一部完整的導引醫學經典。"[2] 達摩還帶來少林拳和相關的少林武術，另有《洗髓經》，被譽為"武術出少林"。

中國武術除包括搏擊技巧、格鬥手法、攻防策略和武器使用等技術外，亦包括體育、健身、氣功、養生等不同科目和功能，或兼備多種技術功能，或單獨發展。它既彰顯身體動作的優美，同時具有強身健體的功能，更有思想文化上的武德、禪修、剛柔相濟、儒釋道思維等哲學義理的傳遞，對中華文化的流傳有著廣大而深遠的影響。

◎ 二、武備與俠士

（一）武備經國護民

文化教育用以治理國家，武備軍事用以經營國土及抵禦外敵。宋代經常受北方外族侵襲，因此產生強化武備的風氣。官方編撰《武經總要》，將武學知識及製造兵器、火藥、戰船等技術詳加整理，於北宋慶曆四年（1044）完成。宋廷又將古代兵書校對，出版為《武經七書》，包括：《三略》，秦朝末年黃石公著；《六韜》，周朝姜尚著，分〈文韜〉、〈武韜〉、〈龍韜〉、〈虎韜〉、〈豹韜〉、〈犬韜〉，共六卷；《孫子兵法》，春秋末年齊國人孫武著，全書十三篇：始計第一、作戰第二、謀攻第三、軍形第四、兵勢第五、虛實第六、軍爭第七、九變第八、行軍第九、地形第十、九地第十一、火攻第十二、用間第十三；《吳子兵法》，戰國時衛國人吳起著，分上下兩卷，每卷三篇，共六篇；《司馬法》，春秋後期齊國將軍田穰苴著，現存三卷五篇；《尉繚子》，戰國時魏國人尉繚著，書中雜家類二十九篇，兵形勢家類三十一篇；《唐太宗李衛公問對》，唐朝李靖著，用問答方式，共記錄九十八次問答，各朝代的武舉考試，多以此書為範本。自此歷代文、武官員必須考核《武經七書》的部分內容，方可獲得升遷。文官要通武經，才可以成為國家的高級官員，成為軍事作戰的參謀。明朝王陽明就是文官帶兵平

---

[2] 嚴蔚冰傳承：《古本易筋經‧十二勢》（北京：人民軍醫出版社，2012 年），頁 2。

亂，每戰必勝。清朝曾國藩熟讀戚繼光的兩本兵書，即《紀效新書》與《練兵實紀》，也是文官帶兵，最後平定太平天國的叛亂。

《練兵實紀》卷二〈練膽氣第二・第七・定軍禮〉：“中軍、千總見本營主將，兩跪一揖，合營主將亦如之。路迎從便。別營主將官銜拜貼角門庭參，一跪兩揖，後堂傍坐待茶。凡千總待中軍，以長官禮。閱人馬，則並坐於次。凡把總見千總，平時兩揖一跪。入營奉台上發放，則跪而聽之。私諭旁立受教，途遇本管千總，下馬拱立。遇合營千總，待如本管禮。路迎從便。遇別營千總，讓道立馬候過。凡隊總之於旗總，旗總之於百總，平時與教場，俱照兵士之於隊總。其途遇本管俱下馬，倘見遲下馬稍誤，不必加罪，但終於下馬即已。非所管者，道旁側趨，不許抗禮。凡議過禮節，定要遵行，諺云：‘軍中立草為標’。但一字一言出口，就是軍令，更易不得……夫軍機乃國家重務，情難掩法，敢有親識相容，故違明抗，容者犯者通以軍法重治。”[3] 軍隊的武將承傳著古代五禮之一的軍禮，包括將士的武器、步法、戰術等操練，成為團結與服從的軍令指揮。行軍打仗必須有秩序和嚴厲的紀律。

（二）俠士的武義

俠士的形象很早已經在中國存在，《說文解字》云：“俠，俜也。從人，夾聲。”段玉裁注引如淳曰：“相與信為任，同是非為俠。所謂權行州里，力折公侯者也。或曰任，氣力也。俠，卑也。”俠士輕財仗義或輕死行義，以武藝抱打不平，這是武義的外延行為。西漢司馬遷《史記・游俠列傳》云：“今游俠，其行雖不軌於正義，然其言必信，其行必果，已諾必誠，不愛其軀，赴士之阨困，既已存亡死生矣，而不矜其能，羞伐其德，蓋亦有足多者焉。”他讚揚這種言出必行、捨己救人的義勇和路見不平而拔刀相助的俠士。

人生的方向設定，要達義行俠，確實不易，《列子・楊朱篇》裏楊朱分內外來觀測，楊朱曰：“生民之不得休息，為四事故：一為壽，二為名，三為位，四為貨。有此四者，畏鬼，畏人，畏威，畏刑，此謂之遁人也。可殺可活，制命在外。不逆命，何羨壽？不矜貴，何羨名？不要勢，何羨位？不貪富，何羨貨？此

---

[3] 戚繼光撰，邱心田校釋：《練兵實紀》（北京：中華書局，2001 年），頁 56。

之謂順民也。天下無對，制命在內，故語有之曰：'人不婚宦，情欲失半；人不衣食，君臣道息。'"物質（貨）的追求與其他追求其實沒有大分別，因為一旦生命被慾望牽制，便不能輕易擺脫，精神生命被拉到體外，失神喪命。"這裏區分了'制命在外'的'遁民'與'制命在內'的'順民'二者的不同。前者為了壽、名、位、貨四事而汲汲營營，忙碌一生，乃是'可殺可活，制命在外'；後者則不逆命、不矜貴、不要勢、不貪富，對於一般人所追求的壽名位貨反而無所欣羨，'天下無對，制命在內。'"[4]精神守在內，生命便有自主能力、正確的智慧冷靜處事，正義便能夠得到彰顯。

俠士的義氣，在《孟子·公孫丑上》已提及："其為氣也，至大至剛，以直養而無害，則塞於天地之間。其為氣也，配義與道；無是，餒也。是集義所生者，非義襲而取之也。行有不慊於心，則餒矣。我故曰：（告子未嘗知義），以其外之也。必有事焉而勿正，心勿忘，勿助長也。"剛強的義氣，令邪惡之徒恐懼。"那一種氣，最偉大，最剛強。用正義去培養它，一點不加傷害，就會充滿上下四方，無所不在。那種氣，必須與義和道配合；缺乏它，就沒有力量了。"[5]

◎ 三、修煉的意義與目標

（一）先秦諸道家修煉的狀況

各個關鍵字在先秦文獻中的出現頻率：

	靜	道	德	義	慈	總數
《管子》	96	505	250	198	37	1,086
《淮南鴻烈》	84	618	300	222	19	1,243
《道德經》	10	76	44	5	7	142
《莊子》	38	368	206	118	4	734
《列子》	3	103	23	25	0	154

"道"是中國傳統哲學最核心的理論，所以有佛道、武道、茶道等等闡述，

---

[4] 周大興著：《列子哲學研究》（台北：中央研究院中國文哲研究所，2017 年），頁 149。

[5] 楊伯峻著：《孟子譯注》（香港：中華書局〔香港〕有限公司，2010 年），頁 66。

因而先秦讀書人的追尋，除了知識外，便是以靜尋道，期望靜養身心而悟道，增加智慧。靜慮是平靜中過濾雜念妄想，使思維清晰透入本來，增加寬厚的智慧。靜默是深層的安靜默化，使人修攝外溢的精神，令神氣回歸身心合一。靜止是放下一切，停止活動、躁動、妄動，減輕人的仇怨及負面情緒。寧靜是身心深度的寧和舒泰，踏上修心養性的大道，進入禪境而明心見性。虛靜是放於寰宇，豁落無邊際，使人胸襟敞開，心境擴大。靜定是隨靜隨定，靜定渾然，使人隨時參禪覺悟，步入成佛的道路。

《管子‧勢》云：“中靜不留，裕德無求。形於女色，其所處者柔。安靜樂行，德而不爭。以待天下之漬作也。故賢者安徐正靜，柔節先定。行於不敢，而立於不能，守弱節而堅處之。故不犯天時，不亂民功。秉時養人。先德後刑。順於天，微度人。”賢者的行事，要內心平靜，無慾無求，才能有正確的智慧來處事。這種狀況與禪定吻合：用武的時候要恰當，情緒穩定才是真智慧，達到用武行禪的高尚境界。“內心正靜，無爭奪殺伐之欲；道德寬宏，不嗜索求。這些都已流露在外表神態。這種人的處世原則，是以柔弱為心安，以虛靜為樂趣，施行德政而不與人爭奪，以等待天下動亂的發生。”[6] 以武止亂，而心定禪堂。發揮禪武的效益，就肇端於禪靜，即如身心的調護。

《管子‧內業》：“凡人之生也，必以其歡，憂則失紀，怒則失端，憂悲喜怒，道乃無處，愛慾靜之，遇亂正之。勿引勿推，福將自歸，彼道自來，可藉與謀。靜則得之，躁則失之，靈氣在心，一來一逝。其細無內，其大無外，所以失之，以躁為害。心能執靜，道將自定。得道之人，理丞而屯泄，匈中無敗。節慾之道，萬物不害。”心靜舒暢，身心靜養，對健康有裨益。喜怒憂戚的外在干擾，必然使人行為錯亂。用武的時候，若錯誤應用，將損人害己，故必須以禪靜為本，進退有道，拋棄利益的慾念，運用大道智慧，切勿誤用武力。“虛靜便可得道，躁亂便將失道。靈氣居處心中，時來時去，小可小到沒有內限，大可大到沒有外界。”[7] 禪與道或一致或相通，虛靜而不執著，養心而安寧，行禪而自在，正是兩者通達的妙處。一個人的生活必然有動有靜，動靜之間恰當平衡，是修煉

---

[6]　湯孝純註譯：《新譯管子讀本》（下）（台北：三民書局，2006 年），頁 575。

[7]　同上註，頁 631。

的智慧，生活不會紊亂，做事有條理，行為適宜且受人尊重。禪是靜，武是動，動靜之間協和，就是在修煉的狀態。"舉措順遂，然後才能國事和諧；不失農時，然後才能國家富裕；不違法度，然後才能國家安定。所以，國家不會憑空富裕，百姓不會憑空安定。不安定而能昌盛，不動亂而會敗亡的事情，從古到今，是不曾有過的。"[8] 道家有"身國"的概念，軀體動靜合乎生理，調治合宜，國家和諧即身體健康；國家安定，即身體生活起居協調。不違背自然生態法則，自會體魄壯健而智慧豐盛。

（二）儒家的靜養

儒者以成為君子為目標，君子要終生學習、勤讀詩書，更重要是有道德修養。沒有道德的讀書人，對社會國家的破壞尤大。儒家推行的六藝訓練，就是從靜守禮法開始，感悟天地的大德。

《孔子家語·好生第十》云："孔子曰：'舜之為君也，其政好生而惡殺，其任授賢而替不肖，德若天地而靜虛，化若四時而變物；是以四海承風，暢於異類，鳳翔麟至，鳥獸馴德。無他，好生故也。君舍此道而冠冕是問，是以緩對。'"[9] 舜帝做君王的時候，他的政策是愛惜生民及一切生靈，厭惡刑殺。他禮聘官員，選擇賢士任職，取替不肖無能的人。他的德行好像天地的高厚，而且心境寧靜謙虛，感化百姓有如四季的循序變化，暖和適中使人心生愉悅。因而四海內外，都接受他的教化風氣，遙遠的異族，也能夠暢行他的教化理想，故有吉祥的鳳凰麒麟出現，鳥獸都得到馴服。宇宙的禪境，縱然廓大無邊，但可用虛靜無限的心態來領悟。

儒家很著重個人的行為，因而對一切聲稱為"義行"的活動，都冠以"禮義"為平衡之用。先禮後義，用禮節謙讓來表述公義，尤其有武力在手的人，必須克制，不能誤以"正義"之名而使用過度的武力。《荀子·修身》云："志意脩則驕富貴，道義重則輕王公；內省而外物輕矣。傳曰：'君子役物，小人役於物。'此之謂矣。身勞而心安，為之；利少而義多，為之；事亂君而通，不如事窮君而順焉。體恭敬而心忠信，術禮義而情愛人；橫行天下，雖困四夷，人莫不貴。勞

---

[8] 《新譯管子讀本》，頁 679。

[9] 潘樹仁導讀及譯註：《孔子家語》（香港：中華書局〔香港〕有限公司，2015 年），頁 88。

苦之事則爭先，饒樂之事則能讓，端愨誠信，拘守而詳；橫行天下，雖困四夷，人莫不任。"君子的道德要全面，有禮、義、仁、信等，更要躬行踐履、自我完善。"在討論學習與自我修養方面，荀子為我們撰述了見解深刻的文章，其中，我們讀到禮、義與仁的實踐方面具有說服力的看法；它同時談到經典的學習、典範的導引、博通的教師、自省與反思、好習慣的累積之重要性。君子也作為儒家基本的倫理關懷 —— 仁禮義 —— 如何具有實際意義的範例，亦即作為一般道德行為者在實際上可以達到的各種程度的範例。"[10] 武力，必須經由修養能力強和訓練精銳的人應用，才能達到恰當使用武力。

（三）佛家的禪修

禪修因為不立文字，所以不易作詳細解釋，"禪宗是以修禪為宗的宗派，主張'教外別傳，不立文字，直指人心，見性成佛'，因此又稱'別傳宗'；直傳佛祖的心印，以心傳心，因此也稱'佛心宗'。這個宗派淡化佛經之於解脫的意義，反對盲目的坐禪，這是佛教思想史上的一場革命。"[11] 以下列舉不同角度的引文，供讀者參考。

佛家有眾多不同修行的方法，以便脫離生死及一切煩惱，其中有六度波羅密（或譯：波羅蜜多、播羅弭多）：佈施、持戒、忍辱、精進、禪定（或譯：禪度波羅密、禪那波羅密）、智慧。波羅蜜：從此岸得渡到涅槃安樂彼岸的法門，禪定是一種重要的善法。

"禪有使心靈安靜的功能，就像將一塊明礬投到渾水中，使渾濁的水變清一樣。《涅槃經》卷九說：'摩尼珠投於濁水，水即為清。'《彌陀疏鈔》云：'明珠投於濁水，濁水不得不清。'禪定，就是讓雜質沉下去，讓思想變得純淨明澈。禪定的作用，就像把摩尼寶珠投到濁水中，當我們心神散亂，如同混濁的水一樣的時候，通過禪定的力量，就可以使心靈變得清澈。儒家的經典《大學》裏也說：'知止而後有定，定而後能靜，靜而後能安，安而後能慮，慮而後能得。'說的也是這個道理。"[12] 所以靜定是禪修的基礎，不能有任何負面因素阻擾，因

---

[10] 柯雄文（Antonio S. Cua）著：《君子與禮》（台北：台大出版中心，2017 年），頁 24。

[11] 袁行霈主編：《中華文明史》（第三卷）（北京：北京大學出版社，2007 年），頁 203。

[12] 吳言生著：《禪的快樂密碼》（香港：三聯書店〔香港〕有限公司，2010 年），頁 29。

為禪境本身就是快樂的境域。

「正念禪修是一種完全不同的瞭解世界的方式。它不僅是一種不同的思考方法，還意味著重新與你的感受建立聯繫，使你總如第一次那樣去觀察、傾聽、觸摸、嗅覺和品嘗。你重新對世界充滿好奇。你發現自己慢慢培養了一種直接和直覺感知能力，瞭解內部和外部世界正在發生的事情，極大地改善你關注他人和客觀世界的能力，不再理所當然地生活。」[13] 身心狀態的提升，如同脫胎換骨。

近人蕭昌明（1895-1943）提供了二十字真言：「忠恕廉明德正義信忍公博孝仁慈覺節儉真禮和」，[14] 簡單地融和各種不同哲理，跳出宗教門派的框架，讓內心產生心花禪境，正念靜觀地踏步人生。他在「入定捷徑」提示人們要修禪定是無界限：「惟能柔能剛能柔能大，所以大而無外，何以大而無外？不動其身，既不動其身，則見其成，又動而不動，是動非動，謂之曰動也。靜極而後動，動極而後容，所以羅天地於吾人之心胸也。」改善倫理道德關係，家庭社會和諧悅樂，在生活中修禪，在正氕中昇華到空靈禪境。

◎ 四、佛道動靜雙修

（一）佛家的動靜兼備

修禪在於參悟，亦強調禪在生活當中，不求佛不求祖。既然不在長篇大論，又不是錯亂地在嘴巴的「口頭禪」，禪師便用簡短的話語啟迪學生，或者在一動一靜的舉手投足之間啟發徒弟，使他們在恰當的機緣中頓然領悟，或者積蓄漸悟的能力，動靜兼備，當頭棒喝，突然飄入於頓悟的虛白。「禪宗公案是禪宗的血脈，是記錄中國禪宗的主要文獻，也是禪宗文化的主要內容之一。公案起源於唐末，興盛於五代和兩宋。據計算，禪宗的公案大約有一千七百餘則。通常所用也不過四五百則左右。公案的內容大都與實際的禪修生活密切相關。禪師在示法時，或用問答，或用動作，或二者兼用，來啟迪眾徒，以使頓悟。」[15] 所以虛靜返觀，不作外求，休閑妙行於動靜之處，在生活的點點滴滴之

---

[13] 馬克威廉姆斯（Mark Williams）著：《正念禪修》（北京：九州出版社，2013 年），頁 42。

[14] 潘樹仁：《歷海笙歌‧蕭大宗師昌明傳奇一生》（香港：博學出版社，2007 年），頁 153。

[15] 同上註。

中，覺澈悟明即是禪。

《六祖壇經》："何期自性，本自清淨；何期自性，本無生滅；何期自性，本自具足；何期自性，本無動搖；何期自性，能生萬法。"禪境可理解為人類天性的自然坦呈，與天地交織相融，成為妙合化境。所以無須認為要特別在外搜尋，應回到清淨的本來，不怕生滅的輪迴，不假外求妄念，無須躁動不安，明悟本性坦蕩來去，自然生生不息，不動不靜，透視宇宙蒼穹。

《六祖壇經》："遂出至廣州法性寺，值印宗法師講《涅槃經》，時有風吹幡動，一僧曰：'風動'，一僧曰：'幡動'，議動不已。惠能進曰：'不是風動，不是幡動，仁者心動。'一眾駭然。"風在吹動，幡旗因風動而搖動，人的心神外溢，只見幡動，不知心動，失卻本來自性。

《六祖壇經》："善根有二：一者常，二者無常。佛性非常非無常，是故不斷，名為不二。一者善，二者不善，佛性非善非不善，是名不二。蘊之與界，凡夫見二。智者了達，其性無二。無二之性，即是佛性。"禪為靜而養心，武為動而煉身，禪境佛性不二，禪武不分，慈悲為懷，喜舍救拔眾生，一體以行，心扣禪定妙境。身體雖然用武，渾然無動無靜，妙法如來如去，用武非武，止亂制暴，義行濟世。不分善惡凡夫智愚，化度天下眾生。路見不平，武藝義助救急扶危。不分動靜，非動非靜，禪修一性，非空非性。

（二）道家的靜動修養身心

動可修，靜可修，動靜同修身心，行住坐臥皆是道，自然隨順就能修煉。身心同煉，性命雙修，當下是道場。《淮南鴻烈·原道》："故心不憂樂，德之至也；通而不變，靜之至也；嗜欲不載，虛之至也；無所好憎，平之至也；不與物散，粹之至也。能此五者，則通於神明；通於神明者，得其內者也。是故以中制外，百事不廢；中能得之，則外能收之。中之得則五藏寧，思慮平，筋力勁強，耳目聰明；疏達而不悖，堅強而不鞼，無所大過而無所不逮……失其所守之位，而離其外內之舍，是故舉錯不能當，動靜不能中，終身運枯形於連嶁列埒之門，而蹪蹈於汙壑阱陷之中。"德、靜、虛、平、粹，是五種修養的氣度，當精神心性回歸天性，即是修煉到天人合一的狀態。古人認為"神明"是宇宙的精神清明，不等同於神靈，神靈主宰和控制人們，而通於"精神清明"是指契合天地的精神，令精神明朗，是一種自然而逍遙自在的無約束狀態。[16]

《淮南鴻烈・俶真》云："靜漠恬澹，所以養性也；和愉虛無，所以養德也。外不滑內，則性得其宜；性不動和，則德安其位。養生以經世，抱德以終年，可謂能體道矣。"現代養生導引氣功學以"鬆靜自然"為第一基本原則，要求心身鬆弛平靜，這與"靜漠恬澹"不謀而合。精神淡泊才可延續無極限的生命，不隨物質流散，天下自然會順服你的德行。人心是形體的主宰，精神則是心的珍寶。形體疲勞而不休息，便容易跌倒損傷；精神耗用不止便會衰竭。因此聖人十分珍重和尊崇精神，使用精神不敢超越正常的限度，保持在靜養身心的範疇內。

《列子・仲尼》云："在己無居，形物其箸，其動若水，其靜若鏡，其應若響。故其道若物者也。物自違道，道不違物。善若道者，亦不用耳，亦不用目，亦不用力，亦不用心。"鏡靜是返觀修煉，水動是與天地運行一致，順道而行，不執著於物質慾望，就是最好的身心修煉。不用耳目心力，隨順自然的養生之道，心身自得康泰。

《莊子・天道》云："夫虛靜恬淡，寂漠無為者，天地之平而道德之至，故帝王聖人休焉。休則虛，虛則實，實者倫矣。虛則靜，靜則動，動則得矣。靜則無為，無為也，則任事者責矣。無為則俞俞，俞俞者憂患不能處，年壽長矣。夫虛靜恬淡，寂寞無為者，萬物之本也。靜而聖，動而王，無為也而尊，樸素而天下莫能與之爭美。"萬物是動靜有常，是自然的狀態。"聖人的清靜，並不是說清靜是好的所以才清靜；萬物不足以擾亂內心所以才清靜。水清靜便能明澈照見鬚眉，水準合於規準，可以為高明的工匠所取法。"[17]心身的修煉、養生的效能使身心健康，更能使智慧及道德提升，是中華文化的重要精粹。

◎ 五、結語

　　禪武文化的特色及可持續發展的方向宏大而寬廣，以下歸納數點，供大家參考：

　　1. 禪修靜動：修禪不分靜動，應延續智者的修行方向，在生活中明覺禪修，切實修煉即有明心見性的機緣。《佛治身經》："自己若能得身心之教，即不難教

---

[16] 潘樹仁導讀及譯註：《淮南鴻烈》（香港：中華書局〔香港〕有限公司，2015 年），頁 47。

[17] 陳鼓應導讀及譯註：《莊子》（香港：中華書局〔香港〕有限公司，2013 年），頁 220。

他人。若欲教余，先教自己。"[18] 禪不在多言，身教為上。

2. 動靜養生：推動禪武文化，一動一靜之間，大眾首先獲得身心健康的益處，這種動靜兼備的方式，切合中華傳統文化。"導引學是中醫六藝中唯一完全不借外力，而僅靠人自身（神形）即可達到的自我康復能力優化的中醫'醫藝'。"[19] 導引學可分為外導引動功、內導引靜功，都是養生及預防疾病的功法，有極大的推廣空間。

3. 內外合一：禪武文化的修煉，同時精進人的道德行為，有仁義的愛心，有俠義的行為。禪的覺醒，使內明智慧昇華，流露於外是武力的克制，調配內外合一，達到既禪且武的高尚情操，飄逸於世俗中而逍遙自在，就是內外合一的融和，對人類身心靈的提高和緩，有著巨大功效。

4. 增智開慧：人身難得，佛道難遇，人類確實是地上的王，可以有無限的創造，所以中華文化稱天人地為"三才"。人人都是仙根佛種，我們都是菩薩的候選人，大家是否進入修行大道，成就果位菩薩，只好各隨因緣。禪定開慧的作用，使人們渴求禪修。不論漸悟與頓悟，今日修今日增智，步步生蓮，以智慧去除煩惱，成人成己不計得失。

5. 融和遍潤：地球一家，人類本來就是分不開的命運共同體。禪武文化在多方面融和中華傳統文化，成為現代人身心健康的良方，有消除抑鬱及情緒障礙、增長智慧等等多元效益。"世間的一切存在或現象，皆由因緣和合而成，而因與緣並非單一直線的發展，而是互攝互入，相互影響，有著重重無盡的關連。"[20] 際此全球一體化的年代，人類祈望和平大同，以此東方文化貢獻全人類，實是功在社稷，遍潤眾生，功德無量。

---

[18] 松濤弘道著：《圓融人生智慧禪》（台中：晨星出版社，1999 年），頁 287。

[19] 林中鵬著：《中華古導引學》（北京：北京體育大學出版社，2014 年），頁 11。

[20] 一行禪師著：《經王法華經》（台北：橡實文化，2007 年），頁 146。

略述武術與禪的修行

我國歷史悠久文化燦爛，時至今日有五千年沉澱的悠悠歷史，各種文化底蘊博大精深。筆者本著佛教文化的視角，簡單略述武術與禪在修行中的作用。

首先來瞭解什麼是修行。修行用簡單的佛教專業術語來說就是："諸惡莫作，眾善奉行。"一方面要防非止惡，一方面要積極行善而作持。說白了就是修改身口意過去錯誤的行為，防止錯誤的重現。儒家也說："知錯能改，善莫大焉！"也就說人生在成長過程中，總免不了會出現錯誤，人非聖賢孰能無過呢？關鍵就是將身口意錯的行為修改過來，這就是每一個生命都必須經歷的"修行"必修課。人生修行的過程，必須有正知正見。不僅要有經典善本，還要有具德的善知識為我們作良導，才不至於走冤枉路。其次介紹我國武學文化的產生與形成，其從發展到成熟經過漫長的歷史過程。所以才會有後來各種武學派系的形成。本文對於武術方面只是略述在學教武術過程中，必須具備的武德修為。武術不僅僅表現在學武架勢的技術層面，更要體現武術人的道德修養，這就是學"武"以致用的修行功夫。說到武德的修為，就離不開哲學層面"天人合一"的心性修煉。這對國人生命價值的提升，起到重要的作用。再次介紹佛法中的"禪"，其在整個中國佛教發展中佔主流地位的作用。禪宗是佛教"八大宗派"[1]中的第一大宗派，有'一花開五葉，結果自然成'的美譽，從中又衍派形成"五家七宗"[2]的局面。"禪"的修行是多樣性的，有漸悟和頓悟的不同，有所謂藉教悟宗、不立文字直指人心、見性成佛的禪法。若從禪法的發展而言，則有如來禪和祖師禪的不同說法。最後綜述禪武文化的弘揚對現代人武術修煉和禪法修行的和合則雙美的好處，以及對傳統文化的繼承與發展的作用。

---

[1]　一、禪宗；二、唯識宗，又名法相宗；三、天台宗，四、賢首宗，又名華嚴宗；五、三論宗，又名法性宗；六、淨土宗；七、律宗；八、密宗，又名真言宗。

[2]　五家即溈仰、臨濟、曹洞、雲門、法眼，加上臨濟宗分出的黃龍派和楊岐派，合稱為七宗。

◎ 一、武術的目的及其概念

（一）關於 "武術" 的目的

武術的目的從文獻資料可以窺知一二。《康熙字典》記載："《左傳·宣公十二年》中楚子曰：'止戈為武。'又夫武，禁暴戢兵，保大定功，安民和眾，豐財者也。"《汲塚周書》則提到："剛彊理直曰武，威彊叡德曰武，克定禍亂曰武。"從這些古典文獻可了知早期 "武" 的目的，就是在動亂時局制止暴力，以達到鋤強扶弱、匡扶正義的善舉。所以在少林的歷史上才會出現 "十三棍僧救唐王" 的義舉。

在和平年代，"武" 也是為防止戰爭、保障強大、鞏固勝利、穩定社會，乃至於團結各國人民和共同發展生產的手段。例如："由中國軍事科學會主辦的'國際安全合作與亞太地區安全'的香山論壇，從 2006 年起每隔兩年在北京舉辦一次；已成為中外防務專家學者交流互動的一個重要論壇。其目的是希望能夠更好地促進中國和其他國家之間的對話交流，深化安全互信。"[3] 這就體現出一個大國的姿態和立場，亞太安全關係到國際安全，也說明了論壇的目的主旨。第六屆 "香山論壇" 中，中央軍委副主席范長龍在北京出席論壇，圍繞 "亞太安全合作：現實與願景" 發表主旨演講，[4] 說明了中國為亞太地區安全著想的博大胸懷。作為一個大國，中國絕不會窮兵黷武地針對周邊鄰國，國防的強大只不過是為維護亞太地區乃至世界和平而努力的責任，也只不過是表現出 "息事寧人" 的武德軍功而已。

（二）武術的概念

早期的武藝、武術發展到民國的國術運動，再到現在人們仍沿用的武術，從冷兵器到現在科技發達的火器時代，武術的表現更趨向於作為體育運動的競技比賽。然而武德修養並沒有被忽視，隨著武術各種專用器械的應用，以及更多拳法套路的產生、各種競賽項目的出現，人們也制定了相應的比賽規則，使原來自發性的武德修為，不僅僅停留在個人的層面上，更統一地提升到每一個武術人身上，形成了每一位武者必須進修的德育課程。

---

[3] 參見 2006 年 10 月 23 日召開的 "國際安全合作與亞太地區安全" 論壇。

[4] 參見 2015 年 10 月 17 日范長龍出席第 6 屆香山論壇所發表的講話。

武術是我國傳統的技擊術，其主要內容包括踢、打、摔、拿、擊、刺等技擊動作。這些動作在早期是通過人與自然界野獸的搏鬥、人與人之間的較量、部落與部落之間的強弱衝突，由人們總結出來的經驗。各類武術的出現，內外拳法分宗別派的形成，無不是我國人民智慧的結晶，同時也成為我國無比寶貴的財富。

武術當中有的是徒手對決，有的是借助武器形成攻防格鬥的能力。這些都以傳統的技擊方法為其技術核心。武術在運動形式上，有套路和散手，既有結合又有分離的發展模式，最終形成了中國獨特的功法。武術的招式技藝要與心法同時配合，形的變動不離心神意識的觀念。所以在演練武術方法上注重內外兼修，其風格要求神形兼備、手眼心神的統一，同時反映出傳統哲學"天人合一"的理念。武術是在運動中的修煉。就像在《逝去的武林》一書中，李仲軒老先生說象形術的"象形"後面還有兩個字，為"象形取意"。薛顛言："有象有意，不成妙意；即象即意，不可思議。"[5] "精神就是動作，動作就是精神"，顯然就說明了動作要與心法合一。還有武術器械的運用，比如用劍就要做到人與劍要合一，對其他器械的運用也有同樣的要求。這些都是得益於整個中國哲學"天人合一"思想大背景的產物。

◎ 二、禪的修行

（一）禪的定義與概念

禪是"禪那"的簡稱，是梵語的音譯，也有譯為"棄惡"或"功德叢林"者。其意譯為"思維修"或"靜慮"。它是佛教的一種修持方法，其中有如來禪與祖師禪的區別。從不同視角來說，譯為思維修是依因立名，指一心思維研修為因，從而得定心，所以說為"思維修"；譯為"靜慮"是從體而立名，就是以"禪那"為本體，寂靜而具有審慮的妙用，所以說為"靜慮"。靜即定，慮即慧，定慧均等之妙體，故曰"禪那"。什麼是坐禪與禪定呢？正如六祖惠能大師在《六祖壇經》上說：

---

[5] 李國忠、徐駿峰：《逝去的武林》（青島：青島出版社，2010 年），頁 90。

何名坐禪？此法門中，無障無礙，外於一切善惡境界，心念不起，名為坐；內見自性不動，名為禪。善知識！何名禪定？外離相為禪，內不亂為定。外若著相，內心即亂；外若離相，心即不亂。本性自淨自定，只為見境，思境即亂。若見諸境心不亂者，是真定也。善知識！外離相即禪，內不亂即定。外禪內定，是為禪定。[6]

六祖說這個禪法是遠離善惡境界，不為一切所障礙，對外達到心念不起才算坐禪，坐的範疇，禪要內見我人，當下自性如如不動才是所謂的禪。對於禪定的說法，外離一切相為禪，內自性不亂才是定的功夫。

禪本來就是離言語道斷的，也遠離我們心行處所能言傳的，所以說直指人心見性成佛。禪者內心與外在的境界是如如不動的，不會因為外境的影響而有分別執著。內心雖明明歷歷但不起人我是非，非善惡所能表達，禪修行者最終能達到內外一如。

禪法在歷史發展的長河中融入了本土文化和許多祖師思想的人格魅力，所以才有了如來禪與祖師禪的不同說法。如方立天教授所說：“歷史界限從菩提達摩至弘忍是如來禪，從慧能至禪宗五家形成前是由如來禪向祖師禪的過渡形態，五家的形成，標誌著禪宗進入祖師禪階段；祖師禪的提出與流傳是受中國固有文化影響的結果，具有深刻的思想文化背景和重要的歷史文化意義。”[7] 我們所認為的祖師禪，也是由如來禪一脈相承下來的，祖師禪具有本土文化的特色，這也是中國佛教禪文化的一大特點。

（二）什麼是如來禪

佛於靈山會上拈花示眾，百萬人天不能解其意，唯獨摩訶迦葉破顏微笑而領佛旨。佛言我付於汝，以涅槃之妙心，是如來禪之宗源。那麼在經典中最早出現如來禪，是南朝劉宋時求那跋陀羅譯的《楞伽阿跋多羅寶經》。此經卷二說禪分別有四種：一、愚夫所行禪；二、觀察義禪；三、攀緣如禪；四、如來禪。這

---

[6] 〔元〕宗寶法師編：《六祖大師法寶壇經》，載《大正藏》，冊四八（台北：新文豐出版公司，1983 年），“坐禪品第五”，頁 353。

[7] 方立天：〈如來禪與祖師禪〉，《中國社會科學》，2000 年第 5 期。

四種禪也有如下不同的說法：凡夫所行禪、觀察相義禪、攀緣如實禪、如來清淨禪。根據《楞伽阿跋多羅寶經》所說：愚夫所行禪，是指聞聲、緣覺和外道修行者了知"人無我"的道理，體悟到人身的苦、無常、不淨的狀態，在禪法修行的過程中有進一步的提升，並證入"無想定"、"滅盡定"的境界。觀察義禪，是已證得"人無我"的道理，也觀照"法無我"的義理。攀緣如來禪，是說如果還會執著前二種禪境，或者分別二種"無我"，還是落在虛妄的念頭上，也是不究竟的；只有證得兩種"無我"皆是妄念，而且不令生起人法二執，此時正契合於"如來藏心"，則為攀緣如來禪。如來禪是"為入如來地，行自覺聖智相三種樂住，成辦眾生不思議事"。[8] 這裏的"聖智"，是指佛的智慧。"自覺聖智"即無師智的顯發是自悟的如來智慧。這是說，如來禪是指已經獲得如來智慧，成就了佛果，而住如來地，受用法樂，又示現不可思議的妙用以普度眾生。[9]

（三）什麼是祖師禪

筆者也認同方立天教授的說法，禪宗傳承雖說以心印心，然所傳的即是證悟的心法，同時也有相應的信物以表信證，如達摩初祖傳二祖經典《楞伽經》和祖衣。然到了四祖傳五祖再六祖的經典就轉為以《金剛經》為主了，這也從中說明所謂的"藉教悟宗"並不能說有固定的經典，而是根據祖師證悟的典籍為修法的導向。

六祖之後不再傳信物，那也是眾生根基與時節因緣所致，所以"五家七宗"以後禪門各個祖師的悟道因緣各有差別，充分表現了個體禪法活潑、不拘一格的特色。各位祖師可謂獨樹一幟，在證悟後的生活更顯得平常，如永嘉大師〈證道歌〉曰："尋師訪道為參禪，自從認得曹谿路，了知生死不相關。行亦禪坐亦禪，語默動靜體安然。"[10] 禪充滿了整個日常生活，超越了禪堂盤腿而坐的"坐禪"，貫穿在生活中的行住坐臥和待人接物，在當下一念的觀照中無不體現著禪的善巧方便的智慧和活潑的特質。

例如香嚴禪師與仰山慧寂的一段對話："復有頌曰：'我有一機，瞬目視伊。

---

[8] 《大正藏》，卷一六，頁 492。

[9] 方立天〈如來禪與祖師禪〉，《中國社會科學》，2000 年第 5 期。

[10] 玄覺著：〈永嘉證道歌〉，載《大正藏》，冊四八，頁 396。

若人不會，別喚沙彌。’仰山報溈山曰：‘且喜閑師弟會祖師禪也。’**[11]** “機”是禪修時心靈產生的一種能力，又叫“機鋒”，也就是説我人心性，在眨眼間就具足佛法中的三德。比如“伊”字是指佛法所講的三德（法身德、般若德、解脱德），此三德，不一不異，不縱不橫。伊字之三點，首羅之三目，稱為大涅槃之秘密藏。如：《涅槃經》的元、明二本是作“∴”，《悉曇字記》別作“∵”，《華嚴經隨疏演義鈔》卷八〇云（大正 36‧632a）：“有云伊字如品字。有説如倒品字。後義為正。”此字有舊形“∴”與新形“∵”等不同書寫形式。

通過以上的探討，香嚴禪師自詡如果不會這種禪法，就如同未受具足戒的沙彌一般。香嚴禪師的頌文，得到了仰山慧寂禪師的肯定，認為是得到祖師禪的真傳了。

◎ 三、結語

武術在幾千年的發展過程中，特別注重禮儀道德的修養，人們常説“尚武崇德”，武德修行在整個“教武育人”的教習過程中都必須貫徹始終。俗話説：“未曾習武先學禮，未曾學武先修德。”傳統文化中認為“武德”是尊師重道、修學武術的條件。將武術修行套路的攻防技術和人生修行相統一起來，這是中國武術傳統道德價值觀的體現。

如果能在武術修行的過程中，加上佛教中禪法修習，並總結出心法的觀照，將有助於武術境界的提升，形成動靜有序的修行。當然在禪堂長時間的靜坐中，雖有開靜止靜的作息，但光是簡單的靜止行香，對於我人筋脈氣血的循環恐有不足之處，可以在開靜之後添加一些相應的武術運動，輔助我人筋脈氣血的循環。所以禪武文化的弘揚，能使武術運動不僅僅停留在招式技術的層面，能使武者的道德修養和內心境界有全新的突破，並且能夠實現整個傳統文化從量的變化到質的飛越。

---

[11] 〈香嚴智閑禪師〉，載《五燈會元》，卷九，（北京：中華書局，1984 年），頁 537。

禪者，武之心境

釋智瀚 *

　　武術，作為中國傳統文化的一部分，最早來源於原始社會的強弱爭鬥。當一方大動干戈時，另一方為了消停戰事，繼而出現了"武"。何謂武術呢？簡而言之，消停戰事的技術就是武術。由於古代中國人的哲學向來都是愛好和平、以和為貴，大不同於古代羅馬好鬥、復仇的英雄主義。所以，作為中國傳統文化一部分的中國傳統武術，自然也就展現出息事寧人的民族性格。不僅如此，看似舞槍弄棒、打打殺殺的中國武術，如果放在中國哲學的大背景下觀看，實際上不僅是以"制止侵襲"為導向的一門技術，而且是引領修習者進入認識"人與自然"、"人與社會"客觀規律的一種傳統教化方式。習練中國傳統武術，不僅可以強身健體，更重要的是還可以達到中國哲學所指示的與"天道合一"、"天人合一"的境界，通過提升內在的心性修養，實現強大的外在行為的轉化。

　　此種"內聖外王"之道，展現在武術上即是：通過習武者內在境界的不斷提升，即武德和領悟力的內在超越，實現外在武術技藝層面的出神入化、克敵制勝。因此，為了瞭解中國傳統武術，我們不得不把眼光放在"天"、"道"、"人德"上，因為這是中國哲學的內核，同時也是中國武術的精神所在。如果用哲學的語言表述，就是習武者內在心性的修養是中國武術的體，習武者外在的拳腳技藝、一招一式是中國武術的用，體用不二，方能一如。究竟處，習武者需要從內心和本性上下功夫，才可以達到"內聖外王"，達到武術的至高境界。本文即是試圖通過對習武者心性層面的討論，找到武術精神的核心，從而實現對中國傳統武術理解的全面提升和技術上的飛躍。

---

* 　中國佛學院普陀山學院講師

◎ 一、中國哲學的體用思想

（一）體用思想概說

體用觀是中國人認識世界、把握規律的哲學，深深地埋藏在中國人的思維結構中，並成為中國文化與精神的基因。因此，如果想透徹瞭解中國傳統文化，就必須首先明白中國人的方式，明白中國人思考和理解世界的角度。

關於“體用”的哲學，張岱年教授在《中國哲學大綱》中作了如是概括性闡述：西洋哲學講本體，認為現象是假，是幻；本體是真，是實；本體就是唯一的究竟實在。[1] 中國傳統哲學講本根與事務的區別，不在於實與幻之不同，而在於本末、源流、根枝之不同。本根是真實的，由本根發生的事務也是真實的，不過有根本、不根本之別而已。與本根對立的，即是“物”，物是本根所生者。後來有“用”的名稱，與“體”對立。用的本來意味是功能，衍變而成為“流行”或“發見”的意思。體是本原，由此本原而流出或發生者為用。體與用是統一的，即體用一本，或體用一原。有體即有用，體即用之體，用即體之用；體即用之藏，用即體之顯。用即由體出，非於體之外別起一用、與體對立而並峙。

顯然，在張岱年看來，體和用有著本與末、源頭與支流、根本與枝葉的差別。體和用的辯證關係是：用發乎於體，用是體的外顯，體是用的內藏之核。同時，體需用方顯，用仗體始發，用是體之用，體是用之體，體用不二、體用一原。

（二）別釋體用思想

對於體用的解說，中國古代哲學家實際上是有兩種解說方式的。中國古代的唯物主義哲學家一般都以“有”、“氣”、“物質”作為世界主體，以“理”、“心”、“精神”為本體的作用或功能。而中國古代唯心主義哲學家一般則以“無”、“理”、“心”、“真如”等為世界本體，而以“有”、“物”、“事”、“法相”等為精神本體的派生物或外在表現。這是兩條截然不同的哲學路線，在這裏我們不做價值判斷，只是呈現兩種體用的解說，並且沿著中國古代唯心主義哲學家的足跡繼續對體用問題作解說。

---

[1] 張岱年：《中國哲學大綱》（北京：中國社會科學出版社，1982 年）。

對於體用，朱熹如是詮釋："道之流行，發見於天地之間，無所不在。在上則鳶之飛而戾於天者此也，在下則魚之躍而出於淵者此也，其在人則日用之間，人倫之際，夫婦之所知所能，而聖人有所不知不能者，亦此也。此起發見於上下之間者，可謂著矣。"[2] 這就是說，從天地萬物到人倫日用，世界上的一切事物現象，莫非此理之用，即無不是最高精神"理"化育流行的結果。而什麼是本體呢？從魏晉玄學開始，何晏、王弼等建立了"以無為有"的本體論觀點。天下萬物的本體為"無"，又叫做"道"。王弼對於"道"的解說為："道者，無之稱也；無不通也，無不由也，況之曰道，寂然無體，不可為象"。[3] 世界上豐富多彩的萬事萬物，一切有形有象的東西，都以無為本體，表現了無的功用，它們只有依賴於無才能成立和存在。故"有之所以為利，皆賴無以為用也"。[4] "有"只有依賴於無，才能發揮"無"的功用。

（三）體用思想的武學應用

透過這種中國哲學的體用思維方式，我們不妨回頭看看在中國傳統武術中是如何對此淋漓盡致地領悟與展示的。在《逝去的武林》一書中，李仲軒先生在講到薛顛的象形術時，提到十分金貴的四個字，那就是"象形取意"。他說："漢字是這麼發明的，琴棋書畫都是搞這個東西。明白了這個道理，山川江河、日月星辰都能入到拳裏。人聽戲會感動，在天地萬物中也會受感動，有感動就有功夫。一感動，拳架子裏頭的東西就不一樣了。到時候，琴棋書畫、山河美景、禽獸動態都可以借來入象。練武人學了文化，能比文人用得還好，都能用在身上。"[5] 這些是傳統武術中功夫內化、借助一切所顯之形會所顯之意，進而提升功夫的方式。其中"意"和"形"我們可以分別對應"體"和"用"。借助形我們可以體悟意，但是終極的用，還是來自對於意的深透。掌握意，則所有的"用"都會得心應手、自在無礙。

---

[2] 〔宋〕朱熹：《四書或問·中庸或問》，卷二（上海：上海古籍出版社，2001 年）。

[3] 〔魏〕王弼：《論語釋疑》，載氏著，樓宇烈校釋：《王弼集校釋》（北京：中華書局，1980 年）。

[4] 〔魏〕王弼：《老子注》，第十一章，載國學整理社原輯：《諸子集成》（北京：中華書局，1954 年）。

[5] 李仲軒口述，徐皓峰撰文：《逝去的武林》（北京：人民文學出版社，2014 年），頁 94。

◎ 二、心性層面的分階詮釋

了知了體和用、形和意、內聖和外王的關係之後，我們下面就將關注的重點放在中國模式下起著主導作用的心性層面上。為了通到外王之道，中國古代哲學家可謂做足了內聖的修煉和準備，對於趨近於"道"的方式也給出了各自的方法。對於習武者來說，當然也必須體認這個道或知天命，然後自然呈現高功夫。

譬如《在逝去的武林》中講到在挑選弟子時，武德是非常重要的。武德為什麼重要？因為一個人有謙遜之心，他的拳一定能練得很好。一個人有了這種內在的修養，心思就會清爽，悟性就高了。[6]練形意的人通過練拳，漸漸地就感知天命了，風水相術不用刻意去學，自己想想，就能明白個大概。形意進入了高功夫，必定慈眉善目。這個人感知了天命，思維和常人拉開了距離。悟性就是感天感地，把天地間的東西貫通在自己身上。形意拳到了高級階段，沒有具體的功法了，都是談天說地。形意拳不是人教的，是天教的。[7]這些都說明，與天感通的中國傳統武術，在悟性及德性等方面的要求極高，倘若缺此二位，在傳統武術中必非可塑之才。

下面我就簡要介紹一下屬於中國哲學方式下的內聖之道：

（一）儒家的仁與忠恕

孔子曰："仁者人也。"在儒家的理論中，"仁"是最高境界和價值目標，是人生修養的極致。同時，仁具有很強的實踐性，極為平實且切實可行。孔子指明的實行"仁"的途徑和方法，那就是"忠恕之道"。其具體內容包括"己所不欲，勿施於人"的恕道和"己欲立而立人，己欲達而達人"的忠道。

孔子在《論語·里仁》中說："富與貴，是人之所欲也……貧與賤，是人之所惡也。"這是儒家承認人心皆同好惡，進而推己及人的前提。"己所不欲，勿施於人"和"己欲立則立人，己欲達則達人"都是推己及人，不同的是，一方面在表述上恕道是以否定的方式表述，而忠道是以肯定的方式表述；更重要的一方面是二者是"為仁"的兩個遞進層次，是仁德推進的不同階段。如果說"己所不欲，勿施於人"是尊重他人的尊嚴和權益的話，那麼"立人達人"則是"仁者愛

---

[6] 《逝去的武林》，頁 194。

[7] 同上註，頁 231。

人"的高級表現，是"仁"的更高境界。[8]

這是儒家倫理下的內聖理念和趨近天道的指導方法和路徑。借助忠恕之道，行人可以達成"仁"的精神內核，展現在外面即是無往不勝的外王之道。

（二）道家的無心與無為

《老子》第五十七章中說："故聖人云：我無為，而民自化；我好靜，而民自正；我無事，而民自富；我無欲，而民自樸。"這就是老子設計的"無為而無不為"的"內聖外王之道"。

《莊子·應帝王》中有一則故事說："南海之帝為儵，北海之帝為忽，中央之帝為混沌。儵與忽時相與遇於混沌之地，混沌待之甚善。儵與忽謀報混沌之德，曰：人皆有七竅以視聽食息，此獨無有，嘗試鑿之。日鑿一竅，七日而混沌死。"可見，莊子是以順應自然無為者應為帝，儵忽不知，而使中央之帝死。郭象在解題中說："夫無心而任乎自化者應為帝王。"按照莊子的思想可知，如果能自然無為，其所行即是"內聖外王之道"。因為"無心"則"德合自然"，最高人格之"聖王"並不需要離世間，而應是"遊內而弘外者"。[9]

（三）中國化佛教不離世間的離縛

大慧禪師說："予雖學佛者，然愛君憂國之心，與忠義士大夫等。"可見，禪宗首先不排斥"忠君"、"孝父"。大慧禪師又說："學不至，不是學；學至而用不得，不是學；到徹頭處，文亦在其中，武亦在其中，理亦在其中，忠義孝道乃至治身治人定國安邦之術，無不在其中。"

慧寂禪師回答靈裕問也說："仁義道中，與和尚提瓶挈水，亦是本分事。"這就是說，禪宗修到底，不僅不排斥"仁義"、"忠孝"等，而且認為修道是為了"治國"。那麼是否說禪宗要人們去刻意追求"忠君"、"孝父"呢？那也不是的。照禪宗看，如果刻意追求什麼，就必然為所追求者束縛而不得解脫，但是如果刻意否定什麼，也將為所否定者束縛而不得解脫。一切刻意地執著，不僅違背"天理"，也違反"人性"。因此，禪宗認為，人生活在世俗中，不應違背世俗的道理，可又不要為世俗的道理所牽累。既不離世間，又要超越世間；既可是佛

---

[8] 白奚、蔡清生：〈忠恕之道：普遍倫理及全球價值發展動向〉，《探索與爭鳴》，2000 年第 5 期。

[9] 湯一介：〈內聖外王之道〉，載《在非有非無之間》（新北：正中書局，1995 年）。

祖，又可是帝王。這便是禪宗所追求的"內聖外王之道"。[10]

　　這便是中國文化或中國模式所傳承的方式，即注重精神內核的修煉，不管是治國的王道，還是琴棋書畫的藝術修養，在各個領域無不貫徹著這種"體用"、"內外"的模式。想在中國傳統文化的任何一個領域包括武術有所建樹，這種內在的"無招勝有招"的心靈模式永遠都是各種最高境界的心髓和靈魂。倘不知此"心性"的重要地位，以及其和外在行化的辯證關係，可以說想要瞭解中國文化是幾乎沒有可能的。

◎ 三、禪對武術的終極提升

　　由什麼都從"心性"下手的中國哲學的模式中我們不難看出，想練好武術的關鍵也就在這個心的"悟"字上。學拳講究悟性，不用給整套理論，給個話頭，一句話就悟進去了，什麼都能明白，這一點與禪宗相似。禪宗所謂"三藏十二部，曹溪一句亡"。所以，中國傳統武術中的形意拳也叫拳禪合一，是不無道理的。其實，除了悟性之外，禪對拳、對傳統武術的提升還遠不止於此。心性力量的強大，必將引發習練者內在的一切改變，之後反應在拳腳相加上可謂所向披靡。下面我們僅從禪最主要的兩點特質：專注和消融自我兩個層面，簡要談談禪法對武術的終極提升能力。

　　（一）專注的寂止

　　禪，梵語禪那，漢譯靜慮，即於一所緣境繫念寂靜、正審思慮。它描述的是心對於所緣境的安住狀態。沒有散亂心，保持在心境相當的心一境性狀態。進一步觀察，此能緣心與所緣境保持一致，那麼能緣心和所緣境各自分別有何所指呢？

　　所緣境指的是心所安住的境緣物件，比如形意拳意所專注的拳法、招式；能緣心指的是那顆不散亂的心，是以喜樂為此詮表、身心輕安的狀態。這種不散亂的心對於身口意三門時時具足警醒和觀照，所以也可以說是正知的狀態。

　　這種心境狀態使得習武者意不散動，意不散動則必然有一種力量。譬如發散

---

[10] 湯一介：〈內聖外王之道〉。

的太陽光本來沒有令紙片燃燒的能力，但是依靠放大鏡的聚攏使光束聚集，就會有能夠使紙片達到燃點的熱量。同樣，當意識會聚於一點，始終如一地關注，也會有相似的效果，就是產生無窮的意念力。譬如行拳發力時，直挺挺的直線進攻並不是發力最有效的方式；相反，倘若意念關注於被擊打的物件，並且集中於一點，則此時招數已經並不重要，無論怎樣都是最具力量的方式。另外，這種意念力由於必須在放鬆的狀態下方能專注，所以，輕鬆的狀態可以讓習武者心格外靈活而富有彈性。說得直接一點就是並不是在意念上死死地盯住不放，而是在一種身心輕安的環境下，意念自然地聚集和專注。所以，此時的心張力和彈性都非常大，處在一種可以面對一切可能性的狀態。

（二）自我的消融

真正的禪並不是傻傻地呆坐，而是生起智慧的溫床。何謂智慧？佛教中講的智慧並不是一種技能或方法，而是照見世間真相的能力。在佛教中，所謂真相就是兩種無我的道理。我們生活在由虛假自我編織的謊言中，明明不存在一個獨一無二、常恆穩定、具有個體獨立性的實體我，但卻偏偏誤把自己的身體、想法和感受等執為完整的自我。於這個虛假的自我的謊言或貪婪執取，或嗔恚排斥，我們成為受制於自我、受制於情緒的玩偶。而真相呢？恰恰是要識破這種虛假自我的謊言，回到真實之中。

禪的方式就是無我、忘我、消融自我。因為自我的耽著，我們始終是與拳、與功夫處於分離的狀態：拳是拳，我是我。當我們識得真相，在專注中忘記自我時，就可以達到拳禪合一的狀態，也被稱為最高境界。因為此時是真正的"得意而忘形"，脫去粗大身體的累贅和負擔，在虛幻的色法之間遊舞。但得其意，便遊刃有餘。

這便是禪對於武術境界的提升，因為觸碰到了出世間的真相，所以也可以說這種提升是無出其右的終極提升。

◎ 三、結語

討論武術，特別是中國傳統武術，如果想要深入其精髓，就必然需要洞悉其背後作為支撐的中國文化，及其得以形成和存在的中國模式。因為動作只是分離的割裂的技術符號，沒有哪種單純的模仿或技術可以有生命力，以至成為武術。

能被稱為武術的必然是活的、有靈魂的、有精神的、有內涵的、有境界的、有生命力的。

　　中國哲學恰恰是中國人的腦，一切中國人骨子裏的思維活動都緊緊圍繞著這個內核展開。因此，但凡是中國的文化，其精神內核必然是相通的，必然是具足這種中國哲學特質的靈魂複合體。換句話說，沒有中國哲學的境界，包括武術在內的任何技藝，都是缺乏中華魂的贋品。所以，本文雖然試圖討論中國傳統武術的精華，但卻緊緊抱住中國哲學、中國模式反覆推敲，目的就是要追根溯源，以免犯下捨本逐末、喧賓奪主的錯誤。

　　在心性上做重點討論的中國哲學，體用的套路雖然相同，但是與天道合的路徑和方式卻各有特色。但是，無論怎樣，境界的終極提升還是需要依靠佛教、依靠禪宗，因為佛教打破了天、道的最後一重束縛，終極地觸碰到了真理、真相。所以，真相攝持和佔據的心靈必然處於境界金字塔之巔。

　　由於智慧有限，本文在敘述過程中難免有累贅和錯謬之處，還望善知識您慈悲，不吝賜教！

武術裏的禪意

胡宇峰 *

武術以演練套路和散手技術兩種形式出現。如進一步從文化的深層去探索，武術還涉及中國的古典哲學、美學和醫學等領域，是一門內涵豐富的多學科的綜合性科學；不單是限於拳法技術的小武術，而是涉及廣闊領域的大武術，是我國傳統文化的瑰寶，歷史悠久，習練者眾多，一直以來都是大眾喜聞樂見的養生修身的運動項目。

演練套路要求身法中正、四肢協調、勁整力合、意到勁到。追求形神合一、專注與整力是練武修身的目的。

在動時，力起源於腿、運轉於腰腹、達於手指末梢，再以四肢末梢領勁，肢體舒展，以心行氣，以氣運身，以腰脊率領，力發於背，以背力追肩、肩追肘、肘追手，通過這樣內外循環反覆的練習，以肢體動作引領內外協調，呼吸細緩靜定、精神專注、目光有神，此時無人似有人。每一招一勢的開合起落，都能做到意到則身到，身到則手到，身隨意合，舒展協調。練武是循序漸進，日漸增長的生活習慣。練體以固精，練精以化氣，練氣以化神，練神以還虛，即所謂內練一口氣、外練筋骨皮。隨著練功日子漸長，功力也漸深，身上的倔力漸漸去掉，勁力上身。這時肢體的勁力還是分散在腰、腿、手各部位。再通過一系列勁力訓練，才能把各部位的勁力整合成整勁。不論哪個拳種，只有打出有整勁的精氣神，練武才叫有小成。[1]

練武要靜練慢練，目的是戒掉心浮氣躁，使身心靜定專注，通過長年練習改善體質，通過動的外在養內裏靜的靈根。

《拳論》說："靜養靈根氣養神。" 所謂養根的根，就是根本，也就是腎臟。中醫學認為腎為先天之根，內藏元陰元陽，是人體生命活動的原動力。靜則養

---

* 廣州金剛禪寺

[1] 康戈武：《中國武術實用大全》（北京：中華書局，2014 年）。

根，也就是説，只有在意識清淨的條件下，才能有助於腎氣的旺盛與收藏，從而使五臟健運、內氣充沛、神得所養、動作矯健，最終達到養生的功效。

行拳走架至專注合一時，身心意相合，天地清靜，是一羽不能加、蠅蟲不能落的境界。這種身心的靜定使運動的肢體生出一種靜氣，與佛家坐禪入定所生的靜氣相若，使周圍紛亂的氣場變得專注寧靜。身隨意轉，一起一落、一開一合、一蓄一發、一張一弛、勁整力合、剛柔相濟，身心意力與天地時空已渾然成一個整體，極度和諧協調，分不出是功法還是藝術，漸漸忘記了形軀與招式。此時專注於行拳走架肢體習慣的一念，內心格外清明敏銳，肢體變得出奇的敏捷靈活，忽然生出一種脱胎換骨的快意，此時的武術演練已打出了禪意。

佛家説：行住坐臥皆是禪。行拳走架也自然有其禪意。宇宙萬物中處處都是禪。禪是什麼？正確的回答：什麼都不是，什麼也都是。因為凡是有形的、存在的，不管是物質、精神、生理、心理，還是其他方面的，只要可見、可追求、可依靠、可想像，都不是禪的本質。文以載道，萬事萬物通過靜定專注的方式生出禪意。行住坐臥、吃飯睡覺如此，文化、藝術、書法也如此，只要內外專注於當下所做的事，心無旁騖、雜念不生，天地靜定、渾然一體，這時必引發萬物與心靈的感應，使人一時忘卻了自我，由清淨無念的心靈裏生出禪意。

散手技術以太極拳的推手為例：當時筆者已追隨上心下光大和尚系統練習陳式太極拳約五年，拳架已很熟練，勁力也在腰腿手各部位，比剛練拳時力量、體力也增大很多。隨著拳架的練習日深，鬆沉整合的勁力也能在拳架中體現，力源於腿，運轉於腰間，力貫四梢，運拳走架久了手指發漲微癢，總有一拳打出千鈞力的感覺。為了進一步檢驗拳架的勁路，提高拳架演練水準，師父要求我們進行推手訓練，通過一對一的推手技擊，檢驗拳架招法的應用，明白每一招一勢的應用，通過實戰體會招式發力的精要，獨自練拳架時就能輕易進入靜定狀態，也能放鬆肢體，在鬆、沉、穩中打出整合身體的勁力。但筆者在對抗的推手訓練中，則完全不一樣，抓住對方落空機會發力推出時，發現根本沒力推到對方身上。平時鬆沉整合的勁力也打不出，屢屢如此，不得其法。

一直認為自己對"力發於腿，腿通過對地的反作用力傳到腰，腰背再運轉至肩手，手集整力發出"這套運勁的原理與實踐，了然於胸，且在拳架訓練時多次驗證已掌握意到則身到、身到則手到，勁力意氣從沒間斷。莫非在推手運動中因對抗推拉，斷勁了？筆者一直認為是鍛練還不足夠，肌肉的運轉發力不夠協調，意識指導身體欠缺一致，有鬆散和超前滯後的不協調現象，為克服這些不足，在練拳走架上更注意更下了一番苦功，但始終未能解決這個運轉協調不統一的問題。

上心下光大和尚看到筆者這個問題後教導："對抗運動中不能發出平時練拳時的整合勁力，問題不在肌肉運轉協調上，而在用力的意識上。對抗發力時意識要在力發出去的末端，即意識在雙手，而不是意在力的起源上，不要在意力源於腿。運轉腰間再傳於雙手的理論規律，是練習拳架使肌肉協調整合勁力時用的。真正對抗發力時，意若在腿腰上，則會有斷勁的現象，力停於手臂發不出去。因為平時練習時，身體的肌肉是按這個規律練習適應的，身體已習慣這種整合力的調動，所以使用時不需理會力是如何運轉的，意在雙手直接發出，整合之勁力自然能離開雙手發到對方身上，發力時不要在意力的源起與運轉，這是因為對抗用力與練習用力是不同的，練習時目的是要身體肌肉達到協調整合，長年如此的力源於腿運轉於腰背達於雙手的運力練習，身體肌肉已協調整合。練拳目的是在對抗用力時，能忘記這個練習規律，直接專注雙手，用力於對方身上，猶如一個從來未有練拳經歷和勁力練習的普通人那樣本能的直接以雙手發力，只有這樣忘記練習時的技巧規律，才能發出長年因練習而積聚於身體的整合力。"

通過師父的耐心教導與親身示範，並經過多次嘗試，慢慢體會到實戰對抗與練拳演練的不同，掌握對抗時發力的精要，解決了發力不協調的問題。通過這次發力的認識，我領悟到練習的目的是為了使用，而使用時需要忘記練習時系統的規律與經驗習慣（即是法），直心反應，如從未受任何訓練一樣，本能直接地使用。這個原理也適用於任何藝術領域。果然是天下一理、不二法門。正如《金剛經》所言："如來常說，汝等比丘，知我說法如筏喻者，法尚應舍，何況非法。"

佛說法四十九年用的都是比喻法，佛比喻宇宙的真理實相就在彼岸，此岸與彼岸中間是滾滾洪流的世間苦海，佛法的修持就如船筏，能帶我們從凡夫的此岸到達真理的彼岸，以船筏為工具到達彼岸後，棄筏上岸。彼岸代表證見真理（即明心見性），船筏如同佛法是通往彼岸真理的工具，到達目的地彼岸後自然要放棄工具與渡海的經驗（即是法），是故佛說："法尚應舍，何況非法。"

佛以比喻說法是怕眾生執著，把佛所說的方法工具當成是真理實相。是故佛又説："須菩提。汝勿謂如來作是念，我當有所説法。莫作是念。何以故。若人言如來有所説法，即為謗佛。不能解我所説故。須菩提。説法者無法可説，是名説法。"確實，無論是求成佛的出世法，還是入世的凡塵俗事，真正掌握領悟真理實相的內心感受，都是微妙難説，不能言表的。佛法能通過各種有效的方法實踐證道，但方法並不是目的。

佛説法如此，練武亦如此。武術的演練套路與散手技擊也一樣是如筏喻者，訓練方法經過先輩們千錘百煉的經驗積累，最後科學系統地承繼下來。經過苦練求真，最終應用時精神專注、身心靜定、忘記形軀與練習的經驗，直心而出，心無旁騖，此時則能調動身體因長期訓練而積聚的人體潛能，得到高度協調的展現。身心體會到用武的最高境界，但這種境界不能言表且其妙難説，也即是禪的境界。

"任何可以用語言、文字、符號來表達説明的，都僅是一種現象，而不是禪的內容。禪，既非物質現象，亦非心理活動，僅可勉為其難地説它是一種心法，一種普遍的事實。"[2] 在禪的世界裏，一切的言説文字形容都只是現象，內裏是宇宙恆常超自然的潛能。這種潛能充滿宇宙法界、山河大地、萬事萬物，本來所俱有，不增不減。當如法專注於當下，即能體會並利用，使其潛能超越身心與物我的藩障，與宇宙本性相感應，達到所謂天人合一的境界，這種潛能叫做——禪。修佛如是，練武、書法等一切藝術亦如是。

"禪，可以使我們開悟，禪的開悟能夠使我們直下承當，頓悟成佛。但是禪法的悟，並不等於究竟的佛。也就是説，佛之所以得以成佛，是從禪（潛能）而出現的，但是，在完成了佛的悲智之後，他就用不到禪（潛能）了。"[3] 武術的追求是不斷完善身心的過程，以達到超越身心的生理局限。若想修煉成一個身體矯健、心思靜密、身手與智慧異於常人的人，需要不斷發現並使用身體的潛能以達到進步的目的。潛能的使用過程是愉快、奇妙、神秘的身心體驗，也是禪的身心體驗。

練武是生活習慣，這種習慣使我們在生活中每一分鐘都不曾與禪疏遠。禪的

---

[2] 鳩摩羅什翻譯：《金剛般若波羅蜜經》（新北：聯經出版公司，2018 年）。

[3] 聖嚴法師：《禪的世界》（台北：法鼓文化事業股份有限公司，2018 年）。

精神與生活融為一體，便能享受到如詩如畫、恬適安詳的生活。通過武術裏的禪意可以走進奇妙、美麗、愉快、神秘的精神世界，使我們的人生健康圓滿。

禪宗強調感性即超越，瞬刻可永恆，更著重於動中去領悟，達到永恆之靜，從而躍升入佛我同一、物我兩忘、宇宙與心靈融合一體之精神世界，亦即奇妙、美麗、愉快、神秘的精神世界，這也就是所謂之“禪意”。

——德建禪師 [4]

---

[4]　德建禪師為少林寺曹洞正宗第三十一代弟子，少林寺永化堂第十九代禪武醫傳人。

略談禪武與養生

釋昌効 [*]

◎ 一、健康的概念

隨著社會經濟、科學技術的進步和生活水平的提高，人類不斷深化對健康內涵的認識。世界衛生組織指出："健康不僅僅是沒有疾病或不虛弱，而是身體、心理健康和社會福祉的完美狀態"。

◎ 二、養生的內涵

養，即調養、保養、補養之意；生，即生命、生存、生長之意。現代意義的"養生"指的是根據人的生命過程規律主動進行物質與精神的身心養護活動。保養，是指遵循生命法則，通過適度運動，加之外在護理等手段，讓身體機能及外在皮膚得以休養生息，恢復應有機能，這是養生的第一層面；涵養，是指開闊視野、通達心胸、廣聞博見，通過對自身的道德和質素的修煉和提升，讓身心得到一種靜養與修為，從而達到修心修神的目的；滋養，是指通過適時適地適人，遵循天地四時之規律，調配合宜食療，以調理周身，達到治未病而延年的目的。實質上，養生就是保養五臟，使生命得以綿長的意思。

◎ 三、當代人身心健康的狀況分析

當代國民的心理健康狀況不容樂觀。根據衛生部和權威部門的抽樣調查，五分之一的人口心理健康有問題，5% 的人口處於心理疾病狀態，每年的自殺人口達到幾十萬，可以說是一個災難化的局面。2019 年聯合國秘書長在全球預防自殺日報告稱，全世界抑鬱症患者達到了三億四千萬人，中國的抑鬱症患者為一億人左右，令人觸目驚心。我國人群的疾病死亡譜發生了明顯變化。與 1990 年相比，2013 年中國慢性腎病和老年癡呆症導致的死亡率分別上升了 147% 和

---

* 廣州金剛禪寺

121%；肺癌導致的死亡率增加了 103%。心血管疾病、腦血管疾病、惡性腫瘤和慢性阻塞性肺病是當前威脅國人生命健康的四大主要疾病。這四類疾病致病危險因素相似，包括膳食不合理、缺乏運動、心理壓力大、吸煙、酗酒等。最近幾年，人群因疾病死亡趨向年輕化，不斷出現商界精英、演藝界明星和教授學者猝然辭世，他們的年齡都在三十五歲至五十五歲之間。[1]

◎ 四、造成人們身體不健康的原因

（一）個人原因

從古至今，任何人都有自己的心事，每個人在生活中都可能碰到困難、矛盾、糾結，這些都是恆久性的問題。身為情感性的人，我們都具有自己的思維和個性，生活中會遭遇這樣或那樣的困難，在解決這些煩憂的時候，難免會波動到人的情感，由此而引發心理上或生理上的問題。

（二）社會原因

現代文明的發展使人類越發脫離其自然屬性，污染、生活節奏快、緊張、信息量空前巨大、社會關係複雜、作息方式變化、消費取向差異、在公平的理念下不公平的事實拉大、溺愛等，都使心理疾病和身體疾病逐漸增多並惡化。

◎ 五、以禪養心

（一）禪的內涵

禪的意思是靜慮，或被譯為“寂靜”，指人的心理處於平靜、無浮躁昏沉的狀態。人在這種狀態下能夠進行明睿的觀察和思慮，從禪學的始祖釋迦牟尼的拈花微笑到禪宗六祖慧能的頓悟成佛，都洋溢著禪學的特徵，即教外別傳，不立文字，直指人心，見性成佛。這裏是指不束縛於文字，不依據經心，同時又不與經教分離，關鍵是探究心的本源，徹悟自己的本心，達到即日成佛、見性成佛的之目的。禪宗的宗旨強調內心的修煉，窮極身心的奧秘，如實認識自己、開發本性的潛能、遞發出超越性的般若智慧、解脫以生死為中心的一切束縛，從根本上解

---

[1] 崔樂泉主編：《中國體育思想史·古代卷》（北京：首都師範大學出版社，2008 年）。

決人本性中絕對自由之追求與客觀現實的矛盾，達到常樂我淨的涅槃彼岸，從而淨化人心、莊嚴國土。

（二）禪的現實意義

禪學的修持方法、生活態度、終極關懷、超脫情懷，對於人的心靈世界、精神生活有著不可否認的積極意義。它尋求生命力的和諧，調動生命本身擁有的調整各種失和的內在機制，從而起到防治各種心理疾病的作用。

（三）從禪學的角度來分析心理疾病

從禪學的角度看，心理疾病是由於無明、住相和貪、嗔、癡三毒等導致對人生和人性產生了錯誤的看法，並進一步產生"煩惱"和"妄念"所致。由此可見，人們生活中的諸多焦慮與煩惱，根源於"我"的執著以及由此產生的私慾上的"貪"、情緒上的"嗔"、思維上的"癡"，即所謂貪、嗔、癡三毒。禪在方法論上，以"戒、定、慧"對治凡人的無明和貪慾。

（四）禪的修持養心

1. 禪悟

"禪悟"是禪學實現其人生觀和人性觀的必經道路。禪學主張通過"禪悟"使個體"明心見性"，重新覺悟自己的"本來面目"。正如惠能所云："不識本心，學法無益，明心見性，即悟大意。"人的心本來就是清淨的、無煩惱的，所以一旦"明心見性"，便可"頓悟成佛"。"禪悟"是一種指向內心世界的直覺體悟。"禪悟"的過程也就是人心境界的轉換過程，就是由"有念"、"有相"、"有住"的妄執狀態，轉為"無念"、"無相"、"無住"的自由狀態，由此重獲本心的自在、清淨，體認人生、宇宙的真諦，從而達到自由和解脫。能以完整的心、空無的心、無分別的心，去觀照、對待一切，不為外在的一切世物所羈絆、所奴役，不為一切差別所束縛、所迷惑。

2. 禪定

也稱沉思、靜坐、打坐、冥想等。在現代用法中，禪定多指一種自我體驗、自我覺知的精神集中行為。從心理生理學的視角看，禪定是指有意識地對注意力的自我控制。通過修習禪定，一是可以袪病強身、怡情養性、延年益壽、防範和治療人的許多"身病"；二是可以克服外界六塵（色、聲、香、味、觸、法）的誘惑和內心七情六慾的困擾，精神得以專注、安詳，並因禪定能產生智慧，解除人們內心存在的種種煩惱與顛倒妄想，袪除人的“心病”。

◎ 六、以武修身

（一）中華武術

中華武術博大精深，源遠流長。它是一門技擊之術，是以強身健體為主，以搏擊為輔的一種鍛煉方式，沒有固有的練習形態，注重內外兼修，存在於我們生活中各個角落。功夫也就是在我們生活當中，在我們平時生活的每個動作當中。通過習武舒展筋骨，磨煉意志，在一招一式中領悟天人合一的妙用。武術同時也是一門養生修身入道之學。它不僅具有豐富的技擊內容體系、藝術般的攻防展現，更具有獨特的健身養生功效。有著中國國術之稱的武術自古以來就與養生有著天然的不解之緣。因此，各門各派都有自己的養生、強身之道，武者們更窮其畢生精力把修煉武術的首要目標放在增長本源性的功力之上，以達到先養生、壯身而後提高技擊實戰效用的目的。武術現已發展成為既具有技擊性，又富有健身性和娛樂欣賞性的一種綜合藝術，其中的健身性實際上包括了健身、養生、康復的內容。至今仍可見中醫在疾病康復方面常常教患者習練太極拳、易筋經等傳統武術功法。中華武術和中醫學文化、佛家文化在一定歷史條件下的融合，對臨床治療醫學，尤其是康復醫學和預防醫學產生了明顯的影響，更加凸顯出武術健身養生、延年益壽的主要功能。

（二）身體健康是人的幸福生活的基本保證

武術界歷來有一個說法：只有先養生、強身、壯身，達到身體的強健，進而才可進行技擊。如身體虛弱，或者不夠強健，不擊便自倒，何談與人較技？“身體是革命的本錢”——這句話每個人都知道，然而又有多少人能夠真正讀懂它的含義呢？尤其是在現代這個快步發展快速前進的社會裏，人們為了生活，為了理想，為了實現自己一個又一個願望，常常會超負荷的工作，身體狀況每況愈下。最近幾年，不斷有商界精英、演藝界明星和教授學者猝然辭世，他們的年齡都在三十五至五十五歲之間。龔鑫茂，負責“飛豹”戰機設計和生產的工作組組長、年僅五十六歲的副總設計師、中國新一代戰機研製人之一，於 2000 年病逝；胡可心，中國科學院研究員、博士生導師、國家重大基礎研究專案首席科學家助理，2001 年底因肝癌病逝，年僅三十八歲……這一個個人才在本是生命力、創造力最旺盛的年華匆匆離去，不能不説是悲劇。一個接一個悲劇的發生，再次引發了人們關於生命健康的一次深思和反省。一個人如果疾病纏身、身體虛弱，則在與生龍活虎的人競爭時，明顯處於劣勢。在競爭激烈的現代社會，勝利屬於能夠承受巨大壓力的人。有健康的身體才能精力充沛地工作。擁有健康，才能獲得人生的成功。

（三）武術養身的依據

根據《後漢書》記載，名醫華佗精於方藥，能治許多疑難病症。但他對於養生之道，卻沒有提倡用藥，而是主張運動。但中醫理論還有“運動可以養人體的氣，但過度運動就會耗血；睡眠可以養人體的血，但過多睡眠就耗氣”的説法。可見生命在於運動，但過度的運動會給身體造成損害。經現代科學實驗研究證實，習練武術時產生的氣可促使腦細胞的電磁活動產生變化，改變腦電波頻率、改變皮膚電阻和溫度、變化人體的血壓等。實踐表明，練習武術可以提高心肺功能、增強耐力體能和心率變化量。通過練功調整氣血，從而調整臟腑功能，可達到無病強身的目的，起到預防疾病的作用。

（四）練武是一個持之以恆和刻苦耐勞的過程

武術是通過人的身體運動實現的，講究“外練筋骨皮，內練精氣神”。練習者只有“冬練三九，夏練三伏”，不間斷地進行刻苦的訓練，才能使自己的身心全面發展。在這個過程中必須增強習武者勤奮和刻苦耐勞的精神，同時武術技術的訓練中的許多高難度、危險性的動作練習，也無疑能培養勇敢頑強、百折不撓精神。很多的練武者就因為在練武過程中害怕辛苦、沒有堅韌的毅力、沒有一顆持之以恆的心，努力練了好長一段時間也不見成效，於是就洩氣了、放棄了。孰不知，他就在勝利的邊緣了，只差那麼一點了。這使我們想到了一個人人皆知的定律：“竹子定律。”竹子用了四年的時間，僅僅生長了 3 釐米。從第五年開始，以每天 30 釐米的速度瘋狂地生長，僅僅用了六周的時間，就長到了 15 米。其實，在前面的四年，竹子將根在土壤裏延伸了數百米。做人做事亦是如此。不要擔心你此時此刻的付出得不到回報，因為這些付出都是為了紮根。人生需要儲備，但有多少人沒能熬過那 3 釐米？馬雲曾説：“今天很殘酷，明天更殘酷，後天很美好，但是大多數人死在明天晚上，看不到後天的太陽。”

◎ 七、禪與武的辯證關係

武增加了禪的實踐途徑，禪則豐富了武的文化底蘊，一靜一動，互補互助，相輔相成。禪武主張通過內修外煉，以達動靜相間、內外相合、剛柔相濟、虛實同進、純乎於心。修習禪武者，圓融物我，內心無礙無畏，從而達到“禪拳歸一”的武術最高境界。長期參禪習武，有預防心理疾病、強身健體及延年益壽之功效，能全方位提升人們的文化底蘊與人文素養。以禪修心，能通過禪武文化的體驗，提高生活修養，昇華生命品質。

◎ 八、禪武中的養生因素

（一）“動與靜”養

“動其體，健其身”。禪武把“肢體運動”、“呼吸運動”和“意念運動”三動進行了有效地結合。實踐證明，把拳術的肢體與呼吸以及意念三者結合起來，既可以增加實戰技擊的助力效果，還可以起到“吐故納新，提神頂勁”的健身養生效果。有學者曾指出，中國拳術在世界上之所以是獨一無二的，靜功應該得最大的功勞。這裏靜功包括坐禪、氣功、冥想、（靜）樁功等。

（二）神養

神養，就是聚其精、養其神，最終使人覺得精神旺盛。只有精足、氣充、神旺，人的身體才能健康。禪武文化所講的養生之道，同樣離不開對人的精、氣、神的修養。所謂禪武的三層功夫境界：“煉精化氣，練氣化神，煉神還虛”，其中的最高層次亦是指通過長期的禪武修煉，使得人的心態保持恬淡寧靜，精氣和神氣內守。

（三）德養

德是養生之本。但凡長壽之人，除了健身有法，更主要的是養德有道。一代名醫陳存仁在其〈樂天長壽辭〉中說：“健康要道，端在正心。喜怒不縈於胸襟，榮辱不擾乎方寸。縱遇不治之疾，自有回天之功。”修行禪武，是身體、心智、道德的和諧統一。正武實為正人之心。因此，今天的中國人養生還得借鑒武術中“技德並重”的養生思想。

此外，這裏的德養，還包括了“志養”的內涵在裏面。因為武德除了指習武之人應具有的行為規範，還包括意志品質這一塊。所謂武術志養，就是“勞其筋骨，苦其心志"。[2]

◎ 九、結論

嶺南禪武，是在嶺南禪宗和傳統武術的文化土壤中，萌生發展起來的一種融禪修養心和武術養生於一體的修行鍛煉方法。由於千百年來浸潤在傳統文化之中，其大量吸收融合了相關的養生文化成果，使得它成為了一種極具濃厚民族文化特色的養生健身方法。它將"身心和諧"作為自己的養生理念，進而從根本上去重視和調節人的精、氣、神，其最終目標就是使得人體內的陰陽二氣達到最佳的動態平衡，達致強身健體、延年益壽的功效。

---

[2] 方國清：〈中國傳統武術養生內涵解析〉，《中華武術》，2017 年第 6 卷第 2 期。

禪定與神通

——

學愚 [*]

　　宗教之所以能夠成為眾人的信仰，除了其獨特的教理教義、倫理道德、他世理想及終極關懷外，另外一個重要因素應是神通或神蹟。各宗教創始人，無論是耶穌、穆罕默德，還是佛陀，都曾以神通或神力攝服眾生，達至教化的目的。這樣，神通或神蹟、或者說人們對神通或神蹟的信仰在宗教的產生、傳播和發展過程中扮演了十分重要的角色。

　　不同宗教對神通有不同的看法，亦為獲證神通提供不同的實踐方式。佛教繼承了婆羅門教神通理念，承認神通是禪定修習過程中出現的現象，即使外道凡夫，若修習四禪八定，亦可以生起五通。但是，佛教又用佛法來詮釋神通，重申神通不是修行之目的；禪定生起神通，但人們更應在禪定基礎上更一步修觀智，生起慧解，消除煩惱，覺悟世界人生真諦，那才是真正的神通。

　　大小乘佛教不同經典及傳統對神通的理解不一。就獲得的方式方法而言，神通有五種。《阿毗達摩俱舍論》卷二六云：“神境智類總有五種：一修得、二生得、三呪成、四藥成、五業成。”[1] 其中，佛教主張通過修習禪定而獲證的神通。陳兵教授亦把神通分為五類：一、道通──即漏盡證阿羅漢果後，自然得三明六通；二、神通──習禪入定後得五通；[2] 三、依通──憑藉符咒、丹藥可得；四、報通──與生俱來、前世果報所得；五、妖通──鬼神精魅加持或附體。[3] 佛教承認神通和報通，反對依通和妖通。在早期佛教經典中，佛陀及諸大弟子皆證道通，具足神通。就說法度眾生呈現出來的形式而言，神通又有三：一、變化神通；二、說法神通；三、調伏神通。《雜阿含經》記載，佛陀示現教化方式有三：一、神足示現；二、他心示現；三、教誡示現。三種示現，三種神通，都是

---

[*]　香港中文大學文化及宗教研究系研究員、香港中文大學禪與人類文明研究中心主任

[1]　《大藏經》，卷二九（台北：新文豐出版公司，1983 年），頁 145 上。

[2]　有關六神通，請參考《成實論》，卷一六，收入《大藏經》，卷三二，頁 369。

[3]　陳兵：《佛教禪學與東方文明》（上海：上海人民出版社，1992 年），頁 589。

化導眾生的方便。[4] 就修證結果而言，神通有六，即天眼、天耳、宿命、神足、他心和漏盡通，前五通與外道共，後一唯是佛教特勝。佛教重申，所有神通皆來自於禪定，初禪未到地定、欲界定亦可生起神通。四禪八定通佛教和外道，故外道亦可因禪定而得神通，唯漏盡通專屬佛教，唯由慧觀成就。

根據《佛本行集經》的記載，佛陀成道前，定中化現種種神通，降伏眾魔；初成道後，亦以神通征服眾多外道，其中包括著名的迦葉三兄弟等。諸大弟子中，目犍連尊者神通第一。有一次，目犍連尊者應帝釋之邀，遊三十三天宮。帝釋再三誇讚自己天宮的美妙莊嚴，但目犍連告誡他，所有皆是他過去福報所成就，不可執著。為了達到教化之目的，目犍連"即入三 ，以神通力，以一足指撼其堂觀，悉念震動。時尊者大目犍連即沒不現。"[5]

佛陀涅槃前，曾告知阿難："諸有修四神通足，多修習行，常念不忘，在意所欲，可得不死一劫有餘。阿難！佛四神通已多修行，專念不忘，在意所欲，如來可止一劫有餘，為世除冥，多所饒益，天人獲安。"修四神足者，具足神通，任意化現，久住世間。《長阿含經》中，舍利弗盛讚佛陀無上功德，其中包括神足證。"神足證者，諸沙門、婆羅門以種種方便，入定意三昧，隨三昧心，作無數神力，能變一身為無數身，以無數身合為一身，石壁無礙，於虛空中結加趺坐。猶如飛鳥，出入於地；猶如在水，履水如地；身出煙火，如火積燃；以手捫

---

[4] 另參《長阿含經》："具戒未久，世尊以三事教化：一曰神足，二曰觀他心，三曰教誡，即得無漏、心解脫、生死無疑智現前。"載《大正藏》，卷一，頁9。

[5] 《大藏經》，卷二，頁133下。

日月，立至梵天。"[6]

四神足是生起神通之根本，與禪定密切相關。在南傳《相應部》中有這樣的記載：有人問世尊，在行菩薩道時，何因、何緣修習於神足？世尊回答說，修習欲、勤、心、觀三摩地而成就神足。[7]修習四禪行者出定後，生起四神足之希求、精進，一心、思惟之念，成就神通。在《增一阿含經》中，佛陀不請自說，講述四神足內容及功能：一、自在三昧行盡神足——"所謂諸有三昧，自在意所欲，心所樂，使身體輕便，能隱形極細，是謂第一神足。"二、心三昧行盡神足——"所謂心所知法，遍滿十方，石壁皆過，無所罣礙，是謂名為心三昧行盡神足。"三、精進三昧行盡神足——"所謂此三昧無有懈惓，亦無所畏，有勇猛意，是謂名為精進三昧行盡神足。"四、誠三昧行盡神足——"諸有三昧，知眾生心中所念，生時滅時，皆悉知之。有慾心、無慾心，有瞋恚心、無瞋恚心，有愚癡心、無愚癡心，有疾心、無疾心，有亂心、無亂心，有少心、無少心，有大心、無大心，有量心、無量心，有定心、無定心，有解脫心、無解脫心，一切了

---

[6] 南傳上座部《相應部·神足相應》："比丘！如是對四神足修習、多修者，則領受多端神變：以一身成多身、以多身成一身，或現或隱，過牆壁山崖無礙如於虛空，出沒地中如於水，行水上不沉如於地，於虛空結跏趺坐如飛鳥，有大神通、大威德，以手捫摸日月，乃至以身威及於梵世。比丘！如是對四神足修習、多修者，則以清淨超人之天耳界，俱聞於遠近天人之聲。比丘！如是對四神足修習、多修者，則對他人之心，以心徧知：以有貪心了知為有貪心，以離貪心了知為離貪心，以有瞋心了知為有瞋心，以離瞋心了知為離瞋心，以有癡心了知為有癡心，以離癡心了知為離癡心，以收心了知為收心，以散心了知為散心，以大心了知為大心，以非大心了知為非大心，以有上心了知為有上心，以無上心了知為無上心，以非定心了知為非定心，以定心了知為定心，以不解脫心了知為不解脫心，以解脫心了知為解脫心。比丘！如是對四神足修習、多修者，則隨念於種種之宿住。謂：一生、二生、三生、四生、五生、十生、二十生、三十生、四十生、五十生、百生、千生、百千生、多壞劫、多成劫、多成壞劫；我於彼處：如是名、如是姓、如是色、如是食、如是受樂苦、如是壽量，歿於彼處、生於此處；於他處；如是名、如是姓、如是色、如是食、如是受樂苦、如是壽量，歿於他處、生於此處。如是具行相、名稱，隨念宿住。比丘！如是對四神足修習、多修者，則以清淨超人之天眼，見有情之死生，知有情隨業而受劣、勝、美醜、善趣、惡趣。比丘！如是對四神足修習、多修者，則由諸漏盡，無漏心解脫、慧解脫，於現法自證知、現證，具足而住。"

[7] 《相應部·神足相應》："諸比丘！於此，修習欲勤、心、觀三摩地勤行成就之神足，如是我於欲不過分退縮、不分精勤，於內不收、於外不散，有前後想而住，後如前、前如後，上如下、下如上，夜如晝、晝如夜，如是以廣大不纏之心，修習光耀心。"

知，是謂名為誠三昧行盡神足。"[8]

《清淨道論》列禪定五種功德：一、現法樂住；二、修毗鉢舍那；三、神通；四、勝有；五、滅盡定。"其次曾生八等至，入於為神通基礎的禪那，出定之後，希求及產生所謂"一成為多"的神通的人，他有獲得神通的理由，因為修習安止定是神通的足處，故得神通的功德。所以世尊說："他傾心於彼彼神通作證法，具有理由，必能成就於神通作證之法。"習定者出定後生起神通之欲想，並為此而精進、加行、觀察，獲得神通。神通是禪定中不可思議心力和憶念的展現。[9]

神通來自禪定，那麼神通與禪定之間到底是怎樣的關係？或者說，禪定為什麼會產生神通？陳兵教授從四個方面總結佛教神通原理：一、定心功用——制心一處、無事不辦，神通是定中意識之功能所現；二、生理和物質基礎——《俱舍論頌疏》卷二七云："依四靜慮，於眼耳邊引起彼地微妙大種所造淨色眼耳二根，見色聞聲，名天眼耳。"定中生起淨色根，微妙具神通力[10]；三、心的作用——禪定時心力大大提升，乃至可以轉物轉境、發神變通。《神法要解》云："人身雖重，心力強故，身飛虛空"；四、心本具潛能——或為佛性、或為空性，能生一切。陳兵教授認為："只要調心入定，定中意識的功用充分發揮，便顯現為五神通，若再進一步以智慧斷除無明煩惱，念心所具潛能完全顯發，則為佛菩薩所證不可思議的無礙妙用。"[11]

---

[8] 在大小乘經典中，四神的名相和內容有不同的論述。《佛光大辭典》："引發種種神用而產生之三摩地（定）。"據《大毗婆沙論》卷一四一載，思求諸所欲願，一切如意，故稱為神，引發於神，故稱神足。即依欲、勤等力而引發等持，再依止等持而引發種種神用，故稱四神足。因此，神足與禪定或止關係密切。

[9] 《大安般守意經》云："十二部經都皆墮三十七品經中，譬如萬川四流，皆歸大海。三十七品經為外，思惟為內。思惟生道故為內；道人行道，分別三十七品經，是為拜佛也。三十七品經亦墮世間，亦墮道。諷經口說是為世間，意念是為應道。持戒為制身，禪為散意。行從願，願亦從行。行道所向，意不離；意至佛，意不還也。"

[10] 密乘無上瑜伽認為，神通是內外五大氣入住融於中脈後的作用。見陳兵：《佛教禪學與東方文明》，頁259。《成實論》說明此為："內外'靈力活素'結合，進入中脈，形成一管狀靈力活素聚，使人證得八功德水：一、地大眾，力大無比；二、水大聚，入火不焚；三、火大聚，入水不溺；四、風大聚，足捷身輕；五、空大力，使人飛行自在，履水入地無礙；六、月之力，使人通身透明無影；七、日之力，使人肉身化為各色光焰，隱身不見；八、身中諸脈道開解，令人心常住勝安止觀。"載《明行道六成就法》，卷二〇。

[11] 陳兵：《佛教禪學與東方文明》，頁598。

在佛教的六通中，漏盡通源自於禪觀，全是心法，通三界，而前五通不離色法，與色身相關，次第而生。《阿毗達摩俱舍論》："通有六種：一神境智證通；二天眼智證通；三天耳智證通；四他心智證通；五宿住隨念智證通；六漏盡智證通。"前五通依四靜慮，即欲界和色界四禪。前五通為什麼不依無色？只因為"初三別緣，色為境故；修他心通，色為門故；修宿住通，漸次憶念，分位差別，方得成故，成時能緣處性等故，依無色地無如是能。"《俱舍論》隨後又補充解釋禪定與他心通的關係："先審觀己身心二相，前後變異展轉相隨；後復審觀他身心相，由此加行漸次得成。成已不觀自心諸色，於他心等能如實知。諸有欲修宿住通者，先自審察次前滅心，漸復逆觀此生分位，前前差別至結生心，乃至能憶知中有前一念，名自宿住加行已成，為憶念他加行亦爾。此通初起唯次第知，串習成時亦能超憶，諸所憶事要曾領受。憶淨居者昔曾聞故，從無色歿來生此者，依他相續初起此通。所餘亦依自相續起。修神境等前三通時，思輕光聲以為加行，成已自在隨所應為。"

　　《俱舍論》稱神通為智證通，說明定中亦有慧，神通（abhajna）亦有智的意思。[12] 無論是禪定還是神通，都須以佛法為指導。其中，他心通的成就，先觀自身過去與現在演變，次觀他人相應之變化；然後再觀自身後心與前心及其差別，次第向前憶知每一念；再次把如是次第集串在一起，生起超憶。如此不斷念念追溯相續，成就宿命通。其他四通亦復如是。修習前三種神通，即天眼、天耳、神足通時，分別思念感受光、聲、輕，以此為加行，達至隨心所欲、自在所為。另外，五通不依無色，是因為"諸無色觀減止增，五通必依止觀均地，未至等地由此已遮。如是五通境唯自下，且如神境隨依何地，於自下地行化自在；於上不然，勢力劣故，餘四亦爾，隨其所應。"[13] 止觀均地，才能獲得神通，然而由於無色界定觀減止增，故五通不依無色。由於離染程度不等、禪定層次和境界不同，所獲之神通亦有廣狹上下之別，唯佛於一切，皆離煩惱，故欲現前不由加

[12]〈列十智，即十通〉，《長部·沙門果經》：觀智、意所成神變智、各種神變智、天耳智、心識別智、宿住隨念智、未來分智、依業投生智、天眼智、和漏盡智。
[13]《大藏經》，卷二九，頁142下。

行。[14] 神通與止觀相通，與修習禪定者的身心相關。無色界無色身，且心趨於寂滅，止強觀弱，不起神通。

依據定中的憶念和心力，修習者提升自己的眼、耳、身、意根的功能，生起彼處地、水、火、風之神用變化。[15] 在《雜阿含經》中，尊者舍利弗的一番話可以幫助人們理解佛教神通與禪定、心法、色法之間的關係。舍利弗語諸比丘："若有比丘修習禪思，得神通力，心得自在，欲令此枯樹成地，即時為地。所以者何？謂此枯樹中有地界。是故，比丘得神通力，心作地解，即成地不異。若有比丘得神通力，自在如意，欲令此樹為水、火、風、金、銀等物，悉皆成就不異。所以者何？謂此枯樹有水界故。是故，比丘！禪思得神通力，自在如意，欲令枯樹成金，即時成金不異，及餘種種諸物悉成不異。所以者何？以彼枯樹有種種界故。是故，比丘！禪思得神通力，自在如意，為種種物悉成不異，比丘當知，比丘禪思神通境界不可思議。是故，比丘！當勤禪思，學諸神通。"[16] 神通與色法有關，是心力對色法的作用，具如此不可思議之功用，比丘應學；而若要學諸神通，則必勤禪思。

《清淨道論》是南傳佛教中的戒、定、慧三學之大綱，詳細解說了禪定的修證理論和方法，以及與神通的關係。其中，定學列四十二禪法（十遍、十四行相、四地〔四禪〕、四神足、八句、十六根本），一一皆為諸神通所緣。[17] 如"初學者亦然，以此十四行相調伏其心，以欲為主，以心為主，以精進為主，以觀慧為主而入定，以轉向等的五自在，心柔軟適於工作，修諸神變之行。"即使是

---

[14] 有關六通之神變及其原理，請參照《清淨道論·說神通品》。

[15] 《阿毗達摩俱舍論》又進一步解說六通與身心的關係。"六中前三唯身念住，但緣色故。謂神境通，緣四外處，色香味觸；天眼緣色；天耳緣聲。……他心智通三念住攝，謂受心法，緣心等故。宿住、漏盡四念住（身、受、心、法）攝，通緣五蘊一切境故。""天眼和天耳無記性攝，許此二體是眼耳識相應慧故。若爾寧說依四靜慮，隨根說故亦無有失，謂所依止眼耳二根由四靜慮力所引起即彼地攝故，依四地通依根故說依四言。"

[16] 《大藏經》，卷一，頁128。

[17] 《大藏經》，卷一五，頁269。在《禪秘要法經》中，佛告阿難："佛滅度後，佛四部眾弟子，若修禪定求解脫者，如重病人隨良醫教，當於靜處，若塚間、若林樹下、若阿練若處，修行甚深諸賢聖道。當密身口，於內心中修四梵行、修四念處、修四正勤、修四如意足、修五根、修五力、修七覺道、修八聖道分、修四禪、修四無量，心遊入甚深無量空三昧門，乃至得六神通。"

初學者，若有等持、清淨、柔軟、安住之心，遠離污染，就可以發神變。所謂神變，"即以一（身）為多（身），多（身）為一（身），顯身，隱身，穿壁，穿牆，穿山無有障礙，如行空中，出沒地上如在水中，涉水如履地上，趺坐空中而經行如鳥附翼，日之與月有大神通、有大威德，手能捫之，雖梵天界身能到達。"最後，《清淨道論》將種種神變概括為：

1. 決意神變——導心傾向種種神變，列十種：一、一身成多身神變；二、多身成一身神變；三、顯現神變；四、隱匿神變；五、不障礙神變；六、地中出沒神變；七、水上不沉神變；八、飛行神變；九、手觸日月神變；十、身自在神變；

2. 變化神變——變化成種種不同形象——如童子、天人、兵、馬等；

3. 意所成神變——將一物變成他物，或自己變成他人等。

大乘佛教進一步發展了禪定與神通的內在聯繫，強化了神通，特別是佛菩薩神通饒益眾生的功能。又，大乘經典一般都是佛陀在定中所演講，具不可思議之境界，常用"放大光明、大地震動"等來形容。《大智度論》云："菩薩摩訶薩作是念已，繫心身中虛空，滅麁重色相，常取空輕相，發大欲精進心，智慧籌量，心力能舉身未？籌量已，自知心力大能舉其身；譬如學趯，常壞色麁重相，常修輕空相，是時便能飛。"菩薩慈悲，救護眾生，神通可以最大化這樣的化導功能。《大智度論》又云："菩薩離五欲，得諸禪，有慈悲故，為眾生取神通，現諸稀有奇特之事，令眾生心清淨。何以故？若無稀有事，不能令多眾生得度。"《瑜伽師地論》卷六四指出，修習十遍業，能成五事：一、修習地遍處等乃至白遍處，能引發化事變事諸聖神通；二、修習空無邊處一切處故，能引發往還無礙諸聖神通；三、修習識無邊處一切處，能引發無諍願智無礙解等諸勝功德；四、識無邊處遍處成滿，便能成辦無所有處解脫，及非想非非想處解脫；五、由此成滿因故，便能證入想受滅解脫最勝住所攝。[18]

在《摩訶般若波羅蜜經》中，世尊云："譬如鳥無翅不能高翔。菩薩無神通，不能隨意教化眾生。以是故，須菩提！菩薩摩訶薩行般若波羅蜜，應起諸神通。

---

[18]《大藏經》，卷三〇，頁 645。

起諸神通已，若欲饒益眾生，隨意能益。"自利不許神通，但菩薩利益眾生，神通成為不可或缺的方便法門。《大智度論》："復次，雖有慈悲、般若波羅蜜，無五神通者，如鳥無兩翼，不能高翔；如健人無諸器杖而入敵陣；如樹無華果，無所饒益；如枯渠無水，無所潤及；以是故重說五神通，及餘無量佛法中別說，無咎。"慧遠在《大乘大義章》中發揮了這一理念，重申神通的妙用，他說："天形開莫善於諸根，致用莫妙於神通。故曰菩薩無神通，猶鳥之無翼，不能高翔遠遊，無由廣化眾生，淨佛國土。"神通是利益眾生之方便，若離此方便，則難以度生，是故菩薩應廣修神通。"何以故？用是天眼自見諸善法，亦教他人令得諸善法，於善法亦不著，諸善法自性空故。空無所著，若著則受味，是空中無有味。是菩薩摩訶薩行般若波羅蜜時，能生如是天眼，用是眼觀一切法空；見是法空，不取相、不作業；亦為人說是法，亦不得眾生相、不得眾生名。如是菩薩摩訶薩用無所得法故起神通波羅蜜，用是神通波羅蜜，神通所應作者能作。"[19]

大小乘佛教禪定和神通理論及實踐方法傳入中國，深深影響乃至主導了早期中國佛教的實踐。南北朝時期的北方佛教重視禪修，神通盛行，這從慧蛟、慧思的著作中可略知一二。慧思大師認為，"大神通力，皆在禪定中得。""修諸禪定，學佛神通。"佛教為什麼堅持說禪定中生神通？或者說諸佛為什麼先入禪定，然後說法？慧思大師認為，原因有三：一、為報禪定恩；[20] 二、為斥外道神通非禪定說；三、彰顯禪定之功德。[21] 在《法華經·安樂行》中，慧思從不同角度，重申神通與大悲利生的關係，"略說有三種忍：一者眾生忍；二者法忍；三者大忍，大忍名神通忍。"菩薩發願度眾生，得證涅槃，不見諸佛眾生，"憶本誓願即生悔心顧念眾生"，"是時，十方諸佛同聲讚歎：我亦如汝念本誓願，莫捨眾生……菩薩聞諸佛語，心大歡喜即得大神通，虛空中坐，盡見十方一切諸

---

[19] 見《大智度論》一書。

[20] "言如來一切智慧，及大光明、大神通力，皆在禪定中得。佛今欲說摩訶般若大智慧法，先入禪定，現大神通，放大光明，遍照一切十方眾生，報禪定恩故，然後說法。"

[21] "復次如《勝定經》中所說，若復有人，不須禪定，身不證法，散心讀誦十二部經，卷卷側滿，十方世界皆闇誦通利；復大精進，恆河沙劫，講說是經，不如一念思惟入定。何以故。但使發心欲坐禪者，雖未得禪定，已勝十方一切論師，何況得禪定。"

佛，具足一切諸佛智慧，一念盡知十方佛心，亦知一切眾生心數。一念悉能遍觀察之，一時欲度一切眾生，心廣大故名為大忍。具足諸佛大人法故，名曰大忍。為度眾生，色身智慧對機差別，一念心中現一切身，一時說法一音能作無音音聲。無量眾生一時成道，是名神通忍。"[22] 大忍即無生法忍，見不生不滅之理，不見一法一眾生；大忍又是神通忍，不忘菩提初，不捨一眾生；為了饒益眾生，現種種神通。

　　菩薩雖見法空性，但又不捨一眾生，希求神通，度一切眾生。同樣地，菩薩在行菩提道時，修習禪定，獲得神通，助益眾生。慧思大師認為，一切福慧智慧，其中包括神通，皆從禪定生；禪定生神通，神通度眾生，是為菩薩道。《諸法無諍三昧法門》卷上云："如是無量佛法功德，一切皆從禪生。何以故？三世十方無量諸佛，若欲說法度眾生時，先入禪定，以十力道種智，觀察眾生根性差別，知其對治，得道因緣；以法眼觀察竟，以一切種智，說法度眾生。一切種智者，名為佛眼，亦名現一切色身三昧，亦名普現色身三昧。上作一切佛身，諸菩薩身，辟支佛身，阿羅漢身，諸天王身，轉輪聖帝諸小王身；下作三塗六趣眾生之身。如是一切佛身，一切眾生身，一念心中一時行，無前無後，亦無中間，一時說法度眾生，皆是禪波羅蜜功德所成。"[23]

　　在《諸法無諍三昧法門‧坐禪修覺意》中，慧思大師認為，禪定生起的神通有二：如意神通與說法神通，而二者又是統一的。"立大誓願故，禪定轉名四弘。欲度眾生故，入深禪定，以道種智清淨法眼，觀察眾生是處非處十力智，爾時禪定，轉名四無量心；慈悲溽眾生，拔苦與樂，離憎愛心，平等觀察，爾時禪定，轉名慈悲喜捨；既觀察已，與其同事，隨應說法，爾時禪定，轉名四攝法，佈施、愛語、利益、同事，是名四攝法也；復次大慈大悲，現如意神通一切色身，以神通力入五欲中，遍行六趣，隨欲度眾生，爾時禪定，轉名神通波羅蜜，亦普現十方一切佛事，常在禪定寂然無念；復次深大慈悲憐愍眾生，上作十方一

[22]《大藏經》，卷四六，頁701。

[23]《諸法無諍三昧法門》："汝何不見：十方諸佛，若欲說法度眾生時，先入禪定，以神通力，能令大地十方世界，六種震動，三變土田，轉穢為淨，或至七變，能令一切未曾有事，悉具出現，悅可眾心，放大光明，普照十方，他方菩薩，悉來集會，復以五眼觀其性欲，然後說法。"

切佛身，緣覺聲聞一切色形，下作六趣眾生之身，如是一切佛身，一切眾生身，一念心中一時行，無前無後無中間，一時說法度眾生，爾時禪定及神通波羅蜜，轉名一切種智，亦名佛眼。"

智顗大師繼承了慧思大師的禪學思想，同時亦發揚了其神通理念。在《摩訶止觀》卷九中，智顗重申："唯得因禪發通，不得因通發禪。所以者何？諸禪皆是定法，互得相發，諸禪是通體，通是諸禪用，從體有用，故通附體興，用不孤生，安能發體？"定能生禪，禪是神通之體，神通是禪之妙用。智顗大師認為，每一種禪定，皆可以發五種神通。但一般來說，"特勝通明多發輕舉身通；背捨勝處多發如意轉變自在身通；若慈心定中緣人色貌取得樂相，因色知心識其苦樂，此多發知他心通；既藉色知心，亦知其言語音聲亦發天耳通；因緣觀人三世，照過去事多發宿命通；照未來事多發天眼通；若念佛定不隱沒者多發天眼通。又諸通若精細者，即是三明，但非無漏明耳。譬如盲聾眼耳忽開則大歡喜，況無量劫來五根內盲，今破五翳淨發五通。一一通中皆有五支，如眼障破覺於眼根與色作對即覺支，分別色等無量種相即觀支，此通開即大慶悅是喜支，內心受樂即樂支，無緣無念湛然即一心支。餘四通亦如是。"智顗大師堅持認為，"神通是定家之用"，用即弘法利生。"用必明瞭，是故悉是不隱沒也。"禪定是功，神通是用，禪功生用，用莫大焉。

神通是佛教禪定的呈現，雖可生起妙用，但非終極，亦無法使人解脫生死。[24]在《長阿含經》中，有長者子堅固，請佛陀敕諸比丘："若有婆羅門、長者子、居士來，當為現神足顯上人法。"堅固認為，若有人能在國土豐樂、人民熾盛的那難陀城中現神足者，實多所饒益，有利於佛法弘揚。佛告堅固："我終不教諸比丘為婆羅門、長者、居士而現神足上人法也。我但教弟子於空閑處靜默思道，若有功德，當自覆藏，若有過失，當自發露。"佛陀重申："如是，長者子！此即是我比丘現觀察神足。"值得注意的是，佛陀隨後講述了三種神

---

[24]《清淨道論》："第二上首弟子，神通第一的（目犍連），用他的足趾，便得震動毗闍延多的宮殿，亦如麋鹿進入獅子口，帶著神通進入恐怖的死的口裡，如我這等人，更有何言說。"

通：一曰神足；二曰觀察他心；三曰教誡，[25] 並且認為佛教僧團中眾弟子具足此三神通。

以上的記載，透露出佛陀對神通的態度，既承認神通，又不教授神通；既不救弟子展示神通，亦不可執著神通，但又承認他自己及其諸大弟子都有神通，並常化現神通。其原因大概有五：一、神通容易招人誤解和誹謗。一般人都會認為這是魔術、咒語所成，而不明實是禪定功夫；二、神通，亦無常，有生滅，需以緣起性空、無我無常正法來加以理解和觀察。龍樹菩薩認為，世尊"莫為五神通故行般若波羅蜜"之說，是為了教誡無方便菩薩，因為他們"得五神通，輕餘菩薩，心生憍高，為是故說。所以者何？菩薩於般若波羅蜜諸佛之母尚不著，何況五神通！"神通是方便，皆為遊戲；[26] 三、一旦任縱慾望之驅使，神通往往害人害己，適得其反，如提婆達多等；[27] 四、佛教倡導自利和利他，佛禁佛弟子以神通滿足自私之利，但鼓勵他們用神通宣揚正法、破斥邪見、攝化眾生。大乘佛教強調利他，佛陀常在定中說法，大乘經典自身即是神通所現；五、神通來自於禪定，佛弟子要做的、或應做的是默默修習禪定。默默修行，在禪定上用功，雖具神通而不張揚即是密行："……無量空三昧門，乃至得六神通，如是種種勝妙功德，但當一心密而行之，慎勿虛妄於多眾前自說得過人法。若說得過人法，如上所說，必定當墮阿鼻地獄。"

神通是禪定修證之表現。南朝梁慧皎云："然禪用為顯，屬在神通，故使三千宅乎毛孔，四海結為凝酥。"定生禪，禪發通，通化用。與其說是神通，

---

[25] "云何為神足？長者子！比丘習無量神足，能以一身變成無數，以無數身還合為一，若遠若近，山河石壁，自在無礙，猶如行空；於虛空中結加趺坐，猶如飛鳥；出入大地，猶如在水；若行水上；猶如履地；身出煙火，如大火聚，手捫日月，立至梵天"；"云何名觀察他心神足？於是，比丘現無量觀察神足，觀諸眾生心所念法，隈屏所為皆能知見"；"云何為教誡神足？若長者、居士聞已，於中得信，得信已，於中觀察自念：'我不宜在家，若在家者，鈎鎖相連，不得清淨修於梵行。我今寧可剃除鬚髮，服三法衣，出家修道，具諸功德，乃至成就三明，滅諸闇冥，生大智明。所以者何？斯由精勤，樂獨閑居，專念不忘之所得也。'長者子！此是我比丘現教誡神足。"

[26] "戲名亦如幻師種種現變，菩薩神通種種現化，名之為戲。"

[27] 《大智度論》："諸外道於此神通有二事錯：一者、起吾我心，我能起此事而生憍慢；二者、著是神通，譬如貪人著寶。以是故外道神通，不及聖人神通。菩薩於神通力知一切法自性不生，故不著；但念一切種智，為度眾生故。"

倒不如說是禪通。若要希求神通，必先修禪定。因此，理解了神通與禪定的關係後，人們會發覺神通並不神通，重在持心及深入禪定。

少林禪武在溫哥華的傳承與傳播

徐燕琳 *

　　“禪武合一”是少林武術的重要思想。禪武合一的少林功夫已成為中華優秀
文化之一的中國佛教走向世界、促進人類理解與和平的方便法門，而擴大對外交
往也是保護法脈承傳的有效途徑。2001 年釋行武法師首次將少林功夫帶到加拿
大，此後在當地創建少林禪武學院、少林禪武文化中心，多年來在溫哥華潛心辦
學授課、講經說法，積極參與社會活動，推廣禪武文化。以禪、武、佛、醫為中
心的傳道授業及慈善活動，文化推廣成效卓著。目前，少林禪武已經成功打入了
加拿大和溫哥華的社區生活環境，融入了多元文化及主流社會，發揮著獨特的作
用，令中華之光在北美生輝。

◎ 一、少林禪武淵源

　　河南登封少林寺坐落在嵩山腹地少室山茂密叢林之中，歷史悠久，始建於北
魏太和十九年（495），盛於唐，此後各朝代皆有大規模擴建。少林寺創建後，
無論是跋陀傳法的禪法小乘，還是後來達摩傳法的禪宗大乘，均以坐禪來修身養
性。這種靜而不動的參禪宗法，特別是達摩的壁觀恆靜，限制了僧家的肢體活
動，造成氣血凝結、經脈不通、循環不暢，以致健康受損。為此，寺僧根據不同
的體質，參照山林中禽獸游魚的活動姿態，創造出許多活動筋骨、鍛煉身體的活
動。在此基礎上不斷改進、總結提高，逐步形成了少林武術。[1]

　　民間及北宋《景德傳燈錄》等著述將少林禪武與達摩聯繫在一起。傳說南朝
梁武帝時，印度僧人菩提達摩遠渡印度洋和南中國海，到達廣州城外的珠江北岸
（今下九路）結草為庵，潛心苦修。後至建業（今南京），惜與梁武帝話不投機，
遂渡江到北魏，於少林寺面壁九年。河南省登封少林寺西北約 2 公里五乳峰離絕

---

*　　華南農業大學人文學院哲學系

[1]　袁振武：《少林武魂‧少林拳》（北京：中國作家出版社，2008 年）。

頂數十米的地方，有一深約 5 米、寬約 3 米的天然石洞，傳說這就是達摩面壁九年處，人稱"達摩洞"[2]。

傳說達摩在少林寺修習禪定的過程中，總結了調身、調息、調意、調心的方法，和有強身健體祛病延年作用的"易筋"、"洗髓"二經與"五形拳"，形成了少林武術的雛形。1919 年出版的《中國體育史》述稱，達摩"所創十八羅漢手即為後世少林拳之濫觴"。不過，1930 年唐豪的《少林武當考》提出不同了意見。此後論説不一。《中國大百科全書·體育卷》認為，對此有待史籍資料的進一步發掘和更深入的研究。[3]

嵩山少林寺僧眾發憤武事的記載，始見於《舊唐書·稠禪師傳》。據〈秦王告少林寺主教書〉和唐裴漼〈嵩岳少林寺碑〉所記，唐初，少林僧人曾助唐太宗征王世充，寺僧有功者十三人，唐太宗並賜莊田四十頃，擴充廟宇，建立僧兵。少林寺從此興盛，僧眾達五千多人，被譽為"天下第一名刹"。養僧兵為少林拳術發展提供了非常有利的條件。為了提高實戰能力，僧兵不僅練拳術、器械，而且也練馬戰、步戰、輕功、氣功等。寺僧還經常邀請各地武術名家指教，各方武術名人也慕名而至，取經送寶。這樣，少林寺實際上已成為全國會武之地，使它有機會博採眾家之長，彙集武藝之精華。宋以後少林武術先後匯納了宋太祖趙匡胤的長拳、韓通的通背、馬籍的短打等十八家拳法之長，著拳譜於寺，留傳後世。傳説在金元時期，覺遠和尚西出訪師，李叟和白玉峰入寺授技。李傳大小洪拳、棍術和擒拿，白傳龍、虎、蛇、豹、鶴五拳及氣功。明代抗倭名將俞大猷，也曾訪少林寺傳授臨陣實用的棍術。這樣，少林武術就與諸家流派取長補短，互相促進，經過歷代研練和總結，逐步發展成為有拳法、器械等多種內容、體系完整、套路精湛的武術流派。[4]

---

[2] 鳳凰佛教綜合：〈探尋達摩祖師足跡：少林寺曾面壁九年創禪宗〉，鳳凰網，網站：https://fo.ifeng.com/a/20141125/40880489_0.shtml，瀏覽日期：2020 年 9 月 1 日。

[3] 中國大百科全書總編輯委員會：《中國大百科全書·體育卷》（北京：中國大百科全書出版社，1998 年），頁 299。筆者以為，少林寺武術與達摩，何以成為傳頌彌久、眾口皆碑的傳説，還是有一定的文化心理和現實認同，也有待更多的資料發現和深入探究，少林寺在禪武結合上的突出創舉和歷史功績可能也是這一傳説的土壤。

[4] 同上註，頁 299-300。

《中國武術大辭典》記載，少林寺所傳之各類武功分內、外、硬、輕、氣五類。內功有《洗髓經》、《易筋經》等，主練精、氣、神，強內固本；外功包括軟硬功夫，主練身體之靈活、協調、力量和身手椿步，以提高自衛與攻擊能力；硬功有鐵布衫、紅砂手、一指禪、上缶功、石柱功、排打功等，主練身體各部抗堅擊硬之功力；輕功有跑牆及遊牆等，主練輕身騰躍與超距之能；氣功有養氣與練氣之分，養氣功主要為坐禪等靜功，以調息養神。練氣即指武禪結合的動功，以活血助力。[5]

少林武術在武術界極負盛名，影響深固。禪宗和武術是少林寺的主要特點，[6] 即所謂"禪武合一"。它產生於嵩山少林寺這一特定佛教文化環境，以少林寺僧人修習為主要表現形式，以佛教神力信仰為基礎，充分體現了佛教禪宗的智慧。[7]

漢傳佛教融合了佛學的因果之說、儒學的善惡學說、道家的消長之機，融合佛學的出世思想和中國的入世精神，形成了適合中國的禪宗，為武術在寺院的開展奠定了理論基礎。[8] 喬鳳杰認為："佛家與武術之間的深層聯繫，即是佛家以禪修之思想原理來指導武術訓練，從而使武術訓練成為一種更為複雜、更具挑戰性的佛教禪修方式。"[9] 張緯國認為，在以"無念為宗，無相為體，無住為本，明心見性，見性成佛"為主要內容的禪宗義理思想和修行方式的長期影響下，少林武術在義理思想上具體表現為禪武合一的義理基礎 ——"離相無住"；少林武術戒律的終極形式 ——"無相戒"；少林武術修煉的心意法門 ——"無念為宗"；少林武術追求的最高境界 ——"見性成佛"。[10]

中國傳統武術對習武者要求武德。佛教以"慈悲為懷，普渡眾生"為宗旨，體現為武僧的習武戒約。少林寺僧人習武只為自衛，不為攻擊，所以技術風格上節制謙和，動作幅度小而含蓄，講究內勁，後發制人。

---

[5] 《中國大百科全書‧體育卷》，頁 3-4。

[6] 《少林寺與少林拳》編寫組：《少林寺與少林拳》（廣州：廣東科技出版社，1984 年），頁 2。

[7] 袁振武：《少林武魂》，頁 5。

[8] 楊耀華：〈對少林禪武文化"出世與入世"的審視〉，《山東體育科技》，2013 年第 2 期。

[9] 喬鳳杰：〈佛教禪修與武術訓練〉，《西安體育學院學報》，2006 年第 3 期。

[10] 張緯國：〈禪宗視域下少林武術"禪武合一"思想的義理探析〉，《武術研究》，2006 年第 1 期。

"禪武合一"是少林功夫的主流思想，也是僧人修習少林功夫的目標和最高境界，以出家修行的方式，以超越世俗生活，超越自我。[11] 季羨林先生認為，少林禪武文化的最大特點就是典型體現了"和為貴"的思想。如今，禪武合一的少林功夫已成為作為中華優秀文化之一的中國佛教走向世界、促進人類理解與和平的方便法門，而擴大對外交往也是保護法脈承傳的有效途徑。1993 年 6 月，少林寺僧團成為海峽兩岸佛教隔絕四十年後第一個踏上寶島的佛教文化訪問團。2000 年以來，少林寺武僧團多次作為國家的文化使者，隨胡錦濤主席等國家領導人到韓國、日本、巴西、澳大利亞、北美、東南亞等數十個國家訪問演出，積極為國家、社會作貢獻。每到一個國家和地區，禪武文化都能與當地主流社會相包容、相融合，成為中國"和合文化"的傑出代表，起到增強民族向心力和自信心、增進世界上不同文化之間以及不同民族和地區之間的相互理解和友誼、增進全世界華人的文化認同等巨大作用。[12]

◎ 二、釋行武在溫哥華

　　釋行武法師俗家名袁振武，1974 年生於河南登封，是武術世家袁氏第六代武功傳人。爺爺袁枝為一代名家，曾率民眾義軍抗擊日寇。釋行武自幼隨父袁中央習武，六歲在河南嵩山少林寺出家，拜當時住持方丈德禪法師為師，後禮少林寺第三十一代武功傳人德揚法師為師，二度受具足戒，苦心潛修學佛習武，練就"內外兼修、動靜相融、天人合一、寓禪於武"的少林武功。釋行武是少林寺第三十二代護寺武僧，精通少林十八般兵器、七十二般武藝以及多種禪修法門，十八歲即脫穎而出，被任命為少林寺羅漢堂十八羅漢總教頭。他先後榮獲 1995 年瑞士國際武術邀請賽冠軍、1996 年日本武術拳法聯盟爭霸賽冠軍、1997 年中國北京武術錦標賽 48 公斤級散打冠軍、1998 年中國嵩山少林寺十大青年拳師、1999年中國北京體育學院自選項目三項第一名、2000 年全國首屆少林拳武術精英賽冠軍、2001 年中國鄭州傳統拳刀槍劍棍全能冠軍，獲中國武術九段、國際一級裁

---

[11] 王寧：〈禪武合一，構建和諧社會——訪嵩山少林寺方丈釋永信〉，《城鄉建設》，2007 年第 1 期。

[12] 釋永信：〈構建和諧社會 佛教大有作為〉，搜狐網，網站：http://news.sohu.com/20050609/n225876461.shtml，瀏覽日期：2020 年 9 月 1 日。

判、中國武術國家一級教練、中國國家武術隊總教練、少林寺國際教育中心總教練、中國國家武術功夫學會永久技術榮譽顧問等職務或稱號。期間釋行武曾多次隨同國家領導人帶領少林武僧表演團出訪三十多個國家的一百多個城市，弘揚傳播中國傳統武術文化，並獲邀在印尼、南非、巴西、德國、瑞士、瑞典、日本、加拿大等國家講經傳法，教授少林功夫，推廣禪武文化，所到之處贏得一致好評及讚譽。

2001 年底，釋行武通過了少林寺的全面考核，隻身來到加拿大溫哥華發展，紮根弘法，傳授少林功夫，傳播中華少林禪武文化。

溫哥華位於加拿大西海岸，是北美重要的大城市，也是華人聚居的城市之一。基督教、天主教、伊斯蘭教、印度教，錫克教等各種宗教彙集，華人寺廟主要有靈岩山寺、佛光山講堂、金佛寺、觀音寺、圓融禪寺、世界佛教會、福慧寺、東蓮覺苑等，主要由港台移民所建，還有藏傳佛教寺廟創古寺。當地也有許多搏擊、跆拳道、擊劍、武術等武館，要開創局面並不容易。釋行武初來乍到，人地生疏，語言不通，四處碰壁。為了不負少林弟子名聲，也為了推廣少林禪武的理想，他將艱難險阻作為邁向金頂的修行，咬牙堅持，勇猛精進。

溫哥華的冬天寒風刺骨，雨雪交加，下午四五點就天黑了。有時為了節約時間和費用，釋行武僅日食一餐。有時工作到很晚，在公交站一等就是一兩個小時。為了驅寒，他把公交站當作練武場，在地上連做數百個俯臥撐。有時夜裏零點後公交停開，他就跑步十幾公里回家。在一般人難以忍受的孤獨困苦裏，他利用禪修打坐練功修習，以天地為道場，將苦境變成極樂。

為了儘快讓當地人認識少林禪武，釋行武千方百計、想方設法。沒條件製作宣傳廣告，他就自己用毛筆書寫；不會英語，他就直接寫上 "少林武功" 四個大字。只要有機會，他就抓住時機把少林功夫表演給當地人看。一次又一次精湛的實力展示，人們很快就知道溫哥華有個從少林寺來的大和尚，而且功夫了得，主動登門求教習武的人越來越多，他便開始招收學員。經過多方努力，2002 年，少林禪武學院終於落成，儘管條件還比較簡樸，但終於能夠為不斷增加的學員提供學習場地，也渡過了艱難的創業階段，迎來了柳暗花明。

2003 年，釋行武首次參加在加拿大舉辦的加西中國武術大型公開賽，包攬了十一項單項及個人全能冠軍，此後在參加的幾乎所有武術項目中奪魁，一鳴驚人，迅速贏得加拿大社會各界的認可和敬重。自 2004 年起至 2012 年，釋行武率領弟子征戰北美各項重要武術賽事，師徒共獲得傳統拳法、自選拳、規定拳、象形拳法、各式長短兵器、散打、太極拳、少林拳法之單項、全能總項及集體獎項共計金牌 188 枚、銀牌 350 枚、銅牌 89 枚、獎盃四十餘座 [13]，打出了威風，少林禪武，名震北美。

2004 年，釋行武受聘為加拿大電影學院永久武術指導總顧問，並先後被推選為加拿大武術協會名譽主席（2005）、加拿大加美武術錦標賽總裁判長（2006）、中美加少林拳拳法聯盟總顧問（2006）、國際聯盟武術協會永久顧問（2008）、加中拳王爭霸賽裁判長（2011）。[14] 作為北美電影協會功夫武術指導總顧問，他曾參與多項大型電視電影製作，還參演過大型電視劇《唐玄奘》、大型抗日電視劇《少林血禪》，又在荷里活影片《功夫熊貓 1》中擔任動作武術指導，主角熊貓阿寶及其他角色的部分動作原型即出自於他。

2010 年，釋行武及其六十五名弟子受邀為加拿大溫哥華冬季奧運會開幕式表演嘉賓，深獲各界一致好評。2013 年，釋行武由加拿大三級政府特邀為慶祝加拿大國慶表演嘉賓。2017 年，釋行武獲河南登封市少林武術協會授予"少林武術名師"榮譽稱號。2018 年，釋行武榮獲馬來西亞國際武術節授予"武術貢獻獎"。

多年來，釋行武在北美溫哥華一心辦學授課，廣收門徒傳武授藝，開設課堂講經說法，經常帶領中西學生弟子們積極參加各種慈善及社區活動，表演少林武術，對宣傳中華傳統、推廣禪武文化、弘揚大乘佛法不遺餘力。

◎ 三、少林禪武在溫哥華的發展

嵩山少林寺大力推動禪武文化傳播。目前，分佈於世界各地的少林寺海外文化中心共有五十多個，全球有各種少林文化機構數百家，遍佈一百多個國家和地區。少林海外文化中心之一的美國少林拳法聯盟已覆蓋美國四十七個州，累計註

---

[13] 獲獎數位截至 2012 年，原因是釋行武及其大弟子 Joyce 受邀為北美多項武術大賽擔任裁判工作，就不再自行或派弟子參賽。

[14] 馬豫華：〈承達摩西來之意，傾行武東渡之情——記加拿大少林禪武學院院長釋行武〉，《少林與太極》，2018 年第 7 期；少林禪武文化中心，網站：https://shaolintemple.ca/zh-t/about-master-yuan-2/。

冊會員超過一百五十萬人。日本少林拳法聯盟現有會員上百萬人。2010 年 9 月，少林歐洲聯合會在奧地利維也納宣佈成立 [15]。在當代世界一體化的過程中，在多元文化格局背景下，少林及禪武文化已經成為中華傳統文化親切通俗的表述，成為跨民族、跨國界、甚至跨信仰的文化交流語言，發揮著獨特的功能。

目前加拿大有四所少林文化中心。東部多倫多有兩個，分別是 2006 年由釋延沖創辦的少林寺禪武中心和 2010 年由釋果松創辦的少林羅漢堂文化中心；西部的溫哥華現在也有兩個，分別是 2002 年由釋行武創辦至今的加拿大少林禪武文化中心和 2018 年 9 月由釋延竑、釋延荻在列治文正式揭牌的少林寺文化中心。它們的共同宗旨都是傳承和弘揚少林文化、中華傳統文化，並在當地作出了積極的貢獻。

2001 年，釋行武首次將少林文化帶到加拿大，2002 年註冊創辦了加拿大少林禪武學院。經過多年努力，2011 年，加拿大少林禪武學院在大溫哥華地區各院校聯盟評選中獲評為大溫哥華十大優秀院校。2016 年 9 月，在加拿大少林禪武學院的基礎上，釋行武註冊成立了加拿大少林禪武文化中心，並成功舉辦了加拿大少林禪武文化中心開光大典暨加拿大國際佛學院成立儀式，得到了當地三級政府政要、溫哥華中領館領導及各大社團代表、當地民眾到場參與和熱烈祝賀。其宗旨為：傳承文明，修身養性、祈禱大眾、致福社會；蘊涵"禪、武、佛、醫"四重文化精髓。中心為大眾提供一個全方位修身養性、習武鍛煉、保健靜坐、禮佛參禪、慈善公益的場所和平台。釋德揚法師等高僧從嵩山少林寺前來主持。中國駐溫哥華總領事劉菲致詞說："走出國門的少林功夫，已成為傳播中國文化的重要民間力量，對弘揚中華文化有重要貢獻。希望加拿大少林禪武中心及國際加拿大佛學院開光和揭牌，增進中加雙邊文化交流以及兩國人民的傳統友誼。" [16]

---

[15] 少林寺：〈少林寺：構建民間對外交流的文化符號〉，搜狐網：http://www.sohu.com/a/35699836_208320，瀏覽日期：2015 年 10 月 15 日。

[16] 中國駐溫哥華總領館：〈駐溫哥華總領事劉菲出席溫哥華少林禪武文化中心開光大典暨加拿大佛學院成立儀式〉，中國領事服務網，網站：http://cs.mfa.gov.cn/gyls/lsgz/lqbb/t1399066.shtml，瀏覽日期：2020 年 9 月 1 日；佛教世界網快訊：〈"天下第一名剎"少林寺落戶溫哥華〉，搜狐網：http://www.sohu.com/a/114766395_219795，瀏覽日期：2020 年 9 月 1 日。

2018 年 6 月，釋行武與弟子們參加加拿大英屬哥倫比亞省（卑詩省）佛教節，與其他來自十多個不同國家、不同國籍、不同宗派的法師及弟子們一起恭迎從斯里蘭卡來到溫哥華的佛陀舍利，與佛弟子們共同誦經，瞻仰禮拜佛舍利，與大眾菩薩同歡同樂。與此同時，釋行武也積極彰顯及推廣禪宗大乘佛法和少林文化。

2018 年 7 月，經過多年努力，釋行武發願籌建的加拿大少林禪寺成功選址在加拿大溫哥華地區的蘭里市，並隆重舉行了奠基和佛像開光典禮。這更堅定了釋行武在北美加拿大弘揚禪宗大乘佛法和積極推廣少林文化的決心和宏願。

加拿大國際佛學院的成立，主要目的是希望將佛教的教育體系有系統地帶到西方社會，讓更多願意學佛的佛弟子有更多的機會親近佛法，更方便、更有系統地學習到禪宗大乘佛法。釋行武及其團隊長期研究學習，並多次考察了北京中國佛學院以及台灣新竹福嚴佛學院、台灣法鼓山中華佛學研究所、台灣佛光山佛光大學、新加坡佛學院、泰國馬哈朱拉隆功大學、斯里蘭卡佛教大學、尼泊爾國際佛學院以及溫哥華當地著名 UBC（英屬哥倫比亞）大學佛教研究院及昆士蘭大學歷史系等多所佛學院及高等大學的教學課程、教學體系和辦學宗旨，也和多名研究佛學的學者前輩們互相探討研究學習，希冀更好地將東方已經成熟的佛教教育引進到西方來。

◎ 四、釋行武的禪武傳播途徑

（一）傳道授業

釋行武在溫哥華十八年間，依託少林禪武學院，親自教授了來自二十六個國家的學徒七千餘人，其親傳弟子有些已在美國、意大利、巴西、阿根廷、英國、日本、南非、馬來西亞、新加坡、古巴、印尼等多個國家開辦了多所傳授少林功夫及傳播禪武文化的教學點，學員達三萬多人。他除了傳授中國傳統武術，也全力傳承中國禪學。學院首重武德，以禪修、習武、禮佛、醫學養生為主幹，融合了佛學與禪學的教導，使學生們在思想上深刻認識，精神上培育氣質，將禪、武、佛融合為一，鍛煉精、氣、神，達到身體和精神共同提升的目的。[17] 加拿大少林禪武文化中心作為加拿大政府認證的非謀利慈善機構，以面向當地社團、社區開展講座、輔導、培訓為主，成為對當地各類少林禪修和功夫、佛醫等機構及愛好者提供支援、指導和互動的交流平台。

在禪定禪修方面，釋行武創編了一套獨特的行武禪少林養生坐禪功法，動靜結合。釋行武教授的其他內容包括含蓄內斂急緩相間的少林太極、少林養生氣功、少林五步內功心法、少林八段錦、少林《易筋經》、《洗髓經》、少林拳法、兵器、散打、女子防身術等。針對青少年的身體和人格培養，釋行武親自指導和教授孩子們武德情操和中華傳統文化，開辦了少兒少林拳法與兵器培訓，包括各式正宗傳統拳法套路、雙截棍、木魚功、少林刀槍劍棍兵器等，以及青少年少林功夫舞台劇表演培訓等內容，提供參加各種社區和慈善公益演出的機會，有助孩子們的身心靈健康發展、豐富其社會閱歷。

針對海外佛法師資的不足，釋行武在教學方式上吸收了北美印順導師基金會、台灣慧日講堂舉辦佛法夏令營等的教學方式和積累的教學視頻，採用現代網絡視訊科技、遠端教學等方法開展教學活動。釋行武希望將來能夠廣結善緣，讓更多國內優秀的習武者到國外院校做武術講師，推廣傳統武術，也有意將多年積累的禪武文化在國際平台上踐行的經驗和心得傳播普及，與有緣之士交流，弘法利生，從佛法交流、武術健身、禪修靜心、中醫養生、慈善救助等多方面發展完善傳統禪武醫文化，在上求佛道、下化眾生的修遠之路上探索前進。

教學之外，釋行武以著書立說、開辦公眾號和講法大學堂等多種方式傳授傳統文化，弘揚禪武精神。2017 年 7 月，他受邀為加拿大菲沙文化講壇主講人，講授少林禪武佛醫。少林禪武文化中心除了有禮佛、禪醫、佛珠、禪茶、佛香、古琴、古箏、書法等文化傳授和耳濡目染之外，還開辦了每月"師父請吃飯"這項固定慈善公益活動，以小寓大，深受廣大善信的支持和喜愛。主要方式是由釋行武定期與善信互動，以齋食文化展示佛教知識和禮儀文化，如禪定、搭衣、拈香、禮佛、誦經、過堂等，體驗佛法的慈悲和智慧。

---

[17] 筱弘：〈一代宗師袁振武〉，《大華商報》，2009 年 2 月 24 日。

（二）慈善活動

　　自從來到加拿大，釋行武即率眾以禪、佛精神，武、醫技術，推進慈善事業。僅近年比較大型的活動就包括：2013 年，釋行武帶領學員參加溫哥華中國文化節公益演出；2014 年，在加拿大列治文市觀音寺為一千名老人做慈善義演；同年帶領學員共赴訪華公益禪修之旅；2017 年 9 月，在溫哥華大劇院舉辦第二屆加拿大少林禪武文化節，由釋行武自編自導、學員及弟子們合演《少林禪心亮慧燈》功夫舞台劇，在溫哥華地區舉行了多場慈善演出，包括為四川地震籌款、為卑詩省山火災災民籌款、為九十歲以上長者敬老慈善義演，以及各老人院義演等。每年，加拿大少林禪武佛堂均舉辦新年供燈法會，為大眾點燈祈福，消災免難。2018 年春節舉辦的“中國娃過中國年”活動，把傳統文化以遊戲的方式教授給海外的孩子們。2018 年 7 月，加拿大少林禪武文化中心、加拿大少林禪寺和世界關愛長者協會聯合主辦“少林禪心敬老萬壽宴”，近六百位長者免費參加活動，以弘揚少林禪武文化傳統，將年輕人和長者組織在一起，傳遞關愛長者的資訊，發揮守望互助的團結精神，發揚敬老尊老愛老護老的美德，讓年長者獲得健康和快樂。

　　其他日常性的慈善工作還包括：定期免費提供齋飯給信眾、每周免費的中英文課程、禪武佛法大學堂講座、義工培訓、與世界關愛長者協會聯合舉辦“禪心敬老萬壽宴”免費請長者午宴、和溫哥華松柏敬老會長期合作組織長者免費養生禪修活動、長期為社區 / 社團慈善活動免費功夫表演、在社區開辦自衛防身術講座、在社區中心開辦公益禪修等等，迄今釋行武已連續七年在大溫地區七家養老院和社區中心免費教授老人少林養生氣功太極。

　　加拿大少林禪武文化中心的慈善事業行之有效，受到社會普遍歡迎和認可。台灣慈濟加拿大慈善事業基金會數次邀請釋行武在不同地區出席活動、發表演說、開辦禪學及氣功健身講座，駐溫哥華中國使館也曾邀請釋行武幾次到使館教授養生氣功八段錦。2017 年，釋行武獲世界功夫武術段位制總會頒發功夫武術十段證書，並被推選為世界關愛長者促進會榮譽主席。

　　處在西方特定的社會環境中，慈善也有其特殊性。釋行武創立“行武禪”，通過公眾號、講授、著述等形式，將傳統的“禪”融入西方現實生活，幫助受眾以積極的態度面對煩惱和困境，合和天下，奮發有為。毒品、大麻、流浪漢，是北美許多大城市常見的痼疾。對於溫哥華市中心的死角——吸毒一條街，釋行武說他有想過用少林武術及少林醫術協助那些在垂死邊緣掙扎群眾的想法，將被包括在未來慈善事業的計劃中。他說："別人可能不太敢接觸這些苦難，但是我們不怕，少林養生氣功或許能幫助到他們"，"我們要發揮地藏菩薩地獄不空誓不成佛的宏大誓願"。[18]

（三）文化推廣

釋行武認為，佛教不但早已本土化成為中國的宗教，更是中華文化極為重要的一環，有助於國家軟實力建設，有必要在國際上弘揚。因此，他積極組織、帶領學員參與加拿大各種文化活動，向社會各界積極宣傳介紹少林禪武文化，包括受邀在 2010 年參演溫哥華第二十一屆冬季奧運會開幕式。

2013 年，釋行武應邀在加拿大著名滑雪勝地惠士勒舉辦冬季禪修營，向社會各界傳授少林禪武文化。2014 年、2015 年，釋行武與中國河南嵩山少林寺共同舉辦中加友好共修禪心之旅，帶領加拿大弟子五十餘人與當地各界企業家們同修佛法，以武會友，促進中加友誼和佛法交流。

2016 年 9 月，加拿大少林禪武文化中心舉辦開光大典，同時成立加拿大國際佛學院，邀請了嵩山少林武僧海外表演團來加拿大巡演，成功舉辦了四場《少林武魂》大型功夫舞台劇表演，向海外華人和當地民眾展示少林禪武文化精髓，弘揚少林文化，促進中加友誼，繁榮多元文化。2018 年，再邀得嵩山少林武僧海外表演團到加拿大舉辦了五場《少林傳奇》大型功夫舞台劇巡演，並取得空前成功。2019 年 9 月，由加拿大少林禪武文化中心主辦的第四屆加拿大國際功夫節暨《少林武境界》大型功夫舞台劇在加拿大多倫多、溫哥華巡演，全場滿座，盛況空前。釋行武在致辭中說，邀請中國河南嵩山少林功夫表演團來到加拿大表演《少林武境界》，目的在於"互相切磋交流學習，共同推廣功夫，共同推廣傳統文化，讓更多的人瞭解功夫，學習功夫，讓大家更健康更快樂，也希望藉此促

---

[18] 壹拍：〈星推薦：在他鄉，看他如何把少林禪武文化弘揚光大〉，搜狐網：http://www.sohu.com/a/113718518_485296，瀏覽日期：2020 年 9 月 1 日。

進中加友誼，世界和平。"[19]

發展禪武文化，也需要深層次的理論建樹。2018 年 1 月，由加拿大少林禪武文化中心主辦、釋行武發起的"世界聯盟功夫論壇"，邀請中美加各個門派、各路高手雲集，在溫哥華成功舉辦了少林八段錦與國民健康功夫論壇，帶動全民健身運動和少林八段錦熱潮。2018 年 7 月，由加拿大少林禪武文化中心、加拿大少林禪寺主辦，加拿大 KPU 昆士蘭大學、加拿大菲沙文化講壇聯合協辦中加佛教文化論壇"禪道生活"，與加拿大本地學者互相探討，使佛教文化與少林禪武文化走進當地知名大學。

文化需要創新、需要創意、需要更大的發展。李小龍電影、《少林寺》、《功夫熊貓》的成功，證明了中國武術的魅力。釋行武考慮將在適當機會進軍荷里活，拍一部意義深遠的禪武電影。推動武術入奧，也是釋行武的夙願。2019 年 9 月，加拿大少林禪武文化中心、加拿大少林禪寺、加拿大國際佛學院與加拿大國際功夫節組委會、中國北京助力武術入奧文化推廣中心、紅十字助力武術入奧基金管理委員會等聯合主辦"助力武術入奧百萬人簽名紀念牆"溫哥華專場（全球第七十一場）簽名活動，取得了圓滿成功。

（四）融入社會

在釋行武法師及其弟子、團隊及信眾的努力下，少林禪武已經成功打入了加拿大溫哥華的社區生活環境，融入了多元文化及主流社會，發揮著獨特的作用，令中華之光在北美熠熠生輝。

2009 年，在少林禪武學院在列治文市的新館開幕典禮上，加拿大國會議員杜新志致辭說，大溫哥華地區由於移民的增加，文化正在改變中。學武術可以加強自我控制，培養專注力和紀律，鍛煉身心，提升人們特別是新移民適應社會環境的能力。列治文市市長馬保定認為，少林禪武學院有助於列治文市打造健康、幸福的社區。他為學院的成功而高興。[20]

2019 年 9 月 17 日，在加拿大少林禪武文化中心主辦的第四屆加拿大國際功

---

[19] 溫哥華搜酷：〈2019 第四屆加拿大國際功夫節暨《少林武境界》功夫舞台劇加拿大巡演圓滿成功〉，搜狐網：https://www.sohu.com/a/342521972_120007833，瀏覽日期：2020 年 9 月 1 日。

[20] 蘇嫻雅：〈少林寺第 32 代武僧主持列市少林禪武學院鑼鼓開幕〉，《世界日報》，2009 年 3 月 1 日。

夫節暨《少林武境界》大型功夫舞台劇溫哥華巡演暨加拿大少林禪武學院成立十八周年慶典上，卑詩省多元文化廳及長者服務廳秘書長康安禮發言，他高度肯定釋行武在加拿大多年來對社區及多元文化作出的努力和貢獻，並代表省長John Horgan 為釋行武頒發賀信。前溫哥華副市長、加拿大少林禪武文化中心總顧問李思遠致辭說："我非常肯定和見證了釋行武長期以來積極努力服務社區，為社會作出了許多貢獻。"他同時宣讀了卑詩省幼兒服務廳秘書長 Hon Katrina Chen、省議員屈潔冰、葉志明、Jas Johal 及各市市議員的賀信。李思遠還現場宣讀了由中國北京助力武術入奧文化推廣中心、紅十字助力武術入奧基金管理委員會頒發的委任狀，委任釋行武法師為"助力武術入奧加拿大溫哥華推廣大使"[21]。

　　莊嚴國土，利樂有情。中華文化，禪、武、佛、醫，是大事業，是大功德，是大奮鬥，也是共同的努力和期待。

　　（註：本文承釋行武法師及其大弟子 Joyce 女士、助理梓瑩女士提供多份資料並協助修正）

---

[21] 溫哥華搜酷：〈2019 第四屆加拿大國際功夫節暨《少林武境界》功夫舞台劇加拿大巡演圓滿成功〉，搜狐網：https://www.sohu.com/a/342521972_120007833，瀏覽日期：2020 年 9 月 1 日。

禪與健康

釋湛源[*]

◎ 一、健康的概念

　　健康是指一個人在身體、精神和社會等方面都處於良好的狀態。健康包括兩個方面的內容：一是主要臟器無疾病，身體形態發育良好，體形均勻，人體各系統具有良好的生理功能，有較強的身體活動能力和勞動能力，這是對健康最基本的要求；二是對疾病的抵抗能力較強，能夠適應環境變化、各種生理刺激以及致病因素對身體的作用。傳統的健康觀是"無病即健康"，現代人的健康觀是整體健康，世界衛生組織提出"健康不僅是軀體沒有疾病，還要具備心理健康、社會適應良好和有道德"。因此，現代人的健康內容包括：軀體健康、心理健康、心靈健康、社會健康、智力健康、道德健康、環境健康等。

◎ 二、心理與疾病之間的關係

　　我國中醫的古老智慧提出：腎主恐懼、肝儲憤怒、肺藏哀傷。美國曾公佈一項調查結果：約 35% 的人，因為生活過度緊張而引起了心臟病、消化系統潰瘍和高血壓等。幾乎所有的神經性消化不良、失眠症、頭痛、蛀牙、後天的心臟不適症及部分的胃潰瘍、麻痹症等，都由恐懼、焦慮引起，或間接與它們有關。近年來大量科學實驗證實，不良的心理 —— 社會刺激因素是一種強烈的促癌劑，這一點已為動物實驗所證實。如將狗分成兩組，使一組長期處於驚恐不安狀態，另一組則生活在安靜的環境中。結果，前一組六條狗中有三條狗死於癌症，後一組四條狗都安然無恙。現代身心醫學實驗證實，不良心理因素如過度緊張刺激、憂鬱悲傷等，可以通過類固醇作用使胸腺退化，造成免疫性 T 淋巴細胞成熟障礙，抑制免疫功能，誘發癌症。世界衛生組織公佈的數字顯示，世界上 60%至 80% 的疾病是心因性的（心身疾病），由心理、情緒的變化最終導致軀體的障

*　廣州嶺南禪武文化研究院

礙或病變。很多疾病都與心理因素有關，只是密切程度不同而已。[1]

◎ 三、心理因素影響身體健康的原因

從大腦的作用來看，人的各種心理現象都是客觀事物在大腦中的反映。大腦是人體的高級中樞，對身體的一切機能活動起著支配或調節的作用。現代醫學研究證明，情緒劇烈地波動會打亂大腦功能的正常發揮，使得身體內部環境失調，引起許多疾病。巴甫洛夫指出："一切頑固的、沉重的憂鬱和焦慮，定會給各種疾病大開方便之門。"由上可知，許多疾病的產生、發展，皆與心理因素有關，要防止疾病的發生，必須注意心理健康。最佳狀態，是人心身健康的源泉。

◎ 四、現代人心理疾病的產生原因及治療方法

人生在世可得者有限，所欲者無窮，欲罷不能，內心深處充滿了焦灼不安，以致食不甘味、寢不安席，心理疾患由此而生。大量的事實證明過度依靠精神科藥物、臨床醫師等外力是不能解決情緒和思想健康問題，也不能根治心理疾病，只能暫時緩解心理疾病的某些症狀。近些年來，臨床實踐表明開展正念禪修及閱讀禪學故事、語錄和詩偈等禪療方法，體會禪的境界、精神和智慧，對促進患者康復大有幫助。所以本人建議用禪的內涵來醫治心理疾病，以達到心身健康。

◎ 五、禪宗思想對健康的影響依據 [2]

（一）禪的內涵

禪的意思是靜慮，或被譯為"寂靜"，指人的心理處於平靜、無浮躁昏沉，人在這種狀態下能夠進行明睿的觀察和思慮。從禪學的始祖釋迦牟尼的拈花微笑到禪宗六祖慧能的頓悟成佛，都洋溢著禪學的特徵，即教外別傳，不立文字，直指人心，見性成佛。這裏指不束縛於文字，不依據經心，同時又不與經教分離，關鍵是探究心的本源，徹悟自己的本心，達到即日成佛、見性成佛之目的。因此，禪宗所特有的修持方法、生活態度、終極關懷、超脫情懷，對於人的心靈世

---

[1] 包祖曉：《與自己和解：用禪的智慧治療神經症》（北京：華夏出版社，2015 年）。

[2] 包祖曉：《喚醒自癒力：用禪的智慧療癒身心》（北京：華夏出版社，2018 年）。

界、精神生活有著非常積極的正面意義，它逐步使心境恢復清爽、潔靜的生命本體，從這一點出發，禪學也是一門心理分析、心理疏導並最終使心身獲得健康的學問，是人類自我調節心身、獲得心身自在的一種方法。

（二）禪學中的禪定

修習佛法中的禪定，不僅能明心見性、趨向真如，而且能修性養生、防病治病。如《小止觀》指出："夫坐禪之法，若能善用心者，則四百四病自瘥除。"佛教有這樣的觀點：構成人體的地、水、火、風之四要素，各能生一百零一種病，合起來為"四百四病"。用心修習禪定，就能不生或治好"四百四病"。據現代醫學的實驗：當禪坐進入一定狀態時，他們的腦波是連續的 α 波；當一個人從事理性思考或憂慮、緊張時，他的腦波則大部分是 β 波。β 波有較不規則的節奏；α 波表示一種無焦慮、無緊張的狀態。當一個人輕微靜坐時，他的腦波會從 β 波轉成 α 波。一般人在睡覺時才會有 θ 波產生，但在較深沉的禪坐在狀態中，腦波大部分是 θ 波，且與潛意識心靈相關聯。當禪坐變得更深沉時，θ 波將會變成 δ 波。透過禪坐的修煉，頭腦將被有系統地再造成為較健康、較協調的狀態。

（三）禪學中的禪悟

"禪悟"是禪學實現其人生觀和人性觀的必經這路。禪學主張通過"禪悟"使個體"明心見性"，重新覺悟自己的"本來面目"。正如惠能所云："不識本心，學法無益，明心見性，即悟大意。"人的心本來就是清淨的、無煩惱的，所以一旦"明心見性"，便可"頓悟成佛"。"禪悟"是一種指向內心世界的直覺體悟。"禪悟"的過程也就是人心境界的轉換過程，就是由"有念"、"有相"、"有住"的妄執狀態，轉為"無念"、"無相"、"無住"的自由狀態，由此重獲本心的自在、清淨，體認人生、宇宙的真諦，從而達到自由和解脫，能以完整的心、空無的心、無分別的心，去觀照、對待一切，不為外在的一切世物所羈絆、所奴役，不為一切差別所束縛、所迷惑。開悟既是生命的覺醒，又是新生的開始，對人的精神健康或人格的成長非常重要。總之，悟是禪宗的存在價值。沒有悟，禪就不是禪；沒有悟就不能參到真理。人在開悟時，以前的所有癥結全部解開，所有的問題已不再是問題。這種過程並不是什麼知識的獲得，而是在悟中了然"問題本無，全由心造"。因此，開悟所得之道即為"不疑之道"。日常生活中有"一語點醒夢中人"的説法，這就是一種"開悟"。心結得解，心事全無，何愁健康不來？

1. 疑情

"疑"，又稱疑情，其部分用意在於要求學人自己去想去體會。所以説："大疑大悟，小疑小悟，不疑不悟"。"疑"除了促進學人去思考外，在禪學中還有一個更重要的作用就是教學人放下頭腦中的知識、邏輯、觀念，從而以"直覺思維"去體驗主客體統一的清淨空寂的本性。這在禪學"公案"、"話頭"中體現得淋漓盡致。例如，陸亙曾經問南泉普願禪師："從前有人在瓶子裏養了一隻小鵝，漸漸地成長變成了大鵝，困在瓶裏出不來了。既不能打爛瓶子，也不能弄傷鵝，怎麼讓鵝出來呢？"運用邏輯知識，這是無解的。陸亙就這樣一直困在這個疑團中。南泉喚他："大夫！"陸泉應諾。南泉説："出來了！"陸亙就這樣開悟了。公案中的鵝象徵道、真理，沒有任何方法可以捕捉牠，也無法用哲學思考、理性探索來得到，因為本來就沒有瓶子也沒有鵝。在悟道者眼中，既無真理存在，也無障礙可言，一切都自自在在，何必無中生有呢？又何必無中生有一隻瓶子困住鵝呢？

2. 不説破

禪學一邊教人知道佛性本自具足，莫向外馳求，意思是説，人人都有佛性，不必向外人問；另一邊又要人知道無佛可作、無法可求、無涅槃菩提可證。所以禪師從不輕易替學人去解説，只教人自己去體會。例如，有僧人問："過去的祖師是得到了什麼，變得尊貴無比？"雲門説："你喜歡問問題，可我不喜歡回答問題。"僧人説："既然如此，也只好靠自己了。"雲門説："熨頭跟茶壺本來就不一樣。"儘管雲門懶得回答，但還是透露了一點訊息：熨斗跟茶壺本來就不一樣。其意思是，我的體驗、我的話，是我的，沒辦法讓你聽了以後就變得跟我一樣。就像你無法對一條狗描述飛翔一樣。德山棒、臨濟喝的目的也是如此。禪師對參禪的初學者，不從正面答覆其所問，或以棒打，或大喝一聲，使人迅速地從已經習慣了的思維定式中擺脱出來，快捷地直指人心，使人在自我的反省中豁然開朗，實現心靈的轉化、內在的超越。

◎ 六、如何才能保持心身健康

一是要加強修養，遇事泰然處之；二是要合理安排生活，培養多種興趣；三是要盡力尋找情緒體驗的機會，多參加公益活動，樂善好施；四是要保持心理寧靜，遇事不要緊張不安、焦急煩躁；五是要適當變換環境；六是要正確認識自知與社會的關係，擺正個人與集體、個人與社會的關係，正確對待個人得失、成功與失敗。

◎ 七、結論

　　禪文化是中國傳統文化的重要組成部分。禪學中包含有精神分析、認知治療、行為治療、矛盾意向治療等多種心理治療理念和技術。許多禪修方法都能使潛意識裏的內容意識化，有助於把"真我"從壓抑中解放出來，並且適合於患者長期的"自我訓練"。經過多年的心理衛生實踐得出："禪療"是心理疾病患者有效的解脫之道，能幫助病人"正念"、"智慧"地活在"此時此地"之中。由此可見，禪是健康之道，禪可以開闊心胸、堅定毅力、啟發智慧、調和精神、淨化耐力、改善習慣、磨煉心志、提升理解、增強記憶，更甚者，禪能令我們認識自己。禪使我們心身健康。

第三部分：禪武文化在當代的價值與作用

禪武文化與青少年素質教育

何方耀[*]

　　禪修和武術都是極具中國特色的傳統文化，雖然"禪"源自印度，但禪宗卻是中國獨有的佛教宗派。在一般社會大眾的眼裏，禪主靜，武主動，一靜一動，反映了中國文化陰陽平衡的特色。事實上，禪和武都是極其複雜且博大精深的文化體系，按照禪宗宗經《楞伽經》的分法，禪分為四種，即凡夫禪、觀察義禪、念真如禪、如來禪。[1] 而按照禪門的一般看法，禪包括外道禪、如來禪、祖師禪（即宗門禪）、分燈禪。而中國的傳統武術則可分為內家拳和外家拳兩大體系，而內家和外家又包括眾多不同的拳種。禪修和武術都有自己的基礎理論、實操體系、訓練步驟、驗證（應證）方法，是解行並重、知行合一的龐大體系。而禪與武又相互影響、相互滲透，融合形成了獨具特色的禪武文化，所謂"禪為武之體，武為禪之用"，在長期的歷史發展中給中國民眾生活的各個層面帶來了深刻的影響。在高度商業化和資訊化的今天，禪武文化在鍛煉身心體魄、提升精神境界、矯正身心病症方面仍然有著不可移易的社會價值，本文則主要從青少年的素質教育的角度談談禪武文化的重要作用和運用思路。

◎ 一、素質教育之內涵與現狀

　　改革開放以來，應試教育和素質教育一直是中國教育界所面臨的兩難選擇，可謂剪不斷、理還亂。本來，應試和素質是教育體系中不可分割的兩個方面，本應相互補充、相互促進，但在當下的教育體系中卻成為互不相容的兩個對立面。有學者形象地描繪道："對比起來，素質教育和應試教育，前者主要的長處是口頭上狠，它屬於一種描述性的語言，邊界模糊而又無處不在。但它又沒有摸得著、判得準的硬指標。應試教育則在行動上狠：統一教材、統一試卷、統一

---

*　華南農業大學人文與法學學院教授

[1]　求那跋陀羅譯：《楞伽經阿跋多羅寶經‧一切佛語心品之二》，卷三，載《大正藏》，冊一六，頁 492。

分數線，書山題海雖然繁重，操作起來卻很簡單。所以，儘管前者不停地用語言權來制約後者的行動權，但後者還是我行我素，實權仍在後者手裏。"[2] 也就是說，素質教育佔領著道德制高點，而應試教育則掌握著實際操作權；應試教育有切實可行的操作程式和方法，而素質教育則理論華麗，但因為"沒有摸得著、判得準的硬指標"，可操作性不強。

那究竟什麼是素質教育呢？雖然有眾多的學者給出了答案，但五花八門，言人人殊，沒有一個統一的內涵界定。應試教育和素質教育的主要區別在於其目的和手段的不同，卻是學者們較為認同的共識。應試教育以考試為中心展開，而考試的目的是為了選拔，即"以把少數人從多數人中選拔出來作為教育的唯一目的。"[3] 而為了選拔人才，就必須有標準，否則選拔就無法操作，而這個標準就是考試。用標準化的考試作為選拔人才的唯一手段，其教育方法必然是應付考試的一套訓練手段和訓練技巧。在考試中取得高分是這種教育的主要目的，也是驗證其教學成果的唯一標準。與考試無關的一切知識、技能和素質都被排斥在教學之外。

而素質教育是一種全面提升人的各方水平的整體教育，其"根本目的不是選拔和甄別，而是學生素質的普遍提高。不是你比別人強，而是今天的你要比以前的你有所提高，發揮你的個人潛質，使你成為你能夠成為的那種人。"[4] 因此，素質教育至少包括四個方面：健康的體魄、健全的心智、合理的知識結構和高尚的道德情操，可以和我們常講的德智體美相互對應。其特點是整體發展、全面提高，不片面強調某一方面的能力而忽視人的全面發展和整體提高。正是在整體和全面這一點上，它與禪武文化有異曲同工之妙，並在此找到了相互銜接的結合點。

◎ 二、禪武文化的特點 —— 整體動態平衡

中西文化各有其特點，如果說最明顯的區別，就是中國文化長於綜合，西方

---

[2] 楊寧芳、胡春光：〈人的教育 —— 素質教育的根本內涵〉，《教書育人》，2003 年第 4 期。

[3] 范玉蓮、馬曉紅：〈對素質教育的若干思考〉，《教育教學研究》，2007 年第 23 期。

[4] 同上註。

文化善於分析；中國文化強調整體，西方文化注重個案。發源並成長於中國傳統文化土壤之中的禪和武都十分注重整體，而不主張片面發展。

就禪修而言，禪（dhyāna）通常與定（samādhi）連用，稱"禪定"。禪定一詞，雖然意義紛歧，但專注一境、集中思慮的思維修煉，則是其最為常見的涵義。但禪定並非讓人心如死水、百物不思，而是要讓人進入一個動態整體的平衡之中，使心沉靜下來。禪定之時，思維還在活動，念頭還在升起，只不過禪者是客觀冷靜地觀察自己念頭的升起、流動、熄滅，既不控制它也不跟隨它，任其自然地生滅而不為這些念頭所牽引左右，這就是《金剛經》所說的"應無所住而生其心"。就佛門傳統理論而言，禪定屬於六度或"六波羅蜜"之一，為佛門各派所共同遵循；同時也是佛門三學之一，是佛門弟子的必修之課。禪修有特定的姿勢、特定的師承，是佛門弟子的必修功課。所謂戒、定、慧缺一不可，守戒才能心定，入定才能生慧，生慧才能瞭解真相，解脫生死。但到了禪宗興起之後，又給禪賦予了更為廣闊的含義，禪囊括了從迷至悟的所有修行而不再僅僅是一種具體的功法。

六祖慧能大師對坐禪與禪定進行了全新的定義：

> 何名坐禪？此法門中，無障無礙。外於一切善惡境界，心念不起，名為坐；內見自性不動，名為禪。善知識：何名禪定？外離相為禪；內不亂為定。外若著相，內心即亂；外若離相，心即不亂。本性自淨自定，只為見境思境即亂。若見諸境心不亂者，是真定也。善知識：外離相即禪，內不亂即定。外禪內定，是為禪定。[5]

在慧能的法門裏，禪定不是一種姿式而是一種心態：一種不以物喜、不以己悲、以心轉境而不為境轉的自在心態。這種心態的取得不關乎是否盤腿趺坐或觀心看淨，也不關乎是否住廟清修或在家營生，只要能保持外離諸相、內心不亂的心態，就能徹見本性，得大自在。禪不再是某種特定的姿式和某種具體能力的培

---

[5] 《六祖壇經·坐禪品》（宗寶本），載《大正藏》，冊四八，頁 338。

養，而是人的整體心態或人生態度的轉變。因為禪定是心態調整而非姿勢調整，禪定不需要特定的時間、地點或環境、條件，生活中的任何時間和任何場所都可以成為人們禪修的道場。所謂"搬柴運水，無非佛事，碾米作飯，正好參學"。[6] 生活中的一切，行住坐臥、工作休閑都可以處於禪定之中，所謂"行亦禪，坐亦禪，語默動靜體安然"，[7] 在日常生活中保持一顆真心、平直之心，就是禪定狀態。所以，生活就是道場，平常心就是菩提。禪在生活之中，生活在禪定之內，在生活中保持整體心態的平衡就是禪。

而中國的武術雖然分為內家、外家兩大體系，兩家之內又細分為各種拳種，功法各異，特色不同，但無論哪家哪派都強調整體的力量培養，而非局部和部分官能的訓練。所謂"外煉筋骨皮，內煉一口氣"，每一個動作都以意領氣，以氣催力，發力時以腰為軸，整體協調，才能將全部的力量在一個瞬間集中在一點釋放出去，達到最大的打擊效果。無論內家還是外家，中國的武術訓練，都既有動態的身體動作的訓練，也有靜態的各種樁功訓練，亦即各種內功心法。作為外家拳的代表，少林功夫就有各種內功和樁功，如《易筋經》、《洗髓經》、羅漢樁、梅花樁等大家耳熟能詳的功法，這些都是靜功。中國功夫不僅注重動靜結合，而且意念、呼吸、身體動作也要整體協調配合。正是在這一點上，中國武術與西洋搏擊術區別開來；也正是在這一點上，禪武有了結合融通的空間和依據。

◎ 三、身心平衡乃素質教育的基礎

如上所述，素質教育就是要培養身體、心理、知識、道德全面發展的人才而不是僅僅培養考試得高分的應試機器。其目的是要培養健康的體魄、健全的心智、合理的知識結構和高尚的道德情操整體均衡全面發展的人才。正是在全面、整體、均衡這幾點上，當下中國的教育出現了問題或偏頗。忽視體魄、心智的培養，片面強調知識的輸入；而在知識教育上又片面強調實用型的知識，而忽視人格教育、道德教育和審美教育方面的知識學習；在學校的整體知識體系中重視科學技術知識的課程，忽視人文社科類的課程。結果是造成知識結構的殘缺片面、

---

[6] 佛果禪師編：〈莊房規約〉，《金山江天禪寺規約》（鎮江：金山江天禪寺，2006 年〔影印本〕），頁 30。

[7] 永嘉玄覺：〈證道歌〉，載《大正藏》，冊四八，頁 396。

人格心智的失衡、身體素質的下降、倫理道德的失範。

就當下大學學生的實際情況而言，隨著學分制改革的深入，知識類的課程日益豐富，再加上網絡資訊、網絡課程的便捷，學生學習專業以外的知識類的課程並不特別困難，學生的知識結構的片面狀態已有所改善。但在學生的身體素質、心智訓練和心理平衡方面仍然面對嚴峻的問題。如在當下大學生的體能測試當中，許多學生不合格，男生的引體向上動作平均只能做三個，而且動作還極不規範，不少學生因體能測試不合格而拿不到學位證書。說明隨著生活水平的提高、飲食品質的改善，當代青年的體質並未得到全面的提升，相反，出現了不少不願運動也不願出門活動而沉迷於電腦虛擬空間不能自拔的"宅男"。由於飲食過量，運動太少，身體肥胖、體重嚴重超標的青少年日益普遍；原本只有中老年才得的疾病，如高血壓、高血脂、糖尿病、心血管疾病、肩周炎、頸椎炎等疾病在青少年中日益普遍；有的青少年在生活的壓力面前承受力差，心理失衡，出現了自閉症、多動症、人際交往困難、注意力不能集中等現象，部分人性格偏激，動輒發怒，嚴重的甚至產生自殺衝動。

隨著教學條件的改善、教學水準的提高，文化知識課學習的全面均衡已有所改進，但在體質訓練、心智教育、人格完善方面並未得到全面、整體、均衡的提高和發展，而這些正是當下中國青少年教育所要面對並必須加以解決的問題。

◎ 四、禪武運動在身心平衡中的獨特作用

全面、整體、均衡是禪武文化的特色，而這正是當下教育的死穴。也正是在這些方面，禪武文化在青少年的素質教育中大有用武之地。禪武文化可以在體質改善、心智訓練、心理平衡和專注力培養方面發揮自己的作用。

（一）在體質改善方面，武術運動有著極為明顯的效果。在當下的學術體育課中，西方的體育運動項目佔據主導地位。而西方體育運動項目，無論是田徑類、體操類還是球類，幾乎都是競技類運動，其目的是以取得競賽成績為主。而且這些運動專案幾乎都是局部性的運動，體操類可能稍為好一點。有的項目主要訓練手的力量（如球類），有的主要訓練腰腿的力量（如田徑）。這些運動當然對增強人的體質有一定幫助，但這種有一定偏向且注重局部訓練的運動也會帶來各種負面作用，有的運動甚至帶來嚴重的損傷，例如大多數專業運動員退役後都有身體損傷和疾病就是證明，而且，成績越好的運動員往往損傷越嚴重。中國傳統武術推崇的都是整體運動，不僅身體外部肢體的運動需要整體均衡，而且內部心智的訓練與外部身體的訓練也強調協調平衡。再加上禪武的結合，內外兼修，德行兼備，使人的身體和心智平衡發展，使身體素質得到全面、整體的提高。修習傳統武術的運動員很少患職業病就是證明。

（二）在心智訓練方面，禪武文化有著獨特的法門。

心智雖然是一個比較抽象的名詞，但也是人們常用的一個名詞，對那些剛愎自用、情緒容易失控的人，人們往往認為其心智不太成熟。所以，心智主要是指一個人的心理調節和情緒控制能力。要提高一個人的心智水準，不僅要學會對身體的控制，更需要提高對心理、意志的控制能力，這就是佛教所說的身、口、意三業的修煉，使自己的身體動作、語言表達和思想意志都能協調一致、符合理性。而武術和禪修所重視和訓練的就是身口意的協調一致和收放自如。

如果說武術強調外在的身體動作訓練，禪修專注內在心性的訓練，那麼禪武結合的少林功夫就強調內外兼修。"武術的最高境界並不僅僅注重外在形式，而是隨心所欲，無招勝有招。這些卻是'可以傳而不可以授''只可意會不可言傳'的，需要練習者自身日復一日的學習、苦練、體驗、領悟，最後把所學所悟全部融會貫通才能夠實現。所以拳諺有云：拳打萬遍，其理自現。"[8] 訓練的目的就是做到身體和意志的收放自如，做到泰山崩於前而面不變色，這種身體和心態的訓練提高的不僅僅是身體的協調控制能力，更重要的是心理和意志的控制能力，而這正是一個人心智水平提高的標誌。

（三）在心理平衡方面，禪武文化有著傳統經驗可資借鑒。

心理失衡是一個人做出不理性行為的內在原因，而心理失衡往往是一個人對環境和不幸的遭遇無法做出正確應對時的衝動之舉。心理失衡用禪門的話說就是"心為境轉"，即六祖在論述禪定時所說的"外若著相，內心即亂"。外面為環境和遭遇所束縛不得解脫，心理就失去平衡。

現在的青少年，大多生長於獨子家庭，即所謂的"小皇帝"，從小就是家庭

---

[8]　趙廣濤：〈"禪武合一"的少林武術文化內涵解析〉，《河北教育學院學報》，2014年第5期。

的中心，家長圍著孩子轉，很少經過挫折教育。一旦遇到不順心之事，孩子很少從自己身上找原因，往往歸罪於他人、環境和社會，怨天尤人，憤世嫉俗，很容易出現心理失衡而做出極端舉動。而這種心理失衡、行為極端的現象在今天的高校學生甚至青年教師中都極為普遍，而各種所謂的心理諮詢、心理教育活動往往收效甚微。

如何調整個人失衡的心態，讓畸形的心理回歸其本真，禪宗成熟而又系統的身心調節法門、與生活融為一體的心態調整手法，為個人和社會心態改善提供了一張行之有效的藥方。例如，生活禪的一個重要智慧就是要學會放下，學會做生活的減法，而只做加法不做減法卻是現代人的一個通病。禪者之所以能保持心態的平和，因為在面對不利而又無法改變的結果和環境時能迅速地調整自己的心態，即調整對事物的看法和態度，看到不利事物中積極有利的一面和正面的發展趨勢，進而以積極的心態去改變自己的思想、行為，創造條件改變事物的發展方向以得到未來較好的結果。這正是平衡心理的有效法門。

（四）在專注力培養方面，禪修有著不可替代的獨特作用。

專注力是一個人提高學習和工作效率不可或缺的前提和條件。而隨著通訊工具的發達，人們越來越容易被外在的環境所干擾，難以集中注意力於學習和生活之中。近年來的網絡熱詞中，“控”字似乎特別流行，“手機控”、“網絡控”、“電視控”、“遊戲控”……名目繁多，甚至在婚姻領域還出現了“大叔控”的現象。這種“控”的現象表明人們越來越受外在的環境所控制、所左右，難以將注意力集中於正常的工作學習，甚至吃飯睡覺等生活中去。許多在校學生晚上不睡，沉迷於電子遊戲等虛擬世界不可自拔，有的甚至上課時根本不聽老師講課而只顧偷偷地玩手機。學生由於將大量業力和時間耗費於虛擬世界中，以至於學業被耽擱，考試不及格，甚至出現不能畢業等各種弊端，這些現象成為高校學生管理工作中難以應對的頑症。

而禪修的重要功能之一就是專注力的培養，讓心專注於當下。禪修的特點就是將注意力專注於當下的每一個動作，無論是數息還是做各種動作，都是要求意念專注於當下的每一個動作以培養活在當下的專注力。武術的站樁訓練也是一樣，也是為培養自己身體和意念的專注力。以近幾年十分流行的內觀禪（vipassana）為例，從觀察自己身體的呼吸開始，“你正在發展你覺知，繫念的能力，對於你自己心和身的真相的繫念，當你進行——當然，當你修煉時會有許多困難。由於舊的習慣，心開始東飄西蕩，但只要你耐心的繼續修煉——很快的，你會瞭解到這個呼吸不只是一種身體的功能，它同時也和心有關係。"[9]

當你從呼吸開始向內觀察自己的身體時，你會發現自己的所有感官功能，無論喜怒哀樂、酸甜苦辣，都只是一系列的振動而已，任何感受都是一刹那間的生滅而已，你的心就會從各種外在的感官誘惑中收回來，你也就不再為外在的各種環境誘惑，包括電子虛擬世界的困擾。專注的能力就自然提高，專注的習慣也自然形成。而這種訓練對矯正當下青少年專注力差的缺陷非常具有針對性，只要運用得當，一定具有立竿見影的效果。

◎ 五、餘論

素質教育的核心是綜合素質的提高，而在綜合素質當中，體魄、心理、意志力的培養又最為困難。因為它常常不在當下教學考試、考核的範圍之內，或者它很難進行可量化的考核，但它又是一個人其他素質提高的基礎和前提。沒有健康的體魄、健全的心理和頑強的意志，其他知識、文化、社交、技巧等能力素質的培養和提升都無從談起。禪武文化作為一種既具理論深度又具實際操作步驟的體魄、心智訓練體系，在近兩千年的悠久歲月中，形成了完整而又具體細緻的訓練實操體系，經歷代大德、宗師的親身實踐，展示了其極強的實效性和可操作性。今天將這一優秀的傳統文化引入青少年素質教育以補充當下素質教育的不足、矯正當下素質教育的缺陷，可謂正當其時，如果運用得當，其前途效果將不可限量。

---

[9] 葛印卡（S. N. Goenka）：《葛印卡禪師講集 II》，SlideShare：https://www.slideshare.net/ssuser8af767/ii-55447486，瀏覽日期：2020 年 9 月 3 日。

動中禪：把"運動"看成生活中的一種"修行"

張平安 *、周永衛 **

◎ 一、前言

在《西藏生死書》裏關於"結合：動中禪"有這樣一段話引發了筆者的思考。文中寫到："我發現現代的禪修者缺乏如何把禪修與日常生活相結合的知識。我要特別強調：把禪修結合到生活中，是禪修的根本、重點和目的。現代生活的暴力和壓力、挑戰和零亂，讓這種結合的需要變得更迫切。" [1]

當下，人類正面臨著巨大的挑戰，即面對互聯網時代下知識的大爆炸，所有人都身陷其中，不可自拔。人類不得不做出一次有關乎未來發展的重大決定，而且越早越好，那就是 —— 未來共用經濟下我們應當如何保留"我們自己"。

"我們是誰？"這已不僅僅是普羅提諾所發出的感人妙語甚或哲思，而是當下及未來生活中每個人都將不得不面對的最真實的問題及所有煩惱的根源所在。未來，一切概念都將被重新定義，一切美好都將從廢墟中重生。此刻，正是遵從特爾斐神的神諭——"認識你自己"的最好的時刻。

◎ 二、現狀與困境

（一）未來運動需要解決的首要問題是什麼？

無論什麼時候、什麼地方，我們每一個人都可以非常肯定地認為，人類的健康、和平與文化的多元發展是任何一個時代發展的最重要的旋律。但與此同時，我們每一個人也要非常清醒地認識到：人類，與其他所有物種相比，最大的區別恰恰在於 —— 人類很善於改變"環境"——我們在不斷地改造（通常是有目的地）自己所處的自然環境和社會環境。

---

* 上海體育學院武術學博士、非物質文化遺產項目重要傳承人

** 廣州華南師範大學歷史文化學院教授、博士生導師

[1] 索甲仁波切著，鄭振煌譯：《西藏生死書》（杭州：浙江大學出版社，2011 年）。

儘管，我們在極其有限的方面利用我們所特有的思考能力、交際能力以及計劃能力，應用技術擴大我們可以居住的環境範圍，並運用技術來減少大多數人每天消耗掉的體力勞動量。但是，我們卻忽略了一點：每一次看似成功的"改進"都進一步改變了我們不得不去應對的"新環境"。

更深入地看，隨著變化的程度加深、速度加快，當下及不遠的未來，我們不得不提出這樣的問題：我們在生理方面的哪些"限制"可能被我們正在創造的"環境"超越？而結果又將如何？這些問題的答案將是對未來"運動"概念的一次嶄新的詮釋。紐西蘭醫學家彼得·格魯克曼教授在《錯位：為什麼我們的身體不再適應這個世界》裏告訴我們：環境改變的程度已經遠遠超出了我們生理所能應對的範圍，而且我們也要為此付出最為沉重的健康代價。[2]

這就意味著，如何"管理"我們的環境並與之相和諧發展共存，無疑將決定我們人類可以預見到的未來。簡單地說，要想改善人類整體的生存境況與生活條件，我們就必須提高人類在生理方面與當前以及未來"新環境"匹配的程度。如果從這個角度來看，運動應該為未來人類更宏大的進化與發展擔負起最偉大的歷史使命。然而，擺在我們面前最為巨大的困難之一，就是人類在生理方面與所生存的環境之間出現的種種錯位現象以及由此而生的諸多健康問題。這不僅引起了我們研究者的極大關注，也正是當下人類健康發展的現實窘境，同樣也是未來"運動"必須用心解決的首要問題。

（二）問題最主要的根源是什麼？

人類的能量系統，即代謝系統的特點（包括能量消耗），既是人類進化歷史的產物，也是史前我們居住的環境的產物。這一結論，來源於我們不得不面對的事實：人類的生理系統能對一系列的環境變化做出適應性的反應，但個體的適應能力卻存在著差異，這種差異源自人體控制能量供給和消耗的系統。然而，這一系統形成於人類生命的早期階段，關乎物種如何進化以便在它們各自的"舒適區"內生活。正如格魯克曼教授的研究發現：我們的代謝系統並不適應現代環境的變化。

---

[2] 彼得·格魯克曼等著，李靜等譯：《錯位：為什麼我們的身體不再適應這個世界》（上海：上海科學技術文獻出版社，2011 年）。

其實，我們的新陳代謝系統與所居住的環境之間存在錯位的這一觀點，早在三十年前就由遺傳學家尼爾（Neel）提出來。他認為，基因在我們進化的過程中被選擇出來是為了幫助狩獵採集者生存下來。現在，雖然人們居住在食物總是很充足的現代社會中，但"節儉基因"仍不斷驅使人體存儲脂肪，所以我們就患上了肥胖症和糖尿病等疾病。

問題最主要的根源就在於此：因為具有改變環境的能力，人類最終成為泛化物種。但是，我們的適應範圍還是極其有限的，這些限制是在我們進化過程中確立起來的。換言之，這些來自我們過去生活的環境資訊，制約了我們現在的生理狀況。這些諸多錯位，也恰恰說明了進化為人類的生理狀況設定了一個模式，而環境卻設定了另外一種模式 —— 就像是一個管弦樂隊試圖按照不同的指揮（不同的節拍）來演奏一樣。

（三）未來運動應該為"此"為生

儘管就像格魯克曼教授所說的那樣，我們當前的健康要為過去改變的環境付出代價，但是運動卻可以讓我們適應當前的環境來得到未來的健康。在某種意義上說，運動完全可以成為一種日常生活裏的修行方式，它可以提供給我們將生命過程與我們預測環境匹配的多元化工具。

在《西藏生死書》的"結合：動中禪"裏寫道："禪修的真正奇蹟比這些現象還要平常有用，那是一種細微的轉化，這種轉化不只發生在你的心靈和情緒中，還實際發生在你的身體上。它具有很大的治療功能。"當我們真正開始關注到這一點時，我們會很自然地發現在東方智慧裏尤其是中國傳統文化中有非常豐富的精神資源。我們發現，健康且長久的生命狀態必然要求我們在生理上與環境保持高度的匹配，即人體這個小宇宙應該與社會、自然這個大宇宙保持高度和諧，才是健康的最高境界。我們發現，中國哲學所表達的"天人合一"境界，也正是對未來運動的最佳詮釋。

但是，目前很多人的生活及其價值觀卻建立在一種甚或多種"錯誤"的思想模式上。盲目地追求經濟效益、盲目地追求個體或集體的利益，卻忽略了大健康下身體的修煉、心理的修正與心靈的修養，尤其忽略了作為人的精神境界的提升，這便是當下及其未來人類生活所有煩惱問題的根由所在，也是我們期望將運動看成是生活中的一種修行方式的原因。

美國超個人心理學者肯·威爾伯認為，通過症狀你可以看到陰影，通過陰影你可以看到成長，你的生命的疆界將得以擴展。[3] 這就意味著，我們通常意義上的健康的屬性也將擴展成為一種全息的、發展的、動態的概念。在未來，一個人身體健康，心理上也沒有什麼問題，但缺乏終極關切，他仍然不算真正的健康。

但當我們回顧眼下，我們也會發現，社會教化的整個重點就是要在心靈與肉體之間盡可能地劃清界線，現實也正如大衛·休謨（David Hume）觀察的那樣。當身體與心智分裂以後，很少人會失去他的心智，但大多數人卻在真正意義上失去了身體而不能自主。換言之，身體由自我降格為附屬的財產，它是"我的"，卻不是"我"。和影子一樣，身體成了客體，或者成了一種投射。在這種狀態下，人仍然能正常地生活，卻有明顯的不自在、不滿意的感覺。這種介於健康與疾病之間，無器質性病變，但功能性不足的"邊緣狀態"，我們稱之為"亞健康"狀態。在這種狀態下，運動也就成為了一種膚淺的肉體上的改變，失去了原本心靈深處的昇華。[4]

在《西藏生死書》的"結合：動中禪"裏提到："我們怎樣做才能達到這種結合？除了持續不斷地修行，並無取代方法。"並進一步強調："不管你做什麼，都要全然在當下，絕不可以讓自我的分心阻止你的清醒，這就是結合。你需要做的，不只是把修行當做偶爾服用的藥物或治療，而是要把它當做每天的食糧。"因此，我們所宣導的運動理念，最為重要的一點，就是運動不是一次意外事件，而是每時每刻的選擇與再選擇。

運動將展現出我們的真實面目，它將成為我們與他人建立關係的方式，以及我們在世界上的外在行為。生活的種種刺激與我們的習慣性反應之間做出的各種選擇，都會直接或間接地使所接觸到的每個生活領域都成為運動的場所。實際上，真正發生的完全是運動 —— 這種運動就是當下"此"時的最終限定。

---

[3] 肯·威爾伯著，許金聲等譯：《沒有疆界》（北京：中國人民大學出版社，2012年）。

[4] 肯·威爾伯等著，金凡等譯：《生活就像練習：肯·威爾伯整合實踐之道》（北京：同心出版社，2012年）。

◎ 三、未來與希望

（一）沒有運動就沒有生命

"沒有運動，就沒有生命"是上世紀 50 年代控制論運動的啟蒙者海因茨·馮·福爾斯特（Honz von Foerster）所提出的觀點。

我們深刻地發現：精神現象和物質現象共同擁有一種屬性，這就是運動。精神與物質這兩種完全不同的存在形態可以借用運動這一種基本屬性而統一起來。那麼，精神與物質各是什麼東西在運動？在傳統上，人們總是試圖去尋找一種終極性的東西想要把精神和物質兩者絕對的統一起來，也就是總想找到宇宙的唯一終極本原。這種延續了數千年的努力總是以失敗告終，因為根本就沒有一種絕對統一的孤立的終極性"東西"。中華民族的先哲們早就意識到這個答案不應該是個本體論的概念，而應該是個境界論的概念。

如前所述，中國哲學所表達的"天人合一"境界，即人體這個小宇宙應該與社會、自然這個大宇宙保持高度和諧運動，才是健康的最高境界，也是對統一運動（物質運動與精神運動）的最佳詮釋。只有這種運動才被聖賢們稱之為修行，《陰符經》所云："知之修煉，謂之聖人。"從更深層次的角度去看，生命形態即是"本體能知"與"本體能量"的高度對稱平衡狀態，即中國哲學裏性命雙修的理論。"本體能量"，就是指產生出一切物質現象的根源，在性命雙修的體系裏被統稱為"命"；"本體能知"，就是指產生出所有個體生命意識（一切精神現象）的終極起因，即在性命雙修體系裏所言指的"性"。

從微觀角度看，在一定的時空形態範疇之中，本體能知與本體能量總是可以通過本身不斷地演化和進化，從"低維時空形態"逐步地轉化並且質變躍遷成為"高維時空形態"，這也就是生命物體自身個體意識的進化之路。從宏觀角度看，生命的整體進化趨勢只遵循一個方向，就是不斷地產生和進化出高等智慧，進而返回頭去認識宇宙本身（即認識本體能量與本體能知）。所有一切低等的生命、高等的生物，統統都行進在這條"宇宙自我存在、自我認知、自我超越"的永恆演化（進化）道路之上，這是由宇宙自身本體能量與本體能知間既對稱，又同一的悖論性完全化對稱屬性所決定的。

在《西藏生死書》的"結合：動中禪"裏寫道："真正重要的不只是練習如何禪坐，而是禪坐之後，你有什麼樣的心境。"這就要求我們通過運動要真正進入某種狀態，進入某種境界。在這種心境裏，我們解決了人生的問題，體驗到了某種解脫，並得到了真正的幸福。

這種運動本身就是生命意識的一次覺醒。是從"迷"當中走出來，達到一種"悟"的層次，這種"悟"就是他自己的意識的一次覺醒。這個覺醒的意識，完全是一個整體的意識狀態，完全是一個純淨的意識。這是一個全然的、開放的、無限廣闊的意識，也是一個"合道"的意識。毫無疑問，這個"覺知"是所有被稱之為健康的運動裏必不可少的要素。離開了這個"覺知"，運動就是一個普通的身體動作而已。真正的運動是你內在意識的一個變化，別人不一定能看出來的，你知道自己在運動就可以了。所以，這個"覺知"是將我們的"無意識"轉化成"有意識"的一個管道。

（二）"泰至"是未來運動的準則

"人體是一個開放而複雜的系統，它時刻與外界保持著密切的作用。"錢學森在《人體複雜系統科學探索》裏認為，一個理想的、圓滿的、幸福的人生應該是一個"高能量態"，應該是一個在社會和自然生態環境中的"高度和諧態"。

想要保持這樣的"高度和諧態"必須達到兩個條件：

第一，身體內部達到高度的"有序"與和諧，這裏包括經絡貫通，細胞組織處於低消耗、低流量的狀態，心中坦蕩（神經元間的電流幾乎沒有阻礙）；

第二，人體與外部高能量源保持良好的互動，外部最大的能量源應該是既與個人有深刻的淵源，又與人類整體生命息息相關的生命系統。

最重要的標誌，就是能量的暢通（本體能量）和高度的覺察（本體能知）。覺察到萬事萬物的本質並如實地接納它們，是這種運動的完滿結果。在這個理念下，所有的運動都是幫助我們在所有層面上建立強大而充滿活力的人體系統，讓各種能量能夠暢通無阻地流動，以此來增強這種引導能量的整合能力。

中國哲學很早就關注到生命的課題。《莊子·人間世》中提到"且以巧鬥力者，始乎陽，常卒乎陰，泰至則多奇巧"。其中，莊子所崇尚的"以巧鬥力"的思路，便直接涉及到關乎生命與宇宙運動規律的兩個因素——陰與陽及其之間的變化關係。人類想要"性命葆真"，則要做到"陽得其陰"，使之"水火既濟"，達到"乾坤交泰"的地步。莊子認為，只有做到"泰至"方可達到。"泰"便是中華民族偉大的先哲們對生命課題研究所得出的統一結論。

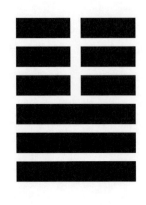

"泰"是《易經》裏的第十一卦，卦名為"地天泰"。《象》曰："天地交，泰。"《彖》曰："小往大來，吉亨。天地交而萬物通也，上下交而其志同也。內陽而外陰，內健而外順。內君子而外小人，君子道長，小人道消也。"

泰卦，坤上，乾下。坤，象地，在人象形體，固若金湯，坤在上，地重由上向下，上亦為外，故有外形之說，外從內也。乾，象天，在人象內氣，沸沸騰騰，乾在下，天輕由下向上，下亦為內，故有內氣之說，主於外也。泰卦，是陰去陽來，即陰衰陽興，天地相交，即氣形相交，是自身"神意氣勁形中六合一統"的生命安泰的健康狀態。所以，中國傳統的運動方式（武術、氣功等）都是講究上下內外一氣而貫通之，並強調內剛外柔的功夫，即內氣健運不息如乾卦之象，而外形柔順如坤卦之象。並認為崇尚"內氣"為主的是君子之修道，崇尚"外形"筋勁骨力為主的是小人之修技。"小往大來"就是說：君子之修，道法長，自然健身長壽；小人之修，道法消失，因其用心耗精，故多受內傷而早亡。

謝林說："假如誰能為一種靜則至深之靜、動則至高之動的活動找到表達，那就真在某種程度上接近於把握到最完滿存在的本性了。"[5] 運動只有保持"柔外而剛中"的狀態，才能保持自身安泰。真正的健康，應該是平衡而和諧的。在很大程度上源於健康的生活方式。而這種用於塑造健康方式的內在品質，是需要我們在生活中不斷加以練習的。這正是未來"運動"的真正意義所在，也是我們所宣導的唯一理念——把運動看成是生活中的一種修行。

（三）整合式生活練習

"整合式生活練習"（Integral Life Practice，簡稱 ILP），是由美國超個人心理學者肯·威爾伯最初提出的概念。他認為，ILP 修行者努力的目標是健康的身體、清晰的思想、開放的心靈，乃至其他更崇高的目標。

肯·威爾伯說："從文化和種族的意義上來說，一個健康的身體是我們擁有

---

[5]　謝林著，鄧安慶譯：《對人類自由的本質及其相關物件的哲學研究》（北京：商務印書館，2008 年）。

的最重要的財富，然而，我們卻常常沒有保護好它。"當我們無意識地生活時，我們會按習慣性模式行事，並消耗掉大量的精力和注意力。這就是我們耗盡自身能量而沒有引導生命活力的部分慣性方式，而運動恰恰會為我們帶來生命的巨大變化。

　　未來運動不再是僅僅著眼於消耗卡路里，同時也將覺察和關注放入每一個動作和間隙裏，添獲了自由流動的能量和對當下存在的深刻覺知。在人體系統中，能量循環系統的主要能量沿著身體正面向下流動，在身體下部改變方向，沿著脊柱向上。能量就在這個自然的升降循環系統中來回流通。呼吸，是實現心靈與身體結合的捷徑。現代科學和古代傳統養生術都將呼吸視為最有效的平衡身心、轉變和深化意識的自然方式。通過有意識的呼吸和引導強烈感受的運動，在學會控制內在狀態以後，你就能從目前最佳的整合意識出發，應對所面臨的挑戰。[6]

◎ 四、結論

　　當把運動看成生活中的一種修行，那就意味著將運動視為一種"內在工作"，而不是"外在工作"。它不是解決別人的問題，而是解決自己的問題，是對自己下功夫。它意識到人的現狀存在局限性，同時也意識到人是有更高層次的存在可能性的。所以，運動可以將人向著他的可能的這種存在境界去發展、去進化。這就意味著，它是真正享受生活的一門藝術 —— 動中禪。

---

[6]　佘振蘇、倪志勇著：《人體複雜系統科學探索法》（北京：科學出版社，2012 年）。

從現代健康食品發展趨勢與挑戰
淺談漢傳佛教素食文化智慧

萬芝力 *

　　食品工業是我國國民經濟的支柱產業和保障民生的基礎性產業，其現代化發展水準已成為反映人民生活品質高低和國家發展程度的重要標誌。隨著社會經濟的快速發展，我國食品工業已由“吃飽、吃好”的初期階段全面邁入到“吃安全、吃營養、吃健康”的新發展階段，以回應 2016 年中共中央、國務院發佈的《“健康中國 2030”規劃綱要》，全力推進健康中國建設。然而，我國現代食品工業的發展目前面臨著諸多挑戰，例如不合理的膳食結構和不科學的生活方式導致人群代謝綜合症的疾病負擔日趨嚴重，人口老齡化和都市化趨勢對食品的營養與健康屬性要求越來越高，環境污染與能源稀缺等使得對食品生產和加工的可持續性要求越發明顯，健康食品的加工方式需符合天然綠色環保、節能減排、低能耗水耗等諸多要求。

　　近年來，人們開始認識到素食在改善人類營養健康和緩解生態環境惡化趨勢等方面的重要價值，許多國家和地區因此大力興起和推進素食主義潮流。我國素食文化由來已久，而提到素食，人們自然而然的會想到中國漢傳佛教的素食主張，其形成的素食傳統作為中國佛教文化的重要組成部分在今天已廣為人知。一般認為，漢傳佛教的素食傳統是在南朝梁武帝時確立的，梁武帝蕭衍下詔令〈斷酒肉文〉，從理論上宣揚了大乘佛教的思想，也從實踐上保證了斷酒肉戒律的施行。[1] 自此以後，素食成為我國佛教的飲食傳統。當代佛教應在繼承傳統素食思想的同時，適應時代發展的需要，吸收融合西方動物保護和環境保護觀念，拓展自身的思想內涵，積極推行素食文化。在社會發展的現階段，素食被賦予了新的

---

* 　華南理工大學食品科學與工程學院副研究員

[1] 　夏德美：〈論梁武帝的〈斷酒肉文〉與佛教中國化〉，《煙台大學學報（哲學社會科學版）》，2010 年第 23 期，頁 86-92。

含義，無論從健康、生態的角度，還是從倫理、宗教的角度都蘊含著一定的可持續發展思想，形成一種與自然和諧相處的理念。本文將結合現代食品工業發展的趨勢以及面臨的挑戰，淺談素食文化在食品工業可持續發展以及食品營養與健康等方面的指導作用，以反映佛教文化智慧在我國經濟社會發展中的重要價值。

◎ 一、素食文化與食品工業的可持續發展

全球人口增加、都市化、人口老化、資源短缺與環境污染等問題，是現代食品工業發展面臨的嚴峻挑戰。據悉，2018 年世界人口為七十六億人，預計 2050 年將達到一百億人，因而滿足人類生存需求的食品蛋白質供應要加倍。按照現有以肉製品為主供應食物蛋白的發展模式，就需要進一步大力發展畜牧業和漁業，飼養動物以獲取蛋白質供應。然而發展畜牧業也導致了很多常常為人們所忽視的嚴重後果，如全球暖化和空氣污染、水浪費和污染、土地過度利用和退化、森林消失、動物滅絕等。畜牧業是導致全球氣候變暖的一個重要因素。聯合國糧農組織報告明確指出，畜牧業向大氣層排放的溫室氣體量比全世界所有汽車、卡車、飛機和船總共所排放的溫室氣體量都要多。畜牧業產生的溫室氣體氧化亞氮佔了與人類有關的氧化亞氮總量的 65%，其中大部分氧化亞氮來自牲畜肥料以及排泄物。這些牲畜也是產生甲烷的主要因素，佔人類引發甲烷總量的 37%，主要是通過反芻動物的消化系統產生的。[2] 另一方面，目前在全球可耕地中，33% 被用於種植牲畜飼料作物，70% 的耕田及淡水資源用於生產食物，這使得地球資源已經接近最大極限以生產供應人類生存的食品。此外，現代科學研究也表明，肉類生產過程中產生的碳足跡遠遠高於素食。例如，每公頃土地可產出牛肉蛋白 20 磅，卻可生產大豆蛋白 356 磅，是前者的 18 倍；生產（消費）1 千克牛肉需要 15,500 升水，產生 27 千克二氧化碳，然而生產（消費）1 千克大豆只需要 1,800 升水，只產生 1.9 千克二氧化碳。以上研究均表明素食是一種低碳飲食方式，符合食品工業可持續發展理念。作為一種不食肉、家禽、魚等動物產品的飲食方

---

[2] 付文中：〈淺論素食對生態保護的積極影響〉，《遼寧行政學院學報》，2014 年第 12 期，頁 171-172。

式，素食文化與飲食方式是保護生態和減少污染、實現食品工業可持續發展的最佳途徑。

◎ 二、素食文化與營養健康

不合理的膳食結構和不科學的生活方式導致現代人們代謝綜合症的疾病負擔日趨嚴重，慢性代謝疾病的流行給現代食品工業的發展帶來巨大壓力和挑戰。典型的代謝綜合症包括高血壓、心血管疾病、糖尿病和肥胖等。據統計，全世界有 20% 至 25% 的成年人患有代謝性疾病，由代謝性疾病導致的死亡約佔總死亡率的 80% 以上，是人類健康的頭號殺手。[3]2017 年世界糖尿病患者達 4.25 億人，預計 2045 年將達到 6.29 億人，二型糖尿病是當今慢性代謝性疾病中增長速度最快的疾病之一。而我國糖尿病患者達 1.14 億人（佔比 11%），近 5 億成年人（佔比 36%）處於糖尿病前期。全球有高血壓患者近 11 億人，我國高血壓患者 2.7 億人，血脂異常近 2 億人。2010 至 2030 年預計 5.6 億人患病，增長率 50%。每年因慢性病導致的死亡損失達 5,580 億美元。《2018 全球營養報告》顯示，因不合理的飲食結構導致的營養缺乏、體重超標、能量攝入過量等不良飲食習慣是全球近 20% 人口死亡的主要誘因，也就是說這些病幾乎都是 "吃出來" 的。調查顯示，"高脂、高糖、高鹽" 的飲食方式導致營養過剩及不平衡，最終誘發各類慢性代謝疾病。例如，我國居民脂肪攝入量約為 44 至 69 克 / 天，比世界衛生組織推薦值（25 克 / 天）高出 1 倍；糖攝入量為 50 克 / 天，也超過 40 克的推薦值；鹽攝入量為 11 至 15 克，是推薦值（5 克 / 天）的 3 倍（80% 居民超標）。近年來，越來越多的人開始關注素食對健康的影響，有關素食改善代謝綜合症、降低慢性疾病發病率的研究日益增多。素食是以植物為主的膳食方式，包括蔬菜、水果、穀類和豆類等，這些食物提供了豐富的膳食纖維、植物生物活性成分、奧米加 3 不飽和脂肪酸和維生素等，這些營養素使素食在改善代謝性疾病中發揮了重要作用。[4] 歷史上常年食素的很多高僧均是長壽之人，如現代高僧虛雲法師活到

---

[3] 梁冰、彭志晴、朱連榮：〈素食對代謝綜合症的影響〉，《海南醫學》，2017 年第 13 期，頁 2171-2173。

[4] 魏鶴、吳錦娟：〈佛教素食傳統的現代意義〉，《佳木斯大學社會科學學報》，2012 年第 30 期，頁 141-142。

120 歲；印順法師 96 歲還耳聰目明，直至百歲圓寂。現代科學研究也已表明，素食人群的慢性疾病如高血壓、肥胖、心血管疾病等發病率均顯著低於非素食者。這些研究成果將為素食食品有益於人類營養健康提供更允分的理論依據。

◎ 三、小結

現代健康食品工業生產須應對人口增加與老化、環境污染和資源短缺、因過度消費和不健康的飲食習慣導致的代謝綜合症流行等全球性挑戰，採用資源節約和可持續方式發展食品工業，才能為全球人類提供健康、安全與營養的食品。漢傳佛教素食文化符合現代健康食品低脂、低鹽、低糖、高植物蛋白、高纖維的低碳飲食和生活理念，許多國家和地區也因此大力興起和推進素食主義潮流，如近年來在以肉食為主的歐美國家也出現了素食主義的風潮；越來越多的科學家、營養學家、醫生等也加入素食主義的行列。人們已開始認識到素食在改善人類營養健康和緩解生態環境惡化趨勢等方面的重要價值，意識到素食是全球人類面對未來生存挑戰的最好選擇之一，也是現代食品工業發展的未來趨勢和製造理念。在這個趨勢和理念背後，映照著佛教哲學普度眾生、慈悲為懷、宣導和平繁榮和諧的智慧以及對人類命運的深度關切。佛教素食作為古老的人類智慧，是一種樸素的可持續發展理念和生態思想，對人類健康生活、生物多樣性和資源保護，減少環境污染，解決全球氣候變化及生態惡化根源均具有重大價值，因而素食可稱為"人類可持續生存的飲食"。佛教素食及其文化也無疑會成為未來全球人類的共同生活方式。

禪文化視野下的森田療法

方盛漢[*]

森田療法是由日本醫學教授森田正馬（1874-1938）一手創立的，是一種針對神經症的特殊療法。1938 年，森田正馬教授病逝後，他的弟子將這種療法命名為 "森田療法"，後來成為定名，一般又稱作 "根本自然療法" 或 "禪療法"。森田療法的一些基本理念，尤其是 "順其自然" 的治療原則，表現出濃厚的東方文化色彩。森田療法的理論基礎和具體方法脫胎於日本佛教的禪宗。它是一種有效調控自心的技術，可以鍛煉人們對生活的適應能力，以一種明智的心態積極主動地應付生活中不可回避的矛盾。森田教授的一些名言警句，如 "順應自然、為所當為"、"唯事實為真實"、"行為為則"、"行為轉變性格"、"平常心乃道"、"笑望青山山亦笑，哭臨碧水水亦哭"、"忍受痛苦，為所當為"、"不去控制不可控制之事，如人的情感；控制那些可控制之事，如人的行動" 等已經成為著名觀點，但中心思想是順應自然、直面人生。

森田先生深諳漢學，對道家、佛教禪宗頗有研究。而且他的理論不是從某一個經院體系中演繹出來，而是通過自己對神經質的親身體驗得出的。在創立森田體系之前，森田正馬曾長期為神經症所困，他以對神經症病人的臨床觀察和治療為基礎，創造性地概括提煉出獨到的治療理論。所以說他的理論來源於東方文化，並適用於中國人，在中國有一定的市場。與此相對的是，在西方反而沒能得到更多的認可。

抑鬱症屬於森田療法針對的神經症中的一類。抑鬱症是由社會心理因素引起的、以持久的心境低落為特徵的神經症，常伴有焦慮不安、軀體不適和睡眠障礙，並對日常生活造成一定影響。情緒的消沉可以從悶悶不樂到悲痛欲絕、自卑抑鬱，甚至悲觀厭世，有自殺企圖或行為。在治療中，森田療法和與其他心理療法最大的不同是，其他療法視內心的不安為或糾葛為 "異物"，一心予以排除，

---

* 安慶師範大學人文學院副教授

而森田療法卻與之相反。

◎ 一、治癒抑鬱症

當前，抑鬱症已經成為繼癌症之後的人類第二大殺手。由於對女性威脅特別多，世界衛生組織也將其列為影響女性的頭號威脅。著名心理學家馬丁·塞利曼（Martin Selimar）將抑鬱症稱為精神病學中的“感冒”，認為可以治癒。另有學界相關人士認為，抑鬱症不屬於精神病，其核心問題是在心境和情緒上的變化。所以，美國的一些醫院將抑鬱門診稱為“情緒門診”，這是一個鮮明的變化。

帶有禪療性質的森田療法也對治療抑鬱症發揮了積極的作用。如中村敬、施旺紅主編的《輕鬆告別抑鬱症：森田養生法》就是一本認為森田療法能治癒抑鬱症的書。在臨床上，有資料表明森田療法能夠改善抑鬱和焦慮症狀，改善人際關係和學習狀態，促進來訪者的人格發展，對治療中度抑鬱大學生有較好的效果，並具有長期作用。因為它的治療核心是“順其自然、為所當為”的原則，通過實際的行動解決焦慮不安的情緒。[1] 也有人認為藥物加森田療法和常規治療以及傳統護理對抑鬱症恢復均有療效，但森田組療效更加明顯，顯效率和治癒率也更高。[2] 也有專家認為在抑鬱症康復期，應用改良森田療法能有效改善其殘留症狀、提高療效、降低復發率和促進其社會康復。[3] 這些都強調了改良森田療法對治癒抑鬱症的重要性。

◎ 二、禪療法

那麼為何在治療過程中，此種療法能對治療抑鬱症有著切實的效果呢？這與其汲取自禪宗的某種特質有關。森田療法本身又稱作“禪療法”或“根本自然療法”。顧名思義，其與禪宗思想關係密切。可以發現在森田療法中有大量的佛教禪語，如“順應自然”，此句相傳即是釋迦牟尼佛在臨終遺囑中提到的。而在日

---

[1] 謝金：〈門診森田療法治療中度抑鬱大學生的過程和效果〉，《赤峰學院學報》，2013 年第 11 期。

[2] 孫豔華等：〈改良森田療法治療抑鬱症的效果〉，《中國健康心理學雜誌》，2013 年第 5 期。

[3] 翟淑華等：〈改良森田療法對抑鬱症康復治療的作用探討〉，《精神醫學雜誌》，2007 年第 2 期。同樣的文章還有冼獻波、施旺紅：〈試談抑鬱症的森田心理療法 —— 用改良森田療法結合藥物治療治癒一例抑鬱症的案例報導〉，載中國第九屆森田療法學術大會暨天津市心理衛生協會 2012 學術年會論文集。

常的疾病治療中，森田先生也曾用過諸如"平常心是道"、"不安常在"等禪語來引導病人，所以不難看出，森田療法受禪佛思想影響頗深。

（一）"順其自然"

森田療法主要適用於治療神經症、抑鬱、自卑、焦慮症、疑病症、恐怖症及植物性神經失調等類身心疾病。針對輕度患者，森田先生曾言："學生或職員，如果病情不那麼嚴重，一定要隨遇而安，順應自然。不請假、不怠工，只要順應自然，不知不覺間生活就會協調起來，而與環境相適應。這樣，神經質自然就治癒了。"[4] 他還有更多這方面的言論："一言以蔽之，應該放棄徒勞的人拙策，服從自然。想依靠人為的辦法，任意支配自己的情感，就如同要使雞毛上天，河水倒流一樣，不僅不能如願，反而徒增煩惱。按照自然規律，服從之、忍受之，就是順其自然。"並說："冷時要順應自然界本來的冷，熱時要順應自然界本來的熱。這時才能忘卻冷和熱，即所謂'心頭無雜念，烈火也覺涼'，這就是順應自然。"[5] 這也就是讓神經質患者認識並體驗到自己在自然界的位置，不要對超越自己控制能力的自然進行無用的抵抗，從而具備一種與自然保持和諧的生活態度。就是首先要老老實實接受症狀，帶著症狀去生活。神經質患者的表現特徵就是不自然，他們常常混淆主觀與客觀、慾望與可能、情感與理智。

治療過程是伴隨著這種自然理念的。對於治療如抑鬱症等重度神經症患者來說，採取的就是住院治療方法。這其中可以分為四個療程，也是一個完全順應自然的過程，同時也是結合禪宗的一個綜合性心理治療的方法。這四個療程分別為：絕對臥床期、輕微勞動期、較重勞動期、複雜的實際生活期。時間大約在四十到九十天左右。[6] 第一期，即絕對臥床期是四至七天，禁止患者的一切交往行為，除了吃飯大小便，時間絕對臥床。醫生不解釋相關原因，患者會顯得相當煩躁，一切煩悶苦惱接踵而至。第二期間為輕微勞動期，有幾天或一周的勞動時間，稱為"勞動療法"。仍然不允許病人互相或與外界交談，夜裏臥床也要達到八個小時，白天可以輕微活動、曬日光浴，晚上要寫日記，這能讓主治醫生看出

---

[4] 岡本常男著，潘金生、賈惠萱譯：《克制自我的生活態度》（北京：北京大學出版社，1991年），頁41。

[5] 森田正馬著，臧修智譯：《神經衰弱和強迫觀念的根治法》（北京：人民衛生出版社，2002年）。

[6] 《克制自我的生活態度》，頁40。

患者的精神狀態。此階段開始患者會有些微愉悅的心情，但是還是會煩躁，也會有終止治療的意願。寫日記的方法也一直在後面的治療中得以實踐，如《中國森田療法實踐》一書第三篇用了大量的篇幅收錄了十個典型的神經症者使用森田療法治癒的案例，其中便大多屬於日記形式。這和禪宗"返觀自照"的修行法則具有相通之處。到了第三階段，開始一到兩周的重體力勞動，如割草、劈柴、擔水等，讓患者一點點接近平常的生活。第四階段回到正常的生活，也是一到兩周的時間。由於這種療法會中斷康復者的正常生活，所以一般也會選擇在療養機構和禪修地進行。經過一系列這樣的治療，可以讓患者的症狀消失，適應社會能力增強。這樣第一階段七天，相當於禪七打坐，這種打坐也是禪修的一種重要方式。後面三個階段共相當於五到六個七天。其中的"砍柴""挑水"等可以看作在生活中習禪、在生活中修持，治癒苦痛。整個過程就是一個由輕到重再到輕、由簡單到複雜到歸於平常的自然境界，這本身是和禪相通的。這裏就做到了自己不被念頭牽著跑，降服己心。其中的動中求靜、靜中求動，亦合於禪武文化的精髓。

森田先生也明言這種歸順自然是和禪宗結合在一起的。"歸納為一句話，那就是：'歸順自然'。除此以外，別無他法。只有而且必須歸順自然才行。將它用宗教語言表示，就叫'歸依'或'皈依'。即全意信奉，歸順依附的意思。也有絕對服從的意思。"[7] 他認為貪嗔癡歸根到底就是以我為核心的個人主義。神經質患者不管如何，要放棄歪理，承認自身的貪嗔癡，經常加深內省，誦念懺悔文，決心悔改此等罪行。[8] 這都是從禪宗的角度給抑鬱症指引一條光明之路。

有學者將森田先生的"順應自然"看作是相當於禪宗中的"頓悟"狀態。這種狀態就是讓神經質患者認識並體驗到自己在自然界的位置，體驗到對超越自己控制能力的自然現實的抵抗是無用的，這樣才能具備一種與自然事物相協調的生活態度。……要做到忍受痛苦，為所當為；面對現實，陶冶性格。[9] 禪的精神實質就是頓悟與超越。頓悟是一種非邏輯的直覺思維方法，它是在漸悟的基礎上產

---

[7] 《神經衰弱和強迫觀念的根治法》，頁 20。

[8] 同上註，頁 122。

[9] 柳群方等主編：《走上健康與成功之路·神經症臨床知識問答》（海口：南海出版社公司，2004 年），頁 393-398。

生的，是長期實踐學習、定慧雙修的結果。頓悟是通過正確的修行方法，迅速地領悟佛法的要領，從而指導正確的實踐而獲得成就。在這點上，森田療法有這方面的共通性。

（二）平常心是道

"平常心是道"和"順應自然"有相通之處。森田説過："平常心不是造出來的，是原來就有的東西，如果可怕的話，就順應自然地讓他去可怕好了。那就是平常心。"[10] 平常心也就是表現出應該表現出來的狀態，不扭捏做作和弄虛作假。森田療法在治療抑鬱症的過程中，其中一個做法就是強調"接受"，讓患者接受自己的症狀，只有接受，才不至於強化對症狀的感覺。

禪宗強調"即心見佛"。黃龍慧開禪師的名著《無門關》的第十九則："春有百花秋有月，夏有涼風冬有雪。若無閑事掛心頭，便是人間好時節。"這就是一種順乎自然的境界，即"日日是好日"、"悟得來，擔柴挑水，皆是妙道"、"禪便如這老牛，渴來喝水，飢來吃草。"這都是順應自然平常心的心態。

森田先生也通過自身經歷來表明平常心的重要性，並能將平常心運用自如："此外，與那些即使唱著南無阿彌陀佛，而又輕易說謊的人比較，神經患者常追求阿彌陀佛的真諦。如果自己沒有很好的理解，他們就不會在口中念佛。這也許可認為是固執吧。在我大學一年級時為了尋求'怎樣才能獲得信仰'而去拜訪了真宗的村上博士。出乎意料，老師說：'念南無阿彌陀佛'，我當時很難做到。直到三十幾歲時，才逐漸理解其中含意。現在，念也好，不念也好；笑也好，不笑也好，我都能根據時間和場合的需要，運用自如。"[11]

禪宗中的順其自然確實和平常心聯繫在一起。順應自然體現出禪宗思想，凡事不可強求，不迴避現實，以平常心對待困難。禪的順應自然我們也可以從禪師的話中看出。馬祖道一說過："汝自家寶藏，一切具足，應有自在，不假外求"（《大珠禪師語錄》卷二）；慧海禪師在回答門人"和尚修行，還用功否"時說："飢來吃飯，困來即眠"（《大珠禪師語錄》卷下）；永嘉大師的〈證道歌〉有："君不見，絕學無為閑道人，不除妄想不求真，無名實性即佛性，幻化空身即法身。

---

[10] 森田正馬著，王祖承等譯：《自覺和領悟之路》（上海：復旦大學出版社，2002 年），頁 140。
[11] 同上註，頁 186。

法身覺了無一物，本源自性天真佛。”這些都表明了平常心是道的觀點。而森田療法已經深深地吸收了禪宗精華，內化應用於心理治療上。

◎ 三、為所當為

順應自然的一個重要途徑就是行動，“行動轉變性格”，也就是順應自然，為所當為。森田先生認為，人可以通過行為來化解自己不良的情緒。生活中的事情，分為可控和不可控制兩種。人可以控制自己的行為，卻難以控制自己的情感。不是對於一些事情消極忍受，也不是對症狀放任自流，而應按照事物的規律，不排斥症狀，消除思想矛盾，培養性格。

岡本常男（1924—2012）欣賞森田療法的一個主要觀點就是“與其徘徊不前，浪費時間，不如先採取行動，努力實踐”的真理。他舉森田博士的話說：“若總是想通過勞動來進行治療，則在這期間，神經症反而治不好。唯有全身心地投入到住院生活中去，那種‘總想通過勞動進行治療’的意識逐漸消失，上述只是做的心態自然而然地形成時，神經症才開始得到治癒。”[12] 投入到現實中、此時此在中，症狀即可慢慢痊癒。且患者能接受現在的症狀，“任其痛苦而不苦”。

為所當為是對順其自然的一種補充與完善，是以順其自然為基礎，並且經過正確思想指導後的行為或行動觀念。該原則表現在疾病的治療上，則體現為需要患者轉移注意力，以積極的心態去面對病痛和生活，充滿上進心，努力去做可以實現的事情，樹立信心，增強成就感，從而減輕對疾病的恐懼，用健康的心態去迎接未來的人生挑戰。

這一點也能從森田先生對《金剛經》的感悟中看出。“應無所住而生其心”是佛學經典《金剛經》一書的重要思想。“無住”的法義就是《金剛經》的經眼，即是不執著於法及各種反映。森田先生指出：“所謂無所住心是指我們的注意力並不集中指向或固著於一點，而是全部精力不斷移動、注意的指向全面分佈的狀態。在這種狀態下，我們接觸事物才能隨機應變，才能立即採取最恰當的行動加以應對⋯⋯凡屬神經質的症狀，都是由於注意力單純固著於某一方面引起

---

[12]《克制自我的生活態度》，頁107。

的。"**[13]** 所以採取的方法就是讓他們的精神活躍起來，並且廣泛地引入外界。《金剛經》還提到："過去心不可得，現在心不可得，未來心不可得。"要我們對過去的事物無所留戀，對未來的事物不必執著。所謂的現在即將成為過去，我們要把握當下，並活在當下。這樣就能使我們的心態發生改變，煩惱也自然會消失、化為菩提。"煩惱與菩提，皆是一心，本無自生，能轉煩惱為菩提，即是轉識成智義。"

綜上，順其自然不是被動的放棄，而是更應該主動地應對困難和挑戰，這對治療有著積極的意義。為所當為是要發揮"生的慾望"，進行有建設的行動。這也就是要求病人在完全接受原來症狀的基礎上求生。只要勇於接受，才能面對疾病的挑戰。"為所當為"法則也豐富了禪宗"當下"原則的內涵。

有聲音認為用森田療法治療抑鬱症已經過時，也有臨床醫生認為森田療法治癒抑鬱症的效果不明顯。其實這種禪療方法永不過時，積極運用這種治療理念會取得良好的治療效果，至於個別治療不明顯的案例也並不能說明禪療效果的失敗。鈴木大拙說："事實上，禪道就是生活之道，而生活則是活、動、行，並不僅指思想。因此，對禪來說，它的發展應該指向活動或更正確地說，應該體驗它的道而不是用語言進行表示或說明，也就是不用觀念加以表示或說明，這不是很自然的事嗎？現實生活並無什麼邏輯，因為生活是先於邏輯的。"**[14]** 森田療法也即是順應生活之道，順著禪道，在禪文化視野下來治療包括抑鬱症在內的疑難雜症，極大地改善人們的生活。

---

[13] 森田正馬：《神經質的實質與治療》（北京：人民衛生出版社，1992 年），頁 70。

[14] 鈴木大拙：《禪風禪骨》（北京：中國青年出版社，1989 年），頁 166。

經濟轉型背後的幸福悖論：論當代上海佛教的信仰性格

成慶[*]

對於當代中國人而言，"幸福"基本上是一個相當世俗的議題。假如詢問有關"幸福"的問題，一般的答案大多會指向兩個維度：一是物質的豐足、人際關係的和睦等現世條件；二是指向民族、國家的集體幸福層面，即國家的富足、安定乃至強盛。

但是，這就是當代中國人理解"幸福感"的全部內容嗎？本文所考察的"幸福感"，試圖從"幸福"一詞的歷史含義入手，大體將"幸福感"涉及的內容分為物質、社會以及宗教三個層面。物質層面，我們一般所認知的個人乃至家庭的衣食豐足、財物富饒皆是指涉這一層面，也符合一般"幸福感"的最基本認識；社會層面，則是指較大範圍的社會共同體，乃至國家、民族對於當下生活以及未來希望的普遍滿足感，如世俗性的祈福以及人際之間的和睦溫情，均代表了某種共同體意義上的"幸福感"，這種幸福感落實於社會共同體的"共通感覺"，但卻不一定完全建基於物質豐饒的基礎上，傳統中國鄉村社會的少慾知足生活，也體現某種共同體意義上的"幸福感"；宗教的層面，則從根本上超出了現世的目標，而是從人的終極意義角度來闡述生命的幸福問題，即生命如何得到解脫，如何獲得終極的幸福。[1]

值得注意的是，這三個層面的"幸福感"並非截然分開，而是相互交錯、相互雜糅的，甚至彼此之間常常難以區分，因為世俗性與神聖性在個體身上常表現為一種非常複雜的形式。因此上述三個層面只是某種"理想類型"的區分，並不是認為在具體個人身上，這種"幸福感"能嚴格地按照這三個層次來作區分。

本文通過考察上海當代佛教的發展狀況與"幸福感"的關係，除了揭示出宗教的超越性格對於個體生命的提升作用之外，也試圖揭示在經濟迅速發展、消

---

* 上海大學文學院歷史系副教授

[1] 鮑吾剛：《中國人的幸福觀》（南京：江蘇人民出版社，2004 年），頁 7-11。

費主義與物質主義成為主流價值的背景下，當代宗教信仰的回潮一方面滿足了個體對於"精神幸福"的追求，另一方面也摻雜了大量的"世俗"與"物質主義"性格。正因此，當代上海佛教的發展在提供個人生命"幸福感"方面，常常混雜了物質、社會的層面，使得宗教在提供"終極幸福感"方面的神聖性與超越性取向常常受到嚴重的扭曲。

◎ 一、佛教有效提升國人幸福感

佛教信仰經過 20 世紀八九十年代的恢復與醞釀，加之隨著經濟的成長與社會結構的轉型，佛教信眾的社會結構已經發生了很大的變化，而這種社會結構的轉變主要與年齡、社會階層等指標密切相關。按照中國社會科學院陸學藝及其課題組在《當代中國社會階層研究報告》中所作的分類，經過這近三十年改革開放和市場經濟的發展，中國的社會階層大抵可以分為以下幾類：國家及社會管理者階層、經理階層、私營企業主階層、專業技術人員階層、辦事人員階層、個體工商戶階層、商業服務業員工階層、產業工人階層、農業勞動者階層、城鄉無業 / 失業 / 半失業人員階層。[2] 在這麼多階層中，個體工商戶階層、辦事人員階層、專業技術人員階層、私營企業主階層（部分）主要構成了中層社會，他們擁有部分或少量的社會資源，大部分可稱為"白領"階層。從年齡跨度來看，這個新興階層主要在二十五至四十歲這一年齡區段，基本上是 90 年代後進入大學的年輕一代。

從 20 世紀 90 年代中期開始，中國的社會結構出現了一次重要的轉折，即改革開放所形成的快速變化的社會結構逐漸開始穩定下來，形成某種固化的社會階層。[3] 社會精英階層、中產階層、底層的流動開始放緩，但是從現實情況來看，中產白領的經濟地位在貧富兩極化的背景下其實逐漸在降低。

對於這一階層而言，"幸福感"本具有極其明顯的世俗性格，對於生活的目標主要集中在日常消費、住房結婚消費、子女教育消費以及旅遊休閑消費方面，這些消費類型基本符合發達國家的中產階層對於物質層面的"幸福生活"定義。

---

[2] 陸學藝主編：《當代中國社會階層研究報告》（北京：社會科學文獻出版社，2002 年）。

[3] 孫立平：《博弈：斷裂社會的利益衝突與和諧》（北京：社會科學文獻出版社，2006 年），頁 24。

基本上，上海白領階層所主要追求的"幸福目標"比較明顯地集中在經濟層面，這種"物質利益"的幸福感取向是典型後發國家在經濟成長期間的共同特點，尤其對於從物質短缺社會向豐裕社會過渡的中國而言，對於"經濟福利"的過度依賴可謂是正常的社會轉型特徵。

但是隨著上海城市化的深入，白領階層開始面臨越來越大的社會壓力，如住房、教育、生活消費等成本的提升以及職業競爭的加劇。大約在 2005 年左右，上海的白領階層較之前普遍開始面臨一種強烈的心理危機感。從表面來看，這種危機感直接來源於經濟上的不安全感，即收入無法或者很難支撐起中產階層生活的種種想像。但根據本研究所進行的一項"佛教信仰與都市幸福感"的網絡問卷調查，在 161 位 20 至 40 歲的受訪者中，有 73% 的受訪者表示"幸福感"的最主要因素是"平和、健康的心理狀態"。[4] 這無疑透露出一個重要資訊，即上海的年輕白領階層的"幸福感"取向已經從簡單的經濟收入、事業發展、他人的承認等方面，開始傾斜到心理健康的層面。

根據上海市計生委對 2.4 萬名由外地入滬工作的外來人員所作的一份調查報告，在所調查的人群中，有 96.3% 的來滬人員表示喜歡上海；41.0% 的來滬人員表示在滬生活工作比在老家時更幸福；40.4% 表示其幸福感和在老家差不多；僅有 4.5% 的來滬人員認為在滬生活工作不如在老家幸福。值得關注的是，在這份樣本中，高學歷人群的幸福感相對較低：大學本科及研究生學歷的表示不幸福的比例分別為 8.0% 和 10.0%；而小學及以下的僅為 3% 左右。[5] 在這份調查資料中，可以明顯地看出在滬高學歷人群的幸福指數相對低學歷而言偏低，也間接證明了白領階層等受過高等教育的群體，在幸福感方面反而呈現出較低的指標，而低學歷等更注重經濟收入的階層，則相對擁有比較明顯的幸福感。

在這樣的資料背後，無疑反映出一個非常迫切的境況，那就是"物質豐足"雖然仍是一項關於"幸福感"的重要指標，但是對於受過高等教育的上海白領階

---

[4]　此資料來源於本研究所進行的網絡問卷調查，在總共二百一十一份網絡調查問卷中，其中包含有一百六十一位年齡在二十至四十歲的受訪者，其中除去十一位大學生，其餘均為職業人群，且基本屬於中產階層範圍。

[5]　上海市計生委：《來滬人員社會融合和居留意願情況專題調查》（政府文件）。

層而言，這種對於"幸福感"的理解顯然已經開始呈現出相當的局限。白領階層在這個轉型過程中，雖然獲得了物質消費方面的直接利益，但同時也帶來大量心理危機問題，因此一些研究報告也將都市白領的"幸福感"命名為"偽幸福"。[6]根據中巨集保險發佈的 2009 年《中產家庭幸福白皮書》，在經濟最為發達的北京、上海、深圳、浙江等省市，幸福指數反而最低，地產業帶來的房價飆升等情況令很多家庭感到痛苦，由於經濟上的壓力，需要更多的工作時間與精力去緩解這種負擔，但這又是建立在犧牲健康、家庭交流的基礎之上的。因此可以看出，白領中產階層因類似各種原因，實際上缺乏足夠幸福感，也自然引發了大量的心理問題。

如何緩解這種心理焦慮？對於上海的城市白領人群而言，這無疑是一個迫切的現實問題。正是在此背景下，白領階層開始反思這種都市的生活方式是否為理想的"幸福生活"，許多人在這樣的氛圍下開始接觸佛教信仰。

在這種回潮過程中，有一普遍的趨勢較為明顯，即新興知識階層接觸宗教的比率在快速上升。以佛教為例，上海的一些年輕心理諮詢師開始頻繁且系統地接受佛教禪修訓練，並將其用於心理諮詢過程，這一趨勢部分借鑒了國外心理諮詢的某些新興經驗。另外一個趨勢就是新興佛教信仰者的結構開始年輕化，有大量年輕人開始接觸並信仰佛教。筆者曾於 2011 年去成都文殊院進行調查訪問，該寺院在暑假舉行了專門針對青年群體的夏令營，這當中不僅有年輕職員、大學生參加，甚至已經開始有一些中學生前來體驗。當問及他們為何參加佛教夏令營時，受訪的一位中學生 L 回答說："對佛教很感興趣，並且在這裏能夠找到歸宿感。"[7]今天中國佛教"回潮"，顯然跟年輕人群能夠輕易地接觸各種宗教資源有密切關係。

從上海白領階層的佛教信仰來看，這一群體由於普遍受過良好的現代教育，因此在信仰方式上與八九十年代的上海信仰群體有很大區別。以上海白領階層的信仰形式為例，大抵可以根據藏傳佛教、南傳佛教以及漢傳佛教的三大系統來進行分類。

---

[6] 〈聚焦中產家庭"偽幸福"〉，《決策探索》，2010 年第 4 期。

[7] 2011 年 7 月 20 日對中學生 L 所進行的訪問。

根據筆者對上海白領階層中的藏傳佛教信仰的調查訪問，這一群體對於藏傳佛教的接觸，部分來自於近年來在雲南、四川、西藏、青海甚至印度等地的旅遊經驗，由於親眼目睹和體驗了藏區百姓的宗教氣氛，又因為地處偏遠的藏地所具有的少數民族的神秘色彩，許多長期接受現代教育的年輕白領人群受到了強烈的震撼，在"生命意義"層面獲得了不同的體驗，反過來對都市中忙碌、冷漠的生活方式表現出進一步懷疑。

舉例而言，籍貫廣州，網名為"札西拉姆·多多"的年輕自由職業者，因對藏傳佛教感興趣，從 2005 年開始頻繁前往西藏和印度朝聖。從她自己的公開敘述中，表現出一種強烈的對"靈性生活"的嚮往，即對單一的"物質主義"與"世俗生活"的不滿。例如她這樣寫道："我會希望有一個什麼樣的將來？我有沒有考慮過自己真正想要的將來？如果社會對你沒有期待，你會如何期待你自己？你其實有沒有聽到過自己內心最微弱而又最真實的那個小聲音？"[8] 這段話反映了新一代年輕人對單一"規劃人生"的反思，他們對於"幸福感"的理解不再停留在衣食住行的基本滿足，而擴展到了對人生意義的追問，即"什麼樣的人生是有意義的？什麼樣的人生才是自己想追求的？"這一代年輕白領階層雖無法完全脫離都市化生活，卻開啟了另外一種追求幸福的方式，即通過宗教與靈性的方式去回答"幸福感"問題，這也是都市佛教迅速興起的重要原因之一。

對於這部分親近藏傳佛教的信仰者而言，除了一些鬆散的小規模共修群體可以定期進行共修，或者進入西藏、尼泊爾參加法會之外，大量人仍是在網絡上獲得相關的資訊與資源。如以五明佛學院的索達吉堪布於 2006 年創立的"智悲佛網"（http://www.zhibeifw.com）為例，由於其相對系統和完備的網絡課程設置，吸引了大量白領中產群體。他們通過報名參加網絡課程的形式系統地學習教理與實修（如分為基礎、加行等課程），並且還會借助網絡論壇進行共修交流。這種學習模式由於借助了網絡的方便，因此減少了地域的限制。從微博、論壇平台的相關資訊來看，這種學習方式對於大都市的年輕人尤其具有吸引力，參與人數也相對更龐大，而且更吸引了一些上海的高學歷知識分子加入。如復旦大學一對年

---

[8] 札西拉姆·多多：〈被遺忘的時光之火車之遇〉，新浪博客，網站：http://blog.sina.com.cn/s/blog_53cd30c901009q3k.html，瀏覽日期：2020 年 8 月 2 日。

輕教授夫婦就是較為虔誠的佛教徒，而且他們就是通過網絡平台跟隨索達吉堪布學習相關佛教課程的。[9]

　　但值得注意的是，在親近藏傳佛教的年輕都市白領群體中，能夠真正成為"制度化宗教徒"的數量仍然有限。大量藏文化的親近者最後並未成為虔誠的佛教信仰者，而只是成為藏傳佛教文化的"消費者"。雖然親近佛教信仰反映了都市白領人群對於"幸福感"的理解開始轉變，但這一群體大多仍注重"心靈的慰藉與撫慰"層面，也很難稱得上是真正的佛教信仰者，其具有的速效與實用性格仍然十分明顯。

　　對於許多"制度化佛教信眾"，則並不滿足於閱讀佛法的普及書籍，而會接受正式皈依，並且定期進入藏地的寺廟參加共修法會、放生等活動，形成某些半固定的共修團體。但由於上海相對缺乏藏傳佛教的宗教活動場所，雖有小規模的共修與學習，但仍未形成明顯的潮流。

　　相比而言，南傳佛教對於上海的影響主要集中在近五年。南傳佛教之所以在近年來能進入中國大陸，而且影響一大批佛教信仰者，有多方面的影響因素。一則是南傳佛教僧團行持相對樸素，修行方法也較容易入手，因此較為適合現代都市人，部分漢地佛教僧團也引入了部分南傳佛教的禪修方法；二是南傳佛教的修行方法在 20 世紀 70 年代以後大量地被引介到歐美社會，其禪修方法與心理學等學科結合得十分緊密，因此西方的心理治療也廣泛引入南傳佛教的修行方法（如正念禪修）來進行輔助治療。[10]尤其是台灣佛教界經過三十年的引介，翻譯了大量南傳佛教的著作，而這些著作近年來也通過出版流通而被大陸所瞭解。正是在此大背景下，大陸佛教界近年來逐漸開始引入南傳禪修方法，並且結合心理治療的方式去弘法。規模較大者有葛印卡在廣東、瀋陽、福建設立的內觀禪修營，江西寶峰寺以及蘇州西園寺的南傳禪法禪修營。在這當中與上海佛教信仰者關係比較密切的是蘇州西園寺，他們將心理治療與禪修結合得也最為緊密，吸引了大量

[9] 〈索達吉堪布答疑復旦大學教師夫婦〉，網站：http://www.zhibeidy.com/2011/0404/2732.php，瀏覽日期：2020 年 8 月 1 日。

[10] 關於南傳佛教的"正念禪修"在歐美國家乃至東亞地區的流行情況，可參看溫宗堃：〈二十世紀正念禪修的傳承者：馬雜湊內觀傳統及其在中國台灣的發展〉，《福嚴佛學研究》，2012 年第 7 期，頁 217-232。

上海的白領階層以及心理治療師定期參與。有一位參與西園寺活動的上海模特形象老師如此描述她在西園寺的禪修心得：

> 在工作中發現女性容易生起煩惱，她們的內心往往又很多痛苦。此後我皈依佛門，也學習心理諮詢，希望找到解決煩惱的方法。以前我的手經常會疼痛，在禪修營中，"微笑練習"讓我的手基本上痊癒了。我感覺到微笑好像會呼吸，讓關節變得柔軟，使疼痛減輕。這七天像是一次充電，我獲得了很大的能量。[11]

　　這段描述無疑表現了一位普通的都市白領階層學習南傳佛教禪修的基本動機與體驗。參與南傳禪修的上海白領群體，除了少部分是因為佛教信仰外，不少人都有不同程度的心理焦慮或其他生理及心理疾病，試圖通過平實簡易的南傳禪修方法來緩解這些症狀。如據研究者對參加蘇州西園寺南傳禪修的一位上海瑜伽教練 S 的訪問，她早年患有長期的精神抑鬱，因此開始接觸佛教，參加過各種南傳禪修營，經過此類學習過程，大大緩解了這種症狀。她認為，南傳的禪修方法讓自己的生活恢復了意義，也覺得自己的事業更為順遂。[12] 但是上海由於缺乏固定的南傳修行道場，因此南傳佛教的修習者多參與短期的共修，或者是去國內其他寺院，乃至緬甸等南傳佛教國家的道場進行學習。從修習者數量上而言，也相對較少。

　　相比上海白領階層中流行的藏傳及南傳佛教信仰，漢傳佛教的回潮顯得相對不突出，傳統的漢傳淨土信仰在年長居士當中仍十分流行，而且也在年輕的中產階層當中擁有一定的信仰者。但這些人基本上屬於比較虔誠的"制度化佛教徒"，對於皈依、持戒、修行方面實踐得比較嚴格。他們接受佛教信仰的途徑，主要是來自於家庭的信仰傳統，或因為朋友、同事的引介。例如一位上海的青年白領居士 S 如此回憶她的信仰經歷："十來歲時，外婆就帶我去廟裏拜佛，從小聽她開著念佛機念佛。我們一大家子只有我和她信佛！今年她八十六歲了，越發

---

[11] 〈人世間〉，《蘇州西園寺》，2010 年第 17 期，頁 72。

[12] 2010 年 7 月 14 日在蘇州西園寺對 S 所進行的訪問。

精進了，上午念，下午也念。"不過由於上海的淨土信仰仍然以年老居士為主，因此修持這類傳統修行方式的年輕白領階層信眾數量並不算多，且因其與主流文化相對隔絕，因此基本屬於比較"保守、內斂"的傳統修行風格，而且帶有很強烈的"內卷化"與"私性化"的特徵。信眾介入社會的方式基本上集中在"放生"、"印經"等方面，與主流社會存在一定的疏離感。

這一類信仰群體因為帶有強烈的正統宗教性格，因此其活動也基本上維持傳統的修行形式，如周末共修念佛、放生等等。在上海有菩提寺等專門修持念佛的道場，經常舉辦針對這一類信眾的活動。由於這一群體在信仰上比較單一純粹，因此他們對於幸福感的理解，基本上集中在純粹的修行解脫層面。在上海的這一部分居士群體中，宗教的超越性和神聖性是他們獲得"幸福感"的主要來源。

除開這一類傳統化的"制度性佛教徒"之外，在如今的傳統文化的熱潮背景下，大部分漢傳佛教親近者的信仰常常會以"泛文化"的形式表現出來，例如在白領階層的佛教信仰者中十分流行的茶道、香道等。如筆者於 2012 年 4 月 20 日訪問一位上海執業律師 W，詢問他對於漢傳佛教的理解，W 如此回答："中國傳統文化，如儒家、道家以及佛家，從本質上都是一致的，目標都是獲得終極的意義。"[13] 由此大約可以觀察這部分群體的信仰動機與基本觀點，他們大多是傳統文化的擁蕶，帶有某種復古的文化趣味，對儒釋道三家大體持有"三教合流"的看法，而不刻意突出某一家的特徵，佛教的部分在其中雖佔據主要的內容，但往往會摻雜其他兩家的看法。這一傾向其實反映了當代佛教信仰的某些現實狀況，即大量的漢傳佛教的親近者其實是"泛傳統文化"的信仰者，他們並不是追求純粹的佛教信仰，即追求出世的超越性，而是將佛法的出世性格轉化成為一種世俗化的文化形態。這種潛在的動機，其實帶有某種後發經濟國家新興階層的"文化消費"目的，他們對佛教的信仰帶有某種隨意性，與前面所描述的相對保守的"制度化佛教徒"存在比較明顯的差異。根據筆者觀察，這一類信仰者雖然常常進入各個寺廟參加各種活動（如佛學夏令營、禪修營），也往往充滿了"泛文

---

[13] 2012 年 4 月 20 日對 W 的訪談。

化"的特色，宗教感方面則相對較弱，這是一個寄居在佛教信仰內部的"泛宗教消費群體"，其數量規模非常巨大，也是白領中產階層中熱衷"傳統文化"的主要人群。

這種佛教的"泛文化"信仰，使得他們大多會熱衷於與佛教相關的生活方式，如與現代環保理念結合的素食潮流。在上海，目前就已經有"棗子樹"、"吉祥草"、"功德林"以及"五觀堂"等素食館。在這當中，除了"功德林"是在 1922 年由佛教徒創辦的老字號素食館，其他均為 2000 年之後開設的新興素食館。如 2001 年開張的上海"棗子樹"素食館，就曾掀起過一陣白領中產階層的素食風潮，但"棗子樹"相對而言較少帶有佛教信仰的特徵。而於 2004 年成立的"五觀堂"素食館，則帶有比較明顯的佛教特色，店內不僅有大量與佛教相關的書畫裝飾，根據筆者的調查，這裏還經常舉辦佛教徒的共修活動，而且因為此處的風格非常符合中產階層的審美趣味，主要顧客基本為中產白領人群。總體而言，上海的素食文化相比台灣等佛教興盛地區而言，還未形成明顯的潮流，但已經開始表現出新興社會中產階層的某種獨特文化特質，儘管這當中更多帶有現代"健康環保"的色彩，但是客觀上也使得傳統佛教的素食生活方式逐漸為都市新興社會階層所接受。[14]

總體而言，進入 21 世紀之後，上海的佛教信仰進入了一個快速發展期。尤其是中產階層群體，在經歷了一個收入快速增長的過程後，開始感受到經濟快速成長與城市化的某些弊病，如都市化的人際關係淡漠、競爭壓力過大、婚姻愛情不順遂等問題，進而開始試圖尋找新的解釋和出路。這一階層由於良好的教育背景與經濟條件，大多會從文化消費、娛樂體育等方面尋找排遣的出路，但是另外會有一些人開始投入到宗教信仰當中尋找答案。一些對異質文化比較敏感的年輕人，往往會因為藏地自然環境的原始以及藏族少數民族的文化特色，而對藏傳佛教生起濃厚的興趣。這類白領階層對幸福感的理解，基本表現為懷疑物質主義，對都市中機械循環的生活方式存在強烈的厭倦，對"靈性生活"有著強烈的願

---

[14] 關於素食文化在當代中國都市中產階層佛教信仰中所扮演的角色，可參看 Lizhu Fan and James D. Whtiehead: "Spirituality in a Modern Metropolis", in DavidPalmer, Glem Shire and Philips L. Wickeri eds, *Chinese Religious Life*（Oxford: Oxford University Press, 2011）。

望。藏傳佛教不僅在信仰上能夠提供一個指引，而且還往往讓他們能夠直接感受到藏地的宗教氛圍與獨特文化。尤其值得注意的是，由於藏傳佛教從上世紀開始在西方擁有了一定的影響，因此大量的藏傳佛教的僧侶面對西方世界傳授的佛法通過台灣佛教界的翻譯重新回流到大陸，這使得受過良好現代教育的上海白領階層在無法掌握藏語的前提下，能夠迅速接納並且崇信藏傳佛教。

但對於另外一部分宗教感與文化敏感度稍弱的白領人群而言，因為他們深刻體驗到自身及家庭乃至社會的不和諧，尤其是個人事業、家庭上的某些挫折，使得他們需要行之有效的心理治療來緩解各式各樣的心理疾病，如抑鬱症、失眠等等。南傳佛教的禪修方法因為較少具有本土化的文化及宗教色彩，而往往受到這一部分人的親近。但這一群體的信仰色彩相對較弱，且大多目的性比較明確，主要是為了緩解心理壓力，獲得平和、健康的心理狀態。正是對"心理健康"的關注，南傳佛教的實用修行方法讓他們能夠輕易地切入。但是值得注意的是，這一群體的"宗教性格"相對較弱，對宗教的"實用性"理解也往往相當強烈，一旦心理問題得到緩解，他們往往會疏離"制度化佛教"。

對於最後一部分漢傳佛教的信眾而言，除開因為傳教、家庭信仰傳統等原因而信仰佛教的虔信居士群體外，大量親近漢傳佛教的都只是佛教文化的消費者，他們往往對傳統文化具有強烈的親和感，試圖通過佛教文化來建立起自己的文化趣味與生活方式，往往容易淡化了佛教信仰的宗教性格。在這部分群體中，佛教的超越性格顯然較弱，他們對世俗化的物質目標也相對比較看重，基本上屬於佛教文化的同情者，而非虔誠的篤信者。但是由於這一群體的數量較大，因此在佛教文化的傳播中往往也擔當相當重要的角色。他們對於幸福感的理解也往往更多帶有世俗化的特色。

◎ 二、佛教的復興與精神文明的重建

在當代中國佛教信仰回潮中，有一個比較引人關注的現象，那就是"明星佛教信仰"。雖然較少有明星在電視等公眾傳媒系統上公開坦誠自己的佛教信仰，但是借助微博及其他網絡媒體的傳播，大量明星的佛教信仰開始為公眾所瞭解。在這些明星當中，比較出名的有王菲、李連杰、陳曉旭、張國立、陳坤等。這些明星信仰佛教的動機與初衷各有一些不同之處。但毫無疑問的是，他們是當代社會中財富、影響力上升最快的社會群體之一，而恰恰在這一群體中，佛教信仰發展得尤為明顯。這無疑提出了一個直接的問題，為什麼這部分社會精英群體會迅速投入宗教？又為什麼會選擇佛教？

按照傳統現代化理論，隨著自由經濟的發展與現代教育的深入，傳統宗教大多會逐漸式微，淪為社會多元文化體系的一部分。但這一理論顯然難以解釋東亞社會在 20 世紀以來的宗教復興熱潮，如韓國、中國台灣在經歷了 20 世紀六七十年代的經濟起飛之後出現的一股宗教復興的社會運動，又如韓國的基督教、中國台灣的佛教及民間信仰等。[15]

而對於中國大陸而言，這一波經濟的高速發展，也同樣帶來一波宗教的復興熱潮。這一現象的的出現，首先是因為社會結構的快速轉型使得傳統維繫社會道德、價值共識的基礎迅速瓦解，而新的社會階層與結構卻還未充分建立。在這種環境下，人們往往會陷入一種原子化的生活狀態，與周圍的社區無法形成有機的聯繫，而且正是這種社會組織的空心化，導致倫理、道德因失去社群支撐而開始急劇惡化。在這一過程中，社會精英群體雖然在物質財富與社會地位方面獲利最大，但是他們所感受到的壓力與危機感又常常表現得更為明顯。這個新興的精英群體雖已形成，但仍處於急劇變動的階段，財富的漲落、心態的失衡，都使得這個階層在現實與心理層面上處在一種極度焦慮的狀態中。如影視明星佟大為就這麼描寫其心理轉變過程："有一段時間也感到內心的迷茫。成名得太快了，有時候彷彿措手不及。紛繁複雜的生活讓他開始茫然，如何對待功名利祿，成了我當時最需要解決的心靈和思想問題"。[16]

世俗利益的強大誘惑力及其短時間的快速積累讓人生意義的問題頓時凸顯出來，這是許多社會精英群體（如明星群體）在這個社會轉型期間普遍面臨的心理問題。雖然同樣也存在許多因經歷生命中的重大變故而痛感人生無常的個案，但就時代的普遍特徵而言，許多明星趨入佛門，直接源於面對如此紛雜的世俗生活

---

[15] 台灣佛教的復興雖然有經濟騰飛的原因，但也與其社會的民間信仰基礎未被大規模政治運動摧毀有密切的關係，經濟的發展與中國台灣佛教的正相關關係，主要體現在受過良好教育的新社會階層及知識階層大規模接納佛教信仰的方面。可參見昭慧法師：〈當代中國台灣佛教的榮景與隱憂〉（上），佛教弘誓學院，網站：http://www.hongshi.org.tw/articleCview.aspx?nono=121，瀏覽日期：2020 年 8 月 2 日。

[16] 〈佟大為：我有一顆信佛的心〉，《大都市》，2006 年 6 月號。

而產生的心理不安。這些"不安感"或許是事業上的焦慮感，或許是對不斷追逐財富的厭倦等等。如根據"當前我國思想道德、文化多元、多元、多樣、多變的特點和規律研究"課題組對企業家群體所作的調查，當問及宗教信仰的人數上升的原因是什麼，有77.2%的人認為是"尋找精神寄託"；有48.2%的受訪者認為是"對現實不滿"；有36.8%的人認為"主流思想教育不夠"；有23.7%的人認為是"受周圍人影響"。[17]"尋求精神寄託"其實是在財富積累與社會地位到達一定程度之後的某種心理失衡的自然反應。

本研究在對上海精英群體的佛教信仰作調查訪問時，選擇了公務員（包括正處級、副廳級的公務員L與Y）、民營企業家以及資深律師作為訪問對象，重點對兩名公務員、三名資深律師、兩名企業家進行了問卷調查和現場訪談。

首先，或許需要對本研究提到的"社會精英群體"作出界定。按照陸學藝的研究，社會精英群體大概包含"國家及社會管理者階層、經理階層、私營企業主階層"，他們擁有大量或一定的資本或社會資源，在政治、經濟、社會領域中扮演著重要角色。具體而言，具有一定職務的公務員群體、資深律師、私營企業家群體基本可以歸納在這個階層當中，被定義為"廣義的社會精英群體"。

首先對上海某法院的公務員L進行訪問，他為中共黨員，且具有碩士研究生學歷。當問及"是否感到幸福"，L的回答是"經常感到幸福"，而當問及最不安與煩惱的，則是"個人及家庭經濟狀況問題"、"個人情緒與心理健康問題"。當詢問為何會親近佛教時，他的回答則是"家庭成員有宗教信仰者"、"個人的興趣和愛好"以及"受周圍朋友影響"。當問及公務員群體中信仰佛教的情況時，他的回答是："公務員信仰佛教比較普遍，但一般都是私下相互瞭解，沒有公開。"而關於信仰的形式，他沒有受"正式皈依"，而主要是"定期進香禮拜和捐助功德"。對另外一位公務員Y所進行的問卷調查，其回答基本上和L保持一致。[18]

從問卷結果看，值得注意的有兩個現象，一是公務員群體中已經開始出現佛

[17] 樊浩等著：《中國大眾意識形態報告》（北京：中國社會科學出版社，2012年），頁619。
[18] 2012年5月17日對L、Y所進行的訪談。

教信仰的明顯趨勢，而這與共產黨員不能信仰宗教的規定存在違背之處。這也是許多公務員並未成為 "制度化佛教徒" 的原因，即沒有進行正式皈依，而只是私下參與佛教的各種信仰活動。這一現象顯然已經引起了相關部門的注意，在〈紀念中共中央 1982 年 19 號檔印發 30 周年〉的文章中，國家宗教局相關負責人就曾提出，"宗教對社會的影響日益擴大，人們對宗教的關注顯著提高，宗教工作面臨一系列新課題新挑戰"，其中一個重要的問題就是共產黨員能否信仰其他宗教。另外一個值得注意的現象則是公務員群體的信仰形式，這一群體在參與佛教信仰方面，仍然集中於 "進香禮拜和捐助功德" 的形式上，而比較少地參加教理學習、禪修實踐等信仰活動。這間接地反映出，公務員群體參與佛教的目的與動機仍然局限於某種功利性層面，常常具有比較強的信仰功利性格。如 Y 曾告訴筆者，他經常去江浙一帶的寺廟上香禮佛，上海本地的一些企業家與公務員朋友也都會與他一起前往。他們對佛教教理基本上缺乏瞭解的興趣，而是希望通過捐助功德和上香來進行祈福，祈福內容基本上都是 "家庭平安、身體健康與事業順遂" 等等。在這一群體中，佛教的 "出世性格" 顯得十分薄弱，反而具有強烈的追求世俗利益的特徵。

在對上海企業家所作的問卷及訪談中，某民營企業的管理人員 G 的回答與上述問卷的公務員保持比較高的一致性，如最感到煩惱的仍舊是 "個人情緒與心理健康問題"。雖然所訪的公務員與企業家群體基本都表示對當下的生活感到 "幸福"，但是同時又普遍承認存在 "心理健康問題"。這種看似矛盾的回答，其實暗示出社會精英群體雖已擁有一定的社會地位和物質財富，享受到過去短缺經濟下難以想像的 "幸福感"，但基本上偏於物質消費方面，即在衣食住行方面得到了充分乃至過度的滿足。這也同時產生了新的心理問題。這些 "心理問題" 到底包含哪些內容？

在對公務員 Y 的訪問中，當問及 "為何信仰佛教" 時，他的回答是："當感覺衣食無缺後，反倒感覺到生命失去了意義，不知道怎麼活了。" 同樣在對另外一名民營企業家 J 進行訪談時，她在事業上發展較為順利，但卻有較深的婚姻危機，在心理方面存在比較明顯的焦慮。可以看出來，正是出於這樣的動機，使得她迅速地與宗教信仰接近。但是據她自己陳述，她選擇佛教並非出於理智的自覺選擇，而是受到周圍朋友的影響。[19] 因此這一類人對佛教信仰的看法仍然處於一種比較模糊的"祈福"心理層面。

這一部分社會精英所表現出來的這種生命意義危機感與信仰需求，沒有大規模出現在經濟短缺的改革開放前期，反倒是出現在經濟高速發展之後，大概存在兩個方面的因素：一是改革開放初中期的那種"發展主義"的樂觀主義精神，基本上讓這種"生命意義的缺失感"難以凸顯出來，人們仍然處在一個比較強烈的追逐財富與物質幸福的精神氛圍裏面；其次則是，因為這一波高速發展，雖然造就了新的社會精英群體，但同時又帶來了強烈的公平爭議與道德質疑，使得他們對這個快速變化的體制產生一種不安定的憂慮感。這種矛盾的社會心理造成了精英群體一方面擁有了豐厚的財富與社會地位，但卻同時產生強烈不穩定的社會預期。這種不穩定預期也使得這部分群體的佛教信仰往往帶有強烈的扭曲性格，如強烈的"祈福"與"神秘化"特色。

這種混淆與雜糅的信仰特徵在中國的傳統民間信仰中，一直具有三教合流、三教雜糅的特色。這種性格也在這一波宗教復興的過程中重新凸顯出來。在傳統社會中，雖然存在儒家學說的正統，但在更為豐富的日常社會生活中，三教雜糅基本上代表了中國民間信仰生活的基本生態。楊慶堃就認為："低估宗教在中國社會中的地位，實際上是有悖於歷史事實的。"[20] 這裏指的正是"三教合流"式的民間信仰。而葛蘭言也對此有相似的觀察，他觀察到，儒釋道三家在社會生活中相互錯雜，相互借用，乃至混淆。[21]

筆者在對這些公務員、企業家及律師進行訪問時發現，這些人大部分對佛教教理幾乎缺乏必要的正統見解，而多與傳統民間信仰的觀點接近，即具有比較明顯的祈福與神秘化特色。這也使得他們的佛教信仰難以與一般民間信仰區分開，甚至相較白領中產階層的佛教信仰而言，具有更明顯的功利特徵。

如何看待社會精英群體的佛教信仰現象與"幸福感"問題？從一方面看，

---

[19] 2012 年 4 月 7 日對 G 所進行的訪談。

[20] 楊慶堃：《中國社會中的宗教：宗教的現代社會功能與其歷史因素之研究》（上海：上海人民出版社，2007 年），頁 24。

[21] 葛蘭言：《中國人的宗教信仰》（貴陽：貴州人民出版社，2010 年）。

由於這部分群體受到了良好的教育，許多人對傳統文化抱持一定的好感，[22] 而佛教信仰中的文化意涵（如禪文化）正吸引了部分對傳統文化感興趣的群體，但是他們對佛教的信仰意涵（即出世的面向）缺乏真正的瞭解，反而更容易接納民間信仰中將佛教神秘化、世俗化及功利化的傾向，將佛教要麼視為個人身份的"文化符號"，要麼就完全將其視為祈求現世利益的工具。從另一方面來看，社會精英群體的"幸福感"內涵，在從經濟成長初期的"物質取向"開始轉向了更深層的"意義取向"與"精神取向"，後兩者的取向雖然不完全與宗教重合，但是卻與宗教信仰開始有交涉的部分。雖然在這個過程中，社會精英群體在選擇宗教信仰時，常常出現盲目與無序的狀況，如只注重宗教的"功利性"與"神秘性"，而較少理解各個宗教的根本精神。但這種狀態卻反映出這個社會的精英群體已經開始與宗教信仰有了緊密的交涉。在這個過程中，各個宗教該如何回應這樣的需求，以及政府如何面對這樣大規模的信仰回潮，都將是未來需要面對的重要議題。而"個人幸福感"的強烈需求，也必須在這樣的背景下得到妥善的安置。

　　總體而言，從信仰者的教育程度、信仰動機以及信仰形式角度綜合來看，上海社會精英群體的信仰狀況基本上具有三個特徵：一是信仰的盲目性。整體來看，今天社會精英的佛教信仰因佛教教育傳統的缺失，而越發顯得盲目與衝動。儘管他們普遍具有較高的教育水準，但是因為佛教教育在這三十年來一直舉步維艱，對於社會的弘化嚴重不足，因此當這些有著良好教育的社會精英群體開始具有信仰需求時，所展現出來的往往是比較盲目的狀態。二是信仰的功利性格。這一波經濟的高速發展，在社會精英群體中所激化出來的信仰衝動，因其帶有強烈的"解決問題"的需求，所以往往與崇尚"祈福"的民間信仰相混淆，而與佛教的旨趣相背離。這一類信仰，往往淪為依附於佛教形式上的民間信仰。三是佛教信仰的"隱秘化"。由於中國的宗教政策尚未開放共產黨員信仰其他宗教，使得大量擔任政府公職的公務員群體雖有佛教信仰的需求與行動，但卻只能處於私人

---

[22] 傳統文化的復興，是佛教信仰回潮的一個有力助因。如在對受高等教育的青年群體中所作的調查，當問及"如果說應該有一種文化成為主流文化，應該是哪一種文化"，雖然只有 3.7% 的人選擇宗教文化，但是卻有高達 40.4% 的受訪者選擇了"中國傳統文化"，這也間接證明，佛教在這一波"傳統文化復興"的潮流中其實間接地獲利。相關資料參看樊浩等著：《中國大眾意識形態報告》，頁 808。

與隱秘的狀態。雖然政府再三強調共產黨員不能信仰宗教，但是事實上，在上海的公職人員中已經存在信仰的"潛流"，這種趨勢如何發展，尚有待觀察。

上海作為國際化的大都市，在經濟社會的發展方面已經取得相當的成果。但是伴隨著都市化的發展，也顯現出後發地區在高速發展之後的一些"現代化症候"，如人際關係的疏離、唯物質主義與消費主義的單一化價值觀、道德共識的瓦解等等。這使得都市人群普遍產生一種精神上的"無意義感"與"焦慮感"。而社會精英群體因屬於社會轉型的受益者，對轉型的症候更為敏感，因此在一部分人當中產生了強烈的信仰需求。但這種需求卻與長期以來宗教信仰社會化不足的現狀形成了明顯的矛盾。以佛教為例，經過三十年佛教教育的發展，無論是僧團還是居士佛教，都尚未形成面對社會弘化的教育體系與機制。相比民國時期的上海佛教，佛教在社會層面的正面作用尚未得到足夠的顯發，這種佛教教育的落後現狀與受過良好教育的社會精英群體蓬勃的信仰需求之間的反差，將會在未來造成什麼樣的信仰格局，則還需要進一步的觀察。但是可以肯定的是，新的社會精英群體所面對的"幸福感"疑惑，已經重新將宗教信仰議題提上了檯面。作為一個現代化的社會，上海這樣的國際化都市需要什麼樣的宗教信仰，以怎樣的形式去實踐信仰，而信仰與現代化之間又將如何共處與結合，都是亟待反思與解決的問題。

禪宗思想對職場人士的啟發

江暉 *

　　本文選取"敬業"這個價值觀與禪宗思想中的"平常心是道"進行論述,探討如何把在生活中修行的禪宗思想融入到敬業中去,指引職場人士如何做到真正的安居樂業。

　　中國佛教禪宗,創始於菩提達摩祖師,自六祖慧能始發揚光大。慧能門下著名的弟子有南嶽懷讓、青原行思、菏澤神會、南陽慧忠、永嘉玄覺等人。其中南嶽懷讓門下數傳形成溈仰、臨濟兩宗;青原行思門下數傳分為曹洞、雲門、法眼三宗。應了六祖"一花開五葉"的預言。南嶽懷讓門下的馬祖道一與百丈懷海師徒二人,不僅對傳統的禪宗行者生活方式進行了改革,而且把禪宗的修行心法落實到日常生活中去,令人明白每一個人都能在日常生活中修行。這一影響力,是貫穿古今的。

　　在我國,黨的十八大提出:宣導富強、民主、文明、和諧;宣導自由、平等、公正、法治;宣導愛國、敬業、誠信、友善,積極培育和踐行社會主義核心價值觀。富強、民主、文明、和諧是國家層面的價值目標;自由、平等、公正、法治是社會層面的價值取向;愛國、敬業、誠信、友善是公民個人層面的價值準則,這二十四個字是社會主義核心價值觀的基本內容。[1]2017 年 10 月 18 日,習近平同志在十九大報告中指出,要培育和踐行社會主義核心價值觀。要以培養擔當民族復興大任的時代新人為著眼點,強化教育引導、實踐養成、制度保障,發揮社會主義核心價值觀對國民教育、精神文明創建、精神文化產品創作生產傳播的引領作用,把社會主義核心價值觀融入社會發展各方面,轉化為人們的情感認

---

* 　中山大學古文獻研究所佛道文獻辦公室研究助理

[1] 　劉奇葆:〈在全社會大力培育和踐行社會主義核心價值觀〉,中國共產黨新聞網,網站:http://cpc.people. com.cn/n/2014/0305/c64094-24529115.html,瀏覽日期:2021 年 2 月 6 日。

同和行為習慣。[2]

可見，以思想指導生活、融合生活，是禪宗與社會主義價值觀共同的目標。當今人們的生活水平大多取決於家庭成員的工作狀況。人們常常說"孩子不能輸在起跑線上"。正是因為家長們在就業生涯中嘗盡百味，得知工作是現代人終身必修的一門大功課，所以才希望孩子從小就能積累知識技能，為日後升學做好鋪墊。而考一所好大學、讀一個好專業，更是進入職場的優先入場券，可見職場競爭之激烈。基於這個社會現象，本文選取"敬業"這個價值觀與禪宗思想中的"平常心是道"進行論述，探討如何把在生活中修行的禪宗思想融入到敬業中去，指引職場人士如何做到真正的安居樂業。

◎ 一、馬祖建道場，百丈立清規

佛祖拈花，迦葉微笑，這種以心傳心的方式，實則就是禪宗的肇始。西域達摩祖師來中土嵩山面壁，慧可斷臂求法，達摩祖師一句"將心拿來，我為汝安"使他應機覺悟。再後即有六祖慧能出現，禪宗自此頗具規模地發展。

在唐貞元、元和年間，六祖慧能的再傳弟子馬祖道一領導著洪州宗，以一枝獨秀的勢頭崛起。六祖"一花開五葉"預言的實現，也有賴馬祖道一的門人，開為溈仰、臨濟、雲門、法眼、曹洞五宗。

六祖慧能的弟子懷讓，生於唐儀鳳二年（677），金州安康（今陝西安康）人。懷讓二十三歲時，來曹溪參六祖，在其門下十二年（一說十五年），後在南嶽般若寺弘法。懷讓的弟子，僅有馬祖道一留有事蹟。道一生於唐景龍三年（709），卒於貞元四年（788），俗姓馬。他本來隨成都淨眾寺金和尚無相學法，後赴南嶽從懷讓參學。《五燈會元》有錄：

> （懷讓）問曰："大德坐禪圖什麼？"一曰："圖作佛。"師乃取一磚，於彼庵前磨。一曰："磨磚作麼？"師曰："磨作鏡。"一曰："磨磚豈得成鏡邪？"師曰："磨磚既不成鏡，坐禪豈得作佛？"一曰："如何即是？"師

---

[2] 〈習近平提出，堅定文化自信，推動社會主義文化繁榮興盛〉，新華網：http://www.xinhuanet.com//politics/19cpcnc/2017-10/18/c_1121820800.htm，瀏覽日期：2021 年 2 月 6 日。

曰：“如牛駕車，車不行，打車即是，打牛即是？”一無對。師又曰：“汝為學坐禪，為學坐佛？若學坐禪，禪非坐臥。若學坐佛，佛非定相。於無住法，不應取捨。汝若坐佛，即是殺佛。若執坐相，非達其理。”[3]

與馬祖道一同參懷讓的還有其他五人，但只有他一人密受心印。馬祖道一後來在江西建置道場，隨其學者眾多。故有“馬祖建道場”之說。《馬祖道一禪師語錄》有錄：

> （馬祖道一）示眾云：道不用修，但莫污染。何為污染？但有生死心，造作趣向，皆是污染。若欲直會其道，平常心是道。何謂平常心？無造作，無是非，無取捨，無斷常，無凡聖。故經云：“非凡夫行，非聖賢行，是菩薩行。”只如今行住坐臥、應機接物盡是道。道即是法界，乃至河沙妙用，不出法界。若不然者，云何言心地法門？云何言無盡燈？……[4]

馬祖道一認為“道不用修”、“平常心是道”、“只如今行住坐臥，應機接物盡是道”，這其實是對傳統讀經坐禪修行方式的一個改革。他宣導行者走下蒲團，在日常生活中修“心地法門”。

馬祖道一門下有一位百丈懷海，福建長樂人。百丈禪師把馬祖道一提倡在生活中修行的思想貫徹到勞動中去。自馬祖建立道場後，百丈也隨之主張出家人過農禪生活，自給自足。在日常勞作中，百丈禪師做好了表率作用，《五燈會元》有錄：

> 師（百丈懷海）凡作務執勞，必先於眾。眾皆不忍，蚤收作具，而請息之。師云：“吾無德，爭合勞於人？”師既遍求作具不獲，而亦忘食。故有“一日不作，一日不食”之言流播寰宇矣。[5]

---

[3] 普濟：《五燈會元》（北京：中華書局，1984 年），卷三。

[4] 《馬祖道一禪師語錄》。

[5] 《五燈會元》，卷三。

奉行"一日不作，一日不食"的他見出家人逐漸增多，察覺到道場的管理需要有一個法則去規約，便著手制定了一套叢林管理制度《百丈清規》。自此，一個道場裏設置各種職能由僧人擔任，也有了一套實用的儀軌供各種事務參照使用。

有研究者認為："'一日不作，一日不食'的經濟制度——普請法的確立，對於中國佛教來說更是至關重要的。一方面，它與中國傳統很吻合，即重視農耕和小農經濟的自產自足，另一方面，改變了比丘不事生產、靠乞食為生的傳統和寺院依靠經濟工商業、出租土地和帝王權貴封賜、信眾捐贈的狀況。於是叢林寺院，一面實行墾山林、闢農田，以資生產，一面嚴守戒律，真參實學。"[6] 由於農禪並重，解決了寺院的經濟問題，使得寺院在國家政策變動之時也不至於處於太過被動的狀態，所以贊寧稱"禪門獨行由（懷）海之始"。[7]

禪宗這種在生活中修行的理念，不僅適合出家眾的叢林生活，更適合在家人的日常修行；不僅適合古代人，更適合現代人。現代大部分人都必須通過上班工作來賺錢維持基本生活，是真正的"一日不作，一日不食"。衣食住行的基本費用統統要靠薪酬維持，但凡稍稍對生活品質有所追求的人，必然希望能賺多一些錢去滿足一些慾望，生活節奏就更加緊張了。再者，在家人想要在工作家庭生活中闢時間專事修行是非常困難的。這個時候，禪宗在生活中修行的理念，則可以落實在工作上。

◎ 二、禪宗智慧與敬業價值觀

社會主義核心價值觀中有"敬業"一項。"工作乃是人類生命的主要標記。重點不單是除少數人之外，所有的人都必須工作才得以生存。終究說來，工作的驅策是源於心理的而非經濟的因素。被迫無所事事，多數人都會變得煩躁不安；強迫退休，他們會衰弱。"[8] 史密斯先生認為人從事工作的驅策在於心理而非經濟，可能很多打工一族對這個說法都非常困惑。因為他們一直都認為是為了養家餬口才去工作，而且是做一行厭一行。但事實上，又很多人受不了沒有工作、無

---

[6]　王永會：《〈百丈清規〉及其歷史與現實意義》，《中華文化論壇》，2001 年第 1 期，頁 110。

[7]　釋贊寧：《宋高僧傳》，卷十。

[8]　休斯頓‧史密斯：《人的宗教》（海南：海南出版社，2013 年），頁 38。

所事事的空虛。安居樂業是中國人所希求的生活模式，假如我們都能以禪宗的智慧植入工作，做到敬業樂業，那麼生活亦將更美好。

《五燈會元》有錄：

> 源律師問："和尚修道，還用功否？"師（大珠慧海）曰："用功。"曰："如何用功？"師曰："飢來吃飯，困來即眠。"曰："一切人總如是，同師用功否？"師曰："不同。"曰："何故不同？"師曰："他吃飯時不肯吃飯，百種需索；睡時不肯睡，千般計較。所以不同也。"律師杜口。[9]

大珠慧海曾參馬祖道一，並侍奉道一六年。上述公案中，慧海禪師道出一般人之所以無法在日常生活中用功修道的原因，就是他們總是吃飯的時候沒有專心吃飯，睡覺的時候亦然。三心兩意，總是做不到置心一處。這樣的心理狀態，與我們現代人的生活態度十分相似。尤其是現在智能手機佔據了人生活中的大部分精力。很多人吃飯、睡覺、坐車、上班的時間都在看手機。有的美其名曰在互聯網上做生意，所以連吃飯睡覺都放不下手機了。真的是如禪師所說的百種思索、千般計較。

同時，現代人對職業選擇，要思量的內容有很多，例如薪酬待遇合理否、升遷空間大否、交通便利否等等。人之所以考慮的內容越來越複雜，是因為要應對的生活問題實在太多。有人在必須解決燃眉之急的情況下隨便找一份工作，抱著騎牛找馬的心態上班，結果工作沒有做好，"牛"失去了，"馬"也找不到。而且如今資訊技術發達，人一天接收過多的信息量。人閱讀大量資訊，會加速精神的消耗之餘，更是使人在做某事的時候，心裏又想著另外一件事。

到底現代人有沒有可能做到置心一處呢？我認為是有的，但前提是要認清自己，放下自己。《五燈會元》有錄：

> 一日，石頭問曰："子見老僧以來，日用事作麼生？"居士（龐蘊）曰：

---

[9] 《五燈會元》，卷三。

“若問日用事，即無開口處。”乃呈偈曰：“日用事無別，惟吾自偶諧。頭頭非取捨，處處沒張乖。朱紫誰為號？丘山絕點埃。神通並妙用，運水及搬柴。”石頭然之。[10]

這裏的居士是指龐蘊。龐蘊居士先後參學於石頭希遷和馬祖道一，且以居士身份在燈錄中列於馬祖法嗣，足以證明他在禪宗是有一定地位的。龐居士認為，運水搬柴這種似乎毫無技術含量的粗重功夫，只要能以“平常心是道”的思想理念去做，投入到工夫本身去，相與和諧，平凡也是神通。

在天台山國清寺流傳一個故事：很久很久以前，有一位太守在和國清寺方丈豐干和尚談話時說到如今很難見到菩薩。豐干和尚就帶他去廚房，指著這裏正在煮飯燒水的兩個人，說：“煮飯的叫寒山，燒水的叫拾得。他們分別是文殊菩薩和普賢菩薩。”太守望向這兩個人，二人長得蓬頭垢面，一點都不起眼。但既然方丈說他們是菩薩，太守便向他們下跪，並稱“菩薩度我。”這兩人一聽，説：“豐干真多事，亂說話。”於是他們就跑。太守追。他們說：“見彌陀不拜，卻追我們。”太守問誰是彌陀。寒山、拾得答是豐干和尚。

這個故事後來亦成為禪宗公案。文殊普賢這兩位大菩薩，也會化身來做燒水煮飯這種日用事。那是因為在菩薩的境界，無有分別，該做的就去做。

就算寒山拾得只是一個傳說，菩薩的化身只是遊戲人間，那麼，敬業樂業最好的一個例子，便是六祖慧能。《壇經》云：

> 慧能退至後院，有一行者，差慧能破柴踏碓。經八月餘，祖一日忽見慧能曰：“吾思汝之見可用，恐有惡人害汝，遂不與汝言，汝知之否？”慧能曰：“弟子亦知師意，不敢行至堂前，令人不覺。”
>
> ……
>
> 慧能曰：“我亦要誦此，結來生緣。上人，我此踏碓，八個餘月，未曾行到堂前。望上人引至偈前禮拜。”[11]

---

[10]《五燈會元》，卷三。

[11] 宗寶本：《壇經·行由品第一》。

慧能初會五祖，被人打發到去後院做雜工。慧能服從這個分配，在後院幹了八個多月活。直到五祖去看他，坦言是因為知道他是可造之材，怕有人要害他才特地這樣冷落他。慧能面對五祖，毫無怨言，且說能了會五祖苦心，於是也只是堅守崗位，從來不要求見祖師，就連堂前都未有去過。

這一種聽任安排、敬業樂業的態度，正是現代人所需的工作態度。現在的人急於求進，一個對職業有所期待的人，是很難安於平凡的崗位，並且會認為自己是一匹千里馬，只是未被伯樂發現。然而其實自己真的是一匹千里馬嗎？就算自己真的就是一匹千里馬，但由於不甘於在平凡崗位服務一段時間，便錯過了伯樂的發掘——或許上司正是要考驗該人的忍耐力。

這就是鈴木大拙提到的："禪的真理是把一種單調乏味的生活，索然的平凡生命，變成為一種藝術的、充滿真實內在創造的真理。" [12]

現代人常常背負著沉重的心理包袱，把外在的名聞利養當作是真實的、可靠的，在上班工作保證了基本衣食住行後，就會以勞動力去換取那些外在利益，從而把自己的心弄得越來越浮躁。而且世俗的價值觀總是因人的職業、財富而將人分了階位，這樣的價值觀本來就是錯誤的。這就使很多人好高騖遠，以便獲得其他人的豔羨，而忽略了滋養自己的內心，未懂得平凡的奧秘。事實上，職業只是一個社會的分工，沒有人能以一己之力包攬整個社會的所有職能。佛教所說的，無論多少人一起護持一座塔的建起，他們每個人都能同時獲得同樣的建塔功德。正如一家小小的店舖，需要一個老闆、一個收銀員、一個到兩個銷售，以及一個搞衛生的。這四五個人，是這個店舖的人力資源，他們都為這個店舖的正常運轉付出了自己的勞動，他們共同成就這個店舖的經營。在共同成就店舖的這一個層面，他們的付出是同等的，沒有高低分別。但假如非要區分職位的高低或者文化程度的高低，這個情況也的確有。但是，這些高低之分，是受很多因素影響的。有的人喜歡讀書，他必然在文化程度上比不喜歡讀書的人高，但這也並不能代表他在整個人生的過程中就比別人優越。而那些不喜歡讀書的人，有的人喜歡創業而成功；也有的人因為天賦、能力等條件的確有限，只能從事技術含量比較低的

---

[12] 鈴木大拙、弗洛姆、馬蒂諾著：《禪與心理分析》（海南：海南出版社，2012 年），頁 22。

工作，然而這也並不是一個不能接受的結果。要知道人都帶著業來，且每個人的命運不同、機遇不同，於是每個人都有自己的路。只要走好自己的路，也就可以了。因為人生的旅途上，終點站是自己一個人到達的。過程中的所有陪伴者，都只是過客而已。只要認清世間的真相，就能夠卸下心理包袱，輕鬆向前走，並笑到最後。

鈴木大拙提出了一種名為"生活藝術家"的人："就這樣一個人而言，他的生活反映出他從無意識的無盡泉源所創造出的每一個意象。就這樣的人而言，他每一個行為都表現了原本性、創造性，表現了他活潑的人格。在其中，沒有因襲，沒有妥協，沒有受禁止的動機。他只是如其所好地那樣行動著，他的行動像風那樣隨意揚著，他沒有拘囿於片面的、有限的、受限制的、自我中心的存在之自我。他已經從這個監牢中走了出來。唐代一位偉大的禪師說：'當一個人是他自己的主人，則不管他身居何處，他都忠實於自己而行動。'這樣一個人乃是我所稱的真正的生活藝術家。"[13] 可見，只要悟出禪在生活中，修行在生活中，那就能把心安下來，做任何事情都隨緣隨分，尤其是工作，就可以根據自身的需求選擇職業，並令自己與這份職業合一，從而敬業樂業。

這裏還得用六祖慧能來作為例子，《壇經》錄：

> 慧能後至曹溪，又被惡人尋逐。乃於四會，避難獵人隊中，凡經一十五載，時與獵人隨宜說法。獵人常令守網。每見生命，盡放之。每至飯時，以菜寄煮肉鍋。或問，則對曰："但吃肉邊菜。"[14]

六祖有這麼一段在獵人群裏的生活經歷，而且是十五年之久。雖然這樣，但他仍然堅守自己的內心，沒有被外境影響。相反，他為獵人說法，偷偷放生動物，在飲食上也是堅持吃素 —— 在那個時候，慧能只是一個俗人的身份，他是在後來來到光孝寺，才剃度受戒，成為正式僧人的 —— 但他自從五祖得法開始，已經是以一個出家人的行為操守要求自己了。在一個與自己身份不相稱的環

---

[13] 鈴木大拙、弗洛姆、馬蒂諾著：《禪與心理分析》，頁 20-21。

[14] 宗寶本：《壇經·行由品第一》。

境中，仍然可以用自己的方法生活著，並且還能夠嘗試改變身邊的人。六祖的這段經歷，也為現代職場人士提供了一個啟示：不要怨環境不好，只要堅定自我，或許還能夠改變環境。

◎ 三、結語

　　社會主義核心價值觀指導著人民百姓的生活方式。宗教強調的、探索的，也是人類生活的一種模式，且這種模式已經經歷了千百年來的經驗驗證。我相信，兩者的和諧結合必定能指導百姓過上安居樂業的幸福生活。

試析禪宗睡眠觀對現代社會的啟迪：
以大珠慧海禪師公案為例

———

梁潤煒*

◎ 一、佛教的關懷與當代人的睡眠問題

作為一個流傳千年的宗教體系，佛教呈現出特別關注人類生活問題的特徵。佛陀曾説自己只講苦與苦的止息，這種人本主義的思想在佛教後來的各個支流中都有所體現。

中國禪宗是中國佛教八大宗派之一，它在中國的起源始於達摩祖師，而真正徹底實現中國化，則應以六祖惠能大師思想的形成為標誌。中國禪宗一改過往佛教重視聞思、坐禪、經行等修行方式的習慣，相對於過往強調"日中一食，樹下一宿，三衣一缽"的頭陀行修行觀，頗具創造性地提出了"佛法在世間，不離世間覺"[1] 的入世修行觀；相對於過往細分"離生喜樂"乃至"舍一心支"的四禪八定禪定論，禪宗也獨樹一幟地提出"外離相為禪，內不亂為定"[2] 的禪定論。這樣的修行理念，可以認為是佛法中重視在日常生活中遠離煩惱的中道理念在具體時勢因緣下的一個創舉。

禪宗的這些修行特點，並不應該視為對傳統的反叛，而應該視為對佛教中重視解決生活中實際苦惱這一特色的舉揚與發展。這樣的修行特色，無論從理論的角度，還是從實踐案例的角度，都對現代人具有重要的啟示意義。尤其讓筆者注意到的是，禪宗在對待"睡眠"問題的一些觀念，是值得每一個現代人學習和實踐的。這就需要從現代人所面臨的睡眠問題説起。

進入 21 世紀以來，睡眠問題就得到了全球各界人士的重視。從 2001 年開始，國際精神衛生和神經科學基金會將 3 月 21 日確認為"世界睡眠日"。2019年世界睡眠日，新華網發佈了一則名為〈中國超 3 億人有睡眠障礙 成年人失眠

---

* 華南農業大學

[1] 《六祖大師法寶壇經》，載《大正新修大藏經》，冊四八，卷二〇〇八，頁 351。

[2] 同上註，頁 353。

發生率近 4 成〉[3] 的報導。報導稱：超過三億的國人存在睡眠障礙，成年人失眠發生率高達 38.2%。此外，六成以上九零後覺得睡眠時間不足；六成以上青少年兒童睡眠時間不足八小時。在眾多失眠的案例當中，北、上、廣、深等經濟高度發達的一線城市表現得尤為嚴重。這跟經濟高速發達帶來的較快的生活節奏和較高的工作生活壓力有關。而在全球範圍內，據世界衛生組織的調查表示，人類睡眠障礙率也達到了 27%。

《中國青年報》2019 年 3 月 18 日的報導〈世界睡眠日〈中國睡眠品質調查報告〉發佈〉指出，在接受普查的覆蓋全國各省市地區的十萬國人中，有 16% 的被調查者夜間睡眠時間不足六個小時，表現為 24 點以後才上床睡覺，並且在 6 點之前起床；有 83.81% 的被調查者經常受到睡眠問題困擾，其中入睡困難者佔 25.83%，淺睡眠者有 26.49%。這些資料表明，睡眠時間短、睡眠品質差等睡眠問題已經成為擺在中國人乃至全體人類面前的一個重要難題。從這些報導中也可以看出，因睡眠不足導致的身心健康問題和工作、學習效率問題，將成為擺在不少人面前的一大難題。

除了睡眠品質低、睡眠時長短以外，現代的睡眠問題，還體現在晚睡晚起，乃至晝夜顛倒等作息不規律上。越來越普遍的熬夜現象及越來越常見的熬夜致病乃至致死新聞的出現，引起了媒體的關注。《貴州日報》2018 年 12 月 4 日刊登了一則關於 "熬夜險" 的時評〈別把 "熬夜險" 當成救命稻草〉，時評指出中國平安推出 "熬夜險" 險種後，得到金融、IT、媒體等行業的普遍關注。據悉，2018 年 11 月 20 日中國平安推出 "熬夜險" 後，僅一晚的時間，該險種便已經賣出近六千份。這一險種的出現與熱賣，證明熬夜現象的普遍發生及其導致的健康威脅已經引起了廣泛的重視。

如上這些睡眠問題的起因是多樣的。諸如工作強度、生活節奏、城市文化等多方面因素，都對現代人的睡眠時長與品質造成影響。《中國青年報》2019 年 7 月 26 日發表的時評〈從不熬夜學習的你為何熬夜追劇打遊戲？〉中指出，雖然有不少熬夜現象的成因是工作、學習的快節奏、高強度，但同樣有不少人的熬夜

---

[3] 〈中國超 3 億人有睡眠障礙 成年人失眠發生率近 4 成〉，新華網：http://www.xinhuanet.com/politics/2019-03/21/c_1124261430.htm，瀏覽日期：2021 年 2 月 6 日。

是因為個人的作息習慣不良、睡眠觀念不好，因為對各類娛樂活動尤其電子娛樂活動的貪戀而導致。

工作生活等因素是當代經濟飛速發展的副產品，要想從這些方面入手解決問題並不容易。但在這眾多因素中，人們的生活習慣與睡眠觀念是較能受主觀調控的。在人類文明史上，一些成熟完善的思想體系對於生活習慣與觀念都有較成體系的描述，可以為現代人解決這類睡眠問題提供參考與借鑒。這其中尤其值得重視的是禪宗的睡眠觀。禪宗的睡眠觀一方面繼承了原始佛教中的睡眠觀，另一方面又體現了其獨特的修行觀。這樣的睡眠觀對於現代人來說，具有深刻的啟迪意義。

◎ 二、禪宗睡眠觀簡述

作為漢傳佛教的主要宗派之一，禪宗繼承了佛教一貫以來對人苦樂的關懷，並結合中國特色，作了發展與調適，對中國文化造成了深遠的影響。雖然禪宗常以各種令人感到難以理解的方式來破除人們的執著，但是這種重視破執的思維模式，讓禪宗更加善於發現人們在日常生活中潛藏的煩惱。也正是因此，禪宗在對待睡眠問題時，更關注人在睡眠中的心理狀態，而非睡眠活動本身。

關於禪宗的睡眠觀，最有代表性的便是大珠慧海禪師的公案。大珠慧海禪師是唐代高僧，曾得禪宗高僧馬祖道一禪師的指點而有悟。他對人的睡眠狀態有非常精到的觀察，並靈活地根據佛法義理，闡述了他的睡眠觀。《景德傳燈錄》中記載道：

> 有源律師來問：「和尚修道還用功否？」師曰：「用功。」曰：「如何用功？」師曰：「飢來喫飯，困來即眠。」曰：「一切人總如是，同師用功否？」師曰：「不同。」曰：「何故不同？」師曰：「他喫飯時不肯喫飯，百種思索；睡時不肯睡，千般計校。所以不同也。」律師杜口。[4]

有一位源律師來問慧海禪師修道如何用功，慧海禪師很簡單地回到道：「肚

---

[4] 《大正新修大藏經》，冊五一，卷二〇七六，頁 246。

子餓了就吃飯，困了就睡覺"，並解釋道，一般人吃飯睡覺時，內心都在追逐其他的思慮，心不在焉，這是自己不同於他人的地方。言下之意是，他的用功方法，只是在日常生活中保持正念，不放逸懈怠而已。這樣的說法，讓源律師啞口無言。

這段對話從文字篇幅本身來講並不算大，但卻完整表達了禪宗的睡眠觀的時節性、善巧性和目的性這三個方面，下面筆者將從這幾個方面展開說明。

◎ 三、禪宗睡眠觀的時節性

理解禪宗睡眠觀的第一個維度是其重視睡眠時節的特性。當代人的作息不規律問題，熬夜乃至晝夜顛倒，有一部原因在於沒有正視睡眠對於我們在世間的生活的價值所在，沒有尊重身體的調節規律。

關於何時應該睡眠的問題，佛教並非一直都以是否困倦為標準的。在禪宗提出飢來吃飯困來眠之前，尤其是早期佛教，所提倡的睡眠觀是只在"中夜"入眠，在初夜、後夜這兩個時間段則以坐禪經行替代。如《雜阿含經》第八○一經中提到：

> 彼善男子難陀初夜、後夜精勤修業者，彼難陀晝則經行、坐禪，除去陰障，以淨其身；於初夜時，經行、坐禪，除去陰障，以淨其身；於中夜時，房外洗足，入於室中，右脇而臥，屈膝累足，繫念明想，作起覺想；於後夜時，徐覺徐起，經行、坐禪。是名善男子難陀初夜、後夜精勤修集。[5]

這大概是佛教典籍中，最早提到具體睡眠時間的一段經文了。佛陀在這段經文中對難陀尊者只在中夜睡眠的做法非常讚歎。在戒律中，佛陀也詳細地說明了睡覺時應該注意的身體威儀、用心方式和睡眠時間。如《摩訶僧祇律》中記載：

---

[5] 《大正新修大藏經》，冊二，卷九九，頁73。

不得初夜便唱言噓極而臥。當正思惟自業，至中夜乃臥。以右脇著下如師子王臥，累兩腳，合口，舌柱上齒，枕右手，舒左手順身上。不捨念慧，思惟起想。不得眠至日出，至後夜當起，正坐思惟已業。若夜惡眠不自覺轉者無罪；若老病、若右脇有癰瘡無罪。比丘臥法應如是，若不如是越威儀法也。[6]

　　這兩段經律所載有相同的意趣，都提倡只在中夜睡眠。但對於今人來說，這並不容易做到。因為印度的計時制度，將一天分為晝三時、夜三時，總共六個小時。只在中夜睡眠，相當於一天只睡四個小時。這對於現代人來說顯然是很難接受的，也和前述的禪宗睡眠觀有很大的不同。

　　這種早期佛教的睡眠觀跟當時佛弟子整天的時間分配方式有關。如經文中所言，難陀尊者白天和初夜、後夜主要都是在經行、坐禪，只在中夜睡覺。這樣的話，難陀尊者在一天中的精神消耗遠不如今人那麼大。所以這種睡眠觀需要在與這種生活方式配套呈現時，才具有可行性。

◎ 四、禪宗睡眠觀的善巧性

　　禪宗睡眠觀除了涉及到睡眠的時節性以外，還涉及到睡眠時用心的善巧性。現代人入睡難，睡眠品質差，很大程度上不是生理性的原因，而是心理性的原因。從禪宗睡眠觀的善巧性來看，如何在睡眠中不隨順煩惱，也是值得現代人思考的。如公案中源律師追問慧海禪師後，慧海禪師指出同樣是困了之後睡覺，但是一般人睡覺前不肯安然入睡，而是反覆打妄想，而他的睡覺便是睡覺。在睡覺中保持正念，祛除妄想，正是禪宗睡眠觀的獨到之處。

　　慧海禪師的禪學思想主要來自馬祖道一禪師，是南宗禪尤其是洪州禪的主要繼承者。馬祖道一禪師師承六祖惠能門下高足南嶽懷讓禪師。慧海禪師的禪學思想，也延續了六祖以來的重視頓悟、重視在生活中不起妄想的“生活禪”。

---

[6] 《大正新修大藏經》，冊二二，卷一四二五，頁 507。

前面提到《景德傳燈錄》中對慧海禪師的記載裏還提到，慧海禪師有一部著作叫《頓悟入道要門論》，其中有一句："今言用功者，不獨言坐，乃至行住坐臥，所造運為，一切時中，常用無間，即名常住也。"這與惠能大師的"一行三昧者，於一切處行住坐臥，常行一直心是也"[7]有異曲同工之妙。從這兩句話的比對中，可以看出慧海禪師"飢來吃飯困來眠"的睡眠觀，實際上要點不在於應時節因緣而調整作息，而在於在日常生活中保持正念。

禪宗的修行觀看重的並不是禪修得到四禪八定，而是在生活中保持正念，祛除妄念。在做到這一點的情況下，具體的修行形式並不為禪宗所看重。甚至為了追求禪定而長坐不臥的行為還遭到了禪宗的批評。因此六祖大師在講完一行三昧的定義後，又進一步對常坐不動的修行方式做了破斥：

> 迷人著法相，執一行三昧，直言常坐不動，妄不起心，即是一行三昧。作此解者，即同無情，卻是障道因緣。

相同的觀點，在《六祖壇經》中還有一個偈頌可以體現出來：

> 生來坐不臥，死去臥不坐。
> 一具臭骨頭，何為立功課。[8]

這個偈頌是惠能大師對志誠法師所說的。原來，神秀禪師有一位弟子叫志誠法師，他隱瞞身份到六祖惠能大師的僧團中，想要學習惠能大師所講的禪法。當惠能大師發現志誠法師的用意後，便與他交流，並詢問神秀禪師平時對他們的教學。志誠法師說，神秀禪師教他們要"住心觀靜，長坐不臥"。惠能大師反對這樣的教學，於是說出了上述這個偈頌。

綜合上述幾則材料可以看出，禪宗睡眠觀反對極端苦行，反對只坐不臥，因而強調時節性，更強調睡眠的狀態，應該與正念相應，以保證睡眠的品質。

---

[7] 《六祖大師法寶壇經》，見《大正新修大藏經》，冊四八，卷二〇〇八，頁 352。

[8] 同上註，頁 358。

◎ 五、禪宗睡眠觀的目的性

前面言及禪宗睡眠觀在時節性和善巧性方面的特點，解決了"何時應睡"跟"應怎麼睡"的問題，更進一步便需要討論"為什麼要這樣睡"或"這樣睡覺的目的是什麼"的問題。

關於睡眠的目的性，可以參見前述《頓悟入道要門論》中所引"一切時中，常用無間"。在睡眠中保持正念的直接目的，主要便是在一切時中，都能常住正念。在該論中還提到：

> 無念為宗，妄心不起為旨，以清淨為體，以智為用……無念者，無邪念，非無正念。

這段話反映出禪宗的修行觀很重視維持內心的清淨和正念。建立在這個修行觀基礎上的睡眠觀，雖然提到"飢來吃飯困來眠"，但其目的並不是讓人想睡就睡，而是重視在睡眠中保持正念，消除妄念。因此，回到前面大珠慧海禪師與源律師的對話，我們就不難理解。大珠慧海禪師說一般人"睡時不肯睡，千般計校"，這正是對一般人在日常生活中妄念叢生的批評，也是當代人睡眠問題的癥結所在。

實際上，這種修行理念並非禪宗所獨有。在早期佛教的經典中，"睡眠"一詞通常不被作為生理活動來探討，而是作為一種身心粗重、無法堪任正念的心理狀態來討論。例如：

> 惛沉睡眠蓋者，云何惛沈？答：所有身重性、心重性，身不調柔性、心不調柔性，身惛沉、心惛沉；薈薈憒悶，是名惛沈。
>
> 云何睡眠？答：染污心中所有眠夢，不能任持，心昧略性，是名睡眠。
>
> 云何惛沉睡眠蓋？答：由此惛沉睡眠障心、蔽心、鎮心、隱心、蓋心、覆心、纏心、裹心，故名惛沉睡眠蓋。[9]

---

[9] 《阿毗達摩集異門足論》，見《大正新修大藏經》，冊二六，卷一五三六，頁 416。

正是因為認識到人在昏睡中無法調御自心，無法讓心常隨正念，因此佛教在教導禪定時，會將睡眠視為五種最大的障礙，也就是"五蓋"之一。"除五蓋"也就成為了禪定修習中的重要一關。而基於這樣的認識，以及實現禪定的目的，早期佛教提出了前述的中夜而眠、思維起想等要求，作為威儀法之一。

早期佛教為追求解脫而修習定慧，為求定慧而祛除五蓋。而禪宗重視頓悟，為得頓悟而需要破除執著。因此在睡眠觀方面，禪宗重視因應時節和祛除妄想。另一方面也應留意到，早期佛教經典中要求人們在睡覺中保持"不舍念慧，思惟起想"，和慧海禪師說的"妄念不起"的宗旨，具有非常強的關聯性，只是前者更重視對內心狀態的保持，而後者更重視對妄想等負面心理的破除。從這裏也可以略窺禪宗修行論之一斑。

◎ 六、結論：禪宗睡眠觀的現代價值

當代人的睡眠問題，一方面來自於當代人所生活的環境與以往不同，但另一方面則來自於當代人的不善調心。尤其是後者，更值得我們深思。從前面的這些討論中，我們可以看出禪宗睡眠觀是具有體系性和實用性的。因此值得現代人瞭解並運用到生活實踐中去。

從禪宗睡眠觀的時節性、善巧性和目的性出發，現代人可以認識到禪宗修行理念與實際生活具有很強的貼合性。因此，在深度瞭解了這種睡眠觀背後的深刻哲思後，現代人可以嘗試將這種觀念融入自己的生活中，從而調御自心，止息妄念，順應時節而睡，在生活中得到高效的睡眠與休息。

禪宗從唐代開始確立了"農禪並重"的寺院經營模式，僧人的生存問題從此有望不再依賴於包括王權在內的善信支持，在修行方法上也突破了過去重視坐禪與經行的傳統，從而將頓悟說發揚到了極致。本文所討論的這種睡眠觀，以及其背後的修行理論體系，非常適合這種新的模式。而更加與實際生產生活適應的僧眾生活，也讓其修行經驗有望與現代生活接軌，為現代人提供有價值的參考借鑒。

佛學指引下的職業管理 —— 以〈行由品〉為例的研究

宋躍華 *

自上世紀末，彼得・聖吉的管理學經典《第五項修煉》被引入中國企業界之後，人們發現彼得・聖吉在該書的前言部分曾自述他的管理理念受到中國傳統文化的影響。於是，傳統文化開始在企業範圍內興盛。近二十年來，成果蔚然。統計一下，大多人著眼於《孫子兵法》、《周易》、《論語》、《道德經》，甚少關注及佛教，即使有，也是教內人士出於弘法的動機，將佛教觀念與管理作較為牽強的比附。本文以《壇經》之〈行由品〉為主線，圍繞職場人士的職業管理進行論說，試圖從微觀的角度，為佛教（經典、理論）引入企業管理提供一個範本。

◎ 一、借鑒的可能性

（一）無法借鑒的原因

教界法師在各種場合發表的有關佛教與管理演說、論述，能夠落到實處的並不多。其中的原因，通過星雲法師在《佛教與企業》中的二段原文分析，可略知一二。

1. 比較的物件不合適。

群我關係的和諧是企業成功的不二法門，在僧團中有所謂"叢林以無事為興隆"，端賴六和敬規範大眾的身口意；而菩薩度眾以六度四攝為法寶，方便而善巧，和諧而無諍。企業成員若能以六度自化，以四攝化他，企業的內部必能和樂團結，同心協力，共同為企業奮鬥。

以菩薩與員工相比，顯然不合適。菩薩於世，是乘願再來，是弘法度生；而員工受僱於企業的目的，崇高一些的是為了職業發展，實際一點的則是為了生活，通俗說法是為了穩定而可能增長的收入。因此，菩薩為利他，而員工是利己。比較的起點錯誤，其結論也就顯得不食人間煙火了。

---

* 　華南農業大學哲學系講師

2. 提供的方法想當然。

世間成功的企業家經營企業，不僅要具有專業知識與職業道德，更要有創辦事業的理想和精神。為了成就事業，必須去偽存誠，言行一如。

就企業家來說，為了使自家的企業在競爭中生存且發展壯大，根本談不上"去偽存誠，言行一如"。東軟集團的劉積仁承認自己曾經騙過人，賣過沒有用的軟體；希望集團的劉永好也承認賣過高水分的玉米飼料，賺了五百萬昧心錢；聯想柳傳志坦言曾經賴過賬、走過私。至於 QQ 與 360、三一重工與中聯重科、農夫山泉與怡寶等在各自的領域競爭中皆無所不用其極。俗語"發財立品"，是發了財之後才通過種種慈善之類的公益行為來立品，而不是通過立品來發財。星雲法師的教誨，適合那些已經在自己行業佔據壟斷地位的企業家反思。

就職業經理人來說。企業內員工的生存、發展環境，一言以蔽之就是"競爭"。概因企業內的資源有限，越往上走，相應的職位越少。舉例來說，一個全國性的公司，其銷售部大致有五個銷售經理（華南、華北、華東、西北、西南），但肯定只有一個銷售總監。可以假設，因種種原因，銷售總監空缺的話，公司填補該空缺的途徑不外有二：空降或內部提升。空降姑且不論，就內部提升而言，任何一銷售經理均有四個競爭對手。為了能獲得該職位，除了在業務上盡心盡力之外，還要在各種場合凸顯自己與競爭對手的比較優勢。這種凸顯是種種行為的混合體，用職場人士的術語來說，就是"辦公室政治"。

（二）從〈行由品〉演繹的借鑒

慧能與孔子、老子被稱為"東方三聖人"，其塑像矗立在英國倫敦大不列顛國家圖書館廣場。前文論述中，筆者不認同星雲法師將菩薩與企業員工進行類比。那麼，在探討職業管理的過程中，可以用慧能的經歷來借鑒嗎？是否太高不可攀了？畢竟他是聖人，是東方如來。但聖人也是從凡人成長，只不過在成長的過程中，其機緣異於常人。細讀〈行由品〉時，不妨做些假設：

假如，他在賣柴的時候沒有聽到《金剛經》？

假如，他聽到《金剛經》之後沒有去黃梅？

假如，他去了黃梅之後，沒有被五祖留下？

假如，五祖留下他之後不是讓他去從事最基礎的春米，而是做寺廟管理？

假如，他沒有作偈？

假如，五祖傳衣缽之後把他留在身邊？

假如，他在大禹嶺被幾百人追上？

假如，惠明是為衣來而不是為法來？

假如，在避難於四會獵人堆時，他被獵人趕走乃至遇難於野獸？

假如，在廣州法性寺，印宗羨慕嫉妒恨？

上文的十個"假如"，任何一個的成立，難說慧能能否成為東方如來。他終其一生或者只是個賣柴的，或者只是個有成就的出家人。

眾多的可變因素對其人生的影響，與職場中的職業起點、職業安全、職業危機、職業發展等經歷何其相似。

（三）借鑒的模式——"惟求作佛"的職場語境

慧能經三十餘日到黃梅參拜五祖時，五祖與慧能的對話如下：

> 祖問曰："汝何方人。欲求何物？"惠能對曰："弟子是嶺南新州百姓，遠來禮師，惟求作佛，不求餘物。"祖言："汝是嶺南人，又是獦獠，若為堪作佛？"惠能曰："人雖有南北，佛性本無南北；獦獠身與和尚不同，佛性有何差利？"

此段經文，將五祖與慧能分別用面試官、求職者代入，就形成了職業面試的語境：

面試官：介紹一下你自己，並說說你的職業目標？

求職者：我是廣東新興縣人……來東禪寺的唯一目的就是成佛。

面試官：你都還沒開化，憑什麼成佛？

求職者：佛性與人種、文化等無關。

◎ 二、職業目標的特質與設定

不管是應屆畢業生面試還是職場舊人的跳槽，面試官總是喜歡問："你的職業目標是什麼？"實際上，包括面試官在內的職場人士大多缺乏清晰且理智的職業目標。正如"惟求作佛"引導了慧能一生，在職場中，職業目標起到指引方向的作用。可以說，沒有職業目標的人，即使是所謂的"成功者"，也只是外人通過職位、社會地位、財富等外物來衡量的結果，其自身內心仍是懵懵懂懂、渾渾噩噩。

（一）"惟求作佛"與職業目標特質

在百度，搜索不到"職業目標"的定義。但我們可以借鑒上文五祖與慧能的對話來規範職業目標的特質。

首先，職業目標是個人所希望或者正在從事的行業的最高境界，而不是某一具體的乃至最高的職位。

面對五祖"欲求何物"的問題，慧能的答案是"惟求作佛，不求餘物"，不是成阿羅漢，更不是"幾年後成為東禪寺或者其他寺廟的首座、西堂、後堂、堂主乃至方丈"。否則，五祖完全可以在三更傳法之後，令慧能留在東禪寺協助他進行寺廟管理。倘若真的如此，難說慧能在此後是否可以證悟。

現實中，求職者在回答面試官的此類問題時，往往以所求職位的最高點作為自己的職業目標。比如面試一份人力資源招聘主管的職位，在回答"職業目標"的時候，一般人的答案是：十年後成為大公司的人力資源總監、副總裁等。

沒有證悟的寺廟方丈，每天大部分的時間都用在接待、主法、政府事宜、行政管理等方面。因此，方丈不一定是寺廟內修行最高、最深的出家人。同樣，總監、總裁這些職位有相當一部分工作內容是進行日常管理。職場中職位最高的不代表他具備該職業領域的最高境界。職場中人，從總監、總經理、總裁等職位最高點退休之後，甚少能夠被其他機構（企業、研究機構）聘用。這一點，就說明了大多數人，即使在職位的頂點，也往往沒有達到該類職位的相應境界。

其次，"職業目標"是形而上的道而不是形而下的器。

《大般涅槃經》卷四言：

> 一切眾生謂我是人，我實非人。

卷二十又言：

> 見佛性者。非眾生也。

可見，相對於成為首座、方丈等形而下的具體的目標，慧能的"唯求作佛"內涵上有形而上的道的特質。

在筆者的諮詢案例中，職場人士的職業目標基本是具體的形而下之器，且大多與具體的職位乃至金錢掛鉤。如：在五十歲之前，賺夠五百萬元，之後退休，幹自己想幹的事情，比如旅遊等。

當然，年紀與金額因人而異。此中有三個問題：

其一，不可預料且不可控的因素太多，如貨幣大幅度貶值、重大疾病、天災人禍等。職業目標的金額定多少合適？太少，將來十有八九不夠用；太多，僅憑藉工資明顯無法實現，而職場人士在企業中渾水摸魚的機會又幾乎沒有。

其二，退休之後幹自己想幹的事。那麼，現在的工作不是自己的意向，工作的目的也僅僅是賺錢提早退休而已。可是，職業期又正是一個人生命中最精華的年份，為什麼要用這最值錢的年份做自己不適宜的事情呢？

其三，以"周遊世界"等作為目標，為什麼一定要等自己從職場退下來之後呢？從事攝影記者等類似的職業，就有很大的機會在職場中實現這些目標。曾經服務於高露潔公司的一個培訓主管，在 2000 年的時候，就離職去麗江附近開了一間小客棧，從而實現其遠離都市喧囂的目的。

綜合來說，以年紀、金額為考量的職業目標僅僅是自我安慰或者說說而已。

再者，"職業目標"是終生追求的，而不是階段性的目標。

"自覺"可以是階段性的目標，如慧能在買柴時聽聞《金剛經》而心有開悟、在作偈時的言下見性；"覺他"也可以是階段性的目標，如他在大禹嶺開示惠明、在法性寺開示眾人。但"惟求作佛"只能是個終生追求的目標，要完成自覺、覺他、覺行圓滿，只能用全部的生命（時間、精力）來踐行。

按理來說，職業生涯只是人生的一個組成部分，因此，職業目標必然在其人生目標的框架內。然而，在當今信仰缺失或者說以政治信仰取代個人信仰的年代，沒有幾個人能夠去持續地思考、認知"活著為什麼"等終極的形而上的問題。嚴格意義上，對"活著為什麼"沒有清晰的回答，那麼，也就不可能依據"生存的目的"來確定職業的目標了。在實際操作中，對沒有信仰的職場人士，可以以"職業目標"取代"人生目標"，並以此來指導整個職業過程及其上游（求學期間）、下游（退休）生命歷程。

職業管理中有一個"以終為始"的規律，即在規劃自己的職業的時候，首先要確定的是職業的終極目標，然後以此為主線，一步步以倒推的方式來制定中短期規劃。遺憾的是，職場人士乃至專門從事職業規劃的諮詢師，經常把這"職業的終極目標"當作具體的職位來描述，於是就產生了一種比比皆是的現象：一旦從現有職位退下來之後，無論是被解雇、主動辭職還是離退休，剩下的日子就不知道該怎麼過了：

- 企業界，職場人士因年紀較大找不到合適職位或退下來之後，惶惶終日。

- 學術界，學者在退休之後，不再繼續此前的研究；

- 政界，官員們在離退休之後，不少人將日常時間用於琴棋書畫。

因此，職業終極目標的制定，與具體的職位無關，而應以有自主意識的生命盡頭所要達到的、與職業相關的境界來描述。如已經從事人力資源工作的人，可以以"改善企業人力資源體制"、或者更細微一些的"創建激勵與自我激勵共振模式"為職業目標。那麼，不僅在受僱於企業時，其職業有明確的方向，不會盲目跳槽，即使在退休之後，他們也會因長期的職業感悟及有心研究，被企業聘請為顧問，退而不休，繼續沿著職業的終極目標走下去，直至生命的盡頭。如此，其生命軌跡、職業軌跡就如同荷擔如來家業的出家人一樣，從入門直至往生，其一生時時處於上求佛道（自覺）、下化眾生（覺他）的境界，沒有退休之說。

（二）心悟與職業目標設定

當代職場人士，其職業目標之所以難以釐清、難以堅定。除了上文職業目標特質中的現象之外，或身或心始終受制於外在環境，不得自在。按《楞嚴經》的說法，這種現象叫"為物所轉"。

慧能入佛門從事荷擔如來家業，其機緣是聽聞《金剛經》而心有開悟。之後：

> 乃蒙一客，取銀十兩與惠能，令充老母衣糧，教便往黃梅參禮五祖。

聽經開悟，獲得了心的自由；獲銀十兩，令母親衣食無憂，心無罣礙，得到身的自由。唯此，才能前往東禪寺禮拜五祖，開始了"惟求作佛"的道路。借鑒此一思路，在具體的實操中，可以把實現身心自由作為目標本身來設置。

1. 心的自由。

即使是博士、博士後，非大福報、大機緣也無法感悟《金剛經》的法味，甚至根本沒有機會、沒有意願去主動接觸佛教經典，心如何能自由？但是，我們可以退一步，借助"宿世因緣"來打開束縛心靈的枷鎖。

一個賣柴的文盲，怎麼可能聽到"應無所住而生其心"而心有覺悟？其中的緣故，也只能說是"宿世因緣"。按佛教教理，每個人各有自己的前世今生，也就有了自己的"宿世因緣"。只是，我們自己感受不到而已，或者感受到了，卻因經年的無神論教育而自我否定。其實，日常生活中，有很多的契機去感悟這些因緣：

• 在一個陌生的地方，突然感覺自己曾經來過；

• 夜晚夢到已經去世的先人對自己的請求；

• 夢魘或者持續性地做同一種夢；

• 去廟裏祈求而獲得靈驗。

在無神論的氛圍內，人們往往以心理作用、幻覺、碰巧等理由去解釋，由此也就失去了一次次感受"宿世因緣"的機會。就筆者的諮詢經驗，只要鍥入一點，心靈就會有一點感應。就職業目標而言，這一點"感應"直接表現為說不出、道不明、無理由的"喜歡"或"愛好"等價值觀。

2. 身的自由

"唯物"的心理，也導致了"身"對外物的依賴，從而束縛身的自由。

職場中的跳槽，是職業經理人獲得高收入的不二法門。每次跳槽工資大約有 30% 至 50% 的增幅。稀缺性的人才，往往有 100% 乃至更高的升幅。至於企業的文化、核心價值觀是否與自己的愛好、價值觀相匹配，則基本不在考慮範圍之內。職位有盡頭、待遇有封頂，這就是職場中的"天花板"效應。一旦到頂，其職業過程便開始走下坡路了。整個職業過程中，若說有目標，也以"更高的待遇、更高的職位"為著眼點。

究其原因，結合馬斯洛理論，是人們將所有的五層次需求全部"物化"。在馬斯洛需求理論中，唯有第一層的"生理需求"是物質性的，此後的安全、歸屬與愛、尊重、自我實現等四層都是精神性的。物化的表徵是以金錢收入、物質財富為標杆衡量此四層需求的滿足程度。於是，我們見到的是，人們滿足生理需求的種種物質因素如房子、票子等不斷累積，且永無止境。

人們在衣食住行等基本生理得不到滿足時，對財富進行追求，合情合理。即使佛陀也視"窮苦"為苦中之苦，比死苦還苦。在《金色王經》中他說：

何苦最為重？所謂貧窮苦，死苦與貧苦，二苦等無異，寧當受死苦，不用貧窮生。[1]

但，當通過職業獲得一定時期穩定的經濟收入之後，仍以財富為追求目標，並以之滿足生理需求之上的四層精神需求，則無疑本末倒置：

世人無知以富貴為樂。夫富貴者求時甚苦，既獲得已守護亦苦，後還失之憂念復苦，於三時中都無有樂。[2]

這種本末導致，隨著時間的發展，人們在自己身心上一層層地添加枷鎖。

2006 級的一個哲學系的學生，大一的時候經常夢魘。筆者於是建議他讀《地藏經》回向給累生累世的冤情債主及身邊有形無形的眾生。他按《地藏經》每十齋日讀一次。在大三的時候，他開始對媒體產生偏好，並進入某一報社實習。畢業時，該生順利進入該報社。雖然，待遇低得可憐，卻也堅守自己求真、求實的職業初衷。兩年後，他跳槽到某一不接受贊助、不接受公關性質廣告的雜誌社，職位與收入也獲得大幅度增長。

這個案例說明，財富等身外之物只是個人在追求職業目標過程中的衍生物而非目標本身。理順此中關係，人們才有可能獲得身心的自由。

◎ 三、自覺與職業發展

（一）破柴踏碓與職業起點

職業目標釐清之後，職業起點的選擇就擺在了議事日程。如何選定職業起

---

[1] 《金色王經》，《大正藏》，冊三，頁 389。

[2] 《百喻經》，卷三，《大正藏》，冊四，頁 550。

點，〈行由品〉至少給了我們兩個啟示：

1.“至黃梅，禮五祖”的啟示——道之所存師之所存

惠能安置母畢，即便辭違，不經三十餘日，便至黃梅，禮拜五祖。

在當時，離新興不遠的廣州，有大佛寺、光孝寺、六榕寺等道場，慧能為什麼非要跋山涉水三十多日前往湖北黃梅去參拜五祖？其原因是讀經的客人對他說：“我從蘄州黃梅縣東禪寺來。其寺是五祖忍大師在彼主化，門人一千有餘；我到彼中禮拜，聽受此經。大師常勸僧俗，但持《金剛經》，即自見性，直了成佛。”也就是說，“見性成佛”的目標有可能在五祖處得到實現，其他地方則難說。此處給我們的啟示是，職業開始時，應該依據各自職業目標的方向，進入相應的企業或事業單位。至於具體是哪一單位，可由以下兩個標準判斷：

首先，該單位是否有引導自己踐行職業目標的導師？

其次，該單位是否在自己所關注的職業目標方向上較為突出？

以“人力資源”職業為例，要實現該職業的最高境界，入職時或者需要該單位有在行業內聲名較為顯著的人力資源管理者、專家；或者，該單位有較為成熟的人力資源管理體系。通常，兩者是合二為一的。有傑出的人力資源專家、管理者的企業，自然也就有較為成熟的管理體系。反之，有較為成熟的人力資源管理體系的企業，也就存在設計、執行、修正該體系的專家及管理者。就整個職業市場來說，在“人力資源管理”範疇，國企、事業單位、公務員體系還處於人事、行政階段。因此，以人力資源為職業方向的職場人士、畢業生，就應選擇大型跨國公司為職業起點的服務單位。

2.“看槽廠去”的啟示——不積跬步無以至千里

慧能在回答五祖“汝是嶺南人，又是獦獠，若為堪作佛”後，五祖更欲與語，且見徒眾總在左右，乃令隨眾作務。惠能曰：“惠能啟和尚，弟子自心，常生智慧，不離自性，即是福田。未審和尚教作何務？”祖云：“這獦獠根性大利，汝更勿言，看槽廠去。”

為什麼慧能的一句“弟子自心，常生智慧，不離自性，即是福田”，就讓五祖將他的工作由隨眾作務“貶為”看槽廠？從具體的工作內容看，“隨眾作務”

總比"看槽廠"熱鬧且輕鬆。其中，固有五祖擔心慧能因"根性大利"而被"惡人害"的原因；另一方面，也是五祖要求他從最基礎去踐行"惟求作佛"的終極目標。八個月後，五祖在碓坊，見慧能腰石舂米，道："求道之人，當如是乎？"

2008年下半學年，我在全校開了一次公選課："職業規劃與發展"。隨堂提問中，管理學院的一位大三學生，在回答自己的職業起點時說："前幾天，我在校就業輔導中心做了一次性格測試，輔導老師按測試的結果建議我畢業後從事管理工作。"廣義而言，職場中每一個人都是管理者，差異在於管理的物件：麥當勞的清潔工管理的是餐廳衛生；收銀員管理的是與客戶需要相應的貨款；店長管理的是整間店的日常事務。但此中，該學生顯然是認為，自己畢業後要獲得主管、經理的職位，從事管理他人的工作。

"管理"首先是結合專業、職業進行自我管理，行之有效、成績斐然之後才有機會擔任相應的以職能為導向的管理職位。以"人力資源"為例，其職能約為六個模組：人力資源規劃；招聘與配置；培訓與開發；考核與評價；薪酬與福利；勞動關係。即使本科的專業是人力資源，其畢業時的職業起點，也只能是某一模組的最基礎部分。如薪酬福利模組的文員，從事的也僅僅是日常的文字工作及公司全體員工月度薪酬，甚至有可能從事全公司層面的基礎工作，如前台文員等。

（二）般若自性與職業感悟

基礎工作何時結束，從而在職業上進一步，取決於當事人是否出現職業感悟。在諮詢關於職業的案例時，筆者發現不少人，在從業的兩三年內，頻頻在同一水準內跳來跳去。之所以如此，就是對具體的工作沒有感悟。一個2010年的畢業生王某，第一份工作是聯合利華的銷售代表，半年後跳去中國移動做客戶服務代表，又七個月後跳去招商銀行做櫃員。來諮詢的時候，她已從招商銀行離職一個多月，仍沒找到工作。她的職業問題，除了沒有明確自己的職業方向（職業目標）之外，還缺乏職業感悟。於是，更換的工作也只是在各行業、各職業的最基礎層面徘徊。

慧能關於本心般若之性的感悟，源於八個月的腰石舂米，並借鑒神秀偈得以表述。此二步驟的內涵同樣可以演繹在職業上：

1. 感悟的基礎

感悟的基礎對慧能而言，是八個月的腰石舂米。之所以"腰石"，慧能發現自己身材矮小，體重無法壓下木舂，就在腰間掛一石頭以增加重量。因此，感悟的基礎是以發現問題、解決問題且熟能生巧為內涵的自我努力的過程。企業招聘任何職位，都旨在解決問題。王某的第一份工作是銷售助理，是銷售部的基礎職位，屬於文職。其日常工作是記錄考勤、跟進訂單、統計銷量、集合回款、受理投訴、核算提成等。從職業發展的角度看，這是一個相當不錯的職業起點。但對一個沒有工作經驗的畢業生而言，每一項工作都是新的，且都不容易。沒有一年左右的廢寢忘食、加班加點，在不斷失誤中改進，是無法做到遊刃有餘的。王某離職的原因之一，是她無法同時承擔各項工作，也就是說她發現了自己在工作中的問題，卻無法解決。

2. 感悟的心理條件

五祖在囑咐門人作偈時強調：

> 思量即不中用，見性之人，言下須見。

神秀的"身是菩提樹"之所以不如慧能的"菩提本無樹"，除了兩人之間在根器、見地方面的差異之外，還有一個心理負擔的問題。〈行由品〉把神秀的心理壓力描寫得淋漓盡致：

> 數度欲呈，行至堂前，心中恍惚，遍身汗流，擬呈不得；前後經四日，一十三度呈偈不得。

而慧能在聽完童子唱誦神秀偈之後，即使面對江州別駕帶有嘲諷口吻的質疑，也絲毫沒有心理負擔，反而借機開示：

> 欲學無上菩提，不得輕於初學。下下人有上上智，上上人有沒意智。

王某離職的另一個原因是心理負擔過重：自上班第一個星期開始就擔心因無法完成日常工作、工作中的失誤，會被公司解除合同。於是，自己主動提出了辭職。

總結來說，王某之所以在具有相當不錯的職業起點的條件下，無法形成相應的職業感悟，一是因為在困難面前卻步；二是對得失想得太多而形成心理負擔。

（三）悟時自度與職業發展

> 三更，領得衣缽，五祖送至九江驛，祖令上船，慧能隨即把櫓。祖云："合是吾渡汝。"慧能云："迷時師度，悟了自度；

從九江渡口，慧能開始了自度的歷程。其中的驚險、磨難按他自己的說法是："辛苦受盡，命似懸絲"。也正是這超過十五年的自度證悟，令他在廣州法性寺得到宗印等眾法師認可，繼而正式剃度出家，開始承擔如來家業的重任。

與禪宗"以心印心"不同，職場中人對具體職位的感悟，往往通過其在工作中遊刃有餘的行為及業績表現出來，繼而在現在的職位上前進一步，獲得職業發展。如何發展則取決於原來的職業平台（企業）：若企業內部有理性晉升制度及合適的晉升空間，感悟了的員工，則被提拔到更高一個職位，繼續去領悟新的工作；反之，則會通過跳槽去外界尋找更高層面的職業領悟。如慧能在四會避難時混跡於獵人堆中，"更高層面"並不一定指更好的環境、更高職位，也可以是與之前迥然不同的領域，但前後需有一條紅線一以貫之。慧能的紅線是上求佛道（在東禪寺）、下化眾生（在獵人堆）。

筆者自 1989 年本科畢業始，即以管理培訓生的身份進入寶潔公司，三年後發覺西方人在應用企業管理模式管理國內員工時，並不能達到預期效果。這是管理者的問題？被管理者的問題還是管理模式的問題？筆者於是開始了長達十五年的探求，期間有目的地轉換僱主：從製造業到商業、從歐美公司到東亞公司。當目光聚焦於職場人士之後，甚至開了一間獵頭公司以探究職場人員的心性。此外，筆者並通過讀管理學的研究生彌補管理理論的缺陷，最終在四川大學宗教所陳兵先生的指引下，提出緣起人性論的假設，以苦、集、滅、道較為合理地解釋了種種職場行為。此後，筆者進入華南農業大學並開始撰寫《宗教學原理》、《應用管理學》、《生死學》，為未來的職場人士提供相應的知識、觀念。

◎ 四、未盡之言

本文沒有討論慧能"覺他"與職業管理的借鑒意義。一是慧能"覺他"的案例主要集中在〈機緣品〉中，超出了本文題目的限制；二是在現實的職場中，已經在各自職業的頂點有所感悟的人相當稀少。這種感悟，馬斯洛在其"需求理論"的後期研究中，參考佛教理論，以近於禪宗的頓悟來形容，並稱之為"高峰體驗"。在筆者所認知的職場人十中，還沒發現擁有或者曾經感受過"高峰體驗"的人。至於非直接接觸的人士，即使有這種體驗，卻未為筆者直接認知，也就無法作為案例進行研究。

此外，〈行由品〉對職業自我管理的指導意蘊，遠不止上文所列：聞經開悟，可以與就業前的本科專業選擇、職業選擇、從業後的自我提高（讀在職研究生）結合；五祖要求僧眾作偈之後，眾人認為"必是他（神秀）得。我輩謾作偈頌，枉用心力"，可以將此與職業過程中的自我激勵相結合；夜渡九江，可以和職業安全結合；吃肉邊菜，可以與職業底線、原則及應用相互結合；開示惠明，可以與化解辦公室政治相結合……

這些探求要得出能夠落到實處的結果，對探求者有一定的背景要求：需同時具備企業職場經驗和佛教文化薰陶兩個要素。

第四部分：禪武歷史文化

日本佛寺及佛教文物巡禮

曹旅寧 *

◎ 一、緣起

池田溫《敦煌文書的世界》指出："東亞文化圈的中心固然在中國，但中國的文明中心地域反覆地蒙受改朝換代及外族侵略，古美術和古文獻的傳承甚為稀少，在長安和洛陽，除了磚塔，宋元之前建成的古建築連一座寺院、一幅壁畫都沒留下來。宋代普及了雕板的結果，使唐末之前的寫經、寫本在中國傳承下來的幾近於無，與繼承了不少 8 世紀之後的寫經和舶來的唐鈔的日本相比有很大的差異。由於在日本的古代寺院裏有不少的保存至今的佛像和經典，這樣的背景使日本的此類文物的研究具有了比中國還優越的條件。"[1] 上海三聯書店在 2017 年 3 月推出譚仁岸先生所譯《古寺巡禮》，是日本哲學家和辻哲郎在 1918 年訪問奈良古寺的一部遊記。奈良是日本古都，仿唐長安城興建，稱為平城京。城中有八大寺：東大寺、興福寺、元興寺、大安寺、法華寺、唐招提寺、藥師寺、西大寺。由於城市變遷，後四寺所在已成為奈良郊區。但各寺或多或少仍有古老的佛殿、佛像、佛畫保存。而奈良附近的法隆寺是日本保存最完整最古老的佛寺建築群，聖德太子與該寺關聯最為密切。該書對上述古寺建築佛像進行了細緻敏銳的直觀描寫，解說學貫中西，想像力豐富，不僅探討日本古文化的源頭，更重現了古代建築及雕像之美。[2] 筆者在 2017 年 10 月至 11 月間因為一種機緣親訪奈良上述古寺，以及京都若干古寺，不覺有重遊北魏洛陽伽藍、唐代兩京大寺之感，對百濟觀音等古佛像之美印象深刻，各寺之美甚至超越該書描寫。此外，當地幾家博物館也有來源於佛寺的精美佛教文物展出，更是讓人大開眼界。

---

* 華南師範大學教授

[1] 池田溫著，張銘心、郝軼君譯：《敦煌文書的世界》（北京：中華書局，2007 年），頁 62-63。

[2] 該書於 1919 年由岩波書店初版，1946 年岩波書店修訂出版，2017 年 8 月岩波文庫創刊 90 年紀念，該書入選岩波文庫趣味 17 種。

◎ 二、上篇

（一）奈良唐招提寺、藥師寺 [3]

上午至唐招提寺、藥師寺。唐招提寺氣魄宏大，唐風依舊。至金堂，諸佛莊嚴，法將強梁。[4] 廊柱林立，飛簷聳立。至戒壇，氣象不凡。謁鑒真大師漆像，音容宛在。後院林木繁茂，謁鑒真大師墓，觀趙樸初所題紀念碑。

中午步行至藥師寺。藥師寺佔地廣有，有左、右五重塔二，右塔極其古老，正搭鷹架進行維修，入金堂，諸銅佛莊嚴，皆為日本國寶及重要文化財。又至偏殿，脫履著襪上殿禮佛，氣氛莊嚴。禮佛畢乘巴士復至奈良城內。

（二）奈良法隆寺 [5]

法隆寺南門二重。中門門樓三重，可惜已在工事維修之中，觀照片知其巍峨，與《洛陽伽藍記》永寧寺寺門相彷彿。入寺首見五重塔，首層陳列佛像，遊人隔柵欄瞻仰。又至金堂，傳為聖德太子所建，佛像莊嚴，又有壁畫飛天，遊人隔柵欄瞻仰。又至大講堂，銅佛莊嚴，右側又有木製法師講經塔形法壇，可拾階而上，由此可聯想當年高僧大德登壇開講，天花亂墜，整個院落中信眾席地趺坐豎耳聆聽的盛況。北院伽藍木柱林立，院牆四邊回廊寬闊，方窗木格，方石鋪地，誠永寧寺再現也。中門、回廊、金堂、藏經樓最為古老，為 6 世紀至 8 世紀前所造。

出西院伽藍至西園堂及聖靈院。前者供有佛像受香客禮拜，後者本為僧房，現供奉聖德太子尊像。

法隆寺大寶藏院收藏該寺建寺一千四百年來收藏的佛像及其他文物。親眼見到夢違觀音像、推古天皇御所佛殿造型神龕玉蟲櫥子、供有金銅阿彌陀三尊佛神龕聖武天皇橘夫人櫥子，百濟觀音獨處一室，面容微笑，體裁頎長，婀娜多姿，

---

[3] 唐招提寺始建於 759 年，其金堂是天平建築的代表作。藥師寺始建於 718 年，其東塔為日本現存最古的六重木塔。

[4] 〔日〕伊東忠太著，楊田譯：《日本建築小史》（北京：清華大學出版社，2017 年），諸古寺古建相關章節。〔日〕坂井犀水編：《日本木雕史》（藤森書店，昭和四年〔1929 年〕初版，五十七年〔1982 年〕再版），諸古寺木雕相關章節及圖像。

[5] 法隆寺始建於 607 年，建築設計受中國南北朝建築的影響，寺內有 40 多座建築物，保存著數百件 7、8 世紀的藝術珍品。

為日本著名國寶。展廳中又有刀、弓、古文書。所見法隆寺古文書有 767 年《大般若經》鈔本,墨光晶瑩,蠶紙堅韌。又有 1126 年《大唐大慈恩寺法師傳》鈔本卷一,上有朱筆批抹。陳列有巨型古代佛缽,化緣一次可食一天。又有古代寺中所用木製菜桶、懸盤、洗手盒及水壺。

自大寶藏院出至東院伽藍,坐長椅上享受秋日陽光。至殿禮佛,夢殿建築不大卻享有盛名,供養傳為觀音化身的聖德太子。東院旁有鐘樓,造型古樸。

(三)奈良東大寺 [6]

清晨走出奈良御宿野乃難波天然溫泉酒店,穿過十字路口,步行前往東大寺。蔬菜店、飯舖、診所,近鐵車站,綠色的山林越來越近,石板鋪路,兩旁一個個院落、門樓、大木門,都是往昔的寺院所在。一個曲尺形的路口,一座柴門,高懸依水園的牌匾,是日本國寶級的園林。仔細端詳,世界著名的寧樂美術館也深藏在這寂靜的院落裏。

穿過小巷,眼界為之一寬,古松參天,東寺已隱約可見。爬上石級,首先見到的是東寺戒壇院的門樓,這是鑒真和尚東渡之後停留處。前行走上高坡,沿著東大寺院牆走了一陣,才趕到東大寺側門,買好門票,迫不及待地趕到正門,大門緊閉,透過門縫能看到巍峨的大殿。突然間,看到小學生一隊隊走進殿前大院裏,原來是側門開了。

東大寺的經堂門檻極高,青銅鑄成的盧舍那佛安詳地端坐在蓮花寶座上,雖然沒有我所見過的雲崗大佛、龍門大佛、樂山大佛、敦煌大佛那般高峻,卻也威儀具在。旁邊如意輪觀音、虛空藏菩薩也金光閃閃。繞盧舍那佛一周,大佛背面兩根大柱的柱礎作蓮花形,與西安隋仁壽宮也就是唐九成宮出土的柱礎形狀極其相似,可見東大寺建築淵源之古老。

東大寺佛殿前的鐵鑄燈籠是日本國寶,其上的樂伎俑曹衣出水,吳帶當風,形象極其生動。燈籠上幾隻下山的雄獅生猛異常,京都西本願寺唐門上的木獅浮雕顯然取法於此。

東大寺院落北面下坡,草地上一群麋鹿悠閑地啃著青草,西北方有一個幽靜

---

[6] 東大寺又名大華嚴寺,始建於 710 年,寺內盧舍那大佛為世界上最大的青銅鑄像,大佛殿為世界上最大的木構建築,殿前青銅八角燈籠鐫刻精美的樂伎及獅子圖像。

的院落，原來這就是大名鼎鼎的收藏寶物的正倉院。正倉院門外的佈告牌上説近期每日早上 10 點開門，開放予公眾參觀，十點接待遊人。遂繞正倉院一周，佔地面積不小，林木參天。10 點重回正倉院正門，仍未有開門跡象，遂請一同等候的中年男子幫助攝影留念，沒想到此人會講中文，並説 90 年代末在廣州中山大學學過中文，此次也來正倉院參觀。倆人在門前又等候多時，正倉院仍未有開門跡象，遂作別離去。

（四）奈良興福寺、元興寺 [7]

穿過奈良公園，赴興福寺，五重塔猶存，入東金堂參觀。除本尊藥師三尊佛像為重要文化財外，維摩居士、四大天王及十二護法神像皆國寶，在最右側古老的藥師三尊佛頭往復欣賞，不捨離去。又至中金堂，參觀天平時代即中國唐代木雕佛像及護法神像，皆日本國寶也。

又至元興寺，入經堂參拜，經堂建築本身即為日本國寶。又至寺中寶物館參觀，陳列品豐富，尤以摺扇最受矚目，名品頗多。

（五）京都東寺 [8]

下午雨中穿過京都站前往東寺。京都古城類似圍棋盤，東邊入城處就是如今的京都站，建有東寺。西邊入城處則建有西寺，今已不存。自東門入寺，已遙見五重塔。寺院寬闊，猶存唐宋舊觀。環靜清幽，遊人不多，穿行寺中，御影堂正在維修中，遂行至東寺正門南大門，門樓巍峨，門楣寬大。我嘗居西安數載，遍遊城中諸寺，如大興善寺正是東寺創建者空海大師旅居長安駐錫地，已非舊貌。不意三十年後於京都東寺重見唐代長安舊觀。正巧五重塔開放參拜，門票 1,000 日元。五重塔隔著木柵欄，禮佛畢，入金堂參拜，不用脫履著襪，這正説明東寺的古老遠在東、西本願寺之前。銅鑄月光、日光菩薩作女相，手執蓮花，眼簾低垂，儀態萬千，但卻有兩撇若隱若現的髭鬚，也正説明鑄造時代的久遠。入經堂參拜，護法木雕神像眼神如炬，皆為日本國寶。東寺古木繁茂，有泉石之勝。遂購 2016 年版山田久美夫寫真集《東寺的四季》一冊。

---

[7] 興福寺始建於 710 年。元興寺始建於 718 年。

[8] 東寺正式的名字是教王護國寺，始建於 8 世紀，1486 年燒毀，1603 年重建，唐代風格依舊。

（六）京都三十三間堂 [9]

京都國立博物館隔街便是國寶三十三間堂，正式名稱為蓮華王院，整個佛寺以一座全長 120 米的佛殿為中心，脫履著襪入內，當時殿內供 1,000 尊觀世音佛像，因門首最大者已請出維修，餘者頭上皆有 11 張臉，40 隻手，造形生動。風神、雷神及護法神像面目猙獰，一日本少婦所抱男童，被嚇得啼哭不止。有日本信眾向殿中坐著的法師請寫經及朱印，殿中參拜者有不少西方遊客，皆對眼前的鬼斧神工讚歎不已。殿中繞行一匝，佛殿背面陳列寺中寶物奉納箱供信眾參觀。三十三間房寺院中又有泉石勝景，紅楓蒼松，靜謐異常。繞大殿周邊一匝，佛殿建築之美，令人讚歎不已。

◎ 二、下篇

（一）正倉院第 69 回文物展 [10]

入奈良國立博物館，觀正倉院第 69 回文物展，費 1,100 日元。756 年，聖武天皇捐六百餘件文物及六十多種藥材予東大寺，設立正倉院。兩面屏風，一為鹿野苑中麋鹿，一為著名的花下美人，唐風瀰漫。兩面唐代銅鏡，其裝箱、繫帶具在，一面為兩龍戲珠，一面為花我別，留鏡在匣中。"自從花顏去，秋水無芙蓉。經年不開匣，紅埃覆青銅。今朝一拂拭，自顧憔悴容。照罷重惆悵，背有雙龍盤。"兩面蜜臈多種，還有原裝布口袋。綠錦綾及銀盒底部唐草文引人注目。木畫圍棋盤、醉胡伎面具、箜篌殘件（從復原圖可看出多種文化元素）、尺八、玳瑁手杖、瑪瑙杯、犀角杯引人入勝。展廳裏低聲迴響著尺八吹出的唐樂，嗚嗚咽咽，彷彿昨日復至之感。同時展出正倉院藏古佛經寫卷及紙文書甚多。所見正倉院寫本及會計賬，其中借斧兩帖頗有趣味。各地趕來日本參觀者衣著光鮮，扶

---

[9] 正式名稱為蓮華王院，始建於 1164 年，1266 年重建，此後四次大規模整修，至今已保存了 700 年。供奉 1,001 座觀音像，以絲柏為原料，採用 "木塊鑲嵌工藝" 製成。其特點主要體現在每尊雕像的 11 張臉和 40 隻手上。其中 124 尊為建堂之始平安時代的作品。28 尊神將為了使眼睛顯得更加逼真，採用了鑲嵌水晶這一種為玉眼的製作工藝。

[10] 現場發售圖錄並明信片，還可參看宮內省編：《東瀛珠光》（明治四十一年〔1908〕版）；正倉院事務所編：《正倉院的寶物》（朝日新聞社，1988 年版）；原田淑人：《東亞古文化研究》（座右寶刊行會昭和十九年〔1944〕）。

老攜幼，像小學生一樣排著一字隊伍觀賞。有人手裏還拿著望遠鏡，可謂盛況空前。

（二）大阪美術館展出佛教畫中高僧大德畫像 [11]

大阪美術館展出佛教畫中高僧大德畫像殊為傳神。古人像傳之說，殊為可信。天台大師像，14世紀，滋賀，園城寺。畫面兩縱列，第一行三人，餘皆兩人。弘法大師像，14世紀，三重，觀音寺大寶院。檀那流失德像，16世紀，奈良喜藏院。高僧像手卷，十八人，1163年，京都仁和寺。淨土十方圖像，15世紀，滋賀，淨嚴院。華嚴經斷簡，8世紀，個人收藏。明惠上人《夢記》，13世紀，京都，高山寺。阿彌陀來迎圖，高麗時代，14世紀，京都，永觀堂禪林寺。法然上人像，14世紀，大阪，長泉寺。善導大師像（唐），14世紀，京都，永觀堂禪林寺。無量壽經卷上、卷下，京都，清淨華院。

（三）京都國立博物館國寶展 [12]

京都國立博物館，映入眼簾的是右側明治時代所建西洋式老館舍。新館則正在舉行國寶展。日本參觀者扶老攜幼，舉家前來，彷彿過年過節一般，館前大排人龍，入館後排成一排，沿路參觀。展品中最有名是奈良藥師吉祥天女畫像、唐朝時來過中國的空海大和尚抄寫的《金剛般若經開題》殘卷（工楷）、《灌頂歷名》及《聾瞽指歸》（行書）真跡。還有最澄的《久隔帖》及《請來目錄》真跡、後鳥羽天皇（13世紀）辰翰漢文墨跡，均不脫二王法度。另有智永千字文墨跡、拓王羲之《孔侍中帖》、漢書揚雄傳寫本（7世紀）尚待三期展出，未能寓目，惜哉！中古佛像、佛畫、寫經，可與敦煌所出相頡頏。法隆寺獻納物沉香工畫箱等漆器光彩奪目。

（四）龍谷博物館“地獄繪的奇妙世界”特展 [13]

西本願寺參觀完畢，至西本願寺對面的商店購香水數小盒，才發現此店是龍谷博物館附設的，有佛教文物書籍及大谷光瑞在西域探險的明信片出售。遂下樓梯至博物館參觀。館中已在舉行地獄繪的奇幻世界特展。“地獄繪的奇妙世

---

[11] 筆者鉛筆手抄目錄。

[12] 現場派發目錄並發售圖錄。

[13] 現場派發目錄。

界"足可反映佛教宣傳的巨大能力，觀後頗感震撼，以前在國內從未觀賞過此類展覽。展品中有十殿閻王像、六道輪迴、三途餓鬼、地獄中各種受苦受難的圖景（日語謂草紙）、往生極樂世界的各種圖像。材質有木雕、絹帛、版畫、連環畫等。展品來自日本全國各地博物館、寺院及私人收藏。有一幅阿彌陀二十五菩薩來迎圖就來自京都的知恩院。有位中年男子正在給兒子講十殿閻王，男童聚精會神地聽著。

◎ 三、後論

　　初到日本次日，清晨雨中乘三田線赴東京泉岳寺，這裏是曹洞宗大本山，武士道精神發源地。庭院清幽，有唐風宋蹤，庭院青松紅葉修剪雅致，有一種日本園林之美。下帷拜佛，奉納箱十分莊嚴，納功德金 100 日元。在此取得名為"慈悲喜舍"的《佛教情報志》（首都圈版）夏號（2017 年 7 月至 10 月）一冊。主要內容如下：青山俊董〈說命〉、種村健二朗〈家族如何擺脫親人病逝的痛苦〉、諸團體活動、寺院活動、放送、美術展覽、出版消息。據此可暸解日本當代佛教在社會中的運作情況。

靈峰一滴水，信可矢千秋 —— 蕅益智旭大師的茶事觀

宣方 [*]

◎ 一、釋題

這個題目 "靈峰一滴水，信可矢千秋"，是化用蕅益智旭大師的詩文。蕅益大師的原詩是 "靈峰一片石，信可矢千秋"。這是辛未年（1631）冬，蕅益智旭在安吉靈峰山首次冬季安居時寫下的詩句。詩中的 "靈峰"，語帶雙關：一則是指蕅益大師駐錫的安吉靈峰山，再則暗指靈鷲峰，即佛陀當年經常說法的一處道場。佛門當中常說，"靈山一會，儼然未散"，就是說後世的佛弟子嚮往佛世，總覺得佛陀和諸菩薩、上座弟子在靈鷲山上的法會還沒有散去，自己也能恭逢盛會，廁身其間，更不必說後世的大禪師們，在禪觀中觀想靈山法會的盛景。蕅益大師的原詩，有借景抒情的成分：千秋之下，安吉靈峰山的一片石，也能見證佛法千秋萬代的傳承。我改寫幾個字，意謂對於蕅益智旭這樣的一代宗師，茶事活動中的一滴水，同樣也可以表明他的心曲，敷演和表證佛法亙古不變乃至歷久彌新的真諦。

蕅益智旭（1599－1655），明末高僧，智旭是法名，蕅益是他的號，世稱蕅益大師。蕅益大師俗姓鍾，江蘇吳縣木瀆鎮人。他青少年時代是個激進的儒家原教旨論者，不但不信佛，還公開辱罵佛教。十七歲看了晚明四大高僧中另外一位雲棲袾宏的著作後才不再謗佛，二十三歲時更是改弦易轍，立志出家。他歆慕四大高僧中的憨山德清，所以二十四歲時師從德清弟子雪嶺出家。他的佛學研究相當廣泛，對佛教內部各個派別，特別是當時佛學的四大系 —— 禪、教、律、淨都有研究，對天台宗的研究尤其深入。這位大師的思想不限於單純的佛學，還以佛教立場融攝了儒教和道教思想。不僅如此，他還研究基督教，是一個視野和胸懷都很開闊的法師。他稱自己為八不道人，因為他認為按照古代對儒者、禪者、律師、淨土宗人的要求，自己還遠遠不夠，但與同時代的這四類人相比，又不屑與

---

[*]　中國人民大學佛教與宗教學理論研究所研究員

之為伍。從這"八不"裏，可以看出這是一位獨立特行的大師。雖然他自謙不敢
與古德先賢相比，但事實上他對各方面的研究都很深入。有清一代，甚至一直
到民國，佛教界很多法師講解天台、禪、律、淨土的教理時，都以他的註釋為
基準。

◎ 二、蕅益智旭大師的茶事觀

（一）飲茶

蕅益大師的著作中，提到茶的比例並不高。但為什麼我要特別強調他的茶
事觀呢？這是因為我們現在提到禪茶時太過隨意，很多人將禪放在嘴上，自己不
修禪，也很少系統閱讀禪宗的燈史語錄，只根據三兩則大眾耳熟能詳的公案，就
天馬行空地展開自己對禪的想像。等而下之，甚至是根據通俗文學或影視作品來
談論禪或禪茶。不客氣地說，這是在消遣禪，更尖銳地說，是在意淫禪，與歷史
上真實的佛門茶文化、禪門茶文化難免有很大出入。所以我特別拈舉蕅益大師的
詩文，看看晚明很有代表性的大德是如何看待茶事的。

蕅益大師的詩文中，有若干處提到茶，最具代表性的有著名的《山居百八
偈》。這是他三十八九歲間，在九華山養疾時所作。雖然沉痾纏綿，但興致不
減，才有了這組達 108 首之多的山居偈語。飲泉品茶是其山居生活的常態，這組
詩中自然也提到茶，比如第十九首：

> 我愛山中泉，內湧非從邊。
>
> 淵淵離煩垢，泠泠浸碧天。
>
> 煮糜信甘美，烹茶亦奇鮮。
>
> 誰為知味者，請問光音禪。[1]

這首詩的主角是泉水，茶只是附帶提及。蕅益對泉水的品鑒，重在其味之

---

[1] 《絕餘編》，卷四，CBETA 版嘉興藏，冊二八；關於《山居百八偈》的具體創作時間，參見偈首之小引
　　及〈復陳昭旻〉，《絕餘編》，卷三（中謂："獨有出家一點初志，急欲克獲聖果，而悠悠十五六年竟成虛
　　度。……山居百八偈，附呈清覽。"）。

甜之鮮，所以詩中講"煮麋信甘美"，而泉水對茶湯的提振，則是強調"奇鮮"，也就是茶湯的鮮爽活潑。茶本身內質如何倒不在論列，飲茶後的身心感受如何，也沒有深究。不過，我們可以從尾聯約略推知些許消息。"誰為知味者，請問光音禪"，此句所用典故，講的是光陰禪天從色界下墮到人間，因耽著泉水之美而忘記返回之事。我們也可以從這一聯作些發揮和別解，將其視為詩人對茶味的感受。光音禪天是色界二禪的最高天，這個超越了我們人類所處的欲界而提升到色界的禪天，是怎樣一種境界呢？在光音天中，大家以禪樂為食，身心輕安，相互之間不需要話語交流，甚至不用抬頭看，不用眼神，彼此以定心發出光明，心光交會，就能心意相通。我想，用它來比況品茶入神時的感受，也是很貼切的。如果大家平素在家中，一直有獨自認真演習茶道、品鑒茶味的習慣，可能也會有這種體會：當你和某位同樣專注茶道多年的知音摯友一起品茶，彼此不需要用語言描述茶湯的滋味，也不需要眼神或表情的交流，但對於一個茶品的體驗和感受卻驚人地一致，若合符契，一切盡在不言中。這雖然距光音天的境界甚遠，但箇中意趣，卻有相通之處。因此，如果我們把詩人的意旨擴大泛化，把光陰禪同時也解釋為茶給人帶來身心輕安的渲染擬況，那麼，這無疑是對品茗引發的精神愉悅的至高禮讚。當然，這樣詮釋未免流於自由發揮，不過斷言藕益大師也肯定品茗帶來的身心輕安，則是有依據的。比如，一年後他在新安結夏安居時所作的《喜雨歌》中，有"焚香煮茗樂悠悠，雨點風聲片語收"[2]之句：在風雨中不用出門，焚一爐香，煮一壺茶，靜靜品賞，真是悠然自得。

　　僧家生活中的確有閑情雅致的一面，這也符合今天社會大眾尤其是文藝青年對於禪茶的理解和想像：在一座樹木掩映的古剎中，覓得一個清幽的院落，明窗之下，禪榻之上，伴著暮鼓晨鐘，焚一爐好香，展一卷佛經，啜一口香茗，對著窗外的遠山近水、院草庭花，在風聲鳥語中心馳萬里，神騖八荒，遐思綿綿，悠然陶然。

　　這是不是禪茶？既是，也不是。說它是，因為這是唐宋以來，尤其是晚明以降，佛門茶道當中很受世間文人墨客推崇的一流，而且明清鼎革之際，由儒逃

---

[2] 《絕餘編》，卷四，CBETA 版嘉興藏，冊二八，頁 597。

禪的很多藝文僧都偏好這種情調。他們眷戀故國的衣冠文物，為了抵抗清朝改衣冠的命令，才寧可遁入佛門，內心卻未必認同佛家的理念，這些人進入佛門，使得這種所謂風雅禪茶更加蔚然成風。說不是，因為在相當一部分佛門大德看來，這不是禪茶精神的全部，更不是主流。焚香煮茗的生活雖然很優雅閒適，但是從佛法修持的角度講，不但不究竟，甚至容易遮蔽禪茶作為一種嚴肅修道功課的旨趣。我們來看蕅益對弟子說的真心話：

> 不能親明師良友，受惡辣鉗錘，徒覓幾部好佛法，靜靜閒坐，燒香啜茗，而披閱之。此措大學問，尚不可為世間聖賢，況佛祖哉！佛祖可如此悠悠而得，善財、常啼，真千古極拙人矣，何為《華嚴》、《般若》之榜樣也！（〈與智龍書〉）[3]

如果不能親近良師益友，痛切砥礪自己的心性，只是找幾部喜歡讀的佛經，點上香、喝著茶靜靜翻閱，這不過是窮酸書生做的世俗學問，耽於這樣一種生活方式，連儒家的聖賢氣象都不可能達到，遑論成佛作祖了！要是聞著香、品著茗，安安逸逸地讀著經，就可以成佛作祖，那像《華嚴經》中的善財童子、《般若經》中的常啼菩薩那樣歷經千難萬險去求法的人真是笨死了！

從蕅益對弟子的教誨中，我們可以發現，世人豔羨的焚香、品茗、閱經的所謂風雅禪茶，在他這裏評價並不高，站在修道的角度看，甚至是帶有嚴厲的批評態度。蕅益智旭大師特立獨行，那麼這種觀念是否只是他個人的觀點呢？不是。從與他同時代的其他禪師的著作中，我們可以發現，這是共通的觀念。也就是說，我們所認為的禪茶，實際上在佛門中是非常低的層次，甚至會受到嚴厲批評。何以如此？這就要回到基本的佛教義理上。什麼是禪？什麼是茶？享清福品香茗究竟有何隱患？不過這個問題姑且懸置，我們接著看蕅益對於施茶的警示。

（二）施茶

施茶，就是向社會大眾提供免費的茶水。古時寺院，或處交通要衝，或在荒

---

[3] 《靈峰蕅益大師宗論》，卷五，CBETA 版嘉興藏，冊三六。

山野嶺，都是羈旅行人在遠行途中很重要的落腳歇息所在。烈日炎炎下喝到一口解暑消渴的涼茶，或是風雨兼程中接過一碗溫暖的茶湯，遠行者的身心疲勞頓時減輕，對寺院油然生起感念之情。施茶惠而不費，卻是弘法利生的善巧方便，因此自古以來，寺院都很重視施茶，這個傳統一直延續到今天。

我不知道杭州的寺廟有沒有這麼做的，可能大城市裏大家覺得這麼做的必要性不大。2014 年夏天，由於課題調研需要，我走訪了近百所寺廟，就遇到過幾處施茶，也有在城市裏的。例如 7 月份，我到溫州的妙果寺就遇到了施茶。僧人在寺廟門口擺了三個茶桶，過往的行人只要有需要就可以舀一勺喝。雖然招貼上都叫做茶，但其中只有一種是真正的茶，另外兩種則是消暑的草藥湯。我們在佛教文獻中看到，"茶" 和 "湯" 有時候可以混用，現實生活中的實例也印證了這一點。

照一般的見解，施茶無疑是利人利己的好事，但細究起來，也不是這麼簡單。且看蕅益大師怎麼説：

> 故諸佛權智隨情，……遂開施食、施茶種種法門。只此法門，有昧因果者，又出三途法界。著相計我者，出修羅法界；勉為善者，出人天法界；了本空者，成二乘法界；深入緣起、廣演行門者，成菩薩法界；通達實相、無入不自得者，成諸佛法界。（《題玉浪施茶冊》）**[4]**

從現象上看，同樣是施茶一件事，但從未來果報看，會有多種結果：如果施茶的人雖然幫助了別人，但動機是為了自己，執著於自我，那麼下輩子這個人就會轉生在阿修羅法界；如果施茶是出於利他的善心，不是為了自我揚名，那這個人可以出生在人法界或天法界；如果施茶時，自己也知道這件事是本性空寂的，那麼能成就聲聞乘、緣覺乘這二乘法界的功德，也就是一般所説的小乘法界；如果能深入透徹地知道這件事的緣起，並且藉此方便敷演佛法，能這樣發心和行持的，就可以成就菩薩法界的功德；更進一步，能通達實相，於各種行持法門都能

---

[4] 〔英〕邁克爾·波蘭尼著，許澤民譯：《個人知識：邁向後批判的哲學》（貴陽：貴州人民出版社，2000 年）。

第四部分：禪武歷史文化　　245

出入自在、圓融無礙，那就能成就諸佛法界。這段話涉及到很多佛教專門的名相術語，對不熟悉佛教的人而言顯得有些晦澀，但所要傳達的總體資訊是極為明確的：佛門中做一件事情，並不是僅僅看這件事現象上如何、直接的結果如何，最重要的是看做事的動機，專門術語叫"發心"，以及過程中起伏變化的各種心念，也就是常說的起心動念。你是以怎樣的發心、怎樣的智慧和方便來處理這件事情，這才是真正重要的。所以文中接著說：

> 不了則受此茶者，墮阿鼻地獄。施此茶者，亦墮阿鼻地獄。了得則施者成無上菩提，飲者亦成無上菩提。(《題玉浪施茶冊》)

施茶一事，究竟是好是壞，端看施者和受者的動機和心念。如果明白其中的緣起因果，可以依發心的大小，感得不同的果報；如果不明白相關因果，甚至以邪惡的動機來做這件事，雖然在別人眼裏也是好事，但卻有可能會墮阿鼻地獄（無間地獄），一刻不得安寧地遭受極為痛苦的報應。施茶可以成佛，也可以下地獄，關鍵不在事情本身，而在於施茶者的起心動念！

◎ 三、蕅益智旭大師的禪茶觀：即事修心

回到剛才懸置的問題：焚香品茗，在我們看來非常優雅的生活方式，為什麼蕅益大師會對此提出尖銳的批評呢？結合他的施茶觀，就不難明白，問題不在於焚香品茗的事相本身，而在於以怎樣的心態來做這件事。心態不當，就可能隱含很大的風險。

佛門中的茶道，本質上是修行功課的延伸與拓展，所以也遵循修行的一般規律和要求，需要在其中貫徹戒、定、慧的修習。茶事活動中，佈置清淨莊嚴的茶室，端正身姿，不散心雜念、粗言綺語，就是戒的修習；專注於茶事，從置茶到注水再到出湯，心念專注於當下的每一個動作，這就類似於禪定的修習；如實體察茶味，不以想像去代替真實的體察，如實觀照茶會當中自我與來賓的心境，無嗔無喜，不縱不奪，始終以愉悅、柔和、謙敬之心圓滿茶會，這就是智慧和慈悲的修習。

而禪門當中的禪茶，更是貫徹了大乘佛教的不二精神，特別是南宗禪的"平

常心是道", 可以説, 它是極高明而道中庸的修行方法。尤其是中國古代的禪茶, 主體是出家眾, 體現的是一種悟後起修的保任工夫, 它是一種以禪攝茶的下貫路線。這和日本茶道以在家眾為主體, 以居士禪為實質, 走以茶悟禪的上行路線有很大不同。因此, 它更為重視茶事活動中如何攝心, 如何觀照自己的起心動念, 如何保持正念和正知。

回到一般禪修的原理上説, 禪修需要心的高度專注。嚴格來説, 喝茶是不可能入定的。定的本質是心專注於一境, 入定時, 眼、耳、鼻、舌、身的感知功能會自動關閉, 只有意識還在起作用, 所謂"獨頭意識", 這是十分精微的意識作用。而品茶則恰好相反, 是在眼、耳、鼻、舌、身、意這六根門頭花工夫: 眼觀茶色, 耳聽湯沸, 鼻聞茶香, 舌嘗茶味, 身感諸觸 (茶湯和身體各個部位接觸所產生的感受), 心則調度各種感知能力, 思惟、分辨、抉擇茶的方方面面, 並對如何協調人與茶的互動作出反應。雖然品茶不可能入定, 但這不妨礙初習禪者把品茶作為收攝身心的預備功課 (前方便), 通過品茶來訓練自己心念的專注和覺知力。而對於習禪已經有所心得者來説, 品茶也可以作為日常訓練平等持心, 保持心念的專注、平衡與穩定的功課。在禪門的修行中, 這樣的訓練課目稱為"即事修心", 意即在具體的生活事相上修煉自己的心性運作能力。

我們知道, 從自利的角度看, 佛教修行的根本目的是為了斷除煩惱。煩惱的根源在於貪愛、嗔恨和愚癡, 所以判斷一種修行課目是否有效, 就要看它是否有利於斷除貪、嗔、癡, 至少是削弱或抑制貪、嗔、癡, 最低限度是不能使貪、嗔、癡增盛。禪茶既然是修行方式的延伸, 自然也要符合這個要求。

對照這個要求, 就不難發現一般文人墨客推崇的禪茶所隱含的偏差和風險: 對於茶品好壞的挑剔、對於美妙茶味的貪戀、對於優雅環境和情調的耽著, 正是修行所要對治的毛病, 稍一不慎, 在在處處都可能成為修道的障礙。我們提升茶品鑒賞能力的同時, 在所謂高雅脱俗的表相下, 很可能貪欲已經潛滋暗長了。久而久之, 無茶不歡, 甚至無好茶不歡, 等閑不能入口, 茶品、茶具、茶事的要求也是精益求精, 甚至走向奢靡。這就完全背離了禪茶作為修道助緣的目的, 反而成為修道的的障礙。這種耽於感官享受的障礙, 佛教經典中稱為"為魔所縛",《楞嚴經》更是將其明確為"五陰魔", 也就是被色、受、想、行、識五蘊 ("五蘊"是"五陰"更為通用的另一譯名) 所束縛。明乎此, 也就知道為什麼蕅益大師說，無論是施茶還是飲茶，若不能保持正見、正知和正念，就有可能墮入地獄。

◎ 四、禪茶的修習：正念正知

這樣看來，在禪茶修習中，以正確的觀念和態度（正見）切入，並始終保持正念和正知，十分要緊。正見的部分，應當通過親近良師益友、閱讀經典等聽聞熏習的方式，再經過自己的思考抉擇，逐步確立起來，並在茶事活動中加以印證，這裏姑且不論。怎樣在茶事活動中，保持正念和正知呢？這裏與大家分享最基礎的兩點。

（一）對身體的正念、正知

如同任何修行法門一樣，禪茶的修習是一種"體知"，也就是波蘭尼所謂的個體知識（personal knowledge）或默會知識（tacit knowledge），它是通過我們對自己身體和心理的反覆訓練而趨向於禪的意趣。[5] 這當中，對身姿的覺知更為粗顯、基本，是首先應該做到的。什麼是對身體的正念、正知呢？首先，是對自己的身體姿勢要能夠如實覺知；其次，若發現身體姿勢有錯誤不當之處，要即時警覺，並糾正過來。禪茶的修習，比較淺近的意義是養生，這一點亦與世俗茶道相通。如果沒有養成觀身、調身的習慣，以錯誤的坐姿修習茶道，非但不能達成養生的目的，反而有可能令身體受損。而且，如果對於身姿這種相對粗顯的物件都不能培養起警敏的觀照力，要細緻分辨茶味，其實也不容易做到。這只是觀身較粗淺的含義，如果能修習禪觀，進一步培養自己的覺知力，當然更好。

（二）對茶味的正念、正知

首先，要如實覺知、如實感受茶湯的顏色、香氣、滋味，而不是馬上展開想像、聯想，也不是以自己的口味好惡為標準。一般人喝茶，很容易受心情的影響，同樣的茶，不同的心境下喝出來滋味大為不同。對常人而言無可厚非，但對

---

[5] 〔英〕邁克爾·波蘭尼著，許澤民譯：《個人知識：邁向後批判的哲學》（貴陽：貴州人民出版社，2000年）。

關於邁克爾·波蘭尼的"個體知識"概念，參見邁克爾·波蘭尼著《個人知識：邁向後批判哲學》中譯本〈譯者序〉相關説明，頁4-9，唯筆者更偏好譯為"個體知識"，故行文有異。關於"默會知識"，參見該書第1、2編相關章節，尤其是第4章第9節（頁93-96）、第5章第2節，頁104-113。

於以茶為修道助緣的人來説，這顯然不妥。對治的方法是進行專業的訓練，先把茶喝清楚，記住茶味中的酸甜苦鮮鹹，區分茶香中的草香、花香、水果香、乾果香、乳香、木香、藥香，並且進一步細緻辨析，是哪一類的酸、哪一類的香，等等，盡可能精細，盡可能不受心理暗示的影響。

其次，對覺知、感受到的色香味不起執著，也就是説，既不對好喝的、喜歡的茶味心生貪著（貪），也不對不好喝、不喜歡的茶味心生厭棄（瞋）。貪、瞋是無始以來因無明（癡）而導致的習性反應，正是這種遇到喜歡的就牢牢抓取、遇到不喜歡的就遠遠推開的根深蒂固的執著，使得我們陷入煩惱而不自知。

（三）依了知而不生分別

也許有人會問：前面才説要把色香味都辨析得很清楚，現在又説不要執著，豈不矛盾？認為兩者矛盾，正代表了現實中兩種相反的觀點。有的人認為，每泡茶都要仔細論究，分辨品種、香氣、味道，是落於技術層面，哪裏能體會品茗的高遠意境，簡直是煞風景，境界太低！常聽到他們説："不要分別心太重，太執著了！"——姑且稱為意境派。另一種則認為，品茶當然要把茶喝清楚，連什麼茶、什麼產地、什麼香氣、什麼味道都喝不出來，空談境界，豈非笑話！——姑且稱為技術派。從佛法修行的角度，清楚分辨與不執著並不矛盾，禪茶修習的正知、正念即在於此：一方面要清晰準確地辨析、覺知茶的真實色香味，不是懵懂含混人云亦云，或者不著邊際隨意想像；另一方面對所覺知的色香味又不產生執取，既不歆慕貪戀好喝好聞的，也不排斥厭棄不好喝不好聞的。兩者相輔相成，不可偏執一端，才是中道正行。技術派與意境派的問題就出在各有執取，偏廢其餘。要知道，不執著是對好與不好都清楚了知，但不因此生起貪或瞋，哪裏是稀裏糊塗卻把"無分別"、"不執著"當口頭禪！

在實際修習中，心念如何操作呢？可以依照《雜阿含經》中佛陀切實的教導而行：在根、境、識和合的當下，生起"明觸"，不起"無明觸"，即生起與智慧相應的觸對，而非與無知相應的觸對。我們一般人的習慣反應是對合心可意的觸生起樂受，對不合心可意的觸生起苦受；對樂受產生貪愛、執取，對苦受產生厭憎、排斥，這是在無明支配下的慣性反應。佛法的智慧是教導我們從場景當中抽離出來，學會當旁觀者，只是如實地觀察這些覺受，如實了知這些覺受的生起、滅去，體察其中的無常、無我，逐漸摒棄愛染執著。這當然不容易，即使經過專門的禪修訓練，也還是不容易做到。但必須朝著這個方向努力，持之以恆，即使還沒有做到，堅持的本身，必然能增進恆心、耐心與精進力。而且這種觀察和訓練，不斷地增長善念，削弱惡念，這個過程就是讓自己心心念念與正法相應的心性鍛煉。

在日常茶事訓練中，一個比較切實有用的方法是，儘量選擇中等的茶，把它泡清楚、喝明白。中等品質的茶可塑性很強，口感可上可下，泡法的好壞，對於口感影響幅度很大，對技術和心態都是一個很好的鍛煉。另外，不貴難得之貨，不迷精品好茶，對於改變今天禪茶活動的奢靡之風也會有正面影響。

◎ 五、餘論

發表這篇論文的本意是為了與出家人交流。十幾年前，除了閩南，寺院僧人日常保持喝茶習慣的並不多，他們對所謂禪茶的說法幾乎不屑一顧。十幾年後的今天，禪茶在佛門已經是遍地開花。這些年當中，有時候我會帶著土豪朋友去寺廟喝茶，希望法師能淨化一下他們的心靈，轉化一下他們的觀念。他們總是想著，我的茶很好。怎麼個好法？幾千塊幾萬塊一斤。他們所謂的好壞，一開始大多就是這樣根據價格高低評判，漸漸地隨著好茶喝得多了，也能說出個子丑寅卯來，就益發眼高過頂，趾高氣揚。我希望法師們能轉化他們，但可悲的是，有些時候，甚至是好些時候，反而是法師被土豪們轉化了。現在一些法師也喝很貴的茶，這是一個相當大的問題。我輩學者可能對大眾影響並不大，但是法師是人天師表，對信眾有很大影響。我的想法是，先影響那些可以影響大眾的人，進而讓他們對公眾產生正面的影響。

總結一下，日常大家想像當中窗明几淨、小資情調的禪茶，佛門中有沒有？有，晚明以來還一度比較流行。但嚴格地講，這是較膚淺的層次，而且容易出偏差。禪茶的真義在於將其作為禪修的延伸，在茶事活動中鍛煉心性。這當中，最重要的是秉持正見，保持正念和正知，像一個旁觀者那樣時時處處覺照自己的起心動念，長養自己的善念，消減自己的惡念，通過持之以恆的專注與精進的訓練，體悟無常與無我，讓心明淨、安定、柔軟而有力。這種心力，讓我們堪當大任。

茶，本來就是極尋常的小事，因為蘊含了心性的修煉，它才變得有意義。如果不與修道相應，反將我們有限的生命耽溺於其中，逐物忘返，並以“不為無聊之事，何遣有生之涯”自解，那可真是愚癡極了！

靈峰一滴水，信可矢千秋。這萬古長新、歷久彌堅的，便是我們的虔虔向道之心！

《嘉興藏》五台山刊刻史新探

張德偉[*]

　　萬曆十七年（1589），佛教大藏經的又一新版本，即此後所稱之《嘉興藏》，於五台山開始刊刻。待其最終完成，此藏收經逾一萬二千卷，規模之大，超越前現代時期東亞所產生的任何其他版本佛教大藏經。[1] 它收錄產生於明清易代之際的數百種作品，其中近三百種為其他藏經所無，對研究帝制晚期中國禪宗的發展彌足珍貴。[2] 但是，這部藏經的刊刻，波折不斷，其中一些重要問題至今仍無答案。例如，在籌劃時主事者曾預計十年內完成該藏刊刻，但實際上直至康熙五十二（1713），即一百三十年後，該藏主體部分尚未完成。[3] 那麼，主事者最初為何如此樂觀？最後的完成，為何又拖延如此之久？這種拖延，對於《嘉興藏》最終樣態的形成，又造成了何種影響？

　　本文通過考察萬曆二十一年（1593）發生的一個事件，嘗試回答上述問題。此前四年，《嘉興藏》的刊刻，已在五台山被卓有成效地展開。而在此年秋，那

---

* 　暨南大學哲學研究所副教授

　　本文原為 "More than Seeking for Sacredness: New Light on the Carving of the Jiaxing Canon at Mount Wutai"，是 2015 年我在 "An International Conference on the Wutai Cult - The Mountain of Five Plateaus: Studies of the Wutai Cult in Multidisciplinary and Trans-border/Cultural Approaches" 上的演講。此文早已交付 Brill，尚未出版，而中文版則由趙凌雲翻譯，後收入《一山而五頂：多學科、跨方域、超文化視野下的五台山信仰研究》（台北：新文豐出版公司，2017 年），頁 633-651。我已有計劃擴展拙文，只是目前無暇，故一仍其舊，只更新、補充了數種書目。

[1] 《嘉興藏》原無完整目錄，故而我們無法確知它一共收錄多少種佛教經籍。事實上，因其複雜的刊刻過程，歷史上也從無一部首尾俱全的《嘉興藏》。到目前為止，該藏最完整的版本，是北京民族出版社 2008 年整理重印本。它共收二千三百五十種佛教典籍，一萬二千六百餘卷，三百八十函。見〈嘉興藏（徑山藏）重輯簡介〉（北京：嘉興藏出版整理委員會，2008 年），頁 16-20。

[2] 藍吉富：〈嘉興大藏經的特色及其史料價值〉，收入聖嚴等編：《佛教的思想與文化：印順導師八秩晉六壽慶論文集》（台北：法光出版社，1991 年），頁 255-66。該文後經修改，以〈《嘉興藏》研究〉為名於次年再版。

[3] 《嘉興藏》主體部分至康熙末年已經刊刻完成，但此後仍有少量增改，全藏工程直至嘉慶年間才最後結束。參考王蕾、韓錫鐸：〈從遼圖藏本認識嘉興藏〉，《中國典籍與文化》，2009 年第 1 期，頁 67。

個刻經場被完全放棄，整個刻藏工程被遷至江南徑山進行，從此與五台山再無關聯。鑒於是次搬遷跨越數千里，這個決定必定艱難而又慎重。此後，藏經刊刻速度明顯放慢，較此前也更缺組織性，最終導致其完工日期嚴重拖延，而規模卻遠較預計為大。但是，對這次於《嘉興藏》命運來說舉足輕重的遷場，迄今為止，兩個習慣性的解釋卻極為簡單：五台山氣候寒冷，無法完成這一規模巨大的工程；它離江南太過遙遠，但雕造所需的人力和物力資源又泰半來自那裏。[4] 話雖如此，但五台山氣候本非一夕之間突然變冷 —— 至少幾百年前它即以氣候清涼（甚至在炎夏亦是如此）在佛教界著稱 —— 它最初為何被確認為刻藏的理想地點？至於資源，為何一定要從遙遠的江南募集呢？為何不能就近動員五台山所在的山西當地民眾參與該藏刊刻呢？中國北方其他地區，例如北京，參與度又如何？探討這些問題，不僅有助於我們更好地理解這部偉大藏經的歷史，而且在一個更大的視野裏，也有助於揭示明末清初僧伽的活力及其內外關係的複雜程度。

---

[4] 關於《嘉興藏》在五台山刊刻史的研究，參考陳玉女：《明代佛門內外僧俗交涉的場域》（台北：稻鄉出版社，2010 年），第 4 章。王啟元：〈從五台山到徑山：密藏道開與《嘉興藏》初期經場成立論考〉，《法鼓佛學學報》，2017 年第 20 期，頁 129-157。章宏偉：〈明代萬曆年間江南民眾的佛教信仰 —— 以萬曆十七年至二十年五台山方冊藏施刻文為中心的考察〉，《清華大學學報》（哲學社會科學版），2016 年 5 月31 日，頁 111-126。中嶋隆藏：〈嘉興大藏經の初期事情〉，《日本中國學會報》，2005 年第 57 期，頁 118-132；《東洋古典學研究》，2013 年第 35 期，頁 1-32。金申：《佛教美術叢考》（北京：科學出版社，2004年），頁 286-303。

對於《嘉興藏》其他方面的研究，可參考中嶋隆藏：《明万曆嘉兴藏の出版とその影响》（仙台，2005 年）；〈嘉興入藏佛典と密藏道開の立場〉，《東方學報》2007 年第 11 冊，頁 34-50。長谷部幽蹊：《明清佛教研究資料》（名古屋：自印本，1987 年），頁 22-34。藍吉富：〈嘉興大藏經的特色及其史料價值〉。釋聖嚴等編：《佛教的思想與文化：印順導師入秩晉元壽慶論文集》（台北：清光出版社，1991 年）。陳玉女：《明末清初嘉興藏刊刻與江南士族》，《佛光學報》，2018 年新 4 卷第 2 期，頁 301-372。釋法幢：〈徑山刻藏考述〉，《中華佛學研究》，2012 年第 13 期，頁 53-89；《大藏經的編修．流通．傳承：《徑山藏》國際學術研討會論文集》（杭州：浙江古籍出版社，2017 年）。章宏偉：〈故宮博物院藏《嘉興藏》的價值 —— 從《嘉興藏》學術研究史角度來探討〉，收入氏著：《故宮問學》（北京：紫禁城出版社，2009 年）；蔡運辰：〈嘉興大藏經及續藏、又續藏目錄考釋〉〉，收入氏著：《二十五種藏經目錄對照考釋》（台北：新文豐出版公司，1983 年），頁 509。楊玉良：〈故宮博物院藏《嘉興藏》初探〉，《故宮博物院院刊》（北京），1997 年第 3 期，頁 13-24。

《嘉興藏》的刊刻，正是發生在這樣的環境裏。[5]

◎ 一、意在藏外

十六世紀中期，中國僧團內外，一致感受到了刊刻一部新藏經的強烈需求。袁黃（1533-1606；1586 年進士）可能是《嘉興藏》的首倡者之一。明代佛教自永樂年間（1403-1424）以後，漸趨衰微；在嘉靖時期（1522-1566），又有皇帝有意攘佛，[6] 其境況更是每況愈下。袁黃認為，如果人們有更多機會接觸和閱讀佛經，就可能改善這種不如人意的情況。萬曆元年（1573 年），他遇到時為大雲寺雲谷法會（1500-1575）侍者的幻余法本（?-1598?），雙方一拍即合。袁黃建議法本以方冊形式裝訂新刻大藏，因為此前使用的梵策裝過於笨重，不便廣泛流傳。在他看來，如果改以方冊裝訂，"使處處流通，人人誦習，孰邪孰正，人自能辯之，而正法將大振矣。"[7] 法本對此表示贊同。

但是，把藏經由梵策改以方冊裝訂的提議，惹起了激烈爭論。袁黃提出如此建議，並不讓人意外，因為他在宗教領域持有一種明確的實用主義傾向——他

---

[5] 對晚明時期中國佛教的概述，參考 Chün-fang Yü, "Ming Buddhism", in ed. Denis Twitchett and Frederick W. Mote, *The Cambridge History of China*, vol. 8, The Ming dynasty, pp.1368-1644. Part 2（Cambridge: Cambridge University Press, 1998），頁 927-952。在過去 30 年裏，晚明佛教復興吸引了學界很多關注。其中最重要的成果，英文著作有 Chün-fang Yü, *The Renewal of Buddhism in China: Chu-hung and the Late Ming Synthesis*（New York: Colombia University Press, 1981）; Timothy Brook, *Praying for Power: Buddhism and the Formation of Gentry Society in Late-Ming China*（Cambridge, Mass.: Harvard University Press, 1993）。中文著作則有江燦騰：《晚明佛教改革史》（桂林：廣西師範大學出版社，2006 年）；陳玉女：《明代的佛教與社會》（北京：北京大學出版社，2011 年）。博士論文方面，日文有陳玉女：《明代仏教社会の地域的研究——嘉靖・萬曆年間（1522-1620）を中心として》（九州大學，1995 年）。不揣鄙陋，本人英文博士論文也可作為參考：Dewei Zhang: "A Fragile Revival: Chinese Buddhism under Political Shadow, 1522-1620"（The University of British Columbia Disserdedisn，2010）。另外可作參考的，還有聖嚴法師：《明末佛教研究》（台北：東初出版社，1993 年）；長谷部幽蹊：《明清佛教教團史研究》（京都：同朋舍出版 , 1993 年）；Jiang Wu, *Enlightenment in Dispute: the Reinvention of Chan Buddhism in Seventeenth-Century China*（New York: Oxford University Press, 2008）。

[6] 關於嘉靖對佛教的壓制及其後果，請參閱本人 UBC 博士論文第二章；陳玉女：《明代仏教社会の地域的研究——嘉靖・萬曆年間（1522-1620）を中心として》，第二章；何孝榮：〈明世宗禁佛〉，《明史研究》，2001 年第 7 期，頁 164-176。

[7] 密藏道開：《密藏開禪師遺稿》，CBETA, J23n B118. 1. 5c12-13。本文所引佛典皆採用"中華電子佛典協會"（Chinese Buddhist Electronic Text Association, 簡稱 CBETA）電子佛典集成光盤，2011 年。

大力倡導"功過格",即是明證。[8] 但是,其他人卻質疑這種裝訂形式的改變,會降低大眾對佛經的尊崇。梵策裝這種形式,最初出現在印度,而中國佛教徒沿習使用,某種程度上是以此向作為佛教起源地的印度致敬。因此,對很多佛教徒來說,這種形式是神聖不可改變的。[9] 相比之下,中國的方冊形式,自明代開始一般用來裝訂世俗書籍。這場爭論,直到此後成為"晚明四大高僧"之一的紫柏真可(1543-1603)介入,[10] 才告結束。真可強調,這種改變的價值,在於其推動佛教傳播方面的功效:

> 使梵策雖尊重,而不解其意,則尊之何益?使方冊雖不尊重,以價輕易造,流之必溥。千普萬普之中,豈無一二人解其義趣者乎?⋯⋯縱使輕賤方冊之輩,先墮地獄,受大極苦。苦則反本,反本即知墜地獄之因。知因則改過,忙亂則易輕賤為尊重。[11]

顯然,與袁黃一樣,真可把佛經的廣泛傳播,視為重振佛教的一種手段。[12]

這種意在藏外的想法,對《嘉興藏》的刊刻造成了深刻影響。籌集款項是刻藏主事者面臨的一大主要問題。萬曆七年(1579),真可瞭解到法本想要刊刻一部新藏。當時,為了預估的高達三萬兩白銀的經費,法本一籌莫展,真可遂允諾將鼎力相助。因此機緣,密藏道開(?-1594?)於幾年後承擔起了這項重任。道開於萬曆十二年(1584)左右成為真可弟子,此後迅速成為老師最得力的臂膀。道

---

[8] 關於袁黃對功過格的倡導,請參考 Cynthia J. Brokaw, *The Ledgers of Merit and Demerit: Social Change and Moral Order in Late Imperial China* (Princeton: Princeton University Press, 1991);酒井忠夫:《中国善書の研究》(東京:弘文堂,1960 年)。

[9] 道開自己即是一例。見真可:《紫柏尊者全集》,CBETA, X73, no. 1452, 13. 253, b2-3。

[10] 關於紫柏真可,可參考釋果祥:《紫柏大師研究》(台北:東初出版社,1987 年);Jonathan Christopher Cleary, *Zibo Zhenke: A Buddhist Leader in Late Ming China* (Ph.D. diss., Harvard University, 1985)。另外,王啟元:〈紫柏大師晚節與萬曆間佛教的生存空間〉:《世界宗教研究》,2015 年第 1 期,頁 28-41,也值得參考。

[11] 真可:《紫柏尊者全集》,13.253, b5-13。

[12] 真可雖為禪僧,但他表明自己"雖宗門種草,若論見地,未始不以教乘為據證"(《紫柏尊者全集》,24.354, c9-10)。這種取向,代表了晚明佛教中,向達摩"藉教悟宗"、"方便通經"的如來禪傳統回歸的一種新動向。

開此前在江南雲遊，得知元代僅在當地一個州府即有多達七套佛教大藏刻板，而明代全國只有兩套，於此大感不滿。因此，在真可委託他主持刻藏時，他痛快地接受了挑戰，並立願"若有人舍三萬金刻此藏板者，道開發願以頭目腦髓供養是人。自今而後，藏板不完，開心不死"。[13] 此後十餘年，道開一直領導和實際主持了這一工程。

　　道開花費了數年籌備刊藏事宜，以及決定如何募集必須款項。最初，慈聖太后（1545-1614）主動提出資助全部所需經費。如果採納，這無疑將極大地簡化整個刻藏工程，但這一提議為真可所婉謝——他解釋說，如果能盡可能多地動員人們參與這個刊刻工程，將使其功德最大化。[14] 這再次表明，這一工程，其目的不僅在於完成一部新大藏。因此，萬曆十四年（1586）春，在與時任山西巡按御史的傅光宅（1547-1604）商量後，道開計劃尋找十位"唱緣"—— 每位再各找三位"助緣"——作主要施主，每年以俸祿資助刻藏。[15] 稍後他又對此計劃作了修正，決定找四十位"緣首"，每位年施銀一百兩，同時另找四十位備用，便於有"緣首"退出時補位。與上述真可所提議的指向不明之"廣募"相比，道開這種籌款方式在確定施主時更有選擇性。同時，通過將刻藏這個令人望而生畏的大型任務分解為各個小型的、更容易操作的部分，這種方法兼具靈活性和實用性。[16] 最後，萬曆十五年正月，應道開請求，包括他自己共十位善信在北京龍華寺發心，立誓為藏經刊刻事業奉獻自己的財力和智力。[17] 他們寫下熱情的發願文，從中透露了對通過流通藏經而拯興佛教的共同願望。[18]

◎ 二、擇定五台

　　在《嘉興藏》的刊刻過程中，從五台山遷移經場至江南是一個重要轉折點。

---

[13] 真可：《紫柏尊者全集》，13. 253b19-21。

[14] 道開：《密藏開禪師遺稿》，1.2a23-26。

[15] 同上註，1.3a30-3b2。

[16] 同上註，1.17b5-6。

[17] 這十位善信是傅光宅、瞿汝稷、唐文獻、徐琰、于玉立、曾干亨、吳惟明、曾鳳儀、袁黃和密藏道開。

[18] 即使事過數年，德清在萬曆十八年所作的發願文中，仍然明確指出，"斯刻之舉，不啻秦庭之哭，真有敿軍拔幟之意，其恢復法界之圖，遠且大矣。"（《憨山老人夢游集》，CBETA, X73, no. 1456, 19. 596b9-11。

該藏刊刻，包括兩個截然分明的階段。萬曆十七年（1589），由慈聖下令，刻藏工程於五台山妙德庵正式啟動。在隨後四年裏，上百人在庵裏庵外忙碌，刻經超過一千卷。萬曆二十年（1592）秋，經場南遷至嘉興的興聖萬壽寺，隨後工程又繼續在該寺所屬兩個較小寺廟即寂照庵和化城寺中進行。因進展緩慢，刊刻工作耗時一百多年才最終完工。那麼，經場最初為何會選擇在五台山呢？這個選擇純粹是一個偶然的錯誤嗎？

道開選擇刻經地點，其實非常謹慎。萬曆十四年，在十位"唱緣"立誓之後，道開曾給馮夢禎（1548-1605）寫信請他校勘預計入藏的經疏。因新刻《楚石語錄》亦隨此信一同送達，可知其時藏經試刻已然開始。但是，道開承認尚未最後擇定刻經之所。[19]

道開對把經場設在北方，頗為猶豫。樂晉是《嘉興藏》刊刻的主要支持者之一，在萬曆十九年（1591）曾對此有過說明。據他所說，萬曆十一年（1583年）左右，道開在南方尋找一個棲身寺院時，來自當地名山大寺的邀請之多，曾令他頗難抉擇。因此，即使在萬曆十三四年隨真可訪問五台山時，他也仍然無意留下。但是，一件事徹底改變了一切：妙德庵的主持無邊（?-1588）法師，[20] 在圓寂前，召集僧眾，公開將此庵傳予道開。由於妙德庵非常寬敞，作為經場十分理想，道開遂不再考慮江南。[21] 但是，樂晉這個解釋並不讓人完全信服。地方開闊固然是開展刻藏工程的必要條件，但是這一因素本身並不足以讓妙德庵勝出。實際上，妙德庵已由無邊大師託付給道開，可能是更為重要的條件。正如我們所看到的，道開明顯是一個更願意把所有事情都置於自己控制之下的人。顯然，只有在妙德庵，他才有在任何其他歡迎他的寺廟都沒有的權限，能決定刻藏事務如何進行。

更值得注意的，是道開就刻藏可能獲得北方民眾支持力度的評估，雖然這種評估隨著時間的推移相差極大。開始時他相當樂觀，而這應該在很大程度上幫助

---

[19] 道開：《密藏開禪師遺稿》，2. 24b18-22："刻藏因緣，雖已就緒。然期場南北，未卜終始。此方撰述，校仇端屬名賢，幸無忘念。新刻《楚石語錄》諸典各一部，遠充法供"。

[20] 明河：《補續高僧傳》，CBETA, X77, no. 1524, 12.515c12-516a17。

[21] 樂晉：〈五台山刻方莢大藏序〉。轉引自中嶋隆藏：《明万曆嘉兴藏の出版とその影响》，頁29。

了他下決心擇定五台山。在一封寫給徐琰（?-1592）的信中，道開詳細地談到了
自己的計劃：

> 刻經因緣，大都北方緣差勝。期場十有八九定在北方，擬刻成則移就
> 南方以流通之。計得四十人為緣首，每人歲助百金，與刻工相終始。燕、
> 趙、齊、魯大約有二十人，江南如金壇之于、丹陽之賀、吳江、松江諸處擬
> 求十人，外十人則求之生徽州、蒲州二處。[22]

此信約寫於萬曆十四年。值得注意的是，他所屬意的燕、趙、齊、魯，全在
北方，而蒲州也地處山西。這些地方，以北京為中心，呈扇形展開。即使如此，
同樣值得一提的，是道開在江南已有了較為具體的籌款人名單，而在整個北方，
則尚未開列一人。

事實上，道開在給一位朋友的信中對自己為何最後選擇五台山曾有所解
釋。他最初以五台山、牢盛、靈岩和雙徑為候選地點，其中靈岩山是首選。但
是，在聽了一位在該地曾住三年之久的僧人的一席話以後，他改變了主意。這位
僧人說，自唐末黃巢（835-884）起義後，當地民眾一直野性難馴，甚至一些寺
廟裏的僧人本身即為盜匪。[23]道開因這個警告猶疑不定，最後終於決定求助於神
意。在一座寺廟裏，在佛陀、文殊、普賢以及其他菩薩面前，他抽籤三次，次次
抽中五台山。"今則有不得不尊如來敕命矣"，道開宣稱。[24]經場由此被確定在五
台山。

但是，在此神秘故事的背後，還有道開未曾揭開的秘密。真正的問題，並非
道開是否必須遵從佛陀命令 —— 考慮到經場最終將遷出五台山，對此問題的回
答，顯然至少應有部分是否定的。我們應該問的，是道開為何將選擇局限於四個
地方，即五台山、牢盛、靈岩和雙徑，其中前三處皆在北方，僅有雙徑在江南。

牢盛指山東嶗山，準確來說應是嶗山海印寺。嶗山這個濱海地區風景優

---

[22] 道開：《密藏開禪師遺稿》，1.17b04-08。

[23] 同上註，1.18a13-22。

[24] 同上註，1.18a24-25。

美，但歷史上該地區盛行道教而非佛教。16世紀中葉以後，因為民間宗教（特別是羅教）興旺發達，情況越趨複雜。[25] 道開所以將牢盛列為選項之一，應該是因為海印寺的憨山德清（1546-1623），後者彼時剛從朝廷獲賜了一部大藏經。德清與真可一樣，將成為晚明最重要的佛教領袖人物之一。[26] 但是，在獲得賜藏的萬曆十四年，他雖已因五台山祈嗣而在全國嶄露頭角，卻也因此而隨後困守嶗山長達三年。那年秋天，道開和真可去嶗山訪問了德清。很顯然，雙方對這次會面均十分滿意。雖然如此，德清其時於刻藏一事，似乎並未表現出太大熱情。此後數載，當道開在五台山為刻藏奔忙時，德清則忙著在山東和北京兩地活動，期望得到來自慈聖太后和內廷的更大資助。[27]

靈岩山其實指濟南靈岩山上的靈岩寺。此寺初建於北魏（386-534），在唐代達到極盛。在晚明時期，真可曾一度主持該寺，但與其關係似乎不甚密切，現今很難再找到他留下的痕跡。[28] 選擇這個地方還另有好處，因為當地的德王崇佛，刻藏工程或許能得到他的支援。但是，所有這些益處，都被上述的那位僧人的警告抵消了：對於一個需要大規模動員追隨者的宗教項目而言，這裏不是一個合適地點。

與五台山有關的狀況則更為複雜。最晚自7世紀開始，五台山就已成為中國最重要的佛教聖地之一。尤其重要的是，這裏被認為是代表智慧的文殊菩薩的道場。既然大藏經是代表著佛陀智慧的法寶，就此而言，那五台山確為最理想的

---

[25] 關於全真道及羅教在該地區的歷史與活動，參考陳玉女：《明代佛門內外僧俗交涉的場域》，第4、5章。

[26] 德清的傳記，見 ed. Luther Carrington Goodrich and Chaoying Fang, *Dictionary of Ming Biography, 1368-1644*（New York: Columbia Universcity Press, 1976），pp.1272-1275。有關德清的重要研究，可參考江燦騰：《晚明佛教改革史》，頁69-190；Lynn Struve, "Deqing's Dreams: Signs in a Reinterpretation of His Autobiography", *Journal of Chinese Religions 40*（2012）: pp. 1-44; Sung-peng Hsu, *A Buddhist Leader in Ming China: the Life and Thought of HanshanTe-ch'ing,* (University Park: Pennsylvania State University Press, 1979)。

[27] 關於憨山德清這一時期的活動，請參考拙文 "Challenging the Reigning Emperor for Success: HanshanDeqing 憨山德清（1546-1623）and Late Ming Court Politics", *Journal of the American Oriental Society* 134.2（2014），pp.263-285。

[28] 真可現存一首《哀靈岩寺僧歌》，描繪了其時該寺的沒落情形。見《紫柏尊者全集》，28.389c21-390a5.

刻藏地點。[29] 然而，現有材料表明，無論道開抑或真可，都與這座聖山缺乏真正聯繫。五台山所以被列為選項，很可能是因為妙峰福登（1540-1612），一位雖然長期寂寂無聞、在當時卻有極大影響力的高僧。[30] 在訪問德清的萬曆十四年，道開和真可同樣訪問了福登。[31] 後者也剛受慈聖太后賜藏一部，正駐錫山西蘆芽山。這次會面似乎相當愉快，真可留下來過冬，並為跟福登一起共度的時光留下了保存至今的文字紀錄。福登正式的佛教訓練，得自蒲州山陰王（1558-1603），也因此而被視為後者家僧。藉此因緣，他與晉南地方社會維持著廣泛而深刻的聯繫。應該就是這種聯繫，使得道開計劃要從蒲州尋求數位主要施主。然而，即使如此，這也不意味著他主持的藏經應在五台山刊刻，因為蒲州所在的晉南與五台山距離頗遙，且地理風貌迥異。

　　這些候選地區各有劣勢，其中最為不利之處，是領導刻藏的道開與它們缺乏一種有力聯繫。但是，道開仍然有做出如此選擇的理由。事實上，這三個北方的地點，都位於上述拱衛北京的扇形區域內。其中所涉及的人，又都指向慈聖太后，即那個在有明一代權力最大、也最為慷慨的佛教支持者。[32] 作為內廷貴婦，慈聖不得不禁足於紫禁城。但是，她有多種手段與僧團保持密切聯繫。道開與慈

---

[29] 萬曆十七年，沈自邠在 "贈密藏道開之五台刻大藏序" 中即稱在五台刻藏，乃 "假文殊所臨之地，以紹文殊所傳之心；延文殊所承之法，以化文殊所濟之眾……曩聖護以威靈，則崇朝圓滿。"（中嶋隆藏：《明万曆嘉兴藏の出版とその影響》，頁22）

[30] 目前有關福登的最全面研究，請參考拙文 "Engaged but Not Entangled: MiaofengFudeng 妙峰福登（1540-1612）and the Late Ming Court"，收入 Thomas Juelch 編，*The Middle Kingdom and the Dharma Wheel: Aspects of the Relationship between the Buddhist Samgha and the State in Chinese History*（Leiden: Brill，2016），pp.322-78。此外，可參考日比野丈夫：〈妙峰福登の事蹟について〉，《佛教史學論集：塚本博士頌壽記念》（京都：塚本博士頌壽記念會，1961 年），頁 583-595; Puay-Peng Ho, "Building for Glitter and Eternity: The Works of the Late Ming Master Builder Miaofeng on Wutai Shan"，*Orientations* 27.5（1996），pp.67-73。福登的現代傳記，見 *Dictionary of Ming Biography, 1368-1644*, pp.462-66。

[31] 福登與道開師徒，該年春已於北京相見，商討過刻藏事宜。見道開：《密藏開禪師遺稿》，1.12b20-23： "春盡入都城，會我本師至自牛山，而妙峰老師且未去蘆芽……本師刻經因緣，雖未見華苞果實，而般若種子，則已廣布緇素八識田中矣。"

[32] 慈聖的官方傳記，見張廷玉等編：《明史》，卷一一四（北京：中華書局，1974 年），頁 3534-3536。另參閱 *Dictionary of Ming Biography, 1368-1644*, pp.856-859。對慈聖宗教生活的探討，見韓書瑞（Susan Naquin），Peking: *Temples and City Life, 1400-1900*（Berkeley: University of California Press, 2000），pp.156-161；聶苕榮：《萬曆朝慈聖李太后崇佛考論》，吉林大學碩士論文，2007 年；陳玉女：《明代的佛教與社會》，頁 96-146。

聖太后絕非陌生。例如，在一道後來收入道開文集的奏疏中，從他字裏行間流露的，是一種朋友間的語氣。[33] 儘管這讓人意外，但這可能與慈聖曾願意贊助刻藏有關。其實，《嘉興藏》的刊刻準備工作，自萬曆十四年起明顯加速，也應是受到慈聖一個舉措的鼓舞：就在這年及次年，她集中頒賜了十五部大藏，接受者包括上述的德清和福登。[34]

因此，很有可能，是這種得到來自內廷及地方社會支持的希望、而非所謂的遵從佛陀命令，鼓勵道開做出了最後決定。因此，在修正了他的計劃後，道開滿懷信心地宣佈：刊藏工程將於約十年後完成。[35]

◎ 三、孤處聖山的經場

五台山刻藏，看起來開展得相當順利。妙德庵的刻經，從質量上説，既穩定又精良。但這一時期完成的刻經數目現已無法確知，因為其中一些後來因磨損而重新刻過，又有一些或者完全消失而沒有留下任何痕跡。據現存題記統計，五十六種五百七十九卷經文刻於妙德庵。另外，道可還在五台山時曾提及該藏已完成約兩成。[36] 考慮到漢文佛教大藏經自北宋以後至少五千餘卷，這意味著在四年中至少刻完了一千卷。這種質量和速度，從任何標準來看都是一個非常驚人的成就。儘管如此，道開最終仍然把經場遷回了江南。在解釋這個決定時，他提及"江南善信頗發肯心，而北地則罕有應之者。" [37] 這種説法，與他在四年前的預期形成了極為強烈的反差。在短短時間內，為何事情變化如此之大？

道開的上述評論，揭示出施主在地理分佈上的極端不平衡性。現存《嘉興藏》題記證實了這點。例如，在萬曆十八至二十這三年中，宦官僅僅助刻了

---

[33] 此疏見道開：《密藏開禪師遺稿》，1.7b5-16。

[34] 關於頒賜北藏的最新研究，參見拙文 "Where the Two Worlds Met: Spreading the Ming Beizang 明北藏 in Wanli (1573-1620) China.", *Journal of the Royal Asiatic Society*（《皇家亞洲研究會刊》）（Third Series）26.3（2016）: pp.487-508；何孝榮：《明代北京佛教寺院修建研究》（天津：南開大學出版社，2007年），頁 317-322；野沢佳美：〈明代北藏考（一）：下賜状況を中心に〉：《立正大学文学部論叢》，2003年 117期，頁 81-106。

[35] 道開：《密藏開禪師遺稿》，1.18c18-19a1。

[36] 同上註，2.29b26-27。

[37] 同上註，1.17a14-18。

二十九卷。這與該群體其時在北方佛教中的巨大影響相比，實在是微不足道。[38]
另外，雖然道開對山陰王和蒲州其他地方精英期望甚高，但結果他們的捐助卻微
不足道。對於刊刻藏經這樣一個巨大的項目，其成功與否，很大程度上依賴於它
能否動員足夠的人力和物力資源。因此，問題在於：對於道開的刻藏訴求，這些
北方民眾為何反應如此冷淡？

受道開影響，學者目前也習慣於認為這是由於北方民眾太過吝嗇。但是，
如果換種角度來看，這種批評可能並不公平。道開的文集，提供了與早期刻藏有
關的最重要資料，由此我們可以追溯該項目的早期歷史。文集中有不少道開討論
刻藏事務的書信。通過仔細考察這些書信，我們能夠瞭解道開建立的社會網絡的
一些特點。首先，道開與山西地方社會之間的關係，幾無蹤跡可尋；他跟五台山
上佛教僧人的互動，亦是如此。他與山西本地人（除了福登）的通信，似乎只有
兩封分別寫給嵇將軍和馮把總的短信。而對於對佛教有強烈興趣、獨力刊印過約
二十部佛教經籍的山陰王，道開也未能建立可靠聯繫。最終，山陰王對刻藏工程
的貢獻，可謂微不足道。[39]

與此不無相關的是，在五台山僧人眼裏，道開（及真可）也許相當有攻擊
性，給他們帶來的可能主要是威脅而非幫助。例如，在聽聞慈壽寺主持應五台山
塔院寺主持之請向傅光宅求助時，道開就毫不客氣地對後者說：“慈壽非高明，
塔院最愚俗。”[40] 慈壽寺是慈聖太后在北京的私廟，是連接她與佛教僧團的重要
樞紐。真可與德清在北京時，就都曾活躍於該寺。當時，慈壽寺主持是本在。有
關本在我們所知不多，但大致可知他與其師父古風覺淳（1511-1581）一樣，與
宮廷宦官一直來往密切。[41] 塔院寺也與慈聖關聯頗深。該寺本為顯通寺一部，萬
曆七年（1579）後才獨立出來，慈聖曾在此為萬曆祈嗣。道開這種態度，當然為
兩寺僧人所不喜。

---

[38] 關於明代宦官對北京佛教的巨大影響，陳玉女在《明代二十四衙門宦官與北京佛教》（台北：如聞出版
社，2001 年）中有詳實研究。

[39] 福登其時四處雲遊，想必使道開和山陰王建立有效聯繫的可能性大為降低。他先於萬曆十七年奉慈聖之
命，去雲南雞足山頒藏，兩年後又開始在山西寧武開鑿萬佛洞。

[40] 道開：《密藏開禪師遺稿》，1.18a8-10。

[41] 關於本在及覺淳，見德清：《憨山老人夢遊集》，29. 668a12-c13。

顯通寺是五台山上最重要的寺廟，道開其實曾試圖以此作為經場。但有意思的是，他強調"禮聞來學，不聞往教"，試圖以一種迂迴方式達到目的。他的計劃有兩步。首先，由傅光宅提醒顯通寺主持該寺衰頹已久，暗示他應請名僧來光復寺業。然後，一段時間以後，傅再問："真可和道開曾來過此處嗎？"道開相信，經過此番提點，該寺主持自然會來向他們尋求幫助，他們也可就勢入駐。[42]作為十方叢林，顯通寺主持一職在理論上向所有高僧敞開，但是在晚明中國，此類叢林大多都以子孫廟方式在運作。對於顯通寺僧人而言，道開這個計劃，很難不被視為一種威脅。傅光宅是否聽從和實施了道開的建議，現已難以確認，但在事實上，道開和真可終其一生都與顯通寺無甚關聯。因此，無論原因為何，道開的確未能在此聖地紮下堅實根基。

除了他與當地社會和僧團的疏離或隔絕外，道開跟慈聖和內廷的聯繫，也可能因他對宦官的嚴厲態度而大受削弱。晚明時期，宦官是北京及相鄰地區包括五台山佛教的主要施主。他們接近政治中心，這顯然有助於他們募集資源。尤其要緊的是，他們之間組織良好，常常作為一個群體來行動。對於慈聖來說，有兩個原因使得宦官不可或缺。第一，他們是慈聖宗教事業最重要的支持力量。萬曆早期，他們對慈聖各個宗教項目都大規模參與，即是證明。第二，他們是慈聖與宮廷之外的僧團之間最重要的橋樑，也基本上能左右慈聖資源的投入方向。[43]但是，對於宦官，道開卻是異乎尋常的嚴苛。

在一封信裏，道開提到一位趙居士於刻藏事務巨細無遺皆向宦官報告，造成了嚴重干擾。他提醒收信人："刻藏因緣，未必就賴渠力，足下亦不必過為委曲。"在信結尾，他再次表示，擔心目光短淺的僧人會因眼前利益而不知如何跟宦官打交道。因此，對於宦官，他一錘定音："大都諸公於此輩，非有不肖在為之持衡方便，絕不應往來交際。"[44]據此信內容判斷，在刻經之初，趙居士（及其背後的宦官）或許對參與刻藏有強烈興趣。但是，現存題記已經完全不見此人，似乎表明

---

[42] 道開：《密藏開禪師遺稿》，1.18a27-18b3。

[43] 關於明代宦官的嚴密組織以及他們對慈聖佛教事業的重要影響，陳玉女：《明代二十四衙門宦官與北京佛教》有詳實而精彩的研究。

[44] 道開：《密藏開禪師遺稿》，1.17b15-21。

他最後主動或被動地離開了。道開處理此事的方式，在很大程度上，與宦官對刻藏的干涉和道開習慣於事事掌控的個性相衝突有關。另外，道開似乎對宦官這一群體有明顯的不信任甚或厭惡。而這在另一信裏有所揭示：在介紹一個人到北京遊學時，道開明確警告他要與宦官保持距離，因為"一與此輩從事，即無能進修己業矣"。[45] 這種態度，必然以某種方式透露出來，由此極大地降低了宦官與道開在刻藏事務中合作的意願和力度，也連帶影響了慈聖對此工程的參與。

　　事實上，道開並非總是如此嚴苛；相反，對於他所欣賞的僧人，他的幫助不遺餘力。萬曆十五年左右，盧山的徹空禪師死後，其弟子到杭州請求馮夢禎為亡師撰寫碑銘。道開催促馮儘快完成，並請求他為來人安排住處。其時適逢兩位北京僧人護送一部大藏去天台山萬年寺，道開稱他們富於德行，請馮照顧，後者果依言而行。[46] 還有一次，道開請求傅光宅照顧福登，後者當時在蘆芽山，在傅的治下。鑒於蘆芽山屬邊境地區，他也沒有忘記提醒傅低調行事，免招非議。[47] 其時福登已有全國性影響力，這種安排可能並不必要。然而，道開這些做法則表現出他的熱忱，而這可能有助他結交朋友。

　　相對而言，道開交往的重點，在於文人士大夫，尤其是那些身居高位者，而他也確實獲得了後者在智力和物質上對刻經事業的支持。那九位最初發願襄助道開的"唱緣"，全是文人士大夫，其中如陸光祖（1521-1597）和王世貞（1526-1590）等更是享譽海內的聞人。一次，道開要傅光宅嘗試請山西布政使王道行（1550 年進士）及山陰王加入刻藏，又請求他注意山西官員中其他"宰官身得度者"，[48] 就顯示了這種偏好。但是，公平地説，這種選擇並非只是因為道開的個人傾向。他曾向馮夢禎介紹自己募集四十位"唱緣"的計劃，最後説："此計行，而應避之緣及僧家分募之緣，可竟謝之，而法門終無他慮矣。"[49] 那麼，在道開眼裏，何為應避之緣呢？答案可能是宦官。因為這一群體，除了可能干涉刻藏事務外，也在總體上為道開所親近的士大夫所不喜。那麼，為何道開又不願僧人去

---

[45] 道開：《密藏開禪遺稿》，1.18b28。

[46] 同上註，1.19a3-14。

[47] 同上註，1.18a10-13。

[48] 同上註，1.18b7-9。

[49] 同上註，1.18c18-19a1。

四處募款呢？他放棄靈岩寺，或許透露了部分答案：當其時，大規模地集合與動員民眾，即使為了宗教理由，也不免帶有十分的政治敏感性。

不幸的是，在晚明社會，這種對士大夫的過分倚重被證明是不穩定的，由此也給道開的刻藏事業帶來了嚴重影響。眾所周知，因為"國本事件"，萬曆朝廷長期運轉不暢。[50] 而這導致了一些有能力、有聲望的官員從官場引退，而其中很多是佛教支持者。例如，傅光宅助刻了李通玄長達一百二十卷的《華嚴經合論》。當傅上疏請求致仕時，道開就建議暫停刊刻此論，解釋說這是因為傅的兩位"助緣"參與刻藏並非出於信仰佛教，而是出於希望與傅交好的壓力，但這種壓力現在隨著傅的辭官消失了。[51] 這顯然並非孤例。結果，到萬曆二十七年（1599），王肯堂（1549-1613，1589 年進士）就慨歎道："無何，四十人者漸與時迕，存殁半，而登朝食祿者無一焉……自戊子迄今，十三年矣，而於全藏不能以半。"[52] 道開原本試圖倚仗的主要力量，崩塌了。

這種結果絕非道開所想望，但他可能早有所預料。在刻藏開始前，他就宣稱："刻經因緣，肯苟就，無勞旦夕，即大舉就不難……即失一時之近利，存法門之大體，吾寧也。"[53] 道開在這裏可能過於樂觀，但是他對原則的強調，值得注意。幾年後，在經場搬遷前，在一封給真可的信中，道開承認了自己性格裏的弱點，例如驕傲、缺乏耐心，卻再次強調了遵守原則的重要："至於刻藏公案，亦但鞠躬盡瘁，死而後已。成敗利鈍，悉付因緣，豈能逆睹？苟當緩急危難之際，每想及老師潭柘塔院'法門為重，刻經次之。刻經但隨緣，法門不可壞'之語，良足以為軌持矣。"[54] 顯然，道開師徒一致認為：與刻藏相比，保持"法門大體"有著無容置疑的優先性。他們堅持了這種真正佛教徒的立場以及以重刻藏經為契機振興佛教的初衷，卻也因此在刻藏一事上付出了沉重代價。

---

[50] 關於萬曆年間的"國本"之爭，見谷應泰：《明史紀事本末》（北京：中華書局，1958 年）卷六七，頁 1061-1076；Ray Huang，*1587, A Year of No Significance: The Ming Dynasty in Decline*（New Haven: Yale University Press, 1981），pp.75-103。

[51] 道開：《密藏開禪師遺稿》，2.31a1-12。

[52] 同上註，1.6c16-23。

[53] 同上註，1.18c21-23。

[54] 同上註，2.20b14-20。

◎ 四、遷離五台

對於《嘉興藏》經場的千里遷移，傳統上有兩種解釋。在氣候上，五台山既冷又濕，對於雕造和保護經版很不利。在經濟上，大部分捐施來自南方，而將完成了的刻版再從五台山運去江南，費用也很高。這些理由，儘管屬實，但仍然不足以解釋道開這一決定。實際上，在給王道行的告別信中，道開曾明確指出五台山上"近多魔障"，強烈要求後者繼續保護此山。[55] 那麼，這些"魔障"是什麼？與經場搬遷有關係嗎？如果有，是何等關係？

這次刻藏的合法性，似乎一直是個問題。早在萬曆十四年，道開就試圖從禮部取得重刻大藏的"箚付"（即官方許可）。在一封給徐琰的信裏，他請求徐通過陸光祖向當時的禮部尚書李長春（1545-1607）求助。[56] 類似的努力也見於另一信中。[57] 但是，儘管做出了努力，現在也難於確知道開是否得到了那道"箚付"。相反，這項工程數次在朝廷上成為攻擊目標。萬曆二十年左右，道開告訴馮夢禎："刻藏因緣，科臣有言，幸宗伯題覆無恙。"[58] 直至萬曆三十年（1602）當真可被捕繫獄時，他還被指控以刻藏為名，聚斂了銀兩多達三萬。[59]

其實，藏經刊刻一旦開始，道開即多方設法為經場尋求庇護。他曾向傅光宅頌揚一位雁門軍官開墾荒地、賑濟饑民的功績，請求傅引導他成為五台山佛教的外護。道開也希望傅能提拔五台縣令，認為他誠實和忠謹——該縣令看起來與當地僧團關係也不錯。[60] 但是，刻藏一事仍然受到了所謂五台案件的嚴重影響。時任山西巡撫的呂坤（1536-1518，1574 年進士），在一次到訪五台山時看到森林被嚴重破壞，大為震怒。他命令繁峙地方官調查，由此造成五台山的兩所著名寺院——師子窩和鳳林寺，被控砍伐和開墾。呂坤以此前發生過類似事情為

---

[55] 道開：《密藏開禪師遺稿》，2.29b28-29。

[56] 同上註，2.25c24-30。

[57] 同上註，2.23c13-21。

[58] 同上註，1.20a02。

[59]《明神宗實錄》（台北：中央研究院歷史語言研究所，1962-1968 年），卷 370，頁 6926："指以五台刻經，借重利，復令吳中極無賴之謬慕台者鼓舞人心，捐財種福，一時收受數盈三萬。"

[60] 道開：《密藏開禪師遺稿》，1.18a2-4。

由，赦免了這兩所寺院。但是，地方官堅持對這兩所寺院課以重罰，因此在不久後又促發了新一輪調查。道開贊同禁止砍伐樹木，但認為新一輪調查是由心懷叵測之人精心設計，目的在於誣陷佛教。他認為"妙德與師子、鳳林唇齒叢林，故不得不汲汲。"他給曾鳳儀（1583年進士）寫信，請求他介入以保護僧團利益。道開強調，僅僅限制僧人砍伐樹木，這不公平。給五台山森林造成了更大傷害的，是商人和平民濫伐樹木、盜賣木材。[61] 道開的看法或許是對的，但是這道禁伐令早晚會影響刻藏事務，因為它不僅加劇了當地僧俗矛盾，而且限制了刻版所需的大量木材採伐。

對道開的最後一擊，可能來自北京宮廷。萬曆二十年春，陸光祖突然到訪五台山。聽到消息，道開急忙從北京趕來。當他們在龍泉寺相遇時，道開最初與陸光祖以禪語相接。這次相見被描述為一場考試，陸通過後，真可才出來與其相見。最後，模仿數百年前的蘇軾（1037-1101）遺風，陸光祖給妙德庵留下了一條玉帶，以示支援。[62] 然而，在這個看起來浪漫的故事背後，則是殘酷的現實。陸剛剛從吏部尚書位上致仕。作為最早的、最有決心的刻藏工程主要資助者之一，他來五台山只是為了道別。陸在山上停留了十餘日，但對這段經驗他可能相當失望，至少在道開看來是如此。在此後不久的一封信裏，道開告訴王道行，他正在搬遷經場。他邀請王到江南，保證他會受到較陸光祖在五台山所受的遠為熱情的歡迎。[63] 陸光祖是道開在朝廷裏最可靠、最有力的支持者。他的致仕，使刻藏工程失去了保護而更易受到攻擊。隨即發生的"刻藏因緣，科臣有言，幸宗伯題覆無恙"事件，應非偶然。[64] 現存材料顯示五台山刻藏事務在這年夏天停擺，緊接著在秋天，經場就千里南下江南。所有這一切都發生於陸過訪後不久，但這也許並不讓人吃驚。

---

[61] 道開：《密藏開禪師遺稿》，2.29b30-c20。關於明末五台山的伐木問題，參考陳玉女：〈明五台山諸佛寺建築材料之取得與運輸——以木材、銅、鐵等建材為主〉，《成大歷史學報》，2003年第27期，頁67-74。

[62] 釋印光：《清涼山志》（台北：宗青圖書出版公司，1995年），卷六，頁264。陸光祖自號"五台"，對五台山情有獨鍾，故本書說他"弱冠閱藏教，於文殊本智有深契，遂以五台稱之，以自誓也"。

[63] 道開：《密藏開禪師遺稿》，2.29b16-19。

[64] 這一攻擊事件，詳情已難知曉。當道開在給馮夢禎的信中提及此事時，同時鼓勵他說："足下之補，實出輿情，而台翁特從中從臾之。"馮夢禎於萬曆二十一年（1593）被任命為廣德判，故此攻擊事件亦當發生於稍前。

最終，道開並未達成刻完全藏的誓願。當他還在五台山時，在一封給曹林的信中，就已經透露了自己的孤獨感：他正獻身於一個有上百人參與的項目，但悲哀的是，他在其中找不到知音。他也抱怨說很難去理解那些"善知識"，因為他們行事瞬息萬變，難以捉摸。[65] 刊刻這部藏經，即使根據其最初計劃也需十年之久才能完工。但令人吃驚的是，這一龐大項目幾乎總由道開一人在推動。道開習慣於獨自處理所有事務，他也一直缺少能幹的助手。最後，無論在精神還是在體力上，他都疲倦已極。在他於萬曆十四年開始籌劃刻藏後十年，一天，道開突然失蹤，從此了無音訊。而他投入了如此之多時間和精力的《嘉興藏》，也只有在此後一百多年才最終得以刻完。

◎ 五、結論

　　《嘉興藏》的刊刻，從提議到實施，是現在所謂"晚明佛教復興"的僧團努力自強的一部分。而把經場自五台山遠遷江南，則事非偶然。道開最初擇定以五台山為經場，最後又撤離，均為深思熟慮的決定，背後有多種因素在起作用。

　　作為早期刻藏工程的主事者，道開在募集資源時，主動或被動上都帶有一種孤立而非包融的特徵。他與山西當地社會的聯繫相當薄弱。他也沒有得到包括五台山寺廟在內地方僧團的大力協助。他對於宦官的嚴苛態度，大大降低了他從這個群體及其背後的慈聖太后 —— 這些北方佛教最重要的支持力量 —— 處可能獲得的支持。道開聯繫的核心在於士大夫，尤其是那些位高權重者，而這一點是出於希望避開交接內廷可能引起的政治麻煩的考慮。結果，這項刻藏工程儘管發生在像五台山這樣的佛教聖地，卻與其周圍的直接環境相當隔絕，由此不得不主要依靠遠自江南的援助。在此意義上，它不是一個能夠揭示晚明佛教在北方真實狀況的可靠案例。

　　經場的最後遷移，揭示出其時士大夫在支持佛教時力量的局限。這些人以官員或地方精英的身份活躍於江南，是推動當地佛教發展的主要力量。而在北方，他們主要作為官員發揮影響力。但是，很不幸地，因為萬曆時期極為動蕩的政治

---

[65] 道開：《密藏開禪師遺稿》，2.21a22-24。

環境，他們的地位和影響力，相比從前來說更不可靠或更易失去。因此，在晚明時期，北京和五台山地區，基本來說，是他們力量和影響的弗及之所。這導致了刻藏工程最終不得不遷出五台山，回到江南他們的蔭庇之下。

在大藏經歷史上，嘉興藏的刊刻過程非常獨特。與其他大藏不同，該工程在開始前即被寄以拯興佛教這一更大責任。因此，其波折不斷的歷史，正可以檢驗明末清初時期佛教尤其是江南佛教的活力。在第一階段，它的刊刻主要依靠士大夫官員支持。而在原計劃失敗後，它遷至江南，基本上任何僧人或者寺廟只要有意都可加入。這種受控極為軟弱的狀態，在某種意義上，是對道開試圖控制所有事務的極端反動，而這直接導致該藏收經數量的膨脹。無論如何，在最多只有鬆散組織的江南民眾支持下，《嘉興藏》最終仍然得以完成。[66] 這個結果，揭示了帝制晚期中國佛教在江南地區仍然具有較大潛力。

---

[66] 關於《嘉興藏》在江南的進戶，請參考陳玉女：《明代佛門內外僧俗交涉的場域》（台北：稻鄉出版社，2010 年），第五章〈明末清初嘉興藏刊刻與江南士族〉。章宏偉：〈明代萬曆年間江南民眾的佛教信仰 ——以萬曆十七年至二十年五台山方冊藏施刻文為中心的考察〉，《清華大學學報》，2016 年第 5 期。

南北朝禪法的融合與禪武文化的發展

崔紅芬 *

　　佛教在兩晉南北朝時期進入高峰發展期，東來西往交流佛法的僧人增多，在中土出現多個佛教發展中心和譯經中心，如敦煌、涼州、長安、鄴城、洛陽、金陵、廣州、襄陽等。大量的禪法典籍和大小乘佛教典籍被翻譯成漢文，安般禪法、般舟禪法等在各地傳播，坐禪之風興盛。劉宋時期，達摩從海路來華，經廣州、金陵，北上嵩洛一帶弘傳大乘禪法，在少林寺面壁九年，經諸弟子的弘傳，達摩禪法逐漸流傳開來。不僅出現了小、大乘禪法的融合，而且還出現禪法與般若思想、淨土念佛思想等相互融合的現象，禪法也經歷了中國化的發展過程。禪武文化的出現發展是佛教中國化的具體體現，將禪法精神與武術行動有機融合起來。學界對於禪武文化的出現時間存在不同觀點，有南北朝說、隋唐說和元明說，或與達摩、僧稠有關係，或與少林寺有密切關係。本文主要分三部分探討禪法典籍的翻譯、南北朝時期禪修發展的特徵以及禪武文化出現發展的背景等。

◎ 一、禪法典籍的翻譯及其傳播

　　佛教主張坐禪、禪觀，通過數息、相隨、止、觀、還、淨等方法，調節不安的心情，進入禪定，消除雜念。早在達摩來華之前，天竺的禪法已在中土被翻譯成漢文傳播，既有坐禪調息、觀想的安般禪法；也有一心念佛而證得三昧的般舟禪法或念佛禪法，還有更多僧人將禪修付諸實踐，遠居山林，進行修禪活動。中國禪法的興盛，應在達摩東渡之後，而禪觀實行則在達摩之前。

　　（一）安世高、康僧會與安般禪法

　　東漢時，安息王子安世高精通七曜、五行、醫方等典籍，後讓位於叔父，學習阿毗曇學和禪定法，在漢桓帝（147-167 在位）之初，始到洛陽，學習漢語，

---

*　　河北師範大學歷史文化學院

先後翻譯了《安般守意經》(《小安般經》)、《陰持入經》、《大安般經》、《思惟經》、《禪行法想經》、《禪經》、《禪思滿足經》、《禪秘要經》、《數息事經》、《阿練若習禪法經》、《禪定方便次弟法經》、《安般經》、《禪法經》、《問念佛三昧》(釋慧遠什答)等,為習禪者所依據。

《高僧傳》記載:"(安世高)遂讓國與叔,出家修道。博曉經藏,尤精阿毗曇學,諷持禪經,略盡其妙。既而遊方弘化,遍歷諸國,以漢桓之初,始到中夏。才悟機敏,一聞能達,至止未久,即通習華言。於是宣譯眾經,改胡為漢,出《安般守意》、《陰持入》、大小十二門及百六十品。"[1] 安世高在洛陽譯出《安般守意經》,詳細地介紹了息數、止觀等禪定修習的方法,以消除混亂思想,使內心安定不亂。東漢末年,中原大亂,安世高為避災禍來至九江、江南、廣州等地,傳授小乘安般禪法。安世高在中土遊歷弘法數十年,是博學且佛學造詣很深的高僧,而"其所出經,禪數最悉"。

三國時期,康僧會從海路來至金陵等處,譯經弘法並註疏經文。康僧會,康居人,世居天竺,因父親經商而移居交趾。他十餘歲時,父母雙亡,出家為僧。《高僧傳》記載:

> (康僧會)勵行甚峻,為人弘雅,有識量,篤至好學。明解三藏,博覽六經,天文圖緯,多所綜涉,辯於樞機,頗屬文翰。時孫權已制江左……從吳黃武元年(212)至建興(252-253)中,所出《維摩》、《大般泥洹》、《法句》、《瑞應本起》等四十九經,曲得聖義,辭旨文雅。又依《無量壽》、《中本起》製菩提連句梵唄三契,並註《了本生死經》等,皆行於世。時吳地初染大法,風化未全。僧會欲使道振江左,興立圖寺,乃杖錫東游,以吳赤烏十年(248)初達建鄴,營立茅茨,設像行道……會於建初寺譯出眾經,所謂《阿難念彌》、《鏡面王》、《察微王》、《梵皇經》等,又出《小品》及《六度集》、《雜譬喻》等,並妙得經體,文義允正。又傳泥洹唄聲,清靡哀亮,一代模式。又註《安般守意》、《法鏡》、《道樹》等三經,並製經序,辭趣

---

[1] 〔梁〕釋慧皎撰,湯用彤校註:《高僧傳》(北京:中華書局,1992年),卷一,頁4-5。

雅便，義旨微密，並見於世。至吳天紀四年（280）四月皓降晉，九月會遘疾而終。[2]

康僧會繼安世高之後，繼續弘傳《安般守意》，為其著述撰序。安般，意為數息，十念之一，不受一切外界干擾，悟得苦、空、無我，摒除一切雜念，達到無欲無想境界。

六朝禪法則以安般為最要，由安般的演進發展，成為各家各派中無數甚深禪定之修法。《高僧傳》記載：

> 案如康僧會註《安般守意經》序，云："此經世高所出，久之沈翳。會有南陽韓林、穎川文業、會稽陳慧，此三賢者，信道篤密，會共請受。乃陳慧義，余助斟酌。"尋僧會以晉太康元年（280）乃死，而已云："此經出後，久之沈翳。"又世高封函之字云："尊吾道者，居士陳慧；傳禪經者，比丘僧會。"然安般所明，盛說禪業，是知封函之記，信非虛作。既云二人方傳吾道，豈容與共同世？且別傳自云："傳禪經者，比丘僧會。"[3]

康僧會從海路來華，在廣州、金陵等地弘法譯經，強調坐禪，註疏了《安般守意經》，解說禪數，傳播小乘數息、禪觀法。《佛說大安般守意經》序講道：

> 一朽乎下，萬生乎上，彈指之間心九百六十轉，一日一夕十三億意。意有一身，心不自知，猶彼種夫也。是以行寂，繫意著息，數一至十，十數不誤，意定在之。小定三日，大定七日，寂無他念，泊然若死，謂之一禪。禪，棄也，棄十三億穢念之意。已獲數定，轉念著隨，躅除其八，正有二

---

[2] 〔梁〕釋慧皎撰，湯用彤校註：《高僧傳》頁 15、18。

[3] 〔梁〕釋慧皎撰，湯用彤校註：《高僧傳》頁 7-8。

意。意定在隨，由在數矣。垢濁消滅，心稍清淨，謂之二禪也。[4]

安世高譯出《安般守意經》之後，不僅有康僧會作序，闡述數息之法，而且《出三藏記集》還收錄了道安、謝敷為《安般守意經》所作序文和道安為《陰持入經》所作序文等。道安是將佛教中國化的第一人，他作《安般守意經》序，註《陰持入經》。道安是般若學的代表人物，他在闡釋安般守意的同時，還繼承了康僧會的以四禪配安般六事的説法。並融入了般若思想，以般若思想為基礎發揮了安般守意的思想，促使安般禪法和般若學的融合，也使安般禪法得到較為廣泛的傳播。

除了安般數息禪法以外，還有後漢月氏人支婁迦讖翻譯的《般舟三昧經》，此經雖未描述淨土的莊嚴，但"強調了念佛禪觀概念，若要成就佛智慧，須先圓滿菩薩功德，定中見佛。此經提出種種苦行的前方便，以佛身為所緣境，生起般若妙智慧，而契入實相念佛，成就般舟三昧，融合禪觀、淨土、般若三種修行法門。"[5]與不同大乘思想相融合的般舟禪觀念佛之思想對後世產生了很廣泛的影響，盧山慧遠作《念佛三昧詩序》，提倡念佛禪法："念佛三昧者何？思專想寂之謂，思專則志一不撓，想寂則氣虛神朗。氣虛則智恬其照，神朗則無幽不徹。斯二乃是自然之玄符，會一而致用也。"[6]

達摩來華之前，"正傳之禪道未興，僅修習小乘之禪觀而已"。[7]西晉無羅叉譯的《放光般若經》講道：

> 菩薩摩訶薩行般若波羅蜜，定意不起，當具四意止、四意斷、四神足、五根、五力、七覺意、賢聖八品道，當具足空三昧、無相三昧、無願三昧，具足四禪、四等、四無形三昧，具八解禪、得九次第禪。當復知九相……已知諸相，當念佛、志法、志比丘僧，志在施戒，志在安般守意，

---

[4] 〔後漢〕安世高譯：《佛說大安般守意經》，卷一，〈康僧會序〉，見《出三藏記集》，卷六，《大正藏》，冊一五，第 602 號，頁 163 上欄 06-21。

[5] 〔越南〕歌春話：《〈般舟三昧經〉研究》，福建師範大學博士論文，2017 年，頁 1。

[6] 〔宋〕宗曉編：《樂邦文類》，卷二，收入《大正藏》，冊四十七，第 1969A 號，頁 165 下欄 21。

[7] 麻天祥主編：《中國禪學思想史》（上）（鄭州，大象出版社，2017 年），頁 4。

志在無常、苦、空，無我人想、無所樂想、無生滅想、無道想、無盡想、無所起想、善想、法想，豫知一切眾生之意。是謂為慧。便得覺意三昧、無畏三昧，有想有畏、無想無畏、亦無想亦無畏。所不知根，當知、已知。當知欲過八患、卻十二衰。具足佛十力、十八法、四無所畏、四無礙慧、大慈大悲。覺知一切菩薩慧者，當習般若波羅蜜。[8]

　　兩晉南北朝時期，佛教般若學在玄學影響下興起，安般守意禪漸漸被強調般若智慧的大乘禪法融合並發展。

（二）南北朝所譯禪法典籍

1. 鳩摩羅什譯禪法

　　鳩摩羅什作為中國四大翻譯家之一，被後秦姚興所尊崇。鳩摩羅什，西域人，最先學習小乘佛法，後改學大乘佛法，後秦弘始三年（401）到長安開始翻譯佛經，他所譯經典涉及《般若》、《法華》、《維摩》、《中論》、《百論》、《十二門論》和諸多禪法典籍。《歷代三寶記》記載：“姚萇西戎羌，因時繼立，仍都長安，改為常安。至其子興弘始三年春，有樹連理，生於廟庭，逍遙一園，蔥悉變為薤。咸稱嘉祥，應有智人來入國瑞。冬，什到雍，興加禮遇，待以國師，崇敬甚隆，大闡經論。震旦宣譯，盛在此朝，四方沙門，雲奔湊集。”[9] 鳩摩羅什譯有《禪秘要法經》、《坐禪三昧經》、(《阿蘭若習禪法經》與《坐禪三昧經》為同本異譯)、《禪法要解》、《禪經》（又名《菩薩禪法經》，與《坐禪三昧》同）、《禪法要》、《思惟要略法經》等。

2. 佛陀跋陀羅譯禪經

　　佛陀跋陀羅，迦毗羅衛國人，後居北天竺，父母亡，出家為僧。他“至年十七，與同學數人，俱以習誦為業，眾皆一月，賢一日誦畢。其師歎曰：‘賢一日，敵三十夫也。’及受具戒，修業精勤，博學群經，多所通達。少以禪律馳名，常與同學僧伽達多共遊罽賓，同處積載”。[10] 佛陀跋陀羅得知鳩摩羅什在長

---

[8]　〔西晉〕無羅叉譯：《放光般若經》，卷一，《大正藏》，冊八，第 221 號，頁 2 下欄 07。

[9]　〔隋〕費長房：《歷代三寶記》，卷八，《大正藏》，冊四九，第 2034 號，頁 74 下欄 26。

[10]　〔梁〕釋慧皎撰，湯用彤校註：《高僧傳》，卷二，頁 70。

安譯經弘法，往長安於羅什學習交流佛法，並"在長安大弘禪業，四方樂靖者，並聞風而至。但染學有淺深，得法有濃淡，澆偽之徒因而詭滑"，佛陀跋陀羅在長安不順心，"於是率侶宵征，南指廬嶽。沙門釋慧遠，久服風名，聞至欣喜，傾蓋若舊。遠以賢之被擯，過由門人。若懸記五舶，止說在同意，亦於律無犯。乃遣弟子曇邕，致書姚主及關中眾僧，解其擯事。遠乃請出禪數諸經。賢志在游化，居無求安。停山歲許，復西適江陵。"[11] 佛陀跋陀羅所譯禪數諸經也屬於小乘禪法。於是禪戒經典出自廬山幾至百卷。

自安世高翻譯完成《安般守意經》以來，強調禪觀的禪法在各地流行。同時，南北朝時期，大乘經典陸續翻譯成漢文，禪法又與般若、老莊玄學等結合，出現了慧遠的念佛禪等。

（三）習禪實修興盛

南北朝時期，不僅大量禪法經典被翻譯完成在中土傳播，而且當時很多禪師都非常注重坐禪實修。很多高僧來至人煙罕至的地方開鑿洞窟，用於禪修。著名的敦煌莫高窟便是沙門樂尊柱杖西遊，見千佛閃耀，心有所悟，於是停留在敦煌開鑿石窟，作禪修之用。〈李君修莫高窟佛龕碑〉記載了"前秦建元二年（366）沙門樂尊始鑿第一窟"，開啟了敦煌開窟造像千餘年的歷史。此外，開鑿於西秦的炳靈寺石窟、後秦麥積山石窟、北魏洛陽龍門石窟、山西大同雲岡石窟、北齊邯鄲響堂山石窟等也有不少禪修的功用，文獻中也記載了諸多習禪高僧。

法顯取經從天竺王舍城到耆闍崛山的途中，遇到獅子，依靠誦經使獅子降伏，《高僧傳》載："顯獨留山中，燒香禮拜，翹感舊跡，如睹聖儀。至夜有三黑師子，來蹲顯前，舐唇搖尾，顯誦經不輟，一心念佛。師子乃低頭下尾，伏顯足前，顯以手摩之。咒曰：'若欲相害，待我誦竟；若見試者，可便退矣。'師子良久乃去。"[12]

僧顯常獨處山林，修習禪業，《高僧傳》載："竺僧顯，本姓傅氏，北地人。貞苦善戒節，蔬食誦經，業禪為務。常獨處山林，頭陀人外。或時數日入禪，亦無飢色。時劉曜寇蕩西京，朝野崩亂。顯以晉太興之末，南渡江左。復歷名山，

---

[11] 〔梁〕釋慧皎撰，湯用彤校註：《高僧傳》，卷一，頁 4-5。

[12] 同上註，卷三，頁 88。

修己恆業。後遇疾綿篤，乃屬想西方，心甚苦至。見無量壽佛降以真容，光照其身，所苦都愈。"[13]

《高僧傳》對僧光也有記載，僧光也稱曇光，修習禪業，不懼猛獸和暴戾山神。其內容為：

少習禪業。晉永和初，遊於江東，投剡之石城山。山民咸云："此中舊有猛獸之災，及山神縱暴，人蹤久絕。"光了無懼色，雇人開剷，負杖而前。行入數里，忽大風雨，群虎號鳴。光於山南見一石室，仍止其中，安禪合掌，以為棲神之處……經三日，乃夢見山神，或作虎形，或作蛇身，競來怖光。光一皆不恐。經三日，又夢見山神，自言移往章安縣寒石山住，推室以相奉。爾後薪采通流，道俗宗事。樂禪來學者，起茅茨於室側，漸成寺舍，因名隱嶽。光每入定，輒七日不起。處山五十三載，春秋一百一十歲。晉太元之末，以衣蒙頭，安坐而卒。眾僧咸謂依常入定。過七日後，怪其不起，乃共看之，顏色如常，唯鼻中無氣。神遷雖久，而形骸不朽。[14]

佛陀、僧稠在少林寺修習禪定，佛陀創建少林寺，僧稠是佛陀禪師弟子道房的弟子，少林寺的第二代住持。《續高僧傳》記載：

時值孝文敬隆誠至，別設禪林，鑿石為龕，結徒定念……後隨帝南遷，定都伊洛，復設靜院，敕以處之。而性愛幽棲，林谷是託，屢往嵩嶽，高謝人世。有敕就少室山為之造寺，今之少林是也，帝用居處。四海息心之儔，聞風響會者，眾恆數百，篤課出要，成濟極焉。時或告眾曰："此少林精舍，別有靈祇衛護—立已後，終無事乏。"……又令弟子道房度沙門僧稠，教其定業。自化行東夏，惟此兩賢得道記之，諒有深疑。[15]

---

[13]〔梁〕釋慧皎撰，湯用彤校註：《高僧傳》，卷一一，頁 401。

[14] 同上註，頁 402。

[15]〔唐〕道宣撰，郭紹林點校：《續高僧傳》，卷一六〈魏嵩岳少林寺天竺僧佛陀傳〉，頁 564-565。

佛陀，西域人，遊歷諸國，來至北魏恆安，受到孝文帝（471-499 在位）禮遇，別設禪林居住，開鑿石窟為禪龕，結徒修習禪定。後隨帝遷洛陽。喜愛幽靜，多次往嵩嶽，孝文帝敕令佛陀修建禪院，即少林寺，於是四海息心者聞風而集，禪法興盛一時。佛陀又令弟子道房度沙門僧稠為徒，由道房教習禪法。《續高僧傳》記載：

> 釋僧稠，姓孫，元出昌黎，末居鉅鹿之瘿陶焉。性度純懿，孝信知名，而勤學世典，備通經史。徵為太學博士，講解墳索，聲蓋朝廷。將處器觀國，羽儀廊廟，而道機潛扣，欻厭世煩，一覽佛經，渙然神解。時年二十有八，投鉅鹿景明寺僧寔法師而出家。落髮甫爾，便尋經論，悲慶交並，識神厲勇。因發五願，所謂財法通辯，及以四大，常敬三寶，普福四恩。初，從道房禪師受行止觀，房即跋陀之神足也。[16]

僧稠禪師祖籍昌黎，生於北魏太和四年（480），後來居住在鉅鹿，他自幼勤奮學習，精通經史，被徵為太學博士，二十八歲出家，隨鉅鹿景明寺僧寔法師出家，後師道房禪師學習止觀禪法，之後又學習四念處法，到趙州隨道明禪師受十六特勝法等。《續高僧傳》載：“又詣趙州障洪山道明禪師，受十六特勝法。……後從定覺，情想澄然，究略世間全無樂者，便詣少林寺祖師三藏，呈己所證。跋陀曰：‘自蔥嶺已東，禪學之最，汝其人矣。’乃更授深要，即住嵩嶽寺。”[17] 僧稠到少林寺後，拜謁三藏祖師跋陀，繼續修習禪法。

僧稠又到懷州西王屋山繼續習禪，並降伏打架的兩隻老虎，《續高僧傳》載：“聞兩虎交鬥，咆響振岩，乃以錫杖中解，各散而去。”[18] 後來，僧稠又至鄴城弘傳禪法和參與修建響堂山石窟，任雲門寺的住持，北齊乾明元年（560）圓寂。《續高僧傳》還載：

---

[16] 〔唐〕道宣撰，郭紹林點校：《續高僧傳》，卷一六〈齊鄴西龍山雲門寺釋僧稠傳〉，頁 573-574。

[17] 同上註，頁 574。

[18] 同上註，頁 577-578。

天保三年，下敕於鄴城西南八十里龍山之陽為構精舍，名雲門寺，請以居之，兼為石窟大寺主。兩任綱位，練眾將千，供事繁委，充諸山谷，並敕國內諸州別置禪肆，令達解念慧者就而教授，時揚講誦，事事豐厚。帝曰：「佛法大宗，靜心為本，諸法師等徒傳法化猶接囂煩，未曰闡揚，可並除廢。」……黃門侍郎李獎與諸大德請出《禪要》，因為撰《止觀法》兩卷，味定之賓，家藏本據。以齊乾明元年四月十三日辰時，絕無患惱，端坐卒於山寺，春秋八十有一，五十夏矣。[19]

南北朝時期，習禪的高僧獨居山林，安禪於石窟，或念經或念佛，他們或多或少都有各種神異：猛虎、獅子不能侵害；鬼魅、山神不能驚擾。這一禪修趨勢的出現與流傳，與天竺禪修存在惡弊有密切的聯繫。《中國禪學思想史》記載：「當此時安世高、竺法護等所譯禪經，次第流通，漸出禪數學者。所謂習禪之徒，依教修心，隱岩藪、伴泉石、擯鬼魅、屈兕虎之外無他事。雖與後世大乘之禪者有天淵之別，而修禪數則一也。」[20] 正如日本學者忽滑谷快天所說：「雖然至語安般行者之神力，不免虛誕之譏，洵可稱印度沙門之一大惡弊也。」[21]

◎ 二、達摩來華及其禪法的弘傳

有關達摩的文獻資料非常多，如《洛陽伽藍記》、《續高僧傳》、《楞伽師資記》、《開元釋教錄》、《貞元新定釋教目錄》、《傳法寶紀》、《歷代法寶記》、《舊唐書》、《寶林傳》、《祖堂集》、《景德傳燈錄》、《傳法正宗記》、《佛祖統紀》、《釋氏稽古略》、《雪岩和尚語錄》、《佛祖歷代通載》、《禪林類聚》、《浮石禪師語錄》、《山西柏山楷禪師語錄》，以及在河北和河南等地發現署名梁武帝撰文的〈菩提達摩大師碑〉，及二祖寺遺存唐重立〈一祖菩提達摩大師碑並序〉、少林寺遺存的元〈震旦初祖菩提達摩大師之碑〉和熊耳山空相寺遺存的梁〈菩提達摩大師頌並序〉等。這些資料所記達摩事蹟在中土的流傳，經歷了由簡單到豐富的過

[19] 〔唐〕道宣撰，郭紹林點校：《續高僧傳》，卷一六〈齊鄴西龍山雲門寺釋僧稠傳〉，頁 577-578。
[20] 麻天祥主編：《中國禪學思想史》（上），頁 29。
[21] 同上註，頁 15。

程，尤其隨著禪宗的興盛，唐以後文獻還增加了很多神異內容。如胡適所言：“菩提達摩的傳說在禪宗史上是一件極重要的公案。禪宗尊達摩為初祖，造出許多無稽的神化，引起後來學者的懷疑。”[22]

（一）達摩禪師來華

達摩弟子曇林撰寫的〈略辨大乘入道思四行序文〉、道宣所撰的《續高僧傳》等記載達摩祖籍為南天竺婆羅門王子。唐淨覺的〈楞伽師資記〉記載：“曇林序：法師者，西域南天竺國是大婆羅門國王第三之子，神惠疏朗，聞皆曉晤，志存磨訶衍道，故捨素從緇，紹隆聖種。”[23]《續高僧傳》等認為達摩為南天竺國人：“菩提達摩，南天竺婆羅門種，神慧疎朗，聞皆曉悟，志存大乘，冥心虛寂，通微徹數，定學高之，悲此邊隅，以法相導。初達宋境南越，末又北度至魏……摩以此法開化魏土，識真之士從奉歸悟，錄其言誥，卷流於世。自言年一百五十餘歲，遊化為務，不測於終。”[24]《景德傳燈錄》也記載達摩“遂能遠涉山海，游化漢魏”。

從上述記載可知，達摩從水路登陸，後至劉宋（420-479）境內，再後又北上到魏，傳播定法，最終還是以遊化為務，不測所終。《歷代法寶記》則載：

> 梁朝第一祖菩提達摩多羅禪師者，即南天竺國王第三子，幼而出家，早稟師氏，於言下悟，闡化南天……達摩多羅聞二弟子漢地弘化，無人信受，乃泛海而來至梁。武帝出城躬迎，升殿問曰：“和上從彼國將何教法來化眾生？”達摩大師答：“不將一字教來。”帝又問：“朕造寺、度人、寫經、鑄像，有何功德？”大師答曰：“並無功德。”……武帝凡情不曉，乃辭出國，北望有大乘氣。大師來至魏朝，居嵩高山，接引群品，六年，學人如雲奔，如雨驟，如稻麻竹葦，唯可大師得我髓。時魏有菩提流支三藏光統律師於食中著毒飼大師，大師食訖……葬於洛州熊耳山。[25]

---

[22] 胡適：〈菩提達摩考〉，釋光明主編：《達摩禪學研究》（上）（北京：中國大百科全書出版社，2003 年），頁 134。

[23] 〔唐〕淨覺撰：《楞伽師資記》，《大正藏》，冊八五，第 2837 號，頁 1284 下欄 21。

[24] 〔唐〕道宣撰：《續高僧傳》，卷一六，《大正藏》，冊五〇，第 2060 號，頁 551 中欄 27。

[25] 〔唐〕佚名著：〈歷代法寶記〉，《大正藏》，冊五一，第 2075 號，頁 180 下欄 03。

禪宗弟子所記達摩的情況要比以往增加了許多內容或附會色彩。達摩與梁武帝會面，談論佛法，因梁武帝不得達摩法的內涵，話不投機，於是達摩北上到嵩山一帶弘法，弟子眾多，只有慧可能夠領悟達摩大師禪法的精髓。

達摩到達中土的時間眾說紛紜，[26] 胡適先生則認為："達摩到廣州當在宋亡以前，約當公元 470 年左右，他在南方不久，即往北方，在北方學得中國語言並授徒傳法，僧副即是他的弟子中的一人，他於 520 年左右還在洛陽瞻禮永寧寺，可見他在中國約有五十年之久，故雖隱居巖穴而能有不少的影響。"[27]

《光孝寺志》記載："劉宋武帝永初元年，梵僧求那羅跋陀飛錫至此，始創建戒壇，立制止道場。"[28] 梁武帝天監元年（502）梵僧智藥三藏到苛林，種下自天竺帶來的菩提樹。據說在普通八年（527），達摩來至廣州，被廣州刺史前去迎至苛林，在大殿東側有口井，是當年達摩洗缽的地方，即洗缽泉。[29] 而《嘉泰普燈錄》則載："以梁普通元年庚子九月之二十一日，始達於南海，廣州刺史蕭勵具主禮迎接，表奏武帝。帝遣使齎詔迎歸京城，十月一日抵金陵。車駕郊迎，延居別殿，遂問聖諦，機語不契。至十九日潛往江北。"[30] 普通元年（520），達摩來至廣州，受到當時官員的歡迎，並告知梁武帝，梁武帝遣使迎至金陵。

《洛陽伽藍記》最早記載達摩的情況："時有西域沙門菩提達磨者，波斯國胡人也。起自荒裔，來遊中土。見金盤炫日，光照雲表，寶鐸含風，響出天外，歌詠讚歎，實是神功。自云年一百五十歲，歷涉諸國，靡不周遍，而此寺精麗，閻浮所無也。極佛境界，亦未有此。"[31]

《洛陽伽藍記》所載達摩為波斯胡人，來中土遊歷，見到中土寺院金碧輝

---

[26] 巴宙在〈禪宗與菩提達摩〉認為達摩來華時間在 480 年左右（參見釋光明主編：《達摩禪學研究》（上）〔北京：中國大百科全書出版社，2003 年〕，頁 117）；劉學智在〈菩提達摩來華年代考〉（《西北大學學報》，2005 年第 4 期）認為，達磨於梁普通元年（520）入華；李利安在《社會科學評論》（2007 年第 3 期）對劉學智的觀點提出質疑，但未給出具體的時間。

[27] 胡適：《菩提達摩考》，釋光明主編：《達摩禪學研究》（上），頁 155。

[28]《光孝寺志》，卷二，杜潔祥主編：《中國佛寺史志彙刊》第 3 輯（台北：丹青圖書公司，1985 年），頁 44。

[29] 學界認為，達摩"西來初地"，即是西來庵，指今華林禪寺。

[30]〔宋〕正受編：《嘉泰普燈錄》，卷一，《卍新續藏》，冊七九，第 1559 號，頁 288 下欄 24。

[31]〔魏〕楊衒之撰，周祖謨校譯：《洛陽伽藍記校譯》（北京：中華書局，2010 年），卷一，頁 11-12。

煌，讚不絕口，自稱已經一百五十歲。達摩稱讚的寺院是永寧寺，《洛陽伽藍記》記載：

> 熙平元年靈太后胡氏所立也……中有九層浮圖一所，架木為之，舉高九十丈。上有金剎，復高十丈，合去地一千尺。去京師百里已遙見之。初掘基至黃泉下，得金像三千軀。太后以為信法之徵，是以營建過度也……浮圖北有佛殿一所，形如太極殿。中有丈八金像一軀，中長金像十軀，繡珠像三軀，金織成像五軀，玉像二軀。作功奇巧，冠於當世……永熙三年二月，浮圖為火所燒，帝登凌雲台望火，遣南陽王寶炬、錄尚書長孫稚將羽林一千救赴火所，莫不悲惜，垂淚而去。火初從第八級中平旦大發，當時雷雨晦冥，雜下霰雪。[32]

洛陽永寧寺建於熙平元年（516），因雷火，寺院毀於永熙三年（534）。從《洛陽伽藍記》所載，達摩曾見到永寧寺的盛景，應在其被雷火焚毀之前。也就是說達摩在熙平元年（516）至永熙三年（534）之間已經來到洛陽，開始了在北方弘法的歷程。

（二）達摩禪師圓寂年代

達摩圓寂時間在史料記載中並不一致，《歷代法寶記》載："梁朝第一祖菩提達摩多羅禪師者……武帝凡情不曉，乃辭出國，北望有大乘氣，大師來至魏朝，居嵩高山，接引群品，六年，學人如雲奔，如雨驟，如稻麻竹葦，唯可大師得我髓。時魏有菩提流支三藏光統律師於食中著毒餉大師，大師食訖……葬於洛州熊耳山。"[33] 禪宗弟子所記達摩的情況也較為籠統，達摩北上到嵩山一帶弘法，弟子眾多，只有慧可能夠領悟達摩大師禪法的精髓。後達摩被人毒死，葬於熊耳山。

《佛祖統紀》和《佛祖歷代通載》所記其卒年相同。而《佛祖統紀》載："乃往禹門千聖寺端坐示寂，即大統元年十月五日也。門人奉全身葬熊耳山定林寺。

---

[32]〔魏〕楊衒之撰，周祖謨校譯：《洛陽伽藍記校譯》，頁 10-11。

[33]〔唐〕佚名著：《歷代法寶記》，《大正藏》，冊五一，第 2075 號，頁 180 下欄 03。

明年使者宋雲西域回，遇師手攜隻履，翩翩獨邁。雲歸為言，門人開壙視之，唯空棺隻履。"[34]《佛祖歷代通載》也記："大同元年十月，師將示寂。道副、尼總持、道育、惠可等侍側，曰：'時將至矣，汝等蓋各言所得乎？'"[35] 西魏大統元年（535），即梁大同元年。

《嘉泰普燈錄》等記魏永安二年乙酉（529）："魏永安二年，忽謂門人，曰：'時將至矣，汝等盍言所得乎？'"[36]《傳法正宗記》和《禪燈世譜》等記魏永安元年戊申，即梁大通二年（528），"乃往北魏，止於嵩少九年，得神光立雪斷臂。乃示法要，後以衣法付之。奄然長逝，即梁大通二年，塔熊耳山定林寺"。[37]《景德傳燈錄》和《聯燈會要》所記魏太和十九年丙辰（495）等，"以化緣已畢，傳法得人，遂不復救之，端居而逝。即後魏孝明帝太和十九年丙辰歲十月五日也"。[38] 但學界多採用〈達摩碑〉梁大同二年（536）之說，二祖寺遺存唐重立〈一祖菩提達摩大師碑並序〉、少林寺遺存的元〈震旦初祖菩提達摩大師之碑〉和熊耳山空相寺遺存的梁〈菩提達摩大師頌並序〉等記載："以梁大同二年十二月五日終於洛州禹門，未測其報齡也。遂營葬於熊耳吳阪矣。"達摩去世的時間有西魏大統元年（535）、魏永安二年（529）、梁大通二年（528）、北魏太和十九年（495）和梁大同二年（536）等說。

由於史料記載不一致，學界的觀點也存在較大的分歧。但一般認為，達摩在南北朝劉宋時期從海路來至中土，在廣州、南京停留一段時間，之後北上，在熙平元年（516）以後至永熙三年（534）來到洛陽一帶，在洛陽、嵩山一帶弘傳以心傳心的安心禪法，梁大同二年（536）去世。達摩祖師及其弟子在洛陽、嵩山和鄴城一帶弘法的年代主要經歷北魏、東魏和北齊時期。

南北朝時期，菩提達摩禪師是從海路來華的域外僧人，經金陵北上，在少林寺面壁九年，在嵩洛和鄴城一帶弘傳坐禪、觀心，斷除情欲煩惱，清淨本心，奠

[34]〔宋〕志磐撰：《佛祖統紀》，卷二九，《大正藏》，冊四九，第 2035 號，頁 291 上欄 12。

[35]〔元〕念常集：《佛祖歷代通載》，卷九，《大正藏》，冊四九，第 2036 號，頁 548 中欄 21。

[36]〔宋〕正受編：《嘉泰普燈錄》，卷一，《卍新續藏》，冊七九，第 1559 號，頁 288 下欄 24。《佛祖綱目》，卷二七，《卍新續藏》，冊八五，第 1594 號，頁 598 中欄 13。

[37]〔明〕道忞編修：《禪燈世譜》，卷一，《卍新續藏》，冊八六，第 1601 號，頁 320 上欄 24。

[38]〔宋〕道原撰：《景德傳燈錄》卷三，《大正藏》，冊五一，第 2076 號，頁 220 上欄 15。

定了中國大乘禪法的基礎。[39] 菩提達摩的禪法經過慧可、僧璨、道信等弘揚，至弘忍時建立東山法門，禪宗正式創立。弘忍弟子慧能開創頓悟法門，使得頓悟禪法在曹溪得到發展和弘揚，開啟佛教中國化的歷程。

◎ 三、禪武文化的觀點與分歧

在菩提達摩弘傳禪法的同時，佛陀、道房、僧稠一系也在洛陽、鄴城地區弘傳禪法。外來的大小乘禪法不斷融合，禪法又與中國傳統文化融合。及至五祖弘忍東山法門的創立，中國特色的禪宗正式出現。六祖慧能開始，禪宗進一步民間化，與大眾的日常生活緊密結合在一起。《中國禪學思想史》所言："當南朝宋齊梁之代，禪觀盛行於西天，禪師之東來者不少，多兼學大小乘，雖三學並學，而以禪觀獨秀為其特色。中國禪門初祖菩提達摩，此等禪師之一人也。方此時西天無名禪宗之一派，唯有大小乘分派而已，分派雖多，均為一味之佛法。"[40] 不論是安般禪、般舟禪還是達摩禪，在南北朝時期都經歷了中國化的發展演變。

禪法與中國傳統武術相結合是佛教中國化的表現形式之一。禪武文化也成為現代社會比較有特色的文化之一。追溯禪武的淵源，學界說法不同，主要存在南北朝說、隋唐說、元明說。前兩種觀點，目前尚未得到史料佐證，而後一種觀點，據各種文獻記載，可依稀梳理出它的基本脈絡。不晚於明中期，少林寺內的習武已成規模，寺僧以勇武而聞名於世。[41] 但對於禪武文化的出現，學界認為或與少林武術有密切關係，或與達摩、僧稠有一定關係。

（一）達摩與《易筋經》的傳說

達摩作為一名普通域外遊僧，隨著禪宗的創立和發展以及禪宗弟子對史傳

---

[39] 陳垣：《釋氏疑年錄》（北京，中華書局，1988 年），頁 83。胡適：〈菩提達摩考〉，黃夏年主編《近現代著名學者佛學文集》（北京：中國社會科學出版社，1995 年），頁 98-108。釋光明主編：《達摩禪學研究》（上、下）（北京：中國大百科全書出版社，2003 年）。溫玉成：〈傳為達摩葬地的熊耳山空相寺勘察記〉，《中國佛教與考古》（北京：宗教文化出版社，2009 年），頁 393-397。徐文明：〈菩提達摩考〉，《北京大學研究學刊》，1994 年第 1-2 期。楊笑天：〈關於達摩和慧可的生平〉，《發音》，2000 年第 5 期。紀華傳：〈菩提達摩碑文考釋〉，《世界宗教研究》，2002 年第 4 期。劉學智：〈菩提達摩來華年代考〉，《西北大學學報》，2005 年第 4 期。

[40] 麻天祥主編：《中國禪學思想史》（上）（鄭州：大象出版社，2017 年），頁 83。

[41] 周偉良：〈"武中道場"的歷史源起評述 —— 兼論少林武術起源〉，《北京體育大學學報》，2012 年，第 2 期。

的編修和不斷累疊的記載，到唐宋元明清時已經演變為虛實成分結合且具有神異事蹟的高僧。達摩或為波斯胡人，或為南天竺王子，在天竺有師承，遵師命來中土弘法，泛海東來，三年後到廣州，與梁武帝會面不歡而散，折葦渡江，北入魏境，面壁九年，收徒傳法，中毒身亡，葬於熊耳山，後來又演義出達摩未死和隻履西歸等故事。正是因為達摩傳奇的身世，才使達摩禪師廣為人知，附會的內容也越來越多。明清時代，達摩禪師又與《易筋經》有了密切關係。這與達摩曾在少林寺面壁，為禪宗的初祖，且少林寺作為禪宗祖庭而少林武術享譽海內外等因素有密切關係。

有關《易筋經》的出現有不同的記載，為此學界也得出不同的觀點。達摩說源於李靖所作《易筋經》序文：達摩在少林寺面壁九年，期間完成了《洗髓經》、《易筋經》，放到面壁的牆壁中，後因牆壁破損，少林寺僧人在修葺時，得到一鐵盒，內裝《洗髓經》、《易筋經》。[42] 另一種觀點認為《易筋經》是偽託達摩所作，如清代凌延堪在《校禮堂文集·與程麗仲書》說《易筋經》是明代天台紫凝道人假借達摩之名所作。[43] 學界還有第三種觀點，即《易筋經》源於中國秦漢時期方仙道之養生術，至魏晉南北朝時期分為四家（道、釋、醫、武）流傳。《易筋經》雖非達摩所創，但少林寺的僧侶曾經改編《易筋經》、《洗髓經》用於健身。《易筋經》形成於唐宋之間，明代開始傳向社會。《易筋經》雖非達摩所原創，但與達摩有其淵源關係。[44]

周偉良根據文獻記載，對《易筋經》的作者、版本等進行考證分析。在其文章中，周偉良對石愛橋他們的觀點進行反駁，認為“目前只有少林寺僧在內的部分人士繼續堅持達摩說外，在學界幾乎沒有研究者認同此說，都一致同意《易筋經》是明天啟四年（1624）天台紫凝道人所著”。[45] 也有學者撰文論證了少林武術是在達摩的禪宗思想指導下創立、發展的事實，承認達摩對少林武術的貢獻。[46] 周偉良還認為：“對於‘李靖序’以及序文裏所記述的達摩傳經故事，自清

[42] 此觀點出自清本《易筋經》李靖〈序〉。

[43] 此觀點出自凌廷堪：《校禮堂文集》（北京：中華書局，1998 年），卷二五，頁 233。

[44] 石愛橋、陳晴等：〈易筋經源流考略〉，《體育文化導刊》，2003 第 11 期。

[45] 周偉良：〈《易筋經》的作者、主要版本及其內容流變〉，《首都體育學院學報》，2009 年第 2 期。

[46] 安乃明：〈達摩對我國少林武術文化的影響〉，《蘭台世界》，2013 年 9 月上旬。

乾嘉以來，已有不少學人對此提出質疑，乃至否定。但是，在習慣於將傳聞故事歷史化的民間，至今對此類故事有著高度認同，成為達摩傳武少林的重要文獻依據。"[47]

學界對於達摩傳武少林的觀點多採取否定態度，對於達摩創《易筋經》的觀點也給予否定。他們認為《易筋經》偽託達摩所作的原因，即"真正的少林拳是少林僧眾在習練武藝中結合、融匯我國武術的精華而成。…… 相傳少林拳為達摩所傳者，是因為達摩佛教禪宗受人愛戴，遂以為少林拳亦為其所傳之誤也。"[48]

《易筋經》中介紹了導引、按摩、吐納等中國傳統的養生功夫和傳統武功。有觀點認為，《易筋經》可以"變弱為強，變攣為長，變柔為剛，變衰為康，易之功也，身之利也，聖之基也…… 功有漸次，法有內外，行有起止"。[49]《易筋經》強調動靜結合，對強身健體有積極作用。2004 年，《易筋經》被少林寺列為"少林武功秘笈"之後，更是蜚聲海外。

（二）僧稠與禪武形成說

學界在否定達摩與少林武術有關係的同時，還提出另一觀點，即少林寺第二代住持僧稠與少林武術有關，是僧稠將禪法與武術結合在一起。〈禪宗達摩與少林寺和禪林武術〉一文贊同安陽師範學院馬愛民的研究結論："少林武術源於河南安陽"、"鄴下著名武僧稠禪師是少林武術最早的開創者和奠基人"。[50]

〈從稠禪師及鄴下定晉禪院考察看少林寺武術發端〉一文主要利用《朝野僉載》、《重修林縣誌》、《安陽縣金石錄》、〈重修定晉禪院千佛邑碑〉和《續高僧傳》之〈僧稠傳〉等文獻，考察少林寺第二任住持稠禪師幼年習武鄴下定晉禪院和出家為僧的過程，論證了少林寺及我國歷史上的寺院僧人習武活動與中華文化的關係，證明少林武術的開創與形成對中華武術的繼承和發展同外來佛教高僧無關。[51]

---

[47] 周偉良：〈"武中道場"的歷史起源評述 —— 兼論少林武術起源〉，《北京體育大學學報》，2012 年第 2 期。

[48] 黃錫文：〈達摩是少林拳的祖師爺嗎？〉，《電影評介》，1982 年第 12 期。

[49] 李鴻江：《《易筋經》初考〉，《按摩與導引》，1987 年第 3 期。

[50] 程鵬宇：〈禪宗達摩與少林寺和禪林武術〉，《武術科學》，2005 年第 2 期。

[51] 馬愛民：〈從稠禪師及鄴下定晉禪院考察看少林寺武術發端〉，《體育學刊》，2002 年第 5 期。

文章中有關僧稠習武的觀點主要出自唐張鷟《朝野僉載》所載的內容：

> 北齊稠禪師，鄴人也。幼落髮為沙彌。時輩甚眾，每休暇，常角力騰趠為戲。而禪師以劣弱見凌，紿侮毆擊者相繼，禪師羞之。乃入殿中，閉戶抱金剛足而誓曰：“我以羸弱為等類輕侮，為辱已甚，不如死也。汝以力聞，當佑我。我捧汝足七日，不與我力，必死於此，無還志。”約既畢，因至心祈之。初一兩夕，恆爾，念益固。至六日將曙，金剛形見，手執大缽，滿中盛筋，謂稠曰：“小子欲力乎？”曰：“欲。”“念至乎？”曰：“至。”“能食筋乎？”曰：“不能。”神曰：“何故？”稠曰：“出家人斷肉故。”神因操缽舉匕，以筋食之。禪師未敢食，乃怖以金剛杵，稠懼遂食。斯須食畢，神曰：“汝已多力，然善持教，勉旃！”神去且曉，乃還所居。諸同列問曰：“豎子頃何至？”稠不答。須臾，於堂中會食，食畢。諸同列又戲毆，禪師曰：“吾有力，恐不堪於汝。”同列試引其臂，筋骨強勁，殆非人也。方驚疑，禪師曰：“吾為汝試之。”因入殿中，橫塌壁行，自西至東凡數百步，又躍首至於梁數四。乃引重千鈞，其拳捷驍武勁。先輕侮者俯伏流汗，莫敢仰視。禪師後證果，居於林慮山。入山數十里，精廬殿堂，窮極壯大，諸僧從而禪者常數千人。

此段內容原本就帶有神異色彩，僧稠的神力靠吃筋而得，很難使人信服。作者文章雖引用《續高僧傳》等多處內容，但結論多為推斷和想像，缺少立論依據。從《續高僧傳》等記載，我們不能確知僧稠是習武高僧，只是瞭解他“勤學世典，備通經史。徵為太學博士，講解填索，聲蓋朝廷。將處器觀國，羽儀廊廟，而道機潛扣，欻厭世煩”，及至二十八歲因厭世出家為僧，出家後修習禪定，還得到很多靈驗。這種靈驗故事與南北朝時期修禪高僧的虛誕靈驗故事沒有差異，應是一脈相承而來。

之後，〈鄴下高僧對少林寺和少林武術的貢獻與影響〉一文認為兩晉南北朝之際，少林僧眾由於生活環境和風俗習慣影響，造就出他們粗獷、勇武彪悍和能征善戰的性格。漢民族與少數民族在長期共同生活中形成了鄴下之地的尚武之風。此時，鄴城又是佛教中心，受民間尚武風俗的影響，以及基於僧人護寺自衛與健身的需要，鄴下寺院出現了僧人習武活動。南北朝以來鄴下寺院和少林寺之間常有高僧往來，互相交流與學習，嵩山和鄴下南北兩地寺院共同鑄造了寺院武術活動的輝煌。[52] 儘管作者的觀點尚需進一步商榷，但僧人久坐常常需要活動卻是實際情況。

《續高僧傳》有“坐久疲頓，舒腳床前，有神輒扶之，還令加坐”[53] 的記載。坐禪時間久了，會導致腿腳疲頓，舒展活動腿腳是自然之事，但是否有神靈扶之，這也不可信。因為當時禪修興盛，“因屢入定，每以七日為期”，故此前來拜師禪修的弟子較多，有“於尚書谷中，為立禪室，集徒供養”的情況。

南北朝僧人注重禪修，一些對治禪修者在禪修時出現問題的大乘治禪病經典，如《禪要秘密治病經》（二卷，宋孝武帝孝建二年〔455〕譯於竹園寺）也被翻譯成漢文。《禪要秘密治病經》記第十五後記載：“河西王從弟，大沮渠安陽侯，於于闐國瞿摩帝大寺，從天竺比丘大乘沙門佛陀斯那。其人天才特拔，諸國獨步。誦半億偈，兼明禪法，內外綜博，無籍不練，故世人咸曰‘人中師子’。沮渠親面稟受，憶誦無滯。以宋孝建二年九月八日，於竹園精舍書出此經，至其月二十五日訖。”[54]

沮渠京聲是北涼沮渠蒙遜的從弟，少時遊歷于闐，得到禪法經典，回到北涼後翻譯成漢文。北涼滅亡後，沮渠京聲南逃劉宋，繼續從事譯經弘法活動。他所譯《治禪病秘要法》主要講述了修禪者對治身心病魔之法：即治阿練若亂心病七十二種法；治噎法；治行者貪淫患法；治利養瘡法；治犯戒法；治樂音樂法；治好歌唄偈讚法；治水大猛盛因是得下；治因火大頭痛眼痛耳聾法；治入地三昧見不祥事驚怖失心法；治風大法；初學坐者鬼魅所著種種不安不能得定治之法。

《治禪病秘要法》後序還有說明，譯者在于闐國瞿摩帝大寺時，從天竺沙門佛陀斯那處獲得此經，宋孝武帝孝建二年九月八日，於竹園寺開始翻譯，二十五

---

[52] 馬愛民：〈鄴下高僧對少林寺和少林武術的貢獻與影響〉，《體育學刊》，2003 年第 3 期。

[53] 〔唐〕道宣撰，郭紹林點校：《續高僧傳》，卷一六〈齊鄴西龍山雲門寺釋僧稠傳〉（北京：中華書局，2014 年），頁 577-578。

[54] 〔梁〕釋僧祐撰，蘇晉仁點校：《出三藏記集》（北京：中華書局，1995 年），卷九，頁 345。

日譯成。經中處處可見大乘思想，尤以上述第五、十至十二諸條為最，又因佛陀斯那素有"大乘沙門"美稱，故當時將本經視為大乘經典。[55] 可見，"治犯戒法"、"治入地三昧見不祥事驚怖失心法"、"治風大法"、"初學坐者鬼魅所著種種不安不能得定治之法"最為重要，這與禪師修習過程中出現的神異功能和特色有一定關係。

自曹魏以來，鄴城、洛陽即為政治、經濟、交通和文化中心之一。當地禪修興盛，僧眾坐禪疲勞之後，舒展筋骨，從事一些鍛煉也是自然之事。這可能是禪法與武術動作產生聯繫的開始。

禪武文化是佛教與中國傳統文化融合的結果，也是禪法中國化發展的具體表現。武術是古代軍事戰爭一種傳承的技術。習武可以強身健體，亦可以防禦敵人進攻。中華武術伴隨著中國歷史和文明的發展而不斷演進，具有安國強民、強身健體的作用。其中少林武術更是享譽全球。印度也有本民族的武術技藝。《佛本行集經》、《太子瑞應本起經》、《普曜經》、《過去現在因果經》、《修行本起經》等記載釋迦牟尼太子角技議婚、擲象入坑、相撲角力、箭穿七鼓等佛傳故事。這些故事既與習武強身、鍛煉體魄等有密切關係，也與佛教思想有著一定聯繫。

習武之前需要調息、安心，這都吸收了禪法的精髓。禪那就是棄惡、摒棄貪嗔癡心、體悟清淨本心。佛教以慈悲為懷，修習大乘禪法更是要發菩提心，遵守五戒十善。而武術原本具有技擊搏殺的性質，需要遵守習武規範和道德規範。而禪武結合就是將禪文化與武文化結合，將佛教的慈悲心與武術技術動作結合，通過禪修的智慧心與武術練習結合起來，實現禪武結合。禪武結合凸顯出慈悲為懷，戒殺戒嗔怒心，把強身健體、自衛禦敵作為習武的目標。

根據文獻的記載，我們根本沒有充分的證據證明禪武文化出現的具體年代或具體寺院、僧人。既沒有證據說明禪武文化與少林寺面壁的達摩有關，也沒有充分的資料說明禪武文化與少林寺的僧稠有關。若把禪武文化與達摩、僧稠或少林寺聯繫在一起都只是片面的。禪武文化的結合和發展是一個長久的歷史發展過程，與不同文化發展融攝密切相關。

---

[55]〔劉宋〕沮渠京聲譯：《治禪病秘要法》卷下，《大正藏》，冊一五，第 620 號，頁 342 中欄 07。

綜上所述，本文分三個部分對南北朝時期禪法典籍的翻譯、安般禪法、般舟禪法和達摩禪法進行梳理，認為這一時期是佛教中國化的發展階段，也是不同禪法相互融合發展的階段。隨著兩晉南北朝禪修的興盛，這一時期也出現了修禪的虛誕之弊，文獻所載禪師多有荒誕靈異故事發生，但筆者認為這並不是禪武文化的肇始。文章還對學界就禪武文化出現的年代、人物等觀點進行梳理和分析，認為禪武文化的出現不是一蹴而就的，而是經歷了一個漫長的不同文化融合發展過程。禪武文化是將佛教的慈悲心與武術技術動作結合，也是將禪修的智慧心與武術練習相結合。

歐美禪小識

蔣怒海[*]

禪是宇宙贈予人類的一株四葉草，它的精神一言難盡，但似乎又無須一言。禪者追求“悟”，“悟”後的視界可謂“開天闢地”，這種極其稀有的視界可以用冬寒中染紅的櫻花或酷暑裏的雪水來比擬。禪由此儲備了克服或超越時空、語言及各種現成思想文化傳統的力量，這種克服或超越來自禪自身對自由、自主和反抗權威信念的肯認。而從根本上說，禪的精神就是毫無阻隔地融入“當下”（活在當下），這如同説：你在聽一首歌曲時，你自己就是歌喉；你在觀賞一幅畫作時，你自己就在色彩裏；你在練習書法時，你自己就是筆墨。就禪者而言，他堅持“自力”和“自求解脱”，將提升生命境界的任務付諸個體自身。在這個不理想的世界裏，一位理想主義者可以憑藉禪的旨趣尋覓到個人靈魂所寄託的“風雪小巢”。

為了把握禪的精神，經年累月的打坐、讀誦經典是必不可少的嗎？對於這一點，禪者似乎是持不確定的態度。固然，禪有其生長的時空歷史、思想淵源和參究門徑，但它不囿於任何現成的傳統、理論和方法。禪並不必然需要修行者或思考者背誦大段大段的經文，禪反對“經典崇拜”。禪也反對未經省思地接受權威和權威的解釋。禪主張積極、自由、自主和自在地思考，這也是禪的根本要義。

這種自由、求新或叛逆的精神在禪的發展歷史裏表現得尤為明顯。禪宗的傳統傳承譜系被質疑乃至否定，在某種程度上已經成為共識。西天（印度）二十八祖的編訂自身漏洞就很多，從菩提達摩到慧能的東土六祖的傳承也是斷斷續續，紛爭歧出，甚至達摩是否曾創立中國禪宗都值得深思。今天的學者們甚至發現，慧能以後直迄晚唐的禪宗傳承譜系都應該質疑，據説流傳自唐代的公案也許是宋代人編撰出來的。然而筆者以為，禪的研修及閱讀者完全無須困擾於此，因為就禪的本義來説，它具有超時空、超歷史、超越理性，以及自我克服和自我超越的本懷。

---

[*]　浙江理工大學宗教文化研究所所長

落實到歷史層面，禪超越語言和文化的精神促使其生長出多元的禪傳統。我們至少可以區分出五種甚至是更多的禪思想。禪的源頭是印度佛教的 Dhyana（禪那）修證傳統，但是在傳入中國後又吸收了老莊甚至儒家思想，變成了中國禪（Chan）。之後，中國禪的傳統又東渡日本，北入朝鮮半島，構建出全新的日本禪（Zen）和朝鮮禪（Seon）。而在 20 世紀的全球文化交流過程中，禪又被帶到了歐美，又開展出歐美禪（Zen）。因此，"禪"雖然是同一個漢字，其實指代著許多精神傳統。並且，這些精神傳統間的差異很多，其中的一些甚至可以用對立來形容。然而，這些傳統依舊活生生地並存到今天。進而，禪來自佛教，但並不囿於佛教自身的思想資源，因此有不少學者認為，禪已經不能完全歸屬於佛教自身的範疇了。當一位修行者或思考者穿越於這些禪傳統之間時，或許會遇到極大困擾。此時此刻，他就必須以"禪的精神"對待這種困局。禪是不拘的、流動的。

　　國際文化頻密互動的情勢將歐美禪傳統（Zen）帶到我們視線的中心。一般認為，日本僧侶釋宗演參加 1893 年世界宗教大會（芝加哥），是西方禪傳播的第一個標誌性事件。在此之後，同為日本人的鈴木大拙（D.T. Suzuki）撰寫了一系列英文禪學作品，並力求用西方哲學和宗教理論和概念來解釋東方禪傳統，這些英文禪學作品為西方世界對禪不斷增長的興趣奠定了材料基礎。

　　西方禪的高潮期爆發於 20 世紀五六十年代之交。禪進入了西方"大眾文化"範疇，不再僅是學院派的會議討論對象。對 20 世紀西方思想文化史略有瞭解的人都知道當時的"非主流文化"（non-mainstream culture）或"反文化"（counterculture）運動，它是與嬉皮士（Hippies）、反越戰、吸毒、性解放等熱潮，與切·格瓦拉（Che Guevara）、馬丁·路德·金（Martin Luther King）等人帶動的社會思潮，以及與鮑勃·狄倫（Bob Dylan）等搖滾樂歌手聯繫在一起的。當時移民美國和歐洲的日本和韓國人，與樂於接受東方思想的西方人士一起推動了禪在歐美大眾思想層面的傳播。許多非主流文化的領導者和參加者都有禪修的經歷。當然，現在名氣最大的是早逝的蘋果公司創辦人史提夫·喬布斯（Steve Jobs）。這次西方世界中的東方思想熱潮，其深層的原因或許有許多。就禪而言，它為當時具有反叛精神的年輕一代提供了異質的、解放的、非主流的、非理性的思想傳統和邊緣價值觀，這些內容正是"非主流運動"所渴望獲得的"思想武庫"。

諾貝爾文學獎（2016）獲得者鮑勃·狄倫可以作為經典案例來分析（這一點尚未引起中文學界的關注）。作為“反文化運動”的旗幟性人物之一，他唱出了這場文化運動所蓄含的個人的時代意識——精神流浪漢情懷：人是孤獨的、無家可歸、一無所有以及無人問津的“滾石”（rolling stone）。當代西方著名禪學家海茵（Steven Heine）就嚴肅地討論過鮑勃·狄倫的“禪師”身份問題。在海茵看來，鮑勃·狄倫不斷變化自己的身份：民謠歌者、政治抗議歌手、搖滾詩人、電影製作家、電台主持人、重生的基督徒，這證明他具有不斷自我解構和自我建構的勇氣。狄倫與金斯伯格（Allen Ginsberg）私交甚篤，而後者即受到禪學的積極影響。如果仔細搜索狄倫的歌詞，我們會發現裏面的確含有禪宗所持的“非二元思想”，他的歌詞總是力圖去捕捉現象，讓事物在其筆下進行自我描述，而非直截了當地表達某種政治或人生思想。總而言之，鮑勃·狄倫即使不是一位“禪師”，他的歌詞至少可以從禪的視角來加以解讀。

就文學領域而言，“垮掉的一代”的精神領袖也多有研習禪的經歷，我們可以提及一系列燦若繁星的名字：《在路上》的作者凱魯亞克（Jack Kerouac）、“垮掉派”代表詩人金斯伯格和斯奈德（Gary Snyder）等。其中，凱魯亞克《在路上》的續篇《達摩流浪者》（*The Dharma Bums*）提出將佛教禪學的“空”落實到“當下生活”的理想主義途徑。金斯伯格在遭遇禪修後“大開眼界”，認同了禪家的“不執著”精神：如果你望見恐怖，不要執著於它；如果你遇見美麗，也不要執著。斯奈德更有在美國和日本的禪院裏長期修行的經歷，並從事禪宗經典翻譯。我相信，禪的思考給他們帶來了大量的詩歌創作靈感。上述這些知名人物是普及西方禪的力量。需要注意的是，歐美人士所吸收的禪思想主要來自日本（而非中國），這當然與美日關係密切的背景相關。

西方“禪高潮”的“發動機”則是一系列經典英文禪學著作。然而，用優雅的英文傳播東方思想的難度非常之高，所以它的作者隊伍並不多，最知名的有布萊思（Reginald Horace Blyth）、凱普樓（Philip Kapleau）、鈴木大拙以及瓦茨（Alan Watts）。此外，德國學者海里格（Eugene Herrigel）的《禪與箭藝》（*Zen in the Art of Archery*）也風行歐美。鈴木大拙的禪撰述和禪思想，中文世界已有較多介紹。筆者在此主要簡介一下另外幾位的貢獻。

布萊思的貢獻主要是將東方禪經典翻譯為英文，包括禪宗自身的經典以及浸透禪精神的日本詩歌，例如俳句、俳諧。就禪向西方世界傳播方面，布萊思的開拓之功體現在早於 1942 年就出版的《東方經典和英語文學中的禪》（*Zen in English Literature and Oriental Classics*）一書。他癡迷於日本禪文學，單就俳句而言，布萊思就出版了六部著作。他對於禪宗經典《無門關》的翻譯，被譽為"堪稱完美"。

凱普樓是推動歐美禪運動的重要組織"三寶協會"的一名教員。"三寶協會"的旨趣是曹洞宗和臨濟宗禪思想的混合物。凱普樓的貢獻是以實錄的方式記錄下當時禪師之間、禪師與禪修初習者之間的交談，包括禪修的過程和細節。他 1965 年出版的著作《禪門三柱》（*The Three Pillars of Zen*）流行至今，被翻譯成十二種語言。凱普樓的特色是從"實用角度"（而非哲學視角）向西方人介紹禪修的各個環節和注意點。

海里格在 1948 年出版的《禪與箭藝》主要記載了他在日本的"弓道"學校練習射箭的感悟。海里格是德國人，對神秘主義有濃厚的興趣。他在 1924 至 1929 年間到日本擔任教職過程中，跟隨日本的"弓道"師傅練習射箭。《禪與箭藝》極具爭議之處在於作者過分渲染"無意識"在射箭過程中的作用。海里格說，射箭的精髓在於"不射之射"，在瞄準目標時，持弓箭者的無意識狀態就表現在對"空"的體認。持弓箭者已經完全去除掉"自我"，他已經與弓箭合一了。人們有理由質疑：這種極端神秘化的東方精神已經與理性背道而馳了。"不射之射"真的可以做到嗎？海里格的不光彩之處還在於他與德國納粹黨的緊密聯繫，這點倒是類似於另外一位更偉大的德國哲學家海德格爾（Martin Heidegger）。令人深思的是，海德格爾晚年也陶醉於道家和禪學。在此，筆者不由聯想到鈴木大拙在二戰前後對日本侵略戰爭的曖昧態度。我們是否應該檢討一下"東方神秘主義"在政治意識方面的立場？

作家瓦茨來自英國，他的其他身份包括哲學家、演說家和東方哲學的佈道者，當然他也是一位"禪者"。瓦茨雖然有接受高等教育以及在高校從事教學的經歷，但他並不追求學院派的成功。就禪的修行經歷而言，瓦茨曾在紐約和三藩市參加過禪修。他的身份是多元的，他的思想是複雜的。當然，對他的評價也是頗具爭議性的。瓦茨撰述了二十五種面向西方讀者的東方思想著作。這些著作對當時乃至此後的美國文學、音樂、電視甚至遊戲創作產生了巨大影響。值得珍視的是，這些撰述所使用的都是典雅流暢的英文，這使他的著作被廣泛閱讀和傳播。雖然，瓦茨對禪精神的解釋受到了一些人物（例如鈴木大拙）的批評，他們認為瓦茨曲解了禪的某些概念。然而從禪的精神看，鈴木大拙等人的批評本身也可以被"反批評"的。就個人魅力而言，他給人留下的第一個印象就是充滿了"禪精神"的"灑脫"。例如，瓦茨是這樣度過晚景的：一半時間花在面向三藩市灣美麗的索薩利托小鎮的遊艇上；另外一半時間在金門大橋對面的塔瑪派斯山小木屋裏，這裏毗鄰紅木國家公園、約塞米蒂國家公園和塔霍湖。

《禪之道》（*The Way of Zen*）發表於 1957 年，是瓦茨著作中最知名的，在瓦茨關於禪的一系列撰述中具有總結性地位，其綜合性和透徹性給西方讀者留下深刻的印象。例如，在梳理禪思想的來源時，瓦茨梳理出印度宗教、佛教、《易經》和老莊。在探研禪的思想時，瓦茨重點研究了"空"和"妙"兩個概念，這也是禪精神中最為關鍵的、最核心的兩個概念。在闡述禪的修行時，瓦茨特別拈出"坐禪"和"公案"兩種，它們是禪修行的兩翼。在介紹禪的影響時，他將"藝術領域"作為撰述對象，這也是西方讀者最為感興趣的方面。在這一章裏，瓦茨用清晰、優雅的筆調討論了禪與詩藝（例如俳句）、茶道、日本園林藝術（例如枯山水）之間的關係。

《禪之道》或許是極佳的打開禪的正確方式。在目前，禪研究和禪學著作的翻譯甚夥。但是這些著作中，有的是面向禪學研究者的專業化書籍，有的是對古代禪經典的簡單翻譯或過於主觀的解釋，還有一些僅僅屬於個人的禪修體驗紀錄，其偏頗性也最大。此外，還有一些類似於禪文學的撰述，其產品或許可以名之為"禪心靈雞湯"。與之相比，《禪之道》的優勢在於：既有嚴肅的禪思想梳理，也對禪的生活應用和藝術應用有確切的指導或啟發意義。作者相當優秀地做到這一點。對於現代心靈而言，東西方讀者所具有的知識框架其實已經在幾百年來西方知識體系澆鑄下形成。在思想的理解上，我們與古人思想的距離或許比如今東西方心靈的距離更大。在講述禪的精神和思想時，《禪之道》這本書既從西方思想習慣出發，最後又突破了西方思想習慣，其思索之路也呈現得非常清晰，讀者可以沿著瓦茨的思考路徑進入禪的思考方式，進入禪者的視界。瓦茨對禪精神的透徹解釋，似乎也超越了大部分中國本土和日本禪學家或禪研究者，其在西方世界的廣受歡迎也證明了這一點。對於禪的意義，我們應該從全球視角來理解，並站在自由的立場上去領悟禪的精髓。

禪門鼎盛與師法漸衰 —— 以雲門斷續為例

江泓[*]

中國的禪宗通常被表述為 "一花五葉"，在近代虛雲重續五宗之前，五家七宗的興止時間大致如下：

溈仰	9 世紀—11 世紀中		
臨濟	9 世紀—今	黃龍	11 世紀—12 世紀中
		楊岐	11 世紀—今（宋代即恢復臨濟舊稱）
曹洞	9 世紀—今		
雲門	10 世紀—12 世紀末或 13 世紀初		
法眼	10 世紀—11 世紀		

對於法眼、溈仰、雲門三宗的衰亡，佛教史籍著墨不多。或許，對事物持無常想的佛教來說，成住壞空是個自然的規律，沒有什麼可以恆久長存，佛教宗派也不例外。但問題是，為什麼五宗裏有的宗派早衰，有的則長興；而作為宋代禪宗的主要流派之一的雲門宗，又為什麼會極盛而陡衰？本文即以雲門宗在宋元時期的斷續為討論中心，並以此為觀察點，回顧兩宋時期禪宗的面貌。

◎ 一、如何界定禪宗宗派的消亡

首先需要說明的是，就禪宗的傳統而言，一個宗派不再進入燈錄的記載，那麼他就在歷史上正式消亡了，而站在禪宗以外，則更重視具有雲門宗身份認同的實體僧團是否存在。所以中國社會科學院歷史研究所的劉曉先生在他的文章〈金元北方雲門宗初探 —— 以大聖安寺為中心〉中，駁斥了傳統大家都以南宋為雲門下限的說法，詳細描繪了金朝統治下雲門宗在北方地區的發展，指出雲門在這些地區一直存在到了元末。誠如劉曉先生所描述的話，則雲門在北方而未見載於

---

* 暨南大學港澳歷史文化研究中心特邀研究員

燈錄，有可能是不同政權治下難以瞭解，有可能是史家以之為中華國界之外的僧團而沒有記錄，也有可能有其他一些更深層的原因，但史料有限無從追問。因此為嚴謹起見，本文探討的是宋政權治下領土範圍內，禪宗的狀況及雲門斷續的原因。

要探討一個宗派消亡的原因，首先需要界定的是：什麼是一個宗派消亡的標識。這同時也意味著宗派消亡的時間節點何以確定。一個族群的消亡，是從該族群內最後一名成員去世的一刻算起；一個社團、一個宗教，甚至佛教的大多宗派也都是同樣的規律。但禪宗是否如此呢？我們可以以曹洞宗在五代時期險些斷續的遭遇為探討的例子。《佛祖歷代通載》卷一九記載：

> 舒州投子，名義青……即棄去游方至浮山。時圓鑒遠公退席居會聖岩，夢得俊鷹畜之。既覺而青適至，遠以為吉徵，加意延禮之，留止三年……青開悟……服勤又三年。浮山以大陽皮履布裰付之曰：“代吾續洞上之風！吾住世非久，善自護持，毋留此間。”青遂辭出山。[1]

這段文字記載的是臨濟宗的浮山法遠，把曹洞宗的大陽警玄（943-1027，真宗時避諱為延）的付法信物交付給自己的弟子義青投子（1032-1083），囑咐他承續曹洞宗一事。曹洞在唐代本是流佈與影響僅次於臨濟的宗派。在進入五代之後直至宋初，卻遭遇遴選嗣法人才之瓶頸，教勢長期不振。曹洞五世大陽警玄年老時仍找不到繼承人，“年八十，歎無可以繼者。遂作偈，並皮履、布直裰，寄浮山遠禪師，使為求法器。”[2] 法遠在四十年後，於宋英宗治平元年（1064）擇中自己的高徒義青投子，曹洞宗法脈至此才得以延續。大陽警玄是曹洞一脈頗具威望的宗師，《天聖廣燈錄》和《建中靖國續燈錄》中記載他有法嗣近二十人。但大陽警玄卻認為這些子嗣不堪付法，而要請道友臨濟浮山法遠代為尋覓合適的人選。曹洞因此有長達四十年的傳承法脈中斷期。而義青確實不負眾望，成為曹洞歷史上至關重要的人物。經由義青的苦心經營，曹洞禪法到了義青下一世——大洪報恩

---

[1] 《大正新修大藏經》，冊四九，第 2036 號，《佛祖歷代通載》，卷一九。
[2] 《卍新纂續藏經》，冊八三，第 1593 號，《禪宗正脈》，卷七。

（1058-1111）、芙蓉道楷（1042-1118）——時（即 11 至 12 世紀），有了較大的發展。

由此我們可以推知，禪宗宗派斷續與否，看的不是該宗是否還有學人，甚至看的不是有無廣義上的“門人法嗣”，而是真正堪付衣鉢的人。一旦禪宗的某一宗派找不到這樣真正堪付衣鉢的人，則不論當時本宗派的規模格局有多麼盛大，都會面臨斷續的命運。這樣看來，在邏輯上就能解釋，為什麼雲門在極盛的狀況下會轉向陡衰。那麼，怎樣才是堪付衣鉢的人？為什麼在禪宗極為繁榮的宋代，雲門會覓不到一個堪付衣鉢的人？

◎ 二、何為堪付衣鉢的人

雲門宗的佛日契嵩（1007-1072）曾以“得人”與否討論過宗派興衰：

> 正宗至大鑒傳既廣，而學者遂各務其師之說，天下於是異焉，競自為家。故有溈仰云者，有曹洞云者，有臨濟云者，有雲門云者，有法眼云者，若此不可悉數。而雲門、臨濟、法眼三家之徒，於今尤盛。溈仰已息，而曹洞者僅存，綿綿然大旱引孤泉。然其盛衰者，豈法有強弱也？蓋後世相承，得人與不得人耳。書不云乎：苟非其人，道不虛行。[3]

契嵩指出，禪宗各派，法無強弱，而各有盛衰，關鍵是在“得人”與否。對於這個堪付衣鉢者質素的具體界定，契嵩並沒有贅述，或許對於他那個時代的人來說，這是不言而明的事情。

台灣禪學研究的前輩黃啟江先生在〈雲門宗與北宋叢林之發展〉[4] 中，對“得人”因素，主要從寺院的營造及重建的能力和在禪法傳播上的能力兩個方面進行分析，後者還包括著書立說、文字弘法的能力。文章史料詳實，以雲門的歷代法嗣為例，列舉他們在這兩方面所作出的努力和成就，對雲門宗歷史研究非常具有參考啟發意義。但問題在於，黃啟江先生對於“得人”的界定，還是解決不了我們

---

[3] 《大正新修大藏經》，冊五一，第 2078 號，《傳法正宗記》，卷八。

[4] 黃啟江：〈雲門宗與北宋叢林之發展〉，《大陸雜誌》，第八九卷第 6 期，頁 6-27。

上述的疑問。難道大陽警玄近二十位被列入燈錄的法嗣都不具備黃啟江先生所説的這兩方面的能力麼？難道《天聖廣燈錄》和《建中靖國續燈錄》是以佛法做人情，把不合格的弟子列為了法嗣門人？營造重建寺廟的能力或許有助於宗派規模壯大，但不是宗派能否存續的先決條件。更合理的解釋是，大陽警玄的近二十位被列入燈錄的門人，雖然在警玄處得法開悟，但是他們還是缺少了承續曹洞宗風的能力，即，他們雖然是優秀的禪門學人，但卻可惜不能掌握曹洞"為師之法"。

"師法"傳統是一個被長期忽視的視角，不但被研究界忽視，也被禪宗傳統遺忘了很久。

（一）從燈統看禪宗"師法"的特殊性與重要性

在中國，提出、強調師徒相續的這樣一種線性傳承系譜，始於禪宗。後來，強調傳承系譜這樣一種致思路徑也被儒學與佛教其他宗派所採用。儒家稱為"道統"；佛教則稱為"法統"。而禪宗則給自家的"法統"冠以一個獨特的、頗有隱喻意味的稱謂——"燈統"。

對於一般的學術傳統而言，系譜中師生的聯繫既可真實存在於歷史中，也可以僅僅存在於思想中。後人與前賢在歷史情境中不必然具有真實的師徒關係，甚至不必在時空上有所交涉。從某種意義上説，學術系譜最為看重的不是歷史情境之關聯，而是思想領域中之默契。歷史的斷裂，並不必然妨礙後人在思想脈絡與學理系統中遠契前人。最著名的例子是儒家的"道統"説。"道統"所強調的儒學傳統，重心即在於思想領域。建立"道統"，意在樹立傳承先聖之"道"的學術思想典範，以此典範系統的標定，來明確後人學解踐行的方向、劃定傳統的學理精髓與學説範圍。"道統"的首倡者韓愈雖然委婉地以孟子的遠續者自任，但宋明諸儒大都拒韓愈於道統之外，並不認可其在道統中的地位。因為他們既不認為韓愈思想與孟子思想有著完美的契合，也不同意將傳續道統的重任交給韓愈來承擔。朱熹與陸象山之間的道統之辯，其爭議的焦點就在於到底誰可繼往聖之絕學，誰的學説更能契合、繼承和代表儒家一貫之"道"。

在佛教內部，與禪宗相對而言的"教家"，其傳承系譜的意義在某些方面與儒學也有相似處。通過建立"法統"，樹立宗教之典範，作為後世之規矩。淨土宗諸祖師的情況便是如此，他們大都沒有一脈相承的師承關係，凡提倡本宗最得力、且能為信眾作楷模者，後人每尊之為"祖"。而禪宗的傳承系譜則大有不同。禪宗把自身法統傳承的重要性用一個形象的比喻傳達了出來 ——"傳燈"。而記載其法統傳承的文本也被稱為 "燈錄"。"傳燈" 這個詞，生動地詮釋了宗門師法傳承活動的特殊性。

教家的解脫路徑，是依經教熏修，而契入解脫的理境，"由聞思修，入三摩地"。所以重視經典之研讀與疏解，依經論建立觀行的體系，理事行相，歷歷分明，以便依之修觀，觀成證理。如法相宗，建立 "五法事理"，[5] 修 "五重唯識觀"，[6] 從而轉識成智，成就解脫目的。三論、天台、華嚴、淨土、律宗也同樣是先由對經典的熟悉和瞭解入手，甚至可只取一經一論，或單以戒律為研究對象，明晰解脫之理路，然後在實踐中踐行之。在這樣的宗教實踐過程中，前輩為師者對於後學所起到的作用體現在兩個方面：一是以身作則，成為後人行為之典範。為師者身上體現出的佛法氣象，便是道的具體化呈現。僧傳之中稱讚經、律師常常側重的就是其律身之精嚴、氣象之清麗。二是起到學術傳承中之 "傳道、授業、解惑" 的作用。這裏包括對於佛教義理的傳授、經典的講解和禪觀實踐層面的指導。教家觀修證理是以經典為依託的，為師者所起到的只是輔助和增上的作用。"師" 的作用並非必不可少。

禪宗的實踐則不同，其解脫路徑被稱為 "以心傳心、見性成佛"，即通過師

---

[5] 法相宗謂凡諸法分別為五法：一心法，二心所法，三色法，四心不相應行法，五無為法。此中前四者為事，後一者為理，稱之為五法事理。此五法事理，皆不離識，故稱唯識。第一心法，乃識之自相，是主要識，又叫做自性唯識。指能變現法相之諸心王，包括眼等八識。亦由此可認識實性之假相。第二心所法，乃識之相應法，是輔助識，又叫做相應唯識。指能配合、幫助心王引起法相之諸心所，包括思等五十一法。第三色法，乃心與心所之所變，又稱變質識或所變唯識，是主要識與輔助識合共所變。指法相由凝集力變成假質之色法，包括色等諸塵、眼等諸根。第四心不相應行法，乃心與心所及色之分位差別，稱為襯托識或分位唯識。指心、色二法顯現時連帶襯起之幻相，包括空間、時間等等。第五無為法，乃前四法之實性，又作歸本識或實性唯識。

[6] 法相宗所修的觀行，從淺至深，由粗至細，共有五重，名五重唯識觀。第一重是遣虛存實，即遣除遍計所執的虛妄計度，而存依他起性及圓成實性的實體。第二重是捨濫留純，即捨除雜濫的外境，而存留純粹的內識。第三重是攝末歸本，即從見相二分的枝末作用上，攝歸自證分的本體。第四重是隱劣顯勝，即隱心所的劣，而顯心王的勝。第五重是遣相證性，即遣差別的事相，而證無差別的理性，也可以說，遣去一切法相，證入一切法性，名遣相證性。又此五重唯識觀，即為五種相對：第一重遣虛存實，為空有相對，要遣空而存有。第二重捨濫留純，為心境相對，要捨境而留心。第三重攝末歸本，為體用相對，要攝用而歸體。第四重隱劣顯勝，為王所相對，要隱所而顯王。第五重遣相證性，為事理相對，要遣事而理。前四屬唯識相，後一屬唯識性。

徒間宗教經驗的直接傳遞來進行（"以證量接人"、"以本分事接人"），所以只求真實的宗教經驗（證量）之如實獲得，不須依傍教義。這一宗教實踐活動的完成，靠學子單方面的努力是不夠的，而必須有具真實證量（明心見性）的老師參與進來，"內加威神，外加妙用"，時時刻刻對修習者進行提持和觀察，在學子自身條件成熟之時，將宗教經驗傳遞、提示給學人，或是予以勘印。這樣"啐啄同時"，才能體認分明，得契宗旨。在禪宗修持過程中，為師者還要時時點撥、糾正走入歧途或身陷困逆的學人，需要具有接引學人的巧妙方法。因此，雖然學子的實修是成敗的根本，但得遇"知宗用妙"——明心見性並且教學方法巧妙——的老師實際上是實踐成功不可缺少的必要條件。

"傳燈"這個比喻不僅將禪宗的實踐特點形象地表達了出來，更突出了"師法"之於禪宗的重要性。首先，它對宗師資格給予了一形象描述與硬性規定。表明宗門實踐必須有燈火相傳之實際，唯有"已燃之燈"才能將佛法之火傳遞下去。這是所謂"已燃之燈"，即所謂"知宗用妙"，就是在明心見性的基礎上，掌握了師輩接引、勘驗學人的手眼。其次，"傳燈"強調了宗師在宗門實踐中的重要性。沒有這盞燈，宗門之法就無可傳遞。宗師是佛法傳遞的樞紐和保證。再次，"傳燈"也強調了師徒之間的"傳心"活動，必定是在一個共同的時空場域內進行的。因此，是否明心見性，就成為一個禪宗修持者能否成為一名"禪師"的基本前提。在此基礎上，具有高妙的"手眼"——教育、接引學人的方法和技巧——也是非常重要的，這兩方面就構成了"師法"的主要內容。

"傳燈"昭示傳承系譜對於宗門的獨特意義。在禪宗處，傳承系譜——"燈統"的存在已經不單單是思想意義上的"建立"，而是其宗教實踐活動得以開展和進行的前提，甚至是活動本身。系譜中的成員就像鏈條中必不可少的一環。這個鏈條不能忽略時空場域的交涉，不是任何人單靠思想的契合便可以隨時隨意地將自身置入其中的。

值得注意的是，儘管"師法"之於禪宗如此的重要，但宗門內部似乎並未在理論層面針對這一問題進行明確的闡發。原因可能源於兩個方面：其一源於禪宗強烈的"絕解起行"的實踐性格；另一個原因則可能是"師法"的重要性不需要借助理論的闡明，而只需身處師徒互動的"場域"中，便會得到切身的體會，"師法"的重要性成為了一種無須說明的集體共識。不過，我們仍然可以從散見於禪宗文獻中的一些敘述窺見其中的"玄妙","師法"的重要性在禪宗早期文獻〈血脈論〉中即已表達了出來：

> 故知有為之法，如夢幻等。若不急尋師，空過一生。然即佛性自有，若不因師，終不明了。不因師悟者，萬中稀有。若自己以緣會合，得聖人意，即不用參善知識，此即是生而知之，勝學也！若未悟解，須勤苦參學，因教方得悟。[7]

《壇經》中也不乏對於"師法"的強調：

> 善知識！我於忍和尚處，一聞言下大悟，是故與教法流行後代，令學道頓悟菩提。
>
> 各自觀心，令自本性頓悟。若不能自悟者，須覓大善知識示道見性。何名大善知識？解最上乘法，直示正路，是大善知識！是大因緣！所謂化導令得見佛。一切善法，皆因大善知識能發起故。[8]

《壇經》的這段話，客氣地為"自悟"留有一定的空間，但慧能自述自己也是在弘忍處"一聞言下大悟"，因此這裏的"自悟"一方面是為"甚上根器"的現象留有餘地，而更多地是強調禪修是開發自心光明，不能外求的意思。不是"甚上根器"的人，不能當下頓悟本性，則必借助"師法"的指導。而事實上，即便是"甚上根器"的"自悟"者（如永嘉），也必須接受大善知識的勘驗。禪宗有威音王之後無師自悟的都是天然外道的説法。[9] 威音王佛是過去莊嚴劫最初

---

[7] 〈達摩大師血脈論〉，參見《大正新修大藏經》，冊四八，第 2009 號《少室六門》。關於〈血脈論〉的作者，學界有不少爭議，部分學者認為除去《二入四行》之外，其餘署名為達摩的作品都是託名之作。也有部分學者對此説法進行理論與考證上的反駁。但不論〈血脈論〉是否是達摩本人的作品，它是禪宗早期重要的文本，對後世起到了非常大的影響與作用這一點是肯定的。

[8] 《精校敦煌本壇經》，第十二節之一、二，印順，《華雨集》一。

[9] 對此觀點的記述頗多，如《聯燈會要》卷三之〈溫州永嘉真覺大師〉中玄策對永嘉説："威音王已前即得，威音王已後無師自悟，盡是天然外道！"《卍新纂續藏經》，冊七九，第 1557 號。

的佛名，禪宗常以之表示無量無邊的久遠之前。這無異於宣佈，所有參禪的功夫，都必須經由"師法"的引導與裁奪。由此，"師法"之於禪宗，便無疑是生殺予奪、興衰成敗的關鍵所在了。

（二）"師法"之內涵在承續前輩的基礎上隨歷史的進程而有所變化。

"師法"用禪學內部的語言來概括近似"知宗用妙"，是從己受用和接引人兩個方面提出的要求。這裏面己受用部分沒有疑議，大家覓的都是同一真心。但接引人部分則在承續前輩經驗風格的基礎上，隨著歷史進程而有所變化。這也是禪宗"一花五葉"格局何以可能的原因。

元代中峰明本（1263-1323）在其《廣錄》卷一一裏說到：

或問達磨始以單傳直指之道，至十餘傳而分為五家宗派者，何也？不可破裂達磨一家之說異而為五耶？倘不異則安有五家之說乎？

幻曰：所云五家者，乃五家其人，非五家其道也。爾不聞佛祖授受之旨目為傳燈，苟知傳燈之義則不疑其為五也。請以世燈言之，有籠燈焉，有盞燈焉，有琉璃燈焉，有蠟燭燈焉，有紙燃燈焉，謂燈則一也，而所附之器不同爾。雖曰不同，未有不能破生死長夜之幽暗者。豈惟今之五家為然？昔達磨一燈，凡四傳至大醫則有牛頭一宗，五傳至大滿則有北秀一宗，六傳至曹溪而下則青原、南嶽、菏澤此三人者，便自不可得而混矣。此勢使然也。蓋各宗之下枝分派衍、人物蕃昌乃不分而分矣。今之謂五家者，乃出自南嶽、青原兩派之下，沿流至此五人，不覺其各各如奔匯之水溢為巨浸，前波後浪各不相待而黏天沃日浩無邊涯，是可以一目觀之哉？乃不得不分焉。

或謂五家之分不止於人之盛，就中各有宗旨不同。

幻曰：非不同也，特大同而小異爾。云大同者，同乎少室一燈也；云小異者，乃語言機境之偶異爾。如溈仰之謹嚴，曹洞之細密，臨濟之痛快，雲門之高古，法眼之簡明，各出其天性，而父子之間不失故步，語言機境似相蹈習，要旨不期然而然也。使當時宗師苟欲尚異而自為一家之傳，則不勝其謬矣。以若所為，豈堪傳佛祖照世之命燈乎？[10]

中峰明本指出，禪宗傳承基本內核都是少室一脈的心燈，從未變異，但傳承過程中，因宗師的施設不同而自然產生了支派。這些支派不是在五家七宗時期才存在的，而是從達摩下四世就出現了。而其上兩代，命如懸絲，學人極少，故無從分派。也就是說，"師法"在傳承相續中，火性不變，但外在接引、勘驗學人的言語施設產生了各自風格，所謂籠燈、盞燈、琉璃燈等就出現了，也就是說宗派就出現了。而這當中風格精緻實用被長久保存傳承下來，具有極高辨識度，就形成了五家七宗的格局。

再回顧大陽警玄的憂慮，他找不到傳續曹洞衣缽的人，也就是找不到可以傳承曹洞"師法"的人選。他身邊被列入燈錄的法嗣都是優秀的禪僧，都得了少室一脈的"火性"，但是未得作為"琉璃燈"的手眼施設，可以指導學人，但是不能以曹洞"師法"來指導學人。所以大陽警玄的弟子還在弘傳禪法，但是當時人們卻都憂慮曹洞會面臨斷續。

因此，我們也明瞭到，佛日契嵩所謂"得人"，最核心的因素，指的是能傳承本宗派宗風"師法"的人。

◎ 三、雲門消亡的原因

由上面的分析我們可以得知，禪宗宗派的消亡不是因為該宗派的僧團全部消失了，而是因為該宗派找不到可以承續本宗"師法"的衣缽傳人。

有了這樣的共識，我們就可以來回應一下研究界對雲門斷續原因所作的一些推測。楊曾文先生在〈宋代的社會和佛教、禪宗（下）〉[11] 和〈雲門宗在北宋的興盛和貢獻〉[12] 等文章中談到雲門的消亡，只是很謹慎地作了客觀描述，指出雲門的消亡時間節點在入南宋之後不久。彼時，禪宗傳播中心隨著政治文化中心的

---

[10] 〔元〕中峰明本撰，慈寂編：《天目中峰和尚廣錄》（北京：北京圖書館出版社，1997 年），頁 106-107。

[11] 楊曾文：〈宋代的社會和佛教、禪宗（下）〉，《禪》，2006 年第 6 期。

[12] 楊曾文：〈雲門宗在北宋的興盛和貢獻〉，《韶關學院學報》，2012 年第 3 期。

南移而南移，臨濟宗興盛，雲門則迅速衰微。萬毅先生在〈宋代雲門宗初探〉[13]裏更加明確地推測，雲門宗因為和趙宋政權的關係過於密切，所以其傳播受到統治者政策變更的影響很大——北宋末期，徽宗崇奉道教，對僧侶限制較嚴，高宗南渡後又對佛教嚴加限制——所以雲門宗從北宋末期就漸入頹勢，入南宋後伴隨著臨濟的壯大而消匿。這樣的分析不無道理，特別是考慮到雲門在初期階段得到了南漢王朝的扶持，而在宋仁宗時期得以大舉北進，取得朝廷青睞後，京城原本的律宗官寺許多都變為了雲門門庭。但是上文我們已經論證過禪宗宗派的消亡，看的不是門人是否存在，而是具"師法"之宗師是否存在。因此政策的傾軋和外部環境的惡化雖然會打擊一宗派的規模，但無法使得具法宗師消失，也就無法使一個宗派斷續失傳。

《五燈會元》中記載雲門世系情況，其中，雲門二代法嗣有十五位，三代十二位，四代十五位，五代十五位，六代十位，七代十九位，八代九位，九代六位，十代和十一代都只有一位。

從直觀資料上看，雲門的由盛轉衰開始於七世到八世間，與上述學者指出的進入南宋漸衰是一致的。我們可以藉由這個階段整個禪宗的面貌來考察雲門迅速由盛轉衰的情況。這一時期的狀況，最好的參照是臨濟宗清涼惠洪（1071-1128）的諸多著述。惠洪完整地經歷了禪宗博興、雲門鼎盛時期，在南宋建炎二年去世，他天資頗高、見聞廣博，在僧人中被錢鍾書譽為詩才第一，又辯才無礙、老婆心切，針對當時的禪林狀況寫了很多極具影響力的書籍。

惠洪曾指出，禪宗"師法"在元豐年間（1078-1085）全面急劇衰落，這大約相當於楊岐下三世、黃龍下二世，並不是多年後雲門一宗所單獨面對的困境：

> 禪宗學者，自元豐以來師法大壞，諸方以拔去文字為禪，以口耳授受為妙。耆年凋喪，晚輩蝟毛，而起服紈綺，飯精妙，施施然以處華屋為榮，高尻罄折王臣為能，以狙詐羈縻學者之貌，而腹非之。上下交相欺誕，視其設心雖儈牛履狶之所恥為，而其人以為得計。於是佛祖之微言，宗師之規範，

---

[13] 萬毅：〈宋代雲門宗初探〉，《中山大學研究生學刊（社會科學版）》，1996年第2期。

掃地而盡也。予未嘗不中夜而起，喟然而流涕，以謂列祖綱宗至於陵夷者，非學者之罪，乃師之罪也。[14]

今三十年禪林下衰，以大福田之衣自標識而號分燈法嗣者，例皆名愧其實。蓋族大口眾，不肖之子乃生，固其所也！[15]

惠洪犀利地批評當時紛紛簇簇、有名無實的禪門"宗師"。這些人"以有思維心爭求實法"、"苟以意識為智證"[16]，說法只求"鈎章棘句，爛然駭人"[17]，"游談無根"又往往好為人師，熱衷於到處散播自己並不正確的觀點，混淆他人知見，帶來的負面影響很大。這些錯誤的知見氾濫開來，真正的禪宗精髓便只能湮滅在嘈雜喧囂的現實裏。這種情況越演越烈，以至於發展到"為弟子者心非其師而貌敬之，為師者實鄙弟子而喜授以法；上以數相羈縻，下以諂相欺誑，慢侮法道甚於兒戲……大法寢遠，名存實亡"[18]的地步。

禪宗之所以在元豐年間大壞，和禪宗本身的歷史進程有關。經唐末至五代，禪宗的規模迅速擴大，但直至宋初，並未成為當時最盛行的宗派。宋初佛教界影響最大及人數最多的，還是華嚴宗、法相宗和律宗。禪宗的傳播仍然主要在南方。直到宋代的第四位皇帝宋仁宗時，情況才有所改變。宋仁宗有意扶持禪宗，慶曆七年（1047）左右，應准了太監李允甯的奏請，將李允甯在京城的宅第改建為禪寺，賜名"十方淨因禪寺"，召請雲門宗第四世之圓通居訥為住持。居訥以疾辭，改由同為雲門下四世之育王懷璉住持。宋神宗元豐三年（1080），神宗詔令將相國寺六十四院改為八院，其中禪宗為二，律宗佔六院。禪宗的二院——慧林禪院與智海禪院——是相國寺東西兩序中規模最大的寺院，慧林禪院由雲門宗之宗本為住持，智海禪院原擬召請臨濟宗常總為住持，常總以年老辭之，於是代之以雲門宗之本逸。而宋神宗之皇妹，歷封冀國、秦國、越國的大長公主，及駙馬都尉張敦禮又在元豐五年（1082）奏請興建法雲禪寺，神宗又召雲

---

[14] 惠洪：《石門文字禪》，卷二六〈題隆道人僧寶傳〉。

[15] 惠洪：《石門文字禪》，卷二一〈重修僧堂記〉。

[16] 同上註，卷二六〈題隆道人僧寶傳〉。

[17] 同上註，卷二六〈昭默禪師序〉。

[18] 同上註，卷二三〈五宗綱要旨訣序〉。

門下五世之法秀住持。憑藉皇權與士大夫的支持，禪宗得以在京城及北方地區興盛起來。

伴隨著禪宗的蓬勃發展，僧人數目急劇擴大，禪僧數目更是激增，佛教中禪僧的比重也開始不斷上升。根據《佛祖統紀》卷四四的記載，宋真宗時期，從天禧三年（1020）八月到天禧五年（1022）官方承認的正式僧尼人數由僧 230,027 人、尼 15,643 人發展到僧數 397,615 人、尼 61,240 人。若依據法國學者謝和耐（Jacques Gernet）在《中國 5－10 世紀的寺院經濟》裏的統計，則這時正式受官方承認的僧侶至少有 458,855 人。而這些數字僅僅是對於宋初至真宗年間而言，在仁宗大力扶持禪宗之後的數字當在相當程度上超過這一統計結果。雖然我們無法確切統計出這當中禪宗門人所佔的比例，但僅僅做最低限度的設想，就能感受到禪宗人數膨脹的迅速。

人數的迅猛增長並不單單意味著宗門的興盛，其中也必然隱含著由此帶來的宗門實踐處境的隱憂。在歷代最為高產的禪師門下，得法弟子至多也不過是數十人，在這十數或數十得法弟子之中，大部分並不能延續其師的成績，往往是一兩世之後即默然無聞了，能夠保持宗脈延續的不過一二人而已。也就是説，禪僧的數目成倍甚至幾十倍地滾動增長，但是真正明心見性的叢林長老並沒有以相稱的比例同樣洶湧成倍地出現。這樣，師徒的比例便急劇下降了，得法宗師的數目遠遠不能覆蓋求法弟子的需求。在這樣的情形下，以"以心傳心"的師徒互動為基本形式的教學實踐活動，越發不可避免地出現各種各樣的病症，便成為一種必然的趨勢了。隨著時間的推移，病症往往變成了循環感染的惡疾。

非常普遍的一種情況是，隨著上輩祖師的去世，曾經緊隨身邊的弟子很容易因"年臘高邈"被理所當然地順延為師，散佈到各地叢林傳授禪法。即便這些禪師時刻以最謙虛謹慎的態度，按照記憶中的先師教誨來引導弟子修行，他們還是缺少成為一名"禪師"的最重要也是最基本的條件——明心見性。心地未明，他們是無法把"佛心"傳遞給弟子的，更無法把握弟子實踐中細微的處境與狀況，而只能靠意識做相似的揣測。這種情況的荒謬與緊急被描述為"一盲引眾盲"。現實世界遠比理想模型複雜得多，這些隨著老師去世而成為長輩的僧人，並不一定具有自知之明，常常以妄為真；或者被世俗的事務消磨了解脫的渴望，不思進取；或者從老師處所得極少，對禪法並無瞭解，以至於儘管他們努力去做一方合格的導師卻無從依循，也無所教授。

　　至少在五代時期，伴隨著五宗的成立，這些問題就或多或少地埋下了種子，各種病症也初步呈現了出來。入宋以後，"禪病"的氾濫便越發明顯。

　　生活在五代後期及宋初的法眼文益禪師（885-958）敏銳地發現了這些問題，他"宗門指病，簡辯十條"，希望可以"用詮諸妄之言，以救一時之弊"。〈宗門十規論〉以十分精當的語言，概括出當時叢林流佈的十種弊病：

　　一、自己心地未明妄為人師

　　二、黨護門風不通議論；

　　三、舉令提綱不知血脈；

　　四、對答不觀時節兼無宗眼；

　　五、理事相違不分觸淨；

　　六、不經淘汰臆斷古今言句；

　　七、記持露布臨時不解妙用；

　　八、不通教典亂有引證；

　　九、不關聲律不達理道好作歌頌；

　　十、護己之短好爭勝負。

　　文益將"自己心地未明妄為人師"放在第一位，因為在這十種弊病之中，此條最為嚴重，危害最大，後果最嚴重，也是其他九個問題的根本。學者"未了根塵……輒有邪解，入他魔界，全喪正因"，"但知急務住持、濫稱知識，且貴虛名在世，寧論襲惡於身，不惟聾瞽後人，抑亦凋弊風教"。

　　文益尖銳地警告學子，沒有明心見性，不可以因一時之虛名而自欺欺人領眾修行，否則不但自己將面臨謗佛法的大罪報，還斷喪了大批學子的解脫機會。而更為重要的是，這樣會損害到整個禪宗的風教，成為禪宗內部的蛀蟲。

　　這是就"師法"層面的衰落而提出的憂慮，師法的維持與宗門興榮速度到了某臨界點後便呈現反比。惠洪的時代，這個臨界點顯然早已經被越過了。惠洪眼中的宗門，這時有兩方面的難題，在學人的角度看是禪病的氾濫；而更為嚴峻的則是"師法"的大壞。禪病對於學人來說，如果是在所難免的階段，那麼對於禪病狀態的糾正就要倚賴老師的一一指點。但是"師法"的相對不足導致盲師的前輩被推上法位指導弟子，這又帶來了"師法"的疲軟。"師法"無力指導帶領學人，禪病不但得不到糾正和控制，反而會漸趨氾濫。禪病的氾濫又使得叢林參學的整體氛圍、知識背景、常識認同等等軟性修行環境遭到破壞，並且深帶禪病的一代也會隨著時間的推演而升位為師，反過來又加劇了"師法"的朽壞。這樣的惡性循環，對於禪宗來說，無疑是噩夢，是"獅子蟲"。

禪宗勢力急劇膨脹，人員倍增，法久弊生。宗門的精義與傳統被世俗化、表像化地解讀、沿襲，虛名之輩開始成為禪宗的中堅力量，宗門學人無從判斷、無所適從。這樣宗門境遇的急轉，引發惠洪深切的焦慮，他開始用著書立說的方式一方面用案例分析如何辨別不合規格的老師，一方面向學人大力推介宗風明朗的宗師。他尤其捍衛師法承續必須當面親授的規矩，捍衛得法與否必須要經由宗師勘驗的規則，捍衛五家師法必須歷歷分明，來不得半點含混的標準。因此他在《林間錄》和《禪林僧寶傳》中接連提出了自己對當時禪林赫赫有名的"古塔主"、薦福寺承古的質疑與批評。[19]

承古在《五燈會元》中被列為雲門二代，但承古與雲門文偃並不是同一時代的人，文偃辭世二十多年後承古才出生，並且承古曾經在雲門三代福嚴良雅座下執弟子禮。也就是說，就歷史而言，承古應當算是雲門四代。惠洪認為這種亂續的嗣法方式是有違規格、重人輕法的。作為惠洪師侄的臨濟宗大慧宗杲（1089-1163）是臨濟大興後世的關鍵人物之一。他在宋紹聖年間（1094-1098），應邀為《薦福承古禪師語錄》撰寫序言[20]的時候，巧妙地表明了自己的態度。作為序言，大慧沒有對承古其人作任何評價，更沒有對承古的語錄作任何的推介。單看

---

[19] 詳情請參考拙文〈從古塔主公案看五家宗旨時代的逐漸遠離〉，《吳越佛教》（北京：九州出版社，2012年），第七卷。

[20] 序言全文："禪無傳授。可傳授者，教乘文字，先德語言而已，非心之至妙也。其至妙之心，貴不越一念而契證。苟如實契證，則教乘文字，先德語言，無少無剩，皆此心之妙用。如柝旃檀，片片匪異。故曰：教外別傳，不立文字，直指人心，見性成佛！此萬世不易之論！近日叢林，誑妄說法之流，不信有妙悟，而專事教乘文字、先德語言，尋章摘句，狐媚學者，傳襲以為家寶。或以隻履西歸之話為末後大事，或以五位功勳、偏正回互為箕裘，各立門戶，各秉師承，謂之宗旨。觀斯之說，何異群虱之處褌中，逃乎深縫，匿乎壞絮，自以為吉宅。炎丘火流，燋邑滅都，群虱褌中不能出，此之謂也！臨濟曰：'有一種不識好惡，向教乘中取意度商量，成於句義。如把屎塊子，口中味了，卻吐過與人。'三復斯言，未嘗不喟然歎息也！嗚呼！安得此老復出，為後進針膏肓起癥疾乎！"（見《卍新纂續藏經》，冊七三，第 1447 號，《薦福承古禪師語錄》。）

這篇序言的口吻，我們甚至不能想像這是一篇應邀而作的序。大慧序言的通篇充滿了一種否定的態度，雖沒有明確是對承古而發，但是文章最後的一句"嗚呼！安得此老（指臨濟）復出，為後進針膏肓起癈疾乎！"卻戲劇性地與《語錄》後收錄的惠洪〈題古塔主論三玄三要法門〉的最末一句"將撼臨濟起，而使痛叱之（指承古），乃快也！"如出一轍。大慧對於承古的態度於此也便明瞭了。但是大慧對於承古的否定，並不意味著他對於惠洪在此批評中所持觀點的肯定。對於揚舉五家宗旨以救天下禪林時弊的做法，大慧並不認同。大慧觀察機境，認為五家歷歷分明各有特色的時代是無法挽回的了，如今需要捍衛的"師法"不必拘泥一宗一派。正如中峰明本所說：

> 今之禪流泥乎宗旨而起夾截虛空之妄見，互相短長。余知五家之師於大寂定中莫不掩口鼻矣。[21]

在某一時期內，捍衛各家"師法"有助於維護宗風，使得五家能堅持傳統純正，不被邪法侵壞。但世易時移，若學人機境變遷，學人中義學素養變弱、人數變多，宗門裏訊息紛亂、良莠混雜，是惠洪、大慧等人的共識，如何對治這樣的境況則各有藥方。惠洪堅持嚴格把控"師法"傳承，這種思路和大陽警玄、雲門諸祖是一致的，而大慧宗杲等人則選擇了另一種解決方式——回歸"師法"本質，只要還是傳承少室心燈，那麼籠燈、盞燈、琉璃燈，不妨都轉做琉璃籠燈。同時代的曹洞宏智正覺等人則選擇了低調的中間道路。

這或許才是雲門寧可斷續而不肯輕易付法，臨濟掌禪宗大旗孤勇向前，曹洞綿密低調而得佔法席一隅的原因。存留與否都是應機策略，並無對錯之區別。

---

[21]〔元〕中峰明本撰，慈寂編：《天目中峰和尚廣錄》，頁 107。

涅槃道場與僧傳敘事

王磊 *

　　遼史向稱難治。與遼代有關的歷史文獻，除《遼史》外，幾無留存，而《遼史》又公認為二十四史中的劣史 [1]，因此治遼史常有文獻欠缺的苦惱。遼代的佛教研究也是如此，傳世的佛教史料文獻中有關遼代佛教的記載是少之又少，宋代的僧史著作《佛祖統紀》等書中有少數幾條有關遼代佛教的記錄，遼代僧人的傳記，也只有明代末期的《續補高僧傳》中收錄的少數幾篇，因此通過傳世的文獻史料，我們無法對遼代的佛教有系統的瞭解。隨著清代以來金石學的發展，尤其是 20 世紀考古活動的展開，情況有了很大的改善。遼代的很多碑刻保存了下來，還有很多的佛塔、墓葬被調查發掘，通過這些以前被忽略的資料，遼代佛教的整體面目逐漸被揭示出來，我們對遼代佛教義學的發展有了比較清楚的認識。我們知道遼代的佛教上承唐代華北佛教的傳統，盛行華嚴、密教和唯識，與當時南方以禪宗、天台為主的佛教有很大的差別。[2] 同時很多石刻文獻還記載了當時活躍的很多重要僧人的活動，使我們對他們的佛教思想與傳教活動有了更深入的瞭解。[3] 近幾十年，社會史研究興起，研究者的目光開始從原來的帝王將相下移，關注社會普通民眾的行為，這和研究資料範圍的擴充有很大的關係。因為在這些原來不被關注的金石文字和考古材料中，很多都涉及普通民眾的行為、思想。這種社會史的研究極大地加深了我們對歷史的認識，使我們對特定時期的整體社會狀況有了更全面的瞭解。本文要討論的涅槃道場，就是這樣一種儀式。它

---

* 　中山大學哲學系副教授

[1] 　馮家昇：〈遼史源流考〉，《馮家昇論著輯粹》（北京：中華書局，1987 年），頁 99。

[2] 　重要的研究主要有神尾弌春：《契丹仏教文化史考》（滿洲文化協會，1937 年）；馮家昇：〈契丹祀天之俗與其宗教神話風俗之關係〉，《馮家昇論著輯粹》；野上俊靜：《遼金の佛教》（京都：平楽寺書店，昭和二十八年〔1953 年〕）；鳥居龍藏：《考古學より見たる遼の文化》（東京：東京文化學院東京研究所，1936 年）；竺沙雅章：《宋元佛教文化史研究》（東京：汲古書院，2000 年）。馮家昇的文章雖然不是以佛教為主，但其中涉及很多相關內容，而且從文章的結構和內容看，野上俊靜〈遼代社會に於ける佛教〉中有很多內容是借鑒自馮文。

不見於傳世文獻，僅見於金石文字。從石刻文字看，這個儀式在當時吸引了社會各個階層的人參與，對我們瞭解遼代的佛教社會史有很大幫助。且儀式內含的一些更深層的佛教觀念也值得我們關注。

在目前發現的金石文字中，我們發現有四方與涅槃道場相關的石刻。最早的是大康六年（1080）的〈井亭院圓寂道場藏掩感應舍利記〉（以下簡稱〈井亭院舍利記〉）。根據記文，在這大康六年的二月十五日、燕京崇教寺的講經律論沙門行柔，與尉州延慶寺的華嚴善興、慧化寺講經律論沙門普瓖、燕京大延壽寺誦法華經沙門雲迥等人，在井亭院興辦涅槃道場。儀式持續了三晝夜，十八日，儀式結束，共得舍利兩千餘顆，當年的四月份建塔埋藏所獲得的舍利。[4]

〈靳信等邑眾造塔記〉與〈永樂村感應舍利石塔記〉記錄了永樂村的邑眾在不同時間舉辦的兩次涅槃道場。永樂村也屬燕京地區，在析津府涿州范陽縣任和鄉。大安三年（1087）二月十五日，該村的螺鈸邑眾，在邑長靳信的帶領下，興辦了一次涅槃道場，這次儀式也持續了三個晝夜，儀式結束後，獲得舍利十數顆。大安六年（1090），同村的念佛邑眾在當村的僧院建了一座三層、五丈餘高的磚塔埋藏所獲得的舍利。[5] 然後過了差不多三十年，在天慶九年（1119），螺鈸邑的後輩邑眾，於當年的二月十五日，又興辦了一次涅槃道場，這次持續了七個晝夜，儀式的過程與大安三年基本一樣，結束之後共獲得了五十餘顆舍利。這

---

[3] 在竺沙雅章之後，年輕一輩的學者，對遼代佛教比較關注的，主要有古松崇志、藤原崇人等。他們主要利用考古資料對遼代佛教的一些細節展開深入的研究，發表了一系列的文章。如古松崇志：〈考古‧石刻資料よりみた契丹（遼）の仏教〉（《日本史研究》，2006 年第 522 號）、〈法均と燕京馬鞍山の菩薩戒壇——契丹（遼）における大乘菩薩戒の流行〉（《東洋史研究》卷六五，2006 年第 3 號）；藤原崇人的博士論文《北方仏教國家としての契丹》，從題目看就主要是討論契丹的佛教。他博士論文中的部分章節，已經發表在各種刊物上。如〈契丹（遼）の立体曼荼羅——中京大塔初層壁面の語るもの〉（《佛教史学研究》卷五二，2009 年第 1 號）、〈契丹（遼）後期政権下の学僧と仏教——鮮演の事例を通して〉（《史林》卷九三，2010 年第 6 號）、〈北塔発現文物に見る 11 世紀遼西の仏教の諸相〉（《関西大学東西学術研究所紀要》，2011 年第 44 號）等。

[4] 〈井亭院圓寂道場藏掩感應舍利記〉，向南編：《遼代石刻文編》（石家莊：河北教育出版社，1995 年），頁 387-389。

[5] 〈靳信等邑眾造塔記〉，《遼代石刻文編》，頁 427；〈永樂村感應舍利石塔記〉，《遼代石刻文編》，頁 679-680。〈靳信等邑眾造塔記〉為《遼代石刻文編》所定名。但根據內文，靳信等人只是舉行了涅槃道場這一儀式，建塔者則另有其人，故此名不確。但為行文之方便，此處仍沿用此名。

一次，村裏的信眾建了八角十三層、高二丈多的石塔埋葬舍利，塔於天慶十年（1120）三月份完成。[6]

〈慧峰寺供塔記〉發現於河北固安，此地遼代亦屬於燕京地區。根據供塔記的記載，當地舊有十七簷、約二百尺高的石磚塔一座，但寺院久已荒廢。大安五年（1089），僧人從傑來到此地，欲供養此塔，因此於當年的二月望日，與當地信眾一起興辦涅槃道場，第二年復又舉辦。而且還和檀那約定，“於每年春仲白月滿時，恆建如是道場，以備如是供養”。[7]

從時間上看，這幾次涅槃道場的時間，最早是大康六年，最晚是天慶十年，集中在遼代後期的道宗和天祚帝時期，出土的地點亦都集中在遼的南京即燕京地區，目前尚未發現遼的其他地區有舉行此儀式的文字紀錄。而根據目前我們對遼代佛教的瞭解，遼代佛教的鼎盛正是在後期興宗、道宗及天祚帝時期，而主要的流行區域也正是燕京地區。當地的佛教發達主要是因為當地之民眾多為漢人，文化上體現出更多漢文化的特質。[8]也許涅槃道場在當時燕京地區的盛行與遼代佛教的發展狀況有密切的關係。

◎ 一、儀式的參與者

瞭解哪些人參與儀式，即儀式的參與人群，對我們直觀地瞭解該儀式在當地社會中的接受程度有重要的作用。涅槃道場中，主要涉及了這樣一些人群。在井亭院的碑文中出現的主要是僧人。在正文之後的題名中，有慧化寺將經律論沙門普瓖、崇教寺講經律沙門行柔、誦法華經比丘為照、燕京大延壽寺誦法華經沙門雲逈、雲居寺講經比丘思迪，從題名中的系銜可知他們都是通三藏的義學僧。慧峰寺的涅槃道場由僧人從杰主持，他是燕京崇孝寺左街僧錄通理大師恆策的門人。恆策是遼代後期著名的義學僧，通律學，一度主持房山石經的雕刻，可想其弟子從杰當也是通經的沙門。永樂村兩次儀式，碑文中沒有提及僧人的參與，但是〈永樂村感應舍利石塔記〉的撰者志才卻是著名的義學僧，他是雲居寺的

---

[6] 〈永樂村感應舍利石塔記〉。

[7] 〈慧峰寺供塔記〉，《遼代石刻文編》，頁 433-434。

[8] 野上俊靜：〈遼朝と佛教〉、〈遼代燕京の佛教〉，載《遼金の佛教》。

僧人，也參與了房山石經的雕刻，〈大智度經論題記〉就有數條有他的題名，[9] 而關於遼代雕刻房山石經的重要文獻〈大遼涿州涿鹿山雲居寺續秘藏石經塔記〉[10] 也是他所作，其在當時應該是重要的參與者。〈井亭院舍利記〉的刻字匠人吳世民，也參與了房山石經的雕刻。而且是最早期的參與者之一，《放光般若波羅蜜經》卷一的第一條石塊就由其雕刻。[11] 在同經的其他石條上，還有吳世勇、吳世保、吳小哥等吳姓人的題名，大概吳氏家族是當地著名的石匠家族吧。參與涅槃道場的僧人及刻字工匠皆與房山石經的雕鑿有關聯，也從一個側面反映出遼代續刻石經在燕京地區的影響力。

除了出家的僧人，世俗的信徒也在儀式的參與人群中佔有很大的比重。永樂村的儀式，參與的人群主要是當地的各種邑社。大安三年和天慶九年兩次涅槃道場都是由村裏的螺鈸邑眾操辦，而大安三年取得的舍利，則由同村的念佛邑眾建塔埋藏。邑，又稱為邑義、邑社，是南北朝時期開始興起的一種佛教組織，主要是結合大眾的力量，集合資金和人力造像和操辦各種佛教儀式。[12] 唐代的幽州也就是後來遼代的燕京地區，邑社非常的發達，在房山石經的題名中可以看到大量邑社參與石經的雕鑿和各種佛教儀式的舉辦。[13] 從文字記錄看，永樂村的螺鈸邑和念佛邑主要都是由普通的民眾組成，他們的名字前不帶有任何的官職。世俗的知識精英也有出現。當然，雖然永樂村的兩塊碑文中均未出現僧人的身影，但幾次儀式均在村裏的僧院舉行，應當有僧人參與其中。井亭院的碑文末尾題名中有"同辦塔將仕郎試太子正字王肱、男鄉貢進士王君儒"。王氏父子二人一為將仕郎試太子正字，一為鄉貢進士，都是當地的知識精英。所以在這四方石刻中，我們可以看到出家的僧人、世俗的精英階層與普通的民眾都有參與到儀式中，參與人群的多樣化使這個儀式具有更廣泛的社會意義，也使我們能夠透過這個儀式更

[9] 北京圖書館金石組、中國佛教圖書文物館石經組編：《房山石經題記彙編》（北京：書目文獻出版社，1987 年），頁 458。

[10] 陳述輯校：《全遼文》（北京：中華書局，1982 年），頁 328-330。

[11]《房山石經題記彙編》，頁 297。

[12] 山崎宏：〈隋唐時代に於ける邑義及び法社〉，《支那中世佛教の展開》（東京：清水書店，1942 年）；佐藤智水：〈中國における初期の"邑義"について（上）〉；龍谷大學：《佛教文化研究紀要》，2006 年第 45 集。

[13]《房山石經之研究》。

多的瞭解遼代佛教的一般狀況。

上世紀 50 年代，美國人類學家雷德菲爾德（Robert Redfield）提出"大傳統"和"小傳統"（Great Tradition and Little Tradition）的概念，以解釋他所研究的墨西哥鄉村社會的一些現象。大傳統指精英階層所代表的文化傳統，小傳統則是與精英階層相對的鄉村普通民眾所代表的文化傳統。這組概念自從被雷氏提出之後，在人類學的研究中開始被廣泛運用。人類學的研究表明，雖然各自代表的人群不同，但是這兩種傳統並不是各自封閉的。精英傳統會對民間傳統有影響，[14] 而民間傳統也會反過來影響精英傳統。[15] 涅槃道場正向我們展示了在遼代義學僧和知識精英所代表的大傳統與普通民眾所代表的小傳統是如何相互交流的。通過房山石經和應縣木塔發現的殘經，我們已經知道遼代的佛教義學有很高的成就，但是這些佛教義理，都是以文本的形式保存傳承，同時有一套難懂的術語和概念體系，普通民眾難以接受和吸收。知識階層與普通信眾的交流正是在這些儀式中，他們將這些難懂的信仰體系通過儀式的語言表達出來，傳達給信眾。而信眾作為儀式的參與者，而且通常是儀式資金的供給來源，他們也會提出自己的要求，這樣會反過來影響到儀式的進程。

◎ 二、涅槃道場與佛祖忌齋

儀式的舉行日期，根據幾方石刻文字的記載，都是在二月的望日也就是二月十五日舉行。為什麼選擇在這一天興辦道場？因為根據佛教文獻，佛陀正是在這一天涅槃。在佛教文獻中，關於佛陀涅槃的日期，有種種異說。[16] 而漢地的文獻，多採用二月十五日一說。《魏書‧釋老志》[17]、南朝梁代編纂的《經律異相》[18]、

---

[14] 雷德菲爾德的研究認為，大傳統會對小傳統形成壓制，小傳統在這種交流中處於被動的接受地位，文化是從上而下的單向流動。（鄭萍：〈村落視野中的大傳統與小傳統〉，《讀書》2005 年第 7 期。）

[15] 如華生（James Watson）對媽祖信仰的研究表明，媽祖這一民間的神祇在元明清如何逐漸的轉變為國家神祇，也即民間的傳統如何被大傳統吸收。James Watson, "Standardizing the Gods: The Promotion of Tian-hou（Empress of the Heaven）along the South China Coast, 960-1960", in David Johnson ed., *Popular Culture in Late Imperial China*（Berkeley: University of California, 1987），pp. 292-324。

[16] 可參見法雲：《翻譯名義集》，卷三，《大正藏》冊 54，頁 1100-1101。

[17] 《魏書‧釋老志》，頁 3027。

[18] 僧旻、寶唱等撰集：《經律異相》（上海：上海古籍出版社，2011 年），卷四，頁 18。

唐代道宣《釋迦方志》[19]、宋代元照《四分律行事鈔資持記》[20]、志磐《佛祖統紀》[21]
等都採此說法，可見此說為當時僧團所普遍接受。所以在這一天舉行儀式，而儀
式也被稱為涅槃道場，顯然有其深意。

這幾方石刻對儀式過程的描述並不是很多，但是他們都提到了一個重要的儀
式道具——臥如像。每次儀式開始之前，都要準備佛陀的涅槃像。井亭院是由
"蔚州延慶寺華嚴善興寫臥如像"，用"寫"字，大概是畫在紙上的臥如像。永
樂村大安三年的那次是"以草為骨，紙為肉，彩為膚，造釋迦涅槃臥像一軀"，
應該是先以草紮成涅槃像的形狀，然後外面用紙包裹，再在紙上上色的偶像。
天慶九年"依前造像"，和大安三年的那次一樣。幾次儀式的描述都突出了這一
點，可見這個過程對整個儀式是非常重要的一個環節。在涅槃像做好之後，人們
以涅槃像為中心，舉行長時間的儀式，井亭院和永樂村大安三年的兩次都是三晝
夜，天慶九年的那次則持續了七晝夜。這中間到底舉行了哪些儀式，這幾種石刻
文字都沒有詳細的交代，具體的情形我們不得而知。在這些儀式結束之後，就到
了整個儀式的高潮部分，他們會將之前準備的臥如像荼毗，也就是燒掉，而在荼
毗之後的灰燼中都能夠獲得舍利。到此整個儀式結束。然後再建塔供養獲得的
舍利。

中間三（或七）晝夜的儀式過程我們無法從這幾方石刻中知道，但可以結合
其他材料做一些合理的猜測。二月十五日佛陀涅槃這一天舉行儀式，在僧團中非
常普遍，並不限於遼代的燕京。宋代的文獻記載，僧人們會在這一天舉行齋會，
稱"佛祖忌齋"。北宋成書的《釋氏要覽》，有"忌日"一條，稱"二月十五日，
佛涅槃日。天下僧俗有營會供養。"[22]《佛祖統紀》卷三四〈法門光顯志〉有"佛
祖忌齋"一條：

> 如來於周穆王五十三年（壬申）二月十五日入滅。凡在伽藍，必修供

---

[19] 道宣：《釋迦方志》，頁 101。

[20] 元照：《四分律行事鈔資持記》，卷三，《大正藏》，冊 40，頁 396。

[21] 志磐撰，釋道法校註：《佛祖統紀校註》（上海：上海古籍出版社，2012 年），卷四，頁 114。

[22] 釋道誠：《釋氏要覽》，卷三，《大正藏》冊五四，頁 309。

設禮，謂之佛忌。(北澗簡禪師撰齋忌疏，淨覺法師撰禮讚文。) [23]

　　唐代會昌法難前後來到中國的日本僧人圓仁，在其《入唐求法巡禮行記》中，記載開成五年（840）的二月二十五日，其在登州赤山法華院，當日該寺"齋，不限人數"。[24] 雖然沒有提及當日是佛陀涅槃，但是這裏的齋可能也是為紀念佛陀涅槃而建，宋代的佛祖忌齋大概就是沿襲了前代的做法。而且不僅是佛祖的忌日會有齋會，其他的祖師忌日，也會有類似的紀念活動。《釋氏要覽》的"忌日"條列舉了歷代著名僧人的諱日。現在的藏經中收有慈雲遵式為智者大師作的齋忌禮讚文，孤山智圓、允堪、仁岳還都撰有南山祖師也就是道宣的禮讚文。這些禮讚文都遵循相同的格式，可見這些齋忌所遵循的儀式也都大同小異。

　　《佛祖統紀》提到的淨覺法師禮讚文，就是北宋天台宗的淨覺仁岳法師所撰的〈釋迦如來涅槃禮讚文〉，[25] 此文撰成之後，極流行，被收入藏經，流傳至今。元代省悟的《律苑事規》，在講到佛陀涅槃齋忌的時候，就舉仁岳的禮讚文，稱當時的齋會就是依照仁岳禮讚文中的程式進行。[26] 當時禪宗的叢林，也會在這一天舉行齋會，過程與淨覺禮讚文中所描述的相似。[27] 到清代，仍然有僧人按照此禮讚文行涅槃齋會。[28] 可見淨覺的禮讚文作成之後，在僧團中有很大的影響。

　　禮讚文前的禮讚序表明這一禮讚文正是為二月十五日佛陀的齋忌所作。根據禮讚文，在二月十五日這一天，儀式開始，首先焚香，恭請佛陀以及涅槃會的菩薩和羅漢等一起降臨道場受大眾供養。然後是多組韻文組成的禮讚文，"凡十四章，章八句。初十章讚佛，次一章讚法，後三章讚僧"。讚歎完之後懺悔，之後回向。最後"右旋道場諷遺教經稱揚佛號盡誠而退"，儀式結束。[29] 這些禮讚文，在儀式的當天，"命聲德者唱之。以展必哀之誠"，所以對語言有要求，所以在

---

[23] 志磐撰，釋道法校註：《佛祖統紀校註》，卷三四，頁 748。

[24] 圓仁撰，白化文等校註：《入唐求法巡禮行記校注》（石家莊：花山文藝出版社，2007 年），頁 205。

[25] 《大正藏》，冊四六。

[26] 省悟編述：《律苑事規》，《續藏經》，冊六三。

[27] 《叢林校定清規總要》，卷二，《續藏經》，冊六三。

[28] 《省庵法師語錄》，卷一，《續藏經》，冊六二。

[29] 仁岳：〈釋迦如來涅槃禮讚文〉，《大正藏》，冊四六。

仁岳以前，孤山智圓也曾經撰涅槃八德讚，"蓋仿於傅徵白衣觀音禮而作也，以為吳蜀音韻碩異，故江浙間多不行焉"。

雖然這些禮讚文都稱儀式是在二月十五日舉行。但也有十五日之前就開始並持續數日者。熙寧五年（1072），日本僧人成尋入宋巡禮，參天台山、五台山，熙寧六年（1073）六月，成尋的弟子們隨商人的船隻歸國，自己留在宋朝。他將這一年多在宋的日記讓弟子們帶回了日本，這就是我們今天看到的〈參天台五台山記〉。在這本日記中，成尋按天記錄了每日的日程。熙寧六年二月，他正在東京，裏面正好記錄了關於佛祖忌齋的情況。雖然佛祖忌日是二月十五日，但是相關的活動在這之前就已經開始了。在二月十二日的日記中，成尋記錄了大相國寺三覺院講經論傳戒賜紫善湊給他的一封短信，邀請他參加齋會，信的內容是：

善湊啟：取二月十五日釋迦彌勒圓寂之辰，取十三日夜就大相國寺佛牙院懺悔圓戒，十四日備齋祇迎。伏望法慈早賜光降。謹狀。[30]

根據信的內容，佛祖忌齋的儀式從十三日夜就開始了，十四日有正式的齋會。不過第二天成尋咳嗽，所以辭了齋會，沒有參加。所以他的日記中沒有齋會的詳細紀錄。不過當時的齋會往往持續數天，不止在忌日當天。元照在南山禮讚序中稱南山祖師的齋忌也有舉行三天的，[31] 而遼代的涅槃道場也多以三晝夜為限度，石刻中並未明言這三晝夜都有哪些儀式活動，是否也如宋代的齋忌，行各種禮讚和懺悔？

雖然涅槃道場的過程中可能會有和佛祖忌齋一樣的環節，但是從整個儀式過程看，二者還是有一些重要的區別。首先在參與的人群上，佛祖忌齋主要在僧團內部舉行，參加的人員都是僧人，而涅槃道場則有僧俗皆有。涅槃道場中製作佛陀涅槃像，並且在儀式之後焚燒涅槃像取捨利等環節，在佛祖齋忌中都看不到。這正反映了當地佛教信仰的特點。還值得注意的是，涅槃道場似乎並不是每年舉行，永樂村的兩次儀式前後相隔近三十年，雖然〈慧峰寺供塔記〉聲稱以後要每年

---

[30] 成尋撰，白化文、李鼎霞點校：《參天台五台山記》（石家莊：花山文藝出版社，2008 年），頁 213-214。

[31] 元照：〈集南山禮讚序〉，《續藏經》，冊七四。

舉行，但這種承諾式的話語更說明當時的慣例並不是每年舉行。在不舉行涅槃道場的年份，當地是否也舉辦類似佛祖忌齋的活動？因文獻不足，我們尚無法判斷。

涅槃道場的不定期舉行，事實上說明紀念佛陀的涅槃只是一個次要的目的，該儀式最重要的目的其實是獲得舍利。在這幾方石刻文字的開頭，都有大段的文字稱頌佛陀舍利的功德，且都要提及在儀式之後，將所得的舍利建塔供養。這也從一個側面反映了遼代佛教中舍利崇拜的興盛。

◎ 三、密教與涅槃道場

通過對遼代佛教的深入研究，我們已經瞭解到遼代的佛教是以密教為核心，實質上是華嚴與密教的結合體。密教對遼代佛教的影響是多方面的，在涅槃道場的儀式中，我們也可以看到密教的影響。

永樂村天慶九年的儀式中，使用了“淨殺血”，殺可能是黑色的或閹了的羊。黑白羊在中國古代是非常常見的祭祀動物。甲骨文中就有使用黑羊祭祀以祈雨的紀錄。根據《遼史》的記載，黑白羊在遼代的祭天儀式中也是非常重要的犧牲。根據統計，在佛教盛行之前，遼主每年都會舉行祭天的儀式，儀式所用的犧牲，最多的是青牛白馬，這與契丹的起源神話有直接的關聯，其次就是黑白羊。[32] 但是涅槃道場是佛教儀式，佛教戒殺，在佛教的儀式中使用牲畜的血，實在是非常少見的情形。不過我們還是在佛教的文獻中找到了使用動物的例子，而這些經典都屬於密教。關於密教與殺生的一個著名案例發生在宋初。宋初中國和印度的佛教出現了短暫而頻繁的交流，中國西去的僧人和印度東來的番僧帶來了大量的梵文經典。太宗時期開始設置譯場，系統翻譯這批經典。譯場的翻譯前後持續了百餘年，這一時期翻譯的經典大多與密教有關。[33] 但是在翻譯的過程中發生了一個小插曲，天禧元年（1017），宋真宗下了一道詔書，詔書中稱：

> 金仙垂教，實利含生；貝葉騰文，當資傳譯。苟師承之或異，必邪正以

---

[32] 馮家昇：〈契丹祀天之俗與其宗教神話風俗之關係〉，《馮家昇論著輯粹》，頁 51-70。

[33] 楊億等編：《大中祥符法寶錄》，《中華大藏經》，冊七三；惟淨等編修：《天聖釋教總錄》，《中華大藏經》，冊 72；呂夷簡等編：《景祐新修法寶錄》，《中華大藏經》，冊七三。

相參，既失精祥，寖成訛謬。而況葷血之祀，甚瀆於真乘，厭詛之辭，尤乖於妙理。其新譯頻那夜迦經四卷，不許入藏。自今後，似此經文不得翻譯。[34]

因為涉及葷血之祀而由皇帝下詔書禁止的佛經翻譯，這應該是唯一的一次。詔書中提到的《頻那夜迦經》，全名為《金剛薩埵說頻那夜迦天成就儀軌經》，北宋法賢譯。經文主要是介紹以各種材料製作頻那夜迦像，用來祝禱詛咒的術法。製作頻那夜迦像的材料中有各種動物甚至是人的的肉、骨、血，確實不符合一直以來信眾對佛教的一般看法，所以被下詔禁止流行。但是北宋開雕的《崇寧藏》，卻收錄了此經，[35] 以後的各種大藏經也都有收錄，真宗的詔書似乎並沒有被執行。此經不僅在宋代流行，在《房山石經》中也發現了此經的刻石，[36] 雖然刻經的紀年是金皇統五年（1146），但《房山石經》中遼金的刻經是以《契丹藏》為底本，[37] 則此經譯出不久就傳到北方的遼國，也入藏流通。在黑水城發現的西夏文佛經中還發現了此經的西夏文譯本殘卷，所據底本為法賢的漢譯本，[38] 可想見此經的流傳之廣。在儀式中使用動物或動物身體的一部分，在密教中比較常見，並不僅限於這一部經典，只是如此經這般頻繁使用而且以詛咒為主，這種情況並不多見。而遼代的佛教，呈現出非常濃厚的密教色彩，已如前言，所以在涅槃道場中使用殺羊血，應當就是密教儀軌在該儀式中的反映。

〈井亭院舍利記〉還提到儀式過程中的一個細節，"請崇教寺涅槃座主，消茶毗分經，使千千人盡含酸淚；放菩提心戒，致萬萬者咸發正覺真心"。[39] 消茶毗分經，大概是念誦與佛陀涅槃茶毗有關的經典，很可能是小乘系統的《大般涅槃經》，或是與宋代"佛祖忌齋"中禮讚文類似的東西，但今天已不得確知。放菩提心戒則可能又是與密教相關的行為。

---

[34] 志磐撰，釋道法校註：《佛祖統紀校注》，卷四五，頁 1061。

[35] 《福州東禪大藏經目錄》為日本高野山親王院所藏崇寧藏目錄，其"冠"字型大小為《成就儀軌等經共十五卷》，內收該經四卷，《大正新修法寶總目錄》，卷三，頁 689。

[36] 中國佛教協會、中國佛教圖書文物館編：《房山石經》（北京：華夏出版社，2000 年），冊二七。

[37] 周紹良：〈房山石經與契丹藏〉，《房山石經之研究》，頁 167-176。

[38] 周叔迦：《館藏西夏文經典目錄》，《周叔迦佛學論著全集》第四冊，頁 1622；聶鴻音：〈中國國家圖書館藏西夏文《頻那夜迦經》考補〉，《西南民族大學學報（人文社科版）》2007 年第 6 期，頁 23-28。

[39] 《遼代石刻文編》，頁 388。

遼代流行菩薩戒，僧人向信徒授菩薩戒的行為非常普遍。遼代後期的興宗、道宗、天祚帝都曾向僧人受菩薩戒。[40] 當時燕京西部馬鞍山惠聚寺的菩薩戒壇更是遠近聞名，"法均—裕窺—法悟、法殊"師徒幾代均專注於傳戒。[41] 根據〈法均大師遺行記〉的記載，咸雍六年（1070），崇祿大夫守司空傳菩薩戒壇主法均在燕京西的馬鞍山惠聚寺建戒壇，向信徒傳戒，"來者如雲，官莫可禦。凡瘖聾跛偏，貪慳憍頑，苟或求哀，無不蒙利。至有鄰邦父老，絕域羌軍[42]，並越境冒刑，捐軀歸命，自春至秋，凡半載，日度數千輩。"[43] 咸雍八年（1072）段溫恭書〈特建葬舍利幢記〉也記錄了這次開壇授戒的盛況。[44] 可見當時該寺的傳戒活動不僅吸引了大量的遼國信眾，周邊的宋和西夏等地的信眾亦慕名而來，可見影響之巨。宣化遼墓的墓主張氏家族在南京有自己的道院，他們每年都要在自家的道院講菩提心戒，還在馬鞍山供僧，馬鞍山就是法均建戒壇的地方。而且井亭院與張氏家族也有密切的關係。張世古死後，其靈柩就暫時存放在井亭院，既然他們家族在南京有自己的道院，那麼張世古的靈柩應該是存放在自己家的道院，則井亭院很可能就是他們家族的寺院。所以在井亭院的涅槃道場中放菩提心戒，可能是該寺一貫的做法。只是這裏的菩提心戒，卻不是一般的菩薩戒，它的出現與盛行與密教有密切的聯繫。

從佛教文獻看，菩提心戒在漢地最早出現之時，恰是密教三大士在華活動時期，而當時傳佈此戒的也都是密教僧人。在不空的譯經中，有《受菩提心戒儀》一卷，[45] 而不空又是從金剛智受此戒。沙門正錫撰寫的碑銘稱"見大弘教金剛三藏以為真吾師，初試教悉曇章……一聞無墜，便許入壇，授發菩提心戒"。[46] 趙

---

[40] 古松崇志：〈法均と燕京馬鞍山の菩薩戒壇——契丹（遼）における大乘菩薩戒の流行〉，《東洋史研究》卷六五第 3 號，頁 407-444。

[41] 同上註。

[42] "絕域羌軍"，古松崇志的文章釋讀為"絕域羌渾"，羌渾其解釋為羌和吐谷渾，即西夏控制的族群。

[43] 〈法均大師遺行碑銘〉，《全遼文》，頁 208。

[44] 《遼代石刻文編》。

[45] 不空譯：《受菩提心戒儀》，《大正藏》，冊一八。

[46] 正錫：《大唐故大德開府儀同三司試鴻臚卿肅國公大興善寺大廣智三藏和尚之碑》，《大辨正廣智三藏表志集》卷四，《大正藏》，冊五二。

遷為不空撰寫的行狀中亦有類似的描述。[47] 日僧圓仁的《入唐新求聖教目錄》中收錄的求來經典中，除了不空譯的《受菩提心戒儀》一卷外，還有"三藏善無畏依密教出、弟子一行記"的《最上乘受菩提心戒及心地秘訣》一卷。入唐僧圓行的《靈岩寺和尚請來法門道具等目錄》中，也有上面提到的《心地秘訣》一卷，則善無畏也有傳菩提心戒的活動。如此三大士皆有菩提心戒的傳授。在《諸阿闍黎真言密教部類總錄》中還收錄了其他一些關於菩提心戒的著作。[48] 菩提心戒作為一種大乘戒，除了普通戒律的意義之外，在密教的儀式中也發揮特殊的作用。不空的碑銘和行狀提到金剛智在授予不空菩提心戒之後，將其引入金剛界大曼荼羅。日僧空海來唐從青龍寺惠果和尚習密教，在《上新請來經等目錄表》中，自言其在唐學習經歷，亦強調受菩提心戒的經歷，據其表中所言：

> （惠果）大師尚佛法之流布，歎生民之可拔，授我以發菩提心戒，許我入灌頂道場。[49]

這些記載表明，在入密教的灌頂道場前，受發菩提心戒是一個重要的環節。唐代大興善寺沙門慧琳根據"蘇悉地、蘇婆呼、玉呬耶、大毗盧遮那成佛等經"集成的《建立曼荼羅及揀擇地法》中，一開始也強調要先受菩提心戒。[50]《七俱胝准提陀羅尼念誦儀軌》也稱："若在家出家菩薩求成就者，每入道場，先應禮佛懺悔隨喜勸請發願已，應自誓受菩提心戒真言。"[51] 可見受菩提心戒對於修習密教的僧人來說，是正式開始學習之前的必要準備工作。

在密教盛行的遼代，菩提心戒也格外受到信眾的關注。遼道宗曾親自製作菩提心戒本，頒賜僧人，到金元時期，這一戒本仍然在僧團中間流行。[52] 在房山

---

[47] 趙遷：〈大唐故大德贈司空大辨正廣智不空三藏行狀〉，《大正藏》，冊五〇。

[48] 元慶寺沙門安然集：《諸阿闍黎真言密教部類總錄》卷上，《大正藏》，冊五五。

[49] 空海：《御請來目錄》，卷一，《大正藏》，冊五五，頁 1060。

[50] 慧琳：《建立曼荼羅及揀擇地法》，《大正藏》，冊一八。

[51] 不空譯：《七俱胝准提陀羅尼念誦儀軌》，《續藏經》，冊二。

[52]《大元敕賜大崇國寺壇主空明圓證大法師隆安選公特賜澄慧國師傳戒碑並序》，《北京圖書館藏中國歷代拓本彙編》，冊五〇，頁 133。碑文錄文可見竺沙雅章：〈燕京・大都の華嚴宗──寶集寺と崇國寺の僧たち〉，載氏著《宋元佛教文化史研究》，頁 244-246。

石經，發現有雲居寺志仙記《發菩提心戒一本》，在佛宮寺木塔中也發現有《受戒發願文》一卷。藤原崇人將這兩個經本與唐代不空譯《發菩提心戒儀》進行比較，發現這兩個本子正是源自不空的譯本（志仙的戒本也參考了《無畏三藏禪要》），進一步確認了不空一系的金剛頂系密教在遼代的發展。[53] 志仙的戒本較不空的譯本，在文字上有改動，且吸收了善無畏一系的內容，所以藤原崇人進一步認為此時的菩提心戒已經從密教修習者入壇前所受的特定戒律變成菩薩戒的一種泛稱。[54] 但是，各種跡象表明當時的信眾依然注重此戒的密教功用。在宣化遼墓中發現的幾具木棺上，刻有各種陀羅尼真言，其中就有受菩提心戒真言。[55] 遼宗室是耶律琮篤信佛教，其墓誌中稱其"長以佛教為事……至霸州延昌寺□□秘密傳十地戒條……田莊南院之別館，開啟灌頂道場，□□菩提心戒"，[56] 發菩提心戒也和灌頂道場聯繫在一起，與密教有重要的關聯。所以，和前面的使用殺羊血一樣，在涅槃道場的儀式上放菩提心戒，可能其中正包含了密教的意味。

除了密教的影響之外，在這樣的佛教儀式中向信眾放戒還有一個很重要的考慮就是獲得財施。遼代續刻房山石經，在中國佛教史上是一件浩大的工程。石經的刊刻從遼到金元，持續數百年，這樣一項曠日持久的大型工程，需要耗費的金錢是可想而知的。除了國家的支持外，信眾的佈施是最重要的資金來源，而放戒是吸引信眾財施的一個重要手段。靜琬是石經刊刻的最初策劃者，遼代僧眾為其立塔，撰寫〈琬公大師塔銘〉，其中亦涉及遼代重刻石經之事蹟："至大安九年春首，有通理大師者，見彼勝跡，因繼其功，乃放大乘十善戒，度徒眾十萬，襯利頗多。"[57]，可見當時續刻房山石經的資金主要通過通理大師放戒得來。沙門志才所撰〈涿州涿鹿山雲居寺續秘藏石經塔記〉對此事有更詳細的記載："有故上人通理大師……因游茲山，寓宿其寺，覘石經未圓，有續造之念，興無緣慈，

[53] 藤原崇人《北方仏教國家としての契丹（遼）》第 4 章〈契丹の授戒儀と不空密教〉，關西大學博士論文，2012 年。遼代的密教是不空系統的金剛頂系密教，松永有見在《宋遼時代の密教》（《密教研究》38 號，1930 年）一文中已經提出此觀點，野上俊静在〈遼代に於ける佛教研究〉一文中進一步肯定了松永有見的觀點。

[54] 藤原崇人博士論文《北方仏教國家としての契丹（遼）》，頁 108。

[55] 《宣化遼墓》，頁 29、86、136。

[56] 〈耶律琮神道碑〉，《遼代石刻文續編》，頁 342。

[57] 〈琬公大師塔銘〉，《遼代石刻文續編》，頁 218-219。

為不請友，至大安九年正月一日，遂於茲寺開放戒壇，仕庶道俗，入山受戒，巨以數知，海會之眾，孰敢評之。師之化緣，實亦次之。方盡暮春，始得終罷，所獲施錢，乃萬對鏹，付門人見右街僧錄通慧圓照大師善定，校勘刻石……" [58]

大康三年，西京僧錄崇雅因上供經過天成縣桑乾河橋，此橋"木植朽爛，人畜過往至甚艱難"，崇雅與其他三人商議重修。修橋的資金仍然從放戒得來。其他三人先請崇雅於南七侯村開壇放戒，正好不久之後道宗又將《御製菩薩提心戒本》兩卷賜予崇雅，命其流通遍及未聞。"由此戒文助成大事，於西京弘、蔚二州，僧尼二眾化到錢近五百貫。"到大康十年三月二十七日，崇雅又在南七侯村的僧院開戒壇，"消放天佑皇帝《御製菩薩提心戒本》，遠近村坊律主等，誘勸盡發勝心，受菩提心戒。人各思施錢物工價，可及五百貫。"如此，前後兩次放戒，共募化了近千貫的財務，終得以將橋修成。[59]和通理大師的刻經一樣，放戒也是募化錢財的主要手段，不過從碑文看，崇雅兩次放戒，都是針對僧尼二眾，是在僧團內部募化。不過對當時的僧團而言，放戒是募化財務的重要手段，則是可以肯定的事實。

涅槃道場的興辦也有經濟上的原因。〈慧峰寺供塔記〉稱慧峰寺"先是此地有磚塔一所，上下十七簷，高二百尺，久虧妙供，空負孤標"。故從杰法師到來之後，"欲興大供，遂召多人。德不孤而鄰自孚，唱彌高而和亦廣"，於是於其年二月望日興圓寂道場，第二年又同樣舉辦，並同施捨的檀那約定以後每年都要"恆建如是道場，以備如是供養"。所以從杰法師之所以興辦涅槃道場而且還希望能每年如期舉辦，重要的目的是獲得檀那的佈施，這些佈施對復興"久虧妙供"的慧峰寺非常重要。因此，通過舉辦涅槃道場對當地寺院的寺院經濟有極為重要的影響，而在儀式中放菩提心戒，當也是招徠信徒，向信徒募化的一種方式。前面提到在儀式中間可能會有齋會，成尋雖然沒有參加熙寧六年大相國寺的佛祖忌齋，但是十四日，他收到大相國寺僧人送來的錢五百文和衣一領。還附有書信："湊和尚傳語闍梨：為不來齋時，嚫錢各五百文，衣收一領。希知之。聖

[58]《全遼文》，頁 329。

[59]《天鎮縣誌》，卷六，中國科學院圖書館編：《稀見中國地方志彙刊·4》（北京：中國書店，1992 年）。

秀、長命各五百文，絹手巾一個。"[60] 可見參加齋會的僧人也都能獲得儭施，這也是他們收入的一個來源。

◎ 四、僧傳的敘事與涅槃道場

　　涅槃道場的儀式過程，通過前面的描述我們已經有了大概的瞭解。這個儀式的核心部分就是製造佛陀的涅槃像，最後荼毗涅槃像，獲得舍利。這整個的過程其實是對佛陀涅槃過程的模仿，這種模仿其實反映了佛教中一種重要的觀念，這種觀念對僧傳的敘事模式產生了重要的影響。

　　中國有非常發達的史學傳統，佛教傳入中國之後，僧人們也非常熱衷於佛教史的撰述。僧傳是其中非常重要的一種。對僧傳的性質，已經有很多學者展開研究，目前一般的看法，認為僧傳除了記錄僧人的行實之外，其實還是一種"聖徒傳"，它們通過一種模式化的敘事方式，提供一種理想化的僧人典範。[61] 僧傳的作者通過對僧傳中僧人行實的描述，來告訴佛教的修行者們應當如何行事。這種聖化的模式，有很多的表現方式，而神通感應的運用是非常常見的一種。因為神通感應通過最直觀的方式告訴人們這些僧人有異乎常人的地方，他們與凡夫不一樣。在這些神通感應中，有很多是對佛陀傳記的模仿。

　　佛陀為一生補處菩薩之時，從兜率天降生，佛陀之母摩耶夫人夢六牙白象從空而降，覺而有孕。而在僧傳中，很多僧人，其母也是感夢而孕。北涼著名禪師玄高，據稱其母"以偽秦弘始三年（401）夢見梵僧散花滿室，覺便懷胎，至四年二月八日生男"；[62] 唐代玄奘的弟子窺基，"其母裴氏夢掌月輪吞之，寤而有孕"；[63] 唐杭州慈光院晤恩，"母張氏嘗夢梵僧入其家而妊焉"；[64] 西明寺道宣，"母娠而夢月貫其懷，復夢梵僧語曰'汝所在妊者即梁朝僧祐律師，祐則南齊剡

---

[60] 成尋：《參天台五台山記》，頁214。

[61] John Kieschnick, *The Eminent Monk: Buddhist Ideals in Medieval Chinese Hagiography*（HonoLulu University of Hawai'i Press, 1997）；龔雋：〈唐宋佛教史傳中的禪師想像——比較僧傳與燈錄有關禪師傳的書寫〉：《佛學研究中心學報》2005年第10期，頁151-184。

[62]《高僧傳》，卷一一，頁409。

[63]《宋高僧傳》，卷四，頁63。

[64] 同上註，卷七，頁160。

溪隱嶽寺僧護也。宜從出家，崇樹釋教'云。凡十二月在胎，四月八日降誕。"[65]
他們都是感夢而生，雖然所感皆不是六牙白象，但感夢這個行為表示他們的出生
也如佛陀一樣，擔負了某種使命，有降生之意。

玄高和道宣的出生日期也值得注意。道宣四月八日生，這一天一般被認為是
佛陀降生之日，而且道宣在胎十二月才降生，給人的感覺是其故意選擇在這一天
降生。玄高出生在二月八日，雖然一般認為佛陀降生的日子是四月八日，但有些
文獻認為是二月八日，[66] 因此民間也有以這一天為佛誕並舉行儀式者。南朝宗懍
《荊楚歲時記》稱二月八日為釋氏下生之日，荊楚的信徒會在這一天建八關齋，
造車輪寶蓋七變八會之燈，執香花繞城。[67] 根據遼史的記載，遼代亦有以二月八
日為佛誕者。"二月八日，為悉達太子生辰。京府及諸州，雕木為像，儀式百戲
導引為樂。" [68]《金史 · 海陵本紀》也稱正隆元年"（十一月）癸巳，禁二月八日
迎佛"，[69] 錢大昕等人就以此條材料證明遼史二月八日為佛誕的記載沒有錯。[70]
因此玄高這樣一個本身就存在很多神異色彩的僧人，恰好又在二月八日這一天降
生；而道宣在四月八日降生，都有不尋常的意義。《高僧傳》載釋道安也是在二
月八日入滅，湯用彤曾考證其卒日實不在這一天，所以選擇這個日期實有特別的
意義。[71]

鳩摩羅什之母在懷了鳩摩羅什之後，僧傳中稱：

　　什在胎時，其母自覺神悟超解，有倍常日，聞雀離大寺名德既多，又
　　有得道之僧，即與王族貴女、德行諸尼，彌日設供，請齋聽法，什母忽自通
　　天竺語，難問之辭，必窮淵致。眾咸歎之。有羅漢達摩瞿沙曰：'此必懷智

---

[65]《宋高僧傳》，卷一四，頁 327。

[66]《過去現在因果經》（《大正藏》，冊三），《法苑珠林》也曾提到這種説法（道世撰，周叔迦、蘇晉仁校註：
　　《法苑珠林校註》，卷一二，頁 414）。

[67] 宗懍撰，宋金龍校註：《荊楚歲時記》（太原：山西人民出版社，1987 年），頁 31。

[68]《遼史 · 禮志六嘉禮》（北京：中華書局，2016 年），頁 878。

[69]《金史》，卷五（北京：中華書局，1975 年），頁 107。

[70] 錢大昕：《廿二史考異》（上海：上海古籍出版社，2004 年），卷八三，頁 1140；野上俊静：《遼金の佛
　　教》，頁 86。

[71] 湯用彤：《漢魏兩晉南北朝佛教史》（北京：商務印書館，2015 年），頁 197。

子。'為説舍利弗在胎之證。及什生後,還忘前言。[72]

其母在懷胎期間,忽自通天竺語,而等羅什出生之後,又忘了前言。[73] 可見是懷胎使其更聰明。這其實也可以在佛傳中找到敘述的原型。根據佛傳的描述,佛陀之母在懷胎的時候,"自從菩薩處胎以來,摩耶夫人,日更修行六波羅蜜;天獻飲食,自然而至,不復樂於人間之味;三千大千世界,常皆大明,其界中間幽冥之處,日月威光所不能照,亦皆朗然。"[74] 羅漢達摩瞿沙還告訴鳩摩羅什之母,這是舍利弗在胎之證。《法苑珠林》卷一七引《舍利弗處胎經》,稱"母懷舍利弗,母亦聰明"。[75] 可見這種敘事母題在佛教中常見。到了唐宋時期,更常見的則是稱僧人的母親在懷胎之時,就厭絕葷辛,如唐蘄州龍興寺法現禪師,"初母在孕,不喜葷辛";[76] 實際寺寺主懷暉"母常山夫人,樂姓,降胎之月,不味膻腥;載誕之辰,情欣禁戒"。[77] 因從梁武帝開始,漢地的僧人就不食葷腥,以示慈悲之義。前述種種懷胎就自然厭棄葷腥的故事描述實則和懷胎令母聰明出自同樣的心態,可認為是同一種敘事母題在唐代的發展。

又佛陀在出生之後,有仙人為其占卜,言"王者生子,而有三十二大人相者,處國當為轉輪聖王,主四天下,七寶自至,行即能飛,兵仗不用,自然太平。若不樂天下,而棄家為道者,當為自然佛,度脱萬姓。"[78] 這種占卜預言也經常出現在僧傳中。劉宋時期來華的僧人求那跋陀羅,慧皎在其傳記中記載:

年十八,相公見而謂之曰:"君年三十當臨撫大國,南面稱尊,若不樂

---

[72]《高僧傳》,卷二,頁45。

[73] 對"及什生後,還忘前言"一句,吉川忠夫、船山徹等人的日譯本譯作"羅什が生まれると、また以前の達摩瞿沙の言葉を忘れてしまった。"(《高僧伝》〔東京:岩波書店,2009年〕,頁144)根據他們的理解,是羅什出生之後,他母親忘了羅漢達摩瞿沙的話。但是從前後文分析,筆者認為他母親所忘的"言"應當是天竺語,即其母因懷胎而自通天竺語,待羅什降生,又不會了,以此顯示羅什之神異。

[74]《過去現在因果經》,《大正藏》,冊三。

[75]《法苑珠林校注》,卷一七,頁577。

[76]〈大唐蘄州龍興寺故法現大禪師碑銘〉,《全唐文》,卷三四〇。

[77]〈隆闡法師碑〉,《金石萃編》,卷八六。

[78] 支謙譯:《太子瑞應本起經》,卷上,《大正藏》,冊三,頁474。

世華，當獲聖果。"[79]

鳩摩羅什年十二，其母將其至月氏北山，

> 有一羅漢見而異之，謂其母曰："常當守護此沙彌，若至三十五不破戒者，當大興佛法，度無數人，與優波掘多無異。若戒不全，無能為也，正可才明俊義，法師而已。"[80]

這裏也有羅漢為其占卜，雖然占卜的內容與佛傳裏不盡相同，但這種以占卜言其日後必當如何的方式，當是對佛傳的模仿。

鳩摩羅什傳還提到其在讀《放光經》時，曾受到魔的驚擾。陸揚在研究中注意到這一細節，他指出"在中國中古佛教史乘中，佛教僧人常在提到主人公覺悟的那一刹那加入神異現象。比如魔波旬出來對主人公加以誘惑或考驗。這樣做，很可能是著意模仿釋迦牟尼佛在覺悟前與魔波旬的那次眾所周知的遭遇"。[81]

佛陀入滅時的姿勢也是僧人們模仿的對象。據說佛陀在娑羅雙樹下入滅時，"右脅著床，累足而臥"，[82] 因此犍陀羅的佛像、克孜爾等石窟的涅槃像，都以此姿勢來表示佛陀的涅槃，[83] 這種臥姿就成為涅槃的標誌。在後世僧人的塔銘和傳記中，我們看到很多僧人在圓寂時也是"北首西向，右脅而臥"。大安國寺尼惠隱，"開元二十二年七月十一日壽終於安國道場，春秋七十有六，右脅而臥，奄然滅度"；[84] 被稱為"開元三大士"之一的善無畏，入滅時亦是"右脅累足"；[85] 直到近代，著名的弘一大師那張非常著名的"涅槃瑞相"，亦是這種姿勢。《宋高僧傳》有廬山佛手巖行因，據傳其圓寂之前，"下床三步間立，屹然而

---

[79]《高僧傳》，卷三，頁 105。

[80] 同上註，卷二，頁 46。

[81] 陸揚：〈解讀《鳩摩羅什傳》：兼談中國中古早期的佛教文化與史學〉，《中國學術》（第二十三輯）（北京：商務印書館，2006 年）。

[82] 法顯譯：《大般涅槃經》，《大正藏》，冊一，頁 199。

[83]〔日〕宮治昭：《涅槃和彌勒的圖像學》（北京：文物出版社，2009 年）。

[84]〈大安國寺尼惠隱塔銘〉，《八瓊室金石補正》，卷五六，頁 384。

[85]《宋高僧傳》，卷二，頁 22。

化"，贊寧在傳後對此有繫辭曰："凡夫舍報，屍必一同也。佛則右脅，果位坐亡。"根據其說法，則右脅乃佛涅槃之標準姿勢，也因此僧傳中言多數僧人以此姿勢入滅，正有其深意。

更有甚者，有僧人正好七十九歲圓寂，而佛傳記載佛陀入滅時也正好是七十九歲，這也是將其與佛陀聯繫起來。神秀弟子義福，開元二十四年（736）現疾，在入滅之前，他對弟子說：

> 本師釋迦，示現受生，七十有九乃般涅槃，吾今得佛之同年，更何所住？[86]

荊州南泉大雲寺蘭若和尚：

> 天寶十年既望，北首右脅入神定，中夜而滅。享齡七十九，經夏六十。報年之限，涅槃之時，同於如來。[87]

這些僧傳的創作者，如此頻繁地將這些僧人的行為與佛陀的行為聯繫起來，其實是在向我們傳達這樣一個信息——佛陀從兜率天宮降生，向眾生示現解脫的方法。他的示現，不僅在於他為眾生所說的佛法，他降生、出家、成道一直到最後涅槃的整個生命歷程也是一種示現，而且是更加直觀的一種示現。只要之後的信眾們也能夠像佛陀那樣生活，按照佛陀實踐過的方法修行，最後就可以像佛陀那樣得解脫，成就佛道。

但是這種觀念並不是佛教傳入中國之後才開始出現的，而是佛教在印度本土產生之初就有的一種觀念。漢譯《長阿含經》的第一部經，名為《大本經》，經的內容是佛陀對眾弟子說過去諸佛因緣。佛陀詳細地描述從毗婆尸如來到自己共七佛的因緣、名號、種族、所出生處。然後又說過去諸佛從降生到成道、說法的詳細過程。但佛陀並沒有一佛一佛分開描述，而是以毗婆尸佛為例，對其進行重

---

[86] 嚴挺之：〈大智禪師碑銘〉，《金石萃編》，卷八一，頁 1371-1375。
[87] 李華：〈荊州南泉大雲寺故蘭若和尚碑〉，《全唐文》，卷三一九。

點描述，然後在前冠以"諸佛常法"，顧名思義，也就是説其他六佛都以與毗婆尸佛同樣的方式降生、出家、成道、説法。譬如説到諸佛之降胎，經文曰：

> 比丘！當知諸佛常法：毗婆尸菩薩從兜率天降神母胎，從右脅入，正念不亂。當於爾時，地為震動，放大光明，普照世界，日月所不及處皆蒙大明，幽冥眾生，各相睹見，知其所趣。時此光明復照魔宮，諸天、釋、梵、沙門、婆羅門及餘眾生普蒙大明，諸天光明自然不現。

再與佛傳中佛陀降生的描述相比較，就可以發現《大本經》對毗婆尸佛的敘述正是承襲與佛傳中所言佛陀降生的敘述完全一樣。《南傳大藏經》的《長部》（Dighanikaya）相當於漢譯之長阿含，只是小經的數目與排列順序略有不同。其《大本經》（Mahāpadāna Sutta）收在《大品》（Mahā Vagga）中。該經內容結構與漢譯相似，也以毗婆尸佛之內容為主，冠之以"諸佛常法"。

類似的敘事在其他的佛教經典中也可以看到。隋杜公瞻為《荆楚歲時記》作注，引《灌頂經》稱"十方諸佛皆四月八日夜半明星出時生，四月八日夜半明星出時出家，四月八日明星出時得道"。[88] 雖然這裏對出家得道的時間和其他經典有差別，但是他仍然宣稱十方諸佛都遵循同樣的成佛路徑。所以説，這種觀念從佛教誕生開始就已經出現。《大本經》稱過去七佛都循同樣的路徑成佛，未來佛也一樣。彌勒佛被認為是釋迦牟尼佛涅槃之後下生娑婆世界度化眾生的未來佛，《佛説彌勒菩薩下生經》[89] 描述的就是彌勒菩薩從兜率天宮降生及成道、説法的經過。對比《長阿含經》以及佛傳，《彌勒下生經》的描述仍然是延續了"諸佛通式"的敘述傳統。而且中古時期的信眾還據此進一步引申出經典中未明言之事。南朝梁宗懍《荆楚歲時記》載當時荆楚地區的歲時風俗，其中"四月八日"一條稱："荆楚以四月八日諸寺各設會，香湯浴佛，共作龍華會，以為彌勒下生之徵

---

[88] 現今大藏中名為灌頂經的只有東晉帛屍梨蜜多羅所譯的《佛説灌頂經》，但在此經中找不到該段經文，可能杜公瞻所引另有所自。

[89]《大正藏》中有四個版本的《彌勒下生經》。一為西晉竺法護譯《佛説彌勒下生經》，鳩摩羅什譯有兩種，一為《佛説彌勒下生成佛經》，一為《佛説彌勒大成佛經》，最後為唐代義淨譯《佛説彌勒下生成佛經》。這幾種關於彌勒下生的經典內容基本相同。

也。"[90] 彌勒下生之日期，《彌勒下生經》中並沒有明言，其他經典中也沒有彌勒四月八日下生的説法，但這一天正是佛誕，可見當時的信眾必認為彌勒下生的日期與佛陀降生是在同一天，所以才在這一天又浴佛，又作龍華會，迎接彌勒。

顯然這種"諸佛通式"的觀念隨著佛教的傳入也為中國的信眾接受。他們將之運用到僧傳的敘事中，以此來表明這些僧人就如同佛傳中描述的佛陀那樣行事，他們也因此被"神聖化"。同時借由這些僧傳，影響更多的信眾。隨著佛教的發展，這種觀念不僅止於僧傳的敘事，還不斷地滲透到佛教生活的方方面面，前面引《荊楚歲時記》四月八日龍華會就可以看作是在這種觀念下產生出的一種佛教儀式。

我們再回頭來看遼代的涅槃道場，就可以發現這種儀式其實就是上面"諸佛通式"的觀念在儀式層面的延伸。信眾們在佛陀涅槃的當天，用各種道具模彷佛陀涅槃的場景，獲得舍利。相較在僧傳中的運用，涅槃道場可以顯示出這種觀念在宋遼時期的發展。僧傳強調的是現實中的修行者，而涅槃道場則認為只要如法的舉行儀式，以草、紙做成的涅槃像，也可以成為佛陀的肉身，進而通過茶毗得到舍利。他們將這種潛在的觀念以具象的儀式再現出來。前面也提到遼人在佛陀生辰也會雕木像。[91] 在佛誕這一天新雕佛像，是否也可以看作是對佛陀降生的一種儀式表現？可見，這種觀念在遼代佛教中得到非常全面的體現。

伊利亞德在《宇宙與歷史 —— 永恆回歸的神話》一書中認為，全世界近代以前的人們的宗教行為和神話思想中，有一種共通的特點，就是各個地方的人們的儀式總是在重複他們的神在原初之日的行為。他們以神的行為為範例，因為"儀式及重要的世俗行事之所以能獲得意義，及體現其意義，乃因它們小心翼翼，重複諸神、英雄或先祖們在創始之際所設定的行為"。[92] 所以模仿是前現代

---

[90] 唐韓鄂撰：《歲華紀麗》，卷二，引《荊楚歲時記》，《叢書集成》初編，冊一七二，頁 43）。今本的《荊楚歲時記》正文無最後"以為彌勒下生之徵也"一句。但龍華會與彌勒之關係密切，《歲華紀麗》多出的這一句符合原文的語境，可能是今本《荊楚歲時記》在傳抄過程中亡失了。

[91] 《遼史》稱二月八日。陳元靚：《歲時廣記》，卷二○，"佛日"條引武珪：《燕北雜記》："四月八日，京府及諸州各用木雕悉達太子一尊，城上昇行，放僧尼道士庶民行城一日為樂。"雖時間不同，但都是在佛誕則無疑議。

[92] 伊利亞德著、楊儒賓譯：《宇宙與歷史》（台北：聯經出版公司，2000 年），頁 4。

社會的宗教信仰的一種通性。佛陀作為佛教的創始人，向世人示現了解脫成佛的整個過程，這個過程在佛教中也具有某種創始的意義，成為後世信徒們模仿的對象。而參與這個回歸儀式的物和人，也因此獲得了某種實在的意義。所以雖然只是日常生活中最常見的草、紙，也可以荼毗出佛舍利。

井亭院圓寂道場藏掩感應舍利記

大康六年

伏聞晞光未穎，螢燭爭暉；佛日孤明，魔蚗險羽。故我如來遠布八相，彌陰四生。接上秀於十重，俯下垂於六道。道成則褒揚於聲教，諦信蒙資；寂滅則碎瀝於遺形，稽首獲益。致使佛□四分之骸，工興八萬之塔。控正像哭於雙林，遣始末思於暮日。乃以呈祥月氏，騰瑞神州。智光觸於三千，碎骨散於沙界。彰八彩於異域，應現吳宮；放五色於殊方，直流漢室。致有千花妙塔，百鏡靈龕。鏡涉梵□之中，影落霄漢之外。復知隨文皇帝者，降聖體於潛龍，呈異僧於舍利。既登成握之位，每搆生辰之福。奇明每照於龍址，孰及稱談；祥光時弊於蟾宮，誰能盡訴。遂請金瓶之內，復止水晶琉璃宮；乃封檀壓之中，再熏牛頭沉香水。異聖禮謁，名僧歸崇。紫光燭於乾坤，白毫照於天地。以此三十顆而賜三十郡，建高勝以遣修；五十三粒而付五十三州，興靈塔而激進。又聞弘業寺塔者，五十三中之一焉，仁壽二年四月八日之所建也。青山六震，紫雲四飛。舍利吐異色之光，名峰枰殊聲之響。祥花香拂於天宮，瑞玉紋現於真像。雷電晦暝，怖魔軍以無能；風雨縱橫，去拔邪而不便。故以先援聖以同居，石泉地湧；預記賢而共隱，天降金刀。異潤名花，不讓補錦之地；殊野叢桂，未省旗檀之林。隨林起碎身之塔，印度湧靈文之碑。名境交布於殊方，遺形徹覆於異國。拋四體於金河，現百靈於弘業。有緣感應，募化殊常。可為一瞻一禮，消塵劫之災殃；一念一稱，長無涯之福德。所以行柔等於大康六年二月十五於城東井亭院，欲酬法乳之恩，遣致生天之路。依法建圓寂道場三晝夜，命尉州延慶寺花嚴善興寫臥如像一軀。廣列香花燈燭，備修果木茶湯。螺鈸獻讚，激於天宮；音樂流聲，震於地獄。幢幡異蓋，不殊俱屍那邊；皓樹奇松，何乖娑羅林內。白衣獻供，若云闐噎於靈空；緇侶歌音，頗海烹渟於宇宙。神鬼咸揚哀歎之念，烏鵲並舉傷切之心。龍睛垂玉徑之膏，馬目落連珠之淚。至十八日，羅散圓終，法胤真寂。異境殊絕，非常特現。白氣互天，黑雲彌地。降絲霖於四野之內，飛玉雪於三清之中。

發行儀於數里之間，啟焚燒於五台之上。暗煙吐六銖之香，朱焰交五彩之色。兼以暴風忽起，若走石吹砂。靉靆暫分，擬撥雲見日。故請崇教寺涅槃座主，消茶毗分經，使千千人盡含酸淚；放菩提心戒，致萬萬者咸發正覺真心。復至二十日，欲收遺灰，擬申供養。乃見舍利尤多，計獲二千餘顆。有若圓珠者，或同胡荳犧。大小不等，諸色各殊。蓋是悲願廓落，應現無方。利物重降於遺形，隨緣再赴於灰襯。又曾聞聖教傳集，名僧異錄。說諸佛遺形，並興塔以供養；眾賢碎骨，乃建高勝而虔誠。引補修者，得道甚多，激愚鈍而長福；援供養者，獲果不少，控憍慢以發心。由是行柔、雲迥、為照等，周罄衣資，竭投淨信。命請良匠，搆辦青螺。計剋日時，選定年月。用丘山之移力，展巨惠之深懷。於四月四日辛時啟土，乃當月二十八日庚時掩藏。是以碎玉堂，水晶宮，碧溜璃外透金質，白玉像，珊瑚床，繡羅衾內覆真常。彌地鬼神永鎮封，滿空龍天常守掌。計萬口之清磚，堀三簷之淨塔。花鏡以飾頂之妙，毯帳乃嚴尖之靈致應。浮雲變五色之顏，舍利鬥三光之豔。草易黃椁之葉，人更金縷之衣。蓋是我佛感應，有處利物。無方值緣，斯呈非因。且隱幸稽首，興供之者，盡種五智之因，瞻視稱讚之流，當獲三身之果。余識智淺微，學見彤疏。奈以請誠，略述云爾。

　　慧化寺故教大師曾孫講經律論沙門普瓖述，建圓寂辦塔主崇教寺講經律沙門行柔，門人同辦塔事誦法華經比邱為照，同建圓寂辦塔主燕京大延壽寺誦法華經沙門雲迥，雲居寺講經比邱思迪助緣書，同辦塔將仕郎試太子正字王肱，男鄉貢進士君儒，剋字匠人吳世民。

　　維大康六年歲次庚申四月甲午朔二十八日庚時藏掩感應舍利記。

（《遼代石刻文編》，頁 387-389）

靳信等邑眾造塔記

大安六年

竊聞吾皇治化，位登九五，遠則八方入貢，近則風調雨順。八葉承條，千齡應運，德感賢臣，匡佐內外，極無不歸，然及先宗釋典，三教興焉。今則我釋迦佛舍利者，如來玄遠澳義窮無不盡。天地而堪倚堪託，萬類而悉皆從順。實燕京析津府涿州范陽縣任和鄉永樂里螺鈸邑眾，先去大安三年二月十五，興供養三晝夜。火滅已後，邑長靳信等收得舍利數顆，自來未成辦。至第三年，有當村念佛邑等二十餘人，廣備信心，累世層供養諸佛。各抽有限之財，同證無為之果。遂乃特建寶塔一所，高五十餘尺。去當院前堂南面約五步，一級三簷。是日有當年首領王仙、喬壽、酈翔、董選、張仁思五人，特管兩簷溥灰，同成靈記，共結良因。

張安民書，於時大安六年庚午歲次甲子朔七月十五日記。

（《遼代石刻文編》，頁 427）

慧峰寺供塔記

大安七年

噫！惟佛法身，本離名相，然其應物，無不現形。故我釋迦文為度娑婆界，當其出現，則轉彼法輪。至於涅槃，乃留其舍利，逕根歸本，其力無窮。若有眾生，能興供養，所獲利樂，詎可思惟。云誰奉之，屬在能者，則我邑主法師實其人也。法師諱從杰，燕京崇孝寺左街僧錄通文理大師之門人也。心知如幻，志樂非家。自從學揮塵已來，有傳戒度人之願。本之實際地，長體無座；推之方便門，亦存有相。故隨緣靡定，應用無方。所至之間，便作佛事。先是此地有磚塔一所，上下十七簷，高低二百尺，久虧妙供，空負孤標。大安五年己巳歲，師攜瓶錫，屆是香林。因瞻窣睹之靈儀，知具如來之遺體。生稀有難遭之想，從昔未聞；如無上最勝之容，於今復出。欲興大供，遂召多人。德不孤而鄰者自孚，唱彌高而和之亦廣。如風偃草，如蟻慕羶。或賁乎繒蓋幢幡，或備其香華燈燭，或高聲讚唄，或盡禮歸依。想應再動於魔宮，不止重輝於沙界。即於其年二月望，就其口特建圓寂道場，用酬庇蔭。明年設會，眾亦復然。追慕感傷，信入隨喜。惟茲會也，非其有福德有善緣者，弗可遭逢成就而已。故師與檀那，交相慶賴，咸願刻石，永為定式。於每年春仲白月滿時，恆建如是道場，以備如是供養。庶生生世世，承佛蔭以彌堅；子子孫孫，固道心而相繼。際夫劫盡，直至因圓。仍以眾名列於碑後，用昭不朽，式示將來云爾。

維大安七年歲次辛未三月庚申朔十七日丙子坤時建。

（《遼代石刻文編》，頁 433-434）

永樂村感應舍利石塔記
天慶十年

舍利者，如來之身骨也。若真實證性，安有乎形骸，或方便化生，示留乎身骨，過去諸佛，例皆如是。我釋迦牟尼，示見滅度，遺留舍利；育王建塔，以福人天。真身力持令三寶住世者，乃舍利功德神用而已矣！夫爾後戒壇講説，讀誦焚香，禮供書寫。曾獲舍利，或降淨地，或落瓶盤，或聯筆鋒，或流口內，或雕木像，依法闍維，亦獲舍利，此感應所致，記傳備載。至於今代，往往有之，或諸佛之誘化，或人心之出生，不可得知。如此殊勝，孰敢思議者，與永樂村贏鈸邑靳信等，宿懷善種，同奉佛乘。於大安三年二月望日，建圓寂道場三晝夜。以草為骨，紙為肉，彩為膚，造釋迦涅槃臥像一軀。具儀荼毗，火滅後，獲舍利十餘粒。尋欲起塔，奈外緣未備。至大安六年，當村念佛邑眾張辛等，於本村僧院建磚塔一坐，三層，高五丈餘，葬訖舍利。後輩螺鈸邑眾韓師嚴等，欲繼前風，以垂後善。天慶九年二月十五日，亦興圓寂道場七晝夜，依前造像。至二十一日，亦具儀荼毗。火及之處，以取淨殺血。於煙焰中，見於□□舉眾皆睹，灰燼內又獲舍利五十餘粒。奇哉！眾生之心，與佛心不隔；如來之體，與萬物無殊。村眾人酈祥、張善、石世永、董師言、張從讓、酈文常等，買石請匠，亦於本村僧院建石塔一坐，八角，十三層、高二丈餘，妙絕今古。至天慶十年三月三十日，葬舍利，四月三日樹立。噫！唐吏部韓愈，不信釋老，常以毀除，表論佛骨。怒言曰：“礩指東漢已還，君王由信佛而壽促。”彼韓公五十七而薨，豈是信於佛乎？且韓公唯宗乎儒邪？鄙釋之盛邪？用心之僻邪？昧佛之説邪？余不之知也。孔子答商太宰嚭曰：“西方有聖者焉，不治而亂，不言而自信，不化而自行，蕩蕩乎人無能名焉。”韓公豈不知見斯言乎？後代儒士，聞韓公之言，不達韓公之意，其間亦有訾謗者，類乎鸚鵡習乎人言也。余雖為釋子，三教存心。凡行其道，必須融會。近有啄門者，以文見托。遂塞彼請，乃直書數百字。

時天慶十年四月三日刻石作記。

（《遼代石刻文編》，頁 679-680）

法持傳小考

鄧麗敏[*]

贊寧《宋高僧傳》之唐金陵延祚寺法持傳,原文如下:

> 釋法持,俗姓張氏,瑞州江寧人也。儀貌邕肅,膚體至潤,幼而棄俗,長事明師,天機內發,識浪外澄。年十三,聞黃梅忍大師,特往禮謁,蒙示法要,領解幽玄。後歸青山,重事方禪師,更明宗極,命其入室,傳燈繼明,紹述山門,大宣道化。方既出山,凡是學眾,咸悉從其諮稟心要,聲價騰遠,海內聞知。數年之中,四部依慕。時黃梅謝緣去世,謂弟子玄賾曰:"後傳吾法者可有十人,金陵法持即其一也。"是知兩處禪宗重代相襲。後以法眼付門人智威。長安二年九月五日,終於延祚寺,遺囑令露骸松下,飼諸禽獸,令得飲食血肉者發菩提心。其日空中有神旛數首從西而來,遶山數轉,眾人咸見。先居幽棲故院,竹林變白。報齡六十有八矣。[1]

《景德傳燈錄》亦記敘法持其人,行文與《宋高僧傳》相差無幾,原文如下:

> 第四世法持禪師者,潤州江寧人也。姓張氏,幼歲出家。年三十遊黃梅忍大師坐下,聞法心開。後復遇方禪師為之印可,乃繼跡山門,作牛頭宗祖。及黃梅謝世,謂弟子玄賾曰:"後傳吾法者可有十人,金陵法持是其一也。"後以法眼付智威禪師。於唐長安二年九月五日,終於金陵延祚寺無常院。遺囑令露骸松下,飼諸鳥獸。迎出日空中有神幡,從西而來,遶

---

* 北京郵電大學網絡教育黨委書記

[1] 贊寧撰,范祥雍點校:《宋高僧傳》(北京:中華書局,1987 年),頁 182。

山數匝。所居故院竹林變白七日而止。壽六十有八，臘四十一。[2]

　　二者最大出入即是法持何時禮謁黃梅弘忍大師，一說十三，一說三十。二說究竟孰合情理，現試考之。

　　法持卒於長安二年（702），壽六十有八，法臘四十一。由此可知法持生於635年，二十七歲受具足戒。法持十三歲時，為647年，此時道信禪師（580-651）依然在世，[3] 若前去黃梅禮謁，不拜謁道信而只是聽聞黃梅忍大師特往禮謁，似乎不太合情理。況南京與湖北相去甚遠，十三小兒恐難以通達。若取三十之說，則拜謁弘忍禪師為664年，在時間上較為合情合理。

　　法持「幼而棄俗，長事明師」。此處明師應指慧方禪師，從後文「重事方禪師」及燈錄「後復遇方禪師為之印可」可知。慧方禪師何許人也？贊寧在弘忍傳中提及，道信禪師曾遙望雙峯，見紫雲如蓋，下有白氣，橫開六枝，預示著四祖法脈旁出一支，相踵六世。[4] 這一系的傳承關係是「法融—智巖—慧方—法持—智威—慧忠」。而關於慧方禪師的記載，見於《景德傳燈錄》，錄文如下：

　　　　第三世慧方禪師者，潤州延陵人也。姓濮氏。投開善寺出家。及進具，洞明經論。後入牛頭山，謁巖禪師諮詢秘要。巖觀其根器堪任正法，遂示以心印。師豁然領悟，於是不出林藪僅踰十年。四方學者雲集。師一旦謂眾曰：「吾欲他行。隨機利物。汝宜自安也。」乃以正法付法持禪師，遂歸茅山。數載將欲滅度，見有五百許人，髻髮後垂，狀如菩薩，各持幡華雲。請法師講。又感山神現大蟒身至庭前如將泣別。師謂侍者洪道曰：「吾去矣。汝為吾報諸門人。」及門人奔至，師已入滅，時唐天冊元年八月一日。山林變白谿，澗絕流七日。道俗悲慕聲動山谷。壽六十有七，臘四十。[5]

---

[2]　道原：《景德傳燈錄》，《大正藏》，冊五一，頁228。

[3]　依據《唐高僧傳》所記，道信卒於永徽二年（651），春秋七十有二。

[4]　贊寧撰，范祥雍點校：《宋高僧傳》，頁172。

[5]　道原，《景德傳燈錄》，《大正藏》，冊五一，頁228。

從慧方禪師卒於唐天冊萬歲元年（695），壽六十有七，臘四十，可知其生卒年為 629 年至 695 年，進具之年為 655 年。後入牛頭山，智巖禪師付之以心印，慧方禪師"不出林藪僅踰十年"就令四方學者雲集，隨後傳印於法持，自己歸隱茅山。從進具到入牛頭山垂詢智巖禪師，如果約有五年時間，那麼傳印給法持的時間大概就在 670 年左右。

在贊寧的描寫中，法持與弘忍的交集是"聞黃梅忍大師，特往禮謁，蒙示法要，領解幽玄"。而燈錄中的敘述則是"遊黃梅忍大師坐下，聞法心開。"皆為寥寥數語，但從"禮謁"、"遊"等措辭可以推論出法持在弘忍座下學習的時間並不會特別久。並且從黃梅歸青山之後，法持繼續跟著慧方禪師學習，慧方傳心印於法持後即歸隱，四方學眾"咸悉從其諮稟心要，聲價騰遠，海內聞知。數年之中，四部依慕"。法持聲名遠播發生在"黃梅謝緣去世"之前。據贊寧所記弘忍告滅於高宗上元二年（675）。這樣，670 年左右慧方將法印傳給法持，在時間上就能對上。

另，慧方與法持本來年紀相差就僅有六歲，燈錄裏並未說慧方幼時如何聰慧，只描述其進具後"洞明經論"（慧方進具是在其二十七歲之際）。而贊寧描寫法持"幼而棄俗，長事明師，天機內發，識浪外澄"，可見法持天機聰穎，又能從明師而學，而此處的"明師"指的是慧方禪師。那麼，"事明師"這個過程，發生在法持十三歲之前，即慧方十九歲之前，就不太可能了。

再看法持的法嗣智威，贊寧在〈智威傳〉中記載，其"年二十，遇恩剃落，隸名於幽巖寺，因從持禪師諮請禪法，妙達深理，繼踵前脩"。[6]《景德傳燈錄》中記載"年二十受具。後聞法持禪師出世，乃往禮謁，傳受正法焉。"[7] 其卒年《宋高僧傳》中記為開元十年（722）；《景德傳燈錄》中則為開元十七年（729）。智威壽數七十七，[8] 那麼他二十歲的時候，可能是 666 年，也可能是 673 年。由上文可知慧方禪師進具之年為 655 年。後入牛頭山，智巖禪師付之以心印，之後再過十年才將法印傳給法持禪師。那麼在 666 年，法印之傳承還在慧方和法持

---

[6] 贊寧撰，范祥雍點校：《宋高僧傳》，頁 185。

[7] 道原，《景德傳燈錄》，《大正藏》，冊五一，頁 228。

[8] 贊寧撰，范祥雍點校：《宋高僧傳》，頁 185-186。

之間接續。670 年左右慧方仍在弘法，並未歸隱。幽巖寺就坐落於青山，而青山與牛頭山相距僅十里。[9] 所以他們都在這一帶活動，消息是很通暢的。因為贊寧用語簡約，並無詳述多少年後智威向法持諮請禪法，燈錄也僅僅用一個 "後" 字來表述時間，所以依據其 "二十受具" 和 "傳受正法" 並不能準確推斷出智威的卒年。但是我認為 "受具" 和 "授法" 這兩個事件必然不會相隔太久。不然以牛頭山和青山的距離而論，消息的即時性很強，如果相隔太久，智威可能就有機會向慧方禪師學習而不是向法持禪師學習了。並且，按照常理，同一段材料，較易發生的錯誤是脫字而不是增字。所以我認為《景德傳燈錄》中所記載其卒於開元十七年較為可信。673 年之後，正是贊寧描述的 "方既出山，凡是學眾，咸悉從其諮稟心要，聲價騰遠，海內聞知。數年之中，四部依慕" 之後。這樣，從〈智威傳〉也印證了之前的時間推斷是合理的。綜上，《宋高僧傳》中，"年十三" 應為 "年三十" 之訛誤，《景德傳燈錄》中記載 "年三十" 應為正見。

法持傳中另有一處值得商榷。即使弘忍對玄賾關於弟子之見有所説，其原文也未必如此。贊寧在法持傳中為了凸顯法持的重要性以及兩處禪宗的承襲關係，直言 "黃梅謝緣去世，謂弟子玄賾曰：'後傳吾法者可有十人，金陵法持即其一也。'是知兩處禪宗重代相襲。"[10] 但是，從比較早期的文獻關於弘忍一世法嗣的説法中，並未能佐證此説法。

首先看唐代景龍二年（708）釋淨覺所撰的《楞伽師資記》——此書根據玄賾《楞伽人物誌》寫成，是禪宗未分南北二宗時所寫，內容比較可信。[11] 裏面記載弘忍對玄賾説："'如吾一生，教人無數，好者並亡。後傳吾道者只可十耳。我與神秀論楞伽經，玄理通快，必多利益。資州智詵，白松山劉主簿，兼有文性。莘州惠藏，隨州玄約，憶不見之。嵩山老安，深有道行。潞州法如，韶州

---

[9] 通過檢索 Buddhist Studies Place Authority Databases（Beta Version）佛學規範資料庫地名規範檢索，網址 http://authority.dila.edu.tw/place/，可知青山在城南四十里，牛頭山南十里。《實錄》："梁太清元年置幽巖寺，北去縣四十里。永康公主造。" 而《釋法論集》有牛頭佛窟寺，《大毗曇師傳》云："承聖二年，法師入秣陵青山始創名曰'幽巖'。與佛窟相去十里。亦不云永康造。"《南唐書》載後主嘗獵於此山，還如大理寺親錄繫囚多所。見張鉉：《至大金陵新志》，收入《文淵閣四庫全書》，卷五上，頁 17；黃之雋：《江南通志》，收入《文淵閣四庫全書》，卷一一，頁 20。

[10] 贊寧撰，范祥雍點校：《宋高僧傳》，頁 182。

[11] 呂澂：《中國佛學源流略講》（北京：中華書局，1979 年），頁 214。

惠能，揚州高麗僧智德，此並堪為人師。但一方人物，越州義方，仍便講說。'又語玄賾曰：'汝之兼行，善自保愛，吾涅槃後，汝與神秀，當以佛日再暉，心燈重照。'"[12]這裏所列十人，並無法持在內。

再看唐代釋宗密所撰《圓覺經大疏釋義鈔》卷三，其記載弘忍升堂入室弟子十人——"大師廣開教法。學徒千萬。於中。久在左右。陞堂入室者。即荊州神秀。潞州法如。襄州通。資州智詵。越州義方。華州慧藏。蘄州顯。揚州覺。嵩山老安。並是一方領袖。或闔國名僧。雖各有證悟。而隨器不同。未有究了心源者。後有嶺南新州盧行者。年二十二。來謁大師。初答作佛之語。與契師心。春米題偈。師資道合。後乃三夜共語。直了見性。遂授密語。付以法衣。"[13]其中也並未提到法持。

而唐代保唐派無名禪師所撰《歷代法寶記》，其中記載弘忍如是說："吾一生教人無數，除惠能餘有十爾：神秀師、智詵師、智德師、玄賾師、老安師、法如師、惠藏師、玄約師、劉主薄。雖不離吾左右，汝各一方師也。"[14]這裏除了慧能之外只有九個，可能在傳抄的時候遺漏了，或者《歷代法寶記》在編寫時利用材料本身就存在失誤，這裏不多加論述。在講述慧能事蹟的時候，此書又這樣記載："忽大師當在黃梅憑茂山日，廣開法門，接引群品，當此之時，學道者千萬餘人，並是陞堂入室。智詵、神秀、玄賾、義方、智德、惠藏、法如、老安、玄約、劉主薄等，並盡是當官領袖，蓋國名僧，各各自言，為大龍象。為言得底，乃知非底也。忽有新州人，俗姓盧，名惠能，年二十二，拜忍大師。"[15]此處又加上了義方，可見《歷代法寶記》前後矛盾。可能是因為編寫中借鑒了《楞伽師資記》（所列弟子名稱一樣），但是由於宗派立場對人物排序加以調整，整理材料的時候出了錯。但不管怎麼樣，這本書所記載的弘忍得意弟子中並沒有法持。

晚一點的文獻上倒是可以發現關於法持的記載。宋代真宗年間釋道原所撰

[12] 淨覺：《楞伽師資記》，《大正藏》，冊八五，頁 1289。

[13] 宗密：《圓覺經大疏釋義鈔》，《卍續藏》，冊九，頁 532。

[14] 《歷代法寶記》，《大正藏》，冊五一，頁 182。

[15] 同上註。

《景德傳燈錄》，其卷四記載弘忍一世法嗣十三人：北宗神秀禪師、嵩嶽慧安國師、袁州蒙山道明禪師（已上三人見錄）、揚州奉法寺曇光禪師、隨州禪慥神慥禪師、金州法持禪師、資州智詵禪師、舒州法照禪師、越州義方禪師、枝江道俊禪師、常州玄賾禪師、越州僧達禪師、白松山劉主簿（已上一十人無機緣語句不錄）。[16] 此處出現了法持的名號。北宋釋契嵩所撰《傳法正宗記》，其記載弘忍旁出法嗣十有三人：其一曰北宗神秀者；一曰嵩嶽慧安者；一曰蒙山道明者；一曰揚州曇光者；一曰隨州神慥者；一曰金州法持者；一曰資州智詵者；一曰舒州法照者；一曰越州義方者；一曰枝江道俊者；一曰常州玄賾者；一曰越州僧達者；一曰白松山劉主簿者。[17] 此處亦可見法持名號。但兩處皆記作金州法持而非金陵法持，且均見於弘忍法嗣名錄之下而非弘忍的語錄記述。再者弘忍重要的弟子那麼多，不可能單獨在去世前把法持一人拈出，說出"後傳吾法者可有十人，金陵法持即其一也"這種話來。

所以，無論是從文獻追溯還是從情理推斷，贊寧在〈法持傳〉中關於弘忍謝世前所述的記載是有誤的。

---

[16] 道原：《景德傳燈錄》，《正藏》，冊五一，頁 223。

[17] 契嵩：《傳法正宗記》，《正藏》，冊五一，頁 765。

略論禪宗"五家"觀念的形成和發展

李暉 *

自菩提達摩來到中國之後，禪宗法系經過五代傳至六祖慧能。慧能之後的法脈分為青原行思和南嶽懷讓兩支，而後南嶽懷讓門下發展出了溈仰宗（以溈山靈祐及其弟子仰山慧寂一同命名）和臨濟宗（以臨濟義玄命名），青原行思門下發展出了曹洞宗（以洞山良价及其弟子曹山本寂一同命名）、雲門宗（以雲門文偃命名）和法眼宗（以法眼文益命名）。以上五支宗派便形成了後世所謂的"五家"。

禪宗"五家"的劃分是一個非常重要的概念，宋代的禪史就是在這個框架內展開的，若不瞭解"五家"的結構，便不能對宋代禪史中的諸多問題有準確的把握。學者們已經對禪宗五家進行了深入細緻的探討，然而這些研究大多著眼於各個宗派的歷史和思想，還未將"五家"作為一個整體概念來討論。在本文中，筆者主要從"五家"這一名稱出發，梳理了該觀念的形成過程，提出禪宗宗派雖也被稱為"家"，但其組織形式卻與以往思想派別的"家"有著明顯的不同，並對這一變化的社會歷史原因進行了分析。

◎ 一、"五家"劃分的形成

禪宗在從唐末到宋初的這段混亂時局中得到了充分發展，衍生出數支派別，例如牛頭宗、南山念佛門宗、菏澤宗等等。但只有溈仰宗、臨濟宗、曹洞宗、雲門宗和法眼宗被當作南宗禪的典型而合稱為"五家"，而其餘的派別，即使尚有傳承，也未被包含在這一框架之內。可見，"五家"之説並非是對禪宗內所有派別的概括，而是一種有選擇的合稱。這一觀念在禪宗文獻中的形成，經歷了一個頗為漫長的過程。

有學者指出，禪宗"五家"的觀念在五代時法眼宗創始人法眼文益所作的

* 深圳大學人文學院助理教授

〈宗門十規論〉中就已出現，[1] 這一觀點並不完全準確。〈宗門十規論〉的確明確提到了“五家”中多支派別的名稱，法眼文益在文中總結了當時禪林內的十條弊病，其中的第二條寫道：

> 逮其德山、林際 [2]、溈仰、曹洞、雪峰、雲門等，各有門庭施設，高下品提。至於相繼子孫，護宗黨祖，不原真際，竟出多岐，矛盾相攻，緇白不辨。[3]

法眼文益批評當時一些禪師出於門戶之見，盲目地維護本宗、攻擊別宗。此處的“臨濟”、“溈仰”、“曹洞”、“雲門”等名稱除了指這幾位禪師之外，已經具備宗教派別的含義。由於法眼文益自己被尊為法眼宗的創始人，且“大法眼禪師”是他圓寂之後才被封謚的，故“法眼”並未出現在其文中。蔣維喬認為，“法眼禪師之書，並說四家宗風。其時縱無四家五家名稱，已有門戶之見”。[4] 可見，在〈宗門十規論〉中，法眼文益在提出這幾家派別時，只是單純列舉出當時禪林中已存在的幾宗，並沒有從中總結出如同後來的“五家”一般的結構性概念。因此此書雖是五家之分的濫觴，卻距最後的結果還有很長的距離。

法眼文益圓寂半個世紀之後，在景德元年（1004），法眼宗僧人永安道原完成了《景德傳燈錄》。該書產生了極大的影響，並奠定了此後禪宗史籍的寫作範式。《景德傳燈錄》沒有把五個宗派區別開來，對於慧能以下的禪師，書中僅僅分成了南嶽懷讓和青原行思兩大支，並以傳法的世系為線索進行編排，把在禪宗法脈中同一代的僧人歸納到一起。然而該書的內容卻透露出些許“五家”分化的意味。首先，書中所記載的最後幾代禪師均可上溯至“五家”的幾位創始人那裏。也就是說，《景德傳燈錄》中所描繪的禪史圖像，可以被理解為是臨濟等五家從諸多派別中逐漸脫穎而出的過程。其二，楊億在為《景德傳燈錄》所作的序寫道：“（道原）披弈世之祖圖，采諸方之語錄；次序其源派，錯綜其辭

---

[1] 如 Dumoulin, *Zen Buddhism: A History, India and China, volume* 1,（Bloomington: World Wisdom Inc, 2005），pp.211-242. translated by James W. Heisig, Paul F. Knitter.

[2] 即臨濟。

[3] 法眼文益：〈宗門十規論〉，卷一，《卍續藏》，冊六三，頁 37。

[4] 蔣維喬：《中國佛教史》（上海：上海書店出版社，2007 年），頁 146。

句。"[5] "次序其源派"就説明了道原在編寫《景德傳燈錄》時，已經意識到禪宗中的幾個宗派，並試圖將它們表現出來，這比法眼文益在〈宗門十規論〉中的思想前進了一步。第三，《景德傳燈錄》在描寫一些宗派創始人時，刻意模仿了六祖慧能的事蹟，以此來暗示幾位宗派創始人的地位。例如，在溈山靈祐傳中，道原記載了靈祐與第一座鬥法的故事：百丈懷海請靈祐和華林和尚各作一偈，來決定誰去溈山，在靈祐勝出後，他"夜召"靈祐入室，此舉引起了華林和尚的嫉妒 [6]——這很容易讓我們聯想到《壇經》中慧能和神秀之間的衝突。書中還提到雲門文偃在雪峰義存門下開悟後"藏器混眾"，沒有即刻顯露出自己的才能 [7]，也與慧能離開弘忍後隱匿山林的經歷有相似之處。在佛教文獻的書寫傳統中，模仿佛陀及過往高僧的事蹟是塑造僧人形象的重要手段。道原的這種做法，目的就在於通過模仿慧能的傳説，賦予幾位僧人以宗派創始人的合法性。由此可知，雖然《景德傳燈錄》並沒有以宗派來進行編排，但道原顯然已有意對"五家"作出劃分。最後，《覺夢堂重校五家宗派序》引用達觀曇穎禪師於 1060 年前後所作的《五家宗派》，文中提到，"皇朝景德間吳僧道原，集《傳燈》三十卷。自曹溪下列為兩派：一曰南嶽讓，讓出馬大師；一曰青原思，思出石頭遷。自兩派下又分五宗"。[8] 這説明了在宋人看來，《景德傳燈錄》是第一部提出"五家"劃分的著作。可以看出，〈宗門十規論〉只是提到了多支派別的名字，《景德傳燈錄》則提出了這種五支分化的結構，因而它應該被看作是"五家"劃分的真正開端。

天聖七年（1029），駙馬都尉李遵勗將同時代未被收入《景德傳燈錄》的僧人語錄整理成書，由於此書內容相比於《景德傳燈錄》並沒有時間維度上的增加，只是在廣度上有所補充，故名之為《天聖廣燈錄》。該書在成書結構上推進了一步：對於黃檗希運以下的禪師，李遵勗並未像《景德傳燈錄》那樣將他們放入統一的世代來編排，而是分成五個部分。其中前四個部分可以分別與臨濟宗、雲門宗、曹洞宗、溈仰宗的法脈一一對應，但第五個部分卻不一定是法眼宗。這

---

[5] 道原：《景德傳燈錄》，卷一，《大正藏》，冊五一，頁 196。

[6] 同上註，卷九，《大正藏》，冊五一，頁 264。

[7] 同上註，卷一九，《大正藏》，冊五一，頁 356。

[8] 智昭：《人天眼目》，卷五，《大正藏》，冊四八，頁 328。

一部分所記載的禪師雖以法眼宗僧人為主，但列為第一位的卻是一位名為"欽山第二代如靜禪師"的僧人。此如靜禪師在傳法世系上與法眼文益屬於同一代，他的師承關係為"德山宣鑒——感譚資國——白兆山志圓——大龍洪濟——欽山第二代如靜禪師"，而法眼文益所在的法脈則是"德山宣鑒——雪峰義存——羅漢桂琛——法眼文益"。可見，二人都是德山宣鑒的第四代法孫，卻屬於兩支不同的法脈，如果按照現在通行的理解，以法眼文益為法眼宗的創始人，則如靜禪師決不可能是法眼宗的僧人。我們不妨這樣推測，在《天聖廣燈錄》成書時，禪林內已經形成了五個不同的宗派，然而各家的宗派史卻仍是模糊不清的——人們對於各宗派何時產生、如何傳承等問題尚沒有達成共識。

宋仁宗至和二年（1055），契嵩禪師撰寫了《傳法正宗記》，以向當時在位的宋仁宗介紹禪宗的源流。在〈正宗分家略傳〉的最後，契嵩評論道：

> 正宗至大鑒傳既廣，而學者遂各務其師之説，天下於是異焉，競自為家。故有溈仰云者，有曹洞云者，有臨濟云者，有雲門云者，有法眼云者，若此不可悉數。[9]

相比於以上幾部燈史文獻，契嵩的説法更為清楚了。在指出禪師們"競自為家"之後，他列舉了溈仰、曹洞、臨濟、雲門、法眼這五家。雖然他又説"若此不可悉數"，但這句話只是虛指，其真正旨意在於說明當時的禪林已經化分為以上這五家，這足以説明"五家"的結構已經出現了。

首次明確將這五個派別合稱為"五家"的是上文提到的達觀曇穎禪師。大約在契嵩《傳法正宗記》成書的同時，達觀曇穎寫了一本叫做《五家宗派》的書。此書業已失傳，但從其他文獻中我們可以推斷出"五家"各指哪些派別。《人天眼目》中收錄了一篇〈覺夢堂重校五家宗派序〉，文中寫到：

> 皇朝景德間吳僧道原，《集傳燈》三十卷。自曹溪下列為兩派：一曰南嶽

[9]　契嵩：《傳法正宗記》，卷八，《大正藏》，冊五一，頁763。

讓，讓出馬大師；一曰青原思，思出石頭遷。自兩派下又分五宗。馬大師出八十四員善知識，內有百丈海，出黃蘗運大溈祐二人。運下出臨濟玄，故號臨濟宗。祐下出大仰寂，故號為仰宗。八十四人，又有天王悟，悟得龍潭信，信得德山鑒，鑒得雪峰存，存下出雲門宗法眼宗。石頭遷出藥山儼天皇悟二人，悟下得慧真，真得幽閑，閑得文賁，便絕。唯藥山得雲岩晟，晟得洞山价，价得曹山寂，是為曹洞宗。今傳燈卻收雲門法眼兩宗歸石頭下，誤矣。[10]

達觀曇穎在《五家宗派》一書中提出了與道原不同的看法。他認為，雲門、法眼兩宗應該與溈仰、臨濟同屬於南嶽懷讓門下，而青原行思之後則只有曹洞一宗。可見，書名裏的"五家"指的就是本文所討論的南宗五支派別。此外，《建中靖國續燈錄》卷二九收錄了達觀曇穎所作的五首偈頌，總名為〈宗門五派〉，這五首偈頌分別描寫的是法眼宗、雲門宗、曹洞宗、溈仰宗和臨濟宗。[11] 結合《五家宗派》和〈宗門五派〉可以看出，在達觀曇穎的觀念裏，"五家"就是溈仰、臨濟、曹洞、雲門、法眼這五支宗派的合稱。

《傳法正宗記》和《五家宗派》都成書於 11 世紀 50 年代末，我們很難確定在契嵩和達觀曇穎之間是否發生過思想上的互動。不過可以確定的是，以臨濟宗、溈仰宗、曹洞宗、雲門宗和法眼宗組成的"五家"的劃分已經真正形成，並為禪林所接受了。

◎ 二、"五家"之"家"

在中國思想史上，思想流派被稱為"家"，實在算不上一個多麼稀奇的現象。早在先秦，中國就已經出現了包含儒家、道家、法家、墨家、名家、陰陽家等在內的諸子百家。魏晉時期的佛教中也出現了因對空性的理解不同而區分出來的"六家七宗"。就是在禪宗內部，也曾出現過宗密提出的"十室"的劃分。但我們不能因為它們名稱上的相似就假定"五家"並無特別之處。事實上，細細品味一下，便可以發現"五家"之"家"與"諸子百家"之"家"、"六家七宗"

---

[10] 智昭：《人天眼目》，卷五，《大正藏》，冊四八，頁 328。

[11] 惟白：《建中靖國續燈錄》，卷二九，《卍續藏》，冊七八，頁 821。

之"家"乃至"十室"有著很大差別。

在〈論中國佛教無"十宗"〉中，湯用彤認為"六家七宗"之"家"與"宗"之意義相同，而"宗之意義甚多，基本上有尊崇的意思，所信仰之主義，所主張之學説，可謂之宗"。[12] 意思是説，"家"或"宗"的重點在於承載在一群人之上的相似的思想。這種定義幾乎可以用在禪宗"五家"之前的任意一家上：先秦時期的諸子百家都是因為持有共同的哲學觀點才被稱為"家"，而不是因為他們具有緊密的組織形式（墨家雖然有嚴謹的組織，但其重點仍在思想的相似上）；從僧肇的〈不真空論〉來看，"六家七宗"強調的是對早期傳入中國的大乘空宗思想而非社會組織的幾種不同理解。至於以習禪聞名的"十室"，宗密在《禪源諸詮集》中寫道：

> 宗義別者猶將十室，謂江西、菏澤、北秀、南詵、牛頭、石頭、保唐、宣什及稠那、天台等，立宗傳法，互相乖阻。有以空為本，有以知為源，有云寂默方真，有云行坐皆是，有云見今朝暮分別為作一切皆妄，有云分別為作一切皆真，有萬行悉存，有兼佛亦泯，有放任其志，有拘束其心，有以經律為所依，有以經律為障道。[13]

宗密列舉了這十支工於禪定的派別後，又逐一指出了他們各自的思想特點。可見，宗密的判別標準也是以思想為基礎的，而不在乎他們是否已經發展出固定的社會組織。也無怪乎蔣維喬説"此種種名稱，皆宗密考想而為之名，非判然之派別"了。[14]

禪宗"五家"之"家"與上面所討論的派別顯著不同之處，在於禪宗五家的劃分並不是以哲學思想為基礎的。而實際上，禪宗各家之間在禪學思想上並無太大分歧，僅僅在實踐方法上有所差別。法眼文益在〈宗門十規論〉中批評各個派

---

[12] 湯用彤：〈論中國佛教無"十宗"〉，《湯用彤全集》（第二卷）（石家莊：河北人民出版社，1999年），頁367。

[13] 宗密：〈禪源諸詮集都序〉，卷一，《大正藏》，冊四八，頁400。

[14] 蔣維喬：《中國佛教史》，頁146。

348

別"至於相繼子孫，護宗黨祖"之後，又說道"殊不知大道無方，法味同流"，[15]可知宗教思想並非禪宗教派分化的主要依據。

禪宗"五家"的劃分標準，在於它們各自所承載的法脈是不相同的，這根源於禪宗特殊的傳承和組織方式。禪宗所標榜的是"以心傳心"、"教外別傳"的傳法方式，即學生可以不經過誦讀經典的過程，而是通過老師"印心"的方式實現證悟。〈達摩血脈論〉就講道："三界混起，同歸一心，前佛後佛，以心傳心，不立文字。"[16]禪宗認為，自佛陀以降，每一位元禪師都是以這種方式覺悟的。這樣便形成了一條環環相扣、可以上溯至佛陀的"師──徒"鏈條，禪法通過這個鏈條傳遞給每個學生，而每個處於此鏈條之上的禪師都可以達到與佛陀無二無別的覺悟。同理，想要實現證悟，就必須進入這一鏈條之中。因此，有效、合法的師承關係取代了哲學思想的相近，成為判別一位禪師身份的依據。可以這樣說，一位僧人之所以是某宗的傳人，在於他受法於一位該宗的禪師，而不必然地意味著他的禪學思想與該宗的宗旨一致。反之，即使他的禪學思想與這一派別相近，但他本人卻未受法於該宗的任何一位禪師，那麼他也不能獲得這一宗的身份。不難看出，禪宗宗派之所謂"家"，與前文所討論之各家的根本不同是，將組織內各成員聯繫在一起的並不必然地是共同的思想，而是傳法關係。這種自上而下的傳法關係使得禪宗宗派的組織形式逐漸具備了類似宗族制的特點：它是一種建立在血脈觀念之上的排他的人際關係，即一位（古代的）禪師同時只可以屬於一個宗派，身負一家的法脈。

禪宗"五家"的劃分逐漸具備了類似宗族制的性質，其重要的表現就是，禪宗開始大量使用具有宗法色彩的語詞來表達自己。例如，宋初著名文學家楊億曾經寫過一封書信說明自己的學禪經歷，文中他是這樣介紹老師廣慧元璉的師承的：

> 去年假守茲郡，適會廣慧禪伯，實承嗣南院念，念嗣風穴，風穴嗣先
> 南院，南院嗣興化，興化嗣臨際，臨際嗣黃蘗，黃蘗嗣先百丈海，海嗣馬

---

[15] 法眼文益：《宗門十規論》，卷一，《卍續藏》，冊六三，頁37。

[16]《少室六門》，卷一，《大正藏》，冊四八，頁373。

祖，馬祖出讓和尚。讓即曹溪之長嫡也。[17]

在表達師承、受法的關係時，楊億幾乎都使用“嗣”這個字。“嗣”本義是指諸侯傳位於嫡長子，而在禪宗語境中則被用來表達師父將法脈傳給弟子。後句“讓即曹溪之長嫡也”，指南嶽懷讓得到了慧能的真傳。用“長嫡”來指重要弟子，同樣也是使用帶有宗族色彩的語詞來描述禪宗的師承關係，體現了禪宗宗派組織形式與宗族關係相類似的特點。

與之一致的還有一則在燈錄中大量出現的公案。這類公案從《景德傳燈錄》中就開始出現，到《建中靖國續燈錄》中發展為固定的形式，試舉一例：

> 問：“師唱誰家曲，宗風嗣阿誰？”師云：“隔江打鼓不曾聞。”僧曰：“興化嫡子，臨濟兒孫。”師云：“因齋慶讚。”[18]

在這則公案中，提問者以“師唱誰家曲，宗風嗣阿誰”來詢問楊岐方會的師承，這裏也使用了“嗣”這個字，與上文我們所討論的情形是一樣的。在楊岐方會回答以機鋒之後，提問者得出了自己的判斷：“興化嫡子，臨濟兒孫”。“興化嫡子”指楊岐方會為興化院石霜楚圓的弟子，“臨濟兒孫”則說明他是臨濟宗的傳人。如果說前文楊億的書信只是他作為一位士大夫居士而帶有儒家背景的作品，那麼這類公案的流行則證明了“嗣”、“嫡子”、“子孫”等帶有宗族色彩的詞語已經被禪宗所吸收，並用來描述自己的師承關係了。

除直接的師徒關係外，另有一些表現禪僧之間其他關係的稱呼，也帶有濃厚的宗族色彩。我們今天耳熟能詳的“師兄”、“師叔”、“師伯”等詞，基本都僅在宋以後的禪宗文獻中才大量出現。如，“溈山便問：‘黃蘗師兄多少眾’”[19]、“時光侍者謂師曰：‘師叔若學得禪，某甲打鐵船下海去’”[20]、“（惟政）又稱南泉為

---

[17] 道原：《景德傳燈錄》，卷三十，《大正藏》，冊五一，頁 464。

[18] 惟白：《建中靖國續燈錄》，卷七，《卍續藏》，冊七八，頁 680。

[19] 慧然集：《鎮州臨濟慧照禪師語錄》，卷一，《大正藏》，冊四七，頁 505。

[20] 道原：《景德傳燈錄》，卷一八，《大正藏》，冊五一，頁 346。

師伯，則知其嗣百丈海公亦明矣"[21]。這些稱呼，都是以"師"字開頭，以表明其關係是以受法為基礎的。後面的"兄"、"叔"、"伯"，本是建立在血緣關係基礎上的稱呼，卻被禪宗吸收進來，用以指稱與自己在同一法脈之中的其他人。而這些稱呼的出現與禪宗之分為五家在時間上是相吻合的，一定程度上可以説明禪宗之分為"五家"所帶有的宗族色彩。

綜上所述，不難看出禪宗之分為"五家"，與中國佛教史甚至中國思想史上的任何學派的劃分都不相同。禪宗五家之"家"應當作"家系"來理解，而非思想流派之意。這一變化，實質上是宗派的身份認同標準從一個群體所承載的共同思想向其所體現的特殊組織形式的轉移。

◎ 三、禪宗家系形成之原因

以出世為宗旨的禪宗，卻產生了一套具有宗族色彩的組織方式，其背後是有著多種原因的。

首先，對於"法脈"觀念的重視，來自禪宗內部的推動力。前文提到，禪宗標榜"教外別傳"、"以心傳心"的特殊傳法方式，並以此將自己與其他佛教派別區別開來。因此，經教在禪宗的實踐裏失去了重要性，而環環相扣的師承關係在禪宗的自我定義中佔據了核心位置。由於禪法是在經教、文字之外，通過一個個禪師從佛陀那裏親傳下來的，可以説，整個禪宗的正統性都維繫於這一相續不斷的"師——徒"鏈條之上，這也便是禪宗所謂的"法脈"。不難發現，禪宗所提的"法脈"與中國宗族中的"血統"、"血脈"觀念極為相似：二者都以具體的人作為載體，以自身的不間斷延續為要旨。而且，禪宗法脈由師父傳給弟子，同血緣關係中的父子模式也是相同的。可以説，禪宗對"教外別傳"的強調必然導致對法脈的重視，而法脈與血緣關係的相似使得禪宗中發展出一套與宗族關係相類似的家系形式。

其次，在禪宗規模迅速擴大的形勢下，具有宗族色彩的家系觀念有助於保持禪宗僧伽內部的穩定性。禪師最早是以遊僧的身份出現的，而且長期以來都是不

---

[21]《景德傳燈錄》，卷九，《大正藏》，冊五一，頁 268。

被國家正式承認的邊緣性群體。[22] 然而，中唐至五代的社會變革卻在客觀上給了禪宗發展壯大的機遇。一方面，當時中國北方經歷的長期戰亂，政權交替頻繁，經濟受到極大影響；另一方面，統治者發起了多次排佛運動，這些都對流動性較差的其他佛教派別造成了巨大的衝擊。然而禪僧卻能夠隱匿、流動到社會相對穩定、宗教氛圍更加良好的南方，並逐漸得到一些王室的支援，發展壯大起來。中唐以後，禪僧的規模已經達到相當可觀的程度。《景德傳燈錄》中記載百丈懷海派遣靈祐前往潙山弘法時，提到"潙山奇絕，可聚千五百眾"[23]；又如《五燈會元》中提到石霜慶諸的跟隨者超過千人。[24] 以上這些記載都說明了禪宗僧伽已經規模化，絕非以往遊僧時期可以比擬的了。

僧伽數量的增長對禪宗內部的管理提出了新的要求，而與血緣關係相近的家系形式可以對大規模的僧眾起到一定的約束作用。《敕修百丈清規》中的"尊祖章"規定了"達磨忌"、"百丈忌"、"開山歷代祖忌"和"嗣法師忌"四種儀式，[25] 大概相當於中國傳統的祭祖禮儀。在百丈懷海的基礎上，洞山良价更是將尊師提高至道德規範的層面，以此來鞏固非血緣集團的穩定性。[26] 再如明代禪僧蕅益智旭所集的《在家律要廣集》中說：

> 夫佛門之有七眾，如儒職之有九品，雖同一臣屬，而尊卑不失其次。此乃住世大禮，不可紊亂也。邇來緇素，名位不別，冒認法屬。或曾歸依起名，或曾稟受戒品。謬與出家同派，遂以師兄弟稱；至在下者，呼之為師侄輩。[27]

從中也可以看出禪宗已經具有了"師兄弟"、"師侄輩"這樣的等級關係，通過這種以法脈為基礎的家族式的組織方式來維持僧伽內部的秩序和穩定性。雖

---

[22] 杜繼文、魏道儒：《中國禪宗通史》（南京：江蘇人民出版社，2008年），頁3-4。

[23] 道原：《景德傳燈錄》，卷九，《大正藏》，冊五一，頁264。

[24] 普濟：《五燈會元》，卷五，《卍續藏》，冊八〇，頁118。

[25] 德輝重編：《敕修百丈清規》，卷二，《大正藏》，冊四八，頁1117-1119。

[26] 杜繼文、魏道儒：《中國禪宗通史》，頁354。

[27] 智旭集：《在家律要廣集》，卷二，《卍續藏》，冊六〇，頁490。

然溝益智旭已經是明代僧人，從宋代到明代的這段期間，禪宗組織形式一定經歷了一定程度的發展。但是不難想像，在這種家系關係形成伊始，它肯定也對禪宗僧伽的內部管理起到了莫大的推動作用。

從外部因素來看，一方面這一時期禪宗與世俗社會的交流大大增強，另一方面，唐宋變革時期宗族觀念的覺醒和宋代史學的興盛，也促使禪宗發展出這種具有家系特點的"五家"觀念。

唐宋之際是禪宗大發展的時代，伴隨著禪宗的流行，它與世俗文化之間的互動也越來越多。首先，禪宗與士大夫階層建立起了緊密的聯繫。唐初中國南方大量的皇親貴戚、官僚軍士隱匿到禪眾中，更直接地帶來了傳統儒道思想。[28] 其次，五代時期南方的禪宗受到了一些統治者的青睞，禪宗名僧多受到統治者的供養，與君主交流頻繁，諸如天台德韶等禪師甚至被封為國師。到了宋朝，雖然統治者在國家政策上停止了對禪宗的支持，但士大夫參禪學佛的熱情卻達到了一個前所未有的高峰。禪宗獨特的修行方法和審美意趣更是吸引了大量的士大夫參禪，一時間湧現出大量高質素的在家居士，乃至於出現了"近來朝野客，無座不談禪"的現象。而且即使是士大夫也認為僧人具有"法力"，他們會為了功德而接近禪僧和寺院。與此同時，禪宗也轉而更加積極地尋求士大夫的資助。禪宗與世俗 —— 特別是精英階層 —— 的緊密互動，使禪宗受到了世俗文化的深刻影響，並將"血脈"這一觀念反映到自己的組織方式中。

唐宋期間也是中國社會大變革的一個時代，其中影響到禪宗家系形成的一個重要因素就是民間宗族制度的發展。雖然在魏晉時期中國就已經形成了許多有名的世族，但唐宋期間的宗族制度發生了很大的變化。第一，唐宋時期宗族禮儀開始下移，族譜的修訂開始普遍化，從魏晉時期只有世族階層有家族制度、族譜，向"家皆有族，人皆入譜"的情況演變，這意味著宗族制度的門檻降低，其覆蓋範圍和影響得以擴大。[29] 禪宗家系的出現就是宗族制度在禪宗中的體現，而且禪宗中的燈錄，由於以記載祖師法脈為核心，亦可以被看作是禪宗的"族譜"。第二，魏晉時期的宗族血緣集團往往形成地方勢力並與國家政權形成衝突，至唐宋

---

[28] 杜繼文、魏道儒：《中國禪宗通史》，頁 80。

[29] 包偉民：〈唐宋家族制度嬗變原因試析〉，《暨南史學》第 1 輯（2000 年 11 月），頁 77-93。

則世族政治地位日漸衰落，國家中央集權不斷加強。此後的宗族組織已不再具有這樣的超血緣的社會、政治因素依託，而是完全以孝道倫理為精神支柱糾合而成。[30] 可以看出，新的宗族組織的核心是血緣關係。從上文我們也看到，五代以後的禪宗宗派的核心是師資相承的類似血緣的"法脈"，與此有異曲同工之處。還有一點需要注意的是，晚唐之後大量禪僧南下，引起禪學中心轉移到了相對穩定的東南部，而此處恰恰也是宗族觀念最為發達的地區。這也使得禪宗能夠更加直接地吸收、借鑒新的宗族組織形式。

最後，"五家"觀念的出現，也與宋代史學的大發展有著密切的聯繫。宋代是中國古代史學極為興盛的一個時代，陳寅恪曾評論道："中國史學，莫盛於宋"。僅在宋初，就已經出現了《冊府元龜》這樣的史學鴻篇巨製。在這種環境中，佛教史學也得到了長足的發展。中國佛教中雖然早有《高僧傳》、《續高僧傳》這樣的文獻問世，但從嚴格意義上來看，它們並不能算是最標準的史學作品。這類作品往往以單個的僧人為記載對象，儘管它們也會對僧人進行"分科"，但這也只是作者根據僧人的事蹟而做的主觀劃分，並不意味著同一科的僧人之間必然存在著歷史上的聯繫。所以它們只是"僧傳"，而非"僧史"。以《景德傳燈錄》為代表的燈錄則不同，它的一個主要任務就是記錄"燈燈相續"的禪法傳承過程。燈錄中的僧人都不是相互獨立的，他們同處於禪宗法脈之中，產生了時間上的聯繫，共同構建出了禪法傳承的歷史過程。可以說，燈錄中的僧人是禪宗法脈的具體表現，他們就是禪宗史本身。所以，燈錄比僧傳更能稱得上是"僧史"，而"五家"的觀念也正是在《景德傳燈錄》到《五家宗派》這樣的燈錄發展過程中產生的。此外，契嵩在《傳法正宗記》中列舉出五個宗派之後又說："而雲門臨濟法眼三家之徒，於今尤盛；溈仰已熄；而曹洞者僅存，綿綿然猶大旱之引孤泉。"[31]"五家"之說出現時，溈仰宗已經衰微，只剩雲門、臨濟、法眼、曹洞四家了。可見，"五家"本身並不是一個事實，而是個歷史概念。"五家"觀念在禪史文獻中一步步成型，是宋代史學大發展的背景下，禪宗構建自身宗派史的史學自覺的表現。

---

[30] 包偉民：〈唐宋家族制度嬗變原因試析〉，頁 77-93。

[31] 契嵩：《傳法正宗記》，卷八，《大正藏》，冊五一，頁 763。

禪宗獨特的傳法方式使其能夠將世俗社會中的宗族制度改造、適應自己的"法脈"觀念,從而形成一套具有"家系"特徵的組織形式。這一非血緣的組織形式也滿足了新形勢下禪宗管理日益龐大的僧團的需要。從外部來看,作為"家系"的"五家"的出現,受到了世俗社會中宗族觀念與史學觀念發展的影響,而禪宗與世俗社會越來越頻繁的互動則保證了這些趨勢能夠傳遞到禪宗中來。

◎ 四、結語

五代時出現的溈仰宗、臨濟宗、曹洞宗、雲門宗和法眼宗這五支宗派被合稱為南宗禪的"五家"。"五家"的劃分並不是對禪宗內部所有派別的總稱,而是一種有選擇的合稱。這一觀念最早出現於 10 世紀初的《景德傳燈錄》,到半個世紀後的《傳法正宗記》和《五家宗派》才真正成型,期間經歷了一個從隱晦到明晰的漫長過程。雖然同樣被稱為"家",但禪宗"五家"與中國歷史上的思想流派有著顯著的不同:禪宗五家之"家",代表著一種類似"家系"的組織形式,因為將同一派別各成員聯繫在一起的不是統一的思想,而是與血緣關係相近的傳法法脈。就在這一時期,禪宗話語中開始出現大量帶有宗族色彩的語詞,如"嗣法"、"嫡子"、"師兄"等,說明禪宗已將家系的結構映射到自身的組織中來。這種具有宗族色彩的"五家"觀念的形成,代表了新的宗派組織形式的出現。究其原因,禪宗"以心傳心"的特殊傳法形式決定了它對類似血緣關係的法脈的重視,這是"五家"觀念形成和發展的主要推動力;另一方面,家系的組織形式又很好地迎合了僧團日益擴大的背景下禪宗管理僧眾的需要。同時,僧俗兩界之間不斷深化的交流互動亦把唐宋之際宗族制度發展的趨勢引入到禪宗之中。而"五家"的觀念在多部禪史中逐步定型,也體現了禪宗在宋代史學興盛的環境中嘗試構建自己宗派史的努力。

"十三棍僧救唐王" 的敘事演變

鄔奕欽[*]

自上世紀 80 年代的電影《少林寺》播出後，"十三棍僧救唐王"的故事得以廣泛流傳，少林武僧的形象深入人心，在中國掀起了一股"少林熱"。人們力圖探尋少林武功秘訣的同時，也有一群學者開始考證"十三棍僧救唐王"故事的真實性。本文將綜述學者們的考證成果，並梳理該傳說的敘事演變脈絡。

◎ 一、"十三棍僧救唐王" 歷史考證綜述

關於少林十三僧的歷史事件，較為可靠的原始材料只有少林寺的三篇碑文：〈唐太宗賜少林寺教書〉、〈皇唐嵩岳少林寺碑〉和〈少林寺牒〉。儘管有學者從字跡等方面對這三篇碑文提出質疑，也有後人增刻的嫌疑，但大多學者依然認為，相較後來的傳世文獻，這三篇碑文是直接記錄當時事件的珍貴史料。而直到明代少林功夫蓬勃發展，少林寺逐漸受到關注，才有更多的遊記、少林史料流傳下來，但彼時距唐代也已經有七百多年了。

明清時期已經有學者關注隋末唐初十三僧擒賊助唐的事件。明萬曆年間的程宗猷在《少林棍法》開篇的紀略中提到了這一事件："至唐初，僧曇宗等起兵拒偽師，執王世充侄仁則歸本朝，太宗嘉其義烈，拜曇宗為大將，餘俱賜田，數降璽書，宣調慰勞，並錫地四十頃，水碾一具，即今谷莊是也。"[1] 與其同時代的傅梅在《嵩書》中對此也有所提及，但加上了一個背景："王世充僭號洛邑，立戍柏谷，將圖梵宮寺。"[2] 即十三僧擒賊的動因是王世充強佔少林寺的地盤。這一動因在〈少林寺碑〉中也有提到："王世充僭號，署曰'轘州'。乘其地險，以立烽戍，擁兵洛邑，將圖梵宮。"

---

[*]　中山大學中文系碩士研究生

[1]　〔明〕程宗猷：《少林棍法》，卷三上，明天啟耕餘剩技本 。

[2]　〔明〕傅梅：《嵩書》，卷三〈卜營篇〉，明萬曆刻本。

清代顧炎武注意到了〈唐太宗賜少林寺教書〉、〈少林寺碑〉等碑刻材料，並簡述了《魏書》、《舊唐書》、《宋史》等正史中記載的僧兵事蹟，推論"然則嵩洛之間，固世有異僧矣。"[3] 民國時期唐豪則對十三僧是否用棍提出質疑，梁啟超為馬子貞的《中華新武術·棍術科》所作序言中提到"唐太宗征王世充，用僧眾以棍破之"。[4] 而唐豪認為"此說不知何據。"[5]

當代學者則從少林寺的碑刻和少林武術歷史發展狀況綜合考察。根據少林寺所存的碑刻，可以得出當時的事件情況，即在隋末王世充一方與唐王對抗之時，少林寺十三位僧人因為王世充等人佔據了少林寺的地盤，"將圖梵宮"，翻牆擒獲王世充的侄子王仁則，並交給唐王，後來，"賜地四十頃，水碾一具，即柏谷莊是也。"[6] 曇宗被封為大將軍。程大力對這三篇碑文進行了詳細分析，認為十三僧助唐是歷史事實，但其中既無"武術"，也無"武僧"和"棍法"，只是一件"武事"，[7] 而且也沒有"救唐王"。

◎ 二、武術色彩增加與曇宗地位上升

除了上述的碑刻材料之外，最早記錄十三僧事蹟的文獻是在明代。程大力指出，整個唐、五代、宋、遼、金時期，以及元代早中期，還沒有任何跡象顯示已經有了少林武術和少林武僧。[8] 因此唐代的事蹟到明代才有現存文獻記錄是可以理解的，當時不少文人遊覽嵩山少林寺並寫下遊記，往往將十三僧助唐事件和少林功夫聯繫起來。明代的相關文獻不僅加上了武術色彩，還將曇宗抬到了事件中的主要地位，為後來傳說中曇宗成為救唐王的主角做了鋪墊。

明清少林武術蓬勃發展，而少林歷史上的武事就自然而然地和少林功夫聯繫了起來。程宗猷的《少林棍法》即是敘述少林本門棍法的著作，在開篇的紀略裏就記錄了十三僧擒賊的故事。明萬曆年間王士性的〈嵩遊記〉："自唐太宗退王世

---

[3] 〔清〕顧炎武：《日知錄》，卷二九，清乾隆刻本。

[4] 馬良：《中華新武術·棍術科》（上海：商務印書館，1919 年）。

[5] 唐豪：《少林武當考》（南京：中央國術館，1930 年）。

[6] 〈唐嵩岳少林寺碑〉，〔明〕都穆：《金薤琳琅》，卷一二，清文淵閣四庫全書本。

[7] 程大力、張卓：〈少林寺"十三棍僧救唐王"詳考〉，《成都體育學院學報》第 33 卷（2007 年第 1 期）。

[8] 程大力：《少林武術史考略》（北京：宗教文化出版社，2016 年）。

充，賜曇宗官，僧各習武藝俱絕。"[9] 把十三僧助唐事件聯繫到了少林僧人習武的源頭。萬曆年間金忠士在〈遊嵩山少林記〉中述及自己於寺中閱碑："一碑載唐太宗為秦王時遣僧書，約起兵擒王世充，後僧眾立功者十三人……至今寺僧以武勇聞，從來遠矣！"[10] 也頗有追根溯源的意味。

在少林寺所存的三篇碑文中，曇宗並不具有很高的地位。三篇碑文中只有〈少林寺牒〉提到了封十三僧之一曇宗為大將軍，且只是在行文過程中提到了這一事實："當時即授僧等官職，但僧等止願出家，行道禮拜，仰報國恩，不取官位。其寺僧曇宗蒙授大將軍……"並且在後附的少林寺柏谷莊立功僧名中有"大將軍：僧曇宗"，[11] 但在名單中也只是排在第四位。〈皇唐嵩岳少林寺碑〉將事件參與者記述為"僧志操、惠瑒、曇宗等"，曇宗也只排在第三位，和明代文人述及此事時常用的"曇宗等"形成巨大反差。程大力也指出這裏的"大將軍"應該只是一種榮譽稱號，而不是實際職務。[12] 可見在這次事件中曇宗的地位並不算高。

直到明代弘治年間工部主事都穆在〈遊嵩山記〉中指出"蓋當時寺僧之立功者十有三人，惟曇宗授大將軍，其餘不欲授官，賜地四十頃，此可補《唐書》之缺，惜無有知之者。"[13] 這才抬高了曇宗的地位。後來萬曆年間的武術行家程宗猷在《少林棍法》中指明："太宗嘉其義烈，拜曇宗為大將。"[14] 明萬曆禮部尚書徐學謨亦有〈少林雜詩四首〉，其中有一句："怪得僧徒偏好武，曇宗曾拜大將軍。"[15] 文人們的創作逐漸將曇宗渲染成"十三棍僧救唐王"傳說中的代表人物。明末閻爾梅在〈遊達磨庵遂登少室山絕頂〉中的"神仙窟有龍蛇怪，旗鼓呷招將帥僧"[16] 說的就是曇宗。清末張九鉞的〈觀少林寺中碑刻二首〉中的"教傳天策府，官拜大將軍"[17] 也和曇宗有關。乃至在清代洪頤煊的《平津讀碑記》這樣的

[9]〔明〕王士性：《五嶽遊草》，卷一，〈岳遊上〉，清康熙刻本。

[10] 鄭州市圖書館文獻編輯委員會編：《嵩嶽文獻叢刊》（鄭州：中州古籍出版社，2003 年），頁 42。

[11]《少林寺牒》，〔清〕葉封，《嵩陽石刻集記》，卷二上，清文淵閣四庫全書本。

[12] 程大力、張卓：〈少林寺"十三棍僧救唐王"詳考〉。

[13]〔明〕都穆：〈遊嵩山記〉；〔明〕傅梅《嵩書》，卷二十二章成篇四，明萬曆刻本。

[14]〔明〕程宗猷：《少林棍法》，卷三上，明天啟耕餘剩技本。

[15]〔明〕傅梅：《嵩書》卷一七韻始篇六，明萬曆刻本。

[16]〔明〕閻爾梅：《白耷山人詩文集》詩集卷六下，清康熙刻本。

[17]〔清〕張九鉞：《紫峴山人全集》詩集卷二二，清咸豐元年張氏賜錦樓刻本。

考證性著作中，也調換了原碑中文字的順序，而記錄為："牒稱少林寺僧曇宗、志操、惠瑒等翻城歸國賜田始末。"[18]

可見曇宗被封為大將軍一事在明清時期逐漸上升為這一傳說中的重要元素。

◎ 三、"十三僧"演變為"十三棍僧"

三篇碑文中都沒有提到十三僧用棍擒賊。據現有的文獻，"十三僧"演變為"十三棍僧"最早應當是在梁啟超為馬子貞的《中華新武術·棍術科》所作序言中的"唐太宗征王世充，用僧眾以棍破之"，而十三僧與棍的結合則可以追溯到明代。

明萬曆年間程宗猷的《少林棍法》開篇紀略中，在敘述了十三僧擒賊助唐的故事後，緊接著記錄了元代緊那羅王化身廚房僧人持棍驅退紅巾賊的故事：

> 元至正間，紅軍作難，苦為教害，適爨下一人出慰曰："惟眾安穩，我自禦之。"乃奮神棍投身灶燬，從突而出，跨立於嵩山禦寨之上，紅軍自相辟易而退。寺眾異之，一僧謂眾曰："若知退紅軍者耶？乃觀音大士化身緊那羅王是也。"因為編藤塑像，故演其技不絕。[19]

少林寺的正統史料如傅梅的《嵩書》和清代的《少林寺志》都記載了這一事件，時間都是元至正年間，他們將緊那羅王奉為少林棍法的祖師爺，有學者據此判定"緊那羅王退紅巾"的傳說反映了少林寺武術和武僧誕生的歷史事實。[20] 這確實有一定道理。

而在少林寺之外，緊那羅王的故事則有另一個版本，與程宗猷年代相近的晚明小說家王兆雲的小說集《白醉璅言》中有一篇小說〈少林棍〉，把緊那羅王的故事調整到了隋代，後面加了註釋"或云黃巾"，一字之差，早了一千多年。不論是隋末還是東漢，緊那羅王的故事都被順理成章地挪到了十三僧前面，茲錄原

---

[18]〔清〕洪頤煊：《平津讀碑記》，續記周北齊隋唐五代，清嘉慶二十一年刻本。

[19]〔明〕程宗猷：《少林棍法》，卷三上。

[20] 程大力：《少林武術史考略》，頁1。

文如下：

> 少林寺當隋末之亂（或云黃巾），眾僧惶懼欲散，忽一火頭老僧自庖中出曰：「公等勿憂，老僧一棒驅之。」眾笑其妄。僧運三尺棍，徑入黃巾隊中，遭者辟易，遂散去。僧歸以其法授眾僧而去，乃緊那羅佛顯化也。由此少林以武勇聞。王世充之敗，僧與有功而不願官爵。太宗遙授以將軍之號。本朝成化末，千斤劉運石和尚作亂，康都督率兵禦之，召紫微山主僧惠通號小力禪，不往，請於朝，乃就命。康怒列卒二百於轅門，見僧入，奮刃亂斫以快意。僧語其徒曰：「康公意不善，吾不可不耀武以入。」手運棍躍入，至康帳前，捷如猿猱，無能加以刃者。康乃起，延坐問僧：「用卒幾何？」曰：「我率徒四十，直入賊營，不用官兵，只用擔夫二百。」挑米僧入告劉千斤曰：「汝抗朝命，勞及老僧，今吾與汝約，各以甋裹兵器醮灰試鬥，身有白點者為負，負則任汝料理，汝負當面縛以降。」賊許諾，兩人鬥至暮而息，賊衣汙滿，遂詣軍門降。詔授通指揮使，辭，乃於紫玉山創石佛寺，設巡司以防盜賊，至今給五品祿云。[21]

王兆雲雖然沒有別集傳世，生平資料也殘缺不全，但他的作品被多部知名著作選錄，如馮夢龍的《古今譚概》、王士禛的《香祖筆記》、焦循的《劇說》等，可見他的作品在明代已經頗受重視，在清代則得到了較為廣泛的傳播。[22] 這篇小說〈少林棍〉就收錄在明代王圻的《稗史彙編》、清代來集之的《倘湖樵書》、汪價的《中州雜俎》、褚人獲的《堅瓠集》中，但都沒有像王兆雲那樣對緊那羅佛顯化的時間持兩可態度，有的記為東漢末年，如來集之的《倘湖樵書》、汪價的《中州雜俎》；有的記為隋朝末年，如褚人獲的《堅瓠集》、王圻的《稗史彙編》。而記為隋朝末年的就自然而然與十三僧連上了關係，褚人獲在《堅瓠集》中對這篇小說作了些許改編：

---

[21] 袁媛：〈晚明小說家王兆雲生平著述考〉，《明清小說研究》2017 年第 4 期，頁 126。

隋大業，天下亂，流賊萬人，將近少林寺，寺僧議散走。有火工老頭陀云："爾等勿憂，老僧一棒掃盡。"眾笑其妄，頭陀即持短棍衝賊鋒，當之者辟易，皆遠避不敢入寺，遂選少壯僧人百餘授棍法而去，蓋緊那羅佛現身也，至今拳法猶稱少林云。

隋末有老僧授棍法，那麼十三僧也就是緊那羅佛少林棍法的傳人，"十三僧"變成"十三棍僧"也就順理成章了。到了清末梁啟超為馬子貞的《中華新武術·棍術科》作序言，便直接將十三僧稱為棍僧。

◎ 四、"救唐王"元素的增加

在十三僧擒賊助唐的故事中，"救唐王"是不符合史實的，且直到明代也沒有在和十三僧有關的文獻中出現"救唐王"的跡象，有學者提出在上世紀90年代發現的《西山雜誌》抄本中有十三棍僧救唐王的傳說記錄。[23]《西山雜誌》是清代嘉慶年間晉江縣東石蔡永兼先生所撰著，雖未付梓行世，但抄本卻廣泛流傳。開頭先稽溯嵩山少林寺歷史，提到了"十三棍僧救唐王"的故事。但《西山雜誌》目前還在整理中，無法看到原文紀錄，其真實性亟待後來學者研究考證。

另外，嵩山少林寺白衣殿神龕後面東壁北端有壁畫二幅，描繪了十三棍僧救唐王的故事，但殘損嚴重。壁畫上的僧人並沒有持棍，城門的"古雒城"也不符合事件發生的地理位置，且因為白衣殿現存的歷史資料甚少，目前學術界尚未確定這幅壁畫的準確時間，只是大致定為清代末年 [24]，但壁畫的配詩卻記錄了"救唐王"一事：

道義肩擔看棍僧，崎嶇山道阻敵兵。金戈非是佛門用，棍棒猶宜衲子擎。

得救唐王脫險境，垂成寇盜遁逃形。賜田百頃為酬報，至壁畫圖來者評。[25]

---

[23] 賈豐衛、屈國鋒：〈對"少林扶唐據賊與武術無關"的質疑 —— 兼論助唐事件的嬗變〉，《體育學刊》2012年第1期，頁19。袁媛：〈晚明小說家王兆雲生平著述考〉，頁126。

[24] 常鐵偉：〈少林寺白衣殿壁畫的揭取保護研究〉，河南省古代建築保護研究所編：《河南省古代建築保護研究所三十周年論文集》（鄭州：大象出版社，2008年），頁232。

[25] 肖東發主編，張學亮編著：《壁畫遺韻：古代壁畫與古墓丹青》（北京：現代出版社，2015年），頁103。

但這首詩並不見於其他文獻，可能是壁畫完成時所題，也可能是後人加上。事實上，如果僅根據壁畫本身是看不出十三僧在"救唐王"的，只能看到在"古雛城"門口，鄭軍與十三僧交戰，旌旗上寫著"三軍司令"的兵馬從另一條路趕來，可能就是李世民的兵馬。1931年的《北京畫報》刊載了這幅壁畫，所附解說為"圖示唐初該寺武僧曇宗等率眾僧援助秦王李世民拒戰王世充故事（歷史博物館增刊）"，[26] 既沒有說明是"棍僧"，也沒有提及十三僧在"救唐王"。但至少可以確定，這幅壁畫在1931年以前已經存在，而不是如程大力所言，是八十年代《少林寺》電影拍攝之後新畫的。[27] 也可以進一步確定，"十三棍僧救唐王"的習慣說法至少在1931年尚未出現。但關於以上文獻的斷代還需要進一步研究。

◎ 五、"十三棍僧救唐王"的現代敘事演變

在《少林寺》這部電影播放之前，已經有人開展了蒐集少林傳說並出版的工作。王鴻鈞在1958至1980年間蒐集了十三棍僧救唐王的少林傳說，並收入《少林寺民間故事》一書中，講述人是尚根五、德禪、行政、馬洪山等。[28] 據說德禪、行政就是近年少林寺的高層僧人。大致故事情節為：僧人智守聽到一對剛從鄭兵肆虐中逃出來的男女討論撿到的玉璽，便上前詢問，才知道李世民假扮郎中，被鄭軍抓走。於是智守回到少林寺，和僧人們討論把李世民救出來。他們裝扮成柴夫混入城中，在制服了幾個看守的兵士後，曇宗進入牢房救走李世民。十三僧到城門匯合，又決定兵分兩路，一路送李世民出城，一路去擒王仁則。以曇宗為首的僧人們潛入王仁則作樂的歡樂宮，曇宗在黑暗中解救了被縛女子，活捉王仁則，在洛陽橋頭與送李世民出城的一隊人馬匯合。同時唐營兵趕來，與鄭兵一陣廝殺，把他們趕回了洛陽城。

這個傳說加上了玉璽、救唐王的元素，曇宗也因為此前文人的渲染，成為救唐王和擒王仁則的主角，而僧人們救唐王的動因也從土地被佔變成了"國家興

[26]《北京畫報》，1931年5月15日第177期。

[27] 程大力著：《少林武術史考略》，頁1。

[28] 王鴻鈞整理：《少林寺民間故事》（鄭州：河南人民出版社，1981年），頁31。

亡，僧侶有責"，也因為"救唐王"在前且更具傳奇色彩，擒王仁則一事反而黯淡了下去。"救唐王"由此便與"十三棍僧"結合。此後，王鴻鈞還先後出版了《少林僧兵傳奇》、《少林奇俠傳》等小說，進一步敷演此前收集到的少林故事。後來 1985 年出版的《武林名家傳奇》收錄了王鴻鈞最早收集的十三棍僧救唐王故事，1986 年出版的《少林寺內傳》也基本依照這一故事脈絡敘述。而本世紀出版的少林故事在敘述十三棍僧救唐王的故事時，都基本依照王鴻鈞整理的版本，如《嵩山神話傳說》、《少林史話》等。

上世紀 80 年代，大約因為金庸小說中覺遠和尚的形象深入人心，電影《少林寺》將主角從曇宗換成了覺遠。與王鴻鈞版本的故事平鋪直敘不同，《少林寺》電影是從覺遠個人成長的角度觀照時代動盪中少林寺的變化，進而使少林功夫的精神深入人心。一個志在為父報仇的年輕人進入少林寺，本身目的不純，充滿殺心，卻在經歷一番磨練後磨平棱角，放下屠刀，立地成佛。覺遠這條線索貫穿整部電影，把十三棍僧救唐王的政治行動上升為少林精神的展現，從而使少林精神深入人心，掀起了 80 年代的"少林熱"。此後的少林寺影視劇多強調主要人物的特殊背景，一般帶著仇恨出家，習練少林功夫以報深仇大恨，卻在經歷一番磨礪後洗去家仇，回歸自性。2008 年出版的小說《十三棍僧》也是如此。少林功夫不主攻擊，專意防守。禪武相合，動靜調柔，才能練就真正的少林功夫。

一千多年來，十三僧擒賊助唐的故事代代相傳，原本是一個單純為維護少林寺利益的政治事件，如今被附會上了千奇百怪的傳奇色彩。許多學者力圖還原歷史的真相，批評傳說以訛傳訛，掩蓋事實。層層剝去後人附會的傳奇色彩，這只是十三位僧人的"武事"罷了，但千百年來，他們成為少林的英雄，成為每個少林弟子的榜樣，也成為中華傳統武術文化的一部分，深深烙印在人們心中。信史固然重要，但少林精神的傳遞同樣不可或缺。

◎ 六、結語

近年來，學者們對"十三棍僧救唐王"的研究都集中在考察其歷史真相，追根溯源。本文則力圖從歷史發展的視角，研究該傳說的敘事演變，隨著緊那羅王傳說的出現，明代小說中已經出現了十三僧持棍擒賊的端倪，而"救唐王"則大約出現在清末到民國初年。另外，在傳說的演變過程中，曇宗在這一傳說中逐漸上升到主要地位，由於被封為"大將軍"而廣為傳頌，僧人們為奪回土地的動因也在 20 世紀七八十年代被渲染成"國家興亡，僧侶有責"。十三僧擒賊助唐的傳說在演變的過程中逐漸被視為少林習武的起源，從而融入少林功夫的精神之中，代代相傳。

此前學者對於十三僧被附會以棍為武器的歷史過程描述較為模糊，程大力只提到是明代程宗猷《少林棍法》中緊那羅王的傳說在清末被梁啟超附會到十三僧身上。但程宗猷的描述中十三僧在前，緊那羅王在後，附會一說並不足以成立。本文則通過王兆雲的小說集《白醉璅言》等文獻，發現緊那羅王傳說的隋末版本，且其中有授徒記錄，清楚梳理了從"十三僧"演變成"十三棍僧"的具體原因。其次，關於"救唐王"的最早時間，本文注意到少林寺白衣殿壁畫及其題詩，但壁畫的完成時間及題詩的真偽還需要進一步考證。

關於"十三棍僧救唐王"的傳說還有許多研究空間。明清俗文學蓬勃發展，在傳奇、雜劇、小說、鼓詞等作品中應當保留了這一傳說的蛛絲馬跡，值得探尋。據說清代嘉慶年間的《西山雜誌》[29] 最早記錄了"十三棍僧救唐王"的傳說，但因其尚未出版，原文亟待考證。相比"十三僧"變成"十三棍僧"，"救唐王"這一元素的增加更像是從天而降，它的演變過程也值得探索。這一傳說在現代文學、電影作品中的敘事演變及其原因也需要進一步探討。

---

[29] 蔡永蒹著：《西山雜誌》，收錄於陳篤彬、蘇黎明著《泉州古代著述》（濟南：齊魯書社，2008 年），頁330。

入道之媒 —— 唐宋佛教茶道生活

陳識 [*]

茶與佛教是具有物質性和思想性的概念，最初吸引我做這方面研究的原因主要有兩個：一方面，儘管很多學者對茶的歷史文化做了相當深入細緻的考察，但其實這些研究依然是描述性的，很少把茶文化與思想觀念、宗教觀念聯繫起來；另一方面，學者在佛教研究過程中已經有十分深入的探討，近年來也出現了一批佛教生活史研究的著述發表，但總體來說還沒有深入深層的思想核心。

本文試圖通過呈現一些已有的史料或故事，簡要分析佛教對茶文化形成過程的影響，僧人對待茶的看法，茶對供奉、佈道等佛教活動生活的影響以及所依據的思想觀念。

◎ 一、茶之"佛性"

無住禪師（714-774）〈茶偈〉云："幽谷生靈草，堪為入道媒。樵人采其葉，美味入流杯。靜虛澄虛識，明心照會台。不勞人氣力，直聳法門開。" [1]

韋應物〈喜園中茶生〉："潔性不可汙，為飲滌塵煩。此物信靈味，本自出山原。聊因理郡餘，率爾植荒園，喜隨眾草長，得與幽人言。"

劉禹錫（772-835）〈西山蘭若試茶歌〉："僧言靈味宜幽寂，采采翹英為嘉客"，"何況蒙山顧渚春，白泥赤印走風塵。欲知花乳清泠味，須是眠雲岐山人。" [2] 僧人說茶之靈味，適宜生長於幽靜之地，須是修道之人才能品得出茶的清泠滋味。

五代時鄭邀〈茶詩〉云："嫩芽香且靈，吾謂草中英。夜臼和煙搗，寒爐對雪烹。惟憂碧粉散，嘗見綠花生。最是堪珍重，能令睡思清。" [3]

---

* 中山大學哲學系博士研究生

[1] 陳尚君編：《全唐詩補編》（北京：中華書局，1992 年），頁 888。

[2] 劉禹錫：《全唐詩》，冊一一，卷三五六，頁 3。

[3] 方健彙編：《中國茶書全集校證》（鄭州：中州古籍出版社，2015 年），頁 521。

《東溪試茶錄》：“建安茶品甲於天下，凝山川至靈之卉，天地始和之氣，盡此茶矣。又論石乳出壑嶺斷崖缺口之間，蓋草木之仙骨。……茶與草木為靈最矣。”

宋徽宗《大觀茶論》中多次提及茶之“靈性”，説：“至若茶之為物，擅甌閩之秀氣，鍾山川之靈稟，祛襟滌滯，致清導和。……豈惟人得以盡其材，而草木之靈者，亦得以盡其用矣！”

宋代范鎮《東齋記事》：“蜀中數處產茶，雅州蒙頂最佳。方茶之生，雲霧覆其上，若有神物護持之。”[4]

沈括《夢溪筆談》記載〈嘗茶〉詩云：“誰把嫩香名雀舌，定知北客示曾嘗。不知靈草天然異，一夜風吹一寸長。”[5]

茶之“潔性”，源自佛教中“佛性”，起初僅指“有情眾生，在唐代時延伸到草木皆有佛性，為飲滌塵煩”。“塵”在佛教中指障礙見性之煩惱；“煩”指煩惱，即佛教中所謂“業”。沈括有意識地把佛教教義植入茶性當中，微妙地建構茶的屬性。

◎ 二、以茶供佛

茶有“靈性”，就可以與神佛相連接。

在唐宋之際茶書《茶酒論》中顯見唐代普遍以茶供佛的禪風。其中擬人化的茶對酒説：“我之茗草，萬木之心，或白如玉，或似黃金，名僧大德，幽隱禪林。飲之語話，能去昏沉。供養彌勒，奉獻觀音，千劫萬劫，諸佛相欽。酒能破家散宅，廣作邪淫。打卻三盞已後，令人只是罪深。”《茶酒論》是在敦煌石室中發現，用擬人化的手法寫成的通俗文學作品。作者王敷，僅署名鄉貢進士，生平無考。後署“開寶三年（970）壬申歲正月十四日知術院弟子閻海真自手書記”，可見其在宋初已經廣為流傳。

《百丈清規》卷二記載釋迦牟尼誕日，佛寺皆以茶、果、燈在佛前供養。“四月八日，恭遇本師釋迦如來大和尚降誕令辰，率比丘眾，嚴備香花燈燭茶果珍

---

[4] 方健彙編：《中國茶書全集校證》，頁 523。

[5] 沈括著，胡道靜校證：《夢溪筆談校證》（上海：上海古籍出版社，1987 年），頁 778。

饌，以申供養。"

《大慧普覺禪師語錄》云："所以今日作一分供養，點一盞茶，燒此一炷香。"[6] 可見以茶供佛在唐代早已成為風氣。

據明代《佛祖歷代通載》記載，開元年間（713-741）覺林院的僧人志嵩日常使用三種茶："以驚雷笑自奉，以萱草帶供佛，以紫茸香待客，赴茶者皆以油囊盛餘瀝以歸"。[7]"最上"的萱草帶茶"以供佛"，"最下"的驚雷笑茶"以自奉"，待客以"紫茸香"（中等茶），儘管品質在上述兩種茶之間，也還是較好的茶，所以"赴茶者皆以油囊盛餘瀝以歸"。

呂從慶〈遊多寶寺〉："老衲烹茶出，先供座佛歆。"呂從慶在寺內看到老僧烹茶，卻先把茶作為祭祀品，敬供神佛。這也是一則以茶敬神佛的茶俗史料。[8]

當祭祀成為宗教活動的核心問題時，宗教的奉獻就需要有經濟基礎，道德的虔誠也就和現實物質世界之間有著千絲萬縷的關係。[9] 以現實的物體作為媒介來溝通神靈世界，這說明道德、精神同時也是物質的。對於佛教修行者來說，一方面僧人有義務供奉神靈，另一方面也要保持自己的道德品性。對於僧人來說，用茶這種帶有"靈性"、"高潔"性質的物質來敬奉神佛，與現實社會保持了一定的距離，表現出超越感官慾望和物質財富誘惑的意象。

◎ 三、以茶入禪

茶與禪宗的故事先從一則美麗的傳說談起：中國禪宗初祖菩提達摩，在河南嵩山少林寺面壁九年。由於久坐疲累，眼皮無法張開，因此撕下眼皮，丟棄在地上。而在丟棄眼皮的地方，竟然長出一株矮樹。達摩祖師的弟子們，摘下矮樹上的綠葉，釀製成水飲用，竟能保持禪坐的清醒。這即是禪茶的來源。[10] 這則禪宗初祖菩提達摩與茶的故事當然是無法考證的傳說，但是從中我們看到茶禪歷史文化的悠久、茶的功效，也可看出茶道和禪道之間，確實有著密不可分的關係。

---

[6] 《大正新修大藏經》，冊四七，頁 844 下。

[7] 《佛祖歷代通載》，卷一四，《大正藏》，冊四九，頁 611 下欄。

[8] 呂從慶：〈遊多寶寺〉，《全唐詩補編》，上，頁 260。

[9] 《早期中國的食物、祭祀和聖賢》，頁 156。

[10] 詳見蘭絲・羅斯（Nancy Wilson Ross）著，徐進夫譯：《禪的世界》。

茶進入佛教坐禪世界可追溯到晉代。[11] 在《晉書·藝術傳》中記載敦煌行者單道開在後趙都城鄴城昭德寺修行，藉由“茶蘇”提神以防止睡眠，由此可見晉代僧人已經認為“茶”有助於參“禪”。

　　《晉書》卷九五〈藝術傳〉云：“單道開，敦煌人也。常衣粗褐，或贈以繒服，皆不著。不畏寒暑，晝夜不臥。……於房內造重閣，高八九尺，上編管為禪室，常坐其中，……日服鎮守藥數丸，大如梧子，藥有松蜜薑桂附靈之氣，時飲茶蘇一二升而已，自云能療目疾，就療者頗驗，視其行動，狀若有神”。[12]

　　釋道悦《續高僧傳》也記載了南朝宋僧法瑤入山寺，遇到年紀垂老的沈台真，於飯所飲茶。《茶經》七之事記載《續高僧傳》云：“宋釋法瑤，姓楊氏，河東人。永嘉中過江，遇沈台真，請真君武康小山寺，年垂懸車，飯所飲茶。”[13]

　　五代詹敦仁〈與道人介庵遊歷佛耳，煮茶待月而歸〉：“活火新烹澗底泉，與君竟日款談玄。酒須迳醉方成飲，茶不容烹卻是禪。”與僧道飲茶作詩談經，也可以看出五代已有僧道飲茶。

　　然而，真正確立茶禪文化地位的，應該是唐代。唐代封演《封氏聞見記》卷六講了一個泰山靈岩寺降魔師學禪飲茶，並使茶文化廣泛流傳於寺院中的故事：“開元中，泰山靈岩寺有降魔師，大興禪教。學禪務於不寐，又不夕食，皆許其飲茶，人自懷挾，從此轉相仿效，遂成風俗。”

　　封演所説茶與禪的關係可信，但禪僧飲茶，應不是始於開元。經檢索道宣《廣弘明集》、僧佑《弘明集》、智升《開元釋教錄》、道世《法苑珠林》，均無飲茶之記載，所以憑封演一言孤證，不足以説明禪僧是在開元中，因降魔師大興禪教而興起飲茶之風。有可能在開元以前，僧人還未形成飲茶風氣，但禪僧已經認識茶的功用，飲茶在禪院中已得到公開許可，可以茶輔助坐禪修行，即不排除有些僧人已經有飲茶之習慣，只是未廣泛在禪僧之中普及。

　　《顏魯公文集》元真子卷下云：“吳生善圖鬼之術，筆酣之間，揖元真子卮而酒之，酒酣之間，揖元真子甌而茶之，茶酣之間，告以圖鬼之方曰：‘吾有道耳，

[11] 吳立民：〈中國的茶禪文化與中國佛教的茶道〉，《法音》2000 年第 9 期，頁 9。

[12] 《晉書》（台北：鼎文書局，1989 年），頁 2492。

[13] 程啟坤等著：《茶經解讀與點校》（上海：上海文化，2004 年），頁 146。

吾嘗茶酣之間，中夜不寐，澄神湛慮，喪萬物之有，忘一念之懷。’”這則案例可以跟《封氏聞見記》裏的描述相對比，借茶提神以使學禪不寐的現象更為明顯。

唐代飲茶因禪而提升其哲學內涵，正如裴汶《茶述》所謂：“其性精清，其味浩潔，其用滌煩，其功至和。參百品而不混，越眾飲而獨高。”（《續茶經》卷上）茶因其浩潔、精雅的滋味與滌煩、去眠的功能，能與禪清逸、沖和、幽寂的境界融合為一，我們可以說禪使茶文化更臻於獨一無二的形上意義。

◎ 四、長生之妙藥

五代前蜀毛文錫《茶譜》輯佚：“蜀之雅州有蒙山，山有五頂，頂有茶園，其中頂曰上清峰。昔有僧病冷且久，嘗遇一老父詢其病，僧具告之。父曰：‘何不飲茶？’僧曰：‘本以茶冷，豈有能止乎？’父曰：‘是非常茶，俟雷之發聲，並手採摘之，以為多貴，至三日乃止。若獲一兩，以本處水煎服，即能袪宿疾；二兩，當眼前無疾；三兩，因以換骨；四兩，即為地仙。但精潔治之，無不效者。’僧因之中頂，築室以俟，及期，獲一兩餘，服未竟而病瘥。既不能久，及博求，但精健至八十餘，氣力不衰，時到城市，人觀其貌，若年三十餘，眉髮紺綠。後入青城山，不知所終。今四頂茶園採摘不廢，惟中頂草木繁茂，重雲積霧，蔽虧日月，蟄獸時出，人跡稀到矣。”[14]

唐代溫庭筠《採茶錄》引《天台記》曰：“丹丘出大茗，服之生羽翼。”[15]道家重視長生神仙之術，張君房《雲笈七籤》卷六十云：“服氣絕粒第二，若要湯藥，杏仁薑蜜及好蜀茶無妨，力為圓可以調助。”可說明茶也是道家修行中可服用食物之一。道家是否在採藥過程中發現了茶，雖然還未有證據，但也是有可能之事。

宋代醫家唐慎微《政和本草》中記載：“近歲稍貴此品，製作亦精於他處。其性似不甚冷，大都飲茶少，則醒神思，過多則致疾病。故唐毋景〈茶飲序〉云：“釋滯消壅，一日之力暫佳；瘠氣侵精，終身之累斯大。”是也。[16]

《政和本草》除了記載茶的藥用及食療功效，還有不見他書的可貴史料，如

---

[14]〔宋〕謝維新：《古今合璧事類備要・外集》，卷四二。

[15]《中國茶書全集校證》，頁486。

[16]同上註，頁498。

稱北宋末官茶摻假已經是常見現象。"故今南人輸官茶，往往雜以眾葉。"又錄《食療》云："市人有用槐、柳初生嫩芽雜之。"[17]

明代李時珍《本草綱目》卷三十二："陶隱居《雜錄》言：丹丘子、黃山君服茶輕身換骨，壺公《食忌》言苦茶久食羽化者，皆方士謬言誤世者也。"

◎ 五、文人與僧人飲茶

（一）文人茶詩

文學是生活的真實寫照，詩歌是最重要的表達方式，所以讀詩歌可以知道茶的演變軌跡。一定程度上，詩人傳遞給大眾茶的飲用之法和關於茶的思考。例如今天人們普遍認為，茶具有自然、健康、解毒、益思、刺激、提神、放鬆等功效，這些觀念不是現代人的發明，而是早在唐代就已經通過詩歌塑造形成了。在茶詩中，知識分子、詩人、僧侶共同分享和創造出一個新的茶文化，包括新的品茶標準、新的主題、新的情景。

王維有詩云："長安客舍熱如煮，無個茗糜難禦暑。空搖白團其諦苦，欲向縹囊還歸旅。""諦苦"指的是佛教"四諦"中的"苦諦"，苦的具體內容有八種：除生老病死之外，還有怨憎會苦、愛別離苦、求不得苦、五蘊熾盛苦。[18]王維精於佛學，更擅長運用佛教義理來解釋人生，茶在王維的詩中雖然較少出現，但其闡釋的內容卻相當普遍和重要，與王維的其他詩歌一樣，都處於一種"綿綿若存"的佛光照耀下，貫穿了王維對佛理的理解。

白居易《長慶集》中有關茶的詩達五十餘首，如卷七之〈詠意〉："春遊慧遠寺，秋上庾公樓。或吟詩一章，於飲茶一甌。身心無一繫，浩浩如虛舟。富貴亦有苦，苦在心危憂。貧賤亦有樂，樂在身自由。"又如卷七一之〈閑眠〉："盡日一餐茶兩碗，更無所要到明朝。"詩人對茶特別的感情，也許是反映他內心的理想生活狀態。

唐末陸龜蒙有和茶具十詠，《甫里文集》："先生嗜荈，置園於顧渚山下，歲入茶租十許，薄為甌犧之實，自為品第書一篇，才茶經茶陽訣之後。南張又新嘗為水說凡七等……高僧逸人時致之以助其好。無事時乘小舟設蓬席，茶竈筆

---

[17]《中國茶書全集校證》，以《四部叢刊》為底本，頁 497。

[18] 姚衛群：《佛學概論》（北京：宗教文化出版社，2002 年），頁 7-8。

床，釣具棹船郎而已。”反映了茶在士大夫心中已經植了根基。

趙璘《因話錄》：“司徒汧公鎮宣武，戎事之隙，以琴書為娛。兵部員外郎約，汧公之子也。天性惟嗜茶，能自煎，謂人曰：茶須緩火炙，活火煎，活火謂炭火之熖也。客至不限甌數，竟日執茶器不倦。”可以看出在喪亂的時代，士大夫把精神轉移在飲茶的愛好上。

陸羽對茶味的要求是“鮮珍馥烈”（意即香味鮮爽濃烈），要求“雋永”（意即滋味深長），同時還要求一則茶末最好只煮成三碗，至多不超過五碗，這都表明陸羽飲茶的目的主要在於“品”茶。

唐開元時代，已經出現士大夫之間以茶來增進友情的事情。《杜工部集》卷十，〈重過何氏〉：“落日平台上，春風啜茗時。”安史之亂後，茶在交誼上更顯得重要。呂溫（772—811）〈三月三日茶宴序〉：“三月三日，上巳禊飲之日也，諸子議以茶酌而代焉。乃撥花砌，憩庭陰，清風遂人，日色留興，臥指青靄，坐攀香枝，閑鶯近席而未飛，紅蕊拂衣而不散。乃命酌香沫，浮素杯，殷凝琥珀之色，不令人醉，微覺清思。雖五雲仙漿，無復加也。座右才子南陽鄒子、高陽許侯，與二三子頃為塵外之賞，而曷不言詩矣。”[19]

唐人錢起的“玄談兼藻思，綠茗代榴花”提到了茶對玄談、藻思的促進作用。宋代宋伯仁〈學館閑題〉描寫書院中的茶：“據見定時俱是足，苦思量處便成癡。請君打退閑煩惱，啜粥烹茶細和詩。”[20] 將茶引進書院的學習中，烹茶不是純粹的休閑娛樂，和詩也不是一味的苦心增煩惱，二者結合，將書院中的功課學習升格為生活審美的學習。

蘇軾的〈試院煎茶〉云：“且學公家作茗飲，磚爐石銚形相隨。不用撐腸拄腹文字五千卷，但願一甌常及睡足日高時。”蘇軾將茶茗引入試院，在考試時候也要有茶來輔助才思，可見茶在宋代士人心中的重要性。

宋人王禹偁〈茶園十二韻〉的“沃心同直諫，苦口類嘉言。未復金鑾召，年年奉至尊。”巧妙運用了茶作為“苦口師”，道出了喻諷、進諫的目的，告誡當朝者要明白宮廷的茶是勞動者辛苦勞作所得的，要多為天下蒼生著想。勸諫天子

---

[19] 王水照：《傳世藏書‧集庫‧總集 7-12 全唐文 1-6》（海口：海南國際新聞出版中心，1997 年），頁 4361。

[20] 北京大學古典文獻研究所編纂：《全宋詩》（北京：北京大學出版社，1998 年），頁 38176。

要從茶中品出"良藥苦口"、"忠言逆耳"的道理。

（二）僧人飲茶

唐代禪僧好茶，因此也促進了茶風和禪風。五代時期，禪僧對茶的鑒賞也很精闢。齊己《白蓮集》卷六，有〈詠茶十二韻〉：

> 百草讓為靈，功先百草成。甘傳天下口，貴佔火前名。
>
> 出處春無雁，收時谷有鶯。封題從澤國，貢獻入秦京。
>
> 嗅覺精新極，嘗知骨自輕。研通天柱響，摘繞蜀山明。
>
> 賦客秋吟起，禪師晝臥驚。角開香滿室，爐動綠凝鐺。
>
> 晚憶涼泉對，閑思異果平。松黃乾旋泛，雲母滑隨傾。
>
> 頗貴高人寄，尤宜別櫃盛。曾尋修事法，妙盡陸先生。[21]

"茶道"一詞最早見於皎然〈飲茶·誚石使君〉一詩，皎然談論茶與禪之間的關係，茶不是一般的止渴飲料，也不同於酒精飲料，而是具有"滌昏寐"、"清我神"、"便得道"的功效：

> 越人遺我剡溪茗，采得金牙爨金鼎。
>
> 素瓷雪色縹沫香，何似諸仙瓊蕊漿。
>
> 一飲滌昏寐，情來朗爽滿天地。
>
> 再飲清我神，忽如飛雨灑輕塵。
>
> 三飲便得道，何須苦心破煩惱。
>
> 此物清高世莫知，世人飲酒多自欺。
>
> 愁看畢卓甕間夜，笑向陶潛籬下時。
>
> 崔侯啜之意不已，狂歌一曲驚人耳。
>
> 孰知茶道全爾真，唯有丹丘得如此。

---

[21]《全唐詩》，冊二四，卷八四三，頁 9523。

皎然以茶的一飲、二飲、三飲，來闡明茶具有滌昏、清神、得道三個層次的功能，運用精神性的「得道」功能，開闢了茶文化的新徑。把禪宗靜心、自悟的宗教精神貫徹到「滌昏寐」、「清我神」、「便得道」的飲茶活動之中，茶中有道，悟茶也是悟道，把飲茶從技藝欣賞提高到精神層次。所以可以說，皎然是「茶道」的創始人。

皎然認為應該在精神境界上更深入一層，以茶傳禪，後人把他稱為「茶僧」。他的〈飲茶歌‧送鄭容〉說：「丹丘羽人輕玉食，採茶飲之生羽翼。名藏仙府世莫知，骨化雲宮人不識。雪山童子調金鐺，楚人《茶經》虛得名。霜天半夜芳草折，爛漫緗花啜又生。賞君茶兮袪我疾，使人心中蕩憂栗。」[22] 猶如丹丘羽人飲茶而羽化成仙，茶藏於洞天福地之中，說明茶的主要功效不在與感官享受，而是蕩除心中憂愁和煩惱的禪修功能。「楚人《茶經》虛得名」指出了《茶經》在當時雖已經贏得好名聲，但《茶經》對茶之理解仍然不足，大眾並不能懂得茶道的終極宗旨並非在於茶具和茶味上，而在於精神世界，在於修行心中無憂栗。

皎然〈山居示靈澈上人〉：「晴明路出山初暖，行踏春蕪看茗歸。…… 身閑始覺隳名是，心了方知苦行非。外物寂中誰似我，松聲草色共忘機。」不僅以茶喻隱逸之情，更進而將隱逸之情上升到宗教修行，道出佛教「不須讀經、不必苦行，即心是佛」的禪宗理趣。松聲草色皆可像我一般忘機成佛，借助茶的魔力來完成。皎然「俗人多泛酒，誰解助茶香」，對於一個僧人來說，解茶與參禪、茶與禪在某種程度上是相通的，都能達到物我統一的境界，

到了宋代，茶更是融進了禪宗寺院生活的各個方面，道原《景德傳燈錄》記載茶有六七十次之多，飲茶已經成為僧人日常生活中不可或缺之事，幾乎與參禪、吃飯同樣重要。如卷一二，吉州資福如寶禪師條：「問如何是和尚家風，師曰飯後三椀茶。」又如卷二，福州報慈院文欽禪師條：「喫茶吃飯隨時過，看山看水實暢情。」

《景德傳燈錄》卷二六：溫州瑞鹿寺本先禪師記錄了其日常的禪院生活：「晨朝起來洗手面盥漱了喫茶，喫茶了佛前禮拜，歸下去打睡了起來洗手面盥漱，起

---

[22]《全唐詩》，卷八二一，頁 9263。

來洗手面盥漱了喫茶，喫茶了東事西事，上堂喫飯了盥漱，盥漱了喫茶，喫茶了東事西事……"與唐代《弘明集》、《廣弘明集》、《法苑珠林》、《開元釋教錄》無一茶字，不提茶的情形迥然有別。

東京天甯芙蓉道楷禪師："師謁投子與海會，乃問佛祖言句家常茶飯，故人為主持體例，與諸人例定：新到相見，茶湯而已，更不煎點，唯置一茶堂，自取取用。"

僧人也在茶堂裏辯論佛理。《景德傳燈錄》卷一八，明州翠岩永明大師："問不借三寸請師道，師曰茶堂裏辯駁去。"卷二四，昇州清涼院文益禪師："請師頓決疑網，師曰寮舍內商量，茶堂內商量。"

還有以茶具示意引起機鋒，《景德傳燈錄》卷八："一日命龐居士喫茶，居士舉起托子云：'人人盡有分，因什麼道不得？'師云：'只為人人盡有，所以道不得。'居士云：'阿兄為什麼卻道得？'師云：'不可無言也。'居士："'灼然灼然。'師便喫茶。居士云：'阿兄喫茶何不揖客？'師云：'誰？'居士云：'龐翁。'師云：'何須更揖？'"

《景德傳燈錄》卷一二，襄州歷村和尚："和尚煎茶次，僧問：'如何使祖師西來意？'師舉起茶匙子。僧曰：'莫只遮便當否？'師擲向火中。問：'如何使觀其音聲而得解脫？'"禪師以動作暗示，使對方會意明悟。

僧人的茶詩和語錄指向了僧人的信仰和追求，僧人寫茶的動機是"問詢時，揖茶處，總為諸人開活路"。所以，他們在意的不是"粗茶淡飯暫相依"的清貧生活，而是虔誠地以茶供佛、禮拜佛祖、弘揚佛法，超脫於物質生活之外的精神領域。在僧人的眼睛裏，茶的平凡無奇正好成就了它的偉大，正如佛法一樣，潤物細無聲，在日常生活中給人以加持，度人於煩惱。

在佛家眼裏，茶不在香。僧人飲茶不再只是生活所需，在茶宴、供茶、茶禮、茶詩等活動中，茶成為一種文化載體。僧人日常茶道生活，成了寺院文化的另一種清新潔淨的表徵，透過飲茶方式，用茶來加強修養或教育僧眾，甚至影響了日本的茶道精神。[23]

---

[23] 第一個到中國學習飲茶，把茶種帶到日本的是日本留學僧最澄。第一個把中國禪宗"茶理"帶到日本的僧人是留宋的榮西，他所撰的《吃茶養生記》對日本茶道影響很大。

◎ 六、茶之器具：漉水囊

陸羽《茶經》説："漉水囊，若常用者。其格以生銅鑄之，以備水濕，無有苔穢腥澀意，以熟銅苔穢，鐵腥澀也。林棲谷隱者，或用之竹木，木與竹非持久涉遠之具，故用生銅。其囊織青竹以卷之，裁碧縑以縫之，細翠鈿以綴之，又作綠油囊以貯之。圓徑五寸，柄一寸五分。"

無論是煮茶之水，還是煮茶之器皿都是影響茶湯品質的關鍵因素。以漉水囊為例，漉水囊用生銅或竹子製造，因其"無有苔穢腥澀意"，這是《茶經》二十八種煮茶和飲茶器皿中，常常被人忽視的用具。唐宋茶書很重視水質，而且喜歡對水辨別高低，所取用之水多以山林、江河、井泉為主，而且盛水的水器是沒有蓋子的，這樣，水中就有可能落入雜質，因此，在煮水煎茶之前對水加以過濾是有必要的。

同時，漉水囊也是唐代"禪家六物"之一。唐代皎然〈春夜賦得漉水囊歌送鄭明府〉一詩（見《晝上人集》卷七，四部叢刊本）中説：

> 吳縑楚練何白皙，居士持來遺禪客。
> 禪客能裁漉水囊，不用衣工秉刀尺。
> 先師遺我或無缺，一濾一翻心敢賒。
> 夕望東峰思漱盥，曈曈斜月懸燈紗。

這説明漉水囊早已是佛教濾水的器物了。而裝存漉水囊，使之不受污染的綠油囊也是佛教用品。皎然在〈因游支硎寺奇刑端公〉（《晝上人集》卷二）詩中有"詩題白羽扇，酒挈綠油囊"之句。綠油囊是可以盛水而不漏的袋子，是一種保持飲茶衛生的用具。

陸羽與禪家往來甚密，他是很瞭解漉水囊和綠油囊在禪家的使用用途的，所以他把漉水囊寫入《茶經》四之器。用漉水囊來過濾煮茶之水，並不是他個人的偶然創造，而是有所淵源的。但漉水囊和綠油囊這種僧人和茶人常常使用到的濾水用具，在後世的茶書中並沒有受到重視，唐宋詩歌也很少提及。

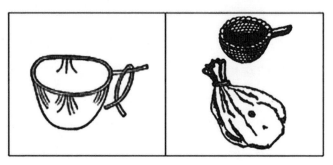

（圖：漉水囊／綠油囊）

◎ 七、茶之技藝："茶百戲"

分茶，是宋元的一種高級茶藝，又稱"茶百戲"或"幻茶"，即下湯運匕，使茶面幻出花鳥魚蟲之類，纖巧如畫，但須臾即散。

陶穀《清異錄》曰："沙門福全，生於金鄉，長於茶海，能注湯幻茶，成一句詩，並點四甌，共一絕句，泛乎湯表。""小小物類，唾手辦耳。檀越日造門，求觀湯戲，全自詠曰：'生成盞裏水丹青，巧畫功夫學不成。卻笑當時陸鴻漸，煎茶贏得好名聲。'"記錄了一名沙門福全的分茶絕技，在茶面點化出一首七絕。[24]

楊萬里《誠齋集》卷二〈澹庵坐上觀顯上人分茶〉記載了他在胡銓家見到的一位禪門分茶專家的絕技表演："二者相遭兔甌面，怪怪奇奇真善幻。分如擘絮行太空，影落寒江能萬變。銀瓶首下仍尻高，注湯作字勢嫖姚。"不得不驚歎詩人出神入化的描繪和驚人的觀察力，銀瓶注湯作字畫，全在於手法和指法，"運用之妙，存乎一心"。

分茶是比煎茶更複雜難學的茶技，而賦予僧人"茶百戲"的技藝，似乎也在反映著佛教認為世間本性是虛幻的、短暫無常、因緣和合的觀點。

◎ 八、小結

本文試圖解釋茶、宗教和文化是怎樣交織在一起的。從茶之靈性、以茶供

---

[24]《荈茗錄》，收錄於《中國茶書全集校證》，冊一，頁 475。

佛、以茶入禪説起，到達摩祖師、唐代降魔禪師與茶相關的故事，以及文人和僧人對茶的不同理解，可見茶融入僧人日常生活當中，佛法存於茶湯之中，僧人與茶歷經千古茶道而互相交融。

禪與茶有著太多文化性課題值得思考，嚴格來説，本文對唐、宋時期的佛教茶文化的解讀和研究是不全面的，因為所依據的主要是文獻資料。如果能夠全面審視物質文化以及考古資料，無疑會對本文所要探討的問題有進一步的補充，而且還可以根據新的材料提出不同的、更加深入的看法。如果能夠讓其他學者通過對本文文獻的解讀，對唐、宋時期的佛教茶道生活做更加深入的審視和研討，那本文的研究目的也就達到了。

17、18 世紀華籍僧人在越南弘法初探

釋廣通 *

◎ 一、引言

從 17 世紀中葉至 18 世紀初，越南南河地區阮主政治集團日益興盛，經濟、文化也頗為發達，因地理位置有 "蒼海之南，吾越之區焉。群山迢遞於西南，洪波浩瀚於東北。金沙萬步縈澤，國以長寧；玉樹婆娑蔭海，天而永茂"[1] 之優勢，海岸線全長近一千公里，海港頗多：順化有資榮、清河，廣南有會安，福安有氏耐等海港。加之阮主對外商的開放，為來自日本、閩南的航海商人提供了便利條件。為收服人心、維持社會治安，歷代阮主都選擇三教並重的宗教政策，強調 "居儒慕釋，以政治無不行仁。通道崇僧，就因果而思種福"。[2] 阮福瀕（1648-1687 在位）、阮福漆（1687-1691 在位）、阮福淍（1691-1725 在位）前後三番[3] 遣使去中國廣東求高僧。據相關史料得知，大約在 1630 年，閩籍高僧綠湖圓景（生卒年不詳）和大深圓寬（生卒年不詳）已經在越南南河地區弘法傳禪。[4] 爾後，即自 1630 年到 1750 年左右，南河的華籍高僧數量達數十位。值得注意的是，他們絕大多數人都成為開山祖師，如今已成宗門祖庭。為追思其功高、緬懷其德厚，每年出家、居士佛教徒都會舉行掃塔、祭祀等活動。但是，今人主要是憶其功、讚其德而忽略其行狀。通過田野考察，本文試圖為在越南古京都順化開山的華籍祖師的行狀提供一個有參考價值的資料。

◎ 二、越南阮朝漢文史書中的華籍高僧

阮朝國使館編纂的《大南列傳前編》和《大南一統誌》的成書時間在華籍僧

---

* 北京師範大學哲學學院博士生

[1] 阮福淍：〈御建天姥寺碑記〉，順化市天姥寺阮福淍御立碑文，1715 年。

[2] 同上註。

[3] 據阮福淍〈海外紀事序〉、阮朝國使館《大南列傳前編》、和《大南一統誌》。

[4] 據釋海印，何春濂《順化佛教歷史》（順化：順化出版社，2002 年）。

人赴越高峰期後大約一百年。其〈高僧傳〉部分，有兩個不妥之處：第一是誤寫，比如元韶禪師傳，寫成"謝光韶"，再說，"元韶"是出家後他師父按"傳法偈"賜給他的法號，[5] 因此不能與他俗姓"謝"相配，"因為出家前他已經有'俗名'了"；第二，當時佛教叢林內道行高深的僧人不少，可是都未被列入高僧的名目之內，不知"高僧"是按什麼標準來定的。此時在順化開山傳道的有鼎鼎大名的明鋐子融、克玄老祖、法涵覺峰等，他們都有出名的弟子，而且修行道場規模宏大，佛事活動影響範圍甚廣，[6] 但令人不解的是他們都未被列入"高僧"行列。

茲據上面提到兩部史書中所列舉的高僧的行述介紹一下：

（一）元韶壽宗禪師

《大南列傳前編·卷六·高僧列傳》（頁 212-214）：

> 謝元韶：[7] 謝光韶，字煥碧，廣東潮州程鄉縣人。年十九出家投報資寺，乃曠圓和尚之門徒也。太宗皇帝乙巳十七年，元韶從商船南來，卓錫於歸寧府，建十塔彌陀寺，廣開象教，尋往順化富春山，造國恩寺築普同塔。尋奉英宗皇帝命，如廣東延請石濂和尚及法像法器，還奉敕賜住持河中寺。臨病，集僧眾，囑秘語，援筆作偈曰：'寂寂鏡無影，明明珠不容。堂堂物非物，寥寥空勿空。'書罷端然而寂，法臘八十一歲，受戒宰官，門徒眾等造塔化門藏舍利。奏請記銘奉，顯宗皇帝賜謚曰行端禪師。因為之記而銘焉。
> 其銘曰：
>> 優優船若，堂堂梵室。
>> 水月優遊，戒持戰栗。
>> 湛寂狐堅，卓立可必。
>> 視身本空，弘教利物。

---

[5] 此為木陳道忞禪師演派的偈語："道本元成佛祖先，明如杲日麗中天。靈源廣潤慈風溥，照世真燈萬古懸"，本果曠圓是元韶壽宗的授業師，按字輩順序，從師父"本"字到徒弟是"元"字。

[6] 他們曾經開大戒壇，受戒弟子數以千計；曾經向阮主遞伸"免三寶稅伸"。

[7] 《大南列傳前編》中誤寫成"謝光韶"。

遍處慈雲，普照慧日。

瞻之嚴之，泰山屹屹。

《大南一統誌·卷三·僧釋》（頁 397）：

謝元韶，字煥碧，其先廣東潮州人，年十九出家投報資寺。太宗皇帝乙巳十七年，來卓錫於歸寧府，建十塔彌陀寺，廣開象教，尋往順化富春山，造國恩寺築普同塔。又奉英宗皇帝命，如廣東求高僧，得石濂和尚及還住持河中寺。臨病，集僧眾，囑秘語，作偈曰：‘寂寂鏡無影，明明珠不容，堂堂物非物，寥寥空勿空。’端然而寂，法臘八十一歲。僧眾造化門塔藏舍利。

（二）石濂大汕和尚

《大南列傳前編·卷六》（頁 214-215）：

石濂：石濂和尚號大汕丁翁氏，清浙西人，博雅恢奇，凡星象、律曆、衍射、理數、篆隸、丹青之屬無有不會，而尤長於詩。明季清人入帝中國，濂義不肯臣，乃拜辭老母，剃髮投禪，杖錫雲遊，凡山川名勝，足跡幾遍。英宗皇帝嘗令謝元韶如東求高僧，聞濂飽禪學，乃往請，濂喜，遂與元韶航海南來，既至，居之天姥寺。顯宗皇帝朝嘗召見，與談禪教。上愛其精博，甚寵異之，善幾諫，亦有補益。頃者都城外人家常夜失火，上親督兵往救之，濂諫曰：‘夜間昏黑，乘輿豈可輕出，白龍魚服，古人垂戒，願留意焉。’上深嘉納，自是不復夜出。九之，濂辭歸廣東，贐贈甚渥，又賜名木歸，建長壽寺，自是不復往。後因商舶南來，作寄懷詩四絕恭進有引，略云：一江煙浪，道阻重雲，八度春光，雪添花鬢。數人間之夏臘，憶天外之因緣。遙知紺殿蒲團，已證黃梅消息。爰遣渡江之葦，少伸縮地之懷。夜月通潮，馳來遠信；新詩贈遠，愧乏長言。詩其一云：‘東風新浪滿江蘋，想見湖山雨露新。自是陽和歸草木，太平人醉海天春。’余見原集所著有《離六堂詩集》、《海外紀事集》行世。明命年間，張好合奉派如東，登遊其寺，住持僧猶能言石老故事。

《大南一統誌》裏沒提到石濂。

（三）覺靈佛清玄溪和尚

《大南列傳前編・卷六》（頁 216）：

　　　覺靈：覺靈號玄溪和尚，廣東人，臨濟正派三十五世也。少好遊俠，
又善武藝。常以仇殺人，遂逃於禪，初航海至東浦，為游方僧，既而往順
化，卓錫法雲寺，後改天福，精持戒行，僧徒日眾。人聞覺靈精武藝有願
來學者，覺靈教之而不拒，久之其徒恐師有隱。一日方坐食，方丈暗挾鐵
錐，從背後揮擊，覺靈聞錐聲，舉箸撥其錐，擲去。其藝之精如此。

《大南一統誌・卷三・僧釋》（頁 397-398）：

　　　覺靈號玄溪和尚，廣東人，臨濟正派三十五世也。少好遊俠，精武
藝。以仇殺人，遂逃於禪，初航海至東浦為游方僧，既而往順化卓錫法雲寺
（今改天福），精於禪學，僧徒日眾。聞其精武藝有願學者，亦教之不拒，
久之其徒恐師有秘其術，不盡傳授，一日方坐食，方丈暗挾鐵錐，從背後揮
擊，覺靈聞錐聲，舉箸撥其錐，擲去。其藝之精如此。

◎ 三、田野考察中所獲的資料

　　（一）元韶禪師（1648-1728）：開山十塔彌陀寺，建造順化國恩寺，建普同
塔，編纂《歷傳祖圖》

　　除了《大南一統誌》和《大南列傳前編》外，跟元韶禪師相關的資料頗多，
而且有點亂雜不一致，具體是元韶的法名、法號，在正法眼藏、寶卷、牌位、跋
中多見其法名、法號為元韶超白；在碑記、史傳、山志則稱其法名為元韶壽宗
或元韶煥碧。根據資料的形式、文體等可將與元韶相關的資料分成三大類，具
體為：

　　1. 牌位

　　順化富春山國恩寺，奉祖堂牌位：敕賜國恩堂上臨濟正宗三十三世諱原韶上

壽下尊和尚。

順化御平山圓通寺，奉祖堂牌位：第三十三世諱超白尚煥下碧號壽尊和尚。

西貢市覺林寺，奉祖堂牌位：敕賜國恩堂上臨濟正宗三十三世上煥下碧諱超白老祖和尚。

2. 舍利塔碑銘

大越國王敕賜河中寺煥碧禪師塔記銘

余恭應天命，臨於兆姓，雞鳴而起，孜孜不忘為善之道也。越觀自開國以來，立寺建庵，延僧供佛，廣行方便，圖使畿內天下盛起，全自頓拋憑念，庶幾生順死安，漸近化城境界。

比有煥碧禪師，於乙巳年，從中華來，初錫歸寧府，創建十塔彌陀寺，廣開象教。再回順化富春山，崇造國恩寺並普同塔。至聖考前朝，又命禪師回廣東延請長壽石老和上並請佛像及法器迎回，來往完成頗多功績。自此奉旨住持河中寺，回光自照，分條析理，談及玄微，載備前聞，截偽續真，開茲後學，受具戒徒，四眾人等。

禪師原籍廣東，潮州府，程鄉縣，謝氏子。生於戊子年，五月，十八日，戍牌，十九辭親出家，投於報資寺曠圓和上，法名元韶，字煥碧。歷自航來余境，計五十一年矣。至戊申年得病，於十月，十九日，召集四眾人等，談及玄機，囑留秘語，臨期援筆說偈，偈曰：

寂寂鏡無影，明明珠不容。

堂堂物非物，寥寥空勿空。

書罷端然正寂。法臘八十一，受戒宰官、門徒眾等造塔闍化處。其門徒眾等跪請記、銘；余諡曰："行端禪師"。余亦欲萬世人人仰慕善道，證如來無上之果，共用太平之福無窮。因為之記而銘焉，銘曰：

優優船若，堂堂梵室。

水月優遊，戒持戰慄。

湛寂孤堅，卓立可必。

視身本空，弘教利物。

遍處慈雲，普照慧日。

瞻之嚴之，泰山屹屹。

保泰十年四月初八日頒　奉立

　　同奈省金剛寺，仿立塔碑銘：

　　國恩金剛堂三十三世諱超白煥碧和上祖師之塔。

3. 其他資料

• 恬靜居士、如如道人：《含龍山志‧卷三》

• 阮淨行：《釋窗祖印集》

• 如如道人：《歷傳祖圖》

• 肇豐府國恩寺並普同塔臣僧元韶、覺峰等申

• 居士慶譜中人洪膏元韶禪師畫像並讚

（二）法涵覺峰禪師（生卒年不詳）：開山含龍天壽報國寺

　　關於法涵覺峰禪師，如如道人在《含龍山志‧覺峰老祖傳》透露："祖廣東人，洞上法派，開山含龍天壽報國寺。"也許因為資料欠缺，該書作者對覺峰禪師的行狀也只能寫這麼寥寥幾個字而已。含龍天壽寺今已經改成報國寺，寺內塔園在大雄寶殿後左側，塔園正中間最高大、綠苔封滿、顯得最古勁的是覺峰老和尚的藏身寶塔。依附著塔身最中間是塔碑，上面寫有"曹洞源流開山含龍天壽寺諱法涵號覺峰祖師寶塔"。寺內奉祖堂最中央供奉覺峰牌位，上面寫有"曹洞源流開山含龍天壽寺諱法涵號覺峰祖師貌座"。

　　覺峰禪師赴越時間應該在 1678 年之前，因為此年，了觀禪師從歸寧府到順化京都參禮他，"經七載和尚西歸特趨順都禮覺峰老祖"（〈無量塔碑銘〉），證明此時覺峰聲名已遠播到南河往南省份。

　　含龍天壽道場自從建立來，禪門隆盛，規模弘偉，海眾歸心，堪稱佛教經文寶地，但開山祖師的身份、籍貫、師承等等都無人知曉也無從查考，此亦使人感到非常遺憾。

（三）明鋐子融禪師（生卒年不詳）：開山順化印宗慈曇寺

　　大部分越南佛教史書都以為明鋐子融是元韶壽宗的弟子，唯一的依據是"字

輩"，即天童山萬峰時蔚禪師演出的法派偈語："祖道戒定宗，方廣證圓通。行超明實際，了達悟真空"。因元韶禪師又有另外一個法名為"超白"，按照這個法派偈語，下一個字輩是"明"，即"明鋐子融"，但這只是一個推測而已，並沒有史書作為依據。順化報國寺內明鋐禪師寶塔的碑文載："明鋐禪師傳臨濟正宗第三十四世上子下融諱明鋐大老和尚之塔。"順化市富春山印宗慈曇寺，奉祖堂牌位寫道："傳臨濟正宗第三十四世上子下融諱明鋐老和尚貌座。"

（四）石濂禪師（1633-1702）

石濂禪師住越時間只有一年半左右，但不只在政治、文化、文學領域上都留下了非常深刻的影響，而且在佛事活動上也給當時順化佛教增添不少活力。關於石濂赴越期間的政事、佛事等活動，越南官方史書都有記載，石濂自己對此舉也著有《海外紀事》一書，這裏不待筆者贅言。

據田野考察所獲資料得知，住越期間，石濂和尚頻收弟子，另出衍派偈語，即石濂復續"大"字下接演二十八字，續演偈語為：

> 大興法界一機中，了悟真如達本宗。
>
> 祖印光傳燈續焰，壽昌永紹古今隆。[8]

按字輩可知："大"即指大汕丅翁；"興"即石濂王室俗家弟子的國主阮福淍，其法名興龍，號天縱道人（據〈御建天姥寺碑記國主阮福淍嗣洞上正宗三十世法名興龍號天縱道人鼎建順化天姥寺碑記銘〉）。其後續演嗣法弟子的法名法號至今尚未發現，但如如道人在《含龍山志·卷三》中透露"至今法脈存焉"。

田野考察過程中，發現一些與石濂相關的資料有：1. 阮福淍撰寫的〈御建天姥寺碑記〉；2. 恬靜居士、如如道人撰寫的《含龍山志》；3. 天姥寺奉祖堂中石濂的牌位。4. 廣福石濂禪師著《金剛直疏》，從該書序言中得知，石濂除了一些常用的道號、法號如：丅翁、石濂汕、石濂大汕、大汕丅翁外還有"石蓮"、"廣福"、"廣福沙門"等外號。

---

[8] 如如道人：《含龍山志》，卷三。

（五）道階善繼禪師

道階禪師，不知其原籍、不知生卒，但對越南南河臨濟宗傳承歷史，對禪宗文學史都有非常重要的貢獻。根據他撰寫〈無量光塔〉的碑文可以猜測其赴越大約在 1748 年之前，因為了觀禪師於 1742 年示寂（壬戌春重開戒壇於圓通寺〔中略〕至十一月於示寂數日之前端坐索筆書偈辭世）。但是，六年後，道階善繼禪師才赴越："繼值南詢，聞師道風高峻，行化是邦，度人無數，契佛祖心，斷衲子命，行解真實，遐邇共欽，惜乎不及見耳。"赴越後，他採集資料以便給了觀禪師撰寫碑文："知繼是個中人必諳個中事，所以特來徵銘立石。"

根據無量塔碑落款可知，道階善繼禪師是中華福建省溫陵桑蓮寺僧。至於他的外號"紫雲階"和"紫雲道階"可有兩種猜測：一、紫雲是他在桑蓮寺所住的紫雲殿；二、他故意把自己住的"紫雲殿"和"道階"的法號合起來並刪掉一個字成"紫雲階"。在"無量塔"碑中，他寫明籍貫、道號、外號等，並在石碑面上刻有兩個印章：一個是"善繼之印"；另一個則寫"道階"。可是在〈山松寺銘〉則題為"中華溫陵紫雲佳道人拜撰"。

敕賜臨濟正宗第三十五世了觀和尚謚正覺圓悟和尚碑銘

夫！吾教中為一大事，何也？生不出死關來；死不入死關去。是以古人岩居巢處，廢寢忘飧，不惜身命，皆為生死事大耳！當今之世教衰法末，能為大事者固有如了觀和尚者實希矣！

師原籍在富安府同春縣泊馬社，黎氏子，法名實耀，字了觀，童真入道，天姿高邁，氣宇超群，六歲母喪，即欲出塵，父即送詣會宗寺禮際圓和尚為師。經七載，和尚西歸。特趨順都禮覺峰老祖，至辛未年，薙染甫歲，歸鄉鬻薪供父，荏苒四載，父即謝。乙亥，再詣順都禮長壽石老和尚授沙彌戒。丁丑年，禮慈林老和尚圓具足戒。己卯，遍參叢社，甘受淡薄，心常思惟：何法最為第一，我決捨身命，依法修行。聞諸方禪和云："子融和尚善教人念佛參禪第一！"。壬午，往龍山參子融和尚，向求參禪。和尚令參"萬法歸一，一歸何處？"日夜參究至八九年，一無所得，心甚慚惶。一日因看《傳燈》至："指物傳心人不會"處，忽然悟入，因海隔山遙，呈悟弗能。至戊子春，方往龍山求和尚證明，將所做工夫，逐一呈證。至"指物傳心人不會"處，和尚云：“懸崖撒手，自肯承當。絕後再甦，欺君不得。作麼生道看？”師撫掌呵呵大笑。尚云：“未在！”師云：“秤錘原是鐵”。尚云：“未在”。次日尚云：“昨者公案未完，再道看？”。師云：“早知燈是火，飯熟已多時”，尚大稱讚。壬辰夏，和尚來廣進全院，師呈〈浴佛偈〉，尚舉云：“祖祖相傳，佛佛授受，未審傳受個甚麼？”。師云：“石筍抽條長一丈；龜毛拂子重三斤”。尚復舉云：“高高山上行船，深深海底走馬，又作麼生？”。師云：“折角泥牛徹夜吼；沒弦琴子盡日彈”，一一拈出，入室求證。和尚看完，大悅，深許印可。師臨機智辨，函蓋相合，水乳相投，機緣甚多不錄。壬寅年，師來順都住祖庭。癸丑、甲寅、乙卯應諸護法宰官、居士及緇素等請，歷開四大壇戒。庚申，進龍華放戒，復回祖庭。當今聖君重德，為法心殷，嚮師道味，詔敕入宮，緣師高尚志在林泉，謝詔免赴。壬戌春，重開戒壇於圓通寺。秋末，示染微疾，狀似無病。至十月間謂門人曰：“吾將歸矣，世緣已盡！”侍徒諸人悉皆涕泣。師曰：“汝等悲泣阿誰？諸佛出卋猶示涅槃，吾今來去分明，歸必有所。汝等不合悲泣！”至十一月，於示寂數日之前，端坐索筆書偈辭世，偈曰：

> 七十餘年世界中，空空色色亦融通。
>
> 今朝願滿還家裏，何必奔忙問祖宗。

“雖然如是老僧最後句作麼生道：巍巍堂堂，煒煒煌煌。昔日這個來，今朝這個去。要問來去事若何：湛湛碧天秋月皎，大千沙界露全身。吾去後，汝等當思無常迅速，勤學般若，毋忽吾言，各宜勉之！”及二十二日黎明茶話，行禮畢，問曰：“今何時乎？”。門人對曰：“未時也！”奄然而逝。奏聞，敕賜碑記，獎師道行諡“正覺圓悟和尚”。師生丁未年十一月十八日辰時，春秋七十有六，四十三傳衣，說法利生三十四載，嗣法四十九人，緇素得道利者不計千萬。癸亥年二月十九日入塔，墖建在香茶縣，安舊山，天台之南也。

繼值南詢，聞師道風高峻，行化是邦，度人無數，契佛祖心，斷衲子命，行解真實，遐邇共欽，惜乎不及見耳！兹諸門人及薙徒等念墖既造，記應隨立。知繼是個中人必譖個中事，所以特來徵銘立石。繼愧筆墨荒疏，安敢承任。但忝在法門中誼固難辭，兼欽風有素，若不為其闡揚法化，則後世無述焉。

噫！以世諦目之，則有生滅去來之相；若以道眼視之，則不然。師雖寂滅，已證於涅槃之城，處不生不滅之所，焉用讚為？因師生前有許多洪功偉績，自不可埋沒，其世間相與入道因緣，恐未得其詳，即所撰次，譬如盲人摸象，只知一端而已。銘曰：

> 溥沱衍派，源遠流長。
>
> 慧燈續燄，祖道重光。
>
> 兒孫無數，如象如龍。
>
> 寶山突出，異目超宗。
>
> 無礙智辨，痛快機鋒。
>
> 化權既斂，孰紹高風。
>
> 天台之麓，窣堵無縫。
>
> 法身獨露，萬象之中。

景興九年四月日

中華福省溫陵桑蓮寺法姪善繼和南撰

山松寺銘

竊聞凡物之廢興有厥存焉，非人所能挽也，即此之山松寺亦古之名藍。因年多日久，風雨飄搖，幾為丘墟矣。今有龍武衛心德伯段福和登臨此地，睹金容色變，梁棟雲封，香煙冷淚，風景淒涼，豈不傷哉！於是率其妻胡氏及本社員職等遂發信心，共種敬田。於甲戌年閏二月鳩工，大興土木而重新之，至臘月完成矣。請余數言鑴為銘記，以誌不朽云耳。銘曰：

> 載經載營，鹿社重興。
>
> 慧燈不滅，佛日長寧。
>
> 布金長者，千載揚名。
>
> 慧足福足，奕世化生。

景興年歲在旃蒙大淵獻吉月穀旦（1755）

中華溫陵紫雲佳道人拜撰

（六）慈林禪師

慈林禪師（生卒年不詳），華籍僧人，在順化楊春山建慈林寺。據〈無量光塔碑〉載，了觀禪師曾經參禮慈林和尚，乞求受具足戒："丁丑年，禮慈林老和尚圓具足戒。"（紫雲道階〈敕賜臨濟正宗第三十五世了觀和尚諡正覺圓悟和尚碑銘〉）當時的"丁丑年"是 1697 年。

（七）克玄老祖

與克玄老禪師相關的資料甚少。今順化富春山禪林寺仍完好保存他的靈塔，依附在塔身的石碑上刻有"敕賜洞上正宗開山禪林院克玄老祖和尚之塔"。從落款可知立碑年代："正和二十七年四月吉日"（1706）。（〈克玄和尚塔碑〉）。

寺內的奉祖堂供奉克玄禪師的牌位，上面寫著"洞上正宗開山禪林寺諱如斯上克下玄大老和尚之貌座"。

根據石濂和尚《海外紀事》書中對"禪林院"的描寫可知，克玄老和尚開山此寺。

◎ 四、結語

17、18 世紀華籍僧人在越南南河地區傳教弘禪活動為越南佛教史、越南臨、曹禪宗史揭開了新的篇章。來到越南後，絕大多數僧人都定居下來並開山築寺、建立道場、接僧度眾、弘揚大乘，使禪脈心燈綿綿不絕。他們不僅僅是如來的使者，而且還是傳播中國嶺南文化的佼佼者。可惜的是，目前為止跟他們相關史料的搜尋工作尚未得到應有的關注。本論文對於越南臨、曹禪宗史提供一點點的資料，但願能引起後人對研究越南臨、曹禪系的注意。此論文只是初探 17、18 世紀華籍僧人在越南弘法的情況，未針對禪學的部分作深入研究。這些缺憾激勵筆者在未來繼續研究、深入挖掘以資彌補。最後，本文參考了以下資料，特此鳴謝。

1. 阮朝國史館編纂《大南列傳前編》——嗣德五年版。

2. 阮朝國史館編纂《大南一統誌》——維新三年版。

3. 阮福澍〈御建天姥寺碑記國主阮福澍嗣洞上正宗三十世法名興龍號天縱道人鼎建順化天姥寺碑記銘〉，順化市天姥寺田野考察所獲資料。

4. 善繼道階〈敕賜臨濟正宗第三十五世了觀和尚謚正覺圓悟和尚碑銘〉，順化市無量光塔田野考察所獲資料。

5. 大越國王阮福澍〈敕賜河中寺煥碧禪師塔記銘〉，順化市元韶禪師寶塔田野考察所獲資料。

6. 順化市含龍山天壽報國寺田野考察所獲資料。

7. 順化市富春山印宗慈曇寺田野考察所獲資料。

8. 順化市禪宗寺了觀和尚寶塔田野考察所獲資料。

9. 承天順化省山松寺田野考察所獲資料。

10. 承天順化省慶雲寺田野考察所獲資料。

11. 順化市富春山禪林寺田野考察所獲資料。

12. 順化市富春山慈林寺田野考察所獲資料。

13. 順化市富春山國恩寺田野考察所獲資料。

越南竹林寺石濂大汕和尚肖像畫淺論

〔越南〕釋慧安（Nguyen Thi Minh Phat）

　　石濂和尚（1633-1705），是清初曹洞宗的嗣法高僧。他於乙亥年（1695）三月來到越南，丙子年（1696）十月離開越南，他把在越南的經歷寫成了《海外紀事》一書。石濂和尚在越南期間極大地影響了越南當權者阮福凋和越南百姓，他對越南的影響深遠，一直延續至今。竹林寺位於越南順化省順化市水春坊，該寺與石濂和尚有著特殊的因緣，故石濂和尚的肖像被保存在此處，並被作為供奉之像。石濂和尚肖像為何留在越南？該肖像畫的作者是誰？目前有眾多不同的意見，本文將對這兩個問題進行探討。

◎ 一、越南順化竹林寺現存石濂和尚肖像畫的因緣

　　越南順化竹林寺於 1908 年建寺，該寺保存著一幅石濂和尚肖像畫，該寺院由臨濟宗了觀派僧徒開山。據釋成智的《竹林寺歷史》記載，自開山祖師時就擁有該法寶。[1] 也就是 1908 年覺先和尚開山竹林寺時，已經供奉石濂和尚的肖像畫了。[2] 空力《竹林寺：金剛經錦繡五色絲和硃砂鉢》中載，覺先和尚喜歡收藏古物，有意識地保存前輩之物。石濂和尚到順化時，阮福凋恭請他居住在禪林寺、天姥寺和覺王內院。在越南期間，石濂和尚幫助阮福凋建立了民眾歡喜的居儒慕釋的朝廷。阮福凋賜送硃砂、錫杖和金戒刀給石濂和尚，以示對他的崇敬。石濂和尚住在天姥寺期間乙亥年（1695 年）十月十五日至丙子年（1696 年）六月二十四日），石濂和尚離開天姥寺，建立了方丈室居住，此處後成為慶雲寺。石濂和尚回中國後，其鉢、肖像就留在慶雲寺。20 世紀初覺先和尚（1880-1936）把它供奉在竹林寺。[3] 藩順安的《在阮福凋時期的一些法寶》認為石濂和尚到越

---

[1]　是指石濂和尚肖像畫。

[2]　釋成智撰：《竹林寺歷史》（胡志明市：洪德出版社，2018 年），頁 61。

[3]　空力：《竹林寺：金剛經錦繡五色絲和硃砂鉢》，網站：http://www.lieuquanhue.vn/thien-mon-xu-hue/tranh-tuong-phap-khi/index.1.htm，瀏覽日期 2020 年 10 月 20 日。

南開戒壇傳戒時，受戒者中有一位皇姨阮氏道，她在香江旁邊立了座慶雲庵，推戴石濂和尚為開山者。該庵供奉石濂和尚的肖像幅畫與缽盂，後該庵轉成寺院並被第八世阮主"敕賜慶雲寺"。在 20 世紀中葉由於天災與戰爭，該寺被破壞，當時覺先和尚把石濂和尚的肖像畫與缽盂請到竹林寺供奉，一直保留到現在。[4]

據《海外紀事》可知，石濂和尚赴越南時帶著法器、法像，但未記載具體情況。《海外紀事》中石濂很仔細地描述事物現象，卻從始至終未提到他建立新的方丈室，也未提及肖像畫。

考查覺殊和尚生平的記載可知，慶雲寺是在永慶[5]四年（1732）由覺殊和尚買范氏略之地作為慶雲庵，後來擴建成為慶雲寺。覺殊和尚（1664-1754），俗名阮文問。黎朝正和年間（1680-1704）他應試不成。他有個兒子名為阮文慧。黎朝永盛元年（1705），阮文問到中國並娶清籍妻子，在中國期間改名為楊能問，又應試不成，後來在萬壽寺出家，師事興徹大師，興徹大師是石濂和尚的弟子。阮被本師賜法名為法問，字覺殊。黎朝保泰四年（1723），覺殊和尚回越南。保泰六年（1725），被阮福澍（1725-1738）賜入侍朝後院，並賜封為國師。龍德元年（1732），覺殊和尚住持慶雲寺。景興十二年（1751）當時他快要 90 歲了，回慶雲寺休養。景興十四年（1753），再去中國。景興十五年（1754）十月十五日覺殊圓寂，其塔安置在萬壽寺左邊。[6]

《竹林寺：金剛經錦繡五色絲和硃砂缽》中講石濂和尚把自己的肖像畫留在慶雲寺，後由覺先和尚把此肖像畫從慶雲寺帶到竹林寺。而《在阮福澍時期的一些法寶》中說皇姑造慶雲，同時推戴石濂和尚開山並供奉石濂和尚的肖像畫和缽盂。但據《海外紀事》的記載以及慶雲寺的成立年代，筆者認為上述兩種說法都是存疑的。

從覺殊和尚建立慶雲寺的角度來看，他是慶雲寺的開山祖師，他去中國並成為了石濂和尚的法孫。1705 至 1723 年他留在中國長達十八年，1723 年他返回

---

[4] 釋同本、阮國俊主編：〈在阮福澍時期的一些法寶〉，載《阮朝佛教》（河內：宗教出版社，2015 年），頁712-713。

[5] 永慶（1729-1732）。

[6] 〔越〕釋忠厚、釋海印編撰：〈順化佛教的諸尊禪德和有功居士〉第一冊（胡志明市：胡志明出版社，2011 年），頁 140。

第四部分：禪武歷史文化　　391

越南。所以筆者認為可能性較大的是覺殊和尚從中國把石濂和尚的肖像畫帶回越南，並供奉此畫在慶雲寺，之後由開山竹林寺的覺先和尚把該肖像畫從慶雲寺帶到了竹林寺。

◎ 二、越南竹林寺現存石濂和尚肖像畫的繪者

（一）中國現存石濂和尚畫像的繪者

石濂和尚是中國明末清初時期傑出的畫家，其繪畫藝術在姜伯勤的《石濂大汕與澳門禪史》[7] 中已經探討得很深刻了，本文在此不再論述。據《石濂大汕與澳門禪史》可知，至今中國還保存著石濂和尚相當多的繪畫作品，其繪畫主題為人物和山水。其中有三幅畫分別名為《大汕和尚自繪法像略圖》、《大汕和尚自畫像》、《大汕晚年寫真》，這三幅畫畫的都是石濂和尚的真容。

《大汕和尚自繪法像略圖》現存於澳門普濟禪院及廣州美術館，並藏有多幅。[8] 這幅畫描繪青年的石濂和尚，頭上披髮，沒有剃髮，是頭陀像，石濂和尚席地坐於蒲團之上，身披僧袍，姿態優雅（圖 1）。[9]

《大汕和尚自畫像》中的石濂和尚坐在酸枝椅上，頭陀裝，身著僧袍和紅袈裟，右手執拂塵柄，左手扶拂塵毛，椅子前有一雙空鞋，形態莊嚴肅穆，這幅畫藏在峽山寺內和遯庵先生處。[10]（圖 2）

《大汕晚年寫真》為峽山寺藏本《長壽院僧像冊》第一圖，姜先生認為該幅畫是石濂和尚之肖像。該幅畫畫出年老的石濂和尚，畫中石濂和尚穿白色道人裝，結跏趺坐在蒲團上，頭束髮，右手執拂塵柄，左手按拂塵毛，白衣藍帶。此像天庭高闊，鼻若懸膽，眼有神，眉棱骨略顯，法令長，嘴闊細而兩角微向上，中青年時下巴略呈橢圓收尖，老年時則顴骨明顯。[11]（圖 3）

---

[7] 姜伯勤：《石濂大汕與澳門禪史：清初嶺南禪學史研究初編》（上海：學林出版社，1999 年）。

[8] 同上註，頁 384。

[9] 同上註，頁 293-296。

[10] 同上註，頁 295-299。

[11] 同上註，頁 299-301。

圖 1《大汕和尚自繪
法像略圖》

圖 2《大汕和尚自
畫像》

圖 3《大汕晚年寫真》

（二）《金剛直疏》中的石濂和尚法像的繪者

　　現存於越南的《金剛直疏》是由石濂和尚講解的作品。該作品內乙頁有石濂
和尚的真容畫像，名為“石蓮禪師法像”。（圖 4）該像是由朱圭弟子畫出的石濂
和尚之本師，畫面上有兩行字“石蓮禪師法像，昊趨弟子朱圭上如敬繪”。這裏
“石蓮禪師法像”的石蓮禪師是否為石濂和尚？據《金剛直疏》首頁云：“廣福
石濂禪師著”。又據《中華藝術文化辭典》云：“大汕：清初畫家。清順治、康
熙間（1661-1722）名僧。俗姓徐，字厂翁，又字石蓮，號石濂。嶺南（今廣東）
人。曾主廣州長壽寺。”[12] 由此可見石蓮禪師就是石濂禪師。

　　此畫中，石濂和尚很安然自在地坐在椅子上畫畫，紙本放在畫案上，桌面
上還有墨硯、筆筒等畫具，畫面上以竹子補景。石濂和尚身披僧袍，左手按著紙
本，右手提筆到肩，形態生動。該法像中的石濂和尚的容貌跟《大汕和尚自繪法
像略圖》（圖 1）相似。另外，該幅畫的形象、姿態、空間跟石濂自畫像《做畫圖》
（圖 5）相似。姜先生對《做畫圖》這樣評價：“此畫極佳，反映出大汕在雲來閣、
繪空軒中有一流畫室，畫案畫具佳，表現了大汕晚年畫藝成熟的場景。畫面上以
英石舊山補景，襯托出一派古雅氣韻。”[13]

---

[12] 嚴雲受主編：《中華藝術文化辭典》（合肥：安徽文藝出版社，1995 年），頁 530。

[13] 姜伯勤：《石濂大汕與澳門禪史：清初嶺南禪學史研究初編》，頁 325。

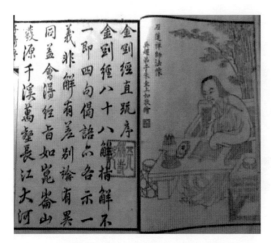

圖4《金剛直疏》中昊趨弟子畫石蓮禪師法
像圖（范文俊提供）

圖5《做畫圖》

（三）越南竹林寺石濂老和尚肖像的繪者

目前越南竹林寺保存著一幅石濂和尚肖像畫，該畫被作為供奉之像。（圖6）
此畫縱1.18米、寬0.72米，畫像有畫框，畫面下端有一行文字為"石濂老和尚
肖像"，畫中石濂老和尚結跏趺坐在蒲團上，左手執著拂子，右手結印，身穿白
衣，外披僧袍和袈裟，僧袍為紫色錦繡上有壽字花紋，袈裟為黃色上有花紋，頭
髮為頭陀髮式，不剃而長髮，面有髭鬚，額頭高，微微含笑，手指修長。此肖像
畫沒有記載年代與署名，所以難以確定作畫時間和繪者。

據《石濂大汕與澳門禪史：清初嶺南禪學史研究初編》，石濂和尚肖像畫是
石濂和尚自畫的。而據《金剛直疏》中的"石蓮禪師法像"說法，則是弟子畫的。
在《石濂大汕與澳門禪史》中，石濂和尚的自畫法像（圖1、圖2、圖3）只有
真容，未見題記和署名，而此書中石濂的其他自畫像基本上都有題記，題記位置
是畫面上方的右邊或者畫面上面左邊。題記有的用篆書，有的用隸書，都是從上
到下豎寫的（圖5）。《金剛直疏》中弟子作的石濂和尚肖像畫有題記，有署名（圖
4）。谷卿在〈論石濂大汕自畫像及其畫學淵源——以《行跡圖》為中心的研討〉
一文中指出：大汕畫藝精湛，熱衷自畫其像，他最為人矚目的自畫像作品當屬其
《離六堂集》（及二集）前附朱圭所刻的三十餘幅版畫像傳，每幅皆有題名。但因
不同時期印本的差異，存在或有某幅畫像被移除、或有某幅畫像被鏟去題名等情

圖 6 越南順化竹林寺石濂和尚肖像畫（釋成智攝）

況，綜合參照各本，像傳共有三十四幀，每圖附題讚一頁，各幀畫像以篆書或隸書題端，為“行腳圖”、“負薪圖”、“供母圖”等。[14]

從現存石濂自畫像的法像以及其畫面特點來看，竹林寺的石濂和尚肖像畫的畫面上沒有題記，而現存其肖像畫則有的有題記，有的無題記。其畫面下端橫著從右往左寫有一行手寫字“石濂老和尚肖像”，而現存石濂和尚肖像畫題記是縱寫，字體是篆書或隸書。筆者認為越南竹林寺現存該畫像可能有兩種情況：其一，該畫像繪者是石濂和尚，其題名被剷除了，後人添加“石濂老和尚肖像”字樣；其二，原有一幅石濂自畫像的底稿，後人臨摹作此肖像畫。

繪畫是受到人讚賞的藝術之一。石濂和尚 —— 一位元代畫僧的作品被人們收藏、讚賞並作為珍寶之物。他跟越南阮福淍阮主有密切的師徒關係，因此他的名聲在越南也十分響亮。目前越南竹林寺有緣保留了精美的石濂自畫像。該畫像成為歷史上中越兩國之間交流的美好記憶。

---

[14] 谷卿：〈論石濂大汕自畫像及其畫學淵源 —— 以《行跡圖》為中心的研討〉，《世界宗教文化期刊》2017年第 2 期，頁 131。

"即人成佛"：竺摩法師的辦學思想及其在馬來西亞弘法 [1]

區志堅 *

◎ 一、引言

　　佛教在亞洲區域發展主要有三大體系，分別為藏傳佛學、漢傳佛學及南傳佛學。佛教的傳承有賴知識傳播，由是辦學使佛教得以系統地傳播知識，使佛教知識一代一代傳下去。[2] 在漢傳佛教系統的僧伽教育大體分為三支：宗門（禪）主要是坐禪參話頭，加以機鋒訓練，禪師指點，參禪人士得悟呈偈，由高明的禪師以印證認可；教門（天台、華嚴、法相）則主要是聽經與閱藏，一樣屬於專門的宗教教育；此外，僧伽也必須接受戒律教育，受戒合格後方能獲戒牒，這也屬於教育範疇。三支的共同點就是師徒式的傳授，即是重視把佛教的戒律及義理傳於機構的教授，包括寺門及教育機構，更建立僧團。[3] 位於中國南方的寺院及在南方修行的高僧，更成為佛教傳往東南亞諸國的重要機構和人物。於全面抗日戰爭時期（1937-1945），太虛大師組織中國佛教國際訪問團赴南洋弘揚佛法。及後，慈航法師於 1948 年在星洲成立佛學會，又成立星洲菩提小學及星洲菩提中學，使中國佛教在已有基礎上南傳東南亞。正如研究海外華人歷史的專家學者王賡武教授所指出，宗教文化成為聯繫海外華僑或華人群體的重要媒介。[4]

　　國內研究華僑史的學者張禹東、陳景熙也指出，海外華人宗教及商會社團、華文學校、華文報紙是海外華人社會的"三寶"，其中華人社團以海外華人宗教慈善團體為其中的重要組成部分，當中的華人宗教辦學團體，更成為中華文

---

*　香港樹仁大學歷史系助理教授

[1]　謹此感謝馬來西亞拉曼大學黃文斌教授給予建議及提供資料。

[2]　瑪欣德尊：〈南傳佛教漂流與特色〉，鄭筱筠，康南山主編：《首屆南傳佛教高峰論壇文集》（北京：中國社會科學出版社，2017 年），頁 7。

[3]　孫雲霞：〈對當前雲南佛教院校教育佈局的思考〉，《首屆南傳佛教高峰論壇文集》，頁 39。

[4]　王賡武：〈華人新移民：何以新？為何新？〉，《天下華人》（廣州：廣東人民出版社，2016 年），頁 253。

化傳往東南亞的重要橋樑。[5] 今天國家推行"一帶一路"國策，不少宗教界人士及學者已指出中國華南地區的宗教社群，既是把佛教南傳往東南亞諸國的重要團體，也是中國與東南亞建立文化戰略的重要媒介。[6] 藉教育建立的僧團也成為延續中國佛學的法脈，[7] 由是也帶動佛教界及學界多研究"南傳佛教"的呼聲，提出"法雨中國，普潤亞洲"的觀點，推動人間佛教在東亞及東南亞的研究課題。[8] 而研究佛教文化應多研究過去曾成功把佛教傳往東南亞的重要僧侶、僧團，及其在東南亞一帶籌辦的佛教團體及學校，以見宗教文化成為中國外交的"軟實力"（soft power）。因此從歷史上溯，也應多注意 20 世紀 60 年代，在東南亞弘揚佛教文化教育的高僧竺摩法師（1913-2002）及其在馬來西亞傳播佛教的情況。竺摩法師更被稱為"大馬北傳佛教之父"、"大馬佛教之父"、"大馬漢傳佛教之父"。於 1998 年 9 月，馬來西亞檳城元首封賜竺摩法師為 DMPN 高級拿督勳銜，肯定竺摩法師在馬來西亞弘揚佛法的貢獻。[9] 竺摩法師於 1958 年發表〈佛陀教育原則與方法〉一文，已指出："（佛教）教育宗旨在即人成佛"，從事辦學導引學生求佛法。[10] 他又於 1982 年於新加坡發表了〈彌陀法門的教育意義〉一文，指出"目今佛教的急務，莫過於設辦學校，提倡教育，栽培人材，振興佛教，拯救佛教衰頹的現象"。[11] 竺摩法師身體力行，在馬來西亞及新加坡籌辦佛教學校。所以，要研究南傳佛教成功流播的情況，不可不注意研究竺摩法師弘揚佛教的課題。本文主要研究竺摩法師的辦學思想及其在馬來西亞等地辦學的情況，以為今天禪學在東南亞，乃至佛教文化在一帶一路的發展提供參考。

[5] 張禹東，陳景熙等：《華人社團與中華文化傳播》（北京：社會科學文獻出版社，2018 年），頁 89-93。

[6] 見卓新立：〈佛教與世界 —— 關於宗教與文化戰略關係的思考〉，頁 3-6；康南山：〈建立中國與東盟佛教黃金紐帶，促進"一帶一路"建設〉，《首屆南傳佛教高峰論壇文集》，頁 98-108。

[7] 李玉珍：〈國際法子與中國祖庭：以法鼓山全球化為例〉，謝世雄等主編：《華人宗教與國族主義》（台北：政大出版社，2019 年），頁 130-151。

[8] 陳劍鍠：〈序文〉，氏主編：《法雨中國，普潤亞洲：人間佛教在東亞與東南亞的開展》（香港：香港中文大學人間佛教研究中心，2016 年），頁 1-2。

[9] 盧友中：〈前言〉，竺摩法師著：《竺摩集》（上），（北京：宗教文化出版社，2014 年），頁 3-4。

[10] 竺摩：〈佛陀教育原則與方法〉，《竺摩集》（下），頁 140。

[11] 竺摩：〈彌陀法門的教育意義〉，《竺摩集》（下），頁 189。

◎ 二、簡述竺摩法師的生平

竺摩法師，俗名陳德安，1913 年出生於浙江樂清。1924 年，年僅 12 歲的他正式出家，並於 1928 年依寧波觀宗寺住持諦閑法師受具足戒，成為天台名偕的入室弟子。1930 年，竺摩法師由師叔芝峰法師引薦，往廈門閩南佛學院深造，在芝峰、大醒法師教導下，學業有成。1932 年，院長太虛法師回院講學，舉行會試，結果竺摩名列第一，太虛法師甚為欣賞。1932 年竺摩法師從閩南佛學院畢業，隨太虛大師往廣東潮汕等地弘法，並任譽滿國際、研究及傳播佛學訊息的刊物《海潮音》雜誌的主編助理。後於 1934 年隨芝峰法師往寧波白湖金仙寺辦白湖精舍。

1937 年，全面抗日戰爭爆發，竺摩法師參加"僧伽救護隊"，1938 年往香港弘法，開展救濟難民工作，被任為香港佛教救濟難民會委員兼駐會幹事。1939 年往澳門創辦佛學研究班，並先後任澳門寶覺佛學社導師、香港棲霞佛學院副院長兼教務主任，推動佛教教育。1951 年在澳門創辦佛教刊物《無盡燈》。1954 年竺摩法師應邀往馬來西亞檳城，為當地菩提學院導師，並於菩提中學講授佛學課程，又自編三冊佛學教材，並擔任新加坡多個佛學單位的導師，在假期前往新加坡講學。1959 年於檳城創辦馬來西亞佛教會，旋於 1970 年創辦馬來西亞佛學院，任院長。馬來西亞佛教會於 1973 年改稱為馬來西亞佛教總會，《無盡燈》自此被納入馬來西亞佛教會體系刊物，成為當地佛教官方刊物，更成為當地華人獲得佛教及佛學訊息的重要刊物，竺摩法師自 1951 至 1973 年任《無盡燈》社長。1962 年在馬來西亞創建三慧講堂，促成佛教轉向佛學研究及佛教知識的普及，更先後在馬來西亞的吉隆坡、馬六甲、昔加末、怡保、吉打，以及新加坡等東南亞地域，與信眾創辦佛寶寺、寶林法苑、妙音寺、觀音堂、菩提心、佛法林、佛緣林等講堂。

馬來西亞"繼"字輩的出家人，多是竺摩法師的弟子，其中包括馬來西亞佛學院院長繼程法師、教務主任繼尊法師與三慧講堂住持繼傳法師等。竺摩法師於1972 至 1997 年間獲委任為監察主任，負責調解會侶的糾紛。他於 1961 年所撰〈蕩執成智、真空妙有：五十年來的檳城佛教〉中，列出其時檳城的大小寺院名單，通過弘法人物、文化與教育發展來論述檳城佛教，文中特立一章研究檳城佛教文化與教育事業的發展關係，將"請藏經、辦刊物、流通法典"及"興辦佛教學校"歸結為佛教文化在彼邦發展的重要媒介。[12] 竺摩是以佛教文化及佛教教育的蓬勃發展與否作為品評佛教發展的依據，由是也見出他重視佛教團體的辦學工作。1954 年，竺摩曾提到："但後來你們來辦學院為僧伽教育努力，編刊物來為文化努力，我就當你菩薩來拜了。"可見竺摩法師以籌辦佛教教育為終身職志。

1964 年，竺摩法師卸下菩提學校佛學班導師一職後，同年籌辦三慧講堂，以現代講學及行政管理方式來弘揚佛法，終其一生以馬來西亞的檳城三慧講堂為長居的地方。三慧講堂更成立佛法研修會、慧堂印經會等，推廣佛教教育與佛教文化。由此可見，竺摩頗重視系統佛學教育，自馬來西亞佛學院創辦後，先後任院長多年（1970-2002），亦主持佛學院要務。1954 年竺摩南下馬來西亞，自此長居檳城，至 2002 年圓寂為止，間會外訪。[13]

◎ 三、竺摩法師的辦學思想

20 世紀前後的中國佛教面臨不少內憂外患，如：（一）僧材凋零；（二）居士佛教的興起；（三）教外衝擊，如外界欲藉寺廟辦學，以及科學與基督教對佛教的威脅。故佛教徒多希望通過多元化的努力重振佛教。

竺摩於 1937 年已言佛教歷代高僧以重視知識見稱。他在〈佛教的十法界觀〉中說，歷代高僧多重視聚眾講學及翻譯經論，兩晉已有道安弘法，其後，僧肇、道生、道融等均具"僧伽學團精神"，"極力把佛教的精神表現到社會上去"；唐宋二代禪宗及淨土宗"本身本來亦極重求知的"，認為佛教本求知識啟導。[14] 然而，為什麼民國建元後，佛教不振？他認為是中國佛教徒在唐以前，出家者都經考試，官方給以度牒；唐朝以後，漸漸"馬虎"；清朝僧伽出家考試制度，已完全廢置，出家非常隨便，佛門多成為"社會罪惡的逋逃藪"，僧侶多不學佛經經義，造成叢林的混亂情況。這均是"佛教裏有教無養"的問題，甚至發心學佛的好人，入了佛教的社會裏，也因沒有教育而沾了壞風氣，"退失初心，跟著壞起

---

[12] 竺摩：〈蕩執成智、真空妙有：五十年來的檳城佛教〉，轉引自陳慧倩：《竺摩法師及其佛教文化與教育事業（1954-1990）》，文學碩士論文未刊稿，2017 年，頁 3。

[13] 有關竺摩法師的生平，本部分主要參考盧友中：〈前言〉，頁 1-6；陳慧倩：《竺摩法師及其佛教文化與教育事業（1954-1990）》。謹此向兩位學者表心致謝。

[14] 竺摩：〈佛教的十法界觀〉，《竺摩集》（上），頁 26。

來了"。故竺摩強調僧侶教育,"可幫助社會培養人材,即把這許多壞人都教育成好人,盡了佛化教育的職責"。而辦僧材教育,一要研讀經典,"中國的佛經,也是歷代許多祖師犧牲身命從印度求取而來的,我們鑒於古德辦法為眾的苦心與願力,與自己應盡的職志,應要研究經典,發揚教義,決不好把經典忘之脖後,把藏經供之高閣";二要堅定信念;三要獻身佛教;四要同情正義。[15]

竺摩法師認為佛教辦學的宗旨是"即人成佛",他在〈佛陀教育原則與方法〉中,指出佛陀說了很多深奧的道理,"但是他勸人修學,應該腳踏實地,從最淺近、最切實,最平穩的做人的方法做起"。佛陀告訴弟子,每天把工作的時間用二分來學佛學,一分去學世學,把多點工夫注重學佛,"即是注重先學習做人的方決,磨練做人的品格,因佛學就是實踐的道德學、倫理學、教育學"。至於教育方法上,佛陀按照受教育者的程度循序施教:人乘法如幼兒園教育、天乘法如小學教育、聲聞乘法如初中教育、緣覺乘法如高中教育、菩薩乘法如大學教育。佛施教育"注重三步驟:首重品德的修養,說有戒學;次重身心的訓練,說有定學;再重理智的發掘,說有慧學"。而近代西洋教育"多注重智育與體育,對於德育不大留意,所以會造成學風不良,青年墮落,教育瀕於破產的危機"。而佛陀的三學與美、群、智、德、體的五育不同,佛陀教導弟子做到世間三育,進一步才求出生佛果一切功德莊嚴,更輔以輔導自學的自我教育。在佛學教學中,也要多注意教僧侶佛教史及教理,尤以教理為重要,因為學佛要"正信三寶":以佛陀為教主、佛寺為教義、佛僧為幹部。初入佛門,"必先對三寶建立基本信念,且此信念須要正確。因佛教重知解,重行證,尤重見地",要教導三藏十二部經,建立正知見,建立修正定慧,才成超世清淨的佛法。佛教歷史是學習佛法的基礎,"世界上不論什麼宗教或學術,它的成立必有來源和發展的因果關係,如不加以研究,就會數典忘祖。所以我們學佛,對佛教的歷史,務須加以注意和認識"。佛教的歷史具備佛教的一般常識,"都是為研究教理準備。由於鑽堅研微,明白教理,才能深入佛法的堂奧"。[16]

竺摩更在〈佛教的慈威教育〉中,表述佛教僧侶接受知識的重要。佛陀教育

---

[15] 竺摩:〈談辦僧教育〉,頁 126-128。

[16] 竺摩:〈從佛學入門說到教史教法〉,頁 146-148。

分為兩部分：一是慈悲的，以"低微"態度設教，是正面的教育，用來教化一般比較善良的易於受教的人；另一是以威力的，以特殊教育，教化一般窮凶極惡的不易受教的人，使之屈伏、受教，是以"怒目"態度設教。教育信眾，自然可以"影響社會，造成了社會一種良善的道德教化"。

竺摩法師於 1954 年南下馬來西亞，特別以推動當地佛教教育為己任。他於 1960 年在當地錫蘭佛寺的演講中已指出五六十年代"馬來西亞、錫蘭佛徒學校，除了貴寺辦一間，星期學校，其他的似乎不多，而中國佛徒辦的佛教學校，亦只有檳城的菩提小學，和馬六甲的香林小學。比之外教的學校林立，教堂到處都有，我們實是相形見絀，望塵莫及了"。故佛教團體能多在馬來西亞等地辦學，以便"各民族人士從佛化教育中提攜合作，爭取馬來西亞佛教前途天大的光明"，辦學的目的，不只是知識培育，更重要的是弘揚佛教。[17]

及至 70 年代，竺摩也在〈辦學興教之需要〉及〈彌陀法門的教育意義〉二文中，力言此時的馬來西亞要多辦佛教學校："目前佛教所最急需的事情，是在興辦佛教的學校教育，因佛教教育對於培植人材，宣揚佛法，關係非常深切！"中國的唐代已有辦佛學的機構，研究教義的人非常多，但宋明以後，學風不揚，教義無人研究，佛法乏人宣傳，"現在若要佛法興旺，必須要提倡辦學育材，宣揚教義，普及佛法，佛法始能在生存流通下去！故在目前佛教情形之下，最需要的工作，是要興辦佛教學校，不論它是專門佛學院，或普通的佛教學校"。"目今佛教的急務，莫過於設辦學校，提倡教育，栽培人材，振興佛教"。佛教教主釋迦佛陀成佛施教，講經說法，"等於以現代的講學方式，從教育的立場，闡揚教義，栽培人材"。佛教辦學，集中人才研究佛法，弘揚佛化，興辦佛教學校，就是"法供養"，"用最上最妙的供品供佛了"，學校辦多了，"不但佛教興盛，且可引入更多人食齋學佛"。因為竺摩法師在 50 年代初來香港，他特別指出"興辦佛教學校最多的地方，要算香港"，佛教中學約八九間，佛教辦小學有二三十間，信佛學佛而吃素的人一天天增多，尤其為青年男女學生，香港九龍共二三十間齋菜館，每到中午放學，只見"青年學生蜂湧而來吃齋"，"這種於佛教有利，

---

[17] 竺摩：〈應機設教的佛陀〉，頁 181。

於人世有益的風氣及現象，當然都是由於多辦佛教學校造成的”。佛教辦學也可為學生堅定信仰，解除精神上的彷徨，同時，佛陀教人“知行並運，福慧雙修”，辦教育，編有關佛教的雜誌，屬於修慧；建廟宇、施燈油，屬於修福。慧是了知人生的真理，福是循著理路去走，即知即行，求福求慧。但“現在一般學佛的信徒，多只求福，不知修慧，造成現階段教內外一股愚昧的現象”，故興辦佛教教育，刊行佛經雜誌“才可糾正這種偏差”。佛陀弟子有一位最多聞且有智慧的阿難尊者，就是福慧雙修的代表。加之，佛教教義分為自力教和他力教，自力教是靠自己的精勤修學，他力教是恐怕自力不足，難致成果，故多強調學習，有時先以外力教化，輔以自力必然更佳。“佛陀的慈悲願力，給予後世為教育工作的人無限的啟示，體知創校辦學的旨趣，全在為社會、為國家、為法為人，培植健全的人格，成為良好的公民，守正不阿，公爾忘私。”佛教教育就是只須人們從修養中淨化身心。[18]

佛教辦學十分重要，而海外華僑興辦佛學更為重要。竺摩法師在〈從華內僑興學談到儒學教育〉中認為華僑在海外辦學，發展華文教育“才是數典不忘其祖”，也使海外華人“有著四五千年的優良傳統，承先啟後”。儒學教導，注重現實人事；佛教教育，也是教人把握現實。佛祖教導，教育的中心對象是在此土人類，不在天上，也不在他方世界，“最著重現實人生的改造”，與儒家孔子教化相通。而孔子推動平民教育，亦同佛祖倡導佛教教育，“卻是極平民化而接近大眾”。佛教與儒家不同者，為佛教強調“發心”，要引發“無上道心”，才能“成等正覺”；儒教則注意“立志”。佛教要求出世善，而儒教則強調止世間至善、斷煩惱障證、修行圓滿智慧。故佛教教育不只是教導善行，更要求學生達到信佛及依佛經教導修行的目標。

◎ 四、在馬來西亞辦佛教學校 [19]

竺摩法師不只是通過文化傳揚佛法，更重視推動佛教教育，把佛教靈根樹植在馬來西亞。他於 1970 年創辦馬來西亞佛學院，並任院長至 1990 年，至圓寂

---

[18] 竺摩：〈辦學興教之需要〉，頁 186；〈彌陀法門的教育意義〉，頁 191。

[19] 此部分主要參考陳慧倩：《竺摩法師及其佛教文化與教育事業（1954-1990）》。

前仍保留院長之名。檳城菩提中學（以下簡稱菩中）原是由馬來西亞的法舫法師在 1950 年建議檳城舍眾開辦，曾邀請其時在香港的竺摩法師等相繼辦學。但法舫法師卻於 1951 年圓寂，只留下竺摩法師一人於 1954 年前往彼邦辦學，故竺摩在菩中負上辦學的責任。竺摩法師往馬來西亞後，任菩中佛學教師，講解佛學常識，又領導信眾籌款建菩中禮堂，使菩中得以在佛教界各方的支持下建立起來。

竺摩法師往三慧講堂後，更撰寫課本。他認為菩中為一所佛化的社會學校，其任務為“從佛教文化教育的薰陶中，為國家社會鼓鑄學德兼備的優秀人才”，也希望畢業生可以如校名般，發菩提心，積極服務社會，期望佛化社會學校能為國家和社會培育人才。他對學生的要求，以修養品德為第一順位，次者為成績。他曾言：“一切學問以道德為基本，有德才重學，無德學不重。”他認為德、學不宜相距太大，若沒有求知而力行，行為常常是趨向盲目的。

竺摩法師最為注重的多個面向，是品德、忍耐與智慧。竺摩法師早期曾提出以戒學修養品德，以定學訓練身心，再以慧學啟發理智。竺摩法師給菩中學生的演講詞，多提醒學生培養品德、訓練身心與修養智慧，始終如一。

進一步言，竺摩法師也提醒學生們不要跟隨時尚，認為學生與教師地位平等，教導學生不可侮辱師長，也希望學生可以由智生信，信佛教要以真理為先。竺摩也宣揚教理內容，故自編《初中佛學課本》三冊，此叢書在 1958 年出版。竺摩自言因當時沒有完整的佛學教科書，此套課本是其在弘法活動中完稿的講義，是在上課時向同學介紹的佛學常識。此套課本的特色，是以深入淺出的方式舉例講解，於每一課文後設計問題。竺摩法師對研修成員的嘉許言，指出若佛教青年認真學佛修行，便能在佛教中起領導作用。平日，竺摩法師也開辦三慧講堂，於周日義教。

竺摩法師曾表述創辦馬來西亞佛學院的宗旨，就是“辦學興教，培植主持佛教，弘揚佛學之人才”。他推動佛教教育的目的為提升至培養主持的佛教人才，竺摩法師也曾在馬來西亞佛學院首屆畢業禮談及：“不論全馬各庵堂或普通學校出身，只要有相當程度的，皆可投考入院，接受佛的教育。”馬來西亞佛學院也可接受庵堂子弟報讀，“辦佛學的風氣未開，要法師們親自出馬招生，才從怡隆、甲柔等地拉到四五十名女生，但到今天開學，尚有十多個未到”。竺摩法師在馬來西亞辦佛學之初，實不易為。

竺摩法師常向學生強調品德才是最重要的，所謂品德或品行"重在誠實"、信用、忠厚、勤學等等，行事不傷他人。"誠實"的品格為任何道德的根本，品德好也直接影響個人的威儀。竺摩法師指出佛學院品德訓練的依據在佛學院院訓及十二項目：佛學院院訓為"慈慧勤捨"，寓意"佛教立教之根本在慈悲、佛教學術的結晶在智慧、佛教修學之成功在精勤、佛教濟世之事業在施捨"。慈、勤、捨，乃修行必備因素，慧則是要通過不懈的學習後才可達到，功能在讓人明辨是非，分別邪正。

◎ 五、小結

竺摩法師以辦學為己任，其辦學不只是傳播道德及中國文化知識，更發願以傳播佛教文化為志業，希望藉此弘法，培育佛教僧伽，建立"知行並運，福慧雙修"的僧團。竺摩法師更進一步在馬來西亞辦學，把佛教傳往東南亞，他成功把教育思想實踐在辦學中。僧侶、僧團及信徒的努力，成為南傳佛教及佛教文化傳往海外的重要力量。禪宗文化早在唐中業以後就在華南地區大為發展，而且廣東一地早已成為中國與海外交流的重要橋樑，廣州一地又早成為禪宗文化流佈的要地，高僧人才輩出，紛紛外訪。廣州一地的寺廟，更可以成為推動"一帶一路"、把中華民族的宗教文化引向東南亞國家的外交"文化軟實力"。

尼泊爾與中國文化的關係

〔尼泊爾〕高樂（Gole Bhakta Raj）[*]

◎ 一、佛教文化交流

尼泊爾與中國是擁有兩千年友好關係的鄰居。近期，中國與尼泊爾的關係更為密切。所以，兩個國家在社會經濟、文化、宗教、工業、能源、環境、旅遊、貿易、交通等方面互相影響。其中，文化關係在尼泊爾與中國之間建立了超過兩千年。歷史上，這個文化關係的建立，最早且最重要的事件之一是佛教介紹到了中國，所以是佛教將中尼的關係建立起來的。兩國之間相互影響的程度與交流的層面一直是廣泛的。這兩個國家在歷史、地理問題上能夠達成某種程度的共識，與兩國受到佛教和平、慈悲精神的影響密不可分。今天，這種社會心理仍有在傳播。

◎ 二、藍毗尼

藍毗尼是釋迦牟尼佛的出生地，屬於尼泊爾南部的魯潘德希（Rupandehi）地區，是世界上的佛教徒心目中神聖的地方。悉達多喬答摩（釋迦牟尼佛）在兩千五百年前從摩耶夫人的右脅中出生，就是在這個地方。他在迦毗羅衛國（Kapilavastu）的皇宮裏面長大，當了二十九年的王子後，他開始了偉大的出家修行（renunciation）。二十九歲的時候，他為了尋找智慧，所以離開皇宮出家。三十五歲的時候，他尋找到佛法智慧，就成佛了。現在佛陀的佛法在全世界傳播，歷史上不僅為亞洲國家，而且為整個國際社會創造了持久的利益，成為和平、慈悲和寬容等精神的源泉。

佛陀在長部阿含經裏面的《大般涅槃經》中說過："如來出生地、如來現正覺無上遍正覺的地方、無上法輪被如來轉起的地方、如來般涅槃於無餘涅槃界的

---

* 華南師範大學博士研究生

地方，佛陀涅槃後有四能激起宗教信仰心之處。"[1] 所以虔誠的人們絡繹不絕地前往藍毗尼。

在佛祖涅槃之後，西元前 250 年阿育王來到藍毗尼 [2]，他在藍毗尼豎立一根石柱，作為佛祖出生地之標誌。阿育王不僅去了藍毗尼，還去了迦毗羅衛，他還在尼泊爾的尼格利哈瓦（Niglihawa）和戈提哈瓦（Gotihawa）豎立了兩根石柱。

阿育王之後，信仰佛教的弟子一直留在藍毗尼，最有名的朝聖者都是中國人，如法顯、玄奘等等。

◎ 三、法顯

法顯（約 334-430），平陽郡武陽人，是中國東晉時代的一位高僧。他開始求法之旅時，已經六十二歲，七十七歲左右才返回中國。他回中國後寫了關於他旅行經歷的書，完整描述了他的旅程。那本書記載了中亞、印度、尼泊爾、斯里蘭卡等地的風俗，這是絲綢之路沿線許多國家的地理和歷史知識的最早的綜合記載。

法顯法師也去了現在的尼泊爾的許多地方，比如藍毗尼園、迦毗羅衛城、藍莫國等。

法顯法師描寫了尼泊爾藍毗尼 —— 釋迦牟尼佛的出生地，和其他的佛教聖地，摘錄如下：

法顯記錄的那毗伽鎮、迦毗羅衛和藍毗尼園所在地：

> 從舍衛城東南走十二由旬，他們到達了那毗伽鎮，那裏是拘樓秦佛（Krakuchchanda Buddha）誕生和進入涅槃的地方。這些地方都建了寺院和佛塔。往北走不到一由旬的地方，是拘那含佛誕生和進入涅槃的地方。這些地方都建了寺院和佛塔。從此往東走不到一由旬，他們到了迦毗羅衛城。該城東北的數里之外是王田，太子曾坐在那裏的樹下觀看農夫耕作。距城東五十

---

[1] DN.16/（3）Mahā parinibbā nasuttaṃ Catusaṃvejanī yaṭṭhānā ni 202.

[2] Dr.Gautam Bir Bajracharya, *Lumbini-Hida Buddhe Jte Shakya-muniti* (Tara devhi Bajracharya, Dr.Bir Bikram Bajracharya, Dr.Anuj Bajracharya, Dr. Gaurab Bir Bajracharya, Lalitpur Dhobhi Ghat Naya bato-3, 2019), p. 109.

406

里地，有王家園林，名藍毗尼園。[3]

法顯記錄的藍莫國所在地：

從佛陀誕生的地方往東五由旬，就是藍莫國（Ramgram）。該國國王獲得了一份佛舍利，在他回國之後建了一座佛塔，名叫藍莫塔。從這裏向東三由旬，是太子讓車匿和白馬返回的地方，在此也建了一座塔。再向東走四由旬，他們到達了炭塔，那裏也有一座寺廟。[4]

法顯記錄的諸梨車所在地：

從此地向東南走十二由旬，他們到達了梨車族人（Liehchavis，該部落住在鄰近的跋者國）的地方。[5]

法顯記錄的寶雲到達的罽賓所在地：

寶雲帶領的這一群人到達了罽賓的摩天陀羅寺，佛馱跋陀羅剛好在該寺講授佛教。[6]

法顯是第一位遊歷了尼泊爾境內佛陀的誕生地藍毗尼、迦毗羅衛以及其他聖地的僧人。關於他的見聞，被記於他的《佛國記》中。書中記錄了他的所見所聞，以及與他所遊歷的國家的相關事件。這部書提供了法顯所遊歷的與佛陀相關的地方有價值的資訊。

---

[3] 巴塔拉伊著，劉建等譯：《尼泊爾與中國》（天津：天津人民出版社，2001 年），頁 52-53。

[4] 同上註，頁 54。

[5] 同上註，頁 55。

[6] 同上註。

◎ 四、佛陀跋陀羅

"佛陀跋陀羅（358-429）他出生在尼泊爾的迦毗羅衛，一個富裕的城市"。[7] 他是尼泊爾迦毗羅衛的釋迦牟尼家族的後代。"他爺爺叫 Dharmadeva，意思是 'Law-God'（法－神）；爸爸叫 Dharmasurya，意思是 'Law-Sun'（法－日）。"

佛陀跋陀羅有一次去那呵利國（Nagarahara）做生意，後來留在那裏了。[8] 他三歲的時候喪父，五歲的時候喪母，所以佛陀跋陀羅的外祖父帶他返回了迦毗羅衛。不久，外祖父也去世了。他在迦毗羅衛的親戚的關心和照顧下長大。

他在十七歲的時候已經成為獲得佛教知識的沙彌。他的理解能力、知識和每個動作都給老師們留下深刻的印象。在老師們的引導下，他已經成為佛教徒。他越來越進步，他的學識和良好的品德讓他頗有名氣。

他學習佛法後去了罽賓，進入摩天陀羅寺傳授佛教，並按照佛陀的指示和方法繼續修行。中國的學僧因此於 406 年向他請教，佛陀跋陀羅接受了邀請前往中國。

在中國，法顯和佛陀跋陀羅這兩位佛教學者見面之後，合作翻譯和編纂了許多佛經。

法顯和佛陀跋陀羅翻譯的佛經有著名的《大方廣佛華嚴經》（Avatamsaka Sutra）、《觀佛三味海經》（Samadhi Sutra）、《大方等如來藏經》（Vaipullya Sutra）、《大般泥洹經》（Maha Parinirvana Sutra）" [9]、"《達摩多羅禪經》（Dharmatrata-dlyana sitra）、《無量壽經》（Sukhavatiyiha）、《達方等如來藏經》（Tathagatagarbha Sutra）和《文殊師利念經》（Bhadracaryapranidhana）[10] 等。

◎ 五、玄奘

玄奘大約在 600 年左右出生，是河南偃師人，是中國唐朝（618-907）佛教史上最傑出的人物之一。在他哥哥的影響下，他對佛教產生了濃厚的興趣，並

---

[7] Min Bahadur Shakya, *The life of Nepales Buddhist Master Buddhabhadra*（China Study center, Dillibajar Kalikasthan, Kathamandu Nepal, 2009），p.9

[8] 同上註。

[9] 巴塔拉伊著，劉建等譯：《尼泊爾與中國》，頁 57。

[10] Min Bahadur Shakya, *The life of Nepales Buddhist Master Buddhabhadra*, p. 84,89,92,96.

在十三歲時成為了一名僧人。他也是學者、旅行家、翻譯家等。玄奘 7 世紀去印度、尼泊爾，以及與佛教文化有關的地方朝聖，反映了唐朝初期中國佛教與其佛教聖地的佛教之間的相互影響。

玄奘大約在 627 年出發，在 645 年回到中國長安。之後他寫了《西域記》（《大唐西域記》）。書中記載了他在國外十七年左右的遊史以及所見所聞，包括所到的國家的一些社會制度、文化、風俗、政治、習慣、風土人情，以及他遇到的情況等等。玄奘帶回了大量的梵文文獻，他也翻譯了很多梵文佛教經典。

他大約 636 年到迦毗羅衛、藍毗尼園、藍莫國和尼泊爾的其他地方。關於尼泊爾，他也有記述。根據《大唐西域記》卷七記載：“尼波羅國，周四千餘里，在雪山中。國大都城，周二十餘里。山川連屬，宜穀稼，多花果。出赤銅、毛牛、命命鳥”。[11]

玄奘的遊記是佛教研究中獨特而有意義的資料。它不僅提供了中國香客對於尼泊爾的看法，也反映了外國人對中國的看法和認識。

◎ 六、阿尼哥

1243 年，阿尼哥生於尼泊爾，[12] 他是這個國家的偉大建築師，在尼泊爾和國外都建造了許多寺廟。

當時中國皇帝忽必烈曾派人到尼泊爾，請一些藝術家到中國製作雕像。1260 年，[13] 尼泊爾國王一開始並沒有被說服，但他在看到阿尼哥的能力後任命他為班長。後來尼泊爾國王派八十名尼泊爾藝術家到拉薩，阿尼哥終於答應為小隊提供指導，當時他才二十七歲。他在拉薩建了一座寶塔式的美麗寺廟，給皇帝的老師留下了深刻的印象，於是讓阿尼哥去北京面見皇帝。

1264 年，阿尼哥跟隨皇帝的老師到了北京。[14]1265 年，忽必烈徵求他的意見後，想對他進行評價，於是請阿尼哥修復一座宋代皇帝的銅像。阿尼哥完成他的

---

[11] 巴塔拉伊著，劉建等譯：《尼泊爾與中國》，頁 89。

[12] Satyamohan Joshi, Kalkar Araniko, *The Well-Know Nepalese Architect Arniko*（Bijaya Gjananda Badhya Kathmandu，1987）P. 100。

[13] 同上註。

[14] 同上註。

修復後，這個雕塑看起來是如此的完美，甚至連中國最優秀的畫家都對他大加讚賞。他的工作證明了他是個天才。

阿尼哥擅長建築，也擅長繪畫和雕塑。他在中國結婚，一直在中國貢獻自己的才能，並於 1306 年去世。他在中國設計並主持建造了佛塔、大寺、道觀、祀祠，以及大量的雕像。其中最輝煌的是北京妙應寺的白塔。"為表彰他的功績，元代十年（1273），忽必烈皇帝命其還俗，授予他匠人總管頭銜和銀章虎符。阿尼哥去世後被賜封為'涼國敏惠公'，被尼泊爾人民尊稱為'民族英雄'"。[15]

◎ 七、松贊干布、文成公主、尺尊公主（布麗庫蒂，Bhrikuti）

西藏國王松贊干布（605-650）兩位妻子是唐貞觀年間（627-649）的文成公主（625-680）和尺尊公主（布麗庫蒂，Bhrikuti，?-649）。文成公主和尺尊公主都是虔誠的佛教徒，他們與西藏國王松贊干布的婚姻成為了藏傳佛教的轉捩點。

這兩位公主剛到西藏的時候，那裏主要受到苯波教的影響。但是在這兩位公主以和親的身份向當地傳達了佛陀的智慧、慈悲與和平的資訊之後，當地人也將佛教藝術和文化的傑作納入了西藏文化之中。文成公主把釋迦牟尼佛的佛像和佛教經典等帶到了西藏，尺尊公主也帶去了佛像、菩薩像等，這是西藏藏傳佛像的靈感之始。

尼泊爾和中國在當時成為佛教的中心，這兩位公主更令西藏國王松贊干布也成為了佛教徒。[16]

◎ 八、結論

尼泊爾與中國是友好鄰邦。雖然兩國中間有龐大的喜馬拉雅山隔著，但兩個國家之間的相互影響程度，包括文化交流卻非常深廣。1 世紀時，佛教傳入中國，引發了大量的跨文化交流，對亞洲和世界歷史產生了深遠的影響。從一開始

---

[15] http://www.gerenjianli.com/Mingren/19/8mpm6g0i0t.html.

[16] Satyamohan Joshi, Kalkar Araniko, *The Well-Know Nepalese Architect Arniko*, p. 3.

到現在，佛教僧侶和朝拜者的旅行、宗教典籍和文物的同步流通，不僅促進了中國與各個國家和地區之間的交流，也影響了尼泊爾。中尼關係的建立與發展密不可分。在這個過程中，法顯、佛陀跋陀羅、尺尊公主、文成公主、玄奘和阿尼哥等成為了中尼友好邦交關係史上留下名字的為數不多的幾個人。

中斯佛教文化交流淵源探析

〔斯里蘭卡〕釋禪海（Ven. ParanagamaGnanawimala）

◎ 一、引言

在中國佛教裏面比較重要的一部經典是《楞伽經》（梵文 Lankāvatārasūtra），這部經典翻譯成中文後，對中國佛教界研究斯里蘭卡帶來的影響很大。在中斯兩國的古書中，以及外國歷史記載裏面可見兩國交流方面的證據。在中國歷史記載之中提到斯里蘭卡的三十多個國名，如師子國、已程不國、師子洲、私訶疊國、私訶絜國、斯條國、斯調洲、私訶條國、斯調國、僧加喇、楞加、僧伽羅、獅子國、僧訶羅國、私訶羅國、新合納的音、信合納帖音、星哈剌的威、楞伽島、棱伽山、細蘭、細輪疊、悉蘭池、西蘭山、西侖、西嶺、寶渚、寶洲、蘭卡、錫蘭、錫蘭山等等。[1] 為一個國家起這麼多名字，表明了在中國歷史上，斯里蘭卡是中國與外國交往中一個非常重要的國家。中國與斯里蘭卡雖遠隔重洋，但自古以來兩國的文化交流源遠流長。在斯里蘭卡的古書裏，我們稱中國為“支那國”（Cīnaya）或“摩訶支那國”（Mahā-cīnaya）。[2] 如上所述，兩國古籍裏面都可見兩國交流方面不少的資訊。

◎ 二、6 世紀之前中斯兩國的交流來往

按照中國史料記載，中斯兩國在 1 世紀就開始了交流來往。《漢書》裏面提到西漢第十四位皇帝漢平帝（公元前 9 年－6 年）在位期間，[3] 派人去了已程不國，學術界研究學者認為“已程不”是現代的斯里蘭卡。[4] 因此，按照《漢書》可得知漢代中期兩國的交流來往就開始了。而普林尼（Pliny）的《普林尼自然史》

---

[1] 參見耿引曾：〈以佛教為中心的中斯文化交流〉，《中外文化交流史》（鄭州：河南人民出版社，1987 年），頁 474-486。

[2] Weragoda Amaramolied., *Pū javalīya* (Colombo: Rathnakara Press,1953)，pp.108-109.

[3] 〔漢〕班固：《漢書・地理志》，卷二八下（北京：中華書局，1962 年）。

[4] 耿引曾：《漢文南亞史料學》（北京：北京大學出版社，1990 年）。

（*Pliny's Natural History*）也提及了在 1 世紀中斯兩國已經開始往來。除此以外《後漢書》裏面提到 131 年斯里蘭卡國王派人拜訪中國皇帝。[5] 據《梁書》中記載，這個代表團攜帶著一尊由精緻玉石製成的佛像前往中國進貢給皇帝，他們花費了十年的時間才到達目的地。[6] 後來斯里蘭卡高僧提婆（Deva 或者 Aryadeva）來到中國寫作《百倫》等作品。而 6 世紀之前中斯佛教文化交流方面，最重要的兩位是中國高僧法顯法師和斯里蘭卡鐵薩羅比丘尼。

◎ 三、中國高僧法顯法師的斯里蘭卡行程

（一）為何法顯法師參訪斯里蘭卡

法顯法師取西經的最重要的目的是取得原始的律藏（VinayaPiaka），他的目的地是天竺（現在北印度、比哈爾邦和尼泊爾）。他在天竺過的八年多的時間以內求得了一些經與律經典，如下：[7]

《大般泥洹經》六卷。

《方等泥洹經》二卷（約五千偈）。

《摩訶僧祇律》四十卷。

《僧祇比丘戒本》一卷。

《雜阿毗曇心》十三卷（約六千偈）。

《綖經》，梵文。（二千五百偈）。

《薩婆多律抄》，梵文。（約七千偈）。

《佛遊天竺記》一卷。

在印度，他瞭解到獅子國（現在斯里蘭卡）的佛教情況：上座部大藏經在公元前 3 世紀阿育王的時代，佛教史上第三結集後原始佛教傳入到斯里蘭卡。此後由不同流派、擅長不同分支佛法經典的"說法師／講師"（bhānaka）通過口傳心授傳承下來，也就是說斯里蘭卡還保留著原始三藏經（梵文 Tri Piṭaka）。因此，法顯法師覺得如果到了獅子國，就可以成就自己求經的心願。

---

[5] 〔南北朝〕范曄：《後漢書・西南夷傳》，卷八六（北京：中華書局，1965 年）。

[6] 〔唐〕姚思廉：《梁書・諸夷列傳》（修訂本），卷五四（北京：中華書局，2020 年）。

[7] 法顯著、袁維學校註：《佛國記》（太原：三晉出版社，2017 年），頁 43。

410 年，法顯法師花費了十四天的時間從多摩梨帝國（Tāmpralipti）坐船到獅子國。在法顯法師的《佛國記》裏面，描述了他在斯里蘭卡的經歷和佛教情況。另外在斯里蘭卡的《大史》（Mahā vaṃsa）中可得悉印度佛教傳到斯里蘭卡的過程。"印度沒有保存經論，也沒有不同佛教大師的教義傳承。但是斯里蘭卡有摩哂陀（梵文 Mahendra）法師最初從印度帶來的經論，後來翻譯成島國的語言……到那裏去研究這些教義和經論吧，這樣可以惠及他人。"[8]。法顯法師不滿意自己在天竺的行程中取得的經典不足，因此為取得更多的律部，他決定繼續到獅子國求經。

（二）為何法顯法師為斯里蘭卡取新名

法顯法師來到斯里蘭卡之前，其國名為楞伽島、寶石島、已程不、僧伽羅國等等，在這島國裏面可以挖出不少非常有價值的寶石，因此稱為"寶石島"。但是法顯法師在《佛國記》裏面起的國名為"獅子國"，[9] 他為何起這個新的國名？這是值得深究的一個問題。按照這個國家的傳統歷史，在這個島國的人民的祖先跟獅子有關係，[10] 因此法顯法師給這個國家取名為"獅子國"。除了《佛國記》，找不到任何外國書籍用這個國名稱呼斯里蘭卡，可得知法顯法師在《佛國記》裏面起名的獨特性。

（三）法顯法師時代斯里蘭卡的情況

記載著古代斯里蘭卡歷史發展的最重要史料是《大史》（Mahāvaṃsa）與《島史》（Dīpavamsa），其主要以巴厘語偈頌為文體。根據《大史》與《島史》的記載，結合法顯法師對斯里蘭卡的描述，可以大致瞭解到當時的斯里蘭卡國內真正的情況。當時的國王是"摩訶那摩"（Mahānāma），首都稱"阿奴拉達普拉"（Anuradhapura），阿奴拉達普拉為斯里蘭卡史上第一個首都。

---

[8] 分別為：Palimatthaidhanitam- natthiatthakathaidha, Tathachariyavadaca- bhinnarupanavijjare, Sihalatthakathasuddha-mahindenamatimata, Samgitithayamarulham- sammasambuddhadesitam, Sariputthadigitamca- kathamaggamsamekkhiya, Ekasihalabhasaya- ssihaalesupavattati, Tam tatthagantvasutva tam- magadhanamniruttiya, Parivattetisahoti-sabbalokahitavaha。詳見摩訶那摩著，韓廷傑譯：《大史》（上）（台北：佛光文化事業有限公司，1996 年）。

[9] 法顯著，袁維學校註：《佛國記》，頁 44。

[10] Cheenaterunge GamanVistara ha Hiyum Siyam BramanaVrutantaya; Agga Maha Pandita Polvatte Buddhadatta Nahimi, （Colombo, 1960.），p. 314.

斯里蘭卡當時政治穩定和平，經濟情況繁榮，佛教文化有著較大的發展。考古證據表明，在斯里蘭卡通行的貨幣為金幣。根據法顯法師的記載，獅子國氣候宜人，當時國內僧人達六萬人左右。全國各地都有寺院，僧房與佛塔多飾以珠寶。

在阿奴拉達普拉市內有好幾所寺廟，如無畏山寺（AbhayagiriVihāra）、漠河批羅寺（Mahā Vihāra）等等，其中無畏山寺是個比較著名的寺院，住有五千多位僧人。法顯法師選擇的住所就是無畏山寺。

（四）法顯法師到無畏山寺蒐集佛典過程中印證的幾點事實

法顯法師從長安出發的時候，他的目的地是天竺（現在印度）。在西天竺、北天竺與中天竺取得了一些律藏與經藏的經典。但法顯法師還不滿意，因此他繼續往南到了獅子國。通過這件事可得知法顯法師的時代（5 世紀），在印度已經缺少了一些律藏與經藏方面的佛經。因此他為了取律藏經典而到了斯里蘭卡。而佛經缺少就意味著佛教衰亡，因此法顯法師從印度取經斯里蘭卡的過程，表明到 5 世紀印度佛教已經開始出現衰落的跡象。

另一方面，在斯里蘭卡，法顯法師取得了自己需要的律藏與經藏。通過這件事可得知，從古代開始至現在，斯里蘭卡僧團保留了圓滿的三藏。

當時斯里蘭卡有不少寺院，但法顯法師直接到了無畏山寺。為何法顯法師直接到了無畏山？可能在印度有人推薦了無畏山寺。這說明，無畏山在當時可能是一個重要的國際佛教文化交流中心。在斯里蘭卡生活的兩年時間，法顯法師長住的住所是無畏山寺，在無畏山寺取得的經典是梵文藏。通過這件事可得知，雖然現代在斯里蘭卡沒有大乘佛教，但在法顯法師的時代，無畏山的僧人是使用梵文三藏修大乘佛教的。

並且法顯法師說，在大寺有阿羅漢，他親眼見證了阿羅漢的追憶會，但是阿羅漢還在生活的時候法顯法師沒獲得機會拜訪和跟他交流，這表示法顯法師可能沒有跟大寺交往交流，可能大寺的僧團是不對外的閉關修行的僧人，無畏山寺則是跟社會交流的開放的寺廟。

（五）法顯法師在斯里蘭卡取得的經典

法顯法師西行最大目的是獲取比丘戒律經典，他在印度取得了幾本梵文經文，在斯里蘭卡取得了律藏。在印度，法顯法師掌握了梵文和巴厘文讀寫能力，可以自己研修經文。他在天竺和獅子國共求得十二本經文。

其中四部是法顯從斯里蘭卡攜帶回中國的。在斯里蘭卡求得的經典如下：[11]

《長阿含經》（Dīrghāgama）

《雜阿含經》（Saṃyuktāgama）

《彌沙塞律》（Mahīsāsakavinaya）

《雜藏經》（Saṃyukta paṃcaya piṭaka）

而根據當時僧祐的記載，《長阿含經》、《雜阿含經》和《彌沙塞律》在中國都沒有譯出，《雜藏經》也僅僅譯出了一部。但這些都是十分重要的佛教經典，特別是《雜藏經》。因此可以說，法顯的獅子國之旅所帶回來的經典，為中國佛教的發展帶來了尤為深遠的影響。

（六）《佛國記》在斯里蘭卡的影響

法顯法師歸國後，在 416 年對自己的西行取經行程進行詳細的記錄，並將經歷過的事情和經過的地方具體記錄下來，這就是後來著名的《佛國記》，這本書又被稱為《法顯傳》。有學者認為《佛國記》中對印度歷史的記載，構成了印度史的一個重要組成部分。

另外，包括斯里蘭卡在內，《佛國記》裏面法顯法師記錄了三十五個國家的具體資訊。通過《佛國記》可得知有關斯里蘭卡不少的資訊。比如在《大史》上有釋迦牟尼佛第二次來到了斯里蘭卡的時候在“聖足山”（Samantakūha）上印了佛足印的記載。但在《佛國記》裏面法顯法師提到了釋迦牟尼佛在斯里蘭卡兩個地方留下了佛足印，一個在王國北方，另一個在聖足山上。後來王國北方的佛足印處建了無畏山塔。法顯法師的這句話，值得我們考慮很多事情。因為法顯法師是個外國人，另外他的記載是在 5 世紀記錄的，因此《佛國記》的內容應該是可靠的。因此可以說《佛國記》的記錄在有的方面超過了斯里蘭卡國內的《大史》之類的歷史記載。

另外，通過法顯法師住在無畏山寺，以及在無畏山寺取得了梵文佛經可得知

---

[11] 法顯著，袁維學校註：《佛國記》，頁 50。

法顯法師的時代無畏山是一個大乘佛教中心。當時無畏寺舉辦過許多大型佛事，如佛牙節等，並且受到國王和商人的支持，成為斯里蘭卡最大的寺廟。可見法顯時代的斯里蘭卡，大乘佛教十分盛行。

並且通過《佛國記》可得知斯里蘭卡佛經文化史方面不少的東西，比如法顯時代的菩提樹史、佛牙節史、當時斯里蘭卡比丘尼團史。斯里蘭卡史記載之中《菩提史》（Bodhi vaṃsa）記述了聖菩提樹的歷史，而《佛國記》則是除了《菩提史》聖菩提樹的歷史記載。除了本地的《佛牙史》（Dāṭāvaṃsa）以外，通過《佛國記》有關佛牙舍利的文字，也可以知道法顯法師的時代佛牙節的具體資訊。

法顯法師有一天在無畏山寺看到一個商人用中國產的白絹扇供佛，這是法顯法師的時代中斯貿易關係方面非常有價值的史料。

總的來說，對於斯里蘭卡而言，《佛國記》是挖掘斯里蘭卡歷史的真正非常有價值的歷史記載。歷史學者通過《佛國記》可得知不少的資訊。比如法顯法師時代斯里蘭卡的政治情況、佛教文化情況、地理氣候情況等等。除了寺院、菩提樹以及佛牙節，法顯法師在《佛國記》裏面提到國王每天供養五千個僧人。在《大史》裏面提到"漢河帕里"（Mahā Pāli）齋堂。後來斯里蘭卡考古家在阿奴拉達普拉發現了巨型的石頭桶與廣大的齋堂的遺蹟。因此可以說《佛國記》在斯里蘭卡的歷史研究上非常有價值。

同時，《佛國記》也是中斯兩國交流的一個有力證據。法顯法師在《佛國記》中，記載了斯里蘭卡當時的佛教情況，風俗、經濟與政治情況，以及地理與歷史資訊。因此，對於斯里蘭卡來說，《佛國記》具有非常重要的歷史價值。甚至在有些地方的記載，相比斯里蘭卡的《大史》與《島史》，《佛國記》的記載更為重要和詳細。法顯是世界史上最重要的人物之一，他意志堅定，不達到目標就不放棄。從這個意義上，法顯所取得的成就在古代旅行家之中只有少數幾個人可以媲美。所有看到法顯的傳記的人都會認識到，從行程開始一直到生命的最後時刻，他都沒有任何的私心雜念。他的自我犧牲精神讓全世界都為之讚歎。他不但對中國和斯里蘭卡，也對全世界作出了偉大的貢獻。

（七）法顯法師的斯里蘭卡的行程與《佛國記》的影響

法顯法師離開斯里蘭卡已經一千六百多年了。中斯兩個國家的佛教文化交流始於法顯法師無疑。法顯法師在《佛國記》裏面提到獅子國的時候稱其為"法國”，意思是斯里蘭卡是個保留佛法與修行佛法等豐富佛教文化的真正的佛教國家。因此後來不空金剛（AmoghaVajra）和聖天菩薩（提婆，ārya deva）等等斯里蘭卡的高僧到達中國交流佛法及到處弘法就是法顯西行所帶來的結果。法顯法師西行取經二百年後，中國僧人包括玄奘、義淨等皆以法顯作為榜樣，推動了中國西行取經和佛教翻譯事業的進一步發展。

另一方面，法顯法師從獅子國歸國的時候，通過海路坐船回來的過程也值得深思。法顯時代（5世紀）從斯里蘭卡 Gokanna（現馬納爾或者馬納爾灣）港口有直接到廣州港的船，說明當時中斯兩國已存在非常緊密的外貿關係。另外他們的船意外到達了爪哇島（現印尼），在爪哇島過5個月後法顯法師再一次坐船歸國，目的地是廣州。可得知當時中國與印尼爪哇島的外貿關係也不錯。由此從以上兩個例子可以得知，在5世紀中國的對外貿易範圍是非常廣泛的。

◎ 四、鐵薩羅比丘尼和轉戒過程

梵文 bhikṣunī（巴厘文 bhikkuniī）音譯成中文就是“比丘尼”，意思為出家女眾。在佛教史上受比丘尼戒的第一位是在佛陀的時代受戒的摩訶波闍波提（梵文 Mahā prajapatī，巴厘文 Mahā pajapatī）夫人。從摩訶波闍波提比丘尼開始的比丘尼團不斷發展至阿育王時代。

西元前 3 世紀在印度舉行的第三次結集後，印度國王阿育王的女兒僧伽密多（梵文 Sanghamittā）比丘尼到達了斯里蘭卡，除了聖菩提樹的分枝，還帶了十一位比丘尼，斯里蘭卡往後出現了阿奴羅（Anulā）及五百位宮女轉戒，開始了比丘尼團。

428 年與 433 年，在斯里蘭卡比丘尼鐵薩羅的帶領下，兩個比丘尼團分別從無畏山寺出發來到了廣州：“獅子國的十一位比丘尼坐難提（梵文 Nandi）的船來到了中國”[12]；“433 年獅子國鐵薩羅至南朝宋都建業傳授戒律”。[13] 然後在南京福寺[14] 開始中國比丘尼團。在中國轉戒過程中，第一次受戒的中國比丘尼為慧

---

[12] 王孺童：《比丘尼傳校注》（北京：中華書局，2006 年），頁 88。

[13] 杜繼文：《佛教史》（南京：江蘇人民出版社，2008 年），頁 560。

[14] 王孺童：《比丘尼傳校注》，頁 88。

果、淨音以及三百位沙彌尼。

　　另外，古書中提到，在邀請獅子國比丘尼到南京給中國比丘尼轉戒的過程中，求那跋摩（梵文 Gunabadra）做過很大的貢獻。[15]

　　這是值得考慮以及研究的一個問題，即鐵薩羅比丘尼是斯里蘭卡無畏山寺來到中國的，無畏山寺是法顯法師居留的地方，在他離開斯里蘭卡十六年後鐵薩羅來到南京，因此有可能是法顯法師離開無畏山寺之前已安排好無畏山寺的比丘尼來南京的行程。

　　因此，中國比丘尼團是法顯法師到達斯里蘭卡後對佛教文化交流所做的重要貢獻。有的學者把鐵薩羅這個名字翻譯成巴厘文"tisārā"，而有的學者翻譯成"Devasārā"。除此之外，在斯里蘭卡古書裏面找不到有關鐵薩羅比丘尼任何記載。但可以說在佛陀轉戒的比丘尼戒轉給中國的女眾方面，鐵薩羅比丘尼做過獨一無二的貢獻。因此在中斯佛教文化交流方面，鐵薩羅比丘尼是一位偉大的人物。

◎ 五、結論

　　在中國大陸傳播佛教文化方面，最重要的時期為 1 世紀到 6 世紀的五百年間，這五百年之內在中國內地佛教穩定下來的過程中，中國以及斯里蘭卡的高僧做過不可磨滅的貢獻。6 世紀之前，中斯佛教文化交流史上最重要的兩位人物為中國高僧法顯法師和斯里蘭卡的鐵薩羅比丘尼。他們都帶來了重要的影響，法顯法師在斯里蘭卡行程後攜帶了重要的經典這件事情為中國僧團的穩定帶來很大的影響，此外他的《佛國記》也為世界佛教歷史記載作出了重要的貢獻。

　　鐵薩羅比丘尼在建康（現南京）福寺轉戒之前，中國已有了比丘尼團，但當時中國內地的比丘尼團是從比丘轉戒的比丘尼團。[16]因此可以說在中國佛教史以及世界佛教史上，鐵薩羅比丘尼在中國內地轉戒都帶來了重要的影響。後來，斯里蘭卡旦南亞國家的比丘尼團完全滅亡了，但在中國內地的比丘尼團卻不斷發展並保留下來，並且傳到了越南、韓國等國家。因此，鐵薩羅的卓越成就在中斯佛教文化交流以外，對世界佛教文化也帶來了重要的影響。

---

[15] 王孺童：《比丘尼傳校注》，頁 89。

[16] 同上註。

詮釋《法華經》的方便思想 —— 鳩摩羅什、僧叡及慧觀的解讀 [1]

梁萬如 *

◎ 一、問題所在

《大藏經》所收《妙法蓮華經》,篇首有〈御製大乘妙法蓮華經序〉,此篇文字簡單概括了有關經文的幾點背景:

第一,佛說神妙叵測。

經序説佛陀在靈鷲山説法,憍陳如及摩訶迦葉等弟子為其聽眾。佛陀當時演說大乘經義,天降寶花,慧光出現,幽暗顯明,種種的神異現象令眾人讚歎嘉許。經序説:

> 昔如來於耆闍崛山中,與大阿羅漢阿若憍陳如、摩訶迦葉無量等眾,演說大乘真經,名無量義。是時天雨寶華,布濩充滿,慧光現瑞,洞燭幽顯,普佛世界,六種震動,一切人天,得未曾有,咸皆歡喜讚歎,以為是經乃諸佛如來秘密之藏,神妙叵測,廣大難名。

神異現象是因為佛陀本人還是因為經文義理而出現,實在並不重要,重要的是眾人面對這樣的一個情形,都讚歎非常。佛陀最終入滅,眾弟子記錄了他的言説,由於時地人不同,衍生出不同的經典。經典是神妙叵測的佛説的載體。

第二,佛經是佛說的重要載體。

佛以口傳心印,容易令人想到人在法在,人亡法亡。因此,作為記錄佛陀所説的心印的文字載體就變得非常重要,沒有這些文字載體,佛法很難讓後來者認

---

* 香港浸會大學國際學院博士

[1] 本文源自拙文《什譯《法華經》的詮釋觀 —— 中土方便思想研究》,香港浸會大學博士論文,2005 年。本文略有修改。

知。是以經〈序〉説：

噫！道非經無以寓，法非經無以傳。緣經以求法，緣法以悟道，方識
是經之旨。清淨微妙第一稀有，遵之者則身臻康泰，諸種善根圓滿具足。如
蓮華出水不染淤泥，即得五蘊皆空六根清淨。遄躋上善，以成於正覺者不難
矣。苟或沈迷膠固，甘心墮落，絕滅善根，則身罹苦趣，輪回於生死之域
者，其有紀極哉？雖然善惡兩途，由人所趨，為善獲吉，為惡獲凶，幽明果
報，不爽錙銖。觀於是經者，尚戒之哉，尚勉之哉。

依經〈序〉所説，道必須寄寓於經之中，法必須依靠經才可得傳。為什麼
呢？因為道法必須憑藉經作為其存在的依據，以及作為讓人認知的媒介。然則沒
有經，道法都不得存在，更談不上傳播。因此，經之重要，乃在於眾生可以誦讀
經文求法，再依於法之所示，覺悟解脱之道。這也是雙向的思路：

此可以看到，一方面是佛依於經，義理才能顯揚；另一方面眾生也要從經去
求解脱之道。於是，經成為佛與眾生之間的橋樑。佛就算不在當世也沒有問題，
因為見經如見人。

第三，僧侶是解說佛法的助緣。

經文得以傳世，得力於僧侶的翻譯。梵語經文最先由西晉僧竺法護翻譯，經
名為《正法華經》。後來鳩摩羅什重翻，成為《妙法蓮華經》。最後再由闍那笈多
再翻，名叫《添品妙法蓮華經》。眾譯本之中，鳩摩羅什的譯本最流行。經文説：

爰自西晉沙門竺法護者初加翻譯，名曰《正法華》。暨東晉龜茲三藏法
師鳩摩羅什重翻，名曰《妙法蓮華》。至隋天竺沙門闍那笈多所翻者，亦名

《妙法》。雖三經文理重遝互陳，而惟三藏法師獨得其旨，第歷世既遠，不無訛謬，匪資刊正，漸致多疑，用是特加讎校，仍命鏤梓，以廣其傳。

鳩摩羅什的譯本最廣為流傳是不爭的事實。經〈序〉特別強調"而惟三藏法師獨得其旨"，可見鳩摩羅什嚴格的翻譯很受推崇。經典及僧侶對承載佛說有莫大的功德。

第四，"方便"概念的提出。

把眾生從苦海裏引領出來，是佛教度化眾生的通則。《妙法蓮華經》所提到的救度，是所謂大事因緣，"方便"因此而來。大事因緣指佛悲湣眾生的苦難：眾生因為有不同的性格、慾念、行為及思想分別，以致歷劫得不到解脫，在生死苦海中流轉，經書於是提出救度的方案。經〈序〉說：

> 嗚呼如來湣諸眾生，有種種性，種種欲，種種行，種種憶想分別，歷劫纏繞，無有出期。乃為此大事因緣現世，敷暢妙旨，作殊勝方便，俾皆得度脫，超登正覺，此誠濟海之津梁，而燭幽之慧炬也。善男子，善女人，一切眾生，能秉心至誠，持誦佩服，頂禮供養，即離一切苦惱，除一切業障，解一切生死之厄。不啻如飢之得食，如渴之得飲，如寒之得火，如熱之得涼，如貧之得寶，如病之得醫，如子之得母，如渡之得舟。其為快適欣慰，有不可言。

經〈序〉特別提到"敷暢妙旨，作殊勝方便，俾皆得度脫，超登正覺"，這些言說正正揭示出救度的雙向思考：一個方向是"敷暢妙旨，作殊勝方便"；另一個方向是"俾皆得度脫，超登正覺"。前者是從佛陀的角度出發，從施教者或覺悟者的立場思考，對應眾生不同的性格、慾念、行為及思想，分別作方便的教法；後者是從眾生的角度，即從領受者或迷失者的立場想，希望眾生得解脫。雙向意指：

佛的救度方案是向眾生施行方便,於是方便就成為佛施行教法的必要手段,而方便也成為令眾生得度脫的方法。那麼,對於佛或者眾生任何一方,方便就成為一個關鍵。這種雙向思考在方便的義理之中是可以得到充分理解的。《妙法蓮華經》把一切引導眾生到正覺境界的方式統稱為方便,至於"秉心至誠,持誦佩服,頂禮供養"也屬方便,方式不同,名稱則一。

討論至此,可以看到四點:(1) 神妙的佛說最先出現;(2) 佛說寄寓於經典之中,佛法依靠經才得以廣傳;(3) 僧侶翻譯經典有助傳播佛法;(4) 傳播佛法,是為了救度眾生。自鳩摩羅什譯出《妙法蓮華經》,它就成為理解佛說的圭臬。經典和僧侶是傳播佛法的重要因緣,是一種方便;佛陀成道後講說佛法,以教化眾生,其所採用的不同方法,也是"方便"。

什麼是方便?方便是漢文佛典的用語,梵語為 upāya,有手段、方法之意。[2]《妙法蓮華經》的根本觀念即是方便概念的提出。[3] 鳩摩羅什及其弟子甚為重視方便的概念,而他們的看法也奠定了日後各朝釋經者的解經路向。例如吉藏就非常重視鳩摩羅什幾師徒的釋經宗旨。本文擬檢視鳩摩羅什、僧叡及慧觀三師徒對方便思想的理解,再將三人的看法略作比較,然後把他們的解說方便的思想理路定位,引出解釋方便的理則。

◎ 二、鳩摩羅什對方便思想的理解

《鳩摩羅什法師大義》載鳩摩羅什及其弟子廬山慧遠（334-416）的對話,當中表現了鳩摩羅什對方便思想的看法。此《鳩摩羅什法師大義》收於《大正藏》冊四五。鳩摩羅什所說的方便可以概括為幾點:

第一,方便有度化的意思。

當慧遠問及菩薩會不會退轉,即求道半途而廢的問題,鳩摩羅什回答時就透露了他對方便的理解:

---

[2] 參見 Franklin Edgerton, *Buddhist Hybrid Sanskrit Grammar and Dictionary*（Delhi: Motilal Banarsidass Publishers Private Limited. 1993）, p.146. 對於方便思想的概念分析,又可參看梁萬如:《什譯《法華經》的詮釋觀——中土方便思想研究》,香港浸會大學博士論文,2005 年,頁 2,解題部分。

[3] 參見菅野博史:《中國法華思想の研究》（東京:春秋社,1994 年）,頁 219。

答曰：菩薩有二種，有退有不退。退亦有二種：一者直行五波羅蜜，如舍利弗等，持頭目施，而生厭退。二者無方便，行般若波羅蜜，入三解脫門。觀涅槃時，以深妙藥故，即便取涅槃證。取涅槃證有二種：一行菩薩道，以無方便，入三解脫門，證於涅槃。二者菩薩聞佛說，菩薩應學聲聞辟支佛道，度脫眾生。雖是菩薩，而用聲聞辟支佛法，入三解脫門，是人無方便，慈悲心薄，深怖畏老病死苦，取涅槃證。如人若能乘馬，不隨馬也，不善乘者，便隨馬力。諸菩薩亦如是，起無漏心，入解脫門，隨順無漏，不能自拔。如是退轉，菩薩優劣不同，若久行菩薩道者，成就方便力，雖起無漏心，而不隨之，以慈悲方便力故，不令墮落。如是者，則同滅定為喻也。又退轉者，雖有本願，以福德智慧力用薄故，不能自出。如入賊陣，皆願欲出，其身力方便者，乃能得出。無力者，雖有其意，不能得出。又如說《法華經》畢竟空，設有退轉，究竟皆當作佛，佛說退者，意欲令菩薩當得直道，始終無退。如般若波羅蜜不退品中說。又須菩提言：世尊，菩薩退為以何法退？色陰退也？受想行識退也？佛言不也。離五陰有退也，佛言不也。須菩提言：若不爾者，云何有退。佛為須菩提，漸以明法華經義。[4]

　　鳩摩羅什很詳細地解釋了退轉菩薩的性質。他說退轉有兩種情況：第一種情況出現是因為在修行時，只知依道修行，菩薩心生厭退；第二種情況出現是因為"無方便"，意指在取證涅槃時，菩薩為了度化二乘眾生，沒有施行方便，慈悲心薄弱，沉溺不能自拔。既不得超脫，所以就退轉。相反，如果可以成就方便力，以慈悲方便力度化眾生，就不會墮落。如果沒有方便的力量，就算意欲要超拔沉溺，都不得要領。

　　由此可見方便力的性質：其一，方便是度化的力量，具方便力即可施行度化；其二，方便是超脫在度化時令眾生迷惑的力量；其三，具方便力，修行不會退轉；其四，由前兩者推出：方便是在修行過程中，令菩薩上升或墮落的決定性因素。

---

[4] 《大正藏》，冊四五，頁 140 c -141 a 。

第二，方便即不捨世間。

慧遠問到菩薩證涅槃前修學方便，目的是要在證取解脫境界後施行救度。問題是如何驗證菩薩必會在到達解脫的境地後回來施行方便度化呢？鳩摩羅什認為：

> ……菩薩入三解脫門，要先立願，學觀如己心則厭離，雖不取其證。我學觀時，非是證時，以如是之心，入無漏者，終不證也。又人言：菩薩先以二因緣故，不取其證也。一者深心貪樂阿耨多羅三藐三菩提；二者於眾生中，大悲徹於骨髓，不欲獨取涅槃。雖知一切法中，涅槃無為，但以時未至故。是名菩薩，於眾生中，大悲之至，所謂得涅槃味而不取證也。復有人言：菩薩無量劫來，修習福德利根故，入三解脫門時，即深入無漏法。以此勢力，不能自反。譬如大魚隨順恆河，入於大海，不能得反，以水力牽故。爾時十方諸佛，現其身相語言：善男子當念本，願度一切眾生，莫獨入涅槃。汝但得一法門，我等如是無量阿僧祇法門，憐湣眾生故，猶住世間。[5]

菩薩要得解脫必須先立志願，修學觀照自己的心，反思內省，厭離涅槃，不欲證取，以之求行化於世間。以這樣的心，達致無執著的境界，最終不證取涅槃，而重返世間行化。鳩摩羅什再引述兩個看法，深化他所說的意思。第一個看法是，菩薩不取證涅槃的原因有兩個：首先，菩薩可能深心貪執無上正等正覺，對於取證一事沒有放在心上；另一個原因是菩薩在眾生之中，發起大悲心，願度化眾生，雖則得到涅槃而不取證。第二個看法是，有人以為菩薩歷劫修行，修習善根已久，入解脫之門，深入無執的境界，順著這路向，往往一去不返，不會重返世間施行救度。這就好像大魚隨河流入大海，順著水流而不會返回。鳩摩羅什似乎對此說法不以為然，他引述十方諸佛所說：有情眾生應當立志，度盡一切眾生，不要獨自一人入涅槃求解脫，要憐湣眾生，住於世間，施行教化。方便有度化之意，而度化是菩薩不捨世間的表現，那麼施行方便就意含不捨世間。

---

[5] 《大正藏》，冊四五，頁 140a-141b。

第三，必須以禪定為方便、以無漏慧為智慧才可施行度化。

鳩摩羅什在回答慧遠問阿羅漢成佛的問題時說：

> ……雖有無量功德，無般若漚和，如鳥無兩翅，不能遠至。如是成阿羅漢，到於涅槃，大願以滿，不能復遠求佛道，若《法華經》說，實有餘道。……又阿羅漢，於涅槃不滅，而作佛者，即是大方便也。又菩薩先願欲以佛道入涅槃，無般若方便故，墮聲聞辟支佛地，如無翅之鳥。今阿羅漢，欲以聲聞法入涅槃，或於中道，以有漏禪，生增上慢，如無翅鳥，不得隨願，便當墮落。若能隨佛所說，與禪定、智慧和合行者，得入涅槃，是名阿羅漢。中有二事：以禪定為方便；無漏慧為智慧。又佛說般若波羅蜜時，未說《法華經》，是諸佛欲入涅槃時，最後於清淨眾中，演說秘藏。若有先聞者，心無疑難，而諸阿羅漢，謂所願以畢，佛亦說言，阿羅漢末後身滅度，菩薩聞已，於阿羅漢道則有畏，今略說二因緣故，佛有此說，一者秘法華義故，多令眾生樂小乘法，得於解脫；二者欲使菩薩直趣佛道，不令迂迴，所以者何？阿羅漢雖疾證無為法，盡一切漏，得到苦邊，後入菩薩道時，不根明利，習大道為難，以所資福德微薄故，若無此二因緣者，阿羅漢終歸作佛，不應為作留難也。[6]

鳩摩羅什所說"漚和"其實即梵語 upãya，就是方便的意思。漚和與般若合說，即般若方便，鳩摩羅什所說雖然有無量的功德，但若無般若方便，就好像沒有翅膀的鳥，飛不得遠。阿羅漢就算修行到達涅槃，都不能再進一步求佛道。其實，一如《法華經》所說，另外有一求佛之道。鳩摩羅什所說的求佛之道，即所謂大方便，就是阿羅漢到達涅槃而返回世間施行教化。如果不返回世間行教化，也就是沒有般若方便，就算是菩薩也會墮入聲聞及辟支的小乘境地，好像沒有翅膀的鳥。所以，阿羅漢若要達致涅槃，就不得生起高傲自滿之心，否則結果只會墮落。若能依照佛所說，用禪定和智慧行化，就可以得入涅槃，就是說，以

---

[6] 《大正藏》，冊四五，頁 134a-134b。

禪定為方便，及以無漏為智慧。上面説的"漚和般若"，現在稱為"方便"和"智慧"，可以看到"方便"和"智慧"是對音譯"漚和"和"般若"的意義之説明。[7] 怎樣才是"方便"呢？以禪定為方便。怎樣才是"智慧"呢？以無漏慧為智慧。

音譯	意譯	意思
漚和	方便	禪定
般若	智慧	無漏慧

如果從經序之中找尋線索，其實以禪定為方便，即是對應之前所説的"學觀"，觀照自己，反思內省，其目的即在行化，就是施行教化的意思。以無漏慧為智慧，就是上面所説通過智慧，深入無漏，即運用智慧去除煩惱。行化是為了要顯悲，運用智慧是為了去掉煩惱，於是可以成就悲智雙運，那是方便和般若的基調。

這種把《般若經》與《法華經》統合的思想不能小覷。鳩摩羅什繼續解釋《法華經》與《般若經》的關係。原來佛在説《般若經》時，並未説《法華經》。説《法華經》要到佛臨終前，向清淨的眾生秘密地演説。按引述的經文所説，此中有兩個原因：首先，秘密地向眾生説法華思想，多會令眾生學習小乘教法，然後得到解脱。那是因為阿羅漢晉升到菩薩時，由於根機淺，不懂《法華經》的微言大義，所以在説《般若經》時不向他們説《法華經》，以免根機淺的眾生在修道時遇上困難。第二個原因，是希望可使菩薩直接達到覺悟境界，不走迂迴曲折的路。由《般若經》説到《法華經》，鳩摩羅什用《般若經》來帶出《法華經》地位的意圖，是可以想見的。

第四，度化眾生是依據眾生的根機來施行的。

鳩摩羅什説：

> 即知眾生緣法，非有自性，畢竟空寂。若然者，言説有異，理皆一致。又佛得一切智慧，其智不可思議。若除諸佛，無復有人，如其實理，盡

---

[7] 吉藏在《大乘玄論》説："梵本名漚和，此土云方便。"。參見《大乘玄論》卷四，收於《大正藏》，冊四五，頁 53c。

能受持，是故佛隨眾生所解，於一義中三品説道。為鈍根眾生故，説無常苦空，是眾生聞一切法無常苦已，即深厭離，即得斷愛得解脱。為中根眾生故，説一切無我安穩寂滅泥洹，是眾生聞一切法無我，准泥洹安穩寂滅，即斷愛得解脱。為利根者，説一切法從本已來，不生不滅畢竟空，如泥洹相。是故於一義中，隨眾生結使心錯便有深淺之異。如治小病，名為小藥。治大病，名為大藥。隨病故便有大小，眾生心有三毒之病，輕重亦復如是。[8]

這一段文字雖然沒有出現"方便"一語，但仍表示出方便的意思。鳩摩羅什在闡述他所説的"眾生緣法，非有自性，畢竟空寂"的思想時，清楚説出度化眾生時，所用的應機施教的方式。鳩摩羅什認為對應不同的眾生，應採用不同的言説，雖有言説上的差異，但是所説的道理都是一樣的。如果用根機來區分，分別有鈍根、中根及利根三種眾生：向鈍根眾生説無常苦空，説一切法無常苦，斷執著而得解脱；向中根眾生説一切無我，説涅槃安穩，斷其執著而得解脱；向利根眾生説一切法不生不滅，畢竟皆空。對鈍根説最顯淺的道理，對利根説最艱深的教法，就像治小病用小藥，治大病用大藥一樣。對應眾生的根機的淺深來開示，是就眾生的先天本性來立説的。但是，無論是聰明的或不聰明的眾生，菩薩於實際施行教化時，由於眾生接受佛法的情況實在未可預計，當下接引更為重要。鳩摩羅什説：

> 又諸佛菩薩身量，音聲説法，無量神通方便。為利益菩薩，兼利眾生故，而與受決。難言，眾生不應説云，或有者，佛法無量，不可頓盡，隨時應物，漸為開示。[9]

此段文字重要之處在於為利益眾生，度化時要判定難言的道理要向哪類眾生説和不向哪類眾生説。佛法無量數，不可全數向眾生説，要隨時應物，循序漸進為眾生開示，把眾生導入悟境。

---

[8] 參見《大正藏》，冊四五，頁137a。

[9] 同上註，頁129b。

◎ 三、僧叡對方便思想的理解

在〈妙法蓮華經後序〉中，後秦沙門僧叡（生卒年不詳）說過解經的基本。僧叡的思想理路是由經文的地位說到經題，再由經題申述經旨。而他所說的經旨就是權化的方便思想。以下就僧叡的思想理路，概括他所說，最後帶出權宜方便是《法華經》的主旨這一概念。

首先，佛法的奧妙就在《法華經》的義理上，僧叡認為此經的地位乃在眾經之上。僧叡說：

> 《法華經》者，諸佛之秘藏，眾經之實體也。[10]

《法華經》不但是眾佛所秘藏的經典，也是不同經典的實體。實體指實法之體，就是說《法華經》是眾經的中心，是表現各經典所蘊含的真實法的中心。僧叡認為《法華經》所說真實法可以貫通眾經，那麼此經必然是佛的秘藏。

第二，以花為名，用以說明此經是經典的根本。僧叡說：

> 以華為名者，照其本也。稱芬陀利者，美其盛也。[11]

花在植物之中是植物之本源，因為植物因花粉之傳播而得生成，所以說花是植物之本是可以理解的。這花稱為芬陀利，芬陀利一名是白蓮花的音譯，有出於污泥而不染的意思。出類拔萃，是此經以花為喻的一個特色。

第三，僧叡以花來比喻佛法，由比喻顯實義，更說此實義在眾經之中為最盛大。僧叡說：

> 所興既玄，其旨甚婉。自非達識傳之，罕有得其門者。夫百卉藥木之英，物實之本也。八萬四千法藏者，道果之原也。故以喻焉，諸華之中，蓮華最勝。華尚未敷，名屈摩羅。敷而將落，名迦摩羅。處中盛時，名芬陀

---

[10]《大正藏》，冊九，頁62c。

[11] 同上註。

利。未敷喻二道，將落譬泥洹，榮曜獨足以喻斯典。[12]

　　僧叡說此經經旨含蓄婉約，要有識之士才可以傳達，而經旨含蓄是因為用了
比喻。對於這個花之喻，僧叡解釋說，在眾花之中，以蓮花為最優勝。蓮花有三
種形態：第一，花未開，叫屈摩羅；第二，花開而將枯掉，叫迦摩羅；第三，花
發茂盛，叫芬陀利。花未開時比喻作為二道，二道指有漏及無漏的三乘人；花將
枯掉比喻為涅槃。而《法華經》所說的蓮花，就是芬陀利，既然芬陀利有蓮花盛
放之意，譬況《法華經》，則說明此經也像芬陀利般如日方中。
　　第四，由《般若經》說到《法華經》，表明權化思想在《法華經》的重要地
位。〈序〉說：

　　　　至如般若諸經，深無不極，故道者以之而歸；大無不該，故乘者以
　　　之而濟。然其大略，皆以適化為大。應務之門，不得不以善權為用。權之
　　　為化，悟物雖弘，於實體不足，皆屬法華，固其宜矣。尋其幽旨，恢廓宏
　　　邃，所該甚遠，豈徒說實歸本，畢定殊塗而已耶？[13]

　　僧叡認為《般若》等經，其義理深奧無極，求道的人以之為依歸；其要救度
的人無所不包括，所以化度之人以之為濟世的依據。《般若》諸經典都以化度為
主，以度化眾生到彼岸為出發原則。《法華經》則強調應接眾生之化度工作，以
應務為入手之門。作化度工作時，以善權為用。善權即是善於運用權宜的方式應
接眾生，方法是因應權宜而設，眾生雖根基不同，亦可一同化之。權宜的方式既
可以變化萬端、度化不同眾生，其覆蓋面就很大，但是僧叡認為權宜之法於表現
真實法上猶不全面。僧叡雖然說此經所言權宜的方法未能全面發揮《法華經》的
真實法，但是探尋經旨，則可以發現經文義理所說實在是非常深奧的，義理所包
覆的層面也很廣闊，經義不只強調表現真實法或說殊途同歸而已，經義實在還有
其他要表現的地方。不以表現真實法為主，卻強調應接眾生，施行度化，這點僧

---

[12]《大正藏》，冊九，頁62c。
[13] 同上註。

叡是説得很清楚的。

總論以上四點，由佛法的奧妙開始，説到以花為喻，借花説佛法，是施行教化的權宜方法。由解釋經的名稱説到此經的義理在眾經之上，層層深入，認為此經為眾經之王。最後説到經文的應化特點，説善權為用，權之為化，特別提出了權宜的方便義，僧叡更認為權宜之法雖不能直接表現真實法，但它的作用卻比只説真實法更為重要。就這一點，僧叡説：

> 乃實大明覺理，囊括古今。云佛壽無量永劫，未足以明其久也。分身無數萬形，不足以異其體也。然則壽量定其非數，分身明其無實，普賢顯其無成，多寶照其不滅。夫邁玄古以斯今，則萬世同一日。即萬化以悟玄，則千途無異轍。夫如是者，則生生未足以期存，永寂亦未可言其滅矣。[14]

緊接第四點所説，僧叡認為這權宜應化的方式是在“大明覺理”，即在顯揚覺悟之理，此覺悟之理甚至可以通達古今。這個覺悟之理的重要性有 4 個：（1）非數：就算佛的壽量很長久，都未足以表明這個覺理之長久，換言之，這個覺理是恆久長存的，不可以用數量去計算。這是從縱面説。（2）無實：就算月照萬川，覺理遍在現象界，都不能説覺理有不同的本體，換言之，覺理出現在不同的事物上，雖然它沒有固定的形態，但是它始終沒有變化，是一而非異，這是從橫面説。（3）無成：覺理以應接眾生為務，普遍嘉惠成説眾生，其成就眾生並非獨獨一人，無成即指其無所不成就。（4）不滅：“多寶”指在〈見寶塔品〉之中的多寶如來，多寶如來出現在釋迦説《法華經》當中，證明釋迦所説真實不虛。現在説“多寶照其不滅”，也是以多寶佛來證知覺理的恆久長存。

非數、無實、無成及不滅四者盡可概括由應化到覺悟的義理。就方便應化之重要，僧叡説得比鳩摩羅什更有系統。

---

[14]《大正藏》，冊九，頁 62c。

◎ 四、慧觀對方便思想的理解

《出三藏記集》裏面記載了慧觀（生卒年不詳）的一篇很重要的序言叫〈法華宗要序〉。據《高僧傳》所載，慧觀寫就〈法華宗要序〉後，曾獲其師鳩摩羅什稱讚：

> 釋慧觀，姓崔，清河人。十歲便以博見馳名，弱年出家遊方受業，晚適廬山又諮稟慧遠。聞什公入關，乃自南徂北，訪覈異同，詳辯新舊，風神秀雅，思入玄微。時人稱之曰：通情則生融上首，精難則觀肇第一，迺著〈法華宗要序〉以簡什。什曰：善男子，所論甚快。[15]

〈高僧傳〉把慧觀的生平作了一個簡單的介紹，當中稱讚慧觀“風神秀雅，思入玄微”，可見慧觀的風範及思想深度。鳩摩羅什評點慧觀的〈法華宗要序〉，說“所論甚快”，“快”可以理解為“愉快”，就是說慧觀所論，令鳩摩羅什甚為愉快。綜觀這篇序言，談到方便的共有三點：

第一，接應不同眾生開啟他們迷惑的心靈。

〈法華宗要序〉開首即說：

> 夫本際冥湛，則神根凝一。涉動離淳，則精麁異陳。於是心嚮競策，塵想諍馳。瞖有淺深，則昏明殊鏡。是以從初得佛，暨於此經，始應物開津故。三乘別流非真，則終期有會，會必同源故。其乘唯一，唯一無上故，謂之妙法。頌曰：是乘微妙清淨第一，於諸世間，最無有上。[16]

“本際”即涅槃，“冥湛”指涅槃清淨無煩惱的境界，無煩惱則精神貫注。如果心神活動起來，離開凝然為一的境界，則看到世間物事大小不同。“應物”即點明了方便之意，“開津”即指開啟眾生蒙昧的心靈。心靈如脫韁野馬，駕馭不了，就會令思想紛擾不安。心靈蒙昧有淺深，就好像鏡子之昏暗與光明各有不

---

[15] 參見《高僧傳》，卷七，載《大正藏》，冊五〇，頁 368b。
[16] 《大正藏》，冊五五，頁 57a。

同。這幾句對比了涅槃的清淨與眾生心靈的污染。因為有此污染，"應物開津"才有可能。所謂"應物開津"，是指應接不同的眾生並開啟不同眾生的昏暗心靈。"應接"即有方便的意思，"開津"即有方便的作用。慧觀更說三乘歸一乘，以一佛乘為至高無上，這至高無上的佛法，稱為妙法。此妙法清淨無染，世間第一。言下之意就是利用此至高無上的佛法，開啟眾生的蒙昧。

第二，運用權宜的方法來度化眾生，瞭解佛法的真實。

慧觀説：

> 夫妙不可明，必擬之有像，像之美者，蓮華為上。蓮華之秀，分陀利為最。妙方法而為言，故喻之分陀利，其為經也明。發朦不可以語極，釋權應之所由。御終不可以秘深，則開實以顯宗致。權應既彰，則局心自發。宗致既顯，則真悟自生。故能令萬流合注，三乘同往。同往之三，會而為一，乘之始也。覺慧成滿，乘之盛也。滅景澄神，乘之終也。[17]

佛法不可名狀，但是作為救度，仍須摹擬物象，使無形成為有形，讓人嚮往。摹擬物象以蓮花最美，蓮花之中，又以芬陀利為最秀麗，用蓮花來比喻佛法，又以芬陀利喻佛法之妙極是可以理解的。令眾生開蒙昧之心，不可單靠言語，用權宜的方法來應接眾生是必須的。慧觀認為達致終極境界不可以説得太深奧，要把真實法表現出來，用以顯示覺悟的宗旨。如果可以運用權宜的方法，眾生迷妄的心靈就可以得到自我啟發。覺悟的宗旨明白了，則覺悟自然生起。如此，則所有三乘眾生都可以達致一佛乘的境界：會三歸一是法輪運轉的開始；覺悟的智慧圓滿，則是法輪運轉的高峰期；而滅去煩惱，心神得以明澄，則是法輪運轉的終極境界。由此觀之，慧觀所説的權應的方法，實在是跟開實相關，兩者的目的同樣都是讓眾生得到覺悟，去除迷執。

第三，權應的根本智慧，是統攝佛法的根本。

慧觀説：

---

[17]《大正藏》，冊五五，頁 57a。

雖以萬法為乘，然統之有主。舉其宗要，則慧收其名。故經以真慧為體，妙一為稱。是以釋迦玄音始發，讚佛智甚深。多寶稱善，歎平等大慧。頌曰：「為說佛慧故，諸佛出世間，唯此一事實，餘二則非真。」然則佛慧乃一之正實，乘之體成，妙之至足，華之開秀者也。雖寄華宣微，而道玄像表，稱之曰妙，而體絕精麤。頌曰：「是法不可示，言辭相寂滅。」二乘所以息慮，補處所以絕塵，唯佛與佛，乃能究焉。故恒沙如來，感希聲以雲萃，已逝之聖，振餘靈而現證，信佛法之奧區，窮神之妙境，其此經之謂乎？[18]

慧觀特別提出以智慧來統攝佛法，以智慧為佛法的宗要。慧觀認為這個統攝佛法的智慧是經的根本，這個智慧叫作妙一。經文一開始就說「佛智甚深」，其實也就是說這個智慧。這個智慧是出世間的平等智慧，它是唯一的，是法輪得以運轉的根本，最為玄妙，若以花作比喻，則是代表花之秀麗。再者，這個智慧以花作喻，是抽象的義理的具體化，這就是「妙」的意思。事實上，這個佛法是不可顯示出來的，言說到此起不了作用，只好默言無語。

◎ 五、鳩摩羅什、僧叡及慧觀釋方便之比較

綜觀三人對「方便」的理解，可以說有異有同。

不同之處是，鳩摩羅什認為方便有決定菩薩上升或墮落的力量，它是伴隨菩薩到世間來行度化的力量。菩薩本來可以達致涅槃的境地，享受法樂，可是菩薩卻不捨世間，希望眾生也可以得到覺悟。鳩摩羅什強調菩薩具有這種方便的力量。僧叡的側重點卻在應化眾生，以善權為度化的要則，強調應化及覺悟義理的非數、無實、無成及不滅的超脫性質。慧觀看到的是眾生的蒙昧、迷失及閉塞，認為方便可以啟蒙、開悟。鳩摩羅什議論點在菩薩上，僧叡的議論點在義理上，慧觀的議論點則在眾生上。

相同之處是，鳩摩羅什特別提出用無漏智慧來說方便，慧觀更甚至說智慧是

---

[18]《大正藏》，冊五五，頁 57a。

統攝佛法的根本。以智慧説方便，兩師徒一脈相承，此其一。三人都用“應”來説方便，鳩摩羅什用“應化”，其餘兩人用“應物”，此其二。僧叡及慧觀不約而同都用“權”來説方便，僧叡用“權化”，慧觀用“權應”。“權”和“應化”或“應物”組合一起，於是有“權化”、“權應”之語，此其三。三人都以方便來度化眾生，引導眾生由迷返悟，此其四。

以下把三人所説的同異點分類表列：

	同		異	
	方便的名稱	方便的內容	方便的地位和作用	側重點
鳩摩羅什	1 漚和般若 2 方便 3 應化	1 方便即度化 2 方便即不捨世間 3 禪定為方便， 　　無漏為智慧 4 施教對機	1 不令墮落 2 不捨世間 3 得入涅槃 4 漸為開示 5 佛陀秘藏	菩薩
僧叡	1 應物 2 權化	1 善權為用 2 權之為化	1 非數 2 無實 3 無成 4 不滅	義理
慧觀	1 權應 2 應物	1 應物開津 2 權應開實 3 真慧為體	1 開津 2 發矇 3 統攝	眾生

◎ 六　總結 ── 解經的起點

　　鳩摩羅什師徒嘗試釋經，開放了解經的權限。鳩摩羅什師徒並沒有系統地解釋《妙法蓮華經》的著作，他們對經文的理解就只在零星的資料裏。但是，後這些零星的資料大略也可以看到他們對方便思想的理解。作為翻譯者的鳩摩羅什嘗試對其所譯作解説，他的徒弟再就經文説明一番，他們的思想進路得到後來釋經者的接受。法雲解方便建立權實二智論，及後智顗、吉藏、窺基及戒環，以智慧解方便，以權應來説方便，理論化經典，以釋經為名，造論為實，衍成宗派間互相逐鹿的局面，在在都取材自鳩摩羅什師徒的思想。

　　經中說經也開放了解經的權限。嚴格說佛經並無撰者，只有記錄者。依佛教傳統，佛經是記載佛陀口傳義理的載體，撰經者其實就是佛陀自己。不過，佛陀入滅後，由其弟子把佛陀所說過的義理依記憶整理出來，成為汗牛充棟的經典。佛典就代表著佛陀的化身，後來的佛徒從讀誦佛經認識佛陀的義理，讀誦佛典就彷彿與佛陀會面，領受佛法。說經者既然是佛陀本人，則他吐辭為經，舉足為法，佛經就是他的示現。往後的信眾要悟得佛理，讀經得解脫的步驟就必不可少。問題是：應該怎樣讀經才是？《妙法蓮華經》分別在〈方便品〉及〈陀羅尼品〉提過有關參入經典的方式，例如〈方便品〉經文說：

> 受持、讀誦、解義者，是人難得。若遇餘佛，於此法中便得決了。舍利弗，汝等當一心信解受持佛語，諸佛如來言無虛妄，無有餘乘，唯一佛乘。[19]

　　信解、受持、讀誦及解義是瞭解佛乘的方法。信解與受持偏重在信仰與修行，而讀誦及解義則從理解經典著眼，重在對義理的吸收和闡發。經文更說：

> 若復有人，受持、讀誦、解說、書寫《妙法華經》，乃至一偈，於此經卷，敬視如佛，種種供養華香、瓔珞、末香、塗香、燒香、繒蓋、幢幡、衣服、伎樂，乃至合掌恭敬。[20]

　　除了信解、受持、讀誦及解義之外，瞭解佛乘之法也可包括書寫甚至焚香，衣飾或者合掌供養也可以。無論什麼形式，讀誦及解說或解義是釋經的步驟，其餘的供養方式都連繫於信仰。因著這個讀經、解經的背景，形成往後各朝眾疏釋者爭相疏解經文的現象。

　　基於信仰問題更開放了解經的權限。經文說：

---

[19]《大正藏》，冊九，頁 7a。

[20] 同上註，頁 30b。

藥王當知：是諸人等，已曾供養十萬億佛，於諸佛所成就大願，湣眾生故生此人間。藥王，若有人問：何等眾生於未來世當得作佛？應示是諸人等，於未來世必得作佛。何以故？若善男子善女人，於《法華經》乃至一句，受持、讀誦、解說、書寫，種種供養經卷，華香、瓔珞、末香、塗香、燒香、繒蓋、幢幡、衣服、伎樂，合掌恭敬，是人一切世間所應瞻奉，應以如來供養而供養之。當知此人是大菩薩，成就阿耨多羅三藐三菩提，哀湣眾生願生此間，廣演分別《妙法華經》，何況盡能受持種種供養者。[21]

《妙法蓮華經》經卷作信解或讀誦等活動的人有以下的特點：

1. 已曾供養十萬億佛，於諸佛所成就大願，湣眾生故生此人間。

2. 當知此人是大菩薩，成就阿耨多羅三藐三菩提，哀湣眾生願生此間，廣演分別《妙法華經》，何況盡能受持種種供養者。

就第一點來說，這些信眾除供養佛外，也發願悲湣眾生。就第二點來說，這些信眾其實就是大菩薩，得到無上正等正覺，因為哀湣眾生，於是生在此世間，施行教法，講說《妙法蓮華經》。此處特別顯出悲湣的心、廣演經文的心。悲湣在先而廣演在後，廣演經文依於悲湣而來，悲湣成為廣演的基礎，於是廣演經文就成為救度眾生的標的。

---

[21]《大正藏》，冊九，頁 30b。

淺析王國維悲劇美學中的佛教意識

賴志成[*]

早在先秦時代，中國已經存在"美"的概念，例如道家就有"天下有大美而不言"、"天下皆知美之為美"等理論，[1] 而佛教則認為世上萬物都是基於各種的因緣暫時聚合，不會永恆不變，其美的觀念也是如此，如《雜阿含經》卷十所云："觀色如聚沫，受如水上泡，想如春時焰，諸行如芭蕉，諸識法如幻……。"[2] 佛教否定世俗之美，但它卻肯定涅槃之美與淨土之美。但是，這些美學理論並沒有系統性，直至現代中國美學之父王國維的出現，中國的現代美學才正式確立。而王國維最具成就的，就是其悲劇美學。王國維在光緒三十年（1904）出版的《紅樓夢評論》和宣統二年（1910）出版的《人間詞話》等著作中，利用西方美學的觀點，結合了中國傳統"美"的理論。這種以中國傳統文化為主調，融通西方文化的思想，既是清末民初中外文化相融的特色之一，[3] 也是以佛教美的觀念來整理和評論中國哲學與文學，並以美學的觀點和方法來對文學作品進行審美。王國維更在《紅樓夢評論》裏論述人生乃"徹頭徹尾"的悲劇，因此人們務必要去除物慾、功利，回歸藝術的原本，走向解脫。這充滿系統性、邏輯性、完整性的悲劇美學，到處顯示出佛教的意識。

◎ 一、結合中西，展示佛教的出世悲劇人生觀與藝術觀

對於人生觀與藝術觀，乃至人生與美學的關係，王國維在〈靜庵文集自序〉中有道："余之研究哲學始於辛壬（1901-1902）之間。癸卯（1903）春始讀汗德

---

[*] 香港教育大學中國語言學系博士研究生

[1] 張涵：《中華美學史》（北京：西苑出版社，1995 年），頁 60。

[2] 《大正新修大藏經》，卷二上，簡稱《大正藏》（台北：佛陀教育基金會，1981 年），頁 69。

[3] 區志堅：〈禮學與史學：柳詒徵史學理論之研究〉，宋秉仁主編：《史學與史識：王爾敏教授八十誕辰論文集》（台北：廣文書局，2009 年），頁 363-392；區志堅：〈道德教化在現代史學的角色——以柳詒徵及其學生繆鳳林、鄭鶴聲的傳承關係為例〉，《史學史研究》2010 年第 2 期，頁 57-66。

（康得，Immanuel Kant, 1724 -1804）之《純理批評》。"[4] 但他卻一直不能理解其要義，所以不久之後就放棄了。後來，王國維讀到叔本華（Arthur Schopenhauer, 1788－1860）的著作而"大好之"，因此從 1903 年的夏天到 1904 年的冬天這一年多的時間他都以此為伴。"其所尤愜心者，則在叔本華之知識論，汗德之說得因之以上窺，然於其人生哲學觀察之精銳，與議論之犀利亦未嘗不心怡神釋也……此意於〈叔本華及尼采〉一文中始暢發之。今歲之春復返而讀汗德之書，嗣今以後將此數年之力研究汗德，他日稍有所進，取前說而讀之亦一快也，故並諸雜文刊而行之，以存此二三年間思想上之陳跡云爾。"[5] 而《紅樓夢評論》第四章〈紅樓夢之倫理學上之價值〉中也引用了一首詩〈平生〉："生平頗憶挈盧敖，東過蓬萊浴海濤。何處雲中聞犬吠，至今湖畔尚烏號。人間地獄真無間，死後泥洹枉自豪。終古眾生無度日，世尊只合老塵囂。"[6] 這是一首有關人生痛苦及企求解脱的詩歌，充滿佛家氣息。從這裏，可見其美學思想受康得、叔本華和尼采（Friedrich Wilhelm Nietzsche, 1844-1900）等西方哲學家、美學家的影響非常大，但是，我們又可以看到王國維利用老莊學説和佛教學説去分析、解釋、演化他的美學思想。《紅樓夢評論》，代表著他所奠基的現代中國美學思想精華所在，是中國具有現代意識的文學批評理論之鼻祖。王國維開創性地運用現代西方的哲學思想、文學意識和美學理念，結合中國傳統思想來評論中國古典文學作品，極具理性、富有邏輯、哲學基礎深厚且理論論證嚴密，使《紅樓夢評論》成為現當代中國文學批評的典型，更把這種以中國人的角度去闡述美學思想的中國新美學發揮到極致。作為中國美學的創始者和奠基者，王國維把西方"悲劇"的美學概念從歐洲、日本介紹到中國，並把它運用到文學批評研究上。

西方的戲劇主要分為悲劇、喜劇和正劇這三種類型。在西方，悲劇一直以來被認為是文學形式當中層次最高的。黑格爾稱悲劇為"藝術的桂冠"；別林斯基

---

[4] 王國維：〈靜庵文集自序〉，原本《紅樓夢評論》（1904 年）收入《靜庵文集》（1905 年）中，現〈靜庵文集自序〉載《王國維文集》，卷三（北京：中國文史出版社，1997 年），頁 469。

[5] 王國維：〈靜庵文集自序〉，頁 469。

[6] 1915 年前後，王國維集《流沙訪古記》、《人間詞》和《觀堂丙午以前詩》，凡三種，合為《觀堂外集》，線裝，自印自刊。

稱悲劇為"高級的戲劇"。歷史中戲劇最初的形式，也是以悲劇的形式出現的。[7]
西方戲劇史上首個關於戲劇的定義，就是亞里士多德對悲劇的定義："悲劇是對
於一個嚴肅、完整、有一定長度的行動的摹仿；它的媒介是語言，具有各種悅耳
之音，分別在劇的各部分使用；摹仿形式是借人物的動作來表達，而不是採用敘
述法，借引起憐憫和恐懼來使這種情感得到陶冶。主人公往往出乎意料的遭到不
幸，從而成悲劇，因而悲劇的衝突成了人和命運的衝突。"[8] 由此可見，戲劇藝術
的源起，本就是悲劇形式的不斷發展演變。在對自我存在、自我意識的認知和探
索中，人們逐漸認識到死亡的必然性和生命的有限性，悲劇意識以及其表現形式
的悲劇藝術也就日漸成熟。[9] 所以，所謂的"悲劇美學"自然蘊含在悲劇藝術之
中，而悲情之所以動人，也源自人類對抗命運之"悲劇感"的波瀾壯闊。

　　由於在掙扎與抗衡之後依然無法擺脫命定的束縛，西方悲劇的重要特質，便
是其"一悲到底"的創作手法。隨著西方社會與西方戲劇藝術的不斷發展，悲劇
的題材已不再限於神話、宗教的宏大故事框架，性格悲劇的成熟更加集中也更加
激烈地展現了人作為社會個體的內在衝突，但一悲到底的情感氛圍卻始終貫徹於
西方戲劇的創作之中。無論是命運悲劇的代表《俄狄浦斯王》，還是性格悲劇的
代表《哈姆雷特》，故事的結局往往會通過矛盾對立雙方之中一方生命的毀滅，
來消除全劇的終極矛盾，極少出現帶有喜劇色彩的結局情景，更會刻意避免大團
圓式結局的出現。[10] 悲劇是美學理論當中一個重要的內容，它是隨著社會矛盾衝
突而產生，是人類在大自然、社會組織以及自身歷程中所經歷的艱難困苦之記
錄，它更通過"醜"對"美"的暫時壓伏而讚揚"美"的不屈態度，從而展現人
類奮鬥的精神，歌頌人類崇高悲壯的審美感受。[11]

　　在中國傳統文學當中，我們處處可以感受到濃鬱的悲劇意識，但與西方不同
的是，中國傳統文學的悲劇意識不是以"戲劇"為主要的表現形式，而是分別
表現在詩歌、散文、小說、戲曲等各種文學體裁當中，而此等悲劇意識，則深受

---

[7]　戴平：《戲劇——綜合的美學工程》（上海：上海人民出版社，1988年），頁150。

[8]　亞里士多德、賀拉斯著，郝久新譯：《詩學·詩藝》（北京：中國社會科學出版社，2009年），頁19。

[9]　安勇：〈中西方悲劇差異芻議〉，《淮北煤炭師範學院學報》第25卷第1期（2004年），頁106。

[10]　同上註，頁106-107。

[11]　王向峰主編：《文藝美學辭典》（瀋陽：遼寧大學出版社，1987年），頁133-135。

佛教的悲劇意識影響。佛教的悲劇意識，主要表現在其因果報應觀念上。而其因果報應觀念，則是建立在其緣起理論基礎上。《雜阿含經》有云："云何緣生法？謂無明、行……謂緣生故，有老、病、死、憂、悲、惱、苦，此等諸法。法住、法空、法如、法爾，法不離如，法不異如。審諦、真實，不顛倒。如是隨順緣起，是名緣生法。謂無明、行、識、名色、六入處、觸、受、愛、取、有、生、老、病、死、憂、悲、惱、苦，是名緣生法。"[12] 一直以來，中國就有非常多顯示佛教的"因果"概念，以及人生如夢、世事無常的人生觀的悲劇意識文學作品，例如唐傳奇沈既濟的〈枕中記〉和李公佐的〈南柯太守傳〉等等。這種悲劇文學一直在蓬勃發展，到了明清，悲劇文學又發展到一個新的台階。黃宗羲在《明儒學案》裏是這樣分析王守仁的："始泛濫於詞章，繼而遍讀考亭之書，循序格物，顧物理吾心，終判為二，無所得人，於是出入佛老者久之。及至居夷處困，動心忍性，因念聖人處此，更有何道？忽悟格物致知之旨，聖人之道，吾性自足，不假外求。"[13] 這裏的"吾性自足，不假外求"就是"心即理"，"心即理"和佛教的"即心即佛"的理念都一樣。受佛教影響的"心學"解除了知識分子的思想束縛，於是他們就可以把真實的人性表現在他們的作品裏。許多的悲劇文學都以"因果循環"的框架來描述人的悲劇命運，例如關漢卿的《竇娥冤》、湯顯祖的《牡丹亭》、孔尚任的《桃花扇》、羅貫中的《三國演義》、施耐庵的《水滸傳》及曹雪芹的《紅樓夢》等等皆是如此。在此等悲劇當中，王國維特別推崇《紅樓夢》。在《紅樓夢》第五回"遊幻境指迷十二釵，飲仙醪曲演紅樓夢"中，描寫了賈寶玉在警幻宮裏聽的"紅樓夢"最後一支曲子《飛鳥各投林》，此曲淋漓盡致地展現了佛教因果報應的悲劇意識："為官的，家業凋零；富貴的，金銀散盡；有恩的，死裏逃生；無情的，分明報應。欠命的，命已還；欠淚的，淚已盡。冤冤相報實非輕，分離聚合皆有定。"[14] 正是在這樣的因果循環中，元、明、清的悲劇文學用一種悲觀的方式完成了"將有價值的東西毀滅給人看"，以濃重的悲劇意識塑造出一部部中國古代悲劇文學作品。王國維把西方的美學概

---

[12]《雜阿含經》（北京：宗教文化出版社，1999 年），頁 268。

[13] 劉國忠等編：《中國思想史參考資料集：隋唐至清卷》（北京：清華大學出版社，2004 年），頁 197。

[14]〔清〕曹雪芹、高鶚：《紅樓夢》（北京：人民文學出版社，2002 年），頁 58。

念，與中國的傳統文化思想，特別是佛教思想相互結合，對"悲劇"進行創造性的改造，建立新的中國式悲劇美學思想。

◎ 二、人生乃"徹頭徹尾"的悲劇

王國維認為人生乃"徹頭徹尾"悲劇的思維，可以從《王國維詩詞箋注》[15]的詩詞作品中找到顯著的痕跡。因為有這種情緒，所以他向佛教尋找出路。例如在1901年，王國維在〈雜詩〉中云："側身天地苦拘攣，姑射神人未可攀"；"終古詩人太無賴，苦求樂土向塵寰"。另外，王國維訴說人生悲苦的作品還有許多，例如〈端居〉的"我生三十載，役役苦不平"；〈塵勞〉的"苦覺秋風欺病骨，不堪宵夢續塵勞"；〈遊通州湖心亭〉的"人生苦局促，俯仰多悲悷"；〈登狼山支雲塔〉的"蓬萊只合今時淺，哀樂偏於我輩深"；〈病中即事〉的"因病廢書增寂寞，強顏入世苦支離"；〈偶成二首〉之一的"網罟一朝作，魚鳥失寧居"；〈拚飛〉的"歡場只自增蕭瑟，人海何由慰寂寥"等等，凡此種種，都可以表明王國維《紅樓夢評論》中認為人生乃"徹頭徹尾"的悲劇的一貫思考與思想發展。

在《紅樓夢評論》中，王國維把藝術的美分為"優美"和"壯美"兩種。所謂"優美"，就是能夠使人的心境變為平和寧靜之狀態的藝術之美，普通的藝術作品就屬於此類。而"壯美"則可以使人意志為之破裂，令人悲憐、畏懼、痛苦，產生巨大的衝擊，再轉化為審美的快感——這就是一種悲劇的美學。雖然"優美"和"壯美"都能使人忘記物我的利害關係而產生快樂，但很明顯，"壯美"這種悲劇美學的格調遠遠超越"優美"，正如歌德的詩歌曰："What in life doth only grieve us. That in art we gladly see. （凡人生中足以使人悲者，於美術中則吾人樂而觀之。）"[16] 這也是王國維所開創的結合中西文化之"悲劇美學"，並以此來審視中國傳統文學的美學特質。他說："吾國人之精神，世間的也，樂天的也。故代表其精神之戲曲小說，無往而不著此樂天之色彩。"[17] 他認為這種空幻的樂

---

[15] 王國維著，陳永正箋註：《王國維詩詞箋注》（上海：上海古籍出版社，2011年）。

[15] 王國維著，陳永正箋註：《王國維詩詞箋注》（上海：上海古籍出版社，2011年）。

[16] 王國維：《紅樓夢評論》，王國維著，傅杰編：《王國維論學集》（北京：中國社會科學出版社，1997年），頁353。

[17] 同上註，頁358。

天色彩，不但令文學作品失"真"，更損害其藝術的"美"，批判傳統文學審美觀念缺乏對現實世界的正視。他極力推崇《紅樓夢》"徹頭徹尾之悲劇"及"第三種悲劇"的特色，認為在中國傳統文學作品當中，《紅樓夢》最具有"厭世解脫"的精神。他指出"凡此書中之人，有與生活之欲相關係者，無不與苦痛相終始"，[18] 毋庸置疑是"徹頭徹尾之悲劇"。另外，王國維的"第三種悲劇"說，是受到叔本華的悲劇說影響的。叔本華在他的《作為意志和表象的世界》（德語：*Die Welt als Wille und Vorstellung*，英語：*The World As Will and Idea*，1819）裏，把悲劇分為三種：第一種是因惡人所啟；第二種是因盲目的命運；第三種是由於當中人物的位置和關係，不得不如此所造成的，也就是中國人所說的"人在江湖，身不由己"。王國維認為《紅樓夢》這個悲劇，就是這種"第三種悲劇"，當中所有的人物都是悲劇性人物，所有人都活得很痛苦，而痛苦伴隨著人，一代又一代永無止境。可以說，人的一生就是一段痛苦的旅程，這裏充滿了佛教的出世悲劇意識。他說："此種悲劇，其感人賢於前二者遠甚。"[19] 因為人生之最大的不幸，並不是"例外之事"，而是人生所固有的，更是"而無不平之可鳴，此可謂天下之至慘也"。[20]

　　無論是西方人的人格覺醒，還是中國人的性靈萌發，都是對於人性本"真"的極致體驗。無論是西方宗教的約束，還是中國禮教的禁錮，都集中體現了無可抗拒的命運悲劇的力量，帶來了震撼人心的"美"。在《紅樓夢評論》裏，王國維匯合了康德、叔本華、尼采的哲學、美學觀念以及佛道學說，高超純熟地催生了中國悲劇美學思想，論證了其對悲劇的獨到見解，使人們能夠從悲劇美學的角度分析文學作品，這的確是國人在美學理論方面的一次創舉。王國維開創性地運用現代西方的哲學思想、文學意識和美學理念，結合中國傳統佛道思想來評論中國古典文學作品，這種嘗試極具理性、富有邏輯、哲學基礎深厚且理論論證嚴密，使現代中國在學術研究上具備了現代文學批評的技巧，填補了在現代美學方面的空白，對中國的現代美學理論和研究貢獻巨大。

---

[18] 王國維：《紅樓夢評論》，頁 359。

[19] 同上註。

[20] 同上註，頁 360。

◎ 三、去除物慾、功利，回歸人的原本

既然人生乃"徹頭徹尾"的悲劇，王國維就希望可以去除物慾、功利，回歸人的原本。王國維認為人的慾望是造成痛苦的重要原因：慾望促使人追求，得不到時人痛苦，得到時人又厭倦，再度有所欲求從而再度痛苦。王國維反對人停留在物質的慾流中，主張精神層次的追求，"若欲抑制卑劣之嗜好，不可不易之以高尚之嗜好"，[21] 所以王國維選擇了文學藝術。這種去除物慾、功利，回歸人的原本的思考，正好與佛教的教義相通。佛教同樣反對慾望，禁止一切癡、嗔、貪之念，認為慾望是煩惱的根源，而煩惱能遮蔽我們的佛性和智慧。唯有降低了物慾的需求，除去"業"、"惑"，才能精勤於道業的修持，達到最高境界。這些觀點與王國維的觀點有著極大的相似性，只不過為"禁止慾望"，一則選擇教義，一則選擇文學而已。

王國維在《紅樓夢評論》第一章〈人生及美術之概觀〉指出："茲有一物焉，使吾人超然於利害之外，而忘物我之關係。此時也，吾人之心無希望，無恐怖，非復欲之我，而但知之我也。"[22] 這一物就是"美術"（藝術），它之所以能使人"解脫"於人生之苦痛，就是因為"美術之為物，欲者不觀，觀者不欲。而藝術之美所以優於自然之美者，全存於使人易忘物我之關係也"。[23] 此等思想，充滿了濃厚的佛家色彩。在藝術的面前，鑒賞者應該去除功利物欲，用最純粹的審美態度去領會藝術的美。否則，藝術就會被添加了藝術之外的雜質，失卻了藝術品原來的真義，而觀賞者也會被種種的雜念、虛榮、慾望等所蒙蔽，使他們面前的藝術品變質。因此，王國維主張要用"忘物我之關係"的態度去欣賞藝術的美。

◎ 四、揮別痛苦，走向解脫

能夠去除物慾、功利，回歸人的原本，我們就可以揮別痛苦，走向解脫。所謂"解脫"是指："擺脫煩惱業障的繫縛而得自由自在。廣義上說，擺脫世俗任

---

[21] 王國維著，金雅主編：《中國現代美學名家文叢·王國維卷》（杭州：浙江大學出版社，2009 年），頁 109。

[22] 王國維：《紅樓夢評論》，頁 352。

[23] 同上註。

何束縛，在宗教精神上感到之自由，均可用以稱之。"[24] 佛教在我國得以存活的主要原因是因為它可以給人以來世的希望。佛教可以使人消除痛苦，歸結成兩個字就是"解脫"。而王國維對佛教使民眾痛苦得緩解表示理解與贊同。一方面，王國維飽受痛苦的折磨，瞭解精神的慰藉對於人的重要意義；另一方面，當時社會物慾橫流，社會風氣敗壞。他認為文學藝術也可以使人充實，達到美育的功效，唯有教育與文學藝術可以"激動國民之希望"，慰藉人民，甚至達到禁鴉片之根本。由此看來，佛教與文學藝術的作用都是精神性的，有著內在的共通性。

王國維以叔本華的"生命意志"和"生存慾求"論為出發點，在第一章論述道："生活之本質何？欲而已矣……故人生者，如鐘錶之擺，實往復於痛苦與倦厭之間者也。"[25] 對人生的本質作了悲觀的闡釋，他把佛教的出世悲觀概念融合於叔本華的悲觀主義人生觀之中，得出"人生就是慾望與痛苦的循環"的結論。在王國維看來，無論是從西方叔本華的觀點，還是中國佛教的理論，痛苦是無可避免的，它是伴隨著人生而來的，人生的基本問題就是"慾望—生活—痛苦""三者一而已"的問題。

悲劇的"真"就是源於"人之大患在我有身"的體驗，"慾望—生活—痛苦"三者不斷循環所產生的痛苦。這些世上普羅大眾最普遍、最"真"的"慾望"，每天都在我們的身邊上演，而這些最普遍、最"真"的慾望，正正是整部人生的矛盾衝突之所在。而人們的"慾望"也導致了他們的痛苦。叔本華認為"整個宇宙就是一個求生的意志"。這個世界就是一個相互廝殺的戰場，它永無寧日，永無休止，所有人都為了生存，為了滿足慾望而需要不斷擠壓別人的生存空間，直到共同毀滅。在人世間，叔本華找不到一絲曙光，更找不到幸福和自由，叔本華說："我們既已在無知無識的自然界看到大自然的本質就是不斷的追求掙扎，無目標無休止的追求掙扎……慾求和掙扎是人的全部本質，完全可以和不能解除的口渴相比擬。"[26] 他認為自從人來到這個世界，就一直伴隨著生命之慾，永遠不會滿足——若是暫時得到"滿足"，就會寂寞、空虛、無聊，於是又產生新的

---

[24] 杜繼文、黃明信：《佛教小詞典》（上海：上海辭書出版社，2006 年），頁 276。

[25] 王國維：《紅樓夢評論》，頁 351。

[26] 〔德〕叔本華著，石沖白譯：《作為意志和表象的世界》（北京：商務印書館，1982 年），頁 213。

慾望。王國維認同叔本華的觀點，他認為：“生活之本質何？慾而已矣。慾之為性無厭，而其原生於不足。不足之狀態，苦痛是也。既償一欲，則此慾以終。然慾之被償者一，而不償者什佰，一慾既終，他慾隨之，故究竟之慰藉，終不可得也……”[27] 這些無窮無盡的慾望，為人們帶來了無盡的痛苦，慾、生活、痛苦，三者是共生的，這，也是生命的“真”。

怎樣才能脫離痛苦呢？就是放棄私慾，不要對人世間的功名利祿看得太重，對生死處之泰然，如佛家的看破紅塵，突破“小我”；以及叔本華的克制慾求，與世無爭，堵塞痛苦以昇華自我等。王國維把佛家的理論和叔本華的哲學觀念相互融合，並加入自己的體驗和思考加以改造，使之“著我之色彩”。王國維指出，生活之苦是由人的私慾所造成的，其解脫之道也應該由人自己去探求。他提出的解脫之道有兩條：第一是“存於觀他人之苦痛”；第二就是“存於覺自己之苦痛”。第一條解脫之道是“唯非常之人，由非常之知力而洞觀宇宙人生之本質，始知生活與苦痛之不能相離，由是求絕其生活之慾而得解脫之道。”[28] 這條解脫之道是一條宗教之道，但不是常人可以做到的，例如曹雪芹形容惜春的“勘破三春景不長，緇衣頓改昔年妝”，就是說惜春看破了大觀園的盛景不會長久，於是用黑色尼姑衣服換掉了自己原來的紅裝，以遁入空門作為解脫的途徑。第二條解脫之道是從“自我”出發，在痛苦中覺悟，最終棄絕意慾，這是“覺自己之苦痛”。這條解脫之道是一條審美之道，而王國維認為這條審美之道更為重要，因為它更接近普通人，更為自然，更人性化，它可以成為一般人的解脫之道。這就是“以美滅慾”，通過欣賞、領略藝術之美，使人們“忘物我之關係”，從審美中得到暫時的解脫。王國維有道：“美術之務，在描寫人生之苦痛與其解脫之道，使吾儕馮生之徒，於此桎梏之世界中，離此生活之慾之爭鬥，而得其暫時之平和，此一切美術之目的也。”[29] 因此，文學藝術可以使人們暫時離開為了慾望而鬥爭所產生的痛苦，得到解脫。而在《紅樓夢評論》裏，王國維向人們指出了解脫的終極方法：和惜春因看破了大觀園的盛景不會長久而出家不同，寶玉最後

---

[27] 王國維：《紅樓夢評論》，頁 351。

[28] 同上註，頁 356-357。

[29] 同上註，頁 357。

削髮秉正沙門，是因為他因身邊的金釧、尤三姐、尤二姐、司棋、晴雯等人，特別是黛玉的悲劇，洞察到宇宙人生之真實面貌，明白到整個人世間就是一齣循環往復的悲劇，領悟到一個人在命運面前的渺小，於是撒手紅塵，遁入佛門。王國維認為寶玉的解脫方式極具"壯美"，是一種融合了自然、人類、藝術的解脫，其層次遠遠超越了惜春，也達到了佛家所說的"解脫"。

◎ 五、總結

王國維的悲劇美學，展現了其創新的連貫中西、結合佛教意識的美學思想。在分析《紅樓夢》時，他運用了叔本華悲觀主義的理論，更以濃厚的佛教悲劇意識等中國傳統文化去分析解讀，展現其世事無常、無常即苦的人生觀。他提出了兩項原則：一是描寫人生固有的情景，寫普通人的境遇；二是寫出命運，寫出它的必然性。[30] 他認為人生乃"徹頭徹尾"的悲劇，因此人們務必要去除物慾、功利，回歸藝術的原本，走向解脫。這充滿系統性、邏輯性、完整性的悲劇美學，到處顯示出佛教因果報應的悲劇意識。

王國維可以說是中國的"現代美學之父"，他開創了現代中國"美學"，影響了許許多多包括朱光潛、宗白華等在內美學家的美學理論，也為現代中國文學增添了許多中西結合的元素，對中國美學、中國文學，乃至中國文化立下了不可磨滅的豐功偉績。

---

[30] 袁進：《中國近代文學史》（台北：人間出版社，2010年），頁422。

《六祖壇經》與漢文佛教大藏經的關係研究

白光 *

◎ 一、問題的提出

佛教源自印度，興盛於中國。隋唐時期，中國佛教形成許多各具特色的宗派，而禪宗則日益成為中國佛教的代表。佛教一般將佛的言教稱為"經"，禪宗的《六祖壇經》以"經"命名，由此可見它在中國佛教的地位。《六祖壇經》隨著禪宗的發展而演變，在唐宋間便形成許多版本，影響遍及南北和海外，其中的一個表徵便是被編入佛教大藏經，從而使得《六祖壇經》的入藏成為《壇經》研究的重要領域。

佛教大藏經主要是對佛教經典文獻的彙編，漢文佛教大藏經則主要是對漢文佛教經典的彙編。從所收的文獻上看，唐代以後由於中國佛教宗派開始彙集自宗經典，諸如天台宗和禪宗都開始編纂典藏大藏經，這推動了漢文佛教大藏經將彙集的範圍擴展至中國佛教宗派經典。後來的大藏經逐漸收錄禪宗經典，與中唐時期提倡"禪教一致"的宗密禪師曾編寫過《禪藏》[1] 有一定關係。從文字載體上看，漢文佛教大藏經經歷了一個從寫到刻的階段。[2] 宋代以後開始以寫本大藏經為底本進行雕刻印刷，現存大藏經即主要以宋代以後的刻本為主。多年以來，隨著人們對佛教大藏經的編纂和研究的深入開展，人們發現，現存的刻本大藏經及其經錄直至明代才將《六祖壇經》納入其中。這一現象引起了學者的注意，有學者提出《六祖壇經》雖然影響很大，但是它入藏很晚；也有一些學者指出《六祖壇經》因為入藏晚，所以它的影響並不大。這些說法的基本依據都是《六祖壇經》入藏很晚，但是筆者認為這種判斷並不符合實際。

從現存所見的《六祖壇經》版本來看，明代入藏的版本只是《壇經》版本發

---

* 江蘇師範大學講師

[1] 裴休：《禪源諸詮集都序敘》，收入《大藏經》，卷四八，頁 398。

[2] 方廣錩：《中國寫本大藏經研究》（上海：上海古籍出版社，2006 年），頁 5-13；另參李富華、何梅：《漢文佛教大藏經研究》（北京：宗教文化出版社，2003 年）。

展的階段性產物。從此時期版本的入藏，只能推導出此時期並未將此前的其他版本入藏，而推導不出其他版本在以前未曾入藏。明代之前大藏經是否收錄過《壇經》，應結合唐宋時期的《壇經》版本以及相關入藏記載加以判斷。另外，雖然現存唐宋時期的大藏經及其經錄是判斷的重要根據，但判斷的根據不能僅限於此；而且即便以之為根據，也應注意其中的問題。因為佛教大藏經本身也有一個從產生到續刻以及翻刻乃至毀版改刻的演化過程，例如本文後面提到的民間所刻《磧砂藏》，它雖然始於南宋，但一直延續到明代還在進行中。[3] 所以不能將現存的某部大藏經或特定時期的經錄簡單地等同於該部大藏經的所有版本。從《六祖壇經》入藏的角度看，現存唐宋時期的大藏經中雖然沒有發現《壇經》，但並不能據此推出《壇經》未曾被曾經存在過的某部大藏經所收錄。事實上，歷史上也存在過一些證據可以證明有些大藏經曾經收錄過《壇經》，只是後來又被刪除了或丟失了。

實際上，明代最早入藏的《壇經》版本也比較複雜。從明代洪武五年（1372）至永樂元年（1402），存在著從準備刻藏的校勘到先後勘刻初刻南藏、永樂南藏兩部大藏經的過程。在這個過程中，《壇經》先後出現了洪武六年（1373）所刻密庵本、初刻南藏本以及永樂南藏本。人們一般只討論初刻南藏本與永樂南藏本的關係，而不觸及它們與洪武六年本的關係。實際上，如果不瞭解洪武六年本的內容、背景及其淵源，也很難理解後二者在入藏時所發生的一些變化。又由於在民國初年發現的初刻南藏本中尚存一部以"用"字編號的《六祖壇經》，但是後來卻遺失了。這不僅使得初刻南藏本到底收入了幾部《壇經》成為問題，而且也使得初刻南藏本與永樂南藏本的關係模糊不清。因此，關於現存永樂南藏本《壇經》的產生及其與初刻南藏本、洪武六年本的關係也需要加以辨明。

◎ 二、《六祖壇經》在唐宋時期已入藏

20 世紀初，人們在敦煌文獻中發現大量早期禪宗文獻，而這些禪宗文獻往往與某部經論連寫，這正是"經是佛語，禪是佛意"的禪教一致論在經典組織方

---

[3]　何梅：《歷代漢文大藏經目錄新考》（北京：社會科學文獻出版社，2014 年），頁 79。

面的表現，所以有學者認為有些敦煌文獻很可能是《禪藏》的遺存。[4] 在敦煌地區出土的唐代禪宗文獻中，《六祖壇經》就是其中之一，其中就有兩個寫本是與《佛說大辨邪正經》相連寫。[5]

從敦煌本《六祖壇經》自身所述來看，這種版本的《壇經》多處提及自身具有著“傳宗”的功能，如云“無《壇經》稟承，非南宗弟子也”。[6] 從禪宗早期傳承方式的變化來看，這是繼《楞伽經》、《金剛經》以及“法衣”等之後的新型傳承方式。根據禪宗祖師譜系等內容的漸次演化過程，一般認為敦煌本《壇經》版本形成於《歷代法寶記》（775）和《曹溪大師別傳》（約782）之間，是現已發現的《壇經》版本中最早者。值得注意的是，“《壇經》稟承”這種傳承方式開始時主要在以惠能弟子法海為代表的“南宗弟子”中傳播。此種《壇經》中所保留的傳承資訊，所謂“此《壇經》法海上座集，上座無常，付同學道漈，道漈無常，付門人悟真，悟真在嶺南漕溪山法興寺見今傳受此法”[7] 便是證據之一。證據之二是，787年，[8] 在今廣西羅秀山一帶修行的惠昕禪師為了方便一般人學習而將一卷本的《壇經》加以述說和編排，從而產生一部新的二卷本《壇經》，可稱為惠昕本。其中雖然將突出韶州法海禪師的內容進行了刪除，但是依然保留著相似的《壇經》傳承譜系，所謂“洎乎法海上座無常，以此《壇經》付囑志道，志道付彼岸，彼岸付悟真，悟真付圓會”。[9] 同時，從中不僅可見這兩種版本流傳漸廣，也能預見其以“南宗”相標榜所隱含的排他性將會導致的批評。現存的批評資料主要有二：其一出自惠能弟子慧忠禪師，他認為南方人將惠能《壇經》改換成傳宗經典的做法是“添揉鄙談、削除聖意”，不僅有違於惠能言教，而且有“惑亂後徒”的危險，[10] 二是為懷讓禪師的再傳弟子大義禪師撰寫碑銘的韋處厚，

---

[4] 方廣錩：〈關於禪藏與敦煌禪籍的若干問題〉，《藏外佛教文獻》（第一輯）（北京：宗教文化出版社，1995年），頁393。

[5] 郭富純、王振芬：《旅順博物館藏敦煌本六祖壇經》（上海：上海古籍出版社，2011年）頁86、140。

[6] 柳田聖山：《六祖壇經諸本集成》（京都：中文出版社，1976年），頁28。

[7] 同上註。

[8] 吳孝斌：〈惠昕本《六祖壇經》略考〉，《中國社會科學報》，2016年第3期。

[9] 柳田聖山：《六祖壇經諸本集成》，頁87。

[10] 道原：《景德傳燈錄》，收入《大藏經》，卷五一，頁438。

他在碑銘中提到"習徒迷真，橘枳變體，竟成《壇經》傳宗，優劣詳也"，[11] 對《壇經》傳宗也持貶損態度。實際上，這些批評資料不僅能反證《壇經》傳宗本在唐代中期流傳和影響程度，其所蘊含的對於禪宗經典所持的謹慎態度也會對編輯《禪藏》的宗密禪師產生一定的影響。所以，在宗密禪師為《禪藏》所寫的序言中提到這樣的編纂原則，即"集諸家之善記，其宗徒有不安者亦不改易，但遺闕意義者注而圓之，文字繁重者注而辨之"。[12] 應該說，正是由於這種"不改易"的做法，所以人們看到敦煌文獻中所收錄的《壇經》只有早期的傳宗本而沒有惠昕述編本。然而，由於完整的《禪藏》尚未發現，所以《六祖壇經》與《禪藏》的真實關係還有待新資料的發現加以確證。

經過惠昕所編的《壇經》雖然沒有被《禪藏》所收，但是卻在後來被納入到大藏經中，這在 1153 年由晁子健助緣所刻的"軍"字函《壇經》中可以得到證實，[13] 只是尚不知這部入藏的《壇經》所入的是何藏而已。

另外，隨著惠能南宗的繁盛，惠能禪宗日益成為禪宗的主流，作為惠能言行語錄重要代表的《壇經》也漸次形成多種抄本和更多版本。除了敦煌本和惠昕本外，活躍於後唐咸通年間的陳琡也曾"自述《壇經》三卷"，並被納入藏經之中。五代時期的王仁裕在《玉堂閑話》中對之加以記述時，尚且提到"今在藏中"。有學者推測，這部《壇經》可能就是被唐懿宗在咸通年間所編修的大藏經收入的。[14] 這部《壇經》雖然現在尚未被發現，但是北宋時期的郎簡為契嵩所校勘出的《壇經》所寫的序中便曾提到，契嵩所校勘對象正是某部"曹溪古本"，而且校勘後也是"三卷"。[15] 加之，近年來發現的洪武六年本《壇經》中所存的一些校勘記，特別是其中一則提到"原本末句字跡舛錯未錄，姑闕以待者"，筆者曾推測此本為現存最接近契嵩校勘本者，而且確實有某部字跡有錯的"曹溪古本"存在。[16] 這部"曹溪古本"如果就是三卷陳琡本的流傳本的話，那麼現存屬於契

---

[11] 韋處厚：〈興福寺內道場供養大德大義禪師碑銘〉，收入《全唐文》，頁 715。

[12] 裴休：〈禪源諸詮集都序敍〉，收入《大藏經》，卷四八，頁 412。

[13] 柳田聖山：《六祖壇經諸本集成》，頁 49-65。

[14] 張培峰：〈《六祖壇經》與道家道教關係考論〉，《宗教學研究》，2008 年第 2 期，頁 91-93。

[15] 同上註，頁 235。

[16] 白光：〈洪武六年本《壇經》的學術價值〉，《文獻》，2018 年第 5 期，頁 92-94。

嵩本的系統便可謂是其進一步的演變了。

契嵩本的三卷本《壇經》今已佚失，亦很難推測它是否曾被後世某部大藏經收入。但是，在宋遼之際，依然有關於《壇經》曾被大藏經收錄的佐證資料。如《佛祖統紀》即記載說，遼代在審定經錄的過程中將"《六祖壇經》、《寶林傳》等皆於焚棄"。[17] 遼代所審定的大藏經錄中的《六祖壇經》版本雖然至今未見其遺存，但是民國期間在山西趙城廣勝寺發現的《金刻大藏經》中則發現了《寶林傳》的刻本，其編號為"秦"，而且在第八卷中尚存"新編入錄"四字。[18] 從千字文順序上看，《六祖壇經》曾經以"軍"字為編號，處於"秦"字之前，以此亦可證明傳至遼代而尚未被審定的大藏經錄不僅存在《六祖壇經》、《寶林傳》二書，而且在經錄中的排序也是《六祖壇經》在前而《寶林傳》在後。

◎ 三、永樂南藏本《六祖壇經》的入藏

《六祖壇經》雖然在唐宋之際的入藏還有待新資料的進一步證實，但是在明清之際入藏的許多問題已可以辨明。這一方面是由於明清之際所有大藏經的雕刻均將《壇經》收入，而這些版本又幾乎都流傳至今，從而為研究《壇經》在這一時期的入藏問題及其源流關係提供了基本的資料；另一方面則在於這些入藏的《壇經》版本多數包含著有關校勘者、時間以及校勘記等內容或資訊，從而為深入認識《壇經》入藏及其變更的緣由提供了重要的線索。

近年來，受惠於現代科技在影像和互聯網技術方面的成就，國內外許多圖書館將館藏的《六祖壇經》公之於眾，許多書商也將收藏的《六祖壇經》版本置之於市，加之許多師友的慷慨幫助，筆者蒐集到了不少新的《壇經》版本，其中便有一些與明清之際《壇經》入藏相關者，如明代洪武六年翻刻的密庵本、天津圖書館藏明代嘉靖時期翻刻的永樂南藏本、明萬曆年間所刻的元代宗寶本、清代全真道龍門弟子栗守約所刻憨山德清校勘本、清代同治十一年（1872）如皋刻經處本等。將這些版本與前面討論的可能被入藏的《壇經》相比較，重要的一個區

---

[17] 志磐：《佛祖統紀》，收入《大藏經》，卷四九，頁 23。

[18] 智炬：《雙峰山曹侯溪寶林傳》，收入藍吉富主編：《禪宗全書》，卷一（北京：北京圖書館出版社，2004年），頁 307。

別是，其中的一些版本是在官方組織下進行校勘而入藏的，並不單單是個人校勘行為的結果。其中，與明代最早發起校勘活動和開刻大藏經密切相關者，是洪武六年本和永樂南藏本，而永樂南藏本已經成為人們討論《壇經》入藏問題的焦點之一。

洪武六年本《壇經》屬於宋代契嵩本系統，經過密庵的修訂後，在明清兩代經過多次重刻，現已發現的三種重刻本均是對明代洪武六年本的再翻刻，時間在清代，分別為 1869 年、1889 年和 1898 年，屬於同本異刻而差異不大。其中的1869 年本為在韓國的刻本，最早由韓國學者朴相國進行過介紹，[1] 但長期未被學者注意。2013 年底，筆者在台灣訪學期間於圖書館發現有 1898 年翼化堂本的膠捲圖片，並搜索到韓國圖書館已經將朴相國所介紹的版本在網絡上公開，後來又從吳孝斌先生處獲贈 1889 年本。從台灣回來後，筆者對這些版本進行了對勘並結合其他資料作了初步的研究，指出該版本可能是現存《壇經》版本中最接近宋代契嵩校勘的本子，發現此本與其他本相比，其特異之處是含有不少屬於 “校勘記” 的內容，其不僅對於理解《壇經》思想有所闡明，而且對於認識《壇經》流變過程中的 “以註入文”、“從俗至雅” 以及 “佛經化” 也具有重要價值。除此之外，筆者還根據此本的流傳時間而推測該本 “密庵附錄” 中的 “密庵” 有可能是指宋代的密庵咸杰禪師。[2]

密庵咸杰禪師是南宋時期的著名禪僧，屬於臨濟下第十三代，深受宋孝宗的敬重而活躍於當時，是臨濟禪系傳承者和看話禪的早期教學者，[3] 對於江浙禪宗的影響非常大。而洪武年間深受朝廷重用的禪派也主要是臨濟僧人，[4] 所以由密庵助緣刻行的《壇經》能夠在洪武五年組織校勘藏經的第二年便被翻刻。另外，明代早期大藏經所採用的底本主要是在洪武年間依然在續刻中的《磧砂藏》。《磧砂藏》以刊刻地在磧砂而得名，而在磧砂創立佛教道場的寂堂禪師即是密庵咸杰

---

[1] 朴相國：〈現存古本《六祖大師法寶壇經》在朝鮮半島的流通〉，《書志學研究》1989 年第 4 期，頁 131-132。

[2] 白光：〈洪武六年本《壇經》的學術價值〉，頁 88-99。

[3] 喻靜：〈密庵咸杰及其禪法研究〉，《中國文化》2013 年第 2 期，頁 125。

[4] 杜繼文、魏道儒：《中國禪宗通史》（南京：江蘇人民出版社，2007 年），頁 535-541。

的弟子。[5] 也就是説，密庵的禪系與《磧砂藏》存在有一定的關係，而《磧砂藏》又被明刻官藏作為底本，所以密庵本《壇經》在洪武六年的翻刻，便有可能是人們擬將此本作為入藏之本的表現。如果這種推測是成立的，人們選擇密庵本入藏而不是其他版本，也可能與這種版本所表現出的更為強烈的"佛經化"傾向有關。在密庵本中的一則校勘記便明確指出，"六祖所説之法既尊為'經'，則其體格言詞與語錄行狀塔銘之文固當有異"，因此主張應該將惠能弟子法海等改稱"比丘"而非"禪師"。[6]

然而，密庵本雖然有一定的流傳，但是似乎並沒有被隨後的明代大藏經收錄，現存初刻南藏、永樂南藏以及永樂北藏中均無之。出現這種結果，當與參與初刻南藏和永樂南藏禪宗文獻校勘的淨戒有直接關係。

淨戒禪師也是臨濟宗的傳人，屬於十八代，與密庵都屬於臨濟下楊岐一派，不同在於密庵屬於楊岐下虎丘一系而淨戒則屬於大慧一系。[7] 在初刻南藏"譽"字函《古尊宿語錄》卷八之末的校勘記中，淨戒認為大藏經中除了應該收入禪史文獻外，也應該收入禪語文獻，認為"《古尊宿語》諸錄，實後學指南，又不可無者，乃依舊本謄錄，重加校正，《傳燈》重複者去之。謹以《六祖壇經》列於首，南嶽、馬祖四家語繼之；而頤公所未收者，則采《廣燈錄》諸書，以聯《尊宿語》；自南嶽至晦機等，又通得四十二家，共四十八卷"。[8] 其中特別提到擬將《六祖壇經》置於禪宗語錄的最前面。學者研究認為，其千字文編號亦應為"譽"。[9] 由於作為禪史代表的《景德傳燈錄》與宋代以後流行的《六祖壇經》等語錄存在一定的重複，所以淨戒提到一條重要的原則，即"《傳燈》重複者去之"。《六祖壇經》主要分為兩部分，前者為大梵寺傳法授戒，後者為惠能與弟子的機緣故事，後者多與《景德傳燈錄》相重複，所以經過淨戒校勘的《壇經》版本只有惠能大梵寺傳法授戒部分。主持禪籍入藏的淨戒對《壇經》進行校勘時，並沒有選擇洪武六年所刻的密庵本而是以元代光孝寺住持宗寶所編本為底

---

[5] 李富華、何梅：《漢文佛教大藏經研究》。

[6] 密庵：《壇經》（翼化堂，1898 年），頁 42、57。

[7] 楊曾文：《宋元禪宗史》（北京：中國社會科學出版社，2006 年），頁 417、456、465。

[8] 李富華、何梅：《漢文佛教大藏經研究》，頁 382。

[9] 同上註，頁 394。

本。[10] 其中的具體原因雖然在淨戒的校勘記中沒有提到，但是從淨戒本與密庵本的文本對照中，依然可以推導出二者並非完全沒有關係。例如，從附錄內容上看，淨戒本《壇經》如密庵本一樣，也將〈壇經贊〉納入到《壇經》中，這種做法在之前的版本中並未有之，淨戒本這樣做應該是參照了密庵本的結果。另外，從校勘內容及其立場上看，密庵本中將惠能的一些弟子從"禪師"改為"比丘"的這一特別做法，在作為禪宗代表的淨戒禪師看來或許並不能體現禪宗的特點，故而沒有沿用。這可能是淨戒轉而以宗寶本為底本的重要原因。從整體上看，由淨戒禪師校勘出的《壇經》有三大特點，其一是僅取其所依據的元代宗寶本《壇經》的前六品內容，即惠能大梵寺說法傳戒的內容；其二是修訂了關於"自性三身佛"的順序及其表述；其三是修訂了關於"自性西方"的表述方式，從而在一定程度上反映了淨土信仰在明代的流行以及對於禪宗的影響。[11]

現在的淨戒校本《壇經》有兩部，一為柳田聖山《六祖壇經諸本集成》所收的"明版南藏本"（下文簡稱柳本），一為天津圖書館所藏嘉靖時期所刻永樂南藏本。天津圖書館所藏嘉靖南藏本曾經由李國慶先生加以介紹，[12] 龍達瑞先生留意到後對其中所含有的《壇經》進行了拍照，且發現此本與《六祖壇經諸本集成》所收本有所不同。筆者經過詳細比對，通過其中的刻經功德記及印章，發現二者均為永樂南藏本的民間重加印刻本。通過對照二者的內容，筆者發現二者最前面的幾頁完全相同而柳本印刷已顯得模糊且補刻字體已改為"宋體字"而非早期帶有寫經色彩的字體，而改用"宋體字"又是永樂南藏本在後來被補刻的重要表現，[13] 故而可斷定柳本是對天津圖書館藏本所用版本的修補，也就是說天津圖書館所藏南藏本所依據的版本更早。從經文內容上看，二者除了個別字體上的差別外，柳本僅多出一個"相"字，位置是補刻的第一字。而從板式上看，二者均為摺裝而每列十七字，但由於天津圖書館所藏南藏本在刊刻時是照著寫本進行，此本在將近經末部分中有一列為十八字，柳本在補刻時將其作了更正，故而導致

---

[10] 柳田聖山：《六祖壇經諸本集成》，頁 171。

[11] 白光：《壇經版本譜系及其思想流變研究》（北京：宗教文化出版社，2013 年），頁 149-165。

[12] 李國慶：〈天津圖書館藏善本古籍敍錄（九）〉，《圖書館工作與研究》1996 年第 4 期，頁 65。

[13] 柳田聖山：《六祖壇經諸本集成》。

第四部分：禪武歷史文化　　455

其後每頁文字向後推一格，直至出現偈頌為止。

　　值得注意的是，自從洪武五年開始校勘而最終開刻的初刻南藏本在完成後不久便因寺院大火而有毀損，所以初刻南藏本在世間的流傳很少。[14] 民國時期，在四川省上古寺發現其遺存後，據支那內學院僧人德潛的抄錄，呂澂先生曾加以整理和研究，列出《六祖壇經》與《萬善同歸集》、《明覺語錄》等經典在“用”、“軍”二函之中，[15] 似乎初刻南藏本中除了被編為《古尊宿語錄》一部分的《壇經》版本外，還有一部編號為“用”的《壇經》。遺憾的是，此部初刻南藏所收錄的《六祖壇經》已經遺失而不見於後人整理的經錄中。[16] 即便如此，根據初刻南藏本從整體上乃是對於宋代《磧砂藏》的翻刻，而《六祖壇經》在唐宋之間便被編入“軍”字函中，故而如果德潛以及呂澂的轉錄不誤，便可推論初刻南藏本《壇經》“用”字編號的由來並非出於偶然，應該是受以往已收錄《壇經》的大藏經影響所致。從歷代大藏經的卷帙數目以及《壇經》曾被剔除的事實來看，[17] 大多宋藏的末函接近“軍”字函，而《金藏》則超過之且尚包括《寶林傳》，這也能從一個側面印證《六祖壇經》在明代之前已經入藏。但是，由於永樂南藏以初刻南藏為底本，淨戒在初刻南藏本《古尊宿語錄》的校勘記又提及曾將《六祖壇經》列於《古尊宿語錄》之首，而《古尊宿語錄》的編號為“譽”，再加上現存永樂南藏本中《六祖壇經》（編號“密”）和《古尊宿語錄》（編號“勿”）正好也是相連的，這樣便在學術界引發了初刻南藏本所刻《六祖壇經》的編號到底為“譽”還是為“用”的問題。[18] 甚至有學者比較保守地認為《六祖壇經》的初次入藏是在永樂南藏本中。[19]

　　由於淨戒校本《壇經》最早被納入明刻大藏經中而廣為流傳，所以成為明清之際的大藏經版《六祖壇經》的重要源頭，不僅對大藏本《壇經》造成直接影響，

---

[14] 柳田聖山：《六祖壇經諸本集成》，頁 406。

[15] 呂澂：《呂澂佛學論著選集》（濟南：齊魯書社，1991 年），頁 1477。

[16] 四川省中心圖書館委員會辦公室：《四川省古籍善本聯合目錄》（成都：四川辭書出版社，1989 年），頁 60-89。

[17] 何梅：《歷代漢文大藏經目錄新考》，頁 1150-1151。

[18] 李富華、何梅：《漢文佛教大藏經研究》，頁 393-399。

[19] 童瑋：《二十二種大藏經通檢》（北京：中華書局，1997 年），頁 404。

而且對民間所刻版本也有一定影響。有關明清之際《壇經》入藏及其源流關係，筆者將另外撰文研究。實際上，由於《壇經》在禪宗中所具有的重要地位，所以《壇經》的入藏不僅是一個歷史事實，也是一個文化事件，其反映的不單是人們對《壇經》和禪宗的肯定和推重，也透露著中國佛教宗派乃至與其他教派關係在新時期的變化，這特別表現在明清入藏本《壇經》對於"自性西方"部分的校訂之中，值得作進一步深入的研究。

後記

何方耀 *

經過一天多的交流和講演，"禪武文化與身心健康"國際學術交流會即將落下帷幕，感謝各位領導的親臨指導，感恩各位高僧大德和專家學者的認真準備和真誠的交流和分享，感恩各位義工菩薩們台前幕後的周到服務，使我們的學術交流會得以順利進行！昨天（11月8日）下午學術交流會進行了兩場分組討論，時間雖然短暫，但大家暢所欲言地進行了觀點的分享和交流；今天（11月9日）上午的大會發言也活躍而緊湊，在廣州市宗教局副局長李慶奎熱情洋溢的講話之後，首先出場的是日本學者小川隆、土屋太祐和柳干康三位教授，他們用流利的中文進行了禪武與身心健康方面的研究心得與分享，接著，鄧偉仁（來自中國台灣）、康戈武、學愚、何燕生、蔣怒海等學者先後做了精彩的發言和分享，最後，龔雋教授對幾位學者的發言做了言簡意賅而又中肯到位的點評。

交流會雖然只有兩個半天，但在大家的共同努力下，會議開得緊湊、實在，沒有官腔套話，沒有口號噱頭，無論是學界前輩名宿還是後學新秀，無不坦誠相待，各抒己見，既有同聲相應、同氣相求的觀點共用，也有針芥相投、往返扣擊的思想交鋒，大家圍繞著粵港澳禪武文化的交流與互動、禪武文化與身心健康、禪武文化的當代價值和禪武歷史文化等四個主題進行了觀點的交流和經驗的分享。取得了不少共識，也留下了許多有待進一步探討的線索和話題，為我們下次聚首羊城，再做深入探討結下了因緣，埋下了伏筆。

這次會議總共收到論文四十二篇，其中有兩位學者提交了論文，但不能前來參加會議。以文赴會的有三十五位學者。會議原來設立的研討主題有三個，分別是粵港澳禪武文化的交流互動，禪武文化與身心健康和禪武文化的當代價值，但從收到的論文來看，學者們對禪武文化的歷史文化給予了極大的關注，約有十八篇論文是禪武歷史文化方面的研究論文，顯示了學者對"辨章學術，考鏡源流"

* 華南農業大學人文與法學學院教授

的強烈興趣，所以我們增加了一個"禪武文化歷史"部分，共計為四個主題。

◎ 一、關於"粵港澳禪武文化的交流與互動"的討論

　　這次提交的論文中可以歸入"粵港澳禪武文化的交流與互動"主題的有兩篇，分別是中山大學圖書館古籍部李福標副教授的〈清嶺南武僧升龍禪師的"武"與"禪"〉和釋心光大和尚的〈弘揚嶺南禪武文化，打造綠色生態寺院，助力人文灣區〉。李福標先生的文章從人物研究的角度考察清初嶺南著名武僧升龍禪師的修禪練武之路，呈現了一代名僧以武入禪，以禪攝武的典型個案，展示了嶺南禪武文化的生動個案。心光大和尚的論文從禪、武的名相分析開始，論述了禪武結合、禪武文化以及嶺南禪武文化的相互關係，並從粵港澳文化交流和寺院建設方面論述了禪武文化在人文灣區建設中的重要作用。

◎ 二、關於"禪武文化與身心健康"的討論

　　可以歸入"禪武文化與身心健康"主題的共有十三篇，分別從歷史與現實、武術與禪修的關係討論了禪武文化與身心健康之間的關係。集中討論禪修的文章有三篇，分別為龔雋教授、學愚教授和湛源法師的文章；專門討論武術的文章有兩篇，分別為鍾東教授和胡宇峰先生的文章；從禪武關係入手討論的文章有八篇，分別為何燕生教授、當淨法師、康戈武主任、潘樹仁博士、耀暘法師（不能參加會議）、智瀚法師（不能參加會議）、昌效法師和徐燕琳教授的文章。

　　龔雋教授的長文從禪法演變史的角度討論了"坐禪"在禪宗發展過程中作用與地位的演變，即從"一行三昧（念佛禪）"到"遊戲三昧（生活禪）"的演化過程；分析了禪宗南北兩宗對"坐禪"的不同理解和實踐，指出這種不同和差別雖然有黨爭之意，但將"坐禪"融入禪修之中、融入"遊戲三昧"之中，即生活禪之中卻是一致的；闡明了就宗門而言，"坐禪"不是禪修，禪修包括"坐禪"，"坐禪"不礙禪修，禪修融攝"坐禪"的辯證關係。學愚教授則從一個人們關注較少的側面，用經典文獻分析的方法討論禪修與神通的關係，論述了佛門神通的具體表現，即六通：天眼通、天耳通、神足通、宿命通、他心通、漏盡通，指出禪乃神通之體，神通乃禪之用，神通為弘法之手段而非修行之目的，最後，指出神通雖然神密，但也是生滅之法，不可執著，更不可刻意追求，否則有礙修行解

脫。湛源法師的文章則討論了禪修，特別是生活禪、平常心對身體健康的重要作用和影響。

專門從武術角度展開論述的文章，一篇是鍾東教授的〈被敘述的內家拳〉，文章考述了明末清初的思想家黃宗羲、黃百家父子對內家拳及對內家拳名師王征南的記述，論述了黃氏父子兩人對內家拳的不同理解及其所反映的遺民情結，文章也對內家拳之"內"進行了考證，指出內家拳之"內"與"內典"之"內"實乃同一意思，乃指佛家，內家拳即佛家拳，即少林拳。胡宇峰博士的〈武術裏的禪意〉則從自己練武習禪的切身體會論述了以動為主之武與以靜為主之禪的內在聯繫，論述了專注忘我、無相無念在武術對抗中的作用，據此也論證了禪武一致性的基礎。

討論禪武關係的文章則有八篇（兩篇作者未能參會，此處不做討論）。何燕生教授的〈禪宗與武士道〉，考察了近代日本武士道的三個淵源：禪、儒和神道，其中，重點考察了禪與武士道的思想淵源，從新渡戶稻造到鈴木大拙關於禪與武士道關係的論述，得出禪乃武士道的基礎的觀點，指出武士道的"殺人刀"及"活人劍"與禪乃異曲同工，最後結合當下日本社會的"武士道熱"，闡述了重新審視禪與武士道淵源所具有的重大意義。當淨法師的文章〈略談禪武不二〉通過分析禪武關係，認為武和禪都孕育於中國文化之中，從佛教的"化中國"到"中國化"推動了禪武的結合，即從禪武兼修到禪武合流再到禪武同歸，禪與武乃體用關係，武為表相，禪為禪韻，體用兼備，禪武不二。中國武術協會康戈武主任的〈關於習武參禪的文化思考〉認為，禪武均為中國傳統文化寶庫中的奇葩，二者以文化的同源性和練法的類同性為基礎，相互融攝，具有各自的特色、價值和功能，也需要區別對待。潘樹仁研究員的〈禪武文化與靜養身心〉則從儒釋道三家養身調心的理論，論述了禪武文化的淵源和價值。昌效法師的〈略談禪武與養生〉則從實踐經驗中總結出禪武在調養身心中的實際作用，即養身、養神、養德的基本功能。徐燕琳教授的文章〈少林禪武在溫哥華的傳承與傳播〉則從實際調查所得的資料，講述了以釋行武為主的少林僧人在加拿大弘揚禪武文化、傳播禪修和少林功夫的事蹟，展示了當代禪武文化在海外的傳播和發展實況。

總體而言，關於"禪武文化與身心健康"的討論，雖然一些學者從歷史的角度進行了考察，但大多數學者還是將目光投向了現實問題，關注並討論禪武與身心健康的相互關係，提出了一些極具啟發性的結論和建議。

◎ 三、關於“禪武文化在當代的價值與作用”的討論

關於這一主題的文章一共有八篇，包括何方耀、張平安、周永衛、萬芝力、方盛漢、成慶、江暉、宋躍華、梁潤煒等學者的文章。

何方耀教授的〈禪武文化與青少年素質教育〉，從素質教育的角度探討了禪武文化在當下素質教育中的作用，特別是禪武文化所強調的整體動態平衡理念和實踐方法對當下片面、偏頗的教育實踐的重要借鑒意義和作用，指出身心平衡是素質教育的基礎，而禪武文化注重身心平衡的理念和豐富實踐經驗在這方面大有用武之地。張平安、周永衛兩位教授的文章〈動中禪：把“運動”看成生活中的一種“修行”〉指出了當代人把運動和生活分開甚至對立的弊端，認為運動不能外在於生活，應成為生活的一部分，運動即生活中的禪修，健康的運動是內剛外柔、內陽外陰、內方外圓的交流循環運動。萬芝力副教授的〈從現代健康食品發展趨勢與挑戰淺談漢傳佛教素食文化智慧〉討論了素食對人類健康、環境保護和經濟發展的影響以及素食在當下，特別是在西方社會的發展趨勢。而方盛漢先生的〈禪文化視野下的森田療法〉則介紹了源於日本治療抑鬱症的方法森田療法，實即禪修療法、自然療法，其特點是順其自然，為其當為，讓受損、錯位的精神狀態回歸其本來面目。成慶副教授的〈經濟轉型背後的幸福悖論：論當代上海佛教的信仰性格〉用實地調查的詳實資料，分析了上海精英階層佛教信仰的原因和特徵，即信仰上的盲目性、功利性和隱秘性，表現為文化佛教徒的特徵，同時指出佛教教育的缺失是導致這種狀況的重要原因。中山大學江暉老師的〈禪宗思想對職場人士的啟發〉則從職業道德與職業操守的角度，論述了禪門平常心是道及其對職場的指導作用，指出做了本分事也是現代職場的一種內在精神。宋躍華博士的〈佛學指引下的職業管理——以《行由品》為例的研究〉也是從佛教與職業管理的角度出發，並以自己在職場多年工作的實際經驗，以《壇經》“行由品”、“唯求作佛”的人生規劃為榜樣，以實際案例說明了“行由品”對職業規劃的指導意義。同時也指出了當下佛教與管理研究方面比附多而落實少的弊端問題，提供了以佛教經典指導職場規劃的嘗試和案例。梁潤煒的文章〈試析禪宗睡

眠觀對現代社會的啟迪——以大珠慧海禪師公案為例〉討論了禪修對改善睡眠的作用，認為回歸本心、蠲除妄想，既是禪宗的法門，也是指導現代人改善睡眠的重要方法。

綜觀這一主題的探討幾乎都是將目光投向了當下社會的現實問題，包括素質教育、運動飲食、職業規劃、健康睡眠等當下民眾面對的一系列身心問題，試圖從禪武文化中尋找有效的方法和途徑解決這些社會大眾所關心的問題，也提出了一些切實可行的方法和相關案例，展示了傳統禪武文化巨大的開發潛能。

◎ 四、"禪武歷史文化"的討論

關於〈禪武歷史文化〉的文章一共收到十九篇，是四個主題中論文最多的一部分，顯示了大家對歷史文化的偏好和興趣。曹旅寧、宣方、張德偉、崔紅芬、蔣怒海、江泓、王磊、鄧麗敏、李曈、鄢奕欽、陳識、釋廣通、釋慧安、區志堅、高樂、釋禪海、梁萬如和白光等教授和學者的文章都是從歷史學角度展開討論的。

十九篇文章中有七篇是介紹國外佛教和禪宗發展狀況或中外文化交流的，各自從不同的角度論述了域外禪宗的發展歷史、現狀和特點。曹旅寧教授的〈日本佛寺及佛教文物巡禮〉以自己親身見聞，並以〈洛陽伽藍記〉的筆法介紹了日本奈良、東京、大阪等地著名的佛教古寺的現狀和特點，讓我們領略了日本古寺的莊嚴、古樸和厚重。蔣怒海教授的〈歐美禪小識〉勾勒了禪法在西方的傳播、根植和發展歷程，特別是西方文化精英對東方禪的理解、領悟和體驗，介紹了鮑勃·狄倫、凱魯亞克、布萊恩、凱普樓、海里格等人的禪學作品及其對西方社會禪學傳播的影響。區志堅博士的〈"即人成佛"：竺摩法師的辦學思想及其在馬來西亞弘法〉一文，介紹了天台諦閑法師的法嗣竺摩在馬來西亞弘揚佛法、創辦佛教學校的歷程及其辦學思想和經驗。尼泊爾高樂的文章〈尼泊爾與中國文化關係〉簡要地勾勒了特別著名的佛教人物，如法顯、玄奘、佛陀跋陀羅、文成公主、尺尊公主在中尼關係史上的重要作用和貢獻。越南釋廣通法師的文章〈17、18世紀華籍僧人在越南弘法初探〉則梳理了明清之際中國僧人在越南的弘法歷史情況。斯里蘭卡釋禪海法師的〈中斯佛教文化交流淵源探析〉一文重點介紹了東晉高僧法顯與斯里蘭卡鐵薩羅比丘尼為兩國文化交流作出的突出貢獻。釋慧安法師〈越南竹林寺石濂大汕和尚肖像畫淺論〉一文,則討論了越南竹林寺所藏廣州長壽寺住持石濂大汕和尚肖像畫的特點和價值。

討論茶與禪關係的文化有兩篇,其中宣方教授的〈靈峰一滴水,信可矢千秋——蕅益智旭大師的茶事觀〉在禪茶一味已成為許多佛文化愛好者口頭禪的當下,釐清了許多對禪茶的誤解,闡述了"禪茶"的真義及禪茶的核心要義,從禪修角度論述了以禪攝茶、如實知覺、不起好惡、了了分明、觀照自己的禪茶要義。陳識博士的〈入道之媒——唐宋佛教茶道生活〉,則從文獻梳理的角度考察了飲茶與佛門修持產生密切關係的歷史過程。

涉及佛教思想或禪宗歷史的文章有三篇,其中江泓和李曈的文章討論了宗門的歷史,賴志成的文章則討論了王國維美學思想中的佛教意識。江泓博士的〈禪門鼎盛與師法漸衰——以雲門斷續為例〉以明晰的邏輯、可靠的史實論述了"師法"在禪門宗派存續中的重要作用,指出明心見性是法師的核心要義,而宗門"傳燈"必須同一時空師徒相授又是有別於儒家"道統"和教門"法統"的重要特點之一,雲門宗之斷續乃"師法"斷絕之自然結果。李曈博士的〈略論禪宗"五家"觀念的形成和發展〉勾勒了禪宗"五家"觀念形成的歷史過程,同時指出了具有宗法譜系特色的"五家"觀念與通常所說的諸子百家之"家"的區別。賴志成的〈淺析王國維悲劇美學中的佛教意識〉則討論了佛教思想對王國維開中國現代美學先河的悲劇美學產生的重要影響。

討論禪武文化發展史的有三篇,崔紅芬教授的〈南北朝禪法的融合與禪武文化的發展〉論述了禪法及經典入華的歷史,指出禪法經歷了一個大小乘交流並與中國傳統文化融合的過程,進而中華禪法又與傳統武術融合形成禪武文化,這一過程是在一個漫長的歷史進程中完成的,並非成於一時一地一人。鄢奕欽的〈"十三棍僧救唐王"的敘事演變〉根據相關文獻梳理了"十三棍僧救唐王"的發展演變歷史,揭示了從"十三僧"到"十三棍僧"的變化過程。鄧麗敏的〈法持傳小考〉則從人物傳記的角度討論了〈宋高僧傳〉中法持生平記載之準確性問題,指出贊寧的記載有誇大成分。

從佛教文獻和碑刻材料進行研究的文章有四篇,張德偉教授的〈《嘉興藏》五台山刊刻史新探〉從《嘉興藏》刊刻過程中由五台山遷往江南的歷史分析江南佛教興盛的原因,揭示了江南士大夫與晚明佛教界的特殊關係。王磊副教授的

〈涅槃道場與僧傳敘事〉以遼代民間流行之紀念佛涅槃的"涅槃道場"儀式為例，通過僧傳中模彷佛陀生平的敘事模式揭示了佛教大傳統與小傳統之間的交流互動關係。梁萬如的〈詮釋《法華經的方便思想——鳩摩羅什、僧叡及慧觀的解讀》〉深入分析了三位高僧大德對"方便"概念理解闡釋的異同。白光的〈《六祖壇經》與漢文佛教大藏經的關係研究〉一文則介紹了《六祖壇經》的刻寫、流傳與入藏的歷史軌跡和文化意義。

關於禪武文化歷史方面的論文實際上討論禪的比較多而討論武的比較少，這說明了學者對禪的瞭解遠遠多於對武的瞭解，也說明學界人士參禪者可能較多而練武者則可能寥寥無幾。

從總體而言，這次學術交流會所涉及的領域廣泛、內容豐富，既有對歷史問題的關注，也有對現實問題的分析和思考，在一些問題上達成了初步共識，但許多問題仍有待進一步探討。

◎ 五、小結

以上是我對這次會議做的一個小小的學術總結，限於自己的學力和眼界，對大家的文章和演講理解和領會得也比較膚淺，再加上時間倉促，一定會掛一漏萬、臧否失當，甚至理解錯誤，還請大家批評指正。最後我要真誠感謝廣州市佛教協會、廣州金剛禪寺的全體常住和義工為我們提供了這麼良好的環境，使我們能安心問學、交流心得；同時也要感恩各位專家學者百忙之中撰寫論文參加會議，共襄盛舉；更要感謝那些台前幕後為這次會議的策劃、組織提供細心服務的義工菩薩，他們的無私奉獻，為會議的圓滿成功創造了條件。如果有什麼服務不周和安排失當的地方，都應由我來具體負責，並在此向大家表示深深的歉意。

學術研討會雖然結束，但各位高僧大德、專家學者們的真知灼見、金玉良言將繞梁三日，回味無窮。希望在不久的將來我們再次相聚美麗的羊城，疑義共析，奇文共賞，共同探討廣州佛教未竟的相關問題。最後，祝大家返程順利！事業精進，福慧雙增！